中国社会科学院廉政智库丛书

反腐败体制机制国际比较研究

主　编　李秋芳　孙壮志

执行主编　蒋来用

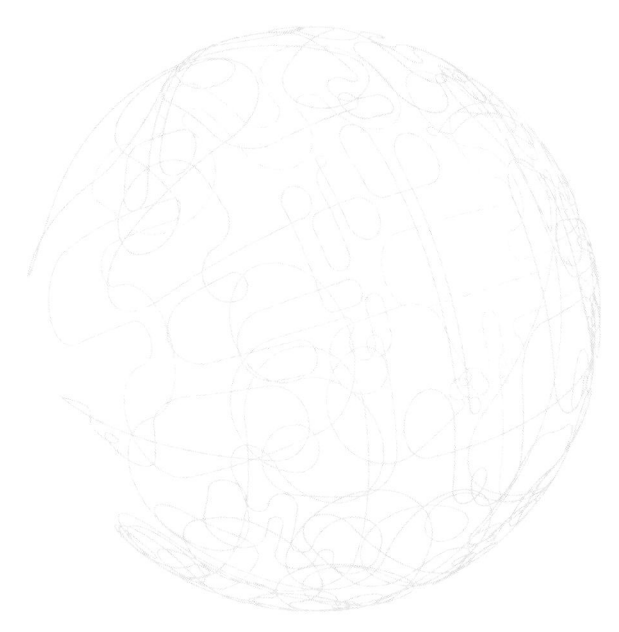

中国社会科学出版社

图书在版编目(CIP)数据

反腐败体制机制国际比较研究/李秋芳,孙壮志主编.—北京:中国社会科学出版社,2015.12

(中国社会科学院廉政智库丛书)

ISBN 978-7-5161-6603-1

Ⅰ.①反… Ⅱ.①李…②孙… Ⅲ.①反腐倡廉—体制—研究—世界 Ⅳ.①D523.4

中国版本图书馆 CIP 数据核字(2015)第 160115 号

出 版 人	赵剑英
责任编辑	田 文
特约编辑	王艳春
责任校对	王佳玉
责任印制	王 超

出 版	中国社会辞学出版社
社 址	北京鼓楼西大街甲 158 号
邮 编	100720
网 址	http://www.csspw.cn
发 行 部	010-84083685
门 市 部	010-84029450
经 销	新华书店及其他书店
印 刷	北京君升印刷有限公司
装 订	廊坊市广阳区广增装订厂
版 次	2015 年 12 月第 1 版
印 次	2015 年 12 月第 1 次印刷
开 本	710×1000 1/16
印 张	32
插 页	2
字 数	541 千字
定 价	99.00 元

凡购买中国社会科学出版社图书,如有质量问题请与本社营销中心联系调换
电话:010-84083683
版权所有 侵权必究

序　言

改革开放以来，中国发展的列车跨上了社会主义市场经济体制的轨道，经济和社会发展取得了举世瞩目的巨大成就，人民生活发生了翻天覆地的变化。然而，前所未有的机遇与前所未有的挑战并存。经济在快速发展，矛盾也层出不穷，社会在深刻变革，腐败也易发多发。

腐败是人类社会发展到一定历史阶段的产物。纵观世界各国反腐败斗争的历史沿革，不少国家建立市场经济体制经历了上百年或更长时间，均出现过腐败严重甚至猖獗时期。社会结构转型、经济快速增长的阶段，往往是腐败高发期。至今很多国家仍在遭受严重腐败问题的困扰，没有哪个国家在反腐败问题上可以宣称"高枕无忧"。在不同制度和文化背景下，针对带有共同特征又具有殊异性的腐败现象，不少国家和地区采取了有效的治理措施，逐步走出了腐败高发期。

治理腐败，既是经济社会健康发展的内在需求，更是马克思主义执政党从严治党的必然要求。改革开放以来，在加快发展的同时，中国共产党对腐败问题一直保持着清醒头脑，一直坚定地反对腐败。党的十八大以来，中国反腐败斗争步入新征程。依靠深厚的党心民意基础，坚持为民执政宗旨，中央横下心来从严治党，颁行八项规定，集中力量反"四风"，保持惩治腐败的高压态势，推进反腐败体制改革，落实党风廉政建设主体责任和监督责任，实行巡视监督和派驻机构监督全覆盖，反腐败政治格局出现深刻变化，一条中国特色的反腐道路在延伸。

世界需要了解中国，中国也需要了解世界。中国作为《联合国反腐败公约》签约国，必须敞开博大胸襟，借鉴他国反腐败斗争的有益做法，立足本国国情，不断推进反腐败体制机制创新。系统而深入地了解世界各国反腐败体制机制，有利于深化反腐败国际交流，加强反腐败国际执法合作，加大国际追逃追赃力度，克服障碍提高合作效率。

"他山之石，可以攻玉。"顺应反腐败实践要求，廉政研究包括对国外反腐败研究日趋活跃。一批对反腐败事业具有责任感的专家学者，积极关注和悉心研究国外反腐败，获得了诸多有益的研究成果。《反腐败体制机制国际比较研究》便是对国外反腐败研究的重要学术成果，凝结着中国社会科学院专家学者多年的宝贵心血。相信阅读了此书的人们，可以进行中外对比，更加深刻地认识中国党风廉政建设和反腐败斗争的历史规律，从而更加自觉地参与反腐败斗争，为发展中国特色社会主义、实现中华民族伟大复兴作出应有的贡献。

李秋芳
2015 年 10 月 11 日

目　录

综合篇

世界一些国家反腐败体制比较研究 …………………………………（3）
国(境)外创新反腐败体制机制的有益做法及其借鉴 ………………（19）
部分国家反腐败体制考 ………………………………………………（31）
亚太地区一些国家反腐败体制比较 …………………………………（54）

亚洲和大洋洲

东南亚国家反腐败:理论与实践分析 ………………………………（81）
新加坡的反腐败体制 …………………………………………………（92）
新加坡行业预防腐败做法及其启示 …………………………………（105）
泰国的反腐败体制 ……………………………………………………（116）
革新以来越南共产党反腐的主要措施及其成效 ……………………（126）
印度反腐败机制分析 …………………………………………………（141）
印度尼西亚的反腐败体制 ……………………………………………（152）
澳大利亚和韩国治理腐败的有效机制 ………………………………（164）
反腐败独立委员会与韩国反腐败制度建设 …………………………（171）
韩国治理商业贿赂的有效机制 ………………………………………（183）
日本的反腐败体制 ……………………………………………………（190）

欧洲及中亚

北欧国家反腐制度剖析:预防、调查与惩处 …………………………（205）

西欧主要国家的反腐败机制 …………………………………（216）
南欧国家的反腐败机制 ……………………………………（228）
中东欧三国反腐败研究报告 ………………………………（245）
中亚及外高加索国家反腐败体制研究 ……………………（259）
芬兰腐败防控机制研究 ……………………………………（278）
德国反腐败体制机制研究 …………………………………（292）
法国反腐败机制研究 ………………………………………（302）
英国的反腐败机制 …………………………………………（310）
意大利的反腐败体制机制建设 ……………………………（319）
俄罗斯的"反腐败国家战略" ………………………………（335）
乌克兰反腐败机制研究 ……………………………………（351）

西亚与非洲

西亚非洲六国反腐败机制 …………………………………（361）
摩洛哥等四国反腐败体制比较 ……………………………（383）
以色列的反腐败体制特点和效能 …………………………（394）
南非的反腐败体制 …………………………………………（402）
南非的反腐败举措、效果及启示 …………………………（411）
博茨瓦纳反腐败探析 ………………………………………（421）
莫桑比克反腐败立法以及制度架构 ………………………（427）
布隆迪的反腐败举措 ………………………………………（434）

美　洲

拉丁美洲国家的反腐败体制 ………………………………（445）
智利的腐败问题与反腐败制度体系探析 …………………（455）
阿根廷的反腐败体制机制建设 ……………………………（470）
巴西反腐机制建设及其效果 ………………………………（482）
美国的反腐败机制 …………………………………………（492）

后　记 …………………………………………………………（506）

综合篇

世界一些国家反腐败体制比较研究

中国社会科学院国际反腐败体制比较研究课题组[*]

[内容提要] 世界一些国家反腐败体制的形成经历了一个从初创到不断完善的过程。考察世界一些国家反腐败体制的情况，可大致分作两大基本类型，即议会主导型反腐败体制和行政主导型反腐败体制，以及四种相关体制，即政党内部反腐败体制、司法反腐败体制、经济反腐败体制和国际合作反腐败体制。世界上一些形成相互制衡并不断完善反腐败体制的国家，对腐败的萌生和蔓延起到了一定的遏制作用。其特点可概括为：已形成比较严格的分权制衡、相互制约机制；给国家公职人员优厚薪水，又对违法者严厉惩处；一些国家注重反腐败道德教育。

考察世界一些国家，其反腐败体制主要是由惩处打击机制、权力制衡机制、道德教化机制、社会监督机制等构成的有机体系。现今世界一些反腐败机制较完善的国家，大都设置了独立或内设的打击腐败机构，对腐败行为进行严密调查和惩处；权力制衡机制往往反映在国家反腐败立法中，通过法律规定和完善的管理，进行全面有效的遏制；道德教化机制常常表现为通过对公职人员以及对公众进行反腐倡廉教育，营造出对腐败行为进行谴责和监督并存的良好社会环境；社会监督机制一方面表现为媒体对公职人员腐败行为的揭发，另一方面又表现为广大民众和非政府组织的监督。此外，跨国家的国际组织，在反腐败中，其作用日益凸显。上述几方面有机结合所形成的反腐败综合机制，构成了当今世界反腐败体制的重要内容。

---

[*] 本文撰稿人：李秋芳、郜润昌、蒋来用。李秋芳，中国社会科学院中国廉政研究中心首任理事长；郜润昌，中国社会科学院世界经济与政治研究所研究员；蒋来用，中国社会科学院社会学所廉政建设与社会评价研究室主任、中国廉政研究中心副秘书长。

一 世界一些国家反腐败体制的基本类型

世界一些国家反腐败体制的形成经历了一个从初创到不断完善的过程。考察世界多数国家反腐败体制的情况，可大致分作两大基本类型，即议会主导型反腐败体制和行政主导型反腐败体制，以及四种相关体制，即政党内部反腐败体制、司法反腐败体制、经济反腐败体制和国际合作反腐败体制。

（一）议会主导型反腐败体制

在这类国家，主要的反腐败机构由议会产生，名称为议会行政监察专员公署，或与此功能相似但名称不同的机构，这样的机构都对议会负责。实行议会行政监察专员制度的代表性国家有：瑞典、芬兰、挪威、英国、加拿大、新西兰等。

在反腐败体制建设上采用议会主导型的国家，议会享有很高的政治地位，具有较强的政治权威，在政治上均掌握主导权，反腐败体制的操控权掌握在其手中。行政监察专员产生于议会，对议会负责，拥有足够的权威，对行政机关及其公务员进行全面、客观的监察。

议会为行政监督专员设立的机构为行政监察专员公署，独立于行政部门，其监察工作不易受到干涉和影响。行政监察专员大多享有对贪污腐败案件进行直接起诉的权力，这不仅有助于保证其顺利开展工作，也有利于使其对政府机关、公职人员在心理上、操守上产生巨大的威慑作用。

在采用议会主导型反腐败体制的国家中，芬兰最具代表性。芬兰议会行政监察专员公署，其监察专员由议会无记名投票选举产生，任职期间，议会不能罢免其职务。监察专员对公署工作全权负责。具体情况是：

1. 监督范围。芬兰行政监察专员进行监督的范围是国家机构和国家官员行为的合法性。这就是说，除共和国总统、政府司法总监等极少数人之外，其他所有国家工作人员包括地方政府官员、法院法官、军人以及任何以官方身份工作的人，都在其监督之下。监察专员对国家官员和国家机构的任何公务行为都可以监察和审查，不仅有权调查一项决定的客观合法性，而且有权审查决定的整个过程。监察专员有权视察各政府机关和公共机构，上至国务委员会，下至法院和地方自治委员会，并有权出席这些机构的决策会议。在实际工作中，监察专员对上述部门延误、失职、滥用职权等行为也可以进行干预。

2. 处理权限。监察专员的处理权限为公署受理的案件，对此，监察专员均有权独自做出处理决定，并由其进行"检控"。芬兰监察专员被赋予起诉违法官员的权力，且这种权力适用于其管辖范围内的所有政府机构和各级官员。对一般官员，监察专员可以命令公诉人或公署调查官执行，对政府内阁成员、最高法院法官等高级官员，则由监察专员亲自起诉。若发现政府部长有违法行为，监察专员首先要提醒政府。若政府对提醒置之不理，或提醒失去实际作用，监察专员便向议会报告，待议会批准后起诉。监察专员对一般案件通常不诉诸法律，但对严重违法案件、非经法院裁决的案件以及对拒不悔改的官员，便会动用检控权。

3. 监察程序。监察专员公署的案件信息，主要来源于公民投诉。监察专员在调查中，可以检查任何地方，查阅任何文件资料，可以要求与调查案件有关或无关的任何人就有关事项给予解释或说明，必要时还可要求警方协助调查。芬兰的《监察专员训示》特别规定，监察专员有权就任何事项向有关政府部门提出建议，对法律法规中存在的缺陷和问题提出修改意见，对不良行政程序和做法提出批评，或直接提请国务委员会审议。

在芬兰，对于共和国总统等少数人，由政府司法总监进行监督。根据宪法规定，国务委员会设司法总监一人，行使最高法院检察官和最高行政法院检察官的职能。政府司法总监有权出席内阁会议，监督总统和政府所做出的决定是否合法，如果总统在行使职权时违反法律，有权提出劝谏；如果议会决定罢免总统，须由司法总监向最高法院提起公诉。这样包括国家总统在内的各级公职人员，均无一例外地处在法律监督之下。

（二）行政主导型反腐败体制

采用此种类型体制的国家，主要的反腐败机构由行政部门或行政首脑产生，受行政部门或行政首脑监督，并对其负责。行政部门在反腐败体制中占据主要地位，发挥主导性作用。行政主导型反腐败体制的国家，往往是行政部门享有极高的政治地位和极大的权力。相对于议会主导型反腐败体制，行政部门的反腐败机构，或多或少地会受到其设立者的影响，不能对其进行有效监督，这是此种类型的弊端所在。行政主导型反腐败体制有代表性的国家是：法国、新加坡、美国、韩国、埃及、俄罗斯等。在行政主导型反腐败体制中,美国在发达国家中具有代表性,而埃及在发展中国家中具有典型性。

1. 美国的行政反腐败体制

美国的行政反腐败体制,包括监察长办事处、政府道德署、总审计署等机构。此外,还有法院组织、联邦调查局、检察机关。

监察长办事处。作为政府机关内部的防贪肃贪机构,它是美国中央部局及独立管制机关内部设立的监督、调查组织,根据1978年的《监察长法》成立。监察长由总统任命,并经国会参议院同意,同时向总统和国会负责。监察长所领导的监察处主要是为了杜绝贪污、讹骗、浪费、滥用职权,保证财政合理合法地支出,并促使行政效率提高。因此,监察长所在部门有两方面职能:一是对财政的公共计划支出进行审核,防止侵吞、讹骗及浪费;二是对各种不合理、不合法的财政支出进行调查取证,并提出相应改进建议。

监察长主要通过下列方式开展工作:(1)制定监察计划;(2)跟踪监察;(3)审计承包商;(4)情报内部转交;(5)案件调查;(6)设立举报电话;(7)接受各犯罪调查局转来的有关刑事指控,并组织人力对此进行调查以配合调查局的反贪工作;(8)提交报告——对于重大案情,监察长有及时向国会、总统报告的权力,每半年还须把所在单位开展工作的情况向国会提交综合报告;(9)建议——通过进行财务审计和有关案件的调查,监察长可以把其中发现的行政管理中存在的不良环节及改进建议提交给行政首脑;(10)惩戒转交——监察长如认为某官员触犯刑法,可把有关案情转给监察审判机关,进行控诉与审判。

政府道德署。该署是美国政府根据1978年颁布的《政府道德法》在人事管理局中设立的,1989年成为独立机构,直接受总统领导,并向总统和国会报告工作。政府道德署主任由总统任命,须征得参议院的同意。主任向总统和国会负责,不征得国会同意,总统无权免职。这一机构的主要职责是管理政府各级官员的财产申报事务,监督政府官员的道德行为。在重要行政部门设有代表机关,一般称作道德标准办公室,负责其部门官员财产申报和监督指导。

政府道德署的主要职责是:(1)接受和审查总统、副总统等高级行政人员的财产申报,并建立和保存档案;(2)经与司法部长磋商,向人事管理局建议制定管制行政部门人员利益冲突的认定与解决的规定,规定内容包括申报的程序、审核程序和公众查阅的程序等；（3）监视和检查有关人员对财产的申报是否合于本法条款的规定，监视和检查行政部门相关人员在收受、审核、管理使用财产资料及处理问题时是否按规定办事；（4）对于重大的利益冲突问题给予必要的咨询；（5）当政府道德署发布的法令、规章同行政部门工作发生冲突时，道德署主任应同司法部长一起，同有关行政部门首长协商；（6）在必要的情况下，可命令有关行政人员对其行为采取改正的措施；（7）在必要的情况下，要求行政机关提出财产报告；（8）协助司法部长评估利益冲突法律的实施效果，并可建议对其进行修正。

2. 埃及的行政监察反腐败体制

在发展中国家，埃及的行政主导型反腐败体制比较完善，具有一定的典型性。埃及行政监察署主要行使国家反腐败职能，成立于1958年，1980年被撤销，1982年穆巴拉克上台执政后重新组建。埃及行政监察署由政府总理直接领导，向总理负责并报告工作。但总统可随时指示或委托它行使职权，国会及各部部长也可以委托或请求监察署就某事项进行监察调查。

机构设置。行政监察署内部机构设置少而精，主要职能司局为：经济监察司、生产监察司、服务监察司、财政行政司和秘书局。埃及还根据人口和地域大小，将26个省划分为10个监察区，每区设立派驻监察局，有些局负责几个省的监察工作。派驻局由监察署垂直领导，人、财、物统管，实际是监察署的组成部分。派驻局的负责人和监察官由监察署直接派遣，一般两年到三年轮换一次。其他人员在当地聘用，不合适的随时解聘。省政府提出某项调查要求，要向监察署报告，由监察署指示派驻局执行，调查结果先报监察署，再交省政府。派驻局不受地方政府约束。

监察职责。埃及行政监察署既监察"事"，也监察"人"；既实施效能监察，又实施廉政监察。其主要职责是：（1）监督国家计划的制定，跟踪检查国家计划的执行情况；（2）发现和揭露国家计划执行中的不正当行为，纠正和堵塞漏洞；（3）对公众关心的问题进行调查研究，向政府提出解决办法；（4）受理公民对政府工作人员违纪违法行为的检举、控告；（5）参与对政府高级官员候选人提名的审查，并向总理提出合适的建议；（6）接受总统、总理、议会、部长、省长的委托，对有关事项进行调查。

行政监察署的工作重点：一是调查政府官员的贪污受贿案件；二是实

施效能监察，查处工作拖拉、失职、渎职、违章、管理不善等行为。行政监察署通常以突然袭击的方式检查，以保证能够检查到真实情况。

（三）四种相关的反腐败体制

在两大反腐败体制类型的主导下，在世界各个地区，还有四种相关的反腐败体制：

1. 相对独立的司法反腐败体制

拉美国家的检察院和法院。拉美国家司法部门设有最高检察机构，享有独立预算权和自治权，其首席检察官的任命由总统、最高法院和议会共同决定，他只能在特定情况下，依法定程序予以罢免。检察官拥有广泛的调查权，有的国家（如巴西）还包括对警察行为的监察权。各国在形式上为保证法官的独立性，对其任命必须由行政长官、议员和司法部门共同决定。罢免法官有严格的条件限制，并且依法定程序进行；行政部门不得推翻法官的判决。拉美国家司法部门一般都设有一个独立、自治的监控机构监督政府当局和行政官员行为的合宪性。例如，墨西哥的"联邦法庭"（juicio de amparo）为一个宪法法庭，有权审查总统、部长和其他政府公职人员的违宪行为。

美国的独立检察官。1978年，美国国会通过的《独立检察官法》规定，独立检察官由司法部长提名产生，负责对国家高级行政官员的贿赂、舞弊、欺诈、利用职权牟取私利、妨害公务、滥用职权等各种违法事项进行监督、调查和起诉。对独立检察官的任命，其前提是：必须是在国家高级行政官员发生触犯刑法的犯罪时才任命；如果司法部长认为其本人或该部其他检察官从事此项调查可能会导致"私人的、财政的或政治的利益冲突"，则可以委任一名特别独立检察官从事此项调查；必须经过必要的初步调查。

为了保证独立检察官依法开展侦察、调查和起诉活动，法律赋予独立检察官的职权包括：（1）组织人事权。独立检察官有权任命自己的工作人员、诉讼人员、兼职咨询人员。（2）调查权。如果独立检察官已经着手对某事件的调查，不经其书面允许，司法部长以及其他检察官应放弃或推迟对此事件的一切调查或处理，在进行调查时，独立检察官享有司法部长和任何检察官的一切权力。（3）传讯证人权。包括传讯总统。（4）向国会汇报和提供弹劾案案情。（5）提起特别诉讼权。如果独立检察官认为证据确凿，犯罪属实，那么他可以与司法部长一同提起特别诉讼。

法国的预防贪污腐败中心。"预防贪污腐败中心"是一所专职的预防腐败机构，于1993年根据《预防腐败和经济生活与公共程序透明法》创建。中心挂靠法国司法部，受法国总理直接领导，由来自税收、警察、宪兵、海关、司法和内政部门的近20名专家组成，全体成员每4年更换一次。

中心的基本任务是通过媒体报道、个人揭发、司法部门案例和研究机构的研究等途径收集政府和经济部门中有关贪污腐败的蛛丝马迹；分析腐败案件的类型；总结反腐败经验；研究利用新科技手段进行行贿受贿、贪污腐败的可能性并及时发现新的腐败形式。中心每年向总理和司法部长提交一份年度报告，其内容并不是就某一起腐败案件进行汇报，而是就可能出现腐败特别是最容易滋生腐败的部门进行分析并提出预防性建议和制裁措施。

除上述基本任务外，中心还具有以下几方面职能：（1）向政府部门提供咨询；（2）与大企业签订协议，交换信息，帮助其建立职业规范，了解国际规范，并为其进行有关防止腐败方面的高层培训；（3）开展国际防腐败合作。

2. 部分国家政党内部的反腐败体制

世界一些国家的政党都有自己的纪律维护制度，这些制度大致可分为三种类型：强规范型、弱规范型和混合型。强规范型政党对纪律的制定和维护都比较严格，如法国社会民主党，其党章中有大量的关于党的纪律维护的条款。西方许多政党对议会党团中的普通议员党员要求极严，普通议员党员必须无条件听从督导员的命令，否则，意味着政治生命的终结。弱规范型政党往往不注重政党纪律，最典型的莫过于美国的民主党和共和党，公民在大选时登记一下即可成为某党党员，党组织对党员没有任何纪律约束，更不能进行任何违纪制裁，完全是一个"松散型的政治联盟"，表现出典型的弱规范型特点。混合型政党要么注重纪律的制定而忽略执行，要么纪律只针对一部分人（如：党的领导干部），而对另一部分人不起作用，兼有强规范型和弱规范型的特点。如新加坡人民行动党，对国会议员和干部约束极严，但从不在全国严格执行党纪。

在组织方式上，一些执政地位比较稳定的政党，采取党政一体的方式，内部的反腐败比较有力；有些国家针对腐败突出的问题，加强了政党内部反腐败建设，在政党内部设有纪律检查机构。比较有代表性的有：

新加坡人民行动党。多党并存、一党独大是新加坡政党政治的显著特点。在对党政关系的处理上，新加坡模式的基本特征是弱化党争、强化行政，党政一体；人民行动党由一群少数核心领导干部控制，而这些领导干部又是新加坡政府内具有影响力的内阁部长官员。李光耀毫不讳言地说："人民行动党就是政府，而政府就是新加坡。"因此，人民行动党内的反腐败体制就是新加坡政府的反腐败体制。自1959年执政后，人民行动党领导人以身作则、率先保持清正廉明、光明磊落的作风，开始建立和实施了一系列有效的廉政制度。第一，成立独立于政府的公务员委员会，负责公务员的招募、聘任、晋升、调动、解职、纪律处分及奖学金和助学金的分派；第二，为强化公务员队伍的管理，陆续出台了各种法规和条例，包括《公务员法》《公务员纪律条例》《防止贪污法》《财产申报法》和《现行反贪污法》《没收非法利益条例》等，还有一套5卷本《指导手册》；第三，实行高薪养廉；第四，成立直接隶属总理公署的贪污行为调查局；第五，建立和完善人才机制，急速地培养和重用优秀青年；第六，严厉惩处贪污腐败，领导人不搞裙带关系，对于贪污受贿的高级官员铁面无私、不徇私情。建国短短几十年时间里严惩了许多高级官员，且其中有的都是曾经有过重大政绩，同时又是同李光耀私交甚密的人，足见新加坡人民行动党反腐败的决心和风范。

波兰民主左派联盟党。该党设有四个纪检机构，检察委员会负责审计党的财务状况；监察委员会负责解释党章并审查撤销省委的仲裁机构的裁决；仲裁委员会审查和处理领导成员违反党章和领导机构超越权限等问题；道德标准委员会处理党员腐化堕落问题。

3. 应运而生的经济反腐败体制

（1）北欧。为了有效地打击经济犯罪和公共官员腐败，北欧国家在过去的几十年里，在预防、打击严重经济犯罪、收集罪证方面纷纷建立新的合作机制，出现了检、警联合的新趋势，以提高综合协调能力和打击腐败的效率。丹麦在1973年建立了"防止严重经济犯罪办公室"，挪威在1989年建立了一个跨检、警的联合机构。

（2）尼日利亚。2003年专门设立了经济和金融犯罪委员会（简称EFCC）。该委员会主要机构包括：审计处、行动处、金融和账户处、媒体和宣传处、信息交流和电信处、金融情报处等。其主要职能是：调查所有金融犯罪，采取措施核查、追捕、冻结和没收来自恐怖活动、经济和金融犯罪等的赃款，采取措施根除和防止经济和金融委员会中的个人、组织机构和团体卷入案件，便捷、快速交换与根除经济和金融犯罪有关的科学和技术信息，与境内外的尼日利亚政府机构开展合作，收集并分析所有与可疑金融交易的有关报告并转发政府相关部门，与尼日利亚联邦检查总长办公室、海关、移民和监狱服务局、尼日利亚央行、尼储蓄保险公司、所有政府安全和法律部门以及其他金融监督机构保持联络，发动公众打击尼日利亚境内外的经济和金融犯罪。

（3）法国。法国在经济财政部内设有"国家稽查特派员办公室"，特派员的监管业务受经济财政部部长直接领导。"国家稽查特派员制度"是一项专门针对国有企业的反腐措施，目的是在保证国企的自主权、使之在激烈的市场竞争中高效运作的同时，兼顾国家对国有资产的监督，防止国有资产流失。

4. 渐成趋势的国际合作反腐败体制

随着经济全球化的发展，反腐败日趋出现国际合作体制。国际合作反腐败体制主要有全球性的反腐败合作体制和区域性的反腐败合作体制两种。

全球性的反腐败合作体制主要是由国际反腐败组织通过国际条约或公约在全球范围搭建起来的反腐败体制。主要的国际反腐败组织有：联合国内部监督事务厅、联合国开发计划署管理发展与治理部，世界银行反腐败委员会、监察委员会和审计委员会，经济合作与发展组织，透明国际等。与反腐败有关的国际公约、多边协议或规则主要有：《联合国反腐败公约》《经济合作与发展组织反行贿公约》《联合国反对跨国组织犯罪公约》《班加罗尔政府官员行为标准》等。

除了全球性的反腐败合作体制外，还有区域性的反腐败合作体制，主要有：

在欧洲地区，欧洲联盟和欧洲委员会先后出台了有关反腐败的公约和决议，以促进各自成员国之间在反腐败行动中的合作。欧洲理事会宣布"要迅速发现犯罪动机并采取措施，向成员国提出建议并协助他们采取适当有效的反腐败措施"，呼吁"在公共协议竞标时，（欧盟）委员会和成员国应采取预防措施制止市场操纵者的腐败行为"。1996年9月，欧盟通过了《欧共体金融利益保护公约第一备忘录》。该文件将官员的主动腐败

（行贿）和被动腐败（受贿）规定为刑事犯罪。商业巨头行贿也要承担刑事责任。1997年，欧洲理事会通过了《反腐败公约》。欧盟成员国之间已经开始根据需要进行联合审计行动。欧洲委员会腐败问题研究小组正式成立，其反腐败行动计划得到部长委员会的批准。1998年6月，欧洲委员会出台了《反腐败刑法公约》，敦促各成员国制定腐败罪的统一标准，解决实质性和程序上的法律问题，以推动国际合作。欧盟成员国均同时是欧洲委员会成员国，在《公约》的指导下，它们加强了抗击洗钱行为的斗争。

在亚洲地区，一些国家共同制定了《亚洲和太平洋地区反腐败行动计划》，承诺要反腐败。2003年，在马来西亚首都吉隆坡召开了行动计划年度会议。2003年3月，在雅加达又召开了指导小组会议。2003年12月，18个国家签署了倡议书，提出在政府部门、私人机构和市民社会中先采取行动。2014年11月，亚太联经合组织第26届部长会议审议通过《北京反腐败宣言》，标志着APEC反腐执法合作网络正式组成。世界银行、国际货币基金组织、亚洲开发银行、福特基金会和联合国开发计划署等国际机构，正在积极推动在东南亚和南亚地区的反腐败改革，国际组织把协助东南亚和南亚国家反腐败的重点放在预防性措施上。主要方法是通过一些项目改进这些国家政府的行政管理程序、增加透明度、减少限制。

在拉美地区，墨西哥、巴西、哥伦比亚均有透明国际的分支机构，在智利首都圣地亚哥，透明国际组织还设有一个常驻办公室（另一个设在伦敦）。美洲发展银行、世界银行、国际货币基金组织等国际金融机构，在向拉美国家提供贷款或援助时，首先要求这些国家承诺反腐，并对它们资助的项目采取极为严格的监控措施，这成为推动拉美国家反腐败的重要动力。拉美地区重要的反腐败公约是《美洲国家反腐败公约》，其宗旨是推动美洲国家之间的反腐败合作，建立一套预防、侦查、惩治乃至根除腐败的机制，拉美主要国家国会都通过了该公约，使之成为本国的法律，并每年向美洲国家组织成员国大会提交履行公约状况的报告。

在非洲地区，2003年7月，在莫桑比克首都马普托召开的非洲联盟首脑会议上，各国首脑签署了《非洲联盟反对和防止腐败公约》，为非洲制定反行贿文件和帮助各国实现《非洲发展新合作关系》中的承诺铺平了道路。《非洲反对和防止腐败联盟公约》保证信息公开和市民社会参与，并要求媒体对此进行监督。公约宣布，用违法和腐败所得作为政党活动资金是非法的，并要求各国通过立法来促进返还腐败所得。

二 世界一些国家反腐败体制的特点

世界一些形成相互制衡并不断完善反腐败体制的国家，对腐败的萌生和蔓延起到了一定的遏制作用。其特点可概括为：

（一）已形成比较严格的权力制衡、相互制约机制

作为国家最高权力机构的议会，对政府的行为有宪法赋予的质询权、调查权以及倒阁权和弹劾权等。

与政府主导型的监督体制有相似的作用。现今许多欧盟国家的司法部门已完全独立于政府，不受行政部门干涉，能够对政府官员的行为实施监督。例如，英国设立的2000多个行政裁判所，有权对税收、社会保障、退休金等上百个部门的案件进行独立审理。

与议会主导和行政主导反腐败体制相配套的是，许多国家建立了包括公开行政、透明决策、金融实名制、财产申报、公共采购和招标等"透明政治"机制。由瑞典首创的财产申报与公开制度，在欧洲各国广泛推广。法国规定，高级公职人员上至总统候选人、议会议员，下至人口超过三万人的城市的市长及具有一定规模的企业负责人，必须在规定时间内进行财产申报。英国根据2002年颁布的《犯罪收益法》成立了"资产追缴局"，对超过1万英镑的非法所得进行追缴。

许多国家主要是欧洲国家建立了严格规范的公务员制度。包括：一是公务员实行公开招聘，经过严格审查方能录用；二是对公务员的职业道德和廉洁培训制度化、经常化；三是实行轮岗制度，规定5年必须轮岗，容易滋生腐败的部门则一般3年必须轮岗；四是警察执行公务必须坚持两个人以上把关和同行，不能个人单独行动；五是原则上禁止公务员从事第二职业。

（二）给国家公职人员薪水优厚，又对违法者严厉惩处

新加坡公务员的薪金是世界上较高的国家之一。新加坡部长级公务员的年收入折合人民币500万元左右，局长级公务员年收入亦达到人民币200万元左右。该国一方面实行高薪制，另一方面则对公务员的贪污行贿行为处置地十分严厉苛刻。其《防止贪污法》规定，对于向公务员非法提供或给予报酬行贿者，公务员有权逮捕并将其移交就近的警察局。否则，该公务员将构成犯罪，将判处 5000 新元以下罚金或半年以下监禁或二者并处。该法规定，一般受贿行为，处以一万新元以下罚金或判处 5 年以下监禁，或二者并处。格林奈原是新加坡商业局局长，因成绩卓著曾获"杰出公务员"称号，但因在 1992 年两次犯"说谎罪"，不仅被判 3 个月监禁，失去每月 1.2 万新元的薪俸，而且受到取消 50 万元公职金和 30 万元退休金的处罚。

大部分欧洲国家公职人员的薪俸都比较高，但同时对腐败行为的惩处不仅纳入民法或刑法，而且还纳入《公务员总法》等专门法律中。在法国，《刑法典》对盗用公款、滥用职权、内部交易、收受贿赂、非法占有财务、渎职等各种被动和主动的贪污腐败犯罪行为的处罚，均有相关规定；《劳动法典》在关于代理或委托、反对不公平竞争等条款中，也有惩治贪污贿赂的规定；《公务员总法》为预防公务员利用职务之便贪污腐败，规定公务员渎职罪、盗用公款罪、从事与职务不相容之商事罪、一般受贿罪、滥用职权受贿罪等，将受到的制裁一般分为精神性的和实质性的，前者包括训诫、警告、记过，后者包括取消一次晋升资格、减薪、降职、调职、降级、临时解除职务（不超过 6 个月）、强制退休直至撤职。情节严重触犯了《刑法典》有关规定的，则将受到法律追究。在英国，对于犯有此类罪行的公务人员，处以 6 个月至 7 年的监禁，或不设上限的罚款，剥夺某些政治权利。解除职务或从犯罪之日起的 5 年内，不得担任任何公职，如果第二次再犯类似的罪行，则永远不得担任任何公共职务。而且从犯罪之日起的 5 年内，剥夺其在议会和其他任何公共机构选举中的选举权和被选举权，剥夺其获得养老金的权利。在德国，依据《刑法》，对贿赂腐败行为的制裁有两个：有期徒刑和罚金。有期徒刑最短 3 个月，最长 10 年。对法官的处罚重于一般公务员。关于罚金的规定有可操作性，把受贿处罚金额定为 5 欧元，连续三次受贿 5 欧元就要被开除公职，并对行贿者与受贿者进行对等的处罚。

（三）一些国家注重反腐败道德教育

欧洲国家普遍重视道德教育，把教育看作是根治腐败行为非常重要的基础。

抓中小学生的道德教育，意在从小培养公民的基本道德。北欧国家把宗教教育看作是培养儿童道德品质的重要渠道。小学教育中宗教教育是必修课，主要是培养儿童民主、平等、善良、诚信等意识。对于不信仰任何宗教的学生，学校则义务为他们提供伦理、哲学、价值规范等教育。英国除了通过宗教实施道德教育外，自20世纪70年代以来，学校普遍使用《生命线》系列教科书，将气质修养、行为举止的培养与发展学生的道德判断力相结合，努力创造一个关心他人的课堂环境、学校环境和社会环境。英国高校主要是通过增加人文学科在高等院校公共课程中的比重来实现道德教育，特别是进行爱国精神和守法精神的教育。这种道德教育，使正直、诚实、公正、守法、诚信、名誉等价值观深入人心，使人们养成了良好的自律习惯。

对成人广泛进行社会道德教育。英国专门设立"公共生活标准委员会"。其在1995年发表的报告中，提出了"公共生活七原则"，即无私、正直、客观、负责任、公开、诚实和发挥典范作用。这七项原则已经得到了社会公众的广泛承认，并予以遵守。法国由于原来缺乏全民范围的、普及性的反腐败教育，公众的道德判断能力较北欧国家要低，对腐败行为不够敏感，熟视无睹。为了给公民补上这一课，透明国际法国分部决定，在民间开展大规模的教育活动，以加强法国公众对腐败行为危害性的认识，培养对腐败现象的敏感性。教育的主要对象为年轻人、大学生、企业管理人员和行政管理人员。教育的主要方式是，在大学和职业培训中心开设专门课程，一本题为《面对腐败》的反腐败教材已于2003年11月出版。除大学生外，中、小学生也被纳入教育对象范围。

培养公务员的职业道德和操守，突出对执法人员进行廉洁自律教育。瑞典、芬兰录用公务员须考法律知识，上岗须进行守法宣誓。早在1923年，瑞典就成立了反贿赂研究所，专门宣传有关法规，并开展咨询活动。丹麦对警察进行职业道德教育，包括内部的纪律教育、价值观教育和职业道德教育，对警察的纪律状况进行经常性的统计和分析，防范各种潜在的违纪和腐化，并通过警察工会活动建立健全警察文化，培养警察的高度荣誉感和责任感。

欧洲国家以及世界其他一些国家的道德教育，对于完善反腐败体制至关重要，有利于从根本上防止出现法不责众的社会局面。

三 世界一些国家反腐败体制的效能

被国际社会认为反腐败效能显著的国家，标志有三：

第一，已经建立起一支相对廉洁的公务员队伍，并形成了良好风气和抵制腐败的社会基础与良好环境。

第二，由于大环境的制约，反腐败步入良性循环阶段，以往大范围群体腐败行为已不多见，即使发生个别利用职务之便的违法者，一旦发现必究无疑。

第三，反腐败体制的形成和不断完善，加之舆论推波助澜，树立了良好的国际形象，从而在国际政治与经济竞争中赢得了巨大的无形资产。

这里值得提及的是北欧国小而民寡的芬兰。近两年，芬兰连续被列入有关国际评估机构的最具国际竞争力国家榜首，并因此成为信息时代的信息强国，一时令世人刮目相看。欧美国家建立起的一整套反腐败体制及其有效实施，其成效亦反映在国际政治、经济及社会文化竞争之中。这正是世界各国对反腐败体制建设高度重视的原因所在。

亚非拉国家反腐败体制的差异很大，正在做出积极努力，有些国家很可能摆脱困境而后来居上。亚非拉各国的反腐败体制建设状况可分作两类：

第一类是反腐败体制比较完善、执法严格的国家和地区，反腐败成效卓著。例如，新加坡、韩国、以色列、南非等。现在这些国家已基本改变了大面积群体腐败的局面而走上良性循环的轨道。

第二类是基本确定了相对完善的反腐败体制但执法不够有力的国家，反腐败效果不十分明显，例如，巴西、智利、阿根廷、墨西哥、秘鲁、哥伦比亚、埃及、摩洛哥等。现今这些国家已经意识到，只有不断完善反腐败体制，且与执法严格并行，才有可能真正遏制腐败仍然猖獗的势头。

四 从世界一些国家反腐败体制建设中得到的启迪

第一，战略构想方面，在完善反腐败体制的基础上，为根治腐败确立阶段性目标，积极采取具体而行之有效的措施。我国反腐败体制机制的改革创新需要较长时间，在这一过程中，构建有效的反腐败体制并使之不断走向完善，应当与遏制腐败的战略构想同步，并互为条件。我国反腐败战略的实施可分为近中期和长远两个阶段。未来五年，我国应当初步建立起一套集立法、行政、司法、公众参与等为一体的比较完整的反腐败体制，增强其相对独立性，借助这一体制的制约，并采取成功的反腐败行动，力争达到有效地遏制腐败猖獗的势头。未来五到十年，在完善反腐败体制的同时，运用体制的力量及其制约作用，确保实现公职人员不再出现群体腐败的战略目标。

第二，法制方面，应进一步加强法制建设，体现依法反腐的大思路。在现有《行政监察法》《公务员法》的基础上，适当考虑制定一些新的法律法规，逐步健全我国反腐败的法律体系。当前亟须抓紧推出的法律是：(1)《公民举报法》；(2)《国家公务员工资福利待遇法》；(3)《国家公务员财产收入申报法》；(4)《反贪污贿赂法》；(5)《国家权力机关廉政监督法》；(6)《政务公开法》。与此同时，还须对《宪法》《党章》《地方各级人民代表大会和地方各级人民政府组织法》《国务院组织法》进行相应的修改。

第三，在组织与行动上，积极稳妥地推进我国监督组织体制改革与建设，实行监督机构的垂直领导，并把反腐败的重点放在关键的部门和领域。在中央纪委和监察部加强对派驻中央国家机关纪检组和监察组领导和管理的同时，将省和省以下纪检监察部门、审计部门由目前双重管理改为直属中央纪委、监察部、审计署领导，实行系统垂直管理，领导干部由直管机关直接任命，工作按系统直接对党中央负责。在人、财、物、事上，与地方其他党政部门分离，保障其独立性。与此同时，精简机构，裁减冗员，节约财政支出、提高工作效率。

第四，在有法可依的情况下，要求各级司法干部对人民负责、对国家负责，不徇私情，严格执法；对于玩忽职守者要根据情节严肃处理，对于情节严重者，或开除公职，或给予应有的法律惩处。在比较中看到，欧洲一些国家以及新加坡反腐败成效卓著，其中一个十分重要的原因就是，它们在长期斗争中培育了一支法制素养高且执法一丝不苟的队伍。而造就这样一支队伍，除了要进行严格教育与培养外，还须有严明的纪律。相反，在一些发展中国家，腐败久治无效，原因之一就在于官官相护、损公肥私，而执法人员却有法不依，结果是有法与无法一个样，严重破坏了国家的法治建设。从这方面看，现今，我国尤其须有一支懂法、守法、严格执法的执法队伍。

第五，对纪检监察干部的选用要高标准，并建立健全干部信息管理系统。选择纪检监察干部要经过严格程序，任命、奖励、提拔干部之前要全面考察其综合素质，包括廉洁情况。选用后至少要接受一年的业务培训，以适应工作的需要。建立纪检监察干部个人档案信息系统，中央纪委、监察部要建立全国计算机信息中心，储存全国所有纪检监察干部的信息，记载他们的个人业绩、历史功过、廉洁状况、家庭成员等信息。

第六，加速公务员工资制度改革，适当增加公职人员工资。从某种角度来讲，腐败与分配制度有关。虽然高薪不必然养廉，但公务人员工资过低，分配不合理，则可能难以保廉。财政管理制度的改革也要进一步深入，以促进制约机制的完善。

第七，加强对干部的廉洁从政教育和对广大群众的守法教育。在反腐倡廉教育上，首先要教育广大公务员树立正确的世界观、人生观、价值观和权力观、地位观、利益观，真正做到常想立身之本、常修从政之德、常怀律己之心、常思贪欲之害、常弃非分之想、常敲慎独之钟，筑牢拒腐防变的思想道德防线。同时，要着重抓好重点部门、关键岗位干部的教育，尤其对党政"一把手"更要加大教育力度，要求他们把自律、执法、守法上升到关系到党的前途和国家命运的高度，使广大干部养成自律、守法、廉洁奉公的良好道德操守。对民众的教育意在推动广大人民养成自我立德的意识，使广大群众在自身守法的同时，增强对腐败行为自觉进行监督的意识与责任心，以形成遏制腐败的良好社会环境。

国（境）外创新反腐败体制机制的有益做法及其借鉴

蒋来用[*]

[内容提要] 各国各地区都会根据发展变化的实际，不断创新反腐败体制机制，注重反腐败制度顶层规划设计，将反腐败机构放在国家权力的"显眼"位置，明晰各部门反腐职责但强调紧密合作，充分保证反腐败机构调查案件的独立性和权威性，强调反腐败机构人员具有专业能力和素质，采用法治方式反腐，促使权力监督体系健全有效，促进公开透明，尊重公民的知情权，建立社会广泛参与的反腐败机制，公务员管理制度细密严格确保队伍廉洁，务实开展廉政教育，培养廉洁精神，积极开展反腐败国际合作。借鉴国（境）外做法，可以考虑将反腐败纳入国家战略，统筹协调推进反腐败体制机制顶层设计，进一步增强反腐败机构调查腐败案件的独立性和权威性，加强公务员队伍建设和管理，实行法治反腐，加强对权力的制约和监督，为社会力量有序参与反腐败积极创造条件，加快反腐败相关配套基础设施建设。

腐败是人类共同面临的难题，不论是较为廉洁的国家和地区，还是目前腐败形势仍然较为严峻的国家和地区，都会根据发展变化的实际，不断创新变革反腐败体制机制，以达到有效遏制腐败的目的。

注重反腐败制度顶层规划设计。很多国家提出建立"国家廉政体系"，将反腐败作为国家发展战略，注意反腐败顶层设计和统筹协调，如南非非

---

[*] 蒋来用，中国社会科学院社会学所廉政建设与社会评价研究室主任，中国廉政研究中心副秘书长、副研究员。

洲人国民大会主导的新政府把反腐败作为国家战略。1994年以来，前总统曼德拉推动预防和打击腐败的全国行动，1999年姆贝基政府发起"全国反腐败计划"（The National Anti-corruption Initiative）。罗马尼亚2012年3月通过了司法部提交的"国家反腐战略（2012—2015）"，分别从预防公共部门腐败、加强反腐败教育、通过行政与刑事手段打击腐败、批准各部门计划并建立监督体系四个方面提出具体目标、相关措施、责任单位、行动计划，列出了未来将要修订的反腐败相关法律，每年发布报告，对战略实施情况进行评估。有的国家成立专门机构统筹反腐败改革和制度建设，如韩国2002年1月成立综合性的"反腐败独立委员会"，主要职责是提出预防腐败政策建议、评估反腐败政策执行情况、完善法律制度体系、受理涉腐败举报、制定并实施廉政宣教规划。意大利1996年11月成立部长主席会议的研究委员会，研究公共管理失灵、滋生腐败的原因，提出促使国家机器更有效率及遏制腐败的建议。法国1993年根据《预防腐败和经济生活与公共程序透明法》创建"预防贪污腐败中心"，受法国总理直接领导，由税收、警察、宪兵、海关、司法和内政部门近20名专家组成，全面掌握不同部门的腐败情况，提出预防性建议和制裁措施。

将反腐败机构放在国家权力的"显眼"位置。将反腐败机构直接隶属于国家核心权力，重视和强化监督权是廉洁国家和地区比较普遍的做法。英、美、法、德等国的反腐败机构大多直属于议会，或者直接向总统和总理负责，建立了全国性的、独立于地方和其他部门的反腐败侦查系统，反腐败机构在组织上自成体系，不受地方政府或其他部门左右和干扰，实行的是中央主导型反腐败模式。如美国联邦政府设立的联邦调查局，对所有滥用权力的官员都有调查权，独立检察官有权直接向议会汇报案情和提供弹劾案情。澳大利亚的新南威尔士州设立的廉政公署，独立于政府，自成体系，只对活动审查委员会和议会联合委员会负责。英国总检察长直接对议会负责。新加坡贪污调查局直属内阁总理领导，局长由总统任命，对总理负责，不受其他任何人指挥和管辖。

明晰各部门反腐职责但强调紧密合作。所有公共机构和人员都有责任防治腐败，设置多个专门机构共同承担反腐职责是各国各地区通行的做法，如匈牙利反腐任务由多个机构承担，国家审计署对国家财政进行监督，检察院参与预防违法犯罪的行动，警察局负责侦查腐败犯罪行为，国家保护署负责对警察局工作人员的不端生活行为和可靠性进行调查。克罗地亚与反腐败相关的机构包括预防腐败和有组织犯罪办公室、反腐计划执行委员会、利益冲突委员会、反洗钱司、国家审计办公室、财政部内的独立部门税务管理和海关司、公共采购办公室、中央采购局、司法部内的独立反腐败科等。在芬兰，司法总监、议会监察专员、各类专业性的监察专员、国家审计局是重要的反腐机构。在新加坡，廉政署负责监督公务员申报个人财产和收入，贪污调查局负责调查和惩治腐败，公共服务委员会负责公务员任用、晋升、调迁、免职、开除和法律控制，公共服务署负责管理公务员工资福利待遇。相关反腐机构职责明确，相互协调配合有力是反腐败取得效果不可缺少的条件。北欧国家建立了有效的跨部门联合调查侦办制度，在调查腐败类型经济犯罪、收集罪证方面建立了跨部门合作机制，以检警联合、综合协调的方式查处腐败案件。例如，瑞典在1998年成立了经济犯罪调查局，挪威在1989年建立了经济犯罪调查起诉署。瑞典形成了警、检联合的执法体系，成立了集调查、侦查、起诉于一体的部门联合执法机制。瑞典国家反腐败署的警官和调查员，需要与地方、地区警官和国家警官、检察官、法官调查署的调查员合作处理案件。国家经济犯罪调查局也会向反腐败署提供经济调查员和会计等人力支持。反腐败专门机构与其他部门建立密切联系，如瑞典国家反腐败署与审计、税务部门密切协作，搭建了腐败案件调查网络。经济犯罪调查局每年受理的经济案件近4000起，75%以上来自税务署和破产债权人，其他的来自金融监管机构、海关、欧盟事务机构、会计师和公众。

充分保证反腐败机构调查案件的独立性和权威性。保证反腐败机构独立有效开展工作是廉洁国家和地区实践证明比较有效的举措。新加坡的反贪污调查局曾经先后隶属于四个不同的部门，但由于权力有限，在行使职能中处处受到限制和干扰，反腐效果一直不理想。20世纪70年代，反贪污调查局直接归总理领导，独立于其他部门，工作局面有了根本改观。中国香港20世纪50年代到70年代，先后四次调整和充实反腐败机构的力量，其地位被逐步提升，但由于反腐败主体与反腐败对象的权力关系没有理顺，反腐败机构在行使职能时遭受各方掣肘，很难对权力部门及官员的腐败进行有效治理，导致腐败形势日益恶化。直到专门成立直属于总督府的廉政公署，充分赋予该署反腐权力和手段，高发的腐败态势才得到遏制。保证反腐败机构独立性和权威性是各国反腐败的发展趋势，如韩国2002年1月成立了"韩国反腐败独立委员会"，《反腐败法》赋予其很大的权力，保证其独立性和中立性。很多国家的反腐败调查机构享有逮捕权、调查权、搜查权，无须公诉人的命令，就可以逮捕涉嫌贪污受贿的人，可以武力进入该地方搜查夺取和扣押任何文件、物品或财产，机构和个人不提供有关证据的应视为犯罪。有的国家和地区反腐调查机构拥有使用特殊手段的权力，挪威国家经济和环境犯罪调查诉讼署调查案件可使用电话监听等。反腐败机构有较强的独立性和权威性，但并不拥有绝对的权力，仍受到来自多方的制约和监督，如必须向负责机构报告工作、财政预算受国会控制、财务支出需接受审计监督、新闻媒体严密监督等。

强调反腐败机构人员具有专业能力和素质。很多国家反腐败机构注重引进高端专业人员开展调查工作。如瑞典经济犯罪调查局大约有400名工作人员，其中包括检察官、警官、经济调查员（例如司法鉴定会计）和行政人员，调查员需要拥有很强的税务、商业运作和账目簿记方面的专业知识和技能。每个调查处都配备经济犯罪检察官、经济警察、审计员和经济专家，利用他们的专业技能，合作处理经济犯罪案件。经济犯罪调查局重视对检察官、警官、调查员、金融专家和普通行政人员进行有针对性的专业培训，使他们成为调查贿赂、欺诈和贪污腐败案件的优秀专家团。挪威国家经济和环境犯罪调查诉讼署有11个调查小组，每个小组由一名警方检察官、若干经过警方培训的调查员、若干具有金融领域专业资质的调查员以及一名行政辅助人员组成。意大利财经警察调查金融腐败时可以采取一些特殊技术和手段，如果需要更多的专业技能，检察官可以聘请外部专家。为增强重大贪腐案件专业调查力量，1999年南非姆贝基总统宣布建立"天蝎特别行动队"，破获了纳塔尔省近4000名公务员挪用社会救济资金案、司法部大规模公职人员政府采购合同欺诈案及公共住房部利用"福利房项目"获取私利等重大案件。2008年"天蝎队"解散后，又成立了"山鹰组"。阿根廷审计总署由"审计官委员会"领导，其中审计长1名，总审计官6名。这些人须有大学经济学或法学学历，并通过金融管理和审计专业资格考试。

普遍采用法治方式反腐。法治方式是廉洁国家和地区普遍采用的方式。这些国家或地区建立了以宪法为基础的法律体系，政党和其他社会组织反腐败行动均在统一的法律体系下进行，反腐败机构根据法律授权开展工作并接受监督。如英国1889年颁布了《公共机构腐败行为法》，1906年通过了《防止腐败法》，第二次世界大战以后通过《人民代表法》《选举法》《许可证法》等含有防止腐败内容的多部法令。2003年3月，英国政府在整理、综合和修订现存反腐败法律条文的基础上，颁布了《反腐败法》。美国自1883年以来先后出台了《政府行为道德法》《联邦贪污对策法》《有组织勒索、贪污贿赂法》等多部法律。新加坡建立了完善的法律体系，宪法禁止公务员经商，制定了《公务员法》《公务员守则和纪律条例》《财产申报法》《公务惩戒性程序规则》等行政法，颁布实施了《刑法》《防止贪污法》《没收贪污所得利益法》等刑事法律，还有一套五卷本的《指导手册》，对公职人员工作、生活、言论和行为作了详细规定。新加坡根据不同的犯罪形势，多次修改《防止贪污法》，确保犯有贪污贿赂罪行的人不能逃出法律的制裁。严格执法是廉洁国家和地区的共性做法。保证触犯法律者均受到追究、承担违法后果的一项重要措施就是用刑罚手段惩"小腐"行为，防止"苍蝇"变"老虎"。如美国对于公职人员收受礼品合法限额为20美元，超过限额者则属于受贿行为。新加坡《反贪污法》规定，对公职人员收受礼金或物品，无论数额大小，只要与所承担的职权相联系，均为受贿。

促使权力监督体系健全有效。权力接受立法、司法、政党、民众、新闻媒体等多方面的有效制约和监督是保证廉洁的基本前提。北欧国家均设置司法总监、国会监察专员及各类专业监察专员来监督政府。新加坡官员必须定期和制度化轮岗交流，批准发给执照和许可证实行双重检查制度，确保一个官员的决定由另一个官员审查或监督。芬兰各政府机构设有审查官，虽然该职位不是很高，但可以对行政首长作出的决策提出质疑，并进行独立调查。一位部长可以不顾审查官的异议而通过某项决策或制定某项规定，但没有审查官的签署，该决策不受法律保护。[①] 很多国家成立独立性和权威性强的审计部门，对政府及公共部门的财政财务收支进行监督，如德国的联邦审计局完全独立于立法、行政和司法之外，不服从任何上级指令，不受任何诉讼程序的限制，依法可以随时进行审计。意大利审计过程和审计结果向社会公开，公民经申请可参加预算及经费收支的讨论。有的国家和地区保障新闻记者的采访权、报道权和批评权，如欧洲很多腐败案件都是首先由新闻媒体予以披露的，大到政府对外政策，小到自己花钱购衣买物之类的生活细节都会被媒体曝光。

[①] 参见刘仲华《芬兰反腐倡廉靠机制》，载《人民日报》2003年10月27日第3版。

当然，新闻媒体的权力也受到制约，如英国设有"媒体投诉委员会"，专门负责调查对新闻媒体的投诉。欧洲各国及其他一些国家还将加强银行监管和控制现金作为遏制腐败的重要措施，防止腐败所得的款项经过银行支取、存储或转移。法国 20 世纪 50 年代就建立了"国家稽查特派员制度"，加大对国有资产的监督。

促进公开透明尊重公民的知情权。保证公众获知政府部门或重要公务人员的非保密信息成为各国各地区反腐败的关键举措。欧洲发达国家均颁布了"信息自由法"，尊重公民的知情权。西班牙规定，公民有权根据宪法及其他法律规定获得公共管理的记录文件。[①] 在芬兰，获得公共机关掌握的信息的权利是宪法赋予公民的一项基本权利，公民在索取相关信息时，不需要向有关机关解释理由。任何公民如果认为自己的知情权受到了侵犯，就可以向司法总监和议会监察专员申诉。公共机关必须采取各种措施确保公众获得相关信息，如必须制定索引置备于公共领域，必须积极公布关于自身活动和社会环境的相关信息。法律要求确保公众可以轻易地获得相关信息，如将信息放置在图书馆或者数据网络。瑞典 1766 年就通过了公民有权查阅官员乃至首相的财产与纳税情况的法律，现在几乎所有欧洲发达国家均实行这一制度。美国《政府道德法》要求被总统提名者都要公开其个人财产情况，以使公众和媒体可以检查是否存在利益冲突的情况。芬兰个人信息采集、管理以及顾客信息资料保存系统非常发达，可以轻松获得某人的投资信息和财产情况。尽管不要求公职人员申报工作外活动、受雇佣等情况，但其兼职等行为很快会被发现。

建立社会广泛参与的反腐败机制。鼓励、争取公民与社会组织大力支持和主动参与是很多国家走出腐败高发期不可缺少的政策。韩国《反腐败法》明确规定要加强与民间组织的合作，民间机构参与清廉状况的调查评估，为反腐败提供理念、智慧、技术支持，推进反腐败体制机制创新、保持活力。2005 年，韩国政治部门、公共部门、企业和公民共同签署"韩国反腐败与透明公约"，成立公民社会组织反腐败与透明公约委员会，来监督和评估"公约"的实施和信息传播。克罗地亚政府成立了 11 人组成的防止利益冲突委员会，其中 6 名是议会议员，其余为社会知名人士。新加坡反贪机构利用传媒、广告、互联网、通信等现代技术，使大众时刻关注

---

① http://www.oecd.org/gov/fightingcorruptioninthepublicsector/1815414.pdf.

贪污问题，与民众广泛联系。美国19世纪80年代兴起的平民党运动促使政府对大企业的非法侵权行为实行有效控制，19世纪80年代和90年代的工农运动遏制了公职人员和产业巨头的腐败行为。进入20世纪，进步主义运动掀起了公共部门的改革浪潮，对降低公共部门的腐败程度发挥了重要作用。印度中央监察委员会创建"清洁印度委员会"，加入该委员会的除了中央监察委员之外，还有一些著名的法官、工商业协会、非政府组织以及各大城市中的银行业调查员、保险业调查员[①]等。2001年，南非创建了由民间社会、商业界和政府三方组成的"全国反腐败论坛"，以在公众中形成反腐败的共识，提高诚信道德和社会认知程度，并向政府提出相关的建议。1999年4月，南非中央和省级政府部门设立了举报热线，政府社会发展部设立24小时免费热线电话以及专门电子邮箱，供民众检举社会保障系统的腐败和欺诈行为。阿塞拜疆的反腐败基金会在总统和非政府组织的支持下，于2012年6月启动了"促进公民与政府机构之间的相互作用以确定贪污腐败"计划，进行了一系列公众参与的反腐败活动，如组织地区接受举报和投诉的热线电话，组织虚拟服务机构、为公民提供咨询和宣传等法律援助，对国家反腐败工作现状与成效进行跟踪研究。[②] 很多国家的企业已经成为反腐败的重要社会力量。如瑞典的国有公司，特别是一些金融企业，在经营中有意识地对腐败现象防微杜渐。国际瑞典基金将OECD《打击在国际商业交易中向国外公共机构官员行贿的公约》精神融入公司"认股和股东协议"及"贷款合同"之中，将商业贿赂视为对合同条款的违反。瑞典出口信用公司特别要求融资申请人出具书面文件，保证被担保的交易未牵涉任何贿赂。在贷款申请表格和贷款文件上，瑞典出口信用公司设有反贿赂条款。

公务员管理制度细密严格确保队伍廉洁。相对较廉洁的国家和地区一个普遍的做法是，实行公务员制度，制定具体可操作的职业伦理道德法律，对公务员严格管理。按公务员实行公开招聘，经过严格审查方能录用，如芬兰采取所谓"职位制"（Position System），所有新设职位、空缺

---

① 银行业调查员（Banking Ombudsman）、保险业调查员（Insurance Ombudsman），指专门调查公民对政府或渎职官员提出控告的特派员。

② Фонд Борьбы с Коррупцией реализует новый проект, http://www.aznocorruption.az/rus/602-fond-borby-s-korrupciejj-realizuet.html.

职位，均开放给提出申请的任何人，并不限于现职的公务人员。① 美国 19 世纪后期开始的文官改革运动把择优录取的原则引入了对官员的录用，1883 年促使国会通过了《彭德尔顿法》，实行轮岗制度和权力约束机制。如德国政府规定，公务员 5 年必须轮岗交流。对于容易滋生腐败的部门，则规定一般 3 年必须轮岗；警察等特殊职业的人员执行公务必须坚持两个人以上把关和同行，不能个人单独行动。制定行为准则，规定非常细密，行为受到很多约束和限制。如在新加坡一旦成为公务员，必须申报财产，并在法院作资产宣誓证词。购买股票必须经过批准，不准私人经营买卖或兼职，不准接受任何人赠送的礼品，不得接受宴请，不能向下属借款，向亲友借款不得超过本人三个月的工资；不准进酒吧、舞厅、红灯区；不准穿时装或奇装异服，不准留长发。丹麦规定，公务员不得接受礼物或其他利益，不能接受免费或优惠的旅游服务、交通工具、门票、旅行补贴或宴会等。特别情况下才可以接受价值较低或具有象征意义的礼物。例如，丹麦驻越南使馆要求工作人员接受的礼物不得超过 50 美元，且必须以使馆的名义接受。公务员行为决策公开透明，接受多层监督，违反法律将受严惩。如《冰岛刑法典》规定，公务员为本人或他人索取、收受或者承诺接受与其履行职务有关的、其没有权利获取的礼物或其他所得的，为贿赂犯罪。新加坡规定，公务员不申报财产或作虚假申报都是犯罪，对于申报的财产说不清来源，则被推定为贪污所得。南欧各国防止公务员腐败的法律法规比较分散和宽松，远没有北欧国家完善，因而其腐败也要严重得多。

以合适的收入福利制度保障公务员廉洁。新加坡政府认为，政府有责任确保公务员有适当的收入来减少贪污。政府每年还通过咨询机构调查私营企业的工资水平，一旦公务员工资低于私营企业人员时，就提高工资，以保证公务员有较高的收入。20 世纪 70 年代至 80 年代，新加坡政府就曾经连续四次给公务员加薪 20%。新加坡公务员还享有医疗福利、贷款优

---

① "职位制"的主要特征是：（1）录用人员不限于初级职位，包括高级职位在内的所有职位空缺都是开放录用；（2）认可在私营部门的工作经验；（3）特定的职位要求具备特定的技能；（4）没有定式化的录用制度；（5）没有升职或者加薪的制度性权利；（6）不根据"工龄"决定薪酬和加薪；（7）工作并非永业化（no job for life）。这就与所谓的"职涯制"（Career System）形成鲜明对比。"职涯制"的特征在于，人员录用一般限于最低层级的职务，有限度地认可公职以外的工作经验，大多数工作的条件由法律规定，法律明确规定薪酬体系，具有一套退休制度等。我国目前公职人员的选任机制便是所谓的"职涯制"。参见桂宏诚《芬兰政府体制与公务人员制度简介》，http://www.npf.org.tw/post/2/9412，访问时间：2013 年 1 月 1 日。

惠、住房优惠、集体保险等多种福利待遇，还建立了公积金制度，当公务员违法贪污后，全部公积金或者养老金就会被取消。中国香港和澳门建立公务员薪酬调查制度，参考企业人员收入水平，确定和调整公务员收入。芬兰根据本国的经济发展水平，为公职人员提供了中等水平的薪酬待遇，虽然并不是非常高，但足以保障维持体面的生活。再加上公职人员享有较高的社会地位，受到人们的尊重，使得公务员成为一份比较吸引人的职业。法国公务员高于社会平均工资水平，而且随着职务的升迁，收入会不断增加，福利待遇优越，每年可领13个月的工资，享受安家费、子女入托、入学补贴、公休、病假、产假等不少于25种的补贴和社会福利，退休后还可以领取一笔可观的退休金。

务实开展廉政教育，培养廉洁精神。对权力行使者进行教育几乎是所有国家和地区的通行做法。有的国家避免空洞说教，注重灵活运用能够提高教育针对性和有效性的措施，如澳大利亚公务员管理委员会将公务员行为准则和价值观印制成小卡片广为散发，要求公务员熟知并遵守。据调查，94％的公务员掌握价值观和行为准则。韩国对公务员以《公职人员行为指南》等为主要内容，培养廉洁操守、法治精神、道德素质和行为规范；在中小学课程教育中让孩子们从小树立腐败可耻、清正廉洁做人的意识；支持和帮助民间社会组织举办反腐败展览、印刷宣传画册以及通过电视、网络等形式来提高全体社会成员的反腐败意识和清廉意识。有些国家还在中小学普遍开设道德教育课程。如英国的学校普遍使用《生命线》系列教科书，通过正式开设道德教育课来进行教育。法国预防腐败教育的主要对象是国家公务员，重视对公务员队伍整体进行职业道德、操守和行为规范教育。在大学和某些职业培训中心（如警察学习与培训中心）开设反腐败课程，对大学生、企业管理人员和行政管理人员进行反腐败教育。新加坡对公务员培训要求做到"两手干净"，对国民价值观的培养从小开始，注重提倡诚实、正直的价值观。芬兰中央政府各机关运用在公务人员培训的经费，每年约650万欧元，约为人事费用的3％。[①] 对新进公职人员进行价值观、伦理、职业道德等内容的入职培训，特别强调与腐败预防有关的问题和信息。在警官和检察官基本培训中，专门的腐败预防培训成为重要

---

① 参见桂宏诚《芬兰政府体制与公务人员制度简介》，http://www.npf.org.tw/post/2/9412，访问时间：2013年1月1日。

的内容。

积极开展反腐败国际合作。在一个开放的世界里,不能关起门来反腐败。除了经济发达特质之外,目前比较廉洁的国家和地区多数也是开放度较高的国家和地区,非常重视与其他国家和地区开展反腐败合作。例如芬兰批准加入了《在国际商业交易中反对行贿外国公职人员公约》《打击涉及欧洲共同体官员或欧洲联盟成员国官员的腐败行为公约》《反腐败民法公约》《反腐败刑法公约》《联合国反腐败公约》等国际公约,修改本国法律和改进反腐败做法,落实相关公约的要求。芬兰积极参与各类国际性机构提出的反腐败议题,通过提供资金支持、技术援助等方式,支持世界银行、透明国际、世界经济论坛等国际组织开展反腐败项目。联合国、世界银行、经济合作与发展组织等国际组织通过国际条约或公约在全球范围搭建反腐败体制。区域性反腐败合作体制为各国反腐败提供新的平台,如欧盟通过了《欧共体金融利益保护公约第一备忘录》,将主动腐败(行贿)和被动腐败(受贿)规定为刑事犯罪。欧洲委员会出台了《反腐败刑法公约》,敦促各成员国制定腐败罪的统一标准。2003年7月,非洲联盟首脑签署了《非洲联盟反对和防止腐败公约》。拉美地区重要的反腐败公约是《美洲国家反腐败公约》。亚洲地区一些国家共同制定了《亚洲和太平洋地区反腐败行动计划》。2003年12月,18个国家签署了倡议书,提出在政府部门、私人机构和市民社会中先采取反腐行动。

借鉴国(境)外的有益经验,可以考虑从以下方面创新我国反腐败体制机制:

第一,将反腐败纳入国家战略,由国家全面深化改革小组统筹协调推进反腐败体制机制顶层设计,通过改革消除制度性障碍。积极探索纪检监察、检察、公安、法院、审计办案协调合作机制,保证侦办腐败案件的速度和质量。合并纪检监察机关与检察院反贪污调查局。增强审计的反腐功能和作用,在纪检监察机构中增设审计岗位和人员,加大审计过程和结果向社会公开力度。

第二,进一步增强反腐败机构调查腐败案件的独立性和权威性。推进纪检监察派驻机构、上下级纪委领导体制改革,赋予腐败案件调查机关更多权限和手段,强化上级纪检监察机关对下级纪检监察机关的领导。明确反腐败机构的职责,转变工作方式,中央纪委、省(市、区)、市、县(区)纪检监察机关的主要职责为查处违纪违法案件和防止腐败。部门、国有企事业单位内部纪检监察组织的职责重点为防止腐败、反腐倡廉教育，配合协助调查腐败案件。加强反腐败机构干部队伍专业化建设，选调经验丰富、能力素质强的财务、会计、法律、IT、通信等专业人员充实办案力量，增强办案人员业务的能力。

第三，加强公务员队伍建设和管理，适度提高公务员的工资待遇。推行公务员聘用制，适当增强公务员岗位竞争性。加强公务员利益冲突管理，完善职业道德准则，有效开展廉洁从政教育。实施以俸养廉政策，建立公职人员薪酬调查机制，比照企业相关人员工资，建立浮动的薪酬制度，为公务员建立住房、入托等福利安排。

第四，实行法治反腐。将党的纪律转变为国家法律，相应党内有关执纪机构与执法机构合并，将《反腐败法》《防止公务员利益冲突法》纳入立法规划。将提高法律制度执行力作为法治反腐败的重点，严格执法问责，加大对执法的监督。

第五，加强对权力的制约和监督。分解党政正职的权力，推行"一把手"不得直接分管财务、人事、工程建设、采购、物资等制度。建立重大决策复核机制，成立由专家组成的复核小组，对重大决策进行审核评议。对关键岗位和人员必须定期进行制度化轮岗交流，实行双重检查制度，尽量缩小公职人员的自由裁量权。加大境外人员、项目、资金的监管，建立内部自查和审计制度，利用现代网络通信技术建立远程监控机制。

第六，为社会力量有序参与反腐败积极创造条件。充分保障主流新闻媒体披露腐败案件的采访权、报道权和批评权，加大对腐败案件和不良作风的曝光力度，加强对微博、社交网站、手机平台等新媒体的管理，引导其积极发挥作用。深入推进信息公开工作，提高党务政务和办事公开的质量，满足群众获取和利用政府信息的需求。建好便于群众参与和操作的监督渠道，对群众意见和举报及时反馈处理，重视政府与非政府组织的对话与合作，加强反腐舆情分析研判，组织专家学者开展廉政研究提出对策建议，积极回应公众关注的腐败热点和焦点问题。

第七，加快反腐败相关配套基础设施建设。首先，加快推进社会诚信体系建设，将住房、汽车、证券、存款、税收、出入境、法院判决、治安处罚、工商登记、行贿记录、公用服务前缴费等信息的归集共享。其次，加强银行监管，落实好金融实名制。进一步强化金融机构发现腐败的职能，明确银行搜集、分析、监控和举报非法资金流动的法定义务。推动各商业银行网络的互联互通,对异动资金适时动态监管。再次,加强对现金交易流通的限制,严格规定现金交易提取的限额,大量现金存入要提供收入证明,强化对商业银行的业务审查。最后,让企业承担更多反腐责任。要求企业将商业活动纳入防止腐败考虑,商业合同须设有反贿赂条款,将商业贿赂视为合同违约的充分条件。对有行贿记录的人员求职要设立职业门槛,在有关部门的"黑名单"中有行贿记录的企业,要设立交易合作的限制。

部分国家反腐败体制考[*]

刘 君[**]

[内容摘要] 本文共分为四个主要部分。首先，本文对腐败、反腐败与反腐败体制等数个基础性概念予以探究。其次，根据相关因素，本文选取了七个在反腐败体制上具有特色的国家和地区，针对其反腐败体制的具体情况——展开详述。再次，在以上分析的基础上，本文总结出两种不同类型的反腐败体制，并对其特点进行了简单评析。最后，根据前三部分内容，本文总结出当前部分国家和地区反腐败体制的四个方面经验。本文指出，我们应该从世界其他国家和地区惩治、预防腐败的成功经验中，借鉴与中国国情相适应的制度、措施，抓紧建立健全适应中国具体情况的惩治和预防腐败体系。

一 基本概念

（一）腐败

尽管腐败渊源甚久，而且在现代社会是一个极为普遍且显而易见的现象，但是要在各国之间给腐败行为下一个通用定义却比较困难，至今没有各国一致认同的腐败的定义。各个国家的社会发展阶段不甚相同，加之受各国历史文化、地理环境等因素的影响，人们对待某类行为的态度也不尽相同。相同的行为在一国被定性为腐败行为，另一国则可能视其为合法行为，或者至少不是非法行为；在发达国家中普遍存在的某些腐败行为，在

---

[*] 本文的写作受益于陈泽宪研究员、导师屈学武研究员的悉心指导。谨在此表达诚挚谢意。
[**] 刘君，江西师范大学政法学院讲师。

不发达国家里甚至不可能会发生，因而也就不存在将其定义为腐败行为的问题；反之亦然。

然而，纵观各国反腐败体制以及国际组织的反腐败公约规定，我们仍可以对腐败行为做出一个大致的概括。韩国在《腐败防止法》中所规定的"腐败行为"主要包括公职官员的以权谋私行为及其造成公共财产损失的行为。①《美洲国家组织反腐败公约》将"腐败行为"的范围界定在受贿行为、行贿行为、徇私舞弊行为、转移、藏匿腐败所得财产的行为等。②联合国在《反腐败的实际措施》中指出，"各种形式的对廉政和对国民极为有害的官场舞弊行为"通常包括，偷窃、挪用和侵吞国家财产的行为、滥用职权牟取不正当利益的行为、利益冲突的行为③、隐瞒不报财产的行为以及政治性捐助的行为等。上述各国和组织关于腐败行为的范围界定各不相同，但我们仍可以清楚地看出：但凡腐败行为都与公权力的行使紧密联系，脱离了公权力则不存在腐败行为。正如《反腐败刑法公约的解释性报告》中所指出的，腐败是"一种最为恶劣同时也是最为广泛的有害于对公共事务进行正常行政管理的行为方式"。腐败行为的本质特征在于权钱交易、腐蚀公权力。国际透明组织对腐败的定义是：公务员滥权谋私。撇开具体各国的不同情况，我们认为，一般所称的腐败行为，至少应包含以下行为：贪污、贿赂、徇私舞弊等。

---

① 韩国《腐败防止法》第2条规定："腐败行为"适用于以下各项行为：（1）任何公职官员滥用其职位或权威，或者违反法律和与其职务有关的附属法规，为本人或第三方牟利的行为；（2）在执行公共机构的预算，取得、管理或者处理公共机构的财产，或者签订和履行公共机构作为一方当事人的合同的过程中，违反法律和附属法规，对有关公共机构的财产造成损失的行为。

② 《美洲国家组织反腐败公约》第6条规定：本公约适用于以下腐败行为：（1）政府官员或执行公共职能的人为自己、他人或实体直接或间接索取或收受任何数量的金钱，或其他利益，如礼物、恩惠、允诺或优待，而以自己履行公共职能时的作为或不作为为交换条件的行为；（2）为自己、他人或其他实体直接或间接向政府官员或执行公共职能的人，提供或允许其收受任何数量的金钱或其他利益，如礼物、恩惠、允诺或优待，而以其执行职能时的作为或不作为为交换条件的行为；（3）政府官员或执行公共职能的人，为了使自己或第三方牟取非法利益，在履行职责中的作为或不作为行为；（4）以欺骗方式使用或隐匿由本条所涉行为所取得的财产的行为；以及（5）作为主犯、共犯、教唆犯、从犯或事后帮助犯或以任何其他方式参与实施或参与企图实施，或参与勾结或同谋犯本条涉及的任何行为。

③ 公职与私利之间的冲突如果没有得到正确处理，如立法人员支持某一项目，该项目只为自己谋取经济利益，或者立法人员通过他人代持股份，隐瞒股东身份，乘机从所立法规中得到利益，在这种情况下，社会即应考虑是否给予刑事处分。

(二) 反腐败与反腐败体制

基于以上对腐败行为性质的界定，反观当今世界各国的反腐败活动，我们发现，所谓"反腐败"，主要还在于如何有效地监督和限制公权力的行使，防止公权力被滥用现象的发生，确保公权力行使者廉洁、公正、透明。①

而关于反腐败体制，我们认为，它主要还是指与反腐败工作相关联的，关于监督与制衡机制、惩处与打击机制以及道德教化与民众参与机制等方面组成的有机体系。具体地讲，一个良好的反腐败体制应至少包含三方面内容：

其一，从监督与制衡的层面上讲，往往体现在各国关于公职人员的反腐制度设置上。通常均以法律的形式确立对腐败行为的惩处，并依靠针对公职人员完备的管理法规、全面的监督机制，减少腐败行为发生的场合或者机会。

其二，从惩处打击的层面上讲，现代国家大多设置了独立的或内设的反腐败机构。各个国家往往集中精力投入到调查、控诉腐败行为等具体反腐活动上去，进行严密的调查、施加严厉的惩罚。

其三，从道德教化的层面上讲，各国政府通常通过对公职人员进行道德引导，倡导并确立正确的价值观，以及对公众进行反腐倡廉的宣传等不同途径，营造出监督与谴责并存的良好的社会环境，道德教化在整个反腐体制中起的是从根源上遏制腐败的作用。

事实上，任何行之有效的反腐败体制，往往都是将上述三者融合在一起，共同抵制腐败行为。孤立地进行某一方面的工作，恐怕很难甚至不可能达到反腐败的良好效果。

二 部分国家反腐败体制样本分析

考虑到社会发展水平、地理环境、政治制度等具体因素以及文章的篇

---

① 必须提请注意的一点是，这里所提及的与腐败紧密相关的"公权力"的行使者，并不仅仅局限于立法、行政、司法三权分立中行政部门的工作人员——我国通常所称的"公务员"，而应包括立法、行政、司法在内的所有行使公权力的人员，可统称为"公职人员"。

幅，本文分别选取了芬兰、瑞典、英国、美国、新加坡、韩国等国家的反腐败体制作为样本进行剖析，以便快速而大致地了解当前部分国家和地区的反腐败体制现状。

（一）芬兰

近几年来，芬兰在透明国际组织的廉洁指数排行榜上稳居前茅，其在预防、打击腐败方面的出色成绩得到了全球各国的认同和钦羡。具体考察芬兰的反腐败体制，我们认为，芬兰治腐的成功可归因于以下几个方面：良好的社会道德风尚；政府工作的透明与开放；完善健全的法律制度以及行之有效的监督机制。

首先，芬兰政府重视培育良好的社会道德风尚，形成了有利于打击腐败活动的社会文化环境。公民的道德素质普遍较高，这主要得益于良好的教育环境。儿童在初级学校就学习社会学课程，在高中则开始学习法律知识。这样，青年人在步入社会之前就已具备基本的法律知识和遵纪守法的观念。公务员上任后最重要的一件事，就是首先弄清楚"腐败"的界限，即接受礼品或受请吃饭的上限是什么。据说流传最广的一句话是："公务员可以接受一杯热啤酒和一个冷三明治，但如果喝上葡萄酒那就危险了。"[①]

其次，在政府工作方面，芬兰坚持了政府行为透明、公开的原则。公共部门的一切都要向公众公开，接受市民和舆论媒体的监督。政府档案馆以及公共部门的所有档案材料不仅对专家和研究人员开放，而且也对新闻界和公众开放。公民在需要时可以通过这一途径了解政府部门的有关情况，从而有效地防止政府部门滋生腐败。[②] 因此，政府官员的所有行为都处在公众的监督之下。由于芬兰的疆域较小，新闻舆论与民众的积极参与在反腐活动中也能发挥重要作用。腐败行为很容易被新闻媒体揭露出来，同时，任何公民都有权自由地检举和揭发违法的政府官员。应当注意的是，芬兰政府为公民提供了各种机会，让每一个人都可以对政府官员的工作进行监督。而且任何人发现政府官员有渎职行为都可向警方告发或向其

[①] 刘仲华：《芬兰反腐倡廉靠机制》，载《人民日报》2003 年 10 月 27 日第 3 版。

[②] 参见赵长春《芬兰廉洁之最秘诀：公民自律 政府工作透明公开》，载于新华网（http：//news. xinhuanet. com/globe/2004—03/10/content_ 1356728. htm）。

上司检举，甚至可以直接向法院起诉。

最后，在机构设置上，芬兰设立了政府司法总监和议会行政监察专员公署。芬兰宪法第37条以及第46—48条规定，国务委员会设司法总监一人，行使最高法院检察官和最高行政法院检察官的职能，以维护国家利益，并在他认为必要时由他本人或其指派人员在其他法庭提起公诉。司法总监以最高检察长的身份对其他检察官实施监督，其他检察官必须执行他的决定。如果国务委员会或其任何成员在行使职务时违反法律，司法总监应提出劝谏并指出其违法之处。如果国务委员会成员的上述违法行为应受宪法第59条所说的特别高等法院的追诉且经总统同意时，应由司法总监提起公诉。[①] 如果总统认为无须追诉，司法总监有权直接将该案报告议会。如果总统决定对司法总监起诉，则该案应由总统指定的人员提出。如果总统在行使职务时违反法律，司法总监应按上述规定提出劝谏。如果司法总监或国务委员会犯有叛国罪，应将此事报告议会。如果议会以全体议员的3/4多数票决定弹劾总统，应由司法总监向最高法院提起公诉，在此期间，总统应停止行使职务。除上述规定情况外，总统的一切行政行为不受弹劾。司法总监应就他所采取的措施以及他对执行法律的意见，向总统和议会提出年度报告。

至于议会行政监察专员公署，该署监察专员由议会无记名投票选举产生。任职期间，议会不能罢免其职务，除非案件涉及政府部长，不能向他发出工作指令或指派工作。监察专员对公署工作负全权责任，向议会负责。

（1）监察专员的管辖范围。监察专员的主要职责是监督国家官员和国家机构行为的合法性。除共和国总统、政府司法总监等极少数人外，所有国家工作人员，包括地方政府官员、法院法官、军人以及任何以官方身份工作的人，都在其监督之下。监察专员对国家官员和国家机构的任何公务行为都可以监察和审查，不仅有权调查一项决定的客观合法性，而且有权审查做决定的整个过程。监察专员有视察各政府机关和公共机构，上至国务委员会，下至法院和地方自治委员会，并有出席它们的决策会议的权力。实际工作中，监察专员对延误、失职、滥用等行为也可进行干预。

[①] 芬兰宪法第59条规定：司法总监、国务委员会成员、最高法院法官或最高行政法院法官因行使职务时的违法行为受到弹劾时，应由宪法性法律规定设立的特别高等法院审判。

(2) 监察专员的职责权限。公署受理的案件，由监察专员独自作出处理决定，其最强大的武器是"检控"。芬兰监察专员被赋予了起诉违法官员的权力，并且对其管辖范围内的任何政府机构和官员都适用。对一般官员，监察专员可以命令公诉人或公署调查官执行。对政府内阁成员、最高法院法官等高级官员，则由监察专员亲自起诉。若发现政府部长有违法行为，监察专员首先要向政府发出正式提醒。若政府对提醒置之不理或提醒失去实际作用，监察专员便向议会报告，待议会批准后起诉。监察专员对一般案件通常不诉诸法律，只有严重违法案件，非经法院裁决的案件，以及对拒不悔改的官员，监察专员才动用检控权。

(3) 监察程序。公署的案件信息主要来源于公民投诉。调查中，调查员可以检查任何地方，查阅任何文件资料，可以要求与调查案件有关或无关的任何人就有关事项给予解释或说明。必要时可以要求警方协助调查。芬兰的《监察专员训示》还特别规定，监察专员有权就任何事项向有关政府部门提出建议，对法律法规中存在的缺陷和问题提出修改意见，对不良行政程序和做法提出批评或直接提请国务委员会审议。①

此外，1957年生效的芬兰宪法第59条规定，每届议会应按照选举议长的程序选举著名法学家一人为议会司法代表，任期四年。议会司法代表依照议会的指示对各级法院及其他机关遵守法律的情况实施监督。另设副司法代表一人，其任期及选举程序与司法代表相同。司法代表不能履职时，由副司法代表代理。议会司法代表在出席国务委员会会议、各级司法及行政机关的会议方面享有如同司法总监的权利，有权查阅国务委员会及其各部的会议记录，以及各级司法及行政机关的会议记录，并依法对渎职和失职人员提起公诉。司法代表应就其履职状况、司法状况以及他认为的立法疏漏，向议会提出年度报告。

(二) 瑞典

另一个北欧国家——瑞典，在透明国际组织的廉洁指数排行榜中也一直稳居前列。它在反腐败体制方面的特点在于其议会行政监察专员制度。瑞典的这一制度不仅历史悠久，而且在世界范围内也具代表性和示范性。

---

① 参见孔祥仁《芬兰行政监察专员公署：守护廉洁》，载于正义网（http://www.jcrb.com/n1/lzzk/jcrb215.htm）。

现简要介绍如下：

第一，关于议会行政监察专员的组织结构。瑞典议会设有4名行政监察专员，由议会两院从具有杰出法律知识和秉性正直、社会威望较高的人士中投票产生。除议会外，任何人无权免去其职务。在职期间，监察专员享有最高法院法官的待遇。4名监察专员互推一人为首席监察专员，负责协调工作。

监察专员在工作上有一定的分工：（1）首席监察专员主管税收、人事、政治文件向公众公开等方面的案件，也处理与预选举有关的问题；（2）第二专员主管司法与监狱的案件；（3）第三专员主管武装部队和一切不属其他官员管辖的民政事宜，主要为地方政府方面的案件；（4）第四专员主管对企业和事业方面的监察。以该4名监察人员为首，议会设立了监察专员公署。

第二，关于议会行政监察专员的监督范围。瑞典议会行政监察专员的监督范围包括政府行政工作的所有领域以及国有化工业和保健事业。但内阁部长、大法官、议员、中央银行董事，通常由选举产生，由议会直接监督而不由监察专员监督。监察专员与法院的管辖分工通常采用以下标准：对有可能提起公诉的案件，则由监察专员管辖。如果监察专员受理了可能起诉的案件，法院通常不再管辖。

第三，关于议会行政监察专员的职权。监察专员进行监督的方式主要有三种：受理公民申诉，并进行调查；主动进行调查；主动进行视察。受理公民的申诉和控告是议会监察专员公署的主要日常工作。当公民认为自己的合法权益受到行政机关及其工作人员的不法侵害时，可以向监察专员提出申诉或控告，申诉的方式以书面材料为主，也可以采取电话或口头的方式。监察专员在调查中，有权要求政府提供与案件有关的任何文件；各级官员都有义务向监察专员汇报和介绍工作情况，否则要受到罚款或行政处分；监察专员有权要求被调查单位对重大问题做出书面说明，并征求有关专家和利益集团代表的意见，核实证据；对无法单独进行的案件，可以请求有关机构协助；等等。

第四，关于议会行政监察专员的处理权。监察专员接到公民的申诉后，先进行初步审核，通常分为3类，即拒绝受理、移送其他国家机关和立案调查。对立案调查的案件，经过调查取证，监察专员可以做出以下定性处理：（1）退回无理申诉。监察专员在接到公民的申诉后先要作出合理判断，判断公民的申诉是否属于自己的管辖范围，如果不属于自己管辖范围内的事，则可予以拒绝。但是，监察专员不能无故拒绝受理公民的申诉或控告，否则公民可以向议会宪法委员会提出申诉，对于那些不称职的监察专员，宪法委员会可以撤销其职务。（2）向行政机关提出建议，如放弃、修改某些不当行政决定，给予受到非法侵害的申诉人一定补偿或者赔偿，或者向上级主管机关建议对某些行政人员加以行政处分。（3）向犯有轻微过失的行政机关或行政人员提出批评，以促使他们纠正错误。（4）对犯有重大过失或违法的行政机关及其工作人员提起控诉。①

（三）英国

受政治体制以及经济、文化因素等影响，英国反腐败有关的法律规定、措施以及机构等比较分散，没有全国统一的反腐败领导、协调机构，而是条块分割、互不隶属。英国议会的专门委员会、政府各部委的反欺诈部门、各种监督机构以及各类监察专员署乃至司法机关等，组成了英国反腐败体制中多层次、多渠道的职能机构。而在反腐败的策略方法上，主要采取了教育、防范、惩处三项措施，其中更多地强调教育和防范。②

1. 议会对政府、公务员的监督。其一，国家审计署。1861年，英国议会下院设立决算审查委员会，首次建立了统一、独立的审计机构。根据1866年、1921年《国库审计部法》，1983年《国家审计法》以及2000年《政府资源与账目法》四部法律，英国国家审计署完全独立于政府之外，代表议会对政府公共开支进行审核，监督政府运作，向议会报告工作。它所审计的对象包括所有政府部门、政府机构以及使用公共资金的社会团体，并负责审计所有"国家贷款基金"（即国债资金）账目。审计内容主要是公共资金的绩效审计，即对于公共资金使用上的经济性（Economy）、效率（Efficiency）和效果（Effectiveness）进行审计。③

国家审计署直接向议会下院的公共账目委员会负责，并向其提交报告。公共账目委员会的主要职责在于对国家审计署提交的报告进行审核。④

---

① 参见艾政文、胡松《瑞典议会监察专员制度》，载《人大研究》2004年第7期。
② 参见于超柯《英国：有自己特色的反腐败机制》，载《中国检察》2004年第6期。
③ See the website of national audit office, http://www.nao.org.uk/.
④ See the website of public accounts commission of the united kingdom parliament, http://www.parliament.uk/parliamentary_committees/public_accounts_commission.cfm.

该委员会可以向政府提交报告建议，政府须在两个月内予以回复，该委员会再根据政府的回复决定是否进行进一步调查。

其二，议会行政监察专员。英国于1967年议会通过《议会行政监察专员法》，并正式成立了英国议会行政监察专员署。议会行政监察专员公署是一个独立的机构，其管辖的范围只限于公民由于中央行政机关的不良行政行为而使利益受到侵害时的申诉。议会监察专员的职责是：监督政府机构及其工作人员，保证他们依法、合理地履行公务，防止其不当活动侵害公民的正当权益，保护因政府不当活动而受到侵害的公民，但它不负责地方政府、法院等方面的监督事项。公民不能直接向其投诉，必须先投诉于议会下院议员，议员认为自己无力解决的问题才转交议会监察专员调查处理。议会监察专员的权力只限于由下议院议员转达来的投诉案件，并向政府提出解决和改进工作的意见，采取补救措施的建议，但不能推翻或改变行政机关的决定。如果有关行政机关不接受议会监察专员的建议，议会监察专员有权将有关调查公之于众，并提交议会向有关部长提出严厉质询。

其三，地方行政监察专员。英国地方行政监察专员是议会行政监察专员体系的一部分。1969年的《北爱尔兰议会行政监察专员法》设置了北爱尔兰议会行政监察专员，英格兰和威尔士在1974年分别设立行政监察专员，1975年的《苏格兰地方政府法》设置了苏格兰行政监察专员。地方行政监察专员的管辖范围包括地方议会和议员、地方政府有关机构及官员等，其主要任务是调查公民在其利益遭到地方当局的不良行政行为侵害时的申诉和控告。地方行政监察专员的申诉制度以及其他职能与前述议会行政监察专员基本相同。

2. 政府内部的监督。在政府部门内设有多种内部监督机制，它们对于预防和惩治腐败行为所起到的作用是最为直接和最为根本的。例如，英国财政部每年都对发生在政府机构内部的欺诈行为的性质、类型、原因、数量、金额和追缴方式等提交一份详细报告。它还会适时发布一些指导政府各部门防止欺诈行为的原则。再如，成立于1998年9月的国民保健署反欺诈处，主要针对国民保健系统出现的行政管理人员和供药商相互勾结伙欺诈国家钱财，医生和患者相互勾结多开多报、虚报冒领等严重欺诈行为进行调查。其制裁方式主要有：一是追究职业纪律责任，主要是行政处罚或职业资格方面的纪律制裁；二是追究民事责任，主要是由反欺诈处向法院提起民事诉讼追回给国家造成的经济损失；三是依法直接向法院起诉追究刑事责任。另外，国内税收署、工作养老金署以及国防部等部门还设有反欺诈小组等专门反欺诈机构，以对某类欺诈或者腐败行为展开调查或提起诉讼。[1] 此外，英国政府还在卫生医疗系统专门设立了卫生医疗行政监察专员，以调查卫生医疗机关对公民造成的不公平待遇或权益损害情况。卫生医疗行政监察专员享有议会行政监察专员所具有的一切调查权利：可以要求有关单位出示文件、材料及有关证据；在取证方面，享有与高等法院同等的权力。

（四）美国

根据美国司法部的统计，每年因贪污而受到联邦政府指控的公职人员为千余人左右。二十多年以来，每年查处的腐败官员数量基本上比较平稳。这主要得益于美国严密而高度效率的公务员监督和管理机制。关于美国的反腐败体制，除了法院组织、联邦调查局、检察机关和总审计署之外，还包括监察长办公室、政府道德署以及独立检察官等独立机构。

首先，关于监察长办公室。这是根据1978年《监察长法》的规定，设立在美国中央部门及独立管制机关内部的监督、调查组织，负责审查、监督各部门的业务活动和经济效果，以及本部门官员行为合法性。监察长由总统任命，并经国会参议院同意，对总统和国会负责。作为政府机关内部的防贪肃贪机构，监察长所领导的监察长办公室主要为了杜绝贪污、讹骗、浪费、滥用职权，保证财政合理合法地支出，并促使行政效率的提高。因此，监察长在所在部门负有两方面职能：一是对财政的公共计划支出进行审核，防止侵吞、讹骗及浪费现象；二是对各种不合理、不合法的财政支出进行调查取证，并提出相应改进建议。

监察长主要通过下列方式开展工作：（1）制定监察计划；（2）跟踪监察；（3）审计承包商；（4）情报内部转交；（5）案件调查；（6）设立举报电话；（7）接受各犯罪调查局转来的有关刑事指控，并组织人力对此进行调查从而配合调查局的反贪工作；（8）提交报告——对于重大案情，监察长有及时向国会、总统报告的权力，并且每半年还把所在单位开展工作的情况向国会提交综合报告；（9）建议——通过进行财务审计和有关案件

---

[1] 参见李靖堃《英国的反腐败机制》，载《学习时报》第310期。

的调查，监察长可以把其中发现的行政管理中存在的不良环节及改进建议提交给行政首长；（10）惩戒转交——监察长如认为某官员触犯了行政纪律，便把其案情转给该部门的行政首长给予处理；如认为其行为已触犯刑法，便把有关案情转给监察审判机关，进行控诉与审判。

其次，关于政府道德署。根据1978年颁布的《政府道德法》，美国政府在其人事管理局中设立政府道德署，1989年，该署成为独立机构，直接受总统领导，并向总统和国会报告工作。这一机构的主要职责是管理政府各级官员的财产申报事务和监督政府官员的道德行为。政府道德署主任由总统任命，并且必须征得参议院的同意。主任向总统和国会负责，不征得国会同意，总统无权免职。在重要行政部门设有代表机关，一般称作道德标准办公室，负责其部门官员财产申报和监督指导。

政府道德署的职责主要是：（1）接受和审查总统、副总统等高级行政人员的财产申报，并建立保存档案；（2）经与司法部长磋商，对人事管理局建议制定有关管制行政部门人员利益冲突的认定与解决的规定，规定内容包括申报的程序、审核程序和公众查阅的程序等；（3）监视和检查有关人员对财产的申报是否合于本法条款的规定，以及行政部门中负责收受、审核、管理使用财产资料的人员处理问题时是否合乎规定；（4）对于重大的利益冲突问题给予必要的咨询；（5）当政府道德署发布的法令、规章同行政部门工作发生冲突时，道德署主任应同司法部长一起同有关行政部门的首长加以协商；（6）在必要的情况下，可命令有关行政人员对其行为采取改正的措施；（7）在必要的情况下，要求行政机关提出财产报告；（8）协助司法部长评估利益冲突法律的实施效果，并建议进行适当的修正；等等。

再次，关于独立检察官。[①]1978年美国国会通过的《独立检察官法》规定，独立检察官由司法部长提名产生，负责对国家高级行政官员[②]的各种违法事项进行监督、调查和起诉等工作，例如贿赂、舞弊、欺诈、利用职权牟取私利、妨害公务、滥用职权等。

对于独立检察官的任命，必须存在以下前提：必须是在国家高级行政

---

① 美国司法系统中有三类检察官：其一，地方检察官；其二，联邦检察官；其三，独立检察官。

② 这些高级行政官员包括：总统和副总统、各部部长和副部长、各独立局（署）的局长或副局长、助理司法部长和任何在司法部工作其津贴等于工资三级的人员、中央情报局主任和副主任、国家税收委员会委员、选举委员会主席、总审计长以及其他行政人员。

官员发生触犯刑法的犯罪时才任命；如果司法部长认为其本人或该部其他检察官从事此项调查可能会导致"私人的、财政的或政治的利益冲突"，那么可以委任一名特别独立的检察官来从事此项调查；必须经过必要的初步调查。

为了保证独立检察官依法开展侦察、调查和起诉活动，法律赋予独立检察官的职权包括：（1）组织人事权，独立检察官有权任命自己的工作人员、诉讼人员、兼职咨询人员；（2）调查权，如果独立检察官已经着手对某事件的调查，不经其书面允许，司法部长以及其他检察官应放弃或推迟对此事件的一切调查或处理，在进行调查时，独立检察官享有司法部长和任何检察官的一切权力；（3）传讯证人权，包括传讯总统；（4）向国会汇报和提供弹劾案案情；（5）提起特别诉讼权。如果独立检察官认为证据确凿，犯罪属实，那么他/她可以与司法部长一同提起特别诉讼。

此外，美国政府在对公职人员的腐败行为进行严惩的同时，还采取了薪酬保障政策，联邦文职人员实行多等级的职务工资制。自 1968 年起，一级到十五级的工资随物价指数的变动自动调整。国会在 1972 年又制定了联邦工资比拟法，规定联邦雇员的工资要同私营企业人员的工资相当。根据劳工统计局对公私部门工资对比所做的调查，经国会批准后，总统每年都发布行政命令调整政府雇员的工资。联邦政府雇员还享受退休、带薪假期、各种形式的保险等其他福利待遇。而在公职人员的人事制度方面，政府还实行高级官员的高度流动制度。每四年政府换届时，都有三千名至五千名联邦政府高级官员更替职务，这便避免了政府部门官员长期把持某个部门，结成营私舞弊的关系网等现象，也减少了官员贪污腐败的可能性。[①]

（五）新加坡

新加坡是在透明国际的 2004 年度廉洁指数排行榜上唯一进入前五名的亚洲国家。新加坡把建立、健全防止官员贪污的法律制度作为廉政建设的主要内容，使肃贪倡廉规范化、法律化和制度化，实现和长期保持了公职人员的廉洁。新加坡反腐败体制主要存在以下特点：

[①] 参见靳玉波《20 世纪美国政府的反腐败措施》，载《石油大学学报》（社会科学版）第 18 卷第 1 期。

1. 推行精英治国和薪酬保廉政策。新加坡政府注重提倡诚实、正直的价值观，着力培养国民良好的价值观，确立谋财有道的社会观念。新加坡政府还推行精英治国政策。政府高标准选拔培养公务员，从小学阶段就开始进行考察，并将选中的青少年送往国外留学深造。学成回国后，就可直接进入高级公务员行列。内阁部长全部要受过高等教育，前新加坡总理李光耀曾要求"我的部长全是大学毕业生"。此外，李光耀还说过："要部长们当清官，就得确保他们获得足够的报酬，不必贪污也能过得合乎其身份和地位。"1985年，他在议会解释关于提高内阁部长工资水平时指出，支付给政府领导人最高的工资，是建立廉洁政府的保证，若他们收入太低，就难以抵制诱惑而贪污受贿。政府制定了中央公积金制度，规定所有参加社会工作的人员包括政府公务员、企业职工、一般工人都必须按月薪的一定比例缴交强制性的公积金。工龄越长，公积金就会累积得越多，但是一旦发现存在贪污受贿，则除了要受到刑事处罚外，公积金也将全部被没收。

2. 加强对公务员的监督与管理。其一，执行严格的财产申报制度。根据新加坡的法律规定，每一个官员在被政府聘用之后，必须申报自己的财产。财产申报范围：（1）本人拥有的股票、房子、土地、汽车以及其他财产等；（2）配偶或其他家庭成员在私人公司的投资收益，尤其是其投资可能与公务员职务冲突或者影响其职务执行时，更应申报。此后，每年7月1日各政府部门职员都要填写个人财产申报表，如实写明自己的财务状况，凡是不能说明财产合理来源的，即可推定为贪污或受贿所得。凡是不予申报、虚假申报或者不按规定时间、要求申报的，都属于违法犯罪。其二，推行"公务员日记制"。新加坡政府每年给每个公务员一本日记簿，公务员每天按规定必须记录自己的公私活动，然后由监督部门审查。如果发现存在疑点，则将日记本送交贪污调查局审查。这种活动记录制度大大强化了在腐败行为实施前人的自我心理约束，可以有力地预防腐败行为的发生。

3. 完善反腐败立法。新加坡关于反腐败法律主要有三部，即《防止贪污法》《没收贪污所得法》和《公务员惩戒规则》。《防止贪污法》自1960年颁布实施以来，为适应新形势的发展，共经历了七次修改。《防止贪污法》第5—14条细致规定了代理人、投标人、议员、公共机构成员的受贿罪以及对他们的行贿罪。与刑法典的相关内容相加，总共存在15个贪污贿赂犯罪。《没收贪污所得法》是新加坡1988年3月颁布的关于反贪污腐败的程序性法律，详细规定了法院在审理贪污犯罪案件过程中，发布没收贪污所得财产的命令的条件及其程序，以及没收贪污所得财产的范围，没收贪污所得财产的命令的执行程序等。它与《防止贪污法》相配套，对刑事诉讼法作补充，及时修改了惩治贪污犯罪程序的不足，具有较强的操作性。此外，《公务员惩戒规则》则详细规定了公务员委员会对尚不够刑事处分的公务员渎职和玩忽职守行为的调查和处理程序。《防止贪污法》《没收贪污所得法》与《公务员惩戒规则》三者相得益彰，互为补充。新加坡依据这些法律又建立了强大的廉政机构和执行合作机制，使这些法律得以实际贯彻实施。

4. 建立强大的反腐败机构。贪污调查局是新加坡政府于1962年设立的反贪污腐败的专门机构，也是《防止贪污法》的执行机关。它直属内阁总理领导，局长由总统任命，对总理负责，不受其他任何人指挥和管辖。贪污调查局下设行政部、调查部、资料及辅助部。行政部负责局内的财务事务和行政工作，并在行政和文书工作上给其他两个部门提供必要的协助。调查部负责调查所有关于贪污的投诉。它下设四个组，每个组由一名高级助理局长或助理局长领导。调查报告完成后，由调查部提交给局长审阅，如证据确凿，局长便将案件交给检察官，并建议将涉嫌贪污者起诉至法庭。资料及辅助部负责搜集和管理贪污调查局的资讯，同时也负责审查那些将受到委任，或可能提升，或受颁奖学金，或被提名接受培训的公务员的资格。

《防止贪污法》《不明财物充公法令》对贪污调查局的职权做了全面规定，赋予其广泛的权力，特别是强化了其侦查权限和侦查措施，增大了执法的权威性。根据该法规定，贪污调查局享有特别侦查权、无证搜查与强行搜查、对财产的查封扣押、检查复制银行账目、要求有关人员提供犯罪证据、要求嫌疑人申报财产、无证逮捕以及限制转移财产等特殊权力。

贪污调查局非常重视群众举报，有相当一部分案件是由群众举报引出来的，而且在调查、收集证据的过程中也往往要依靠举报人。要举报人积极配合，首先就必须保证他们及有关人员的安全，免遭各种打击报复，避免他们遭受损失。《防止贪污法》对于举报人有明确的保护措施。该法第34条规定，相关部门不得披露任何举报人的姓名或者住址，或者说明任何可能导致举报人暴露的事项；若有关证据或材料含有关于举报人姓名、特征或者可能导致其暴露的记载,法庭应将这类材料隐秘。

(六) 韩国

自推翻军治政府以来,韩国几届政府在预防与惩治腐败犯罪上投入了大量精力,先后修订了《公务人员伦理法》,制定了《腐败防止法》《公务员保持清廉行动纲领》等。总体而言,在政府运作公开化、公务员监管以及民众参与反腐等方面取得了一定成绩。

1. 坚持行政公开化,推行阳光体制。所谓"阳光体制",实际上就是要求透明行政,将行政制度公之于众,消除一切幕后交易和暗箱操作,以实现政府运行的公开化和民主化。"阳光体制"主要包括以下两方面的内容:(1)财产申报制。韩国1993年5月27日颁布的《公职人员财产登记制度》规定高级公职人员限期申报财产。根据该法规定,担任公职者须在一定时期内向有关部门报告自己及配偶、子女的财产状况,包括数量、来源、变动等内容,然后由主管机关予以审核。任何隐瞒、谎报和转移财产的行为都将视为有罪,将受到法律惩处。2006年1月,韩国教育副总理兼教育人力资源部部长李基俊因财产来历不明丢官;同年3月7日,韩国经济副总理兼财政经济部部长李宪宰因涉嫌不动产投机而向卢武铉总统提出辞呈。卢武铉总统当天接受了李宪宰的辞呈。(2)金融实名制,是指资金往来过程中必须使用真实姓名。1993年8月12日,韩国总统发布了《关于金融实名及秘密保障的总统紧急财政经济令》,推出金融实名制。根据紧急令规定:凡用假名在银行开账户的,必须在10月12日前将自己账户转为真名,并对拒绝财产登记而以假名存储的款项征收10%的惩罚金。假名存款未转入真名之前,银行将冻结其款项,过两个月期限不转为真名者,将征收60%的高额惩罚金。金融实名制的实施,有利于政府更准确地掌握公民个人的财产收入状况,更有助于防止逃税漏税,消除行贿受贿。

2. 完善监察制度。韩国政府自1948年成立后,设立了审计院和监察委员会,分别承担审计和监察业务。1963年,韩国修改了有关法律,将审计院和监察委员会合二为一,成立监察院以履行国家审计和监察职责。监察院由包括院长在内的5名以上11名以下的监察委员组成。监察院长由总统提名,经议会同意后任命。监察院地位独立,直属总统管辖,直接对总统负责,以保证在工作中免受其他部门或人员的干涉。但是,为了防止滥用权力或拖拉低效,议会对监察院自身进行监察。

根据韩国宪法规定，监察院的主要任务是审计国家决算的收支以及受国家与法律约束的团体的财务，监察国家行政机关及公务员履行职务的情况。韩国制定了《监察院法》，对监察院组织、任务、权限等作了详细规定。监察院依法对国家、地方自治团体及国家银行等单位的会计业务进行检查、监督，内容包括：收入与支出情况、财产的取得、管理及处分。监察院认为必要或应总理的要求，还可对国家公共财政投入、支出和使用的情况实施监察。除财政监察职责外，监察院还有职务监察的职责，对行政机关、地方自治团体的公务员和依法具有公务员身份的人员进行监督、调查。监察院可以对监察对象的账簿、记录等有关文件进行检查，冻结有关仓库、金库、物品，必要时也可以派出专门职员进行巡回监察。

韩国监察院的审计监察有一个特点，即对于行政机关等违法或不当行政行为，受侵害的单位和个人有提请监察院进行审计监察的权利，称为"审查请求权"。任何单位和个人都可以动用"审查请求权"对政府部门、政府投资机关和地方政府的决策、投资、财务执行等行政行为进行审计监督。①

3. 设立腐败防止委员会。2001年7月，韩国通过《腐败防止法》，声明本法的宗旨是"有效地预防和控制腐败行为，以便营造廉洁的公务和社会环境"。该法提出，腐败防止委员会向总统负责，由反腐败问题方面资深和博学之士担任主席和成员，以便修订法律、附属法规、制度以及预防腐败所必需的社会管理政策。正式成立于2002年1月25日的腐败防止委员会由9人组成，其中正副委员长等3人由总统直接任命，另外6人分别由国会议员和大法院院长担任。该委员会的主要职能在于制定和建议修改政策、制度上的改进措施，以预防公共机构中的腐败；调查和评估为预防公共机构中腐败所采取的政策措施进展情况；拟订和执行为防止腐败而采取的教育和透明度计划；记录总统提出的有关委员会防止腐败议程；受理有关腐败行为的举报，对举报人提供保护和奖励；鼓励公众参与反腐败活动；支持非营利性民间组织进行预防腐败的活动；促进防治腐败的国际合作等事宜。②

4. 鼓励社会参与。除了在中、小学教学课程中设置反腐败内容，以加

---

① 参见张锦芳《韩国：审计监察不单打独斗》，载监察部网站（http://www.mos.gov.cn/Template/article/csr_display.jsp?mid=20040714004591）。

② See the website of korea independent commission against corruption（http://www.kicac.go.kr/eng_content/）.

深未来一代对腐败的危害和影响的认识之外,韩国政府还积极利用各类渠道进行反腐宣传,不仅通过各类传媒形式制作、播放以反腐败为主题的节目,还提供各种反腐败材料、出版反腐败资料以分析和评估政府的反腐败活动的成效。另外,为了提高公众反腐的积极性,韩国政府对举报腐败公职人员者提供最高达 20 亿韩元约合 170 万美元的奖金。此外,检察、警察、审计机关等机关职员的内部举报,则获得同等情况下的50%的奖金。如果举报人的身份暴露,则必须进行内部调查并惩处有关人员。[①]

三 部分国家反腐败体制的两种类型

根据以上对国家反腐败体制的详述,我们可以对目前世界存在的反腐败体制作一个尝试性的分类。本文认为,这些国家的反腐败体制可以划分为两大类,即议会主导型反腐败体制和行政主导型反腐败体制。

(一) 议会主导型反腐败体制

所谓议会主导型反腐败体制,是指议会在一国的反腐败体制中占据主要地位,发挥主导性作用,该国主要的反腐败机构由议会产生,受议会监督,对议会负责。采用议会主导型的国家的议会都是在政治上掌握主导权的。以英国为例,英国的政治体制决定了该国议会享有极强的权威和极高的政治地位。议会有权否决和修正内阁政府提出的议案,也有权质询任何内阁成员,而且质询的内容和范围不受限制,内阁成员对于议员的质询必须作出回答,一般都要公之于众。英国议会除了设有独立的专门监督议员、部长和政府高官的公共生活标准委员会之外,还设立了与内阁机构设置相对应的由议员组成的专门委员会,负责对内阁机构的对口监督。行政监察专员产生于议会,并对议会负责,能够使其拥有足够的权威,有利于对行政机关及其公务员进行全面、客观的监察。行政监察专员公署独立于行政部门之外,使其监察工作不易受到干涉和影响。此外,行政监察专员大多享有对贪污腐败案件直接进行起诉的权力,不仅有助于其顺利开展工作,也有助于其对政府机关、公职人员产生巨大的威慑作用。

上文中提到的芬兰、瑞典、英国的议会行政监察专员公署,即属于这

---

① 参见傅思明《韩国的廉政反腐探索之路》,载《中国监察》2004 年第 17 期。

一类型。除此之外,推行议会行政监察专员制度的国家还有挪威、加拿大、新西兰、斯里兰卡等。这些国家反腐败工作的成效颇佳,除了其文化、公民道德水平等因素外,与各国议会所设立的行政监察专员制度是分不开的。

(二) 行政主导型反腐败体制

所谓行政主导型反腐败体制,是指行政部门在一国的反腐败体制中占据主要地位,发挥主导性作用,该国主要的反腐败机构由行政部门或行政首脑产生,受行政部门或行政首脑监督,并对其负责。上文中提及的新加坡、美国、韩国的反腐败体制即属于这一类型。采用此一类型的反腐败体制的国家,往往都是行政部门享有极高的政治地位和极大的权限。以韩国为例,韩国的反腐败委员会,正如前文所述,由总统设立,对总统负责。由此,它所拥有的广泛权力可以保障其反腐败工作的有效开展,其反腐活动也得以顺畅进行。但是,设立于行政部门的反腐败机构,或多或少地会受到其设立者的影响或干涉,至少不能对其进行有效的监督。行政部门是各国最为庞大的公职人员队伍,如若缺乏对其有效监督,反腐败工作必然不能取得实效。这是此一类型潜藏的危险之所在。

从全球来看,受行政部门领导而建立的独立的或者附属的反腐败专门机构不胜枚举。例如,印度中央政府的反贪污侦查机关——中央调查局;[①] 菲律宾进行行政监督和肃贪的专门机关——独立调查处;英国调查政府官员以及与之相勾结的私人或公营企业贪污欺诈行为的主要机关——贪污欺诈调查组;泰国反对国家官员贪污贿赂行为的专门机关——反贪污委员会;以及美国的联邦调查局、俄联邦总统反腐败委员会等。不过,上述每一个专门机构的具体职能和组织结构都不尽相同,执法效果自然也存在差别。

四 部分国家反腐败体制特点

以上几个国家在反腐败工作方面卓有成效,但在反腐败机构的具体设

[①] 隶属于人事部,在首都和全国各邦都建立了工作站,各工作站再向邦内各地区派驻工作组。其工作对象是中央政府内部、部门和国有企事业单位的公务人员。

置和职权方面均各具特色。随着国际政治、经济、文化等方面交流的日渐增多，各国在反腐方面都逐渐互相学习、借鉴，从各国具体的反腐制度、机构等方面可以看到其他国家成功经验的影子。以下就这些国家在反腐败体制方面的特点简要地作一些概括。

（一）建立透明、完善的政治管理体制

第一，实行政务公开制度，使行政透明化。瑞典、新加坡、美国等民主国家都实行政治运作公开化。1776年，瑞典就开放了政府记录，供民众查询；新加坡实行公务员日记制度，使公务员的公务活动透明化；美国国会1966年和1976年分别通过的《信息披露法》和《阳光下的政府法》赋予全体国民最大限度的知情权和政府官员最小限度的隐私权。其中，《信息披露法》规定："美利坚合众国的任何一位公民有权看到除法律特别禁止的所有联邦或州政府的文件，而且实现这种权利无须任何必要的理由和请求。"

第二，实行财产申报制度。财产申报制度是指国家公职人员必须依法对其拥有的及其配偶、子女所拥有的财产状况，包括财产的数量、来源、增减等情况向指定的部门作出报告，以接受审查和监督。一旦发现官员所拥有的财产与其合法收入不相符而该官员又不能说明其正当来源的，即视为非法所得予以惩处。

新加坡、韩国、美国等国家都规定了严格而又详细的财产申报制度。在美国，根据1978年国会颁布的《政府行为道德法》，"总统、副总统、国会议员、联邦法官以及行政、立法和司法三大机构的工作人员，必须在任职前报告并公开自己及其配偶的财务情况，包括收入、个人财产等，以后还须按月申报"，并对拒绝申报和虚假申报的处罚办法也都作了详细规定。法国的《资产透明法》规定，政府官员上任后短期内，应向有关部门提交一份财产状况的清单，政府每三年对这些政府官员的财产变化情况作一次评估报告，在政府公报上公布，接受公众监督。新加坡制定了《财产申报法》，根据该法规定，每年7月1日各政府部门的职员都要填写个人财产申报表。同时还包括其担保人和家庭成员所拥有的投资和利息收入情况。韩国从1993年开始"阳光运动"，时任总统金泳三率先公布个人财产，该年6月，国会通过《公职人员伦理法修正案》，规定总统以下的3.4万多公职人员必须申报财产，1670名高官必须向社会公布财产状况。

（二）制定专门的反腐败法

这些国家大都制定了专门的反贪污腐败法，并以此明确了各反贪防贪职能部门的具体职责、工作程序和违反职责者的法律责任。例如，美国在1978年颁布《监察长法》，并通过《独立检察官法》，将任命独立检察官的做法制度化、程序化。新加坡制定了《防止贪污法》，对贪污调查局的职能作了全面规定，并赋予其广泛的权力，强化其侦查权限和侦查措施，增大执法的权威性。对贪污者，新加坡法律规定，除了要没收其所贪污的钱财，还要给予数倍乃至数十倍的罚款，并责令贪污者的上司与其一起接受处罚。

有鉴于此，我国可以适度考虑完善廉政法制。例如，可考虑增设：（1）《国家公务员工资福利待遇法》。腐败现象大多数表现为官员利用手中的权力追逐金钱和物质利益。如果从经济上给予国家公务员以较好的待遇，使其不为生活所累，他们便没有必要去冒险以权谋私。许多国家对公务人员采取薪酬改革的办法来保持廉洁、预防腐败。如韩国政府把有计划地逐渐增加政府官员的工资作为反贪污腐败的措施之一。1994年10月，新加坡政府曾发表了"部长与高级公务员薪金标准"的白皮书，认为"薪酬过低就不可能保持政府廉洁"，决定对政府工作人员的工资进行调整。相比之下，我国公务人员的工资福利待遇偏低。在改革开放持续深入、市场经济发展的今天，有限的工资在达不到个人和家庭开销时，势必铤而走险，利用手中的权力来牟取私利。（2）《国家公务员财产收入申报法》。财产是个人利益最集中的体现，特别是当今社会领导干部腐败突出表现在利用权力聚敛财富。从1995年起，我国实行了县处级以上干部个人收入申报制度。但却没有上升为法律。再就是从申报情况看，不少干部申报不实，只报工资及单位自己所发奖金、福利部分，许多隐形收入、灰色收入根本不报，其中不少腐败行为隐藏其中。因此需要用法律进行规范。在国外，不少国家都制定财产收入申报法，大多规定国家公务人员必须依法对其拥有的财产状况向指定的监察机关作出书面报告，以接受审查和监督。参照国外立法例，我国在制定该法时，要对财产收入申报的范围、内容、类型、时间、受理、资料公开和利用、审查、处理等加以明确规定。制定该法意在使国家公务人员的财产收入状况公开于阳光之下，置于国家专门机关和人民群众的监督之下，这对防止公务人员滥用职权、牟取私利，及时发现和查处以权谋私的腐败行为，预防贪利性腐败违法犯罪大有裨益。（3）专门的《反贪污贿赂法》。从政府部门挖出的蛀虫，几乎都有贪污贿赂犯罪行为，只是程度有轻有重。以往的法律、法规虽然已有惩治贪污贿赂犯罪的刑法规定，但不专门、不系统，并且在实施过程中还出现一些新情况、新问题不为现有的法律、法规所包容。特别是根据《联合国反腐败公约》的要求，我们还应增设更多的关于反腐败方面的法律法规。目前，世界上不少国家和地区，除了配合刑事法律惩治贪污贿赂等职务犯罪的惩罚性法则外，还制定了一些防患于未然的预防性规范。如新加坡的《防止贪污法》《防止贿赂法》与《廉政专员公署条例》，日本的《职员的惩戒》，美国的《廉政法》，中国香港地区的《舞弊及非法行为条例》《防止贿赂条例》和《防止贪污条例》，印度的《1947年防止贪污法》《1988年防止腐败法》等，这些值得我国加以借鉴。（4）《国家权力机关廉政监督法》。腐败与权力伴生，不受制约的权力必然导致腐败。因此，增强政治生活的透明度，有一整套的政治生活运行规则，使各项政治权力的行使有章可循，使权力之间界限分明，这些对于实行有效的监督是非常必要的。制定该法时，应明确规定国家权力机关监督的基本原则、内容、范围、方式、程序以及机构。以此来健全、防范和惩治国家公务人员滥用权力的监督制度，使监督工作制度化、规范化，使国家权力机关及工作人员更加清廉守法，国家权力机关及工作人员的权力得到更好的发挥。（5）《公民举报法》。人民群众是国家的主人，群众对各种腐败行为和腐败分子早已深恶痛绝，反应强烈，十分关心腐败的斗争，并且斗争态度最坚决。因此，只有依靠人民群众，惩治腐败的斗争才能取得更加明显的成效。据有关资料统计，很多腐败行为和腐败分子都是经公民举报才得到惩处的。因此，制定该法时，要明确规定举报的目的、内容、受理、审理、惩处、奖励制度、保障制度等情况。只有对实事求是的"举报人""检举人""证人"给予一定的奖励，并且对他们的人身安全给予特殊保护，对那些威胁、打击、报复、伤害"检举人""举报人""证人"的行为，依法惩处，才能调动人民群众同腐败行为和腐败分子做斗争的积极性，更有力地打击腐败分子，遏制腐败现象。

（三）设立强有力的反腐败机构

第一，赋予反腐败机构较强的权威，增强其相对独立性。反腐败机构的权威性在具体的反腐活动中极为关键。考虑到各国的腐败现象，其主要特征均为权力腐败。各国行使行政执法、行政监察等职能的反腐败机构，其主要使命也在于监督、约束权力的行使。而监督者应比被监督者具有更高的权威性，才能行使有力的监督。本文第二部分中提及的反腐败机构大多是由议会、总统、最高行政长官直接任命的。而这里提到的相对独立性，往往体现在各国反腐败机构的政治地位、人事、财政关系等方面。

第二，坚持对反腐败机构进行有效的监督。反腐败机构拥有较多职权，有必要对其进行制衡与监督。前述香港廉政公署的例子就是一个明证，廉署享有较大的权限，但根据香港法律规定，廉政专员向行政长官负责并接受其监督；一定级别的官员必须出席立法会议接受提问；廉署拘捕受查人员须向法院申请；内部成立四大委员会负责监察；由投诉机构接纳市民投诉等。

第三，在反腐策略上，坚持打击与预防相结合。单纯强调对腐败现象予以打击，意图通过处以严厉的刑罚来反腐，恐怕不能达到消除腐败现象的最终目的。还以香港廉政公署为例，廉政公署三个业务部门中的防止贪污处的主要职责在于，审查政府部门及公共机构的工作惯例和程序，以便发现其中可能导致贪污的漏洞，并建议完善制度，以减少贪污机会。只有"调查、预防、教育"职能三管齐下打击贪污，才能取得良好的效果。

（四）发展多层次监督体制

第一，坚持立法、司法、行政监督。立法机关可以用立法权、重大决策审批权对行政活动进行监督；司法系统在组织、人事、财政上独立于行政部门，自主地开展工作，对腐败案件进行检控、审判，不受各级行政官员的干预。而对于行政监督制度，则可以通过行政监察、纪律处分、道德警告、司法记过等方式纠正官员在其公务行为中出现的种种偏差。从本文第二部分中用大篇幅介绍的部分国家的反腐机构的情况中可以看出，议会行政监察专员、廉政公署、独立监察长等机构的设置都反映出了立法、行政、司法监督在反腐败活动中的重大作用。

第二，倡导舆论监督。舆论媒体素有"第四种权力"之称。西方国家的报刊、电视、广播等媒体，以新闻报道、调查、评论等方式，将各级政府官员和公共事务置于社会舆论的监督之下。媒体对于公共事务领域中的不正当行为曝光，揭发腐败行为具有重要的作用。美国总统尼克松"水门事件"、克林顿的性丑闻都是由媒体报道引发的。巴西媒体在进行舆论监督中与检察机关保持密切良好的协作互动关系。媒体在调查和报道案件时与检察院配合，互相提供相关信息。检察院是媒体曝光贪污舞弊案件的重要消息来源。双方的密切合作使主流媒体曝光的大案很少出现失误，使反腐斗争获得广大人民群众的支持。

　　第三，鼓励民众监督。在西方国家，选民通过选举、罢免等行为对行政官员、议员、党派等进行选择，公众通过舆论、举报、游行、示威、罢工等揭露腐败，调整政府的行为。例如，在瑞典，工业联合会、商人联合会和斯德哥尔摩商会于1923年联合组建了反贿赂事务所，用以监督并检举政府机关、公务人员及商人的不良行为。只有广大民众积极参与反腐败活动、国家通过一定方式接受民众反腐时，该国的反腐败行动才能长期地取得实效。此外，为了鼓励民众积极参与反腐败活动，政府通过法律的形式为民众参与提供有力保障。例如，韩国在反腐败过程中实行了"内部举报"制度，严格保证腐败举报人的人身安全和自身利益安全；新加坡《防止贪污法》第34条也对举报人的保护予以了特别规定。

亚太地区一些国家反腐败体制比较

中国社会科学院亚太与全球战略研究院反腐败课题组[*]

[内容提要] 一些国家和地区腐败体制建设和实践有很多年了，然而效能差距很大。本文将对此进行比较研究。本文拟从立法、行政、司法、政党内部监督、新闻媒体、非政府组织和国际机构等方面，比较分析亚太地区一些国家的反腐败体制建设，以期对我国反腐败体制的完善有所启示。本文主要分为五个部分：一是亚太地区一些国家腐败概念解析；二是亚太地区一些国家腐败问题解析；三是亚太地区一些国家反腐败体制类型；四是亚太地区一些国家反腐败体制的特点；五是亚太地区一些国家反腐败体制对我国的启示。

腐败是一种跨越历史、跨越国界的现象。作为权力的产物，无论在什么样的政治体制下，凡有公共权力和公共关系的存在而没有完整的防范和监督机制，就容易产生腐败行为。腐败是思想上、行动上的堕落，组织机构和措施等方面的混乱失序，腐败的本质是权力的异化、权力的商品化。因此反腐败除了理想和道德的内在约束，还需要外在的反腐败体制建设，建立起一套有效的权力监督约束机制。反腐败有一个从理论设计到实践运行的发展过程，在实际操作中更是一个不断构建和完善反腐败体制的过程。建立符合历史需要的反腐败体制是各国政治发展的需要。每个国家的腐败行为都是在一定的政治、经济、历史、社会和文化背景下产生的，因此，需要客观地考察亚太其他国家反腐败体制构建的经验，从中去芜存菁。

---

[*] 本文撰稿人：张宇燕、李素华、肖景波。张宇燕，中国社会科学院世界经济与政治研究所所长、研究员；李素华，中国社会科学院亚太与全球战略研究院副研究员；肖景波，中国社会科学院亚太与全球战略研究院副研究员。

一　腐败概念解析

不同的文化和民族对腐败有不同的解释，在一种特定文化内，不同群体可能对腐败也有不同解释，甚至在一个特定群体内，也存在差异。本文讨论的腐败为公共部门腐败，此腐败是指公职人员为了牟取个人私利而违反公认准则，或背叛公众信任，或为个人利益出售政府财产或物品，从而造成公共财富的损失，情节严重、违反法律、构成犯罪的行为。

（一）亚太地区一些国家对腐败概念的界定

新加坡：1960年颁布的《反贪污法》对腐败的定义广泛，具体表现在对可惩罚的"非法所得"包括任何以金钱和非金钱形式表现的利益、好处；被指控者如果澄清不了"多余"的财富从何而来，这部分"多余"财富就可以当作贪污的证据而受指控。

韩国：2002年1月25日开始实施的《反腐败法》规定，腐败是指以下任何事项，任何公务人员滥用职位、权力或侵犯法律为第三者谋利的行为，在相关公共机关预算的执行、获取和管理，处置公共机关财产，或与公共机关缔结契约之执行时，造成公共组织财产损害的破坏行为。

日本：日本刑法第二十五章"贪污罪"认为，腐败罪行包括如下，公务员职权的滥用，特别公务员的暴行、虐待和凌辱，受贿、受托受贿和事前受贿，斡旋受贿，没收和追加征收等。

印度：印度反腐败刑事制度中规定，公职人员的腐败罪行包括，公务员利用职权接受合法酬劳以外的酬谢罪，私自接受贵重物品罪，不能解释钱财来源罪，拒不遵从法律指示罪，错误拟译文件罪，非法经商罪，非法购买财产罪。

印度尼西亚：1999年印度尼西亚《反腐败法》中的腐败定义是滥用权力为个人谋福利，从而造成国有财产的损失。

泰国：泰国社会对于腐败的界定是官吏窃国榨民。泰国官方对于腐败的定义，最正式的是1999年颁行的《反腐败组织法》，即泰国现行的反腐败基本法中的定义。"腐败是指当事人为给自己或他人牟利，而在职权范围内采取的作为或不作为，或者尽管是不在职权范围内采取的作为或不作为，但其他人有理由相信该作为或不作为是在其职权范围内。"

美国:"腐败"一词,美国官方特指社会活动家、国务活动家、政治家、官员及所有公职人员利用职务之便进行的经济违法活动。

澳大利亚:澳大利亚反腐败独立委员会(ICAC)对腐败行为的界定是,从事以及曾经从事公务的个人或组织违反诚实、公平原则,滥用职权者不完整履行职权,直接或间接地造成不良影响的行为。

(二)一些国际组织对腐败的概念界定

世界银行及其他多边组织将其定义为:"为私人目的而滥用公共权力。"

国际货币基金组织将腐败定义为:"滥用公共权力以谋取私人的利益。"

欧盟:1995年6月13日,欧盟委员会在欧洲议会的授权下,起草了一份关于欧洲打击腐败行为的报告,即《萨莉斯夫人报告》。同年12月15日,欧洲议会通过了这一报告,并拟定决议。这项决议将腐败定义为"具有公共或私人义务的当事人因为接受承诺、直接或间接地接受金钱或其他利益,而没有履行其职责的行为"。决议声明,"腐败,尤其是与有组织犯罪相关的腐败,对民主体制的职能构成威胁,并破坏了公众对一体化和民主体制国家的信任"。

(三)腐败的根源探讨

研究腐败问题的著名专家 Roert Kitgaard,设计了一个简单的方程式,对腐败根源进行了定义:在没有实行问责制度的情况下掌握自由裁量权的公共官员的专权行为。

C(腐败) = M(专权) + D(自由裁量权) − A(问责)[1]

联合国开发计划署根据上述定义及相关资料给出了下面的腐败定义公式:

腐败 = (专权 + 自由裁量权) − (问责制 + 廉正性 + 透明度)[2]

腐败是一个国家政治、经济、文化和法律的反映。这种反映存在两方面的结果,一种是对良好制度的反映,另一种是对不良法则的反映。例如,

---

[1] 联合国反腐败实践纪要,2004年3月,第7页。

[2] 同上。

当人们为了逃避针对不良行为的惩罚贿赂时，或者对于法则的监督不够完善时，腐败似乎是对于公平法制的反应，就像偷盗的情况一样。存在不良政策或不完善体制时，个人有预谋地收受贿赂，这个时候腐败也会发生。

马克思认为要反腐败实现廉洁政府，需要政府实施大规模的节约，适时地进行政治改造和经济改革。① 恩格斯认为防止腐败的有效措施是，一切公务人员在自己的职务活动方面都应按法律向每个公民负责。② 列宁认为实现廉洁政府，需要绝对禁止公职人员除薪金之外兼有其他收入。可见，马克思、恩格斯和列宁这些无产阶级革命导师认为腐败主要是指在经济方面违背公职要求，反腐败要建立完备的法律体制，从制度上遏制腐败。

二 亚太地区一些国家对腐败问题的解析

（一）腐败的表现形态

有学者把腐败的表现形态归纳为以下五种③：

贪污犯罪：国家工作人员违反法律规定，利用职务上的便利非法占有财务，侵犯职务廉洁性和公共财产及特定情形下非公共财产达到应当受刑罚处罚程度的行为。

贿赂犯罪：是行贿罪、受贿罪和介绍贿赂罪的总称。行贿是以钱财买职权，受贿是以职权换钱财，介绍贿赂是撮合行贿受贿行为得以实现。

挪用型犯罪：挪用公款罪、挪用资金罪和挪用特定款物罪。

私分型犯罪：刑法规定的，私分国有资产罪和私分罚没财物罪。

渎职犯罪：国家机关工作人员在履行自身职务过程中，违反职责义务，侵犯国家机关的正常活动，致使国家和公民的利益遭受重大损失的一类职务犯罪行为的总称。

腐败不等于犯罪，违背职业道德和违纪也可能是腐败。本文把腐败锁定在犯罪层面，因此，这里所列举的腐败表现形态是严重的违法的腐败行为，而情节较轻只是违背了道德和一般纪律的腐败行为不在本文讨论范围之内，在此也没有列举。

---

① 刘明波主编：《廉政思想与理论：中外名家论廉政与反腐败》，人民出版社1994年版，第4页。
② 同上书，第12页。
③ 参见杨春洗主编《腐败治理论衡》，群众出版社1999年版，第65—236页。

（二）刑事法律制度中规定的公职腐败罪。

部分国家在各自的反腐败刑事法律中对公职腐败罪行的不同的表述[①]

新加坡：公务员一般受贿罪，形式受贿罪，运用影响力受贿罪，公务员利用职务关系受贿罪，公务员从事贸易罪，代理人受贿罪，行贿代理人罪，欺诈委托人罪，行贿投标人撤回投标罪，投标人受贿撤回投标罪，行贿议员罪，议员受贿罪，行贿公共机构人员罪，公共机构人员受贿罪，阻挠对贿赂行为进行调查罪。

日本：公务员职权的滥用，特别公务员即审判、检察或警察等职务的职权滥用，特别公务员的暴行、虐待和凌辱，特别公务员滥用职权所造成的死伤，受贿、受托受贿和事前受贿，第三者行贿，加重受贿以及事后受贿，斡旋受贿，没收和追加征收，赠贿。

印度：公务员利用职权接受合法酬劳以外的酬谢罪，公务员接受以通过非法手段影响公务员为目的报酬罪，公务员利用酬谢与其他国家工作人员建立个人影响罪，对公务员唆使其他公务员接受以通过非法手段影响公务员为目的酬报罪和利用酬谢与其他国家工作人员建立个人影响罪的惩处，接受以运用个人势力影响公务员为目的酬谢罪，公务员私自接受贵重物品罪，不能解释钱财来源罪，印度1988年《防止腐败法》规定的其他公务员犯罪行为及其惩处，公务员拒不遵从法律指示罪，公务员错误拟译文件罪，公务员非法经商罪，公务员非法购买财产罪。

澳大利亚：行贿代理人罪，自己代理罪，代理人受贿罪，欺骗委托人罪，间接收取秘密佣金罪，行贿受托人罪，受托人受贿罪。

法国：公务员诈取罪，公务员盗用公款罪，公务员从事与其职务不相容之商事罪，一般受贿罪，私营企业职员受贿罪，滥用职权受贿罪，滥用权力进入居民住所罪，拒绝裁判罪，非法使用暴力罪，妨碍邮电通信罪，歧视罪。

英国：职务受贿罪，代理人受贿罪，贪污罪。

美国：贿赂公务员罪，贿赂证人罪，公务员受贿罪，证人受贿罪，非

---

① 以下各国在刑法中对公职腐败的具体罪名参见梁国庆主编《中外反腐败实用全书》，新华出版社1994年版。书中对这些罪名进行了详细解释，对我国完善反腐败立法具有一定的参考价值。

法收受报酬罪,从事有损政府的事务罪,假公济私罪,收取来自非政府的报酬罪,营业上受贿罪,容许或援助脱逃罪,滥用职权罪,利用职务上知识投机或赌博罪,涉外贿赂罪,内部情报交易罪。

三 亚太地区一些国家反腐败体制类型

(一) 立法、司法和行政方面的反腐败体制

1. 新加坡

新加坡制定了专门惩治贪污犯罪的法律,如《防止贪污法》和《没收贪污所得利益法》,另外还有《公务员法》《公务员守则和纪律条例》《财产申报法》《公务惩戒性程序规则》等。

新加坡的反腐败机构主要有四个:贪污调查局、内阁廉政署、商业事务局、审计部。[①]

一是贪污调查局。贪污调查局是调查、惩治腐败罪的权威机构,成立于1952年,负责执行贪污案件的调查及防止贪污工作,该局由总理直接统辖,享有逮捕权、调查权、调查保障权等权力。贪污调查局具有以下职能:受理并调查公务、私人部门贪污贿赂案件;调查公务员失职及不正当行为;审查公务之执行及其程序,以减少贪腐之机会。二是内阁廉政署。该署是负责综合管理和监督政府官员个人财产申报的监督机关。主要职责是负责中央各部门长官的财产申报,并指导各个单位中的个人财产申报活动。三是商业事务局。在政府财政部下设立的对政府的金融活动进行监督检查的专门机关。主要任务是:在金融、财政领域协助政府对中央银行的工作进行监督、指导;对扰乱、破坏金融市场秩序的违法犯罪行为予以打击;为国家金融、财政部门指供法律咨询服务;在总检察长的指导下进行法律诉讼活动。四是审计部。审计长独立行使审计权,不受任何干涉;审计部工作人员依审计长的授权进行工作。主要任务是审核各政府部门的财务收支情况。

2. 印度

印度最重要的反腐败法律有《防止腐败法1988》《反洗钱法2002》

---

① 新加坡和以下各国的反腐败机构及其作用的介绍,主要引自梁国庆主编《中外反腐败实用全书》,新华出版社1994年版,第439—470页,该书对此做了详尽的介绍,还包括了本文没有提到的其他国家。

《中央文官行为准则》和《全印文官行为准则》等。

印度有两个专门的反腐败机构,中央调查局和中央监控委员会。中央调查局(Central Bureau of Investigation)是印度最高调查性警察机构,独立办公,行政隶属于印度中央政府人事、退休金和公共投诉部的人事局,下分三个处:反腐败、经济犯罪和特殊犯罪。中央监控委员会是印度中央政府行政监督机关,设立于 1964 年 2 月,隶属于内务部。委员会设中央监控专员一名、总揽监督事务,正部级,由总统直接任命,任期 6 年。其职责是:(1)对政府部门公职人员进行经济性的监督,如发现不良行为,在进行初步调查后,则将案件交由中央调查局和各部总监控官进行立案调查,除刑事犯罪交法院审理外,凡行政惩戒处分则交由中监委员负责定性处理,包括处分与轻处分两类。(2)受理对公职人员的申诉,由中监委初步调查核实后,交由中央调查局侦察。(3)受理被惩戒公务人员的申诉并予以调查,中监委调查人员有强制证人出席听证和提交证据的权力。

3. 日本

日本有一系列与反腐败有关的法律法规,主要如下:《日本国宪法》《刑法》《法官弹劾法》《国家公务员法》《地方公务员法》《国家公务员伦理法》《政策评价法》《行政程序法》《关于公开行政机关所保有信息的法律》《国会议员资产公开法》《公职选举法》《政党资金补助法》《政治资金规制法》《会计检查院法》《检察审查会法》《关于整顿经济关系罚责的法律》《公司更生法》《律师法》《赛马法》《商法》《保险业法》等。

日本主要的反腐败机构有六个:国会法官弹劾法院、国会法官追诉委员会、内阁行政监察局、会计检查院、检察机关、法院组织。其一,国会法官弹劾法院。国会有权罢免严重违反法官职责或消极怠工极端不负责任的法官,以及具有其他严重丧失法官威信非法行为(不论是否属于职务内外)的法官。日本 1947 年制定的《国会法》作了专章规定(第 16 章弹劾法院),同年又专门制定《法官弹劾法》,1949 年制定法官弹劾法院规则,1950 年又制定法官弹劾法院事务局事务分管规程。其二,国会法官追诉委员会。国会有权对有罢免事由的法官提起公诉。1947 年《日本国宪法》《国会法》《法官弹劾法》都作了规定。其三,内阁行政监察局。日本最高行政监察机关,隶属于总理府总务厅。职责主要是:(1)负责对各行政机关的监督事务、谋求全面改善中央政府的行政制度和方针政策。(2)负责制订监察计划,指导监督全国各管区行政监察局、行政监察所的日常工作。(3) 负责组织实施行政对话活动,开展同因行政失误而遭受损失和困难的国民进行"行政对话",听取改善行政工作的意见,解决对受害者的补偿损失等。其四,会计检查院。这是与日本内阁相对独立的机构,专门负责财政检查。它的地位由宪法和专门的法规《会计检查院法》加以确认,负责对国家的收入和支出的决算进行检查,对国家进行一般监督的机关。其五,检察机关。日本的检察机关是在法务省领导之下但又具有相对独立性的机构。检察机关在检查总长的统一领导下,负责刑事案件的追诉、提起公诉、支持公诉等工作。其六,法院组织负责对贪腐犯罪案件进行审判。

4. 印度尼西亚

印度尼西亚的反腐败法规条令有:《印度尼西亚宪法》《根除腐败委员会法》《根除贪污犯罪法》《公共检举机关法案》《关于印度尼西亚公共检举部门的组织结构和程序的总统命令》《根除洗钱法》《总选举法》等。

印度尼西亚主要的反腐败机构有:根除腐败委员会(KPK)、印度尼西亚审计署、全国发展计划署、司法与人权部、国家官员资产审计委员会、全国调查腐败委员会、国家立法委员会、根除洗钱委员会等。KPK 于 2003 年 11 月成立,该委员会对其他反腐败机构具有督察作用,是印度尼西亚打击腐败的综合机构框架。对各级政府部门管理者的监督,专门搜集和核查国家官员的资产状况。

5. 泰国

泰国反腐败的法律法规有:《刑法典》和《刑事诉讼法》《反腐败法》《公务员法案》《两院议员财产申报法案》《反腐败组织法》《政府采购法》《部长持股法》等。

泰国的反腐败机构有五个:反贪污委员会、公共金融审计委员会、选举委员会、宪法法庭、国会调查员。其一,反贪污委员会。泰国根据 1997 年宪法及相关法律规定,建立了较为完善的以国家反贪委员会为核心的反腐败监察体制。反贪委员会,具有独立的地位,有广泛的调查权和独立的公诉权。其二,公共金融审计委员会。于 1999 年设立,用以取代原先隶属于总理办公室的审计局。执行机构是 OAG,主要职责是负责审计国家及地方各级政府的财政收支情况,防止并查处舞弊行为。根据 1999 年颁布的《反洗钱法案》设立的反洗钱局,也在反腐败体制中起到了重要作用。而泰国警察系统也在一如既往地承担着反腐败的任务。其三,选举委员会。所有委员均为独立人士，经参议院遴选后由国王任命，对参议院负责，任期7年并不得连任，主要负责监管全国及地方各级议会选举中的违规行为尤其是贿选行为。其四，宪法法庭，所有成员均经参议院遴选后由国王任命。由于宪法法庭拥有裁决有关违规人员5年内不得从政的权力，因此成为反腐败惩治工作中重要一环。其五，国会调查员。成员总数不超过3名，经参议院遴选后由国王任命，主要职责是接受民众对政府违规的作为或不作为行为的投诉，展开独立调查并向国会汇报。虽然根据1999年颁布的《调查员组织法》（The Ombudsman Act）规定，国会调查员并不具备反腐败职能，因此在调查过程中如若发现腐败行为，就应当全案移交有关机构，但是，作为与民众联系紧密并拥有独立调查权的机构，其所能起到的辅助性反腐败发现功能仍然是相当明显的。

6. 韩国

韩国于2002年1月25日开始实施《反贪污法》，并成立"反贪污独立委员会"，接受社会各界对腐败案件的举报。

韩国的主要反腐败机构有五个：反贪污独立委员会、监察院、中央监督协议会、专门行政监督公务员、公务员惩戒委员会。其一，反贪污独立委员会。韩国的最高反贪污的权责机关，等同于部长级的层级，直接归总统管辖，与一般政府部门平行。防止贪污范围包括政府、法院、警察、军队和国营企业等。其职责范围包括，制定公务员行动纲领和保护内部举报者规定等。制定"廉政指数"，从2003年起在中央和地方政府全面实行"廉政指数"评价制度。制定有关防止洗钱的法律，严惩隐匿腐败资金等不法行为，并坚决没收一切犯罪收入。对于贪赃枉法的公务员，将坚决予以罢免，并限制其重新成为公务员。其二，监察院。韩国专职监察审计机关，直属总统之下，直接对总统负责。职权主要是稽查政府机关每年的收入和支出情况，审核国家机关和其他公营机构的账目，并监视各行政机关及公务员职务执行情况，监视各行政机关及公务员职务执行情况。其三，中央监督协议会。韩国的《行政监督规则》规定，为了讨论和审议有关行政监督的事项，在国务总理所属下面设中央监督协议会。其四，专门行政监督公务员。各行政机关的负责人选拔从事监督某项业务的专门公务员，简称"专门行政监督公务员"。监督公务员要由从事这项业务工作3年以上的公务员中选拔。其五，公务员惩戒委员会。韩国主管公务员惩戒的机关有以下两个：（1）中央惩戒委员会。设于总理府之下，审理并裁决涉第五职等以上公务目的惩戒案；如果总理认为必要时，也可审理涉及第六职等以下公务员的惩戒案。（2）公共惩戒委员会。主要处理该机关内涉及第六职等以下公务员违法行为的惩戒。

7. 美国

美国建国以来颁布了一系列的反腐败法律，1883年美国国会通过的《彭德尔顿法》（Pendleton Act），禁止公司向联邦公职候选人捐款的法律，《竞选经费公开法》《联邦反腐败行为法》《禁止联邦文官参与政党活动的哈奇法》《政府道德法》《政府道德改革法》等。

在美国，负责调查和起诉公共腐败行为的联邦刑事机构有司法部公共廉洁处、美国检查官、联邦调查局和独立检察官。非刑事公共廉洁机构包括司法部律师办公室、政府道德办公室、监察长办公室和白宫律师办公室等（周琪，2004）。

美国主要的反腐败机构有六个：监察长办事处、政府道德署、独立检察官、总审计署、检察机关、法院组织。其一，监察长办事处。是美国中央部局及独立管制机关内部设立的监督、调查组织。根据1978年的《监察长法》成立。监察长由总统任命，并经国会参议院同意，向总统和国会负责。监察处作为政府机关内部的防贪肃贪机构，主要是为了杜绝贪污、讹骗、浪费、滥用职权，保证财政合理合法地支出，并促使行政效率的提高。其二，政府道德署。是美国人事管理局中设立负责高级行政人员财产申报和协调人事管理局对行政人员进行监督的机关。根据1978年卡特政府颁布《政府道德法》正式设立。在重要行政部门设有代表机关，负责其部门官员财产申报和监督指导，代表机关一般称为道德标准办公室。其三，独立检察官。美国就某一高级行政官员违法失职情况而任命负责调查和起诉的官员。独立检察官的职权。为了保证独立检察官依法开展侦察、调查和起诉活动，法律赋予他的职权包括：（1）组织人事权。独立检察官有权任命自己的工作人员、诉讼人员、兼职咨询人员。（2）调查权。（3）传讯权。（4）向国会汇报和提供弹劾案案情。（5）提起特别诉讼权。其四，总审计署。美国国家审计机关，又称会计总署。1921年根据《预算和会计法》建立，并于同年撤销财政部的主计长和审计官，职权合并于该署。会计总署是国会调查机关，它有义务应国会及其委员会和议员的要求，向他们提供各种服务。会计总署的主要职权是调查所有与公共资金的收入、支出和运用有关的事项，提出更经济、更有效地使用公共资金的立法建议；准备国会指定的各项调查和报告；事先决定所议各项支出的法律根据；解决和调整政府提出的或向政府提出的各项要求；制定各项会计格式、制度和程序。其五，检察机关。美国的检察机关与司法行政机关不分，联邦司法部就是美国的最高检察机关，各州司法部就是各州的最高检察机关。联邦司法部机构庞大，工作人员有5万多人。其主要任务是代理政府诉讼，管理全国狱政，调查和拘捕包括从事间谍活动在内的犯罪分子，管理移民，交接毒品为联邦政府各部门提供法律意见等。其主要机构有法律顾问办公室、司法管理局、联邦调查局、缉毒署、刑事司、监狱管理司、民事司、民权司、移民归化局、假释委员会等。其六，法院组织。美国是联邦国家，联邦法院和州法院两个系统并无从属关系，只是在司法管辖范围上有所分工。联邦法院系统由以下三部分构成：（1）地区法院，又称"地方法院"，是联邦法院系统中的基层法院。（2）上诉法院，又称"巡回法院"。（3）最高法院，联邦法院系统中最高一级法院。州法院系统，美国各州法院系统极不统一，各州各级法院名称、组成、管辖权等都不一样。特别法院由以下五部分构成：联邦权利申诉法院，联邦税及专利权申诉法院，联邦税务法院，联邦军事上诉法院，联邦海关法院。

8. 澳大利亚

澳大利亚反腐败的法律法规有：《公务人员行为准则》《1987年罪恶收益法》《公共利益法》《刑法典（贿赂公职人员）》《1905—1973年秘密佣金法》等。

澳大利亚反腐败机构设置有两套体系。澳政府申诉机构The Ombudsman是专门调查、调解公民对政府或其公务员的任何不满包括政府和公务员的腐败行为，以及公民之间矛盾的机构。另外，澳各州都设有专门的反腐败机构，其中新南威尔士州反腐败独立委员会——ICAC最为完善，最具影响力，在反腐败斗争领域内享有世界盛誉。

（三）亚太地区一些国家在政党内部监督方面的反腐败体制

在政党制度比较完善的国家，政党内部对于腐败的监督也比较完善，因为腐败被称为"政治之癌"，导致政党衰败尤其被反对党攻击下台的最有力武器就是腐败。因此，各国政党尤其是两党制和多党制国家的政党，它们大都在政党内部的政党纲领和纪律中对腐败作了严格规定。不仅政党内部存在严格的监督，政党之间的腐败监督也非常有效，尤其在两党制或多党制的国家中，腐败作为一党反对其他政党的有力武器，政党之间的腐败监督客观上遏制了任何执政党腐败恶化的可能。

例如，以新加坡、印度、印度尼西亚和泰国的政党内部监督为例。新加坡的执政党一直比较稳定，政党内部的反腐败也比较有力。印度执政党自第二次世界大战以来基本上是国大党执政，政党内部反腐败监督机制比较严格。印度尼西亚和泰国政党更迭频繁，各种小党林立，政党之间的反腐败监督比较有力。

新加坡人民行动党1959年执政后，开始进行全面的基础建设，建立廉政制度是其中一项重要的内容。人民行动党领导人身体力行搞廉政堪称举世闻名。领导人以身作则，保持清正廉明的作风，对于贪污受贿的高级官员不徇私情。建国短短几十年时间里严惩了较多的高级官员，其中有些是有过重大政绩，同时又是同李光耀私交甚密的人，足见新加坡人民行动党廉政的决心和力度。

（四）新闻媒体监督

在世界各国的反腐败中，媒体的作用历来都受到重视和维护，很多腐败的曝光和最终查处都是因为一直有新闻媒体的监督力量，在不少国家媒体都承载着揭露形形色色政治丑闻的使命，这对于反腐败起到了很大的保障作用，因为媒体受众面广，影响大，许多腐败案件在媒体的追踪报道下得到了查处，即使没有被查处，也会使腐败者声誉大降，降低支持率、危害政治生命。

新加坡、印度、印度尼西亚和泰国的新闻媒体在反腐败方面就发挥了一定的作用，印度国大党之后几党联合执政政府的倒台，是印度一个新闻网络2001年对该届政府政要的各类腐败曝光间接造成的。因此，在反腐败体制建设中，尤其要重视新闻媒体的作用。新加坡利用传媒、广告、互联网、通信等现代方法，使大众时刻关注贪污问题，反贪机构与民众广泛联系，共同建立良好的反贪氛围，不断扩大廉政反贪的社会效果。

印度宪法第19章第1条第1款指出，印度公民有"言论和表达的自由"，1951年和1963年分别对该条款的修订案又作规定，为了国家的安全、为了保持良好的对外关系、为了维护公共秩序和道德规范，政府有权制止那些藐视法庭、诽谤或者煽动性的报道，政府有关部门有权对媒体进行审查和指导，以便维护国家的道德规范和宗教自由。有了印度宪法的支持，不少印度新闻媒体积极监督，报道了一些政府政要的腐败劣迹，对反腐败起了很大的作用。

1998年以后，印度尼西亚政府取消了新闻媒体的大多数限制，报刊、广播电视等新闻机构增加了很多。在1999年的反腐败法和1999年68号政府条例关于公众参与国家管理的条例中都规定，民众有权获取关于国家管理的信息。新闻舆论对腐败的监督作用有所增加，因为：第一，政府放松了对新闻媒体的控制。印度尼西亚于1999年颁布了《新闻法》，规定国家新闻业有权力寻找、获得和传播观念和信息，它将不受到审查、禁止。为新闻业提供了自由的环境。第二，新闻机构与从业人员增加，私营性质的媒体出现。第三，新闻媒体对腐败问题的关注度提升。记者的深入调查有助于更多腐败案件被发现，提高了民众对反腐败问题的关注。

泰国的报业一般是由私人部门拥有的，因此在新闻工作中对腐败问题的揭露较多，而电台和电视台在严格政审的惯例下就显得较为消极。20世纪90年代以来泰国政府逐步放宽了对电台和电视台的管制，开始由政府监管转向行业自律，并允许私人部门加入。这些转变客观上为泰国的新闻监督开放了门禁，有利于增加泰国反腐败的力度。

（五）非政府组织和国际机构

在反腐败方面，不仅有各国国内的立法、司法和行政方面的法律法规和制度的保障，各国还有一些非政府组织对反腐败进行监督。非政府组织对于反腐败起到了一定的作用。在印度和印度尼西亚两个国家就存在有一定影响力的反腐败非政府组织。印度一些非政府组织在反腐败领域中形成松散的联盟，提出共同致力于"清洁印度"的口号。有些组织的网站开辟举报专栏；有的发表反腐败报告或调查等。值得提及的有Dubey基金会、媒体研究中心、透明国际印度等。印度尼西亚的反腐败非政府组织主要有："印度尼西亚腐败观察"、管理改革合作组织、"政府观察"、印度尼西亚法律与政策研究中心、透明国际印度尼西亚分支机构等。它们的主要目的是加强民众对腐败问题的意识和对政府的监督作用、支持社会举报腐败案件、促进公共信息的公开化和政府行为的透明度。

还有一些国际机构进行腐败的监督监察工作。例如，联合国预防犯罪和罪犯待遇大会、国际经济合作与发展组织（简称经合组织）、世界银行、国际反贪污会议、欧洲共同体审计法院、国际议会监察专员委员会、最高审计机关国际组织国际反贪局联合会等。

联合国预防犯罪和罪犯待遇大会每届会议都将贪污罪、贿赂罪、舞弊罪等列为重点议题之一。在1990年8月举行的第八届会议上，重点讨论了政府中的腐败问题。会议建议各成员国建立防止贪污腐败和滥用权力的行政机制，提请各成员国制定惩处腐败行为的法律，要求联合国有关部门向成员国提供技术援助。会议还通过了《反腐败实际措施手册》。该手册总结了各国反贪污腐败的经验和有效做法，为各国决策者和专职机构提供一个处理腐败问题的蓝本。进入90年代后，联合国对惩治腐败给予更大关注，特别是在打击犯罪、改善管理、强化制度方面动作加大。1996年，联合国制定了《公共官员国际行为准则》。联合国大会通过了关于在国际商务活动中反对贪污贿赂的宣言。

国际经济合作与发展组织（简称经合组织），是一个供工业化国家研究并制定经济和社会各领域政策的非政治性组织，现有29个成员国，都是世界上最发达的国家，另有5个联系国。1997年年底，这些国家的部长签署了《经合组织反对国际商务交易中贿赂外国公共官员公约》。它被认为是消除国际行贿的一个重大举措。国际商务中贿赂当地政府官员司空见惯，许多欧洲国家甚至规定贿金支出可以免于纳税。《公约》规定，任何行贿外国公共官员的行为都是犯罪行为。《公约》要求各签字国制定明确的刑事处罚和经济处罚的法规，取消贿金不纳税的规定，完善会计和审计制度，规范公共采购制度。

世界银行在某种程度上可谓"第二联合国"，它在世界上举足轻重，每年向那些遇到困难的国家贷款近200亿美元。出于降低风险和某种政治上的考虑，世行积极介入国际反腐败的共同努力中，在有关国际会议上异常活跃，并且将贷款与腐败问题挂起钩来，宣布一个国家反腐败程度是提供贷款的先决条件之一。对世行贷款的工程项目，世行加强了监察检查，发现挪用或截留便立即中止资助。

国际反贪污会议，世界各国共同探讨预防和侦破公职人员贪污贿赂的国际会议，从而达到互相交流与合作的目的。1983年10月5日，在美国的倡议下，于华盛顿召开第一次国际反贪污会议。在会议中，来自世界各地负责处理贪污和有关罪行的执法代表，交换了资料和意见，并商讨了有关问题和不妥善的地方。①

欧洲共同体审计法院，成立于1977年10月。审计法院由10个成员国（法国、意大利、爱尔兰、丹麦、挪威等）各派1人组成。条约规定，审计法院成员在共同体总利益下独立行使职权。在任期间不得从事任何其他有酬或无酬的专业活动。审计法院有以下三个职能：（1）监督；（2）咨询；（3）新闻报道。

国际议会监察专员委员会，1947年为促进国际法律执行的统一，建立了国际律师协会。后来，在联合国倡议下，国际律师协会联合斯堪的那维亚国家及英语国家的议会监察专员组织，设立了国际监察专员委员会。这一国际性监察组织总部设于加拿大的阿伯特市，主要是交流对不良行政现象防治及处理的情报与经验。

最高审计机关国际组织，国际性的政府审计组织。它主要是通过交流在政府审计领域内的经验来加强各国最高审计机关的关系。其英文简称为INTOSOI。它最早着手筹建于1952年在古巴哈瓦那召开的最高审计机关国际组织第一届大会，此后便开始筹建工作。1968年最高审计机关国际组织正式宣布成立。

国际反贪局联合会是2006年在中国北京成立的第一个以各国反贪机构为成员的独立的、非政治性的国际反腐败组织。其宗旨是促进《联合国反腐败公约》的有效执行；向各国反腐败机关打击腐败提供国际协助；促进国际合作，以便调取和提供证据，追查、扣押和没收腐败犯罪的收益，追诉在逃的犯罪者；促进各国反腐败机关之间的良好关系和协作等款项，以推进《联合国反腐败公约》的实施。

四　亚太地区一些国家反腐败体制特点

亚太地区各国的反腐败体制大都以立法、司法和行政三个部门的反腐败法律法规和机构为主，再配合以非政府组织、媒体和公民等的监督。各国反腐败机制的不同之处在于，一些国家媒体的开放度和自由度比较高，

---

① 关于国际反贪污会议、欧洲共同体审计法院、国际议会监察专员委员会、最高审计机关国际组织的介绍，参见梁国庆主编《中外反腐败实用全书》，新华出版社1994年版，第469—470页，该书对此做了详细的介绍。

因此媒体发挥的作用很大，成为政府公共部门反腐败非常重要的一部分。而有的国家虽然反腐败机制比较完善，但是媒体以及社会公众的参与有限，监督力量较弱，作用不太大。现以新加坡、印度、泰国和印度尼西亚等国为例予以说明。

新加坡反腐败体制的特点：1. 完备的反贪污法律体系。新加坡的反贪法律十分详尽。《防止贪污法》中对于"报酬"有一个非常详细、界限也易掌握的规定。新加坡反贪污立法严格、执法严明。根据《防止贪污法》规定，对于向公务员非法提供或给予报酬的行贿人，公务员有权逮捕并将其移交到就近的警察局。新加坡的反贪污法律可操作性强。如《防止贪污法》规定，当公务员收到了无法推辞的礼品后，要尽快把它交给各单位负责处理礼品的负责人。如果受礼人想要保存礼品，由专人估价后，照价收买。2. 严格执法。执法严厉表现在：其一，新加坡对腐败定罪的主要依据看质不看量，即主要依据是"是否贪污受贿"，而不是"贪污受贿多少"。其二，国家设有专门的反贪机构，法律赋予反贪机构广泛的权力。其三，执法中坚决贯彻法律面前人人平等的原则。

印度反腐败体制的特点：反腐败机制的设计思路以发现腐败案件和惩处腐败人员为主。如监察机构、审计部门和各级申诉机构。但面对形形色色的腐败行为，监察机构和审计部门的遏制能力有限。对于这一点，世界银行认为，反腐败的重点应该是减少腐败的机会，采取预防性措施。近些年来印度政府在行政管理领域内进行的一些改革就是国际组织这一思路的结果。如政府行政管理各有关部门发布"公民契约书"，明白告知民众本部门将向他们提供什么标准的服务。推广电子政务，使招投标透明，进行各种行政管理方面的改革，以防止腐败行为发生。

印度尼西亚反腐败体制的特点：1. 独立的反腐败机构——根除腐败委员会，直接对总统和国会负责，不受其他政治机构的干预，有利于推动反腐败进程。2. 总统的个人作用对印度尼西亚的反腐败改革具有重要意义。

泰国反腐败体制的特点：1. 强调以国家反贪委员会为主的独立监察机构的作用。2. 建立并完善财产申报审核制度，重视提高反腐败工作的效率。3. 提高民主监督的地位，拓宽社会公众参与监督的途径和范围。

五　启示与借鉴

通过比较研究可知，任何国家的腐败活动总是在一定的社会环境下产生的。因此，建立反腐败体制时，要考虑本国与他国在政治、经济、文化、道德和传统等方面的差别。不同国家反腐败的出发点、重点和目的不相同，反腐败的体制也就不同。他山之石，可以攻玉，通过对一些国家反腐败体制的类型、特点和效能的分析，可以获得一些对我国反腐败体制建设的启示。

第一，建立严密的反腐败法律体系。

反腐败的法律法规要更加完善、系统、详尽、严厉、操作性强。首先对腐败行为的惩罚规定要刚性显著，有足够的威慑力，查处程序要简便、民主、迅速。同时，应赋予办案机构独立职权，增强其执法权威性，使其能够自行决定适用灵活的工作方式。此外，还应采取更为严厉的措施，把有关的制度法律化，改变有的制度"只防君子，不防小人"的现状。同时，要坚持严格执法，确保有纪有法必依，违纪违法必究，执纪执法必严。对腐败分子要严惩不贷，对腐败行为重拳出击，破除以往"教育从严、处理从宽"的思想束缚，提高腐败成本，降低腐败收益，特别是提高腐败的机会成本（如名声和升迁）与受惩成本，使腐败分子认为腐败是一种高风险的行为，并最终在腐败活动中无法获得收益。

第二，建立严密的监督机制。

其一，要改革监督体系，改革纪检监察机关领导体制，使监督机关的相对独立性和权威性得以充分发挥。其二，要推进制度改革。大力推进行政审批制度改革，解决政企不分、政府职能错位问题，消除转轨时期行政权力寻租的条件。建立合理的财政管理体制，解决资金管理特别是预算外资金管理中存在的弊端以及部门之间存在的分配不公、互相攀比、党政干部心理失衡等一系列问题。还要完善领导干部个人事项申报制度，我国刑法中的"巨额财产来历不明罪"正体现了这一反腐败思路，完善社会监督机制。其三，要将监督的关口前移，实现从事后查处为主、向事前监督为主的转变，从源头上遏制腐败现象的发生。其四，要完善公民反腐败检举制度。实现公民对腐败的检举权利，既要让公民有畅通的渠道揭发腐败，也要保护无论是实名检举者还是匿名检举者的人身安全，保护检举人的隐私。公民监督实权不大，影响不大，往往只能抓些小事，但公民监督的普遍化、经常化、实效化，也会使得公职人员相当程度地减少腐败。正如托马斯·杰斐逊所说，"如果人民群众中的每一个都享有几分最高权势，共和国就可以安如磐石了"。设立检举反馈制度，"实名检举"是目前我国腐败发现机制中的重要组成部分，但现行司法体制中却缺乏相应的检举反馈制度，在一定程度上剥夺了检举人的知情权。检举人往往无法得知其提供的线索是否被有效采用，多数情况下他们仅被告知检举不成立，而调查过程是否细致以及是否真正进行了调查，都成为暗箱操作，这不利于调动民众协助政府反腐败的积极性。检举反馈机制，就是要求反腐败机构在经过形式审查并接受检举后，即负有义务将调查结论及相关资料以书面形式反馈给检举者。如果确属检举者提供线索不清，则检举者有改进的机会，而如果属于反腐败机构的工作失误或有意包庇犯罪，则也留下书面证据，有利于以后追究相关人员的法律责任。

第三，高薪养廉及其有限性。

逐步改革公职人员的工资制度，以确保公职人员有比较优厚的薪俸，使其不为生活所累，又使个人价值在经济上得以体现。工资待遇打破平均主义，实行按职位高低把工资待遇适当拉开档次，做到责权利相统一，从而激励公职人员的上进心。分配方式要变实物发放为货币发放，这样既可以适当增加公务员工资，又有利于廉政建设。使公务员的工资高于大多数其他行业，防止人才流向别的行业。我国目前面临大量公务员流失、人才进入私企等高收入行业的现象。

无论是发达国家还是发展中国家，即使增加工资，也难以完全消除腐败，因为腐败的动机不仅仅来自贫困和经济利益。高薪未必能够养廉的另一个原因是，对经济发展损害最大的腐败形式并非小额贿赂，而是腐败官员大规模窃取国家资金，这样程度的腐败很难受工资高低的影响。还有的腐败是为了实现官员自己在政治前途上的所谓发展，为自己培养人脉、拉帮结派，不收取任何经济报酬，暗地里给予一些人不应得的好处。正如《红楼梦》中的一节"葫芦僧乱判葫芦案"，贾雨村为了仕途顺利不得罪薛家等大家族，而乱判杀人案。还有一些从古至今都有的"官官相护"式的腐败。凡此种种腐败，其隐蔽性和难以查处性远超过了经济类腐败。这样的腐败是高薪所不能遏制的，会在不同的人身上出现，需要发现和惩处。

第四,发挥新闻媒体监督作用,保证新闻工作者的人身安全。

新闻媒体的影响范围广、受众多,对腐败的预防、发现和打击具有很强的优势。新闻媒体,在西方长期以来被称为是立法权、司法权和行政权之外的第四种权力。这是由于新闻媒体具有广泛性、群众性、及时性和经常性的特点,因此它对腐败的监督作用是其他任何机构都难以替代的。美国学者乔治·艾米克在说到媒体与反腐败的关系时说:"当经验丰富而胜任的记者对一个公开的政府的记录和会议保持着经常检视时,阳光就会充分地发挥它的消毒作用,黑箱的操作者就只会剩下小小的容身之地了。"

第五,文化思想教育的作用及其有限性。

培养提高国民的思想道德素质,从思想源头预防腐败,增加民众对反腐败知识的了解,加强民众对腐败问题的认识,提高公民参与政治生活的能力和意愿,发挥对腐败的监督作用。减少社会文化习俗产生的腐败。

但是要注意,至少在现阶段,在人们的思想水平普遍尚未提高到大公无私境界的时候,文化思想教育在反腐倡廉中的作用是有限的。在现有的社会环境中,人们已经习惯了求取物质利益的社会属性。腐败与否,关键是看人们对私利的追逐是否越过了法律的界限。道德教化的有效性就是因为它无法根除大多数人追求私利的物欲。因而,不能从根本上清除腐败赖以滋生的根源。况且,道德教化只有预防腐败的功能,不能发现、查禁和惩处腐败行为。对文化思想教育期望过高,会误导反腐败的努力方向,延迟反腐败体制的建设过程。

第六,反腐败具有持久性,要避免短期作战的想法和做法。

腐败是一种长期存在的社会现象,不可能靠短期反腐败行动消除。短期作战的反腐败做法,无法使反腐败制度化,难以用立法、司法和行政等体制来把握,还可能导致运动的扩大化、极端化而失去控制,也会使反腐败成为短期行为而无法实现真正的成效。

腐败自人类社会有组织以来一直存在,从来没有根除过,清除腐败是一种理想,只可能不断地接近。因此,反腐败必须采取务实的态度,根据本国的传统和现状,确定本国反腐败的出发点、重点和目的地,完善本国的反腐败体制。反腐败体制首先是对人性恶的防范,预防有意识的主观的腐败行为。其次是防范出于善意可能发生的腐败行为。在现实中,善意未必能够实现良善的结果,曾经有人说,道德的政治家治理的效果有时不如不道德的政治家,这是在不同的体制中存在的一个现象,好的体制即使是操守不够好的人来运行，其效能有时强于操守好的人在差的体制中工作的效能。这反映了体制的作用有时超越了个人善恶，善的体制无论是道德的人还是不道德的人实施，只要真正按体制运转了，就能够发挥相似的效能，不会因人而异。

综上所述，各种反腐败的措施都是有限的，需要建立较完备的反腐败体制，从预防、发现和惩处腐败等各个环节和各种制度着手，才能动态地、有效地、长期地反腐败，实现本国的政治文明和政治发展。

附　录

（一）联合国向各国建议的反腐败实际措施①

在打击贪污腐败的法律中设立偷窃罪
在打击贪污腐败的法律中设立滥用职权罪
在打击贪污腐败的法律中设立利益冲突罪
在打击贪污腐败的法律中要官员公布个人财产
对隐瞒个人财产不申报的官员，必须给予贪污罪的惩罚，而不能仅仅给予纯粹的民事处罚
设立专门单独的反腐败机构既有利又有弊
应该考虑反腐败责任管辖权的专属问题
鼓励并奖赏对贪污腐败行为的举报
将举报转给有关部门去处理有许多缺陷
反腐败仅有刑事制裁是不够的
制定职业道德准则应明确干脆，不要拐弯抹角
官员的工资应能维持普通家庭生活水平
未证实的指控对涉嫌人的人事变动的影响
调查贪污腐败案的四种战略选择：应急战略；确定优先顺序；反应战略的利弊；以情报为依据的战略
怎样处理好案件调查中保密与公开的关系
没收贪污所得财产的数额不能是九牛一毛
颠倒举证责任的办法在反腐败中具有重要意义
对企业贿赂活动的预防与制裁

---

① 参见刘明波主编《廉政思想与理论：中外名家论廉政与反腐败》，人民出版社1994年版，第333—344页。

(二)亚太国家反腐败立法状况简述①

1. 亚太地区有专门反腐败立法的国家

亚太地区共有 17 个国家有专门的反腐败立法,各国反腐败立法名称如下:

新加坡《防止腐败法》
菲律宾《反对受贿和贪污法》
越南《反贪污法》
印度《1988 年防止腐败法》
巴基斯坦《反腐败法令》
马来西亚《防止腐败法》
尼泊尔《反腐败法》
新加坡 1960 年颁布的《反贪污法》
印度尼西亚 1999 年《反腐败法》
泰国《1975 年反贪污法》
澳大利亚《1987 年罪恶收益法》
缅甸 1998 年《贿赂和腐败法》
美国 1970 年开始实施的《有组织的勒索、贿赂和贪污法》
斯里兰卡《反腐败法》
韩国 2002 年开始实施的《反腐败法》
菲律宾《公共官员与雇员品行和道德标准法》
巴布亚新几内亚《领导人员义务与责任组织法》

2. 亚太地区刑法中对腐败定罪量刑的国家

亚太地区有 12 个国家在刑法中对腐败定罪量刑,国名如下:

美国	日本	印度	新加坡
澳大利亚	韩国	泰国	朝鲜
蒙古	新西兰	巴基斯坦	中国

---

① "亚太国家反腐败立法状况简述"是笔者查询各种资料后汇总而写,由于掌握的资料有限,恐有缺漏,请读者指正。

（三）有助于反腐败的法律

对腐败行为判处刑法的法律
对腐败活动的非法所得进行追查、查封、冻结和没收的法律
要求公务员定期申报资产的法律
识别、预防或解决利益冲突的法律
保护检举人法律
加强信息获取渠道的法律（允许公民从国家机构那里获得信息）

续表

落实言论和结社自由的宪法权利和人权法律
制定公共管理决策的基本原则的法律
提高公共采购透明度的法律

资料来源：联合国反腐败实践纪要，2004年3月。

（四）世界各国腐败犯罪量刑汇总表

国家	贪污	贿赂（腐败）	洗钱
奥地利	刑期可高达5年或10年		刑期可高达5年
白俄罗斯			刑期可高达3年并没收或不没收财产，或3年到6年并没收或不没收财产
保加利亚			1年到5年并处以罚金，或1年到8年并处以罚金（某一组织所犯罪行），或3年到12年并处以罚金（情节严重者）
中国	1年到15年、无期徒刑或死刑（视金额或情形而定）	1年到15年、无期徒刑或死刑（视金额或情形而定）	刑期可高达5年并处以罚金；或5年到10年（严重罪行）
哥伦比亚		1年到5年	6年到15年
哥斯达黎加		2个月到4年	5年到15年或8年到20年（情节严重者）
塞浦路斯		3年	14年
多米尼加			20年并处以罚金
厄瓜多尔	4年到8年	6个月到3年	8年到12年（并处以罚金）
斐济		7年	

续表

国家	贪污	贿赂（腐败）	洗钱
芬兰	刑期可高达1年半（或处以罚金）；4个月到4年（情节严重者）	刑期可高达2年（或处以罚金）；4个月到4年（情节严重者）；刑期可高达2年（商业贿赂）	刑期可高达1年半（收受赃物罪）；4个月到4年（情节严重者）；4个月到6年（职业犯罪）
希腊			刑期可高达10年
意大利			4年到12年并处以罚金
密克罗尼西亚联邦			刑期可高达10年并处以罚金
摩纳哥			10年到20年并处以罚金
摩洛哥	2年到5年	2年以下（腐败）	
荷兰		4年以上（腐败）	
新西兰		3年（官员贪污受贿）	5年
挪威	刑期可高达6年	刑期可高达6个月	刑期可高达3年或6年（情节严重者）
巴基斯坦			
秘鲁		3年到6年（成年人），2年到4年（未成年人）	刑期可高达终身监禁
菲律宾	2年、4个月零1天到4年零2个月；20年零1天到40年	6年零1天到8年；8年零1天到10年并处以罚金	
罗马尼亚	6个月到5年	3年到12年	
南非		最低刑期15年（F）、20年（S）或25年（T）	
瑞士		刑期可高达3年（R）或轻刑（腐败）	轻刑或处以罚金
委内瑞拉			15年到25年

资料来源：联合国有关严重犯罪的分析性研究秘书处的报告，1999年12月6日至17日，维也纳。

参考文献

1. 王沪宁：《腐败与反腐败——当代国外腐败问题研究》，上海人民出版社1990年版。

2. 刘明波主编：《廉政思想与理论：中外名家论廉政与反腐败》，人民出版社1994年版。

3. 杨春洗主编：《腐败治理论衡》，群众出版社1999年版。

4. 梁国庆主编:《中外反腐败实用全书》,新华出版社1994年版。

5. 宋振国、卫灵主编:《权与法的较量:各国反腐败要案纪实》,世界知识出版社1996年版。

6. 汪太理等主编:《中外反腐败史鉴》,中国人民公安大学出版社1991年版。

7. 季正矩:《跨越腐败的陷阱——国外反腐败的经验与教训》,中国经济出版社1999年版。

8. 郭大方:《挑战腐败:兼论治腐机制的构建》,军事科学出版社2001年版。

9. 陈卫东主编:《腐败控制论》,中国方正出版社2000年版。

10. 周继中、李玉斌主编:《反腐败与监督通论》,人民日报出版社1994年版。

11. 施中传等编著:《中外廉政与腐败纪实》,长江文艺出版社1990年版。

12. 李建华、周小毛:《腐败论——权力之癌的病理解剖》,中南工业大学出版社1997年版。

13. 李章泽:《转型时期中国的腐败与反腐败》,博士学位论文,北京大学,1997年。

14. 李孝纯:《中国共产党新时期廉政反腐败的历史考察与思考》,博士学位论文,中共中央党校,1999年。

15. 郑利平:《腐败的经济学分析》,博士学位论文,南开大学,1999年。

16. 周方冶:《泰爱泰党的崛起与泰国政党格局的转变》,载《当代亚太》2002年第11期。

17. 袁祖望:《权力制衡理论与国家反腐败机制》,《暨南学报》2004年9月第26卷第5期。

18. 石冠儒:《中外防治腐败的管理制度之比较》,《胜利油田党校学报》2004年3月第17卷第2期。

19. 袁付成:《腐败问题和反腐败工作的制度层面剖析》,《开封大学学报》2004年6月第18卷第2期。

20. 周琪:《美国的政治腐败和反腐败》,《美国研究》2004年第3期。

亚洲和大洋洲

东南亚国家反腐败：理论与实践分析

郭继光[*]

[内容提要] 腐败在一些东南亚国家仍然非常严重。除了少数国家如新加坡之外，东南亚大部分国家腐败依然严重，行政效率低下。东南亚各国通过设置专门的反腐机构、颁布和修改反腐法令与法规、查办大案要案等举措防治腐败，虽然取得了一定的成绩，但是有的国家反腐成效不明显。

腐败对人类社会来说自古有之。现在，腐败在全世界发展中国家和发达国家都不同程度地存在。不过，腐败在发展中国家尤其严重，特别是在一些亚洲、非洲和拉丁美洲国家。然而，很不幸的是，对一些发展中国家的民众来说，腐败似乎成了一种生活习惯和文化态度。事实上，在这些国家里面，腐败作为官员生活方式的一个方面和迅速变迁的民众日常经历的一种意识，破坏了传统的生活价值和政府政策的可信度。腐败被广泛认为阻碍投资，破坏政府治理，扭曲政府政策。事实上，根据理论和经验证据，经济学家和政治学家之间达成越来越多的共识：腐败不利于经济发展。

最近这些年来，东南亚地区的大多数国家在"透明国际"（Transparency International）的排名一直较低，如印度尼西亚和越南，然而，另外的国家如新加坡等则排名较高。对这些国家腐败严重的感受并不局限于外部观察者。早在十几年前，根据印度尼西亚的一项全国调查，大约75%的受访者认为公共领域的腐败是司空见惯的。受访者还认为腐败是继失业和糟糕

---

[*] 郭继光，中国社会科学院亚太与全球战略研究院亚太政治研究室副主任、助理研究员。

的经济之后最严重的第三大社会问题。大约65%的受访者承认自己经历过官员的腐败。①这些国家的领导人也意识到了腐败的严重性。例如，印度尼西亚历届政府的领导人都把消除腐败作为政府的主要纲领。印度尼西亚前女总统梅加瓦蒂曾经指出："我们经历经济危机的一个主要原因是几十年来一直存在的严重的腐败、官商勾结和裙带关系（KKN）。情况已经恶化到如此严重：我们中间的一些人已经认为这些是我们文化的一部分。我们不得不打破KKN怪圈。最简单来说，KKN就是盗窃，而且那些沉湎于此的人就是窃贼，不论他们的官位或者职位高低。我们必须阻止对国家财产的掠夺，不论发生在哪里，不论发生在谁身上。腐败者必须得到惩罚。"②

面对着如此状况，东南亚大部分国家已经制定和实施反腐法案和条例以及各种各样的反腐组织来遏制腐败。与此同时，政府还发起了一系列的反腐运动。例如在菲律宾，政府在20世纪50年代就开始了反腐运动，制定了7部反腐法，并且建立了14个反腐机构。③尽管东南亚国家的政府采取了一系列反腐措施，但是并没有取得预期的成果，腐败在一些东南亚国家仍然非常严重。因此，为什么腐败在这些东南亚国家仍然非常严重？反腐措施为什么没有取得成功？这些国家的腐败存在类似的原因吗？是否就如詹姆斯·斯科特（James C. Scott）所声称的一样，"在不同的政治背景之下，腐败总是拥有类似的原因、模式和后果"？④

一 关于腐败的定义和理论研究

（一）关于腐败的定义

对不同国家的腐败进行比较研究的一个主要困难是：在不同的国家对"腐败"这个术语的定义千差万别。事实上，不仅不同的文化和种族集团对"腐败"的定义和解释不同，即使在同一种文化内部，不同集团对"腐

---

① Merly Khuow, "A National Survey of Corruption in Indonesia: Final Report, December 2001", Jakarta: Jourtrership for Gorenance Reform in Indonesia, 2001, pp. x – ix.

② Ibid., p. 61.

③ Jon S. T. Quah, "Combating Corruption in the Asia Pacific Region", in *Where Corruption, Lives*, edited by Gerald E. Caiden, O. P. Dwivedi, and Joseph Jabbra, Bloomfield, Conn.: Kumarian Press, 2001, pp. 131 – 144.

④ James C. Scott, *Comparative Political Corruption*, Englewood Cliffs, N. J.: Prentice-Hall, Inc., 1972, p. 3.

败"的理解也是不同的。詹姆斯·斯科特对此问题作了清晰的解释:"我们总是认为腐败是某种标准行为的偏离。这种定义产生的第一个问题是,我们用来衡量那些标准行为的标准又是什么呢?"[1]因此,我们不可能提供一个能够被普遍接受或者适用的腐败定义。

目前学术界有三种对腐败的定义:以公共利益为中心,以市场为中心,以公共职务为中心。使用公共利益定义的一些学者认为,"腐败可以被定义为:当掌权者(例如:一个负责任的职务或者职位拥有者)被给予非法的金钱或者其他形式的酬金,从而受到诱导采取有利于酬金提供者的行动,因此造成了对公众及其利益的伤害"[2]。但是基于公共利益基础的腐败概念是主观的,因为它不能够回答如下问题:谁来定义公共利益?

以"市场为中心"的定义则强调"利益最大化"的动机,认为腐败只是积极寻求经济资源的另一种形式。例如,Van Klaveren 认为:"腐败意味着一个公职人员为了从公众获得额外的收入而滥用自己的权力。因此,我们将腐败定义为一个公职人员将他的职务看作是一门生意,他将寻求其收入的最大化。于是公职将成为一个'最大化单位'。"[3]

在学术界得到广泛接受的腐败的定义是约瑟夫·奈(Joseph Nye)以公职为中心的定义。他认为腐败是"偏离公共角色正式职责的行为,由于私人(个人,家庭,私人小团体)金钱或者地位收益;或者违反关于某些类型的私人利益行为行使规则。这包括贿赂(使用酬金去误导一个处于信托位置的人的判断);裙带关系(以先赋性关系而不是绩优来获得庇护);滥用(非法挪用公共资源来获取私人使用)"[4]。这个对腐败的定义强调为了个人利益故意行动的行为因素,指出了腐败在个人层次上的根本原因。此定义包含了以市场为中心定义的大多数内容,并且可以延伸到包括以公共利益为中心的定义。因此,在本研究中腐败被广泛定义为使用公共职务来获取私人利益。

---

[1] James C. Scott, *Comparative Political Corruption*, Englewood Cliffs, N. J.: Prentice-Hall, Inc., 1972, p. 3.

[2] Carl Friedrich, "Political Pathology", *Political Quarterly*, 1972, Vol. 37, Issue I, 1966, pp. 70 – 85.

[3] Jacob Van Klaveren, "The Concept of Corruption", in A. J. Heidenheimer, M. Johnson and V. Le Vine, Political Corruption: A Hamd book, New Brunswick, 1989, pp. 25 – 26.

[4] Joseph. S. Nye, "Corruption and Political Development: A Cost-Benefit Analysis", American Political Science Review, Vol. 61, No. 2, 1967, pp. 417 – 427.

（二）关于腐败的理论研究

腐败是一种复杂的动态现象，许多因素促成了腐败的产生。对于腐败的研究方法可以划分为宏观的方法和微观的方法。在理论学界有三种关于腐败的宏观理论：结构—功能方法，政治—制度方法，文化方法。

政治—制度方法把腐败的发生归因于政治制度及其运作过程。亨廷顿（1968）曾经指出，作为从专制向更民主的政府转变的政治现代化过程，通常伴随着腐败率的升高。他将这个问题的产生归因于新成立政府不发达的政治制度。亨廷顿还提及了其他的几个原因。首先，在政治现代化过程中，一些传统的陋习如官官相护、裙带关系等仍然存在，这些陋习在许多前现代社会里依然是可以接受的，并且是合法的行为模式。其次，在现代化的转型期间，许多人对公共领域和私人领域的界限问题变得模糊，这实际上进一步增加了腐败的机会。最后，现代化过程总是伴随着国家机构在社会领域和经济领域的扩张，这必定会增加官僚对经济活动的控制，从而增加了腐败的机会。所有这些因素造成了腐败的严重。[1]

结构—功能方法认为在一些社会里，为了维护体制的运作，作为一种非正式和非法制度的腐败能够发挥一些功能，这是因为一些政治制度无法发挥其基本的功能。使用该方法的一种观点认为腐败能够促进外来投资，这是因为通过贿赂政府能够提供一种稳定的政治环境。[2]另一种观点则认为腐败能够有助于增强资本的形成。[3]

文化方法则重点强调不同社会拥有不同的价值、信条和"腐败文化"。该方法认为某些文化有利于腐败的行为。例如，缪尔达尔（Gunnar Myrdal）认为："当我们观察到，腐败在东南亚国家比在发达的西方国家更多的时候，我们是在暗示在道德习俗上存在差异。这种道德习俗涉及获取个人利益的时间、地点和方式。"[4]文化差异也许能够解释不同国家之间的腐

---

[1] S. P. Huntington, *Political Order in Changing Societies*, New Haven: Yale University Press, 1968, p. 64.

[2] N. H. Leff, "Economic Development through Bureaucratic Corruption", *American Behavioral Scientist*, Vol. 8, No. 3, 1964, pp. 8 – 14.

[3] J. S. Nye. "Corruption and Political Development: A Cost-Benefit Analysis", *American Political Science Review*, Vol. 61, No. 2, 1967, pp. 417 – 427.

[4] Gunnar Myrdal, "Corruption as A Hindrance to Modernization in South Asia", in *Political Corruption: Readings in Comparative Analysis*, ed. Armond J. Herdenhermer, New York: Holt, Rinehart & Winston, 1970, p. 237.

败程度，但是，对腐败的文化解释总是被批评为静态的，无法解释变化。

总之，这些宏观方法解释了制度、结构和文化的因素是如何促成腐败行为发生的。不过，每一种方法都无法解释宏观因素如何影响个人行为者从事腐败。也就是说，在宏观因素和微观因素之间缺乏联系。例如，在相对腐败的国家，并不是所有的政府官员都腐败。在相对清廉的国家，并不是所有的政府官员都清廉。因此，微观因素仍然是有意义的。

对腐败研究最重要的微观方法是"委托—代理"模型。对腐败最重要的一些经济学研究就是建立在这个模型的基础之上。[①] 根据这个模型，学者 Klitgaard 强调一些制度结构尤其能够催生腐败机会：官员垄断权力；官员被允许履行裁决权的程度；在一种制度中，体制问责和透明的程度。[②]

"委托—代理"模型主要研究委托人（如政府的高层）与代理人（如从有兴趣获取某些政府公共产品的个人收取贿赂的官员）之间的关系。由于委托人和代理人之间不同的动机和信息的不对称，希望监管代理人行为的委托人将会发现监管将变得更加困难，因为收集代理人的信息成本将非常高昂。与此同时，有两种因素将决定代理人是否决定从事腐败行为。第一种因素是是否存在腐败的机会。机会越多，代理人从事腐败行为的可能性将越高。另一种因素是内部和外部控制。委托人对代理人最重要的外部控制是收集代理人的行为信息。委托人收集的信息越多，就越能够有效地实施外部控制。尽管"委托—代理"模型有助于我们理解腐败，但是它还是有其缺点。这个模型解释了微观因素促成了代理人的腐败行为，但是它总是忽视了腐败发生的更大、更有意义的社会政治环境。

二 东南亚国家的腐败状况

东南亚地区目前共有 11 个国家：印度尼西亚、马来西亚、泰国、菲律宾、新加坡、文莱、越南、老挝、缅甸、柬埔寨和东帝汶。东南亚各国的政治体制是多种多样的，主要包括如下几种类型：（1）实行人民代表制的社会主义国家：越南和老挝；（2）议会共和制国家：新加坡和东帝汶；

---

① 详细论述参见 S. Rose-Ackerman, *Corruption: A Study in Political Economy*, New York: Academic Press, 1978.
② 详细论述参见 R. Klitgaard, *Controlling Corruption*, Berkeley: University of California Press, 1988.

(3) 总统共和制国家：印尼和菲律宾；(4) 君主制国家：泰国、柬埔寨和马来西亚（君主立宪制）以及文莱（绝对君主制）；(5) 正处于军政府向民主政府过渡阶段的国家：缅甸。

除了少数国家如新加坡之外，东南亚大部分国家腐败依然严重，行政效率低下。"透明国际"公布的2013年全球贪污腐败感知指数（Corruption Perceptions Index）显示，东南亚大多数国家在全球170多个国家或地区中排名靠后（见下表）。尽管人们对"透明国际"排名存在不同的看法，但是在对东南亚国家的腐败状况进行研究的时候可以作为参考。

东南亚国家在2013年度透明国际全球腐败感知指数（CPI）的排名和得分

国家	新加坡	文莱	马来西亚	菲律宾	印度尼西亚	越南	泰国	东帝汶	老挝	柬埔寨	缅甸
排名	5	38	53	94	114	116	102	119	148	157	160
得分	86	60	50	36	32	31	35	30	26	21	20

一些学者从文化的角度对东南亚国家的腐败问题进行了研究。这种关注部分是由于官僚体系内部存在大面积的腐败。[1]另外一些学者在构成政治社会结构的恩庇侍从关系背景之下解释了政治腐败。作为造成腐败的根本原因之一，恩庇侍从关系仍然在东南亚发挥作用，主要是因为联系民众和政府之间的制度仍然是弱的。[2]除了从文化角度解释腐败的来源，另外几个学者研究了造成腐败丛生的其他制度因素，如不断上升的腐败机会以及腐败控制的制度能力的局限性。[3]总之，他们认为在这些发展中国家的背景之下，政府制度结构以及政治过程是决定腐败严重与否的重要因素。尤其值得注意的是，那些缺乏能力监管其职员的政府将会经历严重的腐败。除了

---

[1] T. M. Smith, "Corruption, Tradition, and Change: Indonesia", in Arnold J. Heidenheimer, Michael Johnston, and Victor T. LeVine, *Political Corruption: A Handbook*, New Brunswick, U.S.A.: Transaction Publishers, 1989, pp. 423 – 440.

[2] 例如，Muahtaq H. Khan, "Patron-Client Networks and the Economic Effects of Corruption in Asia", *The European Journal of Development Research*, Vol. 10, No. 1, 1998, pp. 15 – 39. 和Paul. D. Hutchcroft, "Oligarchs and Cronies in the Philippines State: The Politics of Patrimonial Plunder", *World Politics*, Vol. 43, No. 3, 1991, pp. 414 – 450. Fiona Robertson-Snaps, "Corruption, Collusion and Nepotism in Indonesia", *Third World Quarterly*, Vol. 20, No. 3, 1999, pp. 589 – 602.

[3] Jason Ong Lay Teck, "Causes and Remedies of Bureaucratic Corruption in ASIAN Countries: A Comparative Study in Indonesia and Singapore", *Academic Exercise-Dept. of Political Science, Faculty of Arts & Social Sciences*, National University of Singapore, 1995.

从文化和制度根源考察腐败问题，其他的一些学者也提出了治理腐败的政策建议。①因此，我们有理由相信上述每一种观点都为我们理解东南亚国家为什么存在腐败提供了洞见。

三 东南亚国家的反腐举措

通过上面的分析，我们可以得知，制度和结构因素（例如：弱的国家能力）以及文化和社会因素（如公众压力）等都造成了东南亚国家腐败机会的增多，监管能力的下降。因此，东南亚国家也从这些方面采取措施，设立相关机构，降低腐败机会，增强监管能力。

（一）设置专门的反腐机构

东南亚各国一般都设置了专门的反腐机构来应对贪污反腐问题。

新加坡 1952 年设立的反贪污调查局，是其反腐取得成功的最关键因素之一。作为一个独立且强有力的治贪机构，反贪污调查局由新加坡总理直接领导，不受任何机构和个人的干涉。贪污调查局享有很多独立的特权，如逮捕权、调查权、调查保障权、武力搜查权等。②

1976 年，泰国成立了"反腐委员会"（CCC），专门负责反腐败工作。1999 年，泰国政府将 CCC 提升为"国家反腐败委员会"（NCCC），其组成人员（包括委员会主任及其他 8 名委员）由独立的临时遴选委员会提名、参议院确定、国王任命，对参议院负责，任期 9 年，拥有广泛的调查权和独立的公诉权，还有权独立提起公诉。除了国家反腐委员会之外，泰国还有其他与反腐相关的独立监察机构，如：选举委员会、宪法法庭、国家审计委员会和国会调查员等。③

越南除了在党的机构和政府机构分别设立了反腐机构（中央监察委员会和地方各级监察机构，国家监察总署和地方各级监察机构）之外，于

---

① 例如，Jon S. T. Quah, "Responses to Corruption in Asian Societies" in Arnold J. Heidenheimer, Michael Johnston, ed, *Political Corruption: Concepts & Contexts*, New Brunswick, N. J.: Transaction Publishers, 2002, Chapter 28, pp. 513 – 532. Leslie Palmier, *The Control of Bureaucratic Corruption: Case Studies in Asia*, New Delhi: Allied Publishers, 1985.

② 李秋芳编著：《世界主要国家和地区反腐败体制机制研究》，中国方正出版社 2007 年版，第 97 页。

③ 同上书，第 84—85 页。

2006 年成立了中央反贪污指导委员会。为了加强对反腐工作的领导，越南国家总理亲自担任委员会主任，副主任由最高人民检察院检察长担任。[①] 2012 年 5 月 15 日闭幕的越南共产党中央第十一届五中全会根据 5 月 15 日闭幕的越共中央十一届五中全会的一项决定，组成了由中央总书记任主任并由中央政治局直接领导的中央防治腐败指导委员会。这是越南共产党新一届中央上任以来反腐败的一项重大举措。[②]

印尼专门的反腐机构是印度尼西亚反腐败委员会（Komisi Pemberantasan Korupsi，KPK），成立于 2003 年。KPK 成立之前，在印尼只有警察和检察官有权执行反腐败工作。作为独立的反腐败机构，KPK 直接对总统和国会负责，其他任何政治机构无权干涉。KPK 的职能及权力包括：监督及协调政府其他部门有反腐败职能的机构；处理重大的腐败案件；对腐败行为进行预查、调查及检控工作；推行预防工作和监察政府的管理。在预防腐败工作方面，KPK 负责的范围包括：核查国家官员的财产；审查腐败举报；在各级学校推行反腐败教育计划；设计及推广社会性消除腐败计划；为民众举办反腐败活动；研究所有国家和政府机关的管理制度，旨在改善有关制度以降低潜在的腐败风险。[③]

（二）颁布和修改反腐法令和法规

东南亚各国基本都颁布专门的反腐败法令，除了颁布反腐法令之外，东南亚各国还针对本国的情况制定了关于公务员的各种规章制度。

新加坡是一个法治国家，在反腐方面的法律和法规的制定与完善方面也是东南亚国家的典范和学习的榜样。惩治贪污腐败的法令在新加坡《宪法》中有所呈现，其中包括禁止公务员经商，严禁高层领导人担任营利性职位和从事商业活动。新加坡还专门制定了用于惩治贪污贿赂犯罪的《防止贪污贿赂法》和《没收贪污贿赂利益法》。

新加坡还制定了《公务员守则和制度条例》《公务员惩戒性程序规则》，对公务员的各种行为作了严格的规定。在这些条例和规则中，最重

---

① 刘芝平、饶国宾：《越南在反腐问题上的认识、措施及成效》，《国外理论动态》2008 年第 10 期。

② 许春华：《越南的反腐运动和制度变革》，《南风窗》2012 年 7 月第 14 期。

③ 详细内容参见印度尼西亚反腐败委员会网页（http://www.kpk.go.id/modules/news/index.php?lang=english）。

要的一条是，新加坡所有公务员每年必须定期申报家庭财产和收入情况。

1975年，泰国政府正式颁布《反腐败法》，开始监管政府官员的腐败行为；1992年，泰国政府修订《公务员法案》，开始对公务员的行为进行专门规范；1996年，泰国颁行《两院议员财产申报法案》，初步建立了以财产申报为主要手段的反腐监察机制。紧接着，泰国政府又相继颁布了《反腐败组织法》《政府采购法》《部长持股法》等一系列法律法规。[1]

2005年11月28日，越南国会正式通过了首部《预防和反对腐败法》（简称《反腐败法》），并且于2006年6月1日正式生效。该法的颁布和施行，标志着越南反腐败工作的正式法制化。越南实行干部、公务员财产申报制度，颁布党员"19条不准"的规定，对领导干部实行腐败案件和行政事故问责制。2012年，越南国会以94.98%的赞成票通过了《反腐败法（修正案）》，该法律要求公开化越南高级官员个人财产申报表。根据该法，越南的领导干部需在每年1月1日至3月31日期间，将个人财产申报清单在本人所在机关、组织或单位公布。[2]

与其他东南亚国家一样，印度尼西亚也制定了一系列的反腐败法案。例如，《根除腐败委员会法》《根除贪污犯罪法》《公共检举机关法案》《根除洗钱法》和《总体选举法》等。[3]

（三）具体的反腐措施

最近几年，东南亚各国明显加强了反腐的力度，推出了一些强有力的新举措，其中最重要的一项举措就是查办大案要案，越南和印尼的举措尤为显著。东南亚各国通过反腐风暴，查办大案要案，展示政府的反腐决心，以此树立政府威信和挽回民众信心。

越南近年来从查处大案要案入手，已严厉惩治了一大批涉案的高级党政干部，多名中央政治局委员和中央委员受处分或被开除，一批政府部门和地方省市的高官或被革职或被依法追究。例如，2006年越南公安部前副

---

[1] 李秋芳编著：《世界主要国家和地区反腐败体制机制研究》，中国方正出版社2007年版，第89—90页。

[2] 张喆：《越南反腐法案要求高官公开个人财产》，《东方早报》2012年11月25日（http://news.163.com/12/1126/03/8H740N030 0014AED.html）。

[3] 李秋芳编著：《世界主要国家和地区反腐败体制机制研究》，中国方正出版社2007年版，第122—123页。

部长裴国辉在内的3名中央政府官员涉黑案。同年,交通部直属的高速公路发展公司总经理裴进勇巨额资金赌球案,赌资累计高达800万美元,受此牵涉的交通部常务副部长阮越进被捕入狱,交通部长陶庭平涉嫌腐败丑闻被免职。

根据不完全统计,越南"2007年,贸易部前副部长梅文桑因受贿6000美元被判14年监禁,他的一个儿子也因同一案件被判5年监禁。在此之前,贸易部前副部长梅文儒及其儿子已经落马。2010年,越南船舶工业集团管理层涉嫌违规经营招致重大损失案曝光,同时,集团原党委书记范青平违规任命儿子担任要职的丑闻也被曝出。此外,越南这些年落马的高官还有,农业暨农村发展部前副部长阮光河、阮天麟和阮善伦,政府监察总署前副总监察长陈国仗,警察总局前副局长高玉莹,最高人民检察院前副院长范土战,越南之声广播电台前台长陈梅杏等"①。

印度尼西亚总统苏西洛自从2004年当选以来,一直致力于印度尼西亚的反腐。在其担任总统期间,有165名高级官员受到检控,另有数千名低级官员受到检控。②近年来,印度尼西亚反腐败委员会查处了一个又一个重大腐败案件,如国会议员因受贿当场被捉、高级检察官为钱锒铛入狱等。2013年1月31日,印度尼西亚反腐败委员会拘留了涉嫌政府采购进口肉类贿赂案的原繁荣公正党总主席鲁特非·伊萨。反腐败委员指控,鲁特非及其助手收受10亿印度尼西亚盾(约10万美元)贿金。繁荣公正党是印度尼西亚国会第四大党,也是国内最大的伊斯兰教政党。③

四 结论

虽然东南亚各国在反对腐败上取得了一定的成绩,但是不得不承认,东南亚各国(新加坡除外)面临的腐败形势还是非常严峻,还有很长的一段路要走。新加坡能够成功反腐很关键的一点是最高层领导人的榜样、反腐的决心和意志。新加坡建国之父李光耀曾经说过:"政府最高层领导人

---

① 许春华:《越南的反腐运动和制度变革》,《南风窗》2012年7月第14期。
② 新华国际:《印尼总统反腐"心太软"?》,新华网,2012年3月3日(http://news.xnhuanet.com/world2012-03-03c/122784.html)。
③ 庄雪雅:《印尼反腐败委员会拘留繁荣公正党总主席》,人民网,2012年2月1日(http://www.news.people.com.cnGB8159/review/2013/02/01/index.html)。

必须树立好的榜样。没有人可以超越法律，不然人们就会对法律的意义和公正感到怀疑，并加以嘲讽，整个社会也因此而混乱。""高层领导人如果能以身作则，树立榜样，贪腐之风就有望铲除。"①总之，最高领导人的榜样和决心是反腐成功的关键。

---

① 金波：《新加坡的制度反腐经验》，《国际关系学院学报》2009年第4期，第40页。

新加坡的反腐败体制

李　文[*]

[内容提要] 新加坡是目前亚洲为数极少的在高度发展经济的同时，又有效地遏制了腐败现象蔓延的国家。重视法律在肃贪倡廉中的重要作用，把肃贪倡廉的各项活动都纳入法律调整的范围，使肃贪倡廉工作制度化、法律化，是新加坡在反腐倡廉方面取得成功的一条重要经验。新加坡宪法明文禁止公务员经商，在刑法典中专设一章"公务人员或与公务人员有关的犯罪"，把公务员利用职务收受酬金的行为规定为犯罪，在一些行政法律中对廉政问题作了专门规定；实施以俸养廉政策，建立与高薪制度相结合的中央公积金制度；注重发挥贪污调查局作为独立机构的重要作用，鼓励民众对贪污腐败行为的投诉和检举。这些举措，对制止贪污，保持政府公务员的廉洁起到了十分有效的作用。新加坡的经验，对我国廉政建设具有一定的启发和借鉴意义。

在历史上，新加坡的贪污腐败现象也很严重。但是，1959年李光耀上任之后，新加坡每前进一步，其廉洁水平就提高一步。新加坡经过长期卓有成效的廉政建设和依法治理贪污工作，目前已成为亚洲地区和国际上廉洁程度评价较高的国家。新加坡的政治透明度、法治建设和投资环境为其带来显著的经济效益和社会效益。

一　反腐败机制

（一）立法

新加坡政府先后出台了《公务员法》《公务员纪律条例》《防止贪污

---

[*] 李文，中国社会科学院亚太与全球战略研究院副院长、研究员。

法》《财产申报法》《现行反贪污法》和《没收非法利益条例》等，还有一套五卷本《指导手册》。这些法规和条例对公职人员的工作、生活、言论和行为——作了规定。

在亚洲国家中，新加坡是目前为数极少的在高度发展经济的同时，又有效地遏制了腐败现象蔓延的国家。早在20世纪五六十年代，新加坡政府内也有相当数量的政府官员和公职人员乘发展商品经济之机，以权谋私、贪污受贿、乱支公款、乱发执照，导致政府腐败，民心浮动，经济停滞，危机重重。为了有效地惩治腐败，平息人民对政府的不满，缓解社会矛盾，表明在市场经济条件下也可以铲除腐败的决心，新加坡政府采取的主要措施是加强法制建设，依法治贪。表现在：一方面，加强惩治贪污犯罪的刑事立法；另一方面，制定有关行政法规，规范公务员的行为，预防腐败的产生。新加坡很重视法律在肃贪倡廉中的重要作用，把肃贪倡廉的各项活动都纳入法律调整的范围，使肃贪倡廉工作制度化、法律化。

涉及廉政内容的法律主要有：

1. 宪法。新加坡宪法禁止公务员经商。宪法第2条第2款规定：总统不得担任任何营利性的职位，并不得从事任何商业活动。宪法规定禁止担任营利职位和从事经商活动的主体，不仅包括总统，而且包括内阁成员，即总理和各部长。因为这些有一定职权的人如果担任营利性职位或者从事商业活动，就会成为既是追求利润和效益的商品生产者或者经营者，同时又是掌握国家权力和管理社会的人，这就很难保证其不会利用手中的权力为自己牟取私利，以权谋私等腐败现象也就很难避免。因此，新加坡在宪法中明确规定了总统和内阁成员不得担任营利性职务，也不得从事经商活动。[①] 此举目的在于维护政府的公正廉洁形象，提高政府威信和工作效率，保持社会秩序稳定。

2. 行政管理方面的法律。新加坡在一些行政法律中对廉政问题作了专门规定，其中有些是专门规范公务员行为准则的，如《公务员法》《公务员守则和纪律条例》《财产申报法》等。这些法律使新加坡对各级公职人员形成一套既严格、完善，又具体实用的管理制度，在预防腐败方面形成一套"步步设防"的约束机制。

《公务员守则和纪律条例》是一个规范公务员行为准则的行政法律，

[①] 刘守芬、李淳主编：《新加坡廉政法律制度研究》，北京大学出版社2003年版，第52页。

也是一个保障公务员廉洁奉公、防止腐败的行政法律。该条例的内容主要有以下几个方面：（1）公务员每年必须申报自己和配偶的全部财产和收入情况。政府官员的财产申报分为两种情况：一是每年7月1日，每个官员都要填写一份个人财产申报表；二是当一个人在获得政府聘用令之后，必须在上任之前申报自己的财产。申报的财产包括：动产、不动产、银行存款及利息、股票、证券；担保人或家庭成员所拥有的投资和利息情况；个人负债情况。（2）公务员购买股票必须经过批准。（3）不准许公务员私人经营买卖或做兼职。（4）不准公务员接受任何人赠送的礼品。礼品包括现金、物品、股票、债券等。（5）公务员不得接受宴请。

《公务员守则和纪律条例》对公务员的纪律要求、工作态度甚至衣饰举止都作了严格的规定。例如，公务员不能向下属借款，向亲友借款不得超过本人三个月的工资；公务员不准接受宴请，不准进酒吧、舞厅、红灯区等；公务员必须按时上班，上班时衣着整洁正派，不准穿时装或奇装异服，不准留长发。这使所有公务员都明白自己应该做什么、不应该做什么，是非界限非常清楚，很容易使公务员做到道德自律，对于预防腐败能起到一定的作用。

为了惩罚公务员的不法行为或者渎职行为，新加坡根据宪法的精神，于1970年7月1日制定了《公务惩戒性程序规则》，对于有违法行为的公务员应给予什么样的处罚，以及处罚的程序都作了具体规定。

3. 刑事法律。在新加坡，除制定了刑法典外还制定了一些单行刑事法律，使刑法典与单行刑事法律并存。在刑法典中专设一章"公务人员或与公务人员有关的犯罪"，该章把公务员利用职务收受酬金的行为规定为犯罪，并对犯罪主体和酬金概念等作了具体规定。

除刑法典外，还制定了专门惩治贪污犯罪的法律，如《防止贪污法》。人民行动党执政后，对1937年殖民时期的"反贪污条例"进行了修改，颁布了《防止贪污法》。此后，根据反贪污腐败的实际情况，进行了多次大修改，对贿赂的内容和范围、受贿的形式、受贿的主体，尤其对贿赂犯罪的机构及其职权和调查程序等作了明确详细的规定。该法完备、严密、易于操作，有效地保证了政府官员的廉洁和机构的高效。

还有《没收贪污所得利益法》，这是新加坡1988年3月颁布的一部补充和完善刑事诉讼法典关于没收贪污所得利益的专门法律，该法律详尽规定了法院在审理贪污犯罪案件中适用没收贪污所得的利益的命令的条件和程序，以及没收所得财产的范围等，操作性很强。

（二）建立严格的公务员制度

新加坡的公职人员分为两大类，第一类是通过选举产生的政务官，包括国会议员、总统、内阁成员。新加坡是内阁制国家，内阁由总理、副总理、各部部长等组成。第二类为政府雇员，既包括在政府部门任职的各类工作人员，也包括国营企事业单位的雇员。他们由国家专门的人事部门选聘，不受领导层变化的影响，除非自动辞职或犯错误被开除，否则便能终身任职，享受公费医疗、养老金等国家福利。

在新加坡政府内设有两个公务员管理机构：公共服务委员会和公共服务署。公共服务委员会是新加坡人事制度的主管机关，其主要职责是负责各机关公务员的编制、任用、晋升、调迁、免职及开除和法律控制，负责计划和实施由新加坡政府、外国政府及地方和外国团体、基金会提供的进修、训练和奖学金等事务。公共服务署隶属于财政部，其具体职责是管理公务员即负责发放手册方式分送各机关使用的有关公务员的指示；负责制定人事发展政策和公务员培训政策；对行政管理官员和公共部门高级官员的管理；负责公务员的工资福利待遇，研究私营企业和政府部门工资福利情况，使公务员工资福利不致与私营企业差距太大等。

新加坡实施以俸养廉政策，确保公务员抵制诱惑。新加坡政府认为，低收入是贪污的重要因素，一个收入少的公务员会以辅助收入为理由来辩护其贪污行为。因此，政府有责任确保公务员有高收入，以此来减少贪污。20世纪70年代至80年代，新加坡政府就曾经连续四次给公务员加薪20%。1989年后，新加坡公务员工资达到世界各国的最高数。同时，政府每年还通过咨询机构调查私营企业的工资水平，一旦公务员工资低于私营企业人员时，就给予提高工资，以保证公务员有最高的收入；政府也借此与私营企业争夺人才，促进私营企业提高工资水平，促进社会稳定。2000年，新加坡部长级公务人员月薪为48488新元，加上花红等，年收入超过100万元新元，合人民币近500万元；局长级月薪20000新元左右，年收入也可达200万元人民币。[①] 以俸养廉制度使得新加坡的公务员对待腐败的态度是不必贪污、不想贪污也不敢贪污。

---

① 吕元礼：《新加坡廉政之道的全方位剖析》，《深圳大学学报》2000年第5期，第39页。

与以俸养廉制度相结合的是中央公积金制度，它是一种通过强制储蓄方式实行的社会保障制度。这项制度规定每一个在职人员每月必须拿出22%的薪金储蓄起来，国家贴补薪金数额的18%，共计薪金总额的40%存入在职人员名下，作为在职人员的公积金。其目的是为解决在职人员购买住房、医疗保险、养老金等问题。由于缴纳的公积金免征个人所得税，而且利率高，所以存入年头越久，公积金的数额就越高。但是，当公务员违法贪污后，他的全部公积金或者养老金就会自动取消，如数上缴国库。因此，一般的公务员，尤其是工作年限较长的公务员都不敢冒着失去公积金或养老金的危险而违法贪污。合理的公积金制度，对于试图贪污受贿的公务人员有较强的心理抑制作用。此外，公务员还享有医疗福利、贷款优惠、住房优惠、集体保险等多种福利待遇。"这对于制止贪污，保持政府公务员的廉洁起到了相当有效的作用。"

新加坡公职人员的工资较普通老百姓而言是相当高的，但公务员的薪酬与商界、律师界、医疗界相比，并不是最高的。所以，新加坡政府在给予公务员相当高的薪酬的同时，仍倡导奉献精神。

新加坡还制定了一系列关于官员廉洁的制度，如财产申报制度、法院宣誓制度、行为跟踪制度等。申报财产制度，对公务员起到警示作用。在新加坡，一旦成为公务员，必须申报财产，做资产宣誓证词。公务员不申报或做虚假申报都是犯罪。对于申报的财产说不清来源，特别是在有关部门调查时，不能给予满意答复，那么说不清的财产则被推定为贪污所得。因此，公务员一旦涉嫌贪污，其申报财产的资料就是调查和指控的重要证据。

（三）位高权重的独立机构

新加坡的廉政机构健全且完善。根据1960年颁布的《防止贪污法》，新加坡内阁设立了两个专门监察政府官员的专职机构：一是廉政署，二是贪污调查局。廉政署专门负责监督公务员申报个人财产和收入。贪污调查局创立于1952年，是新加坡调查、惩治腐败罪的权威机构。新加坡是世界上少数遏制贪污做得比较好的国家之一，很重要的一个原因就是新加坡有一个权力很大、工作效率很高的贪污调查局。

贪污调查局直属内阁总理领导，局长由总统任命，对总理负责，不受其他任何人指挥和管辖。调查局成员的地位、身份、权力有严格的法律保障，薪水也比同级官员高。贪污调查局既是行政机构，又是执法机构，权重效高，信息灵通。其主要任务是调查公共服务部门和政府法定机构中的任何贪污嫌疑；负责向检察机关提请起诉包括行贿、受贿在内的贪污案件；研究贪污案件，提供防范方案。

贪污调查局拥有绝对权威。根据《防止贪污法》，贪污调查局享有如下特权：第一，逮捕权。贪污调查局局长和特别调查员可以不用逮捕证而逮捕涉嫌贪污受贿的任何人。第二，调查权。贪污调查局局长和特别调查员无须公诉人的命令，可以行使《刑事诉讼法》所赋予的一切或任何有关警方调查的特别权力调查贪污受贿罪，有权入室调查，没收被认为是赃物或其他罪证的任何银行存款、股票或银行保管箱。第三，调查保障权。为保证调查的顺利进行，法律规定，"任何人揭发或出示任何情报、账目、文件、物品的充分证据""未能向授权人报告这类情况或出示这类账目、文件、物品的任何人，应被视为犯罪，被指控罪名成立，应受到不超过2000美元的罚金，或被判处刑期不超过一年的监禁或两项并罚"。第四，武力搜查权。如确认在某地方藏有罪证，治安法官或贪污调查局局长在必要时可以武力进入该地方搜查夺取和扣押任何文件、物品或财产。

这个专门化、特权化的反贪机构为新加坡的肃贪倡廉立下了汗马功劳。正是由于贪污调查局秉公执法，对公职人员起到了一定的震慑作用，创造了良好的廉政环境，为新加坡树立了一个廉政形象。

（四）鼓励群众监督

新加坡鼓励民众投诉和检举，扩充反贪污的社会效果。民众的投诉和检举是新加坡获取反贪情报的重要来源，自1997年到2001年，新加坡贪污调查局每年接到800—1000起涉及贪污行为的投诉和检举。[①] 新加坡采取了多种形式，利用传媒、广告、互联网、通信等现代方法，使大众时刻关注贪污问题，反贪机构与民众广泛联系，共同建立良好的反贪氛围，不断扩大廉政反贪的社会效果。

新加坡贪污调查局在严厉惩处贪污的同时，也注意对恶意指控的查究，宣称要不遗余力地追查"带毒钢笔的书写者"，并对其起诉。恶意举

---

① 李健：《新加坡、香港廉政建设观察与思考》，正义网，2004年9月29日。

报是指明知是虚假的内容，而加以指控或投诉，意图使他人受到处罚。依据《防止贪污法》第 28 条的规定，恶意举报是犯罪行为，必须受到惩处。实施这种行为的人，一旦定罪将被判处高达 1 万新元的罚金或长达 1 年的监禁，而且可能两者并处。

（五）强化公众教育

新加坡独立后，李光耀提出政府要在政治和行政方面保持高度廉洁，公务员必须做到"两手干净"。李光耀多次强调："当一个公务员，就必须有奉献精神，谁败坏我们党，就要惩罚，否则党就会毁掉。"① 他主张执政党成员必须具有利他主义精神和自我牺牲精神，"当你加入行动党时，就像是加入神圣行列。"② 他在公务员培训班上说："如果我们允许你们把手放进别人放钱的抽屉里，那么，政治上我们就完了。我们就会被人民大众所唾弃。"③ 因此，人民行动党成立时就喊出"打倒贪污"的口号。

首先，在形式上，公职人员一律穿白色的衬衫和长裤。这是一个告诫，白色象征个人行为纯洁廉明。④ 人民行动党把党旗的基本色调定为白色，以示清廉。

其次，强化公众教育，推行精英政策。新加坡政府十分注重提倡诚实、正直的价值观，对国民价值观的培养从小就开始，这就是：人必须通过努力工作以获取他们该得的，而不能通过偷窃他人功劳或让别人给予报偿等卑劣、违法手段获得。与此相适应，政府推行精英政策。从小学（三年级后按成绩分流）阶段就开始寻找从政人才，高标准选拔培养，并送往国外留学深造。学成回国后，一般都是直接进入高级公务员行列。这样的选择重个人才干，选出的人具有较高素质。20 世纪 90 年代初，新加坡为了经济改革，政府组织集中全国 120 名精英人物，派到银行、证券等金融领域以及建屋发展局、规划局等部门去改革治理，取得了显著成就。后来又将这些精英留在各个重要岗位上担任领导职务，委以重任。

---

① 中国赴新加坡精神文明考察团：《新加坡的精神文明》，红旗出版社 1993 年版，第 34 页。
② 《李光耀 40 年政论选》，现代出版社 1996 年版，第 487 页。
③ 张永和：《李光耀传》，花城出版社 1993 年版，第 444 页。
④ 《经济腾飞路——李光耀回忆录（1965—2000）》，外文出版社 2001 年版，第 154 页。

二 机制效益的评估

(一) 坚定的廉政和反贪理念

新加坡是世界少数几个能有效监控贪污的国家,最主要因素是官方确立了反贪污的坚决立场和政治领导层的不妥协态度。

新政府认为,新加坡缺乏天然资源,只有从管理上获得效益,首先就是政治领导必须廉洁,使黑金政治不存在,即"为了生存,必须廉政;为了发展,必须反贪"。新加坡人民行动党认为,"不能有效地反对贪污,保持政府廉洁,就不会有公平有序的市场,不能创造良好的投资环境,这对于主要依赖国际贸易的新加坡来讲是一个生死攸关的问题;同时,不能保持廉洁,政府就会失去公民的信任和支持,也就无法抵御反政府势力的进攻"。

1959年新加坡人民行动党执政后,开始进行全面的基础建设,建立廉政制度是其中重要的一项内容。李光耀在任新加坡第一任总理之初就说:"当上总理,权力是有的,那是人民的权力,我决不能用来谋私。我要做一个正直的人、为公的人。新加坡的前途,就在这个'正'字上和'公'字上。"他认为:"人心是有情的水,能载舟也能覆舟;人心是无形的碑,记载着为官者的千秋功罪。"[①]

新加坡领导人身体力行地搞廉政举世闻名。一方面,领导人以身作则,保持清正廉明、光明磊落的作风。李光耀在其执政之初,曾召开家庭会议,明确表示要执行廉政,请亲戚朋友们不要有靠他的权势而发财的幻想。[②] 李光耀曾自嘲地说:"我在新加坡培养了许多百万富翁,但我自己却不是,我也不能成为百万富翁。"[③]

另外,领导人不搞裙带关系,对于贪污受贿的高级官员铁面无私、不徇私情。新加坡自独立以来,因贪污受贿、滥用职权等行为受到查办的高级官员很多,有前国家发展部部长郑章远、前国防部政务部长、前建屋发展局主席陈家彦、前环境发展部政务部长黄循文、前全国职工总会主席彭

---

① 刘守芬、李淳主编:《新加坡廉政法律制度研究》,北京大学出版社2003年版,"导言"第2页。
② 《李资政在国会中的演说》,《联合早报》1999年5月22日。
③ 刘守芬、李淳主编:《新加坡廉政法律制度研究》,北京大学出版社2003年版,第30页。

由国等。① 建国短短几十年时间里严惩了如此多的高级官员，且其中有的都是曾经有过重大政绩，同时又是同李光耀私交甚密的人，他们分别因腐败行为而受到惩处，足见新加坡最高领导人的廉政决心和风范。毋庸置疑，李光耀在新加坡一般公务员以及整个国人面前树立了端正为政的政治形象，也为推动新加坡的廉政建设进而促进新加坡政治的稳定提供了有利的前提条件。

（二）完备、详尽的反贪污法律体系

建立完备、详尽、严格、操作性强的反贪污贿赂的法律体系，为廉政建设提供法律保障，是新加坡反贪污措施的一个突出特点。

新加坡的法律规定了"公务人或与公务人员有关的犯罪"，对公务人员收受与其职务有关的非法报酬、非法经商和非法购买财产等犯罪行为和应判处的刑罚作了详尽规定。根据不同的犯罪形势，新加坡多次修改了《防止贪污法》，确保任何犯有贪污贿赂罪行的新加坡人逃不出法律的制裁。1989年，新加坡制定了《没收非法所得利益法》，对没收政府官员贪污贿赂所得非法利益作出详尽规定。此外，新加坡还制定了要求公务员严格遵守法律的具体条例和手册，如《公务员惩戒规则》《公务员指导手册》等。

新加坡的反贪污法律不仅详尽，而且可操作性强。例如在《防止贪污法》中，不仅严格详细地规定了公务员不准利用职务之便和权力收受报酬，而且对官员如何处理那些无法推辞掉的礼品作了详细规定。《防止贪污法》规定，当公务员收到无法推辞的礼品后，要尽快把它交给各单位负责处理礼品的负责人。如果受礼人想要保存礼品，由专人估价后，照价收买。《防止贪污法》中对于"报酬"有一个非常详细、界限也易掌握的概念性的规定，即包括：（1）金钱、礼品、贷款、赏金、奖金、高额保证金、其他财产和各种动产、不动产的利息；（2）提供官职、就业机会和承包契约；（3）支付款项、让与财产、全部或部分地免除某种债务、债权和其他诸如此类的义务；（4）给予其帮助、袒护和各种好处，包括行使、延缓行使某种权利、职权和义务。

---

① 《经济腾飞路——李光耀回忆录（1965—2000）》，外文出版社2001年版，第157—159页。

纵观新加坡的反贪污立法和执法，可谓立法严格、执法严明。例如，《防止贪污法》规定，一般的受贿行为要处以一万新元以下的罚金，或判处 5 年以下的监禁，或两罚并处。据报道，一位警长因接受一名被拘留者的母亲 5000 新元"咖啡钱"，随后被判处 30 个月的监禁，并返还 5000 新元的贿金。另外，根据《防止贪污法》第 30 条第 2 款的规定，对于向公务员非法提供或给予报酬的行贿人，公务员有权逮捕并将其移交就近的警察局。否则，该公务员将构成犯罪，应判处 5000 新元以下罚金，或 6 个月以下监禁，或二者并处。这种立法可属世界罕见。

新加坡防止和制裁贪污腐败最显著的成效是走上法治道路。目前，有组织的集团性贪污已很难有存在的基础，政府部门贪污已受到有效控制，个人贪污发案数也下降了。其中一个关键因素是制定了严格的法律，采取了强有力的手段。防止公务员贪污腐败的法律法规和纪律规章全面、细致、系统，无空可钻，使公务人员逐步形成不敢贪、不能贪、不想贪的良性局面，而且政府保持制度的连续性，不轻易加以改变。

（三）严格执法

执法严厉是新加坡反腐败的重要特点之一。在新加坡，凡贪赃枉法者，一律会被施以重罚。

新加坡对腐败的定罪依据注重看质，而不是量，即主要依据是"是否贪污受贿"，而不是"贪污受贿多少"。所有的公务员人员，绝对不能接受哪怕是一丁点儿不属于自己的钱物，否则，就触犯了法律。在新加坡，公务员受贿一盒香烟，接受家庭主妇几块钱小费等小事，都会受到难以置信的严厉制裁。这就可以避免腐败者以各种借口逃避制裁，可以较彻底地杜绝贪污营私腐败现象。如一个监狱管理官员仅因受贿 15 新元，为一罪犯购买香烟，而被判入狱一年并处罚金 15 新元。

执法严厉主要表现在以下方面：一是国家设有专门的反贪机构，法律赋予反贪机构广泛的权力，如对任何涉嫌贪污受贿的人有权逮捕，有权搜查，有权没收赃物，有权进入各部门要求任何人提供证据，有权对容易发生贪污受贿行为的部门进行突击性检查；反贪机构直接对总统负责，其官员的地位、身份、权力、薪金有严格的法律保障，办案不受来自党政机关或个人的干涉；二是执法中坚决贯彻法律面前人人平等的原则，对任何人来说，无论职位多高，权力多大，只要违法犯罪，没有任何例外，不存在特权，不存在侥幸。前商业事务局局长格林奈案便是一例。格林奈在商业事务局工作期间，一直负责查究商业犯罪，曾以判案公正、精明、快捷而闻名，获得过"杰出公务员"称号，是民众公认的"商业犯罪的克星"，威震全国。但是，当他1992年犯了两件"说谎罪"时，依然被判监禁3个月，开除公职，失去了每月1.2万元薪俸的职位，同时被取消了50万元公积金和30万元的退休金。[①]

对于集团性犯罪，新加坡政府更是不手软，坚决采取"一窝端"的办法。1970—1971年，一些交通警察集体收受运输公司的贿赂，对运输公司违反交通的事件网开一面。案件查清后，政府严惩了所有的罪犯，将这个贪污集团一窝端掉，连根拔除。所以，新加坡多年来很少有集团性的大案要案发生。

新加坡自独立以来，由于其严格执法，严厉惩治贪污，在短短的几十年中，将一个贪污舞弊成风的政府转变为一个廉洁高效的政府。"新加坡在国际上赢得了诚实而廉洁的声誉。"[②]

三 政策借鉴

（一）建立严密的反腐败法律体系

借鉴新加坡的经验，我们在反腐败领域首先应当建立起严密的反腐败法律体系。相比起来，我国有关反腐败的法律法规并不是没有，但就其完善、系统、详尽、细致、可操作性、严厉程度等方面，尚有许多不尽如人意之处。

要解决目前我国惩腐法规存在的刚性不足、弹性过大、查处环节多、抗干扰能力弱、查处时间长、打击不及时等主要问题，建立卓有成效的惩腐法规。首先，对腐败行为的界定要具体明确，惩罚规定要刚性显著，具有足够威慑力，查处程序要简便、民主、迅速，为反腐败倡廉提供法制保证。其次，应真正赋予办案机构独立职权，增强其执法权威性，使其能够自行决定适用灵活的工作方式，以对腐败分子形成威吓。此外，还应采取更为严厉的措施，把有关的制度法律化，只有这样才能发挥更大的约束作

[①] 李健：《新加坡、香港廉政建设观察与思考》，正义网，2004年9月29日。
[②] 中国赴新加坡精神文明考察团：《新加坡的精神文明》，红旗出版社1993年版，第34页。

用，改变有的制度"只防君子，不防小人"的现状。

同时，要坚持严格执法。对腐败现象决不姑息，只要发现腐败案件，不管涉及谁，不论有什么关系和背景，都要坚决查处，严惩不贷，确保有纪有法必依，违纪违法必究，执纪执法必严。

（二）建立严密的监督机制

新加坡制止腐败的经验，除了依靠道德观念的制约、完善法制外，最重要的是建立了严密有效的监督机制。

新加坡政府认识到，"一切有关政府官员的权力、工作条例力求简单明确，这样一来，任何违反条例的行为都容易引起怀疑或招来投诉"。同时，政府对权力的各个关节点进行有效控制，尽量缩小公职人员自行处理人、财、物等方面的权力，例如，批准执照和许可证不能一个人说了算，而是实行双重检查制度，确保一个官员的决定必须由另一个官员审查或监督。此外，还规定了官员轮换制度，即官员必须定期和制度化地从一个职能部门轮换到另一个部门工作。通过对权力的制约，减少了政府官员贪污腐化的机会。

与新加坡对比，我国各级机关的监督则存在力度不够、渠道不畅、体制不顺等问题，亟须从改革体制、健全机制入手，全面加大监督力度。

一要改革监督体系，逐步变"条块结合，以块为主"为"条块结合，以条为主"，实行垂直领导体制，这样可以使监督机关的相对独立性和权威性得以充分发挥，改变目前"不敢监督、不能监督、监督不好"的监督不到位的不良状况。

二要推进制度改革。大力推进行政审批制度改革，解决政企不分、政事不分、政府职能错位问题，消除转轨时期行政权力寻租的条件。大力推行财政管理制度改革，建立科学合理的财政管理体制，解决资金管理特别是预算外资金管理中存在的弊端以及部门之间存在的分配不公、互相攀比、党政干部心理失衡等一系列滋生腐败的问题。大力推行干部人事制度改革，进一步扩大干部工作中的民主，健全干部选拔任用的监督制度，坚决防止和克服用人上的不正之风。

三要强化程序监督。在注重查处已经发生的腐败行为的同时，将监督的关口前移，实现从事后查处为主向事前监督为主的转变，从偏重监督结果向注重监督权力行使程序的转变，从源头上遏制腐败现象的发生。

(三) 加强对官员廉洁从政的思想教育

新加坡特别重视对公务员进行"心治"教育，不仅要求公务员不谋私利，反对特权，而且教育公务员要带头树立廉政意识，树立为国民、为众人服务的思想。借鉴新加坡的经验，我们在反腐倡廉教育上，首先要教育广大公务员牢固树立正确的世界观、人生观、价值观和权力观、地位观、利益观，真正做到常想立身之本、常修从政之德、常怀律己之心、常思贪欲之害、常弃非分之想、常敲慎独之钟，筑牢拒腐防变的思想道德防线。其次，要处理好教育对象上的普遍与重点，既要加强对全体党员干部的普遍教育，又要区分不同的教育对象，增强教育的针对性和有效性。特别要着重抓好重点部门、关键岗位干部的教育，尤其对党政"一把手"，更要加大教育力度。

(四) 适当提高公务员待遇

推行"以薪养廉"是新加坡保证廉洁的治本措施之一。他们的这种做法，我们未必全盘照搬，但逐步改革公职人员的工资制度，以制度确保公职人员有比较优厚的薪俸，使其不为生活所累，又使其个人价值在经济上得以体现，则是完全必要的。

一是适度提高公务员工资待遇。通过进一步精简机构，削减人员，减少支出以及加快经济发展等措施，适当提高公职人员的工资待遇。因为，公职人员基于长期教育和训练的成本投入获得国家录用，给予较高的报酬符合人才市场的公平原则；社会管理活动是复杂劳动，其价值量等于倍加的简单劳动；国家为了避免权力介入市场，禁止公职人员从事营利活动，限制了他们潜在价值的实现，亦应予以补偿。

二是工资待遇打破平均主义，实行按职位高低把工资待遇适当拉开档次，做到责权利相统一，从而激励公职人员的上进心。

三是分配方式要变实物发放为货币发放。实际上，我国民众对政府官员的不满很大程度上在于公车私用和公款吃喝等作风问题。解决这些问题，出路只有通过改革，像住房和通信工具问题的改革一样，尽快将交通工具和具有实物分配性质的接待费用转化为货币分配方式，这样既可以适当增加公务员工资，又可以减少财政开支，有利于廉政建设。

新加坡行业预防腐败做法及其启示

蒋来用[*]

[内容提要] 新加坡把廉政建设作为一项重要的国家战略来开发和利用，各行业全面系统地预防腐败，如公共权力领域，福利保障和惩戒制度使腐败成本极为高昂，利益冲突行为规范明确具体，财产申报制度具有很强的威慑力，刑事法律制度降低查处腐败的成本，此外还认真开展了"减少官样文章运动"，通过国会议员处理"信访"问题，非政府组织外包政府服务。卫生医疗系统建立激励节约、控制浪费的医疗制度，医疗补贴向低收入群体倾斜，服务规范有序，科学规划和严格管理，合理高效配置医疗资源，减少了资源浪费，缓解了就医困难。教育系统完善管理制度，保证教师良好形象不受玷污，教育资源实行均等化，防止部分学校不当牟利，特殊的人才培养模式向社会和家庭灌输公共服务价值观，培养廉洁习惯和意识，对我国加快推进惩治和预防腐败体系建设具有一定的借鉴意义。

新加坡从建国以来，坚持把廉政建设作为一项系统工程整体推进，把廉政建设作为一项重要的国家战略来开发和利用，各行业全面系统地预防腐败，将腐败遏制和消除在萌芽状态，取得了很好的效果。

一 公共权力领域预防腐败的主要做法

福利保障和惩戒制度使腐败成本极为高昂

合理可行的薪酬制度是新加坡预防腐败的重要措施。新加坡公务员实

---

[*] 蒋来用，中国社会科学院社会学研究所廉政建设与社会评价研究室主任，中国廉政研究中心副秘书长。

行务实的结构薪酬制度。首先，公务员薪酬与企业人员薪酬对等。新加坡以当地银行家、律师、会计师、跨国公司高管、制造商、工程师等职业从业人员的薪酬为参照标准确定公务员待遇，公务员薪酬与私人企业人员工资基本相等，总体与国民经济状况挂钩，由底薪、月不固定工资、常年津贴和不定额花红构成。其次，公务员薪酬与职责任务匹配。新加坡大多数普通公务员的薪酬并不是很高，但都不用贪污受贿就能过上比较体面的生活。为了吸引和留住优秀人才，新加坡对工作任务繁多、职责相当重要的230多名行政官给予较高的薪酬，既体现了职责与薪酬对称，也考虑了财政压力和公众的心理感受。再次，公务员薪酬与福利保障互补。公务员有比较优厚宽松的福利，如政府推行人性化的"亲家庭工作制"，为子女提供医疗福利、提供弹性工作时间、可以通过网络在家上班、享有孩童病假、产假、婚假、进修假、带薪病假、年假、公共假期、裁员福利和退休福利等。这些福利措施使得公务员职业具有相当的吸引力。公务员不仅与其他就业人员一样享有公积金，而且还有一笔丰厚的养老金，在退休之后可以一次领取。最后，公务员福利待遇与行为表现挂钩。公务员享有较好的薪酬和福利待遇是以认真工作、遵纪守法等良好行为表现为前提。如果公务员表现不佳，津贴和花红、晋升机会就会减少；如果贪污腐败，则会存在"失去工作和养老金的危险"。因此，新加坡的公务员都严格遵纪守法，很少发生贪污渎职行为。因为贪污一旦被发现，不但失去公职，丧失一大笔养老金和其他利益，而且还会遭受一连串的罚款、罚金及没收财产等经济处罚，贪污成本十分高昂，公务员都不敢以身试法。

利益冲突行为规范明确具体

利益冲突行为是指影响公务员公正履行职务的利益关系行为。新加坡将防止贪污的行政条文融入管理公务员行为和纪律的指导手册中，重点包括以下内容：公务员不得贷款给他人以收取利息；不能向与其有公务关系的人借钱；除了用足够的抵押物向财务机构和保险公司申请贷款，不得向任何人签署任何承诺书或承认负债的字据；向他人无抵押贷款数额不得超过三个月工资；不得利用公务上获得的信息换取个人利益；不得利用职务上的便利，接受厂商或零售商给予的折扣或特别的赠品；不得收受与其单位或本人有业务往来的发展商的折扣或优惠购置产业；未获得书面批准不得经商或从事副业；不得接受公众人士的礼物或贷款；不得向下级借钱；

不得接受下级邀请参加娱乐活动；接受他人款待要经过允许，但必须适度。如果公务员拥有私人企业的股份，一般要求放弃这些股份以避免利益冲突。

财产申报制度具有很强的威慑力

了解公务员财产变动情况是新加坡预防腐败的重要抓手。根据规定，每一位公务员在被聘用时，要填写财产清单、到法院设置的公证处接受审查并由指定的宣誓官签名。公证处的正式文本交由工作人员所属部门的人事机关保存，副本保存在法院公证处。此后的每年7月1日，每个公务员必须填写个人财务表格，写明自己的财务状况，申报的内容是自己所拥有的股票、房地产、存款和其他方面所获得的利息收入等，还包括配偶和依靠他抚养的子女名下的产业和投资。如果购买非建屋发展局的房产，必须在一个星期内向本部门报告。公务员家庭财产如有变动，应自动填写变动财产申报清单，写明变动原因，替换原财产清单。新加坡所有的公务员都要申报，由政府各部门自行管理。各部门对每份财产申报表进行审核。如果发现有财产来源违法问题，就立即交送反贪污调查局调查。新加坡仅要求所有公务员申报财产，但并不向社会大众公布。李光耀解释了其中的原因："我拥有一份议员和部长的资产清单。我准备公开，但这会减少吸引人才的机会。议员们之所以备案，是因为若有人对他们提出指控，那些文件就是调查的基本资料。所以，这些文件必须是正确的，否则便成为麻烦的根源。"如果公务员购买一套以上的房产，而这些房产的总价值与他的总收入不相称，他将会被质问。说不清来源的，可以认定为贪污。

刑事法律制度降低查处腐败的成本

首先，新加坡对贪污犯罪合理分配举证责任。贪污调查局只需查实犯罪嫌疑人的财产与其收入明显不相符合，控方无须证明受贿者是否有能力、权利、机会或者是否办理受人所托的事项。财产来源是否合法，则由犯罪嫌疑人自己举证。在新加坡，犯罪嫌疑人没有权利保持沉默。调查人员可命令受调查者以宣誓书的方式报告他和家人的资产，并让其说出来源。不能说明合理来源的，则认定为贪污。被贪污调查局问话的人有法律上的义务提供情报。这种举证责任配置与财产申报制度相互衔接，减少了政府调查腐败的成本，提高了调查的效率，增加了腐败分子的风险成本。

其次，加重经济处罚力度使贪利目的不能实现。新加坡《防止贪污法》规定，任何提供、接受或索取贿赂者，罚金可高达 10 万新元或判处 5 年以下有期徒刑，或者两者并罚。此外，法院可判决罪犯与贿金数额相等的罚款，令违法者交出所有的贿赃。为进一步防止贪污分子得利，让其得不偿失，1999 年制定了《没收贪污、贩毒和其他严重罪行所得利益法》，该法规定当一个被告的贪污罪名成立，法院可下令没收被告来历不明的财产。新加坡对贪污犯罪没有死刑和无期徒刑，刑罚并不严厉，但对阻遏腐败却十分管用和有效。

认真开展"减少官样文章运动"

新加坡政府认为，提高公共服务效率，有利于大量减少腐败机会。人民行动党执政后，开展了"减少官样文章运动"，提高公共服务效率。领导和政府各部门虚心接受群众意见，让公众通过网络等多种渠道对政府部门提出意见，由专门机构汇总之后，转交各部门认真改进。至今我们可以看到，新加坡官方材料简单实用，明白易懂，很少有空话和套话。繁文缛节的减少，提高了办事效率，改变了政府的形象，贪污腐败的机会也大幅度减少。

通过国会议员处理"信访"问题

新加坡"信访"的人很多，但"信访"不但没有成为严重的社会问题，反而成为政府密切联系群众的重要方式。新加坡主要通过议员来解决"信访"问题。人民行动党是新加坡最大的政党，在 84 个国会议席中占据了 82 个。人民行动党在全国 84 个社区都设有支部。国会议员每周花一个晚上到各自社区的支部办公室"接访"，一般社区每晚接见选民 40 人次，大的社区会更多。年轻的志愿服务者协助议员工作，先安排选民在一张表格上填写自己的诉求，议员逐一进行解答。对当时不能解答的问题，议员会将这些问题写信反映到相关政府部门。政府部门收到议员的信函后，会很快向议员和反映问题的选民书面反馈问题解决的情况。如果选民不满意，又会找到议员，议员还会向有关政府部门反映，政府部门仍会想办法解决并反馈解决的情况。据介绍，很少有居民就同一个问题多次提出要求。议员每周还进行住户访问，主动询问居民需要政府帮助解决什么困难。新加坡居民反映子女上学、医疗、住房等民生问题比较多，但在不同年代居民反映的问题有一些变化。20世纪60年代和70年代，居民主要反映生活困难、交通出行不便等改善基本生活条件的问题。80年代，要求解决租屋申请、经济救济、医疗卫生、子女上学的问题较多。90年代以来，对银行欠债、移民、国外读书深造、交通罚款、环境保护等问题反映较多。新加坡通过议员这个"阀门"，比较有效地缓解了社会矛盾，密切了政府与选民之间的联系，巩固了人民行动党的执政地位。

非政府组织外包政府服务

新加坡政府部门和公务员人数都是固定的，只有岗位空缺后才能补充公务员。随着经济社会发展，民众要求政府提供的服务越来越多。新加坡通过设立法定机构和服务外包方式来解决公务员不足与公民服务要求日益增长之间的矛盾。新加坡大约有64个法定机构，分散在14个政府部门中，如反贪污调查局就是总理公署下的法定机构。法定机构根据国会通过的特别法令设立，实行聘用制，工作人员不是公务员。政府外包服务是新加坡公共服务的特色，除了解决人手不够的问题之外，主要是促进社会机构之间竞争，提高公共服务的水平和质量。如警察部队将开罚单外包给保安做，民政部门将社区和家庭服务、犯罪人矫正和回归社会等项目通过招投标方式委托非政府组织承担。政府部门制定相应的政策和准则对外包项目进行管理，对项目执行情况进行评估，通过审计等方式进行监督，采取责问、取消合同、吊销资格、税收优惠、对违法人员进行调查等方式对出现问题的组织和机构进行惩处。将涉及民众利益的一些服务项目外包，通过非政府组织让公众了解社会趋势，改变人们的行为和态度，对公众进行教育，积极发挥社会组织作用，维护社会稳定，同时在民众和政府之间设立一道"防火墙"，有效地维护了政府清廉高效的形象。

二 卫生医疗系统预防腐败的主要做法

建立激励节约、控制浪费的医疗制度。新加坡医疗制度的一个明显特征就是国家最大限度地调动个人节约医疗服务资源的积极性和主动性，避免过分依赖国家福利或医药保险而吃"大锅饭"。新加坡实行"保健储蓄"，个人自付比例占全国卫生总费用的60%以上。保健账户（Medisave）是新加坡公民公积金中的一部分，每个雇员将月收入的6%—8%存入该户头，雇主为其缴纳相同的额度。账户中的资金由国家统一管理，但个人拥有所有权和有限的支配使用权，可以继承，可以支付本人或直系亲属的住院医疗费用，但不能支付初级卫生保健费用。为防止个人非理性使用账户资金，避免不必要的住院治疗，政府设定每日住院医疗费用的最高额，超额部分由本人用现金支付。新加坡对每月缴存数额和总额也设置了限度，月度缴费超额部分将自动转到公积金普通账户，避免"少缴吃亏、多缴受益"的不平等现象发生。新加坡后来建立大病医疗保障制度（Medishield）和医疗救助基金（Medifund）作为保健户头的补充。这两项制度同样采取了一些控制浪费的措施。大病医疗保障制度设置相当高的住院医疗费用起付标准（但对某些药品和门诊肿瘤放疗、化疗和肾透析不设起付标准），病人要负担标准以上部分的20%，对每次治疗、每个保险年度和一生期间分别设置最高支付限额。医疗救助基金（Medifund）是补贴穷人（大约人口的10%）的项目，最初注入1.5亿美元资本金，后根据财政盈余状况不断增加。资本金的本金不能动用，只能使用利息收入。每家医院对申请者进行资格初审，然后交由医院医疗救助基金委员会复审、批准，严格的程序保障有限的资源用于符合条件的救助对象。

医疗补贴向低收入群体倾斜，服务规范有序。第一，新加坡根据公民的不同需求，设立不同类型的公立和私立医院。新加坡住院病房分A级、B1级、B2级、C级四个等级。公立医院要有40%—60%的C级和B级病房，供中低收入病人选择。私立医院只设A级病房，不设C级、B级病房。不同类型的医院为不同收入、不同消费要求的人群提供了选择空间。第二，所有公民平等使用公共医疗资源。新加坡的公共医疗资源对所有公民和永久居民开放，有钱的人和政府高官虽然自己掏钱可以享受更好的医疗服务，但保障基本医疗服务水平的公共资源对所有公民都是平等的，没有人享受医疗服务的特权。就连李光耀也与普通居民一样，去同一所公立医院看病，为他看病的医生同样也为其他人看病。如果他要住好的病房，就得自己付费。第三，国家只对需要帮助的住院病人提供医疗补助。政府官员、在私立医院住院的病人和要求公立医院A级医疗服务者都不能享受医疗补助，只有在公立医院C级和B级病房住院的人可以获得。第四，保障充分有力，医院和医生不存在违规乱收费的动机。新加坡公立医院是住院服务的主要提供者，政府对公立医院的投入较多，由此政府可以掌握医院的床位数和利用率，还可以控制费用的增长。新加坡对接受B级、C级医疗服务病人医院的营运经费有充足保障，仅对公立医院补助就约占医院总支出的58%。政府公立医院按病房 A 级、B1 级、B2 级、C 级的不同，分别补贴 0、20%、65%、80%，越低级病房得到的补助越多。政府将补偿费及时拨到医院，医院收费合理规范，不存在通过多开药、乱收费图生存、谋发展的必要。新加坡认为医疗服务业是为国家作出重大贡献的职业，医生收入相当高，不用通过不正当手段向病人收取额外费用。

科学规划和严格管理，合理高效配置医疗资源。第一，公立医院实行企业化管理。从1985年开始，新加坡政府将所属医院重组为政府100%拥有产权、以私营方式运作的保健公司。政府完成医院设施建设、设备配置后，成为股东，管理权归属于有限公司，医院拥有对员工定期晋级、加薪、辞退、财务收支、业务、行政管理等自主权。医院不是政府的包袱，但医院必须接受市场和政府双重调节。卫生部直接管理新加坡保健公司而不直接管理医院和其他卫生机构，但对保健公司和医院进行监督管理。政府按照一定标准对公立医院拨款，采用商业审计法对医院财务进行监督，保健公司则从医院绩效和审计两方面对医院进行管理。第二，医疗服务分工比较明确。新加坡初级卫生保健主要由私立医院、开业医师、公立医院及综合诊所提供，而住院服务则主要由公立医院提供。公立医院提供大约20%的初级保健和80%的住院服务。13家私立医院仅占有20%的住院份额。私立医院主要提供初级保健服务，通过1900个诊所提供80%的初级保健服务。由于竞争激烈，私营机构初级保健服务费用较低。第三，政府制定严格的医疗卫生规划。政府对执业医师人数和医学院校培养医师人数有计划，对医院、诊所的数量、规模、分布有严格的限制。政府对医院技术项目和收费价格进行监管，避免医疗机构过滥、执业医师过多，防止医院"创造"不必要的服务项目增加病人负担或过度消费。第四，实行分级诊治和转诊制度。政府鼓励小病到社区医院和诊所，大病到医院治疗。病人一般先看私人医生或综合诊所，需经私人医生、综合诊所介绍才能住院，或经急诊室判断应该住院才能住院。政府对社区诊所就诊的病人也给予补贴，成人为50%，儿童和老人为75%，对确有困难的政府给予100%的补贴。社区诊所的挂号费（36新元）比医院挂号费（80新元）便宜许多。如从政府诊所转到医院挂号费为36新元，直接去医院则挂号费为80新元。病人合理分流使医疗资源得到有效利用，减少了资源浪费，缓解了就医困难。

三 教育系统预防腐败的主要措施

完善管理制度，保证教师良好形象不受玷污。新加坡教师地位非常高。中小学教师是国家公务员，工资福利较好并有保障。与此同时，公务员系统的严格管理制度对教师以权牟私等有损教师形象的违法或不合理行为有非常有效的遏制作用，如对教师兼职规定非常明确，不准教师对本校学生提供有偿课外辅导。这一做法保证教师将主要精力用于规定的教学活动，有效防止教师利用自己的地位收取家长和学生的钱财，损害教师形象。

教育资源实行均等化，防止部分学校不当牟利。新加坡规定富人和政府官员的子女必须上公立中小学而不能读私立学校，保障公立中小学教学质量不因学生家长的社会地位而受到影响，使社会上流阶层人士关心和支持公立中小学发展，没有经济和政治地位的普通家庭子女也能接受好的教育，确保所有孩子受教育机会均等，避免了学校向家长收取"借读费""赞助费"等，减少了家庭子女教育支出的成本，防止教育资源向个别家庭集中和倾斜。新加坡政府还将教育资源均等化延伸到学前幼儿教育。新加坡绝大部分幼儿园是人民行动党开办的，只有少部分是私人开办的。人民行动党办的幼儿园收费很低，每个孩子平均每个月约100新元，比私人幼儿园收费要便宜一半多。人民行动党通过办幼儿园与所有家庭保持密切联系，减少了家庭的负担。

特殊的人才培养模式向社会和家庭灌输公共服务价值观。奖学金计划是新加坡选拔和培养国家管理人才的重要渠道。新加坡设有总统奖学金、武装部队海外奖学金、警察部队海外奖学金、本地海外优异奖学金、本地优异奖学金、法定机构奖学金、海外学生奖学金等。其中前三种最为重要，很多新加坡政府主要官员都曾获得这类奖学金。新加坡公共服务署负责奖学金管理，从高中开始选苗子，跟踪考察，通过奖学金资助上最好的大学，出国留学公派，回国后进入公共服务系统。新加坡还制定行政协理计划，专门网罗最优秀的大学毕业生加入公职行列，一旦介入行政协理计划，政府就会安排出访、跨部门实习、参与政策论坛及研讨会，享受资深常任秘书师徒制培训、参加国际研讨会等训练，干部青年化"快轨"选拔培养。精英主义的人才培养模式使得公共服务人才从小学毕业后就要自觉地以廉洁、正直、服务、优异的公共服务价值观指导自己的行为,长期培养廉洁习惯和意识。国家奖学金制度与公共服务人才培养结合,国家掌握优秀人才培养标准,让优秀人才成为社会道德的风向标,对所有社会成员廉洁意识养成具有十分重要的影响。很多学生为了获得奖学金,自觉报名参加义工,积极参加社会义务活动,在社会和家庭服务中树立了比较强的服务意识。

四 启示

新加坡是以华人为主的国家,尊崇儒家思想,长期一党执政,与我国在历史文化传统等方面具有比较多的相同点,其预防腐败的成功做法对我国加快推进惩治和预防腐败体系建设具有一定的借鉴意义。

继续加强领导,坚决深入推进反腐倡廉建设。各级党和政府领导人要强化人民公仆形象,建立各级党代会和人代会代表每月定期会见群众制度,自觉融入群众生活,防止和克服领导干部成为与群众不同的"上等人""人上人"。要着力改进机关作风、文风和会风,减少繁文缛节,多开短会和解决问题的会,提高办事效率和服务质量。

加强公务员管理,健全预防腐败制度。首先,建立完善公务员合理工资制度。在保证公务员基本家庭生活需要的基础上,拉大级别工资,增加绩效工资份额。其次,规范公务员行为。完善《公务员法》等相关法律法规,对可能影响公正履行职责的借贷、投资经营、兼职、私自提供服务咨询、接受礼品(礼金)、吃请、折扣、参加娱乐活动等行为作出具体明确的规定,避免利益冲突。再次,完善个人有关事项报告制度。将现有的收入申报制度扩展为包括收入、财产、投资、个人重大事项的申报制度。各级政府人事部门建立专门的数据库,按照人事管理权限分级管理公务员申报资料。申报资料严格保密,除法律规定之外,不得向社会公布。最后,完善我国反贪刑法制度。将《刑法》中的巨额财产来源不明罪与贪污罪合并,凡公务员财产来源不明的,不能说明合法来源的,均为贪污。增加贪污犯罪的经济处罚,提高罚金和罚款额度,使贪污分子的贪利目的不能实现。在完善制度的同时,要增强制度执行的刚性,加大对执法机关及其执法人员的监督,对工作长期没有起色、群众强烈不满的地方、部门、行业和单位的领导班子及成员要追究责任,让制度这根"高压线"真正"带电"。

加强反腐倡廉队伍建设。 在腐败形势仍然比较严峻的情况下，增强调查腐败案件的力量，加强对反贪人员法律、电脑、现代通信、驾驶、财务会计等实用技术知识方面的培训，提高反贪人员适应社会发展和科技进步需要的能力和素质。在反贪系统建立比较灵活机动的行政管理层级和薪酬体系。严格工作纪律，对工作散漫、生活作风不检点或有腐败行为的人员要坚决予以辞退或开除。

增强廉政教育的针对性和有效性，积极营造良好的廉洁环境。 廉政教育要以领导干部为重点，对不同级别的干部采用不同的教育形式和内容。处级以下公务员重点是熟悉法律法规和职业廉洁操守规范，进行廉洁底线教育。厅局级以上领导干部除了进行廉洁底线教育之外，重点是如何履行监管职责，防止下级发生腐败行为。部级以上领导干部重点侧重于研究反腐倡廉战略，制定符合实际的预防腐败政策，训练领导反腐败的能力。对于社会大众，要着重抓好青少年廉洁诚实意识的养成教育，根据青少年成长的不同阶段采用相应的教育形式。对中小学生，通过连环画、画报、卡通、游戏、广播电视电影等媒介宣传廉洁正直的价值观；对大学生和研究生，采用廉政论坛、讲座等学术探讨方式进行教育，引导学生树立正确的世界观、价值观和人生观，帮助认识腐败的社会危害性，发挥其影响社会其他成员的积极作用。纪检监察部门要与学校积极联系，组织学生参观廉政展览及适当参与反腐倡廉活动，吸纳他们参与相应的反腐败行动。

加强教育队伍建设，净化育人环境。 一要加大教育投入，促进义务教育资源配置均等化。统一发放中小学教师补贴，同一城市或地方的教师福利待遇基本均等，按照学生数量配备教育设施和设备，加大同城教师资源的合理配置和经常流动。二要清理和整顿中小学不符合规定的收费。禁止中小学校从事经营创收活动，加强幼儿园收费管理。三要加强中小学教师的管理。中小学教师不得以任何名义和形式向本校学生提供有偿辅导，在业余时间从事兼职活动必须经过校领导批准，不得从事与教学科研无关的经营活动。

积极稳妥地推进医疗体制改革。 同一城市或县的公共医疗资源要集中统一管理，增强政府间接调控管理的能力。建立集约高效使用资源的分诊和转诊机制，"小病"分散在社区医院、诊所等医疗机构，"大病"经医疗机构提出转诊申请后，病人才能转往住院医院。政府要加大对社区医院、诊所等非住院医疗机构的投入，财政补贴向普通病房倾斜。认真贯彻执行医疗卫生系统绩效工资制度，提高医生薪酬水平的同时加大对医生不规范行为的治理。取消医疗特权，促进医疗服务公平，党政机关、事业单位、企业员工与一般群众一样享受同等的公共医疗资源。

发挥党代表和人大代表的作用，将信访解决在基层。推行党代表和人大代表常任制，对党代表和人大代表给予特殊津贴。党代表和人大代表每周花一天时间在固定行政区域接受群众的信访，通过代表向政府有关部门反映问题和意见，政府部门将解决结果反馈给反映问题的群众或代表。党代表和人大代表应访问分配区域的住户，帮助解决实际困难和问题。

利用非政府组织提高公共服务的质量。将政府的一些服务项目通过招投标方式外包给非政府组织，鼓励其竞争，减少政府与民众的直接接触和冲突，不断提高行业自律水平。加强政府对非政府组织的监管，团结和发挥一切积极因素建设社会主义和谐社会。

泰国的反腐败体制

周方冶[*]

[**内容提要**] 20世纪90年代以来,泰国逐渐形成了较为完善的反腐败体制,其组织与运作的特点,主要表现为强调以国家反贪委员会为主的独立监察机构的作用;建立并完善财产申报审核制度,重视提高反腐败工作的效率;提高民主监督的地位,拓宽社会公众参与监督的途径和范围。从目前的情况看,反腐败体制的建设已在一定程度上逐步改善了泰国的廉政状况。

近年来泰国政府的廉政状况所表现出来的逐步改善的趋势,还是较为明显的。这在很大程度上得益于20世纪90年代以来泰国反腐败体制的发展与完善。

一 泰国反腐败体制的形成与发展

20世纪70年代以前,泰国长期为军人集团所把持,实行的是以人治为核心的威权统治,制度化的廉政建设一直得不到发展。防范腐败主要依靠各具体行政部门的自律,而惩治腐败则主要由警察部门依据《刑法典》和《刑事诉讼法》的相关规定开展调查。泰国现行《刑法典》于1956年颁行时,已在第二章"关于公共管理的犯罪"和第三章"关于司法的犯罪"中,对于行贿、索贿、受贿以及贿赂中介等舞弊行为制定了相应的罪名与法定刑,1959年的《刑法典》修正案中,有关舞弊行为的法律条文

---

[*] 周方冶,中国社会科学院亚太与全球战略研究院助理研究员。

得到进一步完善，其中涉及索贿与受贿罪行的第 148 条、第 149 条、第 201 条、第 202 条的法定最高刑更被确定为死刑①。这虽然从形式上为惩治腐败提供了相对完善而严峻的刑事法律依据，但是，由于反腐败机制的发展滞后，使得《刑法典》的规定在很大程度上成为了"空头条文"。

20 世纪 70 年代初，军人集团的独裁统治在 1973 年的"十·十四"民主运动的冲击下垮台，泰国开始进入军人集团和民选文官交替掌权的半民主时期，这为廉政制度化建设开辟了道路。1974 年，泰国颁行第 10 部《泰王国宪法》，其中第 66 条明确规定，"国家应当组织高效的政府服务体系并尽一切努力防治腐败"。1975 年，泰国在 1959 年《反腐败法草案》的基础上，修订并正式颁行《反腐败法》（Anti-Corruption Act），开始将监察重点放在政府官员的舞弊行为、政府官员的轻罪（Misdemeanor）问题以及资产的异常增加等三方面②。1976 年，泰国根据《反腐败法》成立了反贪委员会（Counter Corruption Commission，CCC），专门负责开展政府的反腐败工作。但是，由于制度设计方面的问题，使得反贪委员会自建立伊始，就在军人集团和官僚集团的压制下被架空，成为名副其实的"纸老虎"。首先是反贪委员会并不具备真正的独立地位。反贪委员会隶属于总理府，委员由总理直接任命，因而尽管在形式上独立于各具体行政部门，但实质上仍属于行政体系的内部监察机构，需要接受相关的行政管理与领导，因此在工作中很难真正摆脱行政权力的诸多掣肘。其次是反贪委员会缺乏必要的司法职权。根据规定，反贪委员会并不拥有独立的司法调查权，因此除得到特别授权外，必须完全依靠司法机关和相关行政部门的协助，才能开展监察工作，从而在根本上削弱了反腐败工作的力度。

20 世纪 90 年代初，随着民主运动的发展和 1992 年"五月流血事件"的爆发，军人集团被迫彻底退出了政治舞台，泰国开始进入全面的民主发展时期，而廉政建设也在社会各界的积极推动下得到了迅速发展。1992 年，泰国修订《公务员法案》，进一步明确规定了政府公务员的行为。1996 年，泰国颁行《两院议员财产申报法案》，初步建立了以财产申报为主要手段的反腐败监察机制。1997 年 9 月，泰国颁行《政府信息法案》，以立法的形式

---

① 《泰国刑法典》，吴光侠译，中国人民公安大学出版社 2004 年版，第 34、42—43 页。
② Maneewan Chat-uthai and Gary N. Mclean, "Combating Corruption in Thailand: A Call to an End of the White Buffet", in John Kidd and Frank-Jurgen Richterp, eds., *Fighting Corruption in Asia*, River Edge, N. J. World Scientific, 2003, p. 323.

确保了公民的知情权,为推进廉政建设的社会监督提供了有效途径。1997年10月,泰国颁行第16部《泰王国宪法》(以下简称1997年宪法),其中对于独立机构的设立、两院议员与政府高官的财产申报、财政收支的审计、社会监督机制的完善等廉政建设的相关问题,都作出了明确规定,从而为泰国反腐败体制的进一步发展与完善提供了宪法保障。随后,根据1997年宪法的有关规定,泰国又相继颁行了《反腐败组织法》[①]、《政府采购法》、《部长持股法》等一系列法律法规,从而逐步建立了较为系统的反腐败法律构架,并在此基础上形成了相对完善的反腐败体制。

二 泰国反腐败体制的运行特点

泰国目前的反腐败体制在运作过程中,主要表现出以下三方面的特点:

(一) 强调以国家反贪委员会为主的独立监察机构的作用

自1999年以来,泰国依据1997年宪法的规定,相继设立了一系列独立于行政体系的监察机构,逐步实现了反腐败监察机制的外部化,从而在很大程度上避免了以往行政权力对内部监察机构的诸多掣肘。可以说,以独立监察机构为核心,强化对行政体系的外部反腐败监察力度,正是泰国现行反腐败体制与以往反腐败体制的最大不同,也是近年来泰国的廉政建设能够取得较为明显进展的主要原因之一。

泰国现行的各独立监察机构中,对于反腐败工作起主导作用的是国家反贪委员会(National Counter Corruption Commission,NCCC)。根据1997年宪法和1999年颁行的《反腐败组织法》的相关规定,国家反贪委员会由主任委员及其他8名委员组成,任期9年并不得连任,工作重点包括:根据《反腐败组织法》的规定对两院议员、政府行政部门以及其他国家机构高官的财产申报进行审核,并就可疑的财产问题开展独立调查;根据1999年颁行的《政府采购法》的授权,对政府采购行为实施监察;根据2000年颁行的《部长持股法》的授权,对政府部长可能涉及的非法持股

---

① 1999年《反腐败组织法》颁行时,1975年《反腐败法》、1987年《反腐败法修正案》以及1996年《两院议员财产申报法案》同时废止。

问题展开独立调查；等等①。

虽然国家反贪委员会（NCCC）与反贪委员会（CCC）在形式上有所类似，但在实质上却差异甚大。

首先，国家反贪委员会具有法定的独立地位，能够在行使法定职责时免受包括行政权力在内的各种外部压力的影响。

1997年宪法和《反腐败组织法》针对国家反贪委员会的组建与运作进行了相当完善的制度设计，尤其是对委员的遴选过程，更是作出了周详的规定，旨在确保委员会的独立地位与中立性。对于国家反贪委员会委员的任职资格，1997年宪法的第297条明确规定"必须是独立人士"，具体包括不得兼任政府公职、不得参与商务活动、不得隶属于任何社会组织或行会、不得从事宗教性职业，以及3年内不得隶属于任何政党。对于委员候选人的提名，则是由特别设立的临时遴选委员会负责。根据相关规定，遴选委员会由参议院议长负责组建，由15名成员组成，其中包括：最高法院院长；宪法法庭庭长；最高行政法庭庭长；国家高等教育机构中从事法学研究的校级领导7名，通过同行推选产生；拥有众议院席位的各党派代表5名，具体产生办法为各党派首先各自推荐1名本党代表，再从中推选出5名成员。由于遴选委员会在提名候选人时，必须得到3/4以上成员的赞成，因此这种以相对中立的社会学者为主的委员会构成模式，在很大程度上保证了遴选委员会的专业性和公正性。

此外，国家反贪委员会虽然形式上是由国王任命的，但从法律角度而言，实际是经由参议院产生，并向参议院负责的机构。在任职方面，根据1997年宪法第297条规定，遴选委员会在完成提名工作后，要向参议院议长提交包括18名候选人在内的名单，之后由参议院议长召集参议院会议，根据名单进行差额选举，从中选定9人出任国家反贪委员会委员，主任委员则由9名委员在首次会议时自行推选；在免职方面，根据1997年宪法第299条的规定，参议院有权在得到3/4以上赞成票的情况下，免去有违纪违规行为的国家反贪委员会委员的职务。因此从根本上看，尽管国家反贪委员会并非参议院的直属机构，但其独立的法律地位，实际是由参议院予以保证的。这也正是1997年宪法在国家反贪委员会的制度设计方面的关键所在。

---

① 泰国国家反贪委员会网站（http：//nccc.thaigov.net）。

根据1997年宪法的相关规定，参议院的全部200名议员均为独立人士，不隶属于任何政党或社会团体，亦不兼任任何行政或社会职务，而且全部参议员均通过全国直接选举产生，其权力直接来自于选民。从权力制衡层面看，泰国的参议院实质上已成为与行政、司法、立法（众议院）体系相区别的独立权力体系，主要负有监督其他权力体系运作的职能。这可以说是1997年宪法对参议院的地位所做出的根本性调整，因为在以往的泰国宪法中，参议院一直是行政权力的附庸，参议员经由直接任命产生，因此不过只是军人集团用以牵制民选众议院议员的工具[①]。由于国家反贪委员会归属于参议院的权力体系，并得到参议院的授权，因此在其执行法定的反腐败职能时，也就在法理上拥有了能够与其他权力体系尤其是行政权相对抗的正当性，从而有效保证了其法定的独立地位。与此相仿，宪法法庭、国家审计委员会等独立监察机构的法定独立地位，也都是由参议院从根本上予以保证的。

其次，国家反贪委员会拥有相当广泛的司法职权，能够自主地深入开展反腐败监察工作。

根据1997年宪法和《反腐败组织法》的相关规定，国家反贪委员会在执行法定的反腐败监察工作时，可以根据需要行使以下司法职权：有权向政府部门和司法部门调取所需的资料；有权扣押相关证据或查封财产；有权询问犯罪嫌疑人与证人并制作口供；有权向法院申请搜查证和逮捕证；有权在确认犯罪证据确凿后，通过检察院[②]向最高法院的国家公职人员刑事审判庭提起公诉；有权在检察院拒绝提起公诉的情况下，以国家反贪委员会的名义直接提起公诉；等等。这就从制度上给予国家反贪委员会以强有力的效率保障，使得反腐败监察工作能够真正地一查到底。

此外，根据1997年宪法设立并与反腐败工作相关的其他独立监察机构还包括：

选举委员会（Election Commission，EC），由主任委员及其他4名委员组成，所有委员均为独立人士，经参议院遴选后由国王任命，对参议院负

[①] 有关20世纪90年代以前历届参议院的基本情况，参见朱振明主编《当代泰国》，四川人民出版社1992年版，第390—391页。

[②] 泰国的检察机关实行垂直领导，分为三级，即府级检察院、区域级检察院、最高检察院。泰国检察官目前全国仅有2000多人，但工作效率较高，实行异地轮岗制度，一般2年至3年轮一次，在同一地方任职不能超过4年。其主要职责是对公诉案件进行审查，并不具备反腐职能。

责,任期7年并不得连任,主要负责监管全国及地方各级议会选举中的违规行为,尤其是贿选行为。对于民主政治仍处在发展阶段的泰国而言,贿选长期以来是政客常用的竞选途径。据统计,在1996年众议院选举中,贿选比例就高达30.6%,而政客需要为贿选选票所支付的金额,在农村地区平均为每张554泰铢,在曼谷地区则平均为每张1142泰铢①。这显然是相当高额的开支,因此通过贿选上台的政客,多数都会为了弥补贿选的亏空并为下次参选筹集资金而走上权钱交易的道路,从而形成"贿选—腐败—贿选"的恶性循环。选举委员会的设立,很大程度上就是为了能最大限度地减少贿选行为,从而切断导致腐败的恶性循环。

宪法法庭(The Constitutional Court, CC),由庭长及其他14名法官组成,其中5名来自最高法院、2名来自最高行政法庭、5名来自法学学者、3名来自政治学学者,所有成员均经参议院遴选后由国王任命,任期9年并且不得连任。虽然宪法法庭的主要职责并不是反腐败,而是对各类涉及违宪的行为尤其是政府行为做出裁决,但是宪法法庭却在泰国的反腐败体制中起着相当重要的作用。由于宪法法庭拥有裁决有关违规人员5年内不得从政的权力,因此成为反腐败惩治工作中的重要一环。在实践中,由于不少情况下政客或官僚的违规行为本身尚构不成犯罪,因此难以用刑事手段予以制裁,而一般的罚款对违规者的惩戒力度又明显不足,于是就要依靠宪法法庭的这一特殊权限予以制裁。

国家审计委员会(State Audit Commission),由主任委员及其他9名委员组成,都经参议院遴选后由国王任命,任期6年并且不得连任。国家审计委员会的执行机构为审计总署(The Office of the Auditor General, OAG),由审计总长(Auditor General)主持工作,下设15个地区审计分署②。审计总署原本是依据1979年颁行的《国家审计法》设立的机构,虽然名义上仍有权独立开展审计工作,但由于在机构设置上隶属于总理府,因此实际上仍是行政体系的内部监察机构。1999年国家审计委员会成立后,经过机构重组的审计总署开始向国家审计委员会直接负责,从而成为独立的监察机构,现在的主要职责是负责审计国家及地方各级政府的财政收支情

---

① Matias Warsta, "Corruption in Thailand", International Management: Asia Swiss Federal Institute of Technology Zurich, April 22, 2004, p. 12.
② 泰国国家审计总署网站(http://www.oag.go.th)。

况，防止并查处舞弊行为。

国会调查员（Parliamentary Ombudsmen, PO），成员总数不超过 3 名，经参议院遴选后由国王任命，任期 6 年并且不得连任，主要职责是接受民众对政府违规的作为或不作为行为的投诉，展开独立调查并向国会汇报。虽然根据 1999 年颁布的《调查员组织法》规定，国会调查员并不具备反腐败职能，因此在调查过程中如果发现腐败行为，就应当全案移交有关机构，但是，作为与民众联系紧密并拥有独立调查权的机构，其所能起到的辅助性反腐败发现功能仍然是相当明显的。

（二）建立并完善财产申报审核制度，重视提高反腐败工作的效率

20 世纪 90 年代以前，泰国的反腐败工作是以"案件"追查为主，强调对腐败过程的追查与核实。在办案过程中，工作重点是对具体腐败行为的追查；定案处理时的依据，也主要是能够证明具体腐败行为确实存在的书面证据。这种反腐败工作方式，虽然能够有效避免可能出现的冤假错案，但却明显影响到办案的效率。由于具体腐败行为相当隐秘而多变，通常很难真正抓住其把柄，因此会给反腐败工作的开展造成重重困难，使得不少早已劣迹败露的腐败分子因证据不足而漏网。

从 20 世纪 90 年代起，泰国为进一步深化廉政建设，提高办案效率，逐渐将反腐败工作转向以"财产"监察为主，开始重视对腐败结果的监管。1996 年颁行的《两院议员财产申报法案》对此进行了立法试探。针对有关人员财产变动的审核，开始成为反腐败工作的重点；而财产方面难以说明原因的异常增加，也正式成为定案处理时的主要依据。反腐败工作方式的这一转变，不仅取得了明显成效，更得到社会各界的广泛支持。因此，1997 年宪法颁行时，财产申报审核制度不仅被明确列入宪法，而且其监察范围也扩展到所有权力部门。1999 年颁行的《反腐败组织法》进一步完善了财产申报审核制度，对于财产申报和审核的程序以及违规处罚等相关问题，都作出了明确规定。

根据 1997 年宪法及《反腐败组织法》的有关条文，财产申报审核制度的主要内容包括：（1）总理、各部部长、众议员、参议员、最高法院院长及副院长、最高行政法庭庭长及副庭长、宪法法庭庭长及法官、总检察长及副总检察长、军事法庭庭长、选举委员会委员、国会调查员、国家审计委员会委员、地方政府行政长官、地方议会议员，以及其他副部级以上的政府和军警部门高官等,都必须在就职和离职时向国家反贪委员会申报个人财产情况;其中部分任期较长的官员在任职期间,还需要定期申报个人财产情况。(2)财产申报的范围包括本人、配偶及未成年子女名下的所有国内和海外的动产和不动产;申报财产时,需要提供详细的项目清单,相关的权属证明文件,以及前一财政年度的个人所得税申报表;申报材料的主要内容将向社会公开,接受民主监督。(3)如果上述人员逾期未申报或申报材料有所隐瞒,国家反贪委员会有权要求宪法法庭做出在5年内禁止违规人员从政的裁决;(4)如果国家反贪委员会发现上述人员的个人财产出现原因不明的异常增加,有权要求其做出合理的解释,并有权开展独立调查以核实情况;国家反贪委员会在经查证后,只要能够认定相关人员的个人财产的异常增加确实属于来历不明的,就有权向参议院要求免去违规者的职务,并在5年内禁止其从政,而不必确切掌握其违法违纪的事实经过;如果国家反贪委员会在经过查证后,能够认定上述人员存在违法行为,并且证据确凿的,有权要求检察院提起公诉。

从目前的实践情况看,财产申报审核制度的建立不仅有效提高了泰国反腐败工作的效率,也增加了政府工作的透明度,有利于推动政治民主化的发展,因此可以说是20世纪90年代以来泰国反腐败体制建设最为重要的进展。不过,财产申报审核制度所存在的缺陷也是较为明显的,这主要体现在自由裁量权方面。例如,由于财产申报的过程涉及不少财务的技术性问题,有时难免会出现申报者在无意的情况下造成的财产申报材料失实,因此根据泰国目前的规定,对于财产申报材料所出现的真实性与完整性方面的问题,如果确实属于无意的失误,可以在补充财产申报材料后,不予追究责任。但是,对于如何判断申报者的行为是否出于故意,泰国目前并无明确规定,主要取决于国家反贪委员会的审查和宪法法庭的裁决。这就赋予独立监察机构较大的自由裁量权,从而使得独立监察机构面临公正执法的考验与压力。2001年,泰爱泰党主席他信·西那瓦出任政府总理前,在财产申报过程中出现隐瞒事实的情况。国家反贪委员会经过调查后,向宪法法庭提出免去他信的政府职务并禁止其5年内从政的提案,但宪法法庭在审议后做出了他信的行为属于"纯洁的过失"的结论,并裁定对他信免于处分,从而为他信就任总理铺平了道路。宪法法庭的这一裁定,虽然得到了大多数社会民众的支持,但也为不少学者和以民主党为首的反对党所指责,认为是对当权者的妥协与依附,因为民主党的前党总书记沙南少将就是由于相似的原因而被裁定禁止从政 5 年，结果对民主党造成了相当沉重的打击。可见，从制度角度进一步完善财产申报审核制度，仍将是泰国反腐败体制建设的一项重要工作。

（三）提高民主监督的地位，拓宽社会公众参与监督的途径和范围

20 世纪 90 年代以前，泰国的反腐败发现机制主要是依靠政府部门的自我审查、监察部门的监督以及对立政党间的揭发，而社会公众的监督作用却因为威权政府的压制而一直得不到发展。20 世纪 90 年代以来，随着政治民主化的发展，新闻媒体和非政府组织的活动日益活跃，社会公众的监督作用逐渐得到增强，而 1997 年宪法及相关法律的颁行，更是为社会公众参与监督提供了制度保证，有效提高了民主监督的地位。近年来得到加强的民主监督权，主要包括 3 项：

1. 知情权。长期以来，社会公众对政府部门进行民主监督时，最大的障碍就在于信息的不对称，以至于在不少情况下，社会公众甚至根本未能意识到已为腐败行为所侵害。因此在社会各界的强烈要求下，泰国于 1997 年将公民知情权明确列入宪法，1997 年《宪法》第 58 条规定，"公民有权获知国家机构、国有企业或地方行政组织所掌握的公共信息，除非以上信息的披露将有损于国家安全、公共利益或其他公民应受法律保护的利益"。同年，泰国颁行了《政府信息法》，并成立了政府信息委员会（The Official Information Commission）作为执行机构，负责确保社会公众对政府信息的获取。

2. 罢免权。1997 年宪法在第 304 条中明确规定，5 万名以上具有选民资格的泰国公民有权向参议院议长集体联名呈请，要求罢免两院议员、政府总理、各部部长、最高法院院长、最高行政法庭庭长、总检察长等高官，而参议院议长在接到呈请后，则应当委派国家反贪委员会对此进行独立的调查，并做出明确答复。这可以说是 1997 年宪法赋予社会公众的最直接也是最重要的监督权，显著地提升了非政府组织的政治影响力。在 1998 年的医疗设备舞弊案中，泰国的非政府组织就是依据罢免权的有关规定，展开了有针对性的政治活动，从而有效推动了反腐败工作的进程[①]。

[①] Nualnoi Treerat, "Thailand: Fight against Corruption", *Asia Solidarity Quarterly*, No. 3, Special Issue on Anti-corruption, 2001 (http://www.fes.or.kr).

3. 新闻自由权。泰国的报业一般是由私人部门拥有的，因此在新闻工作中对腐败问题的揭露较多，而电台和电视台长期为政府与军警部门所把持，因此在严格政审的惯例下，对于反腐败监督工作一直显得较为消极。20世纪90年代以来，泰国政府逐步放宽了对电台和电视台的管制，开始从政府监管转向行业自律，并允许私人部门加入。1996年，泰国第一家独立电视台开始运营，从而为调动新闻媒体在反腐败工作中的辅助作用开辟了道路。

从制度的构成角度看，社会公众的民主监督对于泰国目前正处在发展完善阶段的独立监察机构的工作，具有相当重要的辅助补充作用，有助于增强对官僚和政客的监督。在对官僚的监督方面，目前泰国的独立监察机构由于人力和财力的限制，其监督范围主要限于国家机构的高层官员，而对于中下层尤其是基层官员和公务员的监督，仍主要依靠部门自律。由于中下层尤其是基层官员和公务员的工作与社会公众最为接近且密切相关，因此由社会公众予以监督，不仅能取得最大的反腐败成效，而且有助于切实提高社会公众对政府的信任度。在对政客的监督方面，目前的反腐败工作基本上是由独立监察机构负责的，虽然各政党内部也都有反腐败建制，但通常都不具备实际效用。多数政党的基层组织建设相当薄弱，缺乏必要的民众基础，能否上台执政主要取决于党内政客通过贿选或其他方式得到的议员席位，而不是政党本身的民意支持率，一旦政客跳槽，就会直接引起政党的衰落或瓦解[1]。故而，各政党通常对于党内政客相当迁就甚至纵容。虽然1997年宪法的颁行从制度的角度为政党政治的转型开辟了道路，并促成了具有广泛民意基础的泰爱泰党的发展，但泰国政党受制于政客的局面却并未得到根本解决。2001—2004年，他信总理进行了多达10次的政府内阁改组，主要就是为了协调内部各派系的利益。目前泰国政党的内部监管仍然相当薄弱，各政党在面临舞弊丑闻时依然倾向于采取息事宁人的"和稀"策略，从而对独立监察机构的工作产生了相当大的压力和难度。在这种情况下，社会公众尤其是新闻媒体的介入监督，一方面有利于提高独立监察机构的工作；另一方面也有助于推动各政党在民意的压力下逐步完善并落实党内监督机制，进一步加强对政客的监督力度。

---

[1] 参见周方冶《泰国政党格局的转型与泰爱泰党的亲民务实路线》，载《当代亚太》2005年第5期。

革新以来越南共产党反腐的主要措施及其成效

潘金娥[*]

[内容提要] 1986年，越南启动社会主义革新的进程，引入了市场经济机制，在取得经济发展成就的同时，贪污腐败现象越来越严重，腐败问题已经成为"国难"。越共注重加强干部的思想教育，成立由中央总书记任组长、中央政治局直接领导的党中央防治腐败指导小组，设立党内监督机构，拓展人民监督渠道，鼓励新闻媒体参与监督，制定和完善法律法规，对贪污腐败行为依法惩治，加强党内纪律约束，同时还积极拓展反腐新思路，对反腐有功者进行奖励，出资购买情报，重金奖励举报等。尽管越共反腐力度不断加强，并且查处了大批案件，但越南官员的腐败情况并未好转，反而越来越严重，直接原因有越南社会对于腐败的容忍度较高、干部工资待遇过低、法律执行不力、严重腐败行为常常有复杂的背景而难以解决、反腐机构的领导干部自身存在问题、党内检查和监察工作不彻底等。克服腐败的直接有效手段就是建立人民当家做主的真正的民主制度。不断完善社会主义民主制度，让人民来监督政府，将是越共以及所有社会主义国家解决腐败问题的根本办法。

越南共产党成立于1930年2月，是越南社会主义共和国的执政党，也是越南唯一的党派。截至2011年年初，共有360万名党员和5.4万个党员基层组织。2011年1月召开了第十一次全国代表大会，选出了175名中央委员和14名中央政治局委员。阮富仲当选为新一届越共中央总书记。

---

[*] 潘金娥，中国社会科学院马克思主义研究院研究员。

为了巩固党的领导地位和坚持社会主义的方向，越南共产党在加强党的建设方面做了很多的探索和努力，并且取得了一定成果。然而，随着革新的深化，各种干扰因素不断增加，越共的党员素质受到了越来越严峻的考验。20世纪90年代中期，越南曾把面临的主要问题归结为"经济落后于本地区其他国家的危机、贪污腐败的危机、偏离社会主义方向的危机以及'和平演变'的危机"等"四大危机"。至今，这"四大危机"依然是警钟长鸣。而中国共产党第十八次全国代表大会报告也指出：新形势下，我们党不仅担负着团结带领全国人民全面建成小康社会、推进社会主义现代化、实现中华民族伟大复兴的历史重任，而且面临着执政考验、改革开放考验、市场经济考验、外部环境考验的"四大考验"，存在着精神懈怠的危险、能力不足的危险、脱离群众的危险、消极腐败的危险的"四大危险"，需要解决好提高党的领导水平和执政水平、提高拒腐防变和抵御风险能力两大重大课题。① 可见，中越两党的情况有很多相同或相似之处。因此，了解越共在反腐问题上的体制机制及其成败得失，对我党的反腐倡廉工作将有一定的借鉴作用和启示意义。

一 越共对腐败问题的认识

越南共产党的第一代领导人胡志明以廉洁、简朴、勤政和亲民的作风而闻名于世，他经常要求身边的工作人员保持勤俭、廉洁。胡志明在世时，越南还处于战争状态，经济发展落后，物资条件极其缺乏，因此把"让人民能吃得饱、穿得暖、有学上"作为越南共产党执政和越南社会主义建设的目标。在胡志明领导时期，越南共产党在人民的心目中具有崇高的地位，因而党最为关心的是如何提高领导和管理社会主义经济和社会的能力，彼时腐败并不明显，也未引起关注。20世纪80年代中期，由于领导经验的缺乏和效仿苏联建立的传统计划经济体制的弊端显露等原因，越南陷入了全面的经济—社会危机。在这一背景下，在1986年召开的越南共产党第六次党的全国代表大会上，越南正式启动了社会主义革新的进程，引入了市场经济机制，并逐步融入全球化进程中。

二十多年来，越南的革新事业取得了重大成就，国家经济状况明显改

---

① 《中组部：党面临"四大考验"与"四大危险"》，《北京日报》2012年11月10日。

善，人民生活明显提高。2010 年，越南人均国民生产总值已经超过 1000 美元，从而跨入了中等收入国家行列。然而，在取得经济发展的同时，市场经济的弊端也越来越显现出来，社会上崇拜物质和金钱风气盛行，干部思想道德作风蜕化严重。越南共产党认为：当前，不少党员思想上受到西方"和平演变"的影响和市场经济的冲击，有些党员思想上已经"自我演变"和"自我转化"；党内风气日渐蜕化，贪污腐败现象越来越严重，严重削减了越南共产党在人民心目中的地位和形象，甚至危及政权的稳定，腐败问题已经成为"国难"。要想保住社会主义国家的建设成果，就必须铲除腐败这一"国难"。为此，越共中央把反腐工作作为越南党、国家和人民建设和保卫社会主义祖国事业中极其重要的一项任务，并且把防止贪污腐败和浪费与厉行节俭相结合。

在 2011 年 1 月召开的越共十一大上，越共十届中央委员会在提交给十一大的报告中指出："防止贪污腐败和浪费，厉行节俭既是紧迫又是长期的任务，从中央到基层的每一位党员，每一位党、政府、祖国阵线和各人民团体的领导干部，尤其是机关首长，都必须带头执行和直接参加到防止贪污、腐败和浪费的工作中来。"[1] 该报告还要求："要大力推进和提高防止贪污腐败、浪费工作的效率，切实制止和打击这一弊端。"[2] 2012 年 2 月，越共十一届四中全会通过的《关于当前党的建设的一些紧迫问题》的决定指出："党内不少党员干部思想道德退化，严重影响到了党在人民群众中的威信，这是关系到党的生死存亡的问题，是当前一个全局性的和最紧迫的问题。"[3] 可见，越共认为腐败问题已对政权的稳定和社会主义方向构成了严峻挑战。

二 越共反腐的主要体制机制

为解决腐败问题，越共十一届五中全会指出："要继续以十一大报告的有关精神和十一届四中全会决议为指导，把预防腐败和反对腐败结合起

---

[1] Đảng Cộng sản Việt Nam: Văn kiện Đại hội đại biểu toàn quốc lần thứ XI, Nxb CTQG-ST, HN 2011, tr 252 – 253.

[2] Ibid., Nxb CTQG – ST, HN 2011, tr266.

[3] 越南共产党网站消息：《越南共产党第十一届四中全会会议决议：关于当前党的建设的一些紧迫问题》，2012 年 1 月 16 日。

来,同时把防止腐败和反对浪费结合起来;加强各级党委和党政机关首长的领导责任,对经济和社会管理的有关机制、政策和法律进行完善;加强干部组织工作,提高发现和处理贪污腐败行为的工作效率和效果;加强民主、公开、透明原则,发挥国会和各级人民议会、祖国阵线、群众和社会舆论的监督作用。"①

具体来说,越共主要从加强干部的思想教育、加强反腐工作制度建设、加强党内纪律约束等方面着手进行反腐,同时还积极拓展反腐新思路。

(一)加强对党员干部的政治思想教育

越南共产党党章规定:越南共产党以马克思—列宁主义和胡志明思想为思想基础和行动指南。因此,越南共产党重视理论研究和学习,以马克思—列宁主义和胡志明思想来武装党员干部队伍。在这方面,越南共产党采取的主要措施包括:

成立中央和地区党校,培养党员干部的马克思主义理论素养

越共成立了专门培训领导干部的中央党校,即胡志明国家政治—行政学院,旨在培养党的高级干部与马克思—列宁主义和胡志明思想方面的理论研究和教学人员。除了中央一级的党校以外,在北部、中部和南部还分别成立地区级党校,用于培训当地的市县级及以下各级干部。按照规定,所有处级以上干部都要进行轮训。除了接受国内的培训以外,越共中央组织部还选派各级干部到国外学习和培训,尤其是每年都要派出数量不少的干部到中国的中共中央党校、国家行政学院和浦东干部学院等院校进行短期培训。在这些培训内容中,除了马克思主义基本理论和越共党史以外,还包括以提高党员干部的领导能力和对实际工作的管理能力的内容,也包括反腐倡廉方面的教育。2009年,胡志明国家政治—行政学院还成立了党建研究院,专门对党建问题进行研究和培训。

有针对性地开展党风整顿运动

越共经常性地开展党风整顿运动,号召党员干部要经常性地做批评与自我批评。针对当前国内外形势特征,2012年2月,越共召开了专门讨论

---

① http://www.baomoi.com/Lap-ban-chi-dao-phong-chong-tham-nhung-thuoc-Bo-Chinh-tri/144/8473131.epi.

党风建设问题的十一届四中全会,在全国掀起了全面、大规模、大力度的整党运动。越共十一届四中全会决议提出要高度集中领导和解决好以下三个问题:第一,要杜绝和抵制为数不少的党员干部尤其是各级领导干部和管理干部的政治思想、道德和生活作风蜕化的现象,坚决与这些现象做斗争,以提高党的领导能力和战斗力,巩固党员的信念和人民对党的信心;第二,建设各级领导和管理干部队伍,尤其是中央级的干部队伍,以满足工业化、现代化事业和融入国际的要求;第三,明确区分各级党委最高领导人和各级政府机关首长个人与党委、机关和单位之间的权力和责任,继续革新党的领导方式。其中,第一个问题是中心问题,也是全面性和最紧迫的问题。[①] 该决议还明确提出了解决上述问题的具体办法。其中最值得注意的是,要求各级党员干部尤其是在管理和领导岗位的从中央到地方各级干部,要做好批评和自我批评工作;还特别强调中央领导要发挥模范带头作用,结合本职工作进行总结和自我批评,而且要落到实处,取得实际效果,不能走过场。[②]

据了解,这项工作首先从越共中央政治局开始逐级展开,以单位和个人方式开展总结和自我检讨。经过几个月的内部讨论,在越共十一届六中全会上,政治局集体和一名政治局委员(即总理阮晋勇)在大会上承认在工作中出现了错误,请求中央委员会给予处分。这些举措,引起了越南国内百姓的高度关注。据越共总书记阮富仲介绍,越共中央收到了很多群众来信,有人认为四中全会决议"透出了一股新的生气"、是一个"反映了党的意志和群众的心愿的决议"、一个"历史性的决议"。[③]

把学习胡志明道德榜样运动经常化

胡志明思想是越南共产党对马克思—列宁主义的继承和发展。广义的胡志明思想包括:狭义的胡志明思想、胡志明道德、胡志明方法和胡志明风格等。其中,胡志明道德榜样的主要内容包括:(1) 为实现救国和民族解放的理想而奋斗终生;(2) 全心全意热爱人民,自始至终依靠人民,"以民为根";(3) 大公无私、私生活清白、极其简朴、谦逊;(4) 终生

---

① 越南共产党网站消息:《越南共产党第十一届四中全会会议决议:关于当前党的建设的一些紧迫问题》,2012年1月16日。
② 同上。
③ [越]阮富仲:《决心使党越来越廉洁和坚强、干部和党员越来越进步、内部越来越团结、完成任务越好》,《共产杂志》2012年第4期。

学习和磨炼。① 为此，越共在落实"胡志明遗嘱"30 周年（1969—1999年）和纪念建党 70 周年（1930—2000 年）之际，在全党范围内进行为期两年的党的建设和整顿工作，开展批评和自我批评。2001 年召开的越共九大总结了过去两年的党建工作，要求每一级党组织，从中央到地方各级党委都要开展落实"胡志明遗嘱"，提高革命道德，反对个人主义，反对机会主义和实用主义，经常性和制度性地定期开展批评和自我批评，并发动群众对党员干部提出意见和建议。越共十大再次强调腐败问题的严重性，并从 2006 年 11 月开始在全国范围内掀起了"学习和践行胡志明道德榜样运动"，之后每年进行阶段性总结。越共十一大决定，把"学习和践行胡志明道德榜样运动"作为经常性工作长期进行下去。

（二）加强反腐工作的制度建设，成立中央反腐工作最高指导机构

日渐突出的腐败问题在越共十大上再次敲响了警钟。为了加强反腐工作的力度，2006 年 8 月，越南国会常委会批准成立中央防治腐败指导委员会，并由政府总理阮晋勇亲自担任委员会主席。但是，自 2006 年以来，越南的贪污腐败问题不但没有得到遏制，反而更为严重和突出，群众不满情绪更加明显。在 2012 年举行的十一届国会第四次会议上，政府总理阮晋勇承认反腐工作指导委员会的不足，并于 2012 年 12 月 6 日通过了政府《防止贪污腐败和浪费的行动纲领》，制定了 2012—2016 年政府反腐的主要任务、措施和考核机制等。②

为了加强党对反腐工作的直接领导，2012 年 5 月闭幕的越共中央十一届五中全会决定，成立由中央总书记任组长、中央政治局直接领导的党中央防治腐败指导小组，并于 5 月 4 日开通了中央反腐指导小组办公室的网站，公布有关反腐信息。③ 五中全会建议重新组建越共中央内政部，作为中央政治局和书记处的参谋机构，同时也是反腐指导小组的常设机构。针对当前由于贪污贿赂等问题而导致的大批国有企业亏损、公共投资部门浪费严重和房地产问题突出的现象，五中全会提出重新成立中央经济委员

---

① ［越］双成、谭志词：《胡志明思想的概念和体系》，《东南亚纵横》1995 年第 2 期。
② 越共中央反腐指导小组办公室网站消息：《政府通过反对贪污腐败和浪费行动纲领》，2012 年 12 月 28 日（http：//www.phongchongthamnhung.vn/Detail/tabid/204/language/en - US/CatID/54/ContentID/2333/Default.aspx）。
③ 越共中央反腐指导小组办公室网址（http：//www.phongchongthamnhung.vn/）。

会，以加强对经济部门工作的直接指导。五中全会还提出六组旨在加强反腐的任务，即提高各级党委、党组织、地方政府以及各机关单位和组织对防止贪污腐败和浪费的责任和作用；继续完善旨在防止贪污腐败和浪费的经济—社会管理机制；继续完善和严格落实旨在防止贪污腐败和浪费的干部组织工作的政策机制；加强和继续完善检查、监察、调查、追诉和审判机制，以提高防止贪污腐败和浪费的工作效率；加强民选机构和人民在防止贪污腐败和浪费的监督作用；改革和提高防止贪污腐败和浪费的领导、指导机关及其常设机构和智囊机构的能力。[①] 根据这一任务目标，各部门开始制定反腐配套措施，全面建立健全监督机制。

设立党内监督机构

越共中央检查委员会作为越南共产党监督检查工作的重要机关，它承担着从中央到地方近5.4万个党组织、360万名共产党员道德品质和工作生活作风的检查工作。在中检委公开通报处理的案件中，以土地流转、人事任免、贪污腐败等问题为主。中央检查委员会通过检查，发现了一些重要案件，如越南船舶工业集团党委书记、董事长范青平利用职务之便贪污贿赂，导致企业大额亏损，因而对其进行了处分，随后越南公安部调查机关正式逮捕范青平，并对其提起诉讼。该案件被越南国内外媒体广泛报道，并在越南民间引起了强烈反响。

除了中央检查委员会以外，越共还成立了中央监察委员会和地方各级监察委员会。委员会的成员由同级党的全体委员会会议选出，且受同级党委和上级监委的双重领导。中央和地方各级监察委员会，定期对各部门和地方的领导及其公务员实施监察，以监督公职人员履行职务的情况。每年，监察部门都发现和查处不少渎职案件。2013年1月4日，政府监察部对2012年检察工作进行了总结，全年共计在经济和社会管理部门进行了9685次行政检查，对168702个部门和527544个单位和个人进行了检查，根据检查结果，建议收回国家财政资金298.6亿盾（1美元＝22000盾），土地1533公顷，罚款130.85亿盾（其中已收回153.46亿盾和1275公顷土地），建议对1033个单位和2122人进行行政处分，移送检察机关案件59起涉及104人。其中，涉及贪污腐败案件89起，涉案金额共计1045.92

[①] 越南共产党：《十一届五中全会关于防止贪污腐败和浪费的结论》，《人民军队报》2012年6月15日（http://www.qdnd.vn/qdndsite/vi-VN/61/43/305/305/305/193240/Default.aspx）。

亿盾,已对其中 2 个单位的 56 个人提起行政诉讼,移交检察机关 24 起涉及人员 42 人,并对 20 位机关首长进行了责任处罚。①

此外,越共从 2002 年开始实行了党内质询制度。在中央全会上,任何一位中央委员都可以对包括总书记、政治局委员和书记处书记在内的其他委员提出质询,也可以对政治局、书记处、中检委集体提出质询。被质询者可以当面作出回答或者事后作出书面说明。通过质询环节,加强了领导干部的责任意识。

拓展人民监督渠道

对于国家事务,越南共产党提出了"民知、民议、民办、民检查"的方针,鼓励人民对党和政府的工作进行监督。人民监督的途径主要包括国会监督、群众举报和信访等途径。

人民监督的一个重要途径是群众参与到国会和各级议会代表的选举,通过代表表达群众的意见。1992 年开始,越南实行了国会和地方议会代表的直接选举。群众的意见通过国会代表在每年举行两次的国会上得到反映。2002 年以来,越南国会实行了质询制度,国会代表有权在会上对政府领导人和部长们进行质询,要求其对本职工作内的问题进行书面或现场答复,国家电视台对质询进行现场直播。地方议会也效仿国会实行质询制度。质询制度对政府部门的领导提出了严格的要求,一些领导坦言这一环节让他们感觉非常紧张。在 2012 年 11 月举行的越南第十三届国会第四次会议期间,越南总理阮晋勇在开幕式上表示,他未能尽职监管国企尤其是大型央企而导致国有企业低效及违法经营,由此给党和国家造成了巨大损失和严重后果,因此向国民道歉。会上,两名国会代表对阮晋勇提出了尖锐的批评,并建议其引咎辞职,"以开启引咎辞职的政治文化"②。阮晋勇在答复时表示服从中央政治局的决定;针对政府反腐委员会工作的不力,阮晋勇也做出检讨,并且事后提交政治局相应的改革措施。③

2012 年 11 月,越南国会通过了《对由国会、人民议会推选或批准的领导人投信任票》的决议。根据该决议,越南国会将对由国会、人民议会推选或批准的越南政府高级领导人落实任务的结果、执行权限、政治素

---

① http://www.giri.ac.vn/?mod=2&newid=2762&cateid=1&lang=.
② http://news.china.com/international/1000/20121125/17547425.html.
③ 越南政府门户网站消息:《阮晋勇总理向国会作述职报告并答复国会代表的质询》,2012 年 12 月 7 日。

质、道德和生活作风投信任票。也就是说，在每届政府的五年任期内将要进行两次民意测评，两次达不到半数信任票的官员，则请其主动辞职或上级给予免职处理。

群众还可通过举报和信访渠道直接参与监督。越南政府各部门和各级地方还设立了人民群众的举报和信访接待单位，欢迎群众对党员干部履行职责进行监督，并对举报贪污腐败行为的人进行保护和奖励。目前，从数量上看，不少贪污腐败案是通过群众举报的途径得以发现，之后相关部门做出了处理。根据越南政府监察部年度工作总结报告，2012年国家各级部门共计受理了384992起个人申诉（比上年减少6.6%）和4533起多人申诉（同比上升了9%）；其中国家行政部门共计受理126824起申诉（同比上升了10%）。①

鼓励新闻媒体参与监督

越南的新闻媒体较为发达，仅中央一级的报刊就数以百计。越南通信和互联网络也发展很快，网民比例远远高于其他国家。越南新闻媒体对社会生活的影响越来越大，越共积极利用媒体渠道进行反腐。首先，越南开通了政府监察部网站、中央反腐指导委员会办公室网站，让百姓了解与反腐有关的政策和信息。其次，越南鼓励媒体对腐败现象进行报道和揭露。主要措施包括：一是开辟网上反腐直通车。2007年6月28日，为了加强相关反腐专职机构交换、交流反腐斗争的信息，同时加强反腐的政府宣传工作，建立网民与各相关机构及政府监察委员会进行交流与沟通的渠道，越南政府推出"反腐数据库"，网民通过网络可直接举报贪腐行为。反腐数据库主要设有以下栏目：热线、公民信箱、直接交流等。反腐数据库还刊登很多有关反腐的法律文件和政策、反腐信息及时事新闻等内容。此举受到了当地媒体及民众的热烈欢迎，在一定程度上缓解了民众在腐败问题上对政府的不满情绪。二是通过《青年报》《年轻人》等在越南发行量很高的报纸的公开报道和调查，牵出了不少案件。尽管越共中央也对报纸和媒体的报道持谨慎态度，但越南领导和群众都普遍认为：新闻媒体曝光的案件中，90%以上"确有其事"。三是在电视台开设"百姓问—部长答"节目。2012年，越南国家电视台开设了"百姓问—部长答"节目，由电

---

① http://www.phongchongthamnhung.vn/tabid/208/language/en-US/Default.aspx?ContentID=2372.

视台负责选送百姓关注较多的问题交给政府有关部门,每周由一个部长通过电视对百姓集中关心的问题作出解答。四是在网上开通"在线对话"栏目,由相关部门领导对百姓关心的问题作出解答。这些举措使领导干部的管理透明化,对抑制贪污腐败行为产生了积极效果。

制定和完善法律法规,对贪污腐败行为依法惩治

在计划经济体制下,越南实行"无产阶级专政"。革新以来,越南逐步改革政治系统,并提出了建立"社会主义法权国家"的目标。目前,越南正着手再次修订1992年颁布并于2001年首次修订的宪法,计划通过国会的立法程序,把国家的管理和党的领导纳入法律规范,力求打破"党大于法"的局面,并给予司法部门更大的独立空间。就现有规定来说,最高法院可直接审理越共高级领导干部的腐败案件,越共中央不干预审判工作,但实际上在执行的过程中并未得到体现。

20世纪90年代以来,越南的立法活动频繁,每年都要颁布数部法律法规。已颁布的与反对贪污腐败有关的法律包括:《防治腐败法》《厉行节约、反对浪费法》《国家干部道德法规》《国会监督法》《检查法》等法律,并制定了《防治腐败国家战略》。越南还加入了《联合国反腐公约》,按照国际规则制定反腐措施,并据此于2012年11月通过了《防治腐败法(修订案)》,该法从2013年2月1日开始生效。根据《防治腐败法(修正案)》,越南的领导干部需在每年1月1日至3月31日期间,将个人财产申报清单在本人所在机关、组织或单位公布;越南国会代表及地方各级人民议会代表应选人的个人财产申报清单也须在选民代表会议上公布。这部法律还对领导干部个人所增加财产的各类义务加以规定,越南国会指定政府负责出台有关领导干部个人所增加的财产定价、申报人的权力与责任、申报手续与程序等的具体规定。《防治腐败法(修正案)》还规定国有企业必须公布并向上级管理部门报告其资产及其变动情况,对于国有企业股份化改革,必须按照公开透明的原则进行,不可通过内部操作交易。①

---

① Công bố Luật sửa đổi bổ sung một số điều của Luật phòng, chống tham nhũng,,17/12/2012,http://www.phongchongthamnhung.vn/Detail/tabid/204/language/en – US/CatID/59/ContentID/2344/Default.aspx.

(三) 加强党内纪律约束

在反腐败斗争的实践中，越南共产党逐渐意识到，建立一个完整、严密而合理的规章制度可以起到防患于未然的作用。因此，越南在预防和反腐败过程中，除了加强对各级党组织和党员干部的检查工作外，还要加强"纪律处理的力度"[①]。在这方面采取的主要措施包括：

实行定期检查、考核制度，保证干部、公务员队伍的基本素质。规定干部、公务员的一般行为准则。2001 年，越共曾颁布党员不得从事的一些事项规定。2011 年 11 月 1 日，越共中央总书记阮富仲签署了党员禁令 19 条，明确了党员不得从事的 19 条事项，并规定按照党章和有关法律法规对违反上述事项的行为进行处罚。

规定干部、公务员的财产登记制度，要求国会代表与政府官员公布他们的收入、房地产、海外资产、账户以及其他个人财物。这项规定已被列入 2012 年修订的《防止贪污腐败法》。

制定领导干部责任制度。越共九大提出各级党委的主要领导人对本单位、本地方出现贪污腐败承担连带责任的规定。2012 年越共十一届四中全会，更加强调要加强单位首长的责任。

调高公务员的工资待遇。越南公务员工资水平远远低于一般企业职工待遇水平，而物价总体水平较高，公务员工资几乎难以满足日常生活所需。因此不少公务员，包括警察、海关官员等利用职务之便索取贿赂的现象非常普遍。为了杜绝和减少贪污受贿现象，越南改革了公务员工资制度，根据物价变动情况按一定的比例提高干部工资待遇。但总体来看，公务员的工资依然处于很低的水平，补贴的工资远远赶不上物价增长的幅度。

实行干部轮换制度。为了避免"关系网""裙带风"等消极腐败现象，越共规定：总书记连任不得超过两届，县级以上主要领导干部在同一个地方担任同一职务不得超过两届任期。[②]

(四) 拓展反腐新思路，对反腐有功者进行奖励

加强对反腐问题的理论研究与对实践的总结，积极借鉴他国经验。首

---

① 丁刚、刘刚：《行进在革新开放道路上——越南共产党面面观》，2011 年 5 月 10 日人民网消息（http://cpc.people.com.cn/GB/64093/64387/14593079.html）。

② 靳义亭：《越南共产党反腐的主要措施》，《当代世界与社会主义》2009 年第 11 期。

先，越共中央理论委员根据中央提出的要求，对重大的理论问题进行研究，其中包括党的建设和反腐败问题。理论委员会确定研究主题，然后分为小课题交给有关学者进行研究。这些成果有些提交中央作为决策参考，有些在越共机关杂志《共产杂志》上公开发表。2012 年《共产杂志》刊登了多篇相关文章，集中对如何防止贪污腐败和干部思想道德作风进行了研究和讨论。① 越南还利用国际资助成立国际合作研究课题，目前在研究的包括世界银行资助的"2011 年越南防止贪污腐败的创新举措"（VACI）的研究项目，越南政府监察委员会和加拿大合作的反腐项目等。② 除了总结本国的实践，越南还比较注重与其他社会主义国家的交流。越共与中国和古巴共产党都建立了理论交流机制。越南还与老挝人民革命党建立了密切的联系，就理论问题经常进行交流。此外，从 2012 年开始，越南开始在中学、大学和各地党校开设反腐教学课程。③

出资购买情报，重金奖励举报。2008 年，越南财政部允许市级和省级反腐指导委员会使用国家财政资金购买情报，以帮助其打击腐败。根据财政部最近的文件，反腐指导委员会可使用最多 1000 万越南盾（约合 625 美元）购买情报。为了获取更昂贵的情报，委员会负责人有权批准购买。该文件还规定，一些负责特别反腐任务的委员会成员可配备电话。④

为了鼓励对贪污腐败的举报行为，2012 年 10 月召开的越南十三届国会第四次会议决定，成立中央政府反腐基金，资金来源为社会各界和国内外捐赠以及违法资金没收和赃物的拍卖所得等，其中 30% 用来奖励举报。⑤

---

① 例如：《共产杂志》2012 年 5 月刊登了《党员在预防和反对腐败、浪费和消极现象斗争中的作用和责任》（作者：高文统，中央检查委员会研究司司长）；2012 年 10 月刊登了《自我批评与批评：阻止当前党员干部政治思想和生活道德蜕化的锐利武器》（作者：阮友仁）；2012 年 11 月刊登了《加强监督检查工作和党的纪律，旨在提高干部和党员的政治品质和革命道德》（作者：梅世阳）、《从"改变工作方式"到"当前党的建设的一些紧迫问题"》（作者：武氏青梅）；等等。

② http://www.tapchicongsan.org.vn/Home/Thong-tin-ly-luan/2012/17393/Danh-gia-giua-ky-chuong-trinh-sang-kien-phong-chong-tham-nhung.aspx.

③ 越南中央反腐网站消息：《把防止贪污腐败写入教育、培训和进修课程内容》，2012 年 12 月 24 日（http://www.phongchongthamnhung.vn/Detail/tabid/204/language/vi-VN/CatID/3/ContentID/2358/Default.aspx）。

④ 郑洁：《越南为反腐不惜重金购买情报》，《东方早报》2008 年 2 月 26 日。

⑤ http://www.baomoi.com/Home/ThoiSu/sggp.org.vn/Co-quan-chong-tham-nhung-phai-doc-lap-voi-hanh-phap/9683662.epi.

三 越共反腐工作的效果、原因与启示

(一) 效果

近五年来,尽管越共反腐力度不断加强,并且查处了大批案件,但越南官员的腐败情况并未好转,反而越来越严重,贪污犯罪情况越来越复杂,腐败手段呈现出越来越隐蔽和复杂的特点,给越南党和国家造成巨大损失。越共中央十届三中全会颁布了《关于加强党对防止贪污、腐败和浪费工作的领导的决议》,2012年6月越共中央第十一届五中全会对执行该决议五年来的成效进行了总结,指出:"落实十届三中全会决议五年来,防止贪污腐败和浪费工作在认识和行动方面都取得了积极的转变,尤其是在预防贪污腐败、公开化、透明化、改革行政手续和管理公共财产等方面,取得了初步的成果;在某些领域,贪污腐败和浪费现象逐步得到抑制。然而,防止贪污腐败和浪费工作依然未能达到决议提出的目标,即制止并逐步消除贪污腐败和浪费现象。防止贪污腐败和浪费形势依然严峻,腐败行为表现出细微化、复杂化、普遍化的趋势,在各个领域、各级部门都存在,尤其是在土地管理和矿产资源利用、基本建设、财政管理、税费征收、国有资产的使用和管理、金融和银行、干部任用、国家机关与个人和企业关系等部门,从而导致社会公众的不满情绪,对党和国家管理部门造成了严峻挑战。"①

(二) 原因

尽管采取了很多措施,但越共的反腐斗争面临的形势依然严峻。究其原因,笔者认为有直接原因和根本原因。其中直接原因有如下六点:

一是越南社会对于腐败的容忍度较高。与西方文化不同,越南文化崇尚礼尚往来,送礼现象很普遍,朋友和上下级之间互赠礼物被认为是正常现象,也难以区分是贿赂还是礼节性往来,从而使得受贿现象容易发生。而且,越南文化整体氛围较为松散,有重人情而轻法律的传统。因此,群众举报或检查过程中发现的案子很多,但是受到处理的却是少数,其中缘

---

① 越南《新河内报》网站,2012年6月15日(http://hanoimoi.com.vn/newsdetail/Chinhtri/550492/ket-luan-hoi-nghi-trung-uong-5-khoa-xi-ve-tang-cuong-su-lanh-dao-cua-%C4%91ang-doi-voi-cong-tac-phong-chong-tham-nhung-lang-phi.htm)。

由就是越南社会心理中有一种"差不多就行了"的观念。

二是干部工资待遇过低。根据我们对越南民众的调查，普遍认为公务员的待遇低得可怜，如果不利用职务之便索取和收受一些贿赂，生活都难以为继。因此，群众对警察和公职人员利用职务之便等收取一定的好处费，普遍报以理解的态度。同时，也有一些官员因为收入低、经济困难而难以抵制物质方面的诱惑，最终走上犯罪道路。

三是法律执行不力。越共颁布了很多相关法律，法律中规定的处罚也很严厉，但执行起来大打折扣。其原因也是上述两点原因的连带后果，使得有些官员并不担心受到法律的惩罚，认为可以蒙混过关。换句话说，由于违法成本较低，因而法律不具有很强的约束力。现实中有不少案件是"虎头蛇尾"，即发现后并未做出严肃处理，而是轻判或不了了之。

四是严重的腐败行为常常有复杂的背景，甚至与政治斗争有关，因而难以解决。有些腐败案件牵涉面广，甚至牵涉到党政高级官员，往往难以查处下去；有些案件则是某些领导干部无意中掉进了国外反共势力布下的"陷阱"，如果查处下去，可能会影响到政局和社会安定而使敌对势力得逞。因此，有些大案要案经常被认为涉及国家安全等方面的原因而不再追查，越南很少有部长级以上官员因腐败罪而获刑，但群众却认为越共高层领导存在腐败行为。

五是某些反腐机构的领导干部自身存在一定的问题，因而在领导过程中并未真正地下大力气去查处和打击腐败，不按规定履行职责，态度消极，最终导致失去民众的信任。

六是党内检查和监察工作不彻底，存在走过场现象。越南产生腐败的根本原因是社会主义制度不完善。目前，越南还处于向社会主义过渡的时期，还未真正进入和建成社会主义社会，为了发展经济，丰富物质基础以使生产力与生产关系相符合，越南采取了一些非社会主义手段，经济和社会生活中还存在不少非社会主义因素，包括发展私人经济和国家资本主义等。这些非社会主义因素是导致腐败的根源。

（三）启示

纵观世界各国，腐败问题不仅存在于越南和中国等社会主义国家，在西方资本主义国家也普遍存在，只不过表现形式和程度各有不同。对于腐败的成因，西方理论中有道德堕落论、现代化副产品论、理性选择理论、官僚组织结构缺陷论等解释，但这些理论都不能全面阐释腐败的成因。马克思关于腐败问题的理论观点，道出了腐败的根源和解决办法。马克思认为，腐败源于国家与社会关系的异化，因此，克服腐败的直接有效手段就是国家回归社会。[①] 笔者认为，马克思所说的国家与社会关系的异化，就是指国家机构未能把为社会服务作为自己的宗旨，国家公务员未能把自己作为社会的公仆。因此，要克服腐败现象，就必须使"国家回归社会"，即国家机关及其公务员要为社会服务，树立公仆意识，并接受社会的监督。因此，克服腐败的直接有效手段就是建立人民当家作主的真正的民主制度，不断完善社会主义民主制度，让人民来监督政府，将是越共以及所有社会主义国家解决腐败问题的根本办法。

---

① 叶国文：《马克思的反腐败理论与党的反腐败实践》，《中共浙江省委党校学报》2011年第4期。

印度反腐败机制分析

王晓丹[*]

[**内容提要**] 印度的腐败存在的原因很多，有政治、经济体制方面的原因，也有社会环境的问题。印度通过体制改革等措施，逐步建立了一种有效的腐败预防机制，为公共服务建立有效而透明的体制、加强反行贿受贿，促进业务行为的廉洁公正、支持公众参与。2005年10月《信息权法》被批准并生效，印度中央监察委员会还创建了一个虚拟组织"廉洁印度委员会"。在立法方面，印度最重要的防止腐败的相关法律有：《防止腐败法1988》《中央文官行为准则》和《全印文官行为准则》。印度的反腐败机构主要包括监察部门、公共投诉部门、审计部门和调查机构等。近几年，印度议会代表民意先后通过了几个相关法案，如有关督促成立联邦调查员机构的议案、《举报人保护法案2002》等。

为了遏制腐败，印度在立法、司法、行政监督等各个方面都做了相当多的努力。从法律制定到机构设置，印度政府在反腐败方面有一整套监督、发现和惩处的措施。

一 腐败存在的原因

在当前的政治、经济、社会环境中，印度存在着一些产生腐败的深层原因，不但有政治、经济体制方面的原因和社会环境的问题，也有反腐败机制本身的问题。

---

[*] 王晓丹，中国社会科学院亚太与全球战略研究院研究员。

2005年，印度中央监察委员会发布了《反腐败指导手册》。这部手册认为，腐败存在的原因与印度社会结构有关。印度社会是以种姓制度和家族亲属关系为基础而构成的一种社会结构。这种社会结构的一个重要特征是，基于对种姓和亲属关系的认同，从而形成一种强烈的同族意识。这种同族意识将人们分成众多的具有共同经济利益的利益集团，并进而成为照顾和分配利益的基础。此外，印度各邦之间在经济和社会发展方面都处于不同的发展阶段，表现出相当大的差异性。社会结构特征和经济社会发展的不平衡性等原因造成的错综复杂的社会环境，成为腐败产生的良好温床。《反腐败指导手册》还认为，印度人口中40%为文盲的落后因素，成为情感左右政治的基础。当政治以种姓为基础，当选民用情感投票时，腐败就几乎被认为是可以容忍的了。由于印度人对家庭家族的极端依附、极端亲密，因此当一位官员获得了权力后，为其子孙后代着想，采用腐败手段获取好处就是必然的。同时，《反腐败指导手册》将社会恶习如嫁妆习俗等也列为腐败的诱因之一。

《印度腐败研究2005》从接受公共服务的普通民众和提供公共服务的政府雇员两方面对腐败原因进行了调查。普通公众认为腐败发生的7个主要的具体因素是：公共服务体系缺乏透明和绩效责任制；反腐败机构缺乏有效的腐败发现报告机制；政府官员缺乏诚实和正直；公共服务部门的官员和普通民众对"受贿""行贿"的认同态度；无效率的司法系统；不好的经济政策以及缺乏对政府官员的适当培训。而政府雇员认为腐败发生的原因是：过重的工作负担、过时的基础设施（如多年没有翻修的供水系统）、缺乏激励机制和政治干涉等。普通公众和政府雇员指出腐败发生的诸多因素，大致可以归纳为政策制定体系缺陷、行政管理体系缺陷、道德体系扭曲以及政治因素。

上述两份报告所谈及的腐败发生的因素，分别为深层的社会文化因素和当前各种体系中的缺陷。这些因素共同形成产生腐败的温床。

除了产生腐败的经济社会因素之外，腐败发生的另外一个重要原因在于腐败得不到有效遏制。要想遏制并消除腐败，除了腐败发现机制和惩处机制之外，更重要的是要有腐败预防机制。从印度相关法律和现有的反腐败专门机构的设置上，我们可以看出，印度反腐败机制的设计思路，实质上是一个理论上相对完善的腐败发现和惩处机制，目的和方式在于发现已经发生了的腐败案件，然后采取相应的惩处手段。无论是中央监察委员会、中央调查局、审计署——这些自上而下的监察、调查机构,还是内阁秘书处的公共投诉处、人事部的公共投诉局以及各政府部门的投诉机构——这些处理公众投诉案件的应答型机构,其设置思路都是如何发现并调查取证隐蔽性很强、大量存在的腐败行为。从理论上讲,这些机构构建了一个覆盖政治、经济、社会全部领域的腐败发现体系。但在实际运行中,这一机制并没有能够遏制腐败的大量产生。这说明印度的反腐败机制存在严重的缺陷。

首先,监督机制存在问题。印度的监察、调查机构目前权力有限。根据宪法规定,印度中央调查局在事先没有获得政府批准时,无权对总理和联邦部长进行调查。不仅如此,在调查其他案件时,也经常要面对政治压力。缺少独立性和专业性的中央调查局常常遭到最高法院的谴责,而中央监察委员只有询问权,没有调查权。

其次,单靠监察惩处机制是无法遏制腐败发生的,还需要有相应的遏制腐败发生的预防机制。印度反腐败机制的重点在于监察和惩处,缺少足够的预防机制,腐败在印度泛滥就不足为奇了。因此,建立腐败预防机制,削弱和消除腐败产生的条件,使反腐败工程在监察惩处和预防两方面同时展开,是遏制腐败泛滥的关键。

二 腐败预防机制的建立

2001年11月30日,印度在《亚太地区反腐败行动计划》[①](以下简称为《行动计划》)上签了字,和其他国家一样同意执行该宣言中的实施方案。《行动计划》中的三个"行动支柱",实质上就是通过体制改革等措施,逐步建立一种有效的腐败预防机制。"行动计划"的三个支柱分别为:为公共服务建立有效而透明的体制、加强反行贿受贿行动促进业务行为的廉洁公正以及支持公众的积极参与。印度对这个文件的签署表明了政府反腐败的意愿。此外,还有一些国际组织或基金会也积极参与到印度反腐败的进程之中。如世界银行、福特基金会和联合国开发计划署等。国际组织协助印度政府反腐败的主要方法是通过一些项目协助政府改进行政管理程序,增加透明度,减少限制等。世界银行曾在其研究报告中明确指出,印

---

① 参见经济合作与发展组织网站(http://www1.oecd.org/daf/asiacom/ActionPlan.htm)。

度应该针对国情,在公共部门制度方面进行改革,如公共支出管理、行政事务改革、司法改革、税收改革,以及使用电子政务等手段来增加信息量、提高透明度以加强监督。世界银行的这一观点被印度政府采纳。

目前,印度政府为响应这一行动计划所采取的主要措施有三个方面:一是通过降低准入标准促进私营部门竞争;在具有自然垄断的领域内进行管理改革;通过电子网络等方式发布广告,在政府采购中引入竞争,减少可能从腐败中获得的收益。二是减少产生渎职机会的办事环节。如开放进口、取消价格控制、取消工业和贸易许可证等。三是增加信息量,提高透明度,加强公共监督。如在政府采购和工程承包等方面增加透明度和诚信,网上竞标等。2003年12月,中央监察委员会发布了一个关于在采购/销售中增加透明度的指导意见,要求中央监察委员会管辖权限内的所有政府部门、银行等机构遵守。该指导意见要求所有机构开通网上招投标系统,以增加透明度和改善监察工作,该指导意见于2004年1月1日起施行。

在亚洲开发银行、世界银行等国际组织机构的帮助下,印度政府积极提高管理能力,改善公共服务。从1997年至2005年,从中央到各邦,各级政府部门纷纷公布"公民宪章"①。这些告公民书明白地告知民众,各公共服务部门或政府行政机构应该在多长时间内为他们提供什么标准和质量的服务以及投诉解决的最终结果。这样做的目的是促使政府行政管理透明和负责。截至目前,中央政府各部级、局级等部门和组织共发布了108个"公民宪章",各邦政府和直辖区的各级部门共发布了629个"公民宪章"。

在支持公众积极参与反腐败方面,最值得提及的是,在经过长期的酝酿后,2005年10月12日,《信息权法》②终于被批准并生效。在全国性的《信息权法》生效之前,已经有一些邦或直辖区政府出台了基本内容相同的法令,如首都德里直辖区。《德里信息权法》于2001年10月就已生效。根据该法,任何公民都可以到政府部门了解和获取与该部门所提供服务内容相关的信息。人们认为,如果《信息权法》能够得到有效执行,不但会使普通公民理直气壮地拒绝行贿,并且任何个人都可以根据该法赋予的权利获取与政府行政管理过程中的相关信息,而这些信息极其有助于揭

---

① Citizens' Charters,相当于一种承诺书或告公民书。
② 有关该法的详细内容参见印度人事部网站(http://persmin.nic.in/RTI)。

露腐败。《信息权法》的生效，对于印度的反腐败具有十分重要的意义。《信息权法》的出台给了普通民众监督政府的一条通道。有了《信息权法》，人们可以依照法律，及时地了解公共服务部门的行政程序，知道申诉处理负责人的姓名及其处理结果，这极大地促进了公共办事机构的行政效率，也有效地减少了腐败事件的发生概率，使民众监督成为可能。

此外，印度中央监察委员会还创建了一个虚拟组织"廉洁印度委员会"①，它不是一个正式登记的社团组织或法人团体，其形式只是有形的网页。加入这个委员会的所有组织或个人的名字都显示在网页中。任何一个想要加入的组织在经过背景调查确认之后，其名字都将添加到委员会中，其网页内容包括中央监察委员会提出的反腐败行动计划，以及告诉人们如何同腐败斗争的具体办法。网站的基本目的是提供一个论坛，使反腐败的力量能够联合起来协同作战，不仅是非政府组织之间，还包括政府的反腐败机构，如中央监察委员会、邦监察官员或国家调查专员、中央调查局等。目前列入"清洁印度委员会"的组织团体和个人，除了中央监察委员还有一些著名的法官、工商业协会、非政府组织以及各大城市中的银行业调查员、保险业调查员②等。

三 反腐败相关立法

在立法方面，印度最重要的防止腐败相关法律有《防止腐败法1988》《中央文官行为准则》和《全印文官行为准则》等。

1988年，印度政府颁布《防止腐败法1988》③。其立法宗旨是统一和修正1947年的防止腐败法及相关法律。该法分总则、特别法官的任命、违法与惩处、依本法调查案件和准予起诉及其他有关条款，共5章31条，对腐败案件的侦查、起诉、审判和定罪量刑、适用范围及其他反腐败法律的适用作了详细的规定，是一部集刑事实体法、诉讼程序法于一体的综合性的反腐败法。该法包含了印度《刑法》第161条至第165—A条关于公

---

① Council for A Clean India，详见中央监察委员会网站（http://cvc.nic.in/vscvc/cfci.htm）。
② 银行业调查员（Banking Ombudsman）、保险业调查员（Insurance Ombudsman），指专门调查公民对政府或渎职官员所提控告的特派员。
③ 参见最高人民检察院反贪污贿赂研究起草小组编《惩腐反贪 各国政府关注的焦点——中外反贪法分解比较》，经济科学出版社1995年版。

务员犯罪的内容。

《防止腐败法1988》将防止贪污贿赂犯罪的对象界定为公务员，在概念上采取广义的公务员概念。将一切执行与国家、公众和团体有利害关系的人员定义为公务员。这样，公务员的范围就极其广泛，共十二大类，包括中央、邦、地方政府的工作人员，法官及由法院授权执法的人员，在中央、邦、地方政府的公司中服务的人员，学校校长、教师等工作人员，以及受委托从事执行审查与选拔、进行与主持、实施考试等工作的人员，受中央或邦政府、地方及其他政府机构财政资助的协会、机构中的官员和雇员等。这些人员不论是否由政府任命，都是公务员。只要其实际上具有公务员地位，就属于防止腐败法的适用范围。

《中央文官行为准则》[①] 对公务员的相关行为规定得十分严密，涉及公务员从政和参加选举、参加社会团体、示威游行、未经授权的信息传递、赞助、接受礼品、个人经商或兼职、财产申报、投资和借贷、长期负债、饮酒和吸毒等行为，还包括公务员的近亲在公司和商行中任职的内容。准则要求公务员必须进行财产申报，规定公务员在就任时必须详细报告财产情况，包括不动产、股票、现金和银行存款、其他动产和债务。

《全印文官行为准则》是根据《全印文官法》制定的关于全印行政和警官人员行为准则的规定，共20条，其中涉及反腐败的主要内容大体与《中央文官行为准则》相同。

四 反腐败专门机构

除了立法禁止腐败行为之外，印度政府反腐败的重点是发现腐败行为然后依照法律给予相应惩处。其反腐败措施的特点是以行为约束和实行监控为主。行为约束就是通过详细的法律条文对政府各级官员的行为进行约束；监控就是在法律框架内建立了一套完整的、与文官体系相配套的监察系统对各级官员的行为进行监控。

印度政府设立的反腐败专门机构主要包括监察部门、公共投诉部门、审计部门和调查机构等。

反腐败监察部门主要是由中央监察委员会（Central Vigilance Commis-

[①] 见印度人事部网站（http://persmin.nic.in）。

sion）和各行政部门中的行政监察官组织。

1964年2月印度政府成立中央监察委员会（以下简称为"中监委"）。中监委为最高监察机构，独立于任何执行机构，监督中央政府各部门和机构的工作，对各部门和机构在计划、执行、总结和改革等各方面工作给予指导和建议。委员会由1位主席和不多于4位成员组成。中监委有自己的秘书处、技术审查处和行政调查专员处。技术处的主要职责包括：从监察的角度对政府机构的公共建设工程进行审计；对有关建设工程的特别投诉案件进行调查等。行政调查专员处设15个职位，专员的职责是对公务人员行政程序方面的指控或投诉进行口头调查。在各邦，有相应的邦监察委员会或邦调查专员[①]。中监委的监察权限覆盖联邦行政权限所及的一切事物。在20世纪80年代前，中监委负责监控的范围只限于载入公报的官员和月薪在1000卢比以上的国营企业的雇员。但目前中监委的监控范围扩大到涉嫌腐败的一切公务人员。中监委本身没有调查权，不设调查机构，通过中央调查局对腐败案件进行调查。中监委只被授权对腐败案件进行质询或提请调查。中监委的职能是监督调查机构对公务人员腐败行为所进行的调查并审核调查报告；对被调查人员应给予的处分提出建议；派出部门调查员对应给予严厉处分的官员进行查证并审核查证报告。中监委的职责还包括监督行政部门自己办理的惩处案件；审查中央调查局将提出的起诉案件；裁决各部门与调查局在惩处案件时发生的分歧。此外，中监委有权力要求政府各个部门定期上报其反腐败工作的情况，以便对其工作进行考察和监督。虽然中监委的权力不能超越其他各部的权力，但中监委可以通过议会对各部部长的反腐败监控工作施加影响。

中监委通过整个监控官体系实现其对各级官员和行政人员的监督。不同级别的监控官员监控着整个政府行政体系、国有企事业单位以及公共服务机构。这些监控官员虽然在业务上受上级监控官的领导，但行政上却受各自部门首长的领导。监控官员的这种受双重上司领导的状况，一方面意味着被监督部门要承担控制腐败的职责，部门最高领导对部门行政廉洁和下属对工作的忠诚负有重要责任；另一方面却也意味着监控官员要受到行政部门官员的左右。通常的做法是各部门指派一名或数名官员兼职监控工

[①] 邦调查专员，印地文为 Lok Ayukta，等同于西方国家的调查官或巡视官，专门调查公民对政府或渎职官员的控诉的调查官。

作。部门的反腐败职责是印度反腐败监控机制中十分重要的组成部分。

2000年,中监委开通了网上举报专栏,便于公民在网上投诉政府官员。当时还在网上公布了一些已经查实的腐败官员的名单,一度引起强烈反响。中监委还在网上发布《公民反腐败指南》,告诉民众如何同腐败做斗争。公民对各级政府的投诉中凡涉及官员腐败行为的案件都会被记录在监察机构的档案中。这说明中监委也意识到仅依靠监察官员的监控是不行的,普通公民的广泛监督才是最好的监督。

公共投诉部门是印度政府反腐败机构中的另一个重要设置。普通公民的监督主要是通过投诉部门发挥作用。在印度,"投诉"是一个老幼皆知的词。几乎所有的政府机构,尤其是公共服务部门,都设有相应的处理公民投诉的机构或渠道。从中央政府内阁秘书处下设的公共投诉处①,人事、公共投诉和年金部下属的行政改革和公共投诉局②,到中央、地方各级政府部门内部专设的投诉机关都通过处理公民投诉解决公众对政府工作的不满,同时也可通过投诉来发现腐败行为。内阁秘书处下设的公共申投处是1988年设立的。投诉人在相关政府机构或部门投诉后仍没能解决问题时,可向该机构投诉。该机构将对投诉涉及的问题和单位做进一步调查,以便作出公正的决定。"投诉"是普通民众除行贿之外解决问题的重要途径,也是反腐败机构发现官员腐败行为的重要途径。

在中央政府的人事、公共投诉和年金部的人事局下有一个中央调查局③,是印度最高的调查性监察机构。该机构行政上隶属于人事局,但独立办公,下分三个处:反腐败、经济犯罪和特殊犯罪。反腐败处负责收集腐败的相关情报,负责保持同各部门内的监察官员的紧密联系,对有关受贿和腐败的申诉进行询问和调查,对相关犯罪进行调查和提出诉讼并在如何预防犯罪方面提出相关意见。反腐败处的管辖范围主要是中央政府行政权属的各部门和国有企事业单位的公务人员,同时可受邦政府委托对邦政府权属下的公务人员相关案件进行调查,此外还负责对严重的部门违规行为相关人员进行调查。

除了上述的监察机构、公共投诉部门和调查机构,监督并发现重大腐

---

① Directorate of Public Grievances.
② Department of Administrative Reforms and Public Grievance.
③ Central Bureau of Investigation.

败案件的另一机构是印度主计审计长公署①。印度实行的是比较特殊的审计体制，即主计审计长制度。印度审计会计部②是中央一级审计机关，独立机构，最高长官为主计审计长。主计审计长公署负责财政决算编制、国家财政审计。只设一级审计机关，地方不设相应的审计机关，对地方的审计工作由其派出机构负责。审计署在国家经济生活中扮演双重角色：一方面代表议会立法机关，监督和确保行政部门收支严格按照法律行事；另一方面代表联邦政府，确保地方政府在政府开支中有法必依。主计审计长就联邦账目向总统提交审计报告，并由总统转交议会两院。就各邦账目向邦长提交审计报告，并由邦长转交邦议会。目前，印度审计署在全国有104个分支机构，有6万多名工作人员和雇员，其中有大约1万名审计方面的专家。

五 议会法案和舆论监督

在近几年中，印度议会代表民意先后通过了几个相关法案，其中有几项法案目前正在等待批准过程中。如有关督促成立联邦调查员机构的议案、《举报人保护法案2002》③等。

由于现存的腐败监察机构，如中监委只被授权对腐败指控进行质询，并没有调查权，中监委只能提请中央调查局调查，而中央调查局在人事局的行政管辖下工作，在调查重大案件时无法面对政治压力，因此有人希望设立拥有独立调查权的调查员机构。早在1966年，当时新成立的行政管理改革委员会就建议设立两级的调查员机构，在中央是国家调查专员④，在各邦是邦调查专员。1969年，国家调查专员法案在人民院获得通过。当这个法案被提交给联邦院后，由于政局动荡，人民院被解散了。国家调查专员法案没能被通过。此后，在1971年、1977年、1985年、1996年、1998年和2001年这一法案又多次被提交到两院，但每一次的结果都是被提交给某一委员会去修改，有时是议会联合委员会，有时是内务部的部门常设委员会，而每一次在政府表明其最后观点之前，议会就被解散了。目

---

① The Comptroller & Auditor General of India.
② Indian Audit and Accounts Department.
③ The Public Interest Disclosure and Protection of Informers' Bill, 2002.
④ Lokpal，印地文，可译为国家调查专员。

前，这一法案再次成为热点话题。国家调查专员被设计成对行政道德进行监督的一种机构。各种不同版本的法案中的条款都给了国家调查专员调查中央一级政治领袖腐败案件的权力。国家调查专员的司法权限涵盖中央级别的政治官员，如部长会议全体以及总理、议会议员等。国家调查专员的调查范围只限于腐败案件，不负责处理由于官僚行为引起的其他投诉。由于印度基层法院甚至高级法院腐败盛行，因此现政府计划将司法部门也纳入国家调查专员的调查范围之内。目前法案的争论焦点主要集中在：总理是否也在国家调查专员的调查权限范围内；国家调查专员是否应该有自己的调查机构。尽管该法案至今尚未被中央政府批准，但早在1971年，奥里萨邦就设立了邦一级的类似调查员机构。目前印度已有17个邦设立了这类机构。

《举报人保护法案2002》，顾名思义就是为了保护举报人而提出的法案。就在这个法案被立法机构审查的过程中，2003年11月29日，国家公路管理局一个名叫杜白的30岁的工程师，在举报比哈尔邦的公路工程腐败案后被谋杀。这一案件经媒体报道而震动全国。杜白在给总理办公室和公路管理局的负责人发送举报信的同时，由于担心自己的安全，特别要求不要公布他的身份。但几天之后，人们发现他被枪杀。这起事件导致大众传媒和民间组织团体要求政府出台保护举报人的法律。在最高法院的压力下，印度政府宣布在相关法律实施前采取过渡措施保护举报者。2004年4月，印度中央政府人事、公共投诉和年金部公布了第89号《决定》。该《决定》形成的保护机制同《举报人保护法案2002》类似。《决定》授权中监委以"指定机构"名义处理举报人的投诉并采取保护措施，同时授权中监委给相关部门以适当的行动建议。

印度舆论监督的力量可以说是强大的，除了议会的日常质询之外，新闻媒体和非政府组织的舆论压力也是重要的监督力量。印度报业在政府政策的鼓励和大财团的扶持下十分发达，在发展中国家中处于领先地位。据估计，印度目前有各类报刊3万余种。各大主流媒体都标榜自己有监督和批评政府的职责。如《印度快报》的新闻政策是"监督和批评任何当权的政党"，《印度教徒报》是"总体上对政府持批评态度"，《印度时报》是"保持独立，不支持任何政党"[①]。

---

① 见新华网（http：//news.xinhuanet.com/newmedia）。

印度非政府组织发育较发达，但反腐败非政府组织并不多。尽管如此，还是有一些非政府组织和小团体在反腐败领域中形成松散的联盟，提出共同致力于"廉洁印度"的口号。有些组织的网站开辟举报专栏；有的发表反腐败报告或调查，还有的网站指导民众如何通过行政和法律手段保护自己的权益。如杜白基金[1]、Parivardan[2]、Lok Satta[3] 等。

六　结论

　　反腐败工程是一个复杂的系统工程，只有监督机制、发现机制和惩罚机制是不够的，还需要建立全方位、细密的预防机制。而预防机制的形成只能在不断地改革中逐步完成。而这一切，有赖于一个国家的整体国民意志，有赖于国家最高政治领导层坚决的反腐败意志。

---

　　[1]　为纪念因举报比哈尔邦公路工程腐败案而被谋杀的印度国家公路管理局工程师杜白（Satyendra Dubey）并向腐败宣战而成立的一个非政府组织（http://www.skdubeyfoundation.org）。

　　[2]　Parivartan，印地文，改变或改革的意思，不是非政府组织。这是一群对当前印度腐败现象十分憎恨和无奈的德里市市民，在政府反腐败无所作为和缺位的情况下，试图通过行政或法律等合法手段来保护自己权益，声称自己的行动是推动政府建立公正、透明和负责任的管理的一种运动。http://www.parivartan.com。

　　[3]　Lok Satta，印地文，人民力量，非政府组织。旨在掀起群众运动，反对腐败，在印度建立一个好的政府（http://www.loksatta.org）。

印度尼西亚的反腐败体制

张　洁*

[内容提要] 印度尼西亚的主要反腐败体制有以下六方面：政治民主化体制；加强立法建设；加强司法监督；运用行政措施；非政府组织、新闻舆论机构监督；外部力量为反腐败提供资金与技术支持。反腐败体系的主要特点是独立的反腐败机构和总统的个人作用。印度尼西亚反腐败给我们的启示是：推动政治民主化和加强反腐败法制体系的建立；加强执法力度，实施重典治国；加强文化教育，提高全民的反腐败素质。

后苏哈托时代的各届印度尼西亚政府致力于反腐倡廉，采取具体措施逐步建立和完善反腐败体制，试图为国家经济的复苏与发展创造良好的环境。本文将总结和评估印度尼西亚的反腐败体制，以期为中国提供一些可借鉴的经验教训。

一　印度尼西亚的反腐败体制

后苏哈托时期的各届印度尼西亚政府着手反腐败问题，利用立法、行政等多种手段打击腐败。同时，随着民主化进程的发展，大量非政府组织、新闻媒体以及国外机构的介入，也在一定程度上增加了印度尼西亚政府反腐败的压力，改善了印度尼西亚打击腐败的制度环境和社会环境。

---

* 张洁，中国社会科学院亚太与全球战略研究院外交与安全研究室主任、副研究员。

(一) 建立政治民主化体制

在苏哈托下台后,印度尼西亚开始从威权统治逐步向民主体制转变,进行了一系列政治民主化改革,包括实行多党民主制、总统直接选举、议会改革等。同时削弱高度集中的中央权力,将国家权力逐步下放到各级地方政府,这些都被认为是消除腐败的重要措施。

2001年,印度尼西亚的政府机构开始进行非集权化改革。关于非集权化法,即1999年第22号地方自治法令和第25号关于中央与地方政府的财政收支平衡法于2000年通过,但到2001年1月才正式实施。其主要内容是改变过去的中央集权化模式,增加地方政府的管理权限,地方政府负责主要的公共职能,包括教育、医疗、基础设施建设以及城市或乡村的发展等,并将一些财政权力下放到省、自治区一级,扩大地方一级的自然资源收入和各项税收所得的比例。

(二) 加强立法建设

1. 建立健全反腐败法

以宪法为基础,印度尼西亚制定了一系列反腐败法案,主要包括:《根除贪污犯罪法》(Eradication of Criminal Acts of Corruption, Act No. 31/1999)、《根除腐败委员会法》(Commission for Eradication of Corruption, Act No. 30/2002)、《公共检举机关法案》(Act on the Public Prosecution Service of the Republic of Indonesia, Act No. 5/1991)、《关于印度尼西亚公共检举部门的组织结构和程序的总统命令》(Presidential Decree on the Organizational Structure and Procedure of the Public Prosecution Service of the Republic of Indonesia, Decree No. 55/ 1991)、《根除洗钱法》(Eradication of Money Laundering, No. 15 /2002)、《总选举法》(Law Concerning General Elections, Law No. 3/1999)等,并在此基础上颁布了一系列的反腐败法规条令。下面简要介绍其中的三个法律。

(1)《根除贪污犯罪法》

第一,成立反腐败的专门机构——根除腐败委员会。在此之前先建立反腐败联合调查小组,调查小组向首席检察官负责,独立行使职权,不受行政和立法机构的干涉。根除腐败委员会成立后,该小组解散。

第二,加强对腐败的惩罚力度,对量刑作出具体规定。贪污犯的最高量刑为20年，最高罚金为100万印度尼西亚盾。① 2001年的第20号法案中补充规定，在特定条件下贪污腐败可处以死刑。特定条件包括贪污挪用用于处理下述情况的专项资金：突发事件、全国性灾难、全国性骚乱、金融或货币危机、腐败案件。② 在其他情况是否使用死刑，目前仍在研究之中。

第三，防止公职人员收受贿赂。法案规定，为了打击公职人员的受贿行为：（a）对腐败案中提供证据事宜做出修改。改变通常由起诉人提供指控犯罪嫌疑人的相关证据的做法，要求腐败嫌疑人必须证明自己清白，否则就是有罪；（b）扩大腐败案件中证据的种类，传闻以及所有电子联系方式都可以作为证据。（c）政府官员收受礼物也被认定为受贿，"礼物"包括金钱、实物、折扣、各种形式的旅游、免费医疗保健、佣金、无息贷款等。③

（2）《根除腐败委员会法》

在《根除贪污犯罪法》关于建立根除腐败委员会（KPK）内容的基础上，该法规制定了KPK的职责权限、机构设置以及具体的准备工作和程序。

KPK的主要职责是：（a）协调和监督各反腐败机构；（b）调查、起诉腐败案件；（c）采取防止腐败的措施；（d）监督国家管理工作；（e）监督银行公布可疑的交易并冻结账户等。其中由KPK调查和起诉的贪污案件主要是：涉及执法人员、政府官员和任何被上述官员指认涉嫌腐败活动的第三方；引起公众忧虑；造成国有资产损失在10亿印度尼西亚盾以上。

（3）《根除洗钱法》

主要内容包括：（a）洗钱为犯罪行为。（b）银行和其他金融机构收到数目在1亿印度尼西亚盾以上的现金或等值外币现金款项，或发现其他可疑交易活动，有义务向有关机构报告，否则将处以2.5亿—10亿印度尼西亚盾的罚金。（c）知道或怀疑所得资金或金融资产为犯罪所得时仍然接受的话，将被处以5—15年的刑罚，同时处以50亿—150亿印度尼西亚盾的罚金。（d）建立向国会负责的、独立的反洗钱委员会，使贪污者在印度尼西亚境内很难对非法所得进行投资、转移或处理。

---

① Natasha Hamilton-Hart, "Anti-corruption Strategies in Indonesia", *Bulletin of Indonesian Economic Studies*, Vol. 37, No. 1, 2001.

② Saldi Isra, "Getting rid of corruption in Indonesia", *the Jakarta Post*, January 29, 2005.

③ ABD/OECD, "Anti-corruption Initiative for Asia and the Pacific", available in www.adb.org/Documents/Events/2003/ Anticorruption/Third_ Meeting/Participants_ 3SG. pdf.

2. 成立专门的反腐败机构

建立专门的反腐败机构是推动开展反腐败运动的重要手段。印度尼西亚主要的反腐败机构有：根除腐败委员会（Commission for Eradication of Corruption，KPK）、印度尼西亚审计署（Audit Board of the Republic of Indonesia）、全国发展计划署（National Development Planning Agency）、司法与人权部（Department of Justice and Human Rights）、国家官员资产审计委员会（Audit of the Wealth of State Officials，KPKPN）、全国调查腐败委员会（National Ombudsman Commission）、国家立法委员会（National Law Commission）、根除洗钱委员会（Commission for the Eradication of Money Laundering）等。

根除腐败委员会从 1999 年开始筹备到 2003 年 11 月成立，该委员会对其他反腐败机构具有督察作用，是印度尼西亚打击腐败的综合机构。根除腐败委员会与以前的反腐败机构的区别在于，改变过去调查和起诉腐败问题的被动做法，加强从社会、教育等方面进行反腐败的预防工作，监察和督促其他反腐败机构的工作。此外，国家官员资产审计委员会则强调对各级政府部门管理者的监督，专门搜集和核查国家官员的资产状况。

（三）加强司法监督

建立清廉的司法系统，对腐败问题进行监督、调查和审理，对腐败分子进行威慑和惩治，是打击腐败的重要机制保障。但是，普遍认为，在印度尼西亚的司法系统中，已经存在严重的腐败问题，因此，改革司法系统、消除内部的腐败问题成为首要的任务。鉴于此，印度尼西亚建立了专门的国家法律委员会，为总统提供有关法律问题和司法改革的咨询意见，并成立了对最高检察官办公室负责、对法院系统腐败问题进行监察的联合调查小组。同时，人民协商会议负责监督最高法院的新任命，加强对候选人的资格审查，包括道德行为和专业知识。在加强内部廉政建设的同时，检察机构、警察部门和法院之间注重加强部门间的反腐败合作，由根除腐败委员会负责统一协调，监督各部门的反腐败行动，并要求对腐败案件的审理信息公开。

（四）强化行政措施

印度尼西亚实行的是总统制，总统在国家事务中发挥着重要的作用，总统的意志对于推动印度尼西亚的反腐败进程具有关键性的作用。在后苏哈托时期，哈比比、瓦希德、梅加瓦蒂总统先后颁布了一系列行政法令推动反腐败进程。2004 年苏西洛执政后，更是明确表示了坚决反腐败的立场，进一步加强了反腐败力度。

1. 加强对公务员系统的改革[①]

（1）以薪养廉。印度尼西亚政府和国会认为应该根据经济水平调整公务员的工资和福利水平，改善政府人员的生活水平，从而减少公共部门和私人部门的收入差距以消除腐败发生的诱因。但是由于受到国家财政的限制，根据 2002 年总统法令第 23 号，政府优先提高政府审计人员和教师的津贴。根据政府条令 2003 年第 12、13 和 14 号，政府又提高了执法部门人员的工资待遇以及津贴，如警察、法官、最高检察院等。（2）建立独立的政府公务员系统，建立透明和公正的公务员聘用和晋升机制。（3）岗位轮换机制。2000 年第 100 号政府条令中规定公务员在同一职位 2—5 年后必须轮换。（4）限制或禁止管理中的利益冲突。早在 1980 年，第 30 号政府法令就规定公务员不能从事与自己工作相关的任何私人利益的商业活动，不允许在私人公司中占有 51% 以上的股份，不能担任私人企业的领导职务，但这一法令基本流于纸面。2002 年财政部针对税务人员颁布了进一步规定了相关的行为规则（2002 年部长法令第 222、223 号）和针对海关人员的 2002 年部长法令第 515、516 号，同时还规定了相应的惩罚措施。（5）通过监督，提高个人资产债务状况的透明度。根据人民协商会议 1999 年第 11 号法令和政府发布的 1999 年第 28 条法规，公务员必须申报自己的财产。为此成立的国家官员资产审计委员会专门负责调查包括行政、司法、立法部门以及国有大公司领导人在内的 51500 名公务人员。

2. 增强政府工作的透明化

（1）财政透明化措施。2002 年 9 月印度尼西亚政府向国会提交了国家金融法草案（State Finance of Law），法案列出了公共支出管理的主要原则，如行政和立法各部门之间权力分配、关于国有财物在各级政府的权力分配、对于预算外资金资助活动的限制、计划与预算过程、对于紧急事务支出的授权等。（2）增加政府采购的透明度，促进公平竞争，防止腐败，简化管理程序。印度尼西亚颁布了新的有关政府采购的法规以管理各种政府

[①] ABD/OECD, "Anti-corruption Initiative for Asia and the Pacific".

采购行为，对于政府规定的违反者，将受到行政、民事以及犯罪惩罚，而 1999 年第 28 号反腐败法也适用于不正当的政府采购活动。(3) 保证有关申请程序、政党资助和选举支出等事宜的信息公开化。

3. 加强对主要政府部门（包括税务局、国有银行、银行重建署和中央银行等）的审计和监督

(1) 加强对国有银行的审计和监督。中央银行（即印度尼西亚银行）在所有国有银行建立监督部门并提高其监督力度，财政部建立专门机构对国有银行和国家控股的私营银行进行管理和监督，并由世界银行提供技术支持。国际审计人员和会计事务所对国有银行进行审计，国际事务所还要对国有银行作出年度审核报告。(2) 加强对中央银行的监督。第一，1999 年新中央银行法开始对中央银行进行改革，在加强对其监督的同时，赋予其更多的自主权。但是根据 2000 年的补充法案，政府通过掌握对银行行长的任命权，加强了对中央银行的控制，从而希望能够加强中央银行的公共责任意识。第二，在中央银行安排外国咨询人员，加强对中央银行的审计监督。第三，着手对滥用印度尼西亚银行流动援助基金（Bank Indonesia Liquidity Assistance Funds，BLBI）的案件进行调查。最高审计署的调查表明，1997—1999 年，中央银行将 144.5 万亿印度尼西亚盾分配给 48 家银行，而其中的 138.4 万亿印度尼西亚盾都被贪污挪用。到 2005 年 7 月底，印度尼西亚银行 3 位高级职员被判入狱 1 年，并被罚 20000000 印度尼西亚盾。[1] (3) 采用现有的国际化标准和做法规范和监督金融机构。政府起草了关于金融服务机关议案，将委托独立机构对银行、保险、养老金、政府债券等金融机构进行监督。

4. 苏西洛政府的反腐败法令与措施

前任印度尼西亚总统苏西洛的反腐败立场最为坚定。他在宣誓就职时强调，打击贪污腐败是新政府面临的首要任务，自执政以来，他颁布了一系列法令，采取了各种严厉措施打击腐败问题。

(1) 颁布 2004 年第 5 号总统命令（Presidential Instruction No. 5/2004）

该命令于 2004 年 12 月颁布，规划了反腐败行动的具体内容。第一，要求所有政府官员向根除腐败委员会报告他们的财产状况。第二，提高公共服务部门的透明度，避免非法收入。第三，推动"朴素生活方式"的实

---

[1] Leanika Tanjung, Rinny Srihartini, "Better Luck this Time", *Tempo*, No. 47, 2005.

践。第四，评估政府机构采用电子政府采购系统的可行性。第五，制定2004—2009年全国反腐败的行动计划。第六，提高调查和检举腐败案件的行动质量，节约政府开支。[①]

（2）加强对各政府部门的审计监督力度

前任总统苏西洛于2005年4月28日宣布对国家秘书处、内阁秘书处、总统办公厅以及副总统办公厅的资产进行审计；检查所有国家机构的物资供应情况；建章立治，防止亚齐重建过程中发生舞弊及贪污行为；继续调查部分国家机构和国营企业内部人员的营私舞弊行为；在一定期限内，将潜逃在外的贪污犯绳之以法；严查2004年税务及关税的缴纳情况。苏西洛还表示，将每月召开一次会议，监督上述措施的落实情况。

（3）加强对高官贪污腐败案件的调查和惩治力度

前任总统苏西洛执政后，处理的第一件高级官员腐败案件是对亚齐省省长的立案调查，2005年4月11日，经过根除腐败委员会的调查，亚齐省省长普德因犯贪污罪被判入狱10年；2004年12月，他批准了对两名省长、六名国会议员和其他高级官员的调查；2005年4月8日，普选委员会委员维拉·库苏马因向肃贪委员会工作人员行贿当场被捕；4月29日，副总统卡拉表示，支持执法机构全面审查国有曼迪利银行向28家企业发放贷款时涉嫌贪污的问题。

（4）建立与民众的直接沟通渠道

2005年6月苏西洛向全国公布总统电话和邮箱，之后一个月间收到2500封信和140000条信息，[②]其中大部分都是揭发各种腐败问题。

（五）非政府组织、新闻舆论机构参与监督

1998年以后，印度尼西亚政府取消了对结社和新闻自由的大多数限制[③]，各种类型的非政府组织纷纷成立，报社杂志、广播电视等新闻机构也增加了很多，这些都推动了反腐败的舆论监督体系的建立。

1. 促进信息的公开与透明

1999年的反腐败法和1999年第68号政府条例关于公众参与国家管理

---

① "Susilo Declares War on Corruption", *The Jakarta Post*, Dec. 9 2004.
② "Susilo renews vow to fight against graft, red tape", *The Jakarta Post*, July 29, 2005.
③ 相对而言，对于广播业的集中控制要严于对平面媒体的控制，在一些地区社会团体的活动还受到了威胁，而共产党仍被认为是非法的。

的条例中都作出了明确的规定,民众有权获取关于国家管理的信息。同时政府机关开始建立各自的网站,为民众了解政府事务提供更多的渠道。

2. 恢复新闻和舆论自由,允许自由结社

(1) 大量的非政府组织成立

1998年以后,印度尼西亚的非政府组织大量增加。目前,印度尼西亚关于反腐败的非政府组织主要有:印度尼西亚腐败观察、管理改革合作组织、政府观察、印度尼西亚法律与政策研究中心、"透明国际"印度尼西亚分支机构等。它们的主要目的是加强民众对腐败问题的意识和对政府的监督作用、支持社会举报腐败案件、促进公共信息的公开化和政府行为的透明度。在2004年总统选举中,非政府组织曾呼吁总统候选人签下反腐败保证书。

(a) 印度尼西亚腐败观察成立于1998年,其主要目标是在社会公正的基础上建立一个没有腐败的政治、经济和官僚系统,推动民众参与政策的制定和实施。自建立以来,该组织致力于增强民众意识,加强民众参与和监督公共政策、监督政府反腐败工作等,并且发表了一系列的出版物,如《印度尼西亚的反腐败运动》《打开法院的黑幕》,后者揭露了印度尼西亚司法系统存在的各种腐败问题,并且提出根除司法系统腐败的建议,包括采取内部监督、加强对律师资格的管理、对各级司法机构领导人进行考核、公开任何案件注册的费用、改革最高法院等。[1]

(b) 管理改革合作组织成立于2000年,得到了印度尼西亚政府、民间团体、国际社会和私人部门的资助,其目的在于支持和推动印度尼西亚政府的民主化改革,提高不同阶层民众的意识,动员民众支持政府,记录和检举贪污案件。该组织进行了一系列的反腐败活动,如出版书籍物、在电视和广播中讨论反腐败运动。该组织的另一个重要作用是扩大和加深国际组织与印度尼西亚政府、立法机构、司法机构、社团组织的合作,支持政府的改革。

(2) 新闻舆论对腐败的监督作用增加

首先,政府放松了对新闻媒体的控制。印度尼西亚于1999年颁布了新闻法,规定国家新闻业有权利寻找、获得和传播观念和信息,它将不受到审查和禁止。2000年瓦希德总统宣布解散信息部,政府取消了对出版印

---

[1] "ICW exposes corruption in judiciary", *The Jakarta Post*, Jan 29, 2003.

刷业的严格控制，这些都为新闻业的发展提供了自由宽松的环境。1998—1999 年，印度尼西亚共发放了 730 个执照，而整个苏哈托时代才发放了 289 个执照。①

其次，新闻机构与从业人员增加，从 1998 年前的约 10000 人增加到了 2002 年的 60000 人。② 新闻媒体的所有权也发生了很大变化，过去多数媒体由国家或少数政客、政党控制的局面发生改变，私营性质的媒体数量开始增加，这在一定程度上有利于保证新闻言论的自由和公正。

最后，新闻媒体对腐败问题的关注增加。一方面，记者的深入调查有助于更多腐败案件被发现；另一方面，媒体的报道促进了信息的公开化与透明度，提高了民众对反腐败问题的关注，在一定程度上对政府的反腐败运动起到监督作用。例如，印度尼西亚主要的报纸《罗盘报》、杂志《时代周刊》开始固定发表一些高质量的调查类文章，其中很多都与腐败问题相关。2000 年 11 月，《时代周刊》报道了关于挪用世界银行用于资助印刷教科书贷款的贪污案，从而促使世界银行腐败与欺诈调查组展开了相关调查。

（六）外部力量提供了资金与技术支持

国际社会普遍认为，世界银行、国际货币基金组织、亚洲开发银行等国际组织以及美国、日本等国家都积极支持了印度尼西亚反腐败改革。其采取的主要方式包括：

1. 将提供贷款与反腐败联系在一起，要求印度尼西亚政府打击腐败

1998 年以来，为了得到国际组织在经济上的援助，印度尼西亚不得不将反腐败作为金融机构改革的重要内容，向国际货币基金组织、亚洲开发银行等提交了详细的金融机构改革方案、国家反腐败计划等。③

2. 监督印度尼西亚的反腐败进程

监督的主要方式包括：（1）直接在印度尼西亚国家计划委员会、财

---

① K. Sarwar Lateef & Stephen Sherlock, "Fighting Corruption in Indonesia: Obstacles to Developing Investigative Journalism", in Simon S. C. Tay & Maria Seda, eds., "the Enemy within: Combating Corruption in Asia", Singapore: Eastern Universities Press, 2003, p. 185.

② Ibid., p. 188.

③ Anwar Nasution, "Banking Policies and regulations on combat corruption: the case of Indonesia", presented at the 10th International Anti-corruption Conference, Prague, Czech Republic, October 2001. available at http://www.10iacc.org/content.phtml?documents=115&wrks=44.

政部、中央银行和其他银行等机构中安排组织的代表、外国专家，以期增加信息的透明度，增加政府机构的透明度；（2）参与对印度尼西亚税收部门、国有银行、中央银行等的财物审计，监督和防范腐败问题发生；（3）成立专门的调查机构，对援助项目进行监控，对印度尼西亚政府公务员系统和司法改革进行监督，并且与印度尼西亚的市民社会和非政府组织进行沟通联系。

3. 对印度尼西亚的反腐败计划提供人员培训、技术和资金支持。

（1）亚洲开发银行是资助印度尼西亚反腐败改革的主要组织之一，它通过了专门的技术援助法案，对印度尼西亚根除腐败委员会提供技术支持，例如，提高警察与公共检举部门的合作，对委员会成员进行培训等。（2）截至2004年，世界银行已经批准向印度尼西亚提供3.6亿美元贷款用于打击渎职犯罪。[①]（3）2005年7月，在美国政府国际发展署与印度尼西亚最高法院签署的谅解备忘录中，美方同意在未来的4年里，协助印度尼西亚起草法律及其修正案、实现法庭管理现代化，并为印度尼西亚反贪和商业法庭提供培训。[②]

此外，印度尼西亚还加强与其他国家或地区关于打击腐败的合作。2001年印度尼西亚与中国香港签订遣返逃犯协议。还与澳大利亚有引渡协议，合作的内容包括：（1）有效的信息与证据交流；（2）引渡逃犯；（3）发现和调查被没收资产，进行国际查封和遣返回国等。

二　反腐败体制特点

印度尼西亚反腐败体制的特点主要包括：

1. 独立的反腐败机构——根除腐败委员会有利于推动反腐败进程

作为独立的反腐败机构，根除腐败委员会直接对总统和国会负责，不受其他政治机构的干预。它负责监督和协调政府各个反腐败机构，处理重大的腐败案件，对于协调统一反腐败行动、防止反腐败机构内部的腐败以及提高反腐败改革的效率都有着重要的作用。尽管目前还没有关于根除腐败委员会处理腐败案件的具体统计，但是根除腐败委员会已经成为印度尼

[①] http://www1.oecd.org/daf/asiacom/countries/indonesia.htm.
[②] "美将提供2000万美元助印度尼西亚改革法庭系统"，《联合早报》2005年7月27日。

西亚反腐败报道中出现频率最多的一个词。

2. 总统的个人作用对于印度尼西亚的反腐败改革具有重要意义

印度尼西亚实行总统制，并且总统具有较大权力。虽然苏哈托下台后印度尼西亚进行了政治民主化改革，但这一特点并没有完全改变。印度尼西亚前任总统苏西洛具有更为坚定的反腐败意志。他执政以来，把反腐败作为头等大事，查处腐败案件的数量和力度与前几任相比有了很大的提高。同时，他还要求政府机构在反腐败问题上相互配合，协同作战，这对于从整体上推动印度尼西亚的反腐败运动，具有重要的作用。

三　思考与借鉴

（一）建立反腐败法制体系是打击腐败的根本保障

过分集中的权力被滥用是腐败产生的根源，因此应该实行政治民主化，避免权力过分集中，这是打击腐败的根本途径之一。同时必须建立完善的法律体系，明确规定对腐败犯罪的界定和相应的惩处标准，严厉打击腐败犯罪，同时通过各种法规条例，加强对司法、政府机构内部的规范与监督，预防腐败行为的发生，从而使政治权力在完备的法律体系监督下，更好地发挥治理国家的作用。

（二）加强执法力度，实施重典治国

从印度尼西亚的经验教训中可以看出，制定法律固然重要，严格地执法更为关键，通过严惩腐败犯罪，有利于树立清廉的政府形象，增强民众和投资者的信心。

（三）加强文化教育，提高全民的反腐败素质

首先，加强道德修养和道德自律，提高国家政治、经济、司法等机构的公职人员的素质，是建立清廉政府，实现良好政府管理的重要保证。其次，不断加强广大民众对腐败问题的认识，提高公民参与政治生活的能力和意愿，发挥它们对腐败问题的监督作用。最后，消除滋生于社会文化中的腐败行为，改变社会民众对一些腐败问题的默认和接受态度，提高反腐败意识，为反腐败创造一个良好的社会环境。例如，印度尼西亚出现利用送"礼篮"的传统风俗，通过赠送高额的礼篮进行贿赂。对此，苏西洛政

府对礼篮的价格进行了明确的限制，规定超出一定价格的礼篮，视为腐败犯罪。与此类似，在中国也有送红包的习俗，针对红包的数额作出明确的规定，也可以作为反腐败的一项措施。

澳大利亚和韩国治理腐败的有效机制

李秋芳　贾都强[*]

[内容提要] 本文认为，澳大利亚和韩国逐渐走出腐败高发期主要得益于以下几个因素：一是建立了有效监督的国家廉政体制；二是着力推行服务意识、职业道德和公正负责理念的公务员廉政教育机制；三是对公务员的家庭财产、用车、接收礼品等设立了监督机制；四是有效制约腐败并严格执行预算制度；五是既重视法律制裁和行政处分，更重视剥夺经济上的既得利益的打击腐败机制；六是廉政机关评价各业务部门及各部门自我评价、上级评价下级的内部廉政评价机制。借鉴两国反腐败工作的有效做法，建议我国在推动反腐败工作中，应抓住实施《公务员法》的有利契机，加大廉政教育力度，淡化权力观念，强化公职人员的廉洁操守和对公众的服务意识；应着眼于对公职人员尤其是领导干部个人行为的廉政制度制约，着力推动领导干部个人重大事项报告制度的实行；要切实建立公务员队伍的净化淘汰机制，对于品行不端有腐败行为的公务员，必须将其清除出公务员队伍；惩处腐败不仅要追究涉案人员的党纪政纪和法律责任，更要重视剥夺他们的既得经济利益，加大其腐败成本；着力推动各部门内部治理腐败，尤其要强化上级敢于管理监督下级的意识，纪委和监察机关应建立检查各部门反腐败工作的评价机制。

澳大利亚在 20 世纪 80 年代曾经历过 "贪婪的十年"，尤其是警察系统和私营公司的腐败问题突出。韩国在工业化的过程中，腐败问题包括高

---

[*] 李秋芳，中国社会科学院中国廉政研究中心首任理事长；贾都强，中国社会科学院亚太与全球战略研究院副研究员。

层腐败也曾丑闻频出。但是，近年来两国的腐败问题得到了有效遏制，尤其是澳大利亚的治理效果更为明显。分析澳韩两国逐渐走出腐败高发期的案例，笔者认为以下因素值得关注：

一 建立了有效监督效果的国家廉政体制

澳大利亚联邦投诉机构，是联邦政府负责受理公民投诉腐败的专门职能机关，最高负责人由总理直接任命。该机构主要监督和调查警察、政府机构、军队、信息部门、移民部门、邮政业和税收部门的问题。法律规定，任何相关机构都必须配合调查，尊重该机构递送的调查建议书。调查建议书具有法律效力，拒绝接受建议书是违法行为，将承担法律后果。各州设立的反腐败独立委员会，更是拥有独立调查公务员腐败问题的权力。在澳大利亚，各个系统内部还有负责调查内部同事告发公务员问题的机构，如警察局就成立了调查局，专门调查处理警察的违法行为。澳大利亚反腐败机构的存在以及富有成效的工作，对于打击腐败、改善政府的管理发挥了有效作用。

韩国国家清廉委员会于2002年1月成立。该委员会领导层有9名成员，其中委员长和3名常委由总统任命，其他委员由国会和最高法院首席大法官推荐，总统任命。韩国《反腐败法》规定，该委员会对容易引发腐败的法律制度有修改建议权并应得到执行，委员会在处理腐败案件时有更大的调查取证权。韩国高级公务员任职前，要先调查其是否有腐败行为。委员会负责受理公众举报，进行调查和处理；制定反腐败政策，促进相关机构在反腐败方面的合作；开展对公务员和公众的反腐败教育。委员会按照举报所涉及受贿款的4%—20%支付举报人奖金，最高奖金额度可达20亿韩元（相当于1600万人民币），以积极鼓励公民监督举报。国家清廉委员会成立以来，致力于建立清廉社会，在韩国廉政建设中发挥了很大作用。

二 着力推行服务意识、职业道德和公正负责理念的公务员廉政教育机制

政府是否廉洁高效，关键在于是否有一支敬业有德的公务员队伍。而这支队伍的形成，要靠文化道德和法律的力量。澳大利亚和韩国公务员管

理机构,都颁布了公务员行为准则,对公务员的行为进行规范,重点培养公务员的服务意识和职业道德。

澳大利亚公务员行为准则共13条,要求公务员必须言行坦诚,秉公办事;必须谨慎行事,勤奋工作;必须以正当方式使用国家资源;不得滥用内部信息;不得滥用雇员的职务地位和权力权威为自己或他人牟取私利;必须随时检点个人言行,维护公务员的尊严、正直和良好声誉;必须遵守其他规章条例中规定的所有行为规范。澳大利亚公务员的价值观条例包括:公务员以公平和专业化的方式履行自己的职责;公务员模范遵守最高层次的道德标准,公开对自己的行为负责;公务员向澳大利亚国民提供公正、高效、公平、周到的服务。在澳大利亚公务员行为准则和价值观教育中,突出强调服务意识,而不是权力意识。依据这些理念,政府公务员只是为公众服务的一种职业,而不是权力的享有者。

澳大利亚公务员管理委员会将上述内容印制成一个小卡片广为散发,用这种简洁的形式来推介行为准则和价值观,要求公务员熟知并遵守,也方便公众了解以发挥监督作用。据调查,对于公务员价值观和行为准则掌握良好的公务员占94%。

韩国官本位文化的影响曾经很深,但近年来的公务员教育强调再造新的行政文化,重视对公务员的职业道德和法律教育。中央人事委员会制定了政府人力开发政策,倡导服务、公正、责任、能力等理念,要求各级行政机关有计划地对公务员进行国家政策、业务、廉政法律等教育培训活动。韩国公务员分为九级,一级至三级为高级公务员,四级至五级为中级公务员,六级至九级为办事员。五级以上的公务员每年必须接受100个小时的教育,每五年接受一次正规培训,培训成绩作为晋升级别的依据之一。

韩国庆北大学的学者说,韩国的腐败在减少。澳大利亚麦考利大学的学者认为,澳大利亚清廉状况的好转得益于公职人员观念的转变,教育使公务员明白了义务和责任,而且深入人心。他们认为,文化观念的变化比机制更重要。

三 对公务员家庭财产、用车、接收礼品等的监督机制

在澳大利亚,公车与家庭私车的牌照号码不同,公务用车一律不准到

商业和娱乐场所。一旦在超市或娱乐场所停车场发现公车，每个公民都可以举报公车号码，有关部门就会去调查当事人，令其说清楚去做了什么，如果是个人行为，就会被记录违规。澳大利亚官员接受的礼品，只要价格偏高，普遍会自觉交公。所有议员在任何地方接受礼物、进行投资和拥有股份，都必须登记，议员一旦转到政府部门任职，必须把股份转让出去，不允许带着个人利益处理公共事务。

韩国制定了较完善的《公务员法》、金融实名制和公职人员财产登记制，对公务员的行为进行了明确而详细的规定。比如《公务员法》规定，工作人员不能利用职务影响向工作对象借钱；不准与工作对象一起用餐；不允许公职人员把婚丧嫁娶事宜通知亲戚密友以外的人，结婚收取礼金不得超过 3 万韩元（约 200 元人民币）；公职人员不得使用公车出入豪华娱乐场所或购物场所。韩国实行的公职人员个人和家庭财产申报制度很严格，每个六级以上的公务员、地方科级以上、高校系主任以上负责人，都要登记个人和家庭财产，一级至三级高级公务员的财产要通过国会登记和公布。由于道德和法律的约束，一般人不敢隐匿瞒报。凡规定进行财产登记的公务员，退休后还要延伸登记 5 年，为的是防止转移或消费退休前可能隐匿的财产。

四 有效制约腐败并严格执行的预算制度

澳大利亚能够拥有一支精干、高效、廉洁的公务员队伍，很大程度上得益于实行了预算控制制度。20 世纪 90 年代，澳大利亚在公务员制度改革中，废除了公务员编制员额控制，改行机构和项目预算控制。与之相配套，公务员考试录用制度和统一的职级工资制一并废除，改为聘用合同制和灵活的工资制。在预算控制下，政府给每个机构下达一个预算额度，公务员的聘用、人员数量和薪酬，都由政府各部门负责人根据预算和实际需要自主决定，并与受聘者协商确定工资水平。预算控制制度的实行，使公务员所有职位都公开竞争，公务员的管理变得透明、灵活和高效，目前澳大利亚只保持了一支 13 万人的公务员队伍。预算控制制度有效减少了发生腐败的机会，政府各部门对公务员的监管都很严格，要求公职人员的每一笔支出必须与预算吻合，如果发生变化必须说明具体原因。国会和政府每年都会对各机构的预算进行审核，一旦发现有舞弊和滥用问题，虽然一般由各部门机构自行调查和处理，但会影响到这个部门今后的预算额度。

韩国也实行严格的预算管理，公务员办理公共事务的支出和个人的收入全部来自财政。这几年，韩国政府部门取消了靠下属企业创收搞福利的做法，各部门原来办的餐厅、印刷厂等实体，统统转为社会化和市场化。韩国中央人事委员会的官员说，政府部门下属企事业一来效益不高，二来容易滋生腐败。现在，全部靠财政支付公务员的工资，人均年工资约合人民币50万元。虽然水平不是社会成员中最高的，但居于中等偏上，社会地位和声望较高，也很容易吸引优秀人才。

五 既重视法律制裁和行政处分，更重视剥夺经济上的既得利益的打击腐败机制

澳韩两国公务员的工资收入和保障水平，居于社会中等偏上，加上良好的社会地位和声望，公务员的实际利益是优厚的，而一旦发生腐败问题，公务员则会受到严厉惩罚。在澳大利亚，受贿的官员会被判刑10年以上。韩国的处罚也很严厉，除了刑事处罚，还会被判以高额罚金。值得指出是，两国惩处腐败最具有威慑力的措施还是对公务员既得经济利益的剥夺制度。在澳大利亚，发生一般腐败行为的公务员，就会被开除公职，并影响终身就业。在韩国，如果一个公务员因腐败受到免职以上的处理，就会失去整个公务员生涯积累的退休金、养老保险等一切待遇。付出如此巨大的经济代价，就加大了腐败的成本，使得公职人员感到，为了眼前一点儿非法利益，丢掉半生的经济保障，实在不值得，因而公务员一般不敢腐败。

六 廉政机关评价各业务部门、各部门自我评价、上级评价下级的内部廉政评价机制

澳韩两国的廉政机构，每年都发放问卷调查各个行政机关公务员的廉洁状况。澳大利亚每年进行一次7000份问卷的抽样调查，了解公务员遵守行为准则的情况。在政府各个机构内部，也对公务员遵守行为准则和价值观条例的状况进行检查和评估。

韩国国家清廉委员会每年通过向公民发放问卷，调查公务员对于腐败

的认识、公民是否向公务员行贿、行政机构及其制度是否容易引发腐败，并请公民评价国家的反腐败政策，每年以白皮书方式向社会发布，对行政部门廉政建设的成效进行评估。根据规定，韩国政府各部门主要官员还定期在媒体上轮流接受公众和专家的质询。

在澳韩两国，各个部门每年都要对本部门的廉政状况进行自我评价，上级要对下级进行评价，从一定意义上说，后者的评价更为有力。在澳大利亚，每年相当于处级的干部对分管的每位科级干部的工作业绩和廉政状况进行打分评价，之后相当于局级的负责人再对处级干部自身和他们对下级干部评价的情况进行打分，看其是否客观公正。以此类推，每个层级上级对下级的评价是考核公职人员最重要的依据。一旦发生公务员腐败等违反公务员法规的情况，上级负责人就有权作出解雇处理的决定。在韩国，每年要组织两次公务员的工作业绩和廉政情况考核，公务员能否晋升，上级的打分评价占90%，而同级评议和下级无记名问卷的评价只占10%。

七　启示

借鉴澳韩两国反腐败工作的有效做法，我国在推动反腐败工作中，应加强以下工作：

第一，我国应抓住实施《公务员法》的有利契机，加大廉政教育力度，淡化权力观念，强化公职人员的廉洁操守和为公众服务的责任意识。我国已经开始实施《公务员法》，应当推动党政机关、公检法机关在学习实施《公务员法》的实践中，加大廉政教育培训的力度，对公务员的教育内容和方式，要力求简洁、扎实、有效，让公务员牢记廉洁从业的基本行为规范，力戒说空话，力戒说一套、做一套。各单位和各部门，要切实监督检查公务员受教育的实际效果，促使公务员真正树立为民服务和廉洁从政的价值观。

第二，应着眼于对公职人员尤其是领导干部个人行为的廉政制度建设，着力推动领导干部个人重大事项报告制度的实行。反腐败制度不在于多而在于能够普遍执行，只有被公务员普遍记住并执行的制度，才能堵住腐败漏洞。我国的反腐败制度之丰富在全世界是少有的，但不能否认，其中一部分制度由于"下有对策"而被消解了。从近年来我国反腐败的实际需要看，应当重点推动涉及公职人员特别是领导干部个人廉政制度的实施，着力抓好领导干部个人和家庭重大事项报告制度的落实，进一步细化必须报告的事项，并向群众公布每个领导干部报告的内容，让公众监督检验其真实性，尽快使这项制度发挥出制约腐败的应有作用。

第三，要切实建立公务员队伍的净化淘汰机制，对于品行不端有腐败行为的公务员，必须将其清除出公务员队伍。平时说起一些有不良行为的干部，领导和群众都感到厌烦，但当研究处理他们的腐败问题时，领导往往怕影响社会稳定，周围干部往往也要求给出路，难以作出辞退或开除处理。淘汰净化难，就使得公务员队伍鱼龙混杂，难以树立公务员队伍高尚、公正、负责的整体形象。贯彻《公务员法》，应当尽快出台《公务员行政处分条例》，明确规定公务员的淘汰办法，对有严重腐败行为的公务员，绝不能心慈手软，一定要及时清除出公务员队伍。

第四，惩处腐败不仅要追究涉案人员的党纪政纪和法律责任，更要重视剥夺他们的既得经济利益，加大其腐败成本。澳大利亚对腐败的官员不使用死刑，但其惩治腐败公职人员的措施是有效的，韩国对于受到罢免以上处分的公务员没收其全部退休金和养老保险的做法，也非常奏效。我国应进一步加大惩处力度，把对腐败行为的惩处与公务员的切身经济利益密切挂钩，不仅让腐败者丢官去职，而且还失去公务员生涯累积的所有福利待遇，使得每个公务员都顾及腐败成本，考虑为眼前的非法利益是否值得丢掉更长远、更大的经济利益甚至是半生的幸福，以求收到惩治腐败的实际效果。

第五，着力推动各部门内部治理腐败，尤其要强化上级敢于管理监督下级的意识，纪委和监察机关应建立检查各部门反腐败工作的评价机制。澳大利亚鼓励公职人员内部发现和举报腐败，韩国将工作重心放在内部治理和评价上，尤其是上级敢于管理下级，都收效明显。我国颁布了《教育、制度、监督并重的预防和惩治腐败体系实施纲要》，各地区和各部门都制定了具体实施意见，应当把反腐败工作变成各部门的硬性任务和工作目标，狠抓落实。要完善上级管理监督下级的机制，将民主管理与层级纵向管理有机结合起来，克服上级因害怕丢选票而迁就下级的消极现象，切实执行下级出现严重腐败追究上级责任的制度。纪委和监察机关应着力推动各部门加强内部教育、制度和监督，每年采取适当方式，评估各部门的反腐败工作。

反腐败独立委员会与韩国
反腐败制度建设

马占稳[*]

[内容提要] 本文以"韩国反腐败独立委员会"为研究对象,阐述韩国反腐败的具体制度建设。韩国反腐败独立委员会的成立有其特殊的背景。20世纪90年代末21世纪初,韩国反腐败发生历史性转折,韩国政府、政党、民间、企业之间达成必须严肃认真地反腐败的共识,在这样的背景下,韩国政府成立"韩国反腐败独立委员会"。韩国反腐败独立委员会是一个以预防为主、注重反腐败制度建设的综合性反腐败专门组织,由9名委员组成,享有《反腐败法》赋予的很大权力,主要有9项功能。

韩国反腐败制度建设是在韩国反腐败理念发生变化的情况下采取的。所谓反腐败理念的变化,即认为腐败源自于制度的漏洞,因此反腐败应该由原来的严惩腐败方法转变到预防为主的反腐败制度建设上来。然而,反腐败的制度建设涉及整个制度体系的建设,它至少包含了基本制度和法律制度的建设和完善,也包含了具体制度的合理设置、公共部门增减、法规和政策的制定与执行。就具体制度而言,如何开展反腐败的制度建设呢?韩国采取了两个步骤来展开反腐败具体制度建设:第一,建立反腐败专门组织机构,这是反腐败制度建设的重要内容和措施;第二,通过反腐败专门组织机构推动其他公共部门的反腐败制度建设。因此本文以"韩国反腐败独立委员会"为研究对象,阐述韩国反腐败的具体制度建设。

---

[*] 马占稳,北京行政学院政治学教研部副主任、教授。

"韩国反腐败独立委员会"（the Korea Independent Commission Against Corruption）是唯一带有"反腐败"字样的韩国政府组织机构。它是韩国反腐败史上从观念到措施的一个转折点。

一 韩国反腐败独立委员会成立的背景

众所周知，韩国自20世纪60年代以来，经济取得了举世瞩目的成就，到20世纪末21世纪初在世界上排名为第十二大经济实体。然而，快速的经济发展背后掩盖着腐败泛滥的现象，韩国的腐败举世闻名。针对严重的腐败问题，每一届政府领导人无论是在竞选场上还是在执政之初，必然高举反腐败大旗，发动一次次反腐败运动，采取的反腐手段不可谓不严厉。但是，每届政府最终都会陷入腐败丑闻而不能自拔。民众对每一届政府的反腐都抱有希望，但每一次希望都以幻灭告终，进而转变为对政府信任的丧失。根除和遏制腐败成了难以破解的谜题。

然而，从20世纪90年代初到21世纪初，韩国反腐败出现历史性转折，这种转变是由三个因素促成的。

第一，政府反腐败思路的转变。自1993年以来以金泳三（1993—1998年）为标志的文民总统的出现结束了军人背景的威权主义政府。其在反腐败上的差异主要在于，在军人背景的威权主义统治时代，虽然历届政府都曾发动大规模的反腐运动和严惩措施，但是其找不到或不愿意找到腐败的根源和制度漏洞，仅仅从道德伦理上寻找原因；致使反腐运动往往带有某种程度的政治目的性和象征性，比如为了平息民众对腐败泛滥现象的不满或利用反腐清除政敌。1993年以后的文民政府没有了军人背景的威权政府在反腐败问题上的政治顾虑，1993年上台的金泳三已经开始意识到反腐败的制度建设，在其任期内反腐败最大的贡献有两点：促成了"金融实名交易"的立法和实施金融实名制；真正推行和实施了官员财产公开制度。1998年上台的金大中（1998—2003年）更加意识到腐败滋生泛滥的原因主要在于法律制度存在缺陷和漏洞，因此把反腐败的重点放在预防腐败的法律制度建设上。1999年他要求总理办公室制定了反腐败纲要，纲要提出：建立反腐败特别委员会；推动预防腐败基本法立法；开展公民意识活动；推动公民参与反腐败活动；确认易于腐败领域的行政体制改革。此纲要被一些人称为"金大中1999计划"。此外，还成立专门委员会对现行行政规章进行筛选、清除或引进等审查清理工作,在此后的任期内,金大中总统确实在扎扎实实推进这些计划,这可以说是韩国反腐败史上一场反腐败思路和战略重点的转型,它不是一场轰轰烈烈的反腐败运动,然而却是一场静悄悄的基础性的反腐败制度建设转型。①

第二,民间反腐败的新呼声和新要求。民众痛恨腐败几乎是所有国家的共同现象,韩国也不例外。韩国的民间组织在反腐败运动中一直都是一股非常强大的驱动力,民众对严重腐败现象的痛恨和对政府反腐败效果的失望到20世纪90年代已经达到了极限。此时,韩国的市民、学生和媒体站了出来,提出了与政府反腐败思路不一样的反腐败理念和措施,对反腐败从惩罚运动式向以预防为主的转变产生了重要影响。② 2000年,韩国38个非政府组织联合起来,组织成立了"公民宣传预防腐败法联合会",要求国会和主要政党制定一部新预防腐败法。民间的呼声使国会、政党和政府都感到了压力,在这之后,无论是执政党还是在野党,都开始准备反腐败法的议案。③

第三,1997年亚洲金融危机的刺痛。1997年爆发的亚洲金融危机中,导致韩国的一些大企业倒闭,韩国经济受到重创。亚洲金融危机暴露了韩国政经结构不合理,金融体制不规范,以及掩藏在背后的政经勾结等严重腐败问题。这次经济危机还揭示了,腐败不只是某些人获得非法收益,某些人受损,在遇到大的世界经济危机面前,还会危及个人、企业和国家利益。腐败损毁的是整个国家的经济发展和所有国民的利益,腐败能导致国家政治、经济和文化的全面侵蚀和破坏。1997年亚洲金融危机对于韩国是锥心之痛。

20世纪90年代末至21世纪初,上面三个因素促使韩国政府、政党、民间、企业之间达成某些共识:必须严肃认真地反腐败;必须找出腐败滋生的法律制度、管理制度、政策制定与执行的源头和漏洞;反腐败的根本出路在于制度反腐和加强制度建设,在此基础上开展教育活动和采取严惩措施,以

---

① 参见 Pan Suk Kim, Building National Integrity Through Corruption Eradication in South Korea, 2013年4月24日 (http://www1.imp.unisg.ch/org/idt/ipmr.nsf/)。

② 参见 Hae-yong Song, *Anti-Corruption Policy Implementation in Korea*, Speech at the Conference of Fighting Corruption and Safeguarding Integrity (Global Forum V) held in Sandton, South Africa, 2-5 April 2007。

③ 参见 Pan Suk Kim, Building National Integrity Through Corruption Eradication in South Korea, 2013年4月24日 (http://www1.imp.unisg.ch/org/idt/ipmr.nsf)。

建立廉政与清廉社会；反腐败立法和建立具有独立性的反腐败专门机构。在这样一个背景下，2001年1月24日韩国国会颁布了《反腐败法》（Anti-Corruption Act）。2002年1月25日，依据该法，韩国政府成立"韩国反腐败独立委员会"（The Korea Independent Commission Against Corruption）[①]。

二　韩国反腐败独立委员会的构成、性质和主要功能

1. **组织机构和权力**。韩国反腐败独立委员会由9名委员组成，包括1名委员长和2名常务委员。委员长和委员须由在反腐败问题上富有学识和经验的人担任，根据任职资格标准由总统提名或任命。委员长和常务委员由总统任命，非常务委员由总统任命或提名。上述9名委员虽然是总统提名和任命，但是《反腐败法》同时作了规定，9名委员人选中3名由国会推荐，3名由最高法院大法官推荐，因此，所谓总统提名和任命是在此基础上的总统提名和任命。委员会由委员长主持工作，委员会内设秘书处，处理委员会的日常行政管理事务。为了有效地开展工作，委员会可以在特殊领域建立支委会。委员会隶属于总统，并向总统和国会提交工作报告。[②]

为了便于"韩国反腐败独立委员会"开展工作，《反腐败法》赋予了它很大的权力，这个很大的权力主要体现在它开展工作的独立性和中立性上。为了保障其独立性和中立性，除了前面提到的委员会成员推荐、提名和任命的特殊形式和委员会直接隶属于总统外，还有下列内容的规定。第一，连任限制与不得免职规定。《反腐败法》规定，委员会根据它的权力独立地开展工作。委员长和委员每届任期3年，可以再被任命或提名连任一次；任何委员不得违背他的意志而被辞退或被迫离职，除非属于下列情况：非大韩民国公民；属于国家公职人员法第33条规定的人员；属于任何政党的党

[①] 参见 Wikipedia, Korea Independent Commission Against Corruption, 2013年4月24日（http://en.wikipedia.org/wiki/Korea_Independent_Commission_Against_Corruption_From_Wikipedia,_the_free_encyclopedia）.

[②] 参见 The National Assembly, Anti-Corruption Act（Enacted on: 24 Jul, 2001）, 2013年4月24日（http://www.iaaca.org/AntiCorruptionLaws/ByCountriesandRegions/K/RepublicofKorea/201202/t20120215_805522.shtml）.

员；正在参与竞选的人员。① 第二，聘请专家委员。委员长可以从学术研究机构、社会组织以及其他相关领域任命专家作为委员会的专家委员，以有效地帮助委员会工作和指导进行专门研究。委员长可以通过委员会决议任命或指定专家委员。第三，权力行使的权威性。委员会认为必要时，可以向任何公共机关长官提出预防腐败的制度改进建议；任何被提出改进建议的公共机关的长官要对建议认真思考，努力根据相应措施进行改进，并把根据建议采取的措施结果通知委员会；被提出建议的机关长官在对制度改进中发现很难按照委员会的建议采取措施时，应就此通知委员会。委员会在履行自己的功能时，可以依据情况采取措施：要求任何公共机关作出解释、提交材料和文件，以进行诊断调查；有权要求任何利益相关人、证人或相关的任何政府官员出席并对自己的意见作出陈述。②

2. **机构性质**。《反腐败法》第一条规定："本法目的是通过防止和有效控制腐败行为，服务于创建清洁风气的公共服务部门和社会环境。"③ 这就决定依据《反腐败法》建立的"韩国反腐败独立委员会"的性质是一个预防为主注重反腐败制度建设的综合性反腐败专门组织。

3. **委员会的主要功能**。性质决定功能，根据《韩国反腐败法》规定，反腐败独立委员会的主要功能如下：（1）为公共部门预防腐败制定和提出政策建议、对制度提出改进措施；（2）对公共部门预防腐败的现状进行调查，对反腐败政策执行中的每一步做出评估；（3）完善法律制度体系；（4）做出和落实预防腐败教育与宣传规划；（5）积极支持非政府民间组织发起的预防腐败的活动；（6）开展预防腐败的国际交流活动；（7）受理举报人关于腐败行为的举报；（8）保护和奖励举报人；（9）处理总统交办的关于预防腐败的议事日程事务。④

---

① 参见 The National Assembly, Anti-Corruption Act（Enacted on：24 Jul, 2001），2013 年 4 月 24 日（http：//www.iaaca.org/AntiCorruptionLaws/ByCountriesandRegions/K/RepublicofKorea/201202/t20120215_805522.shtml）。

② 同上。

③ The National Assembly, Anti-Corruption Act（Enacted on：24 Jul, 2001），2013 年 4 月 24 日（http：//www.iaaca.org/AntiCorruptionLaws/ByCountriesandRegions/K/RepublicofKorea/201202/t20120215_805522.shtml）。

④ 同上。

三 委员会反腐败的理念提升
与展开工作的主要活动

《韩国反腐败法》的出台和对"反腐败独立委员会"的定位与功能规定，已经体现了如上面所陈述的反腐败观念的转变，即由惩罚为主的方法转变到惩防结合、预防为主的制度反腐败方法上来。但是，委员会如何把法律赋予自己的功能和职责有机结合起来，卓有成效地开展工作，仍须升华理念和厘清反腐败工作思路。理念的升华来自对反腐败终极目标的追问，即无论是惩罚为主的反腐败，还是预防为主的制度反腐，最终的目的和目标是什么？此后官方的反腐败文件、民间反腐败组织的年度报告中，会发现频频出现"公正""廉政""透明""清洁社会"等关键词汇，同时也会发现，无论是民间还是官方都先后把反腐败的最终目标定为建立廉政、透明、公平的清廉社会。[①] 这就是说，韩国反腐败的目的和目标，不是为了反腐败而反腐败，或为了平息民愤而反腐败，而是认识到反腐败的最终目的和目标是建立一个政治廉洁、政经结构合理、决策与管理透明、公平、正义、清洁的社会及社会风气。

从现有的资料看，韩国政府和"委员会"对这样一个目标和认识理念并不是一下子就清晰的，它有个短暂的认识过程，这可从卢武铉当政时期曾经把"韩国反腐败独立委员会"改名为"国家清廉委员会"[②] 中看出这种理念认识变化的蛛丝马迹。官方这种认识或理念的升华可能受到国际民间组织——"透明国际"以及国内民间组织——"韩国透明国际"的影响和启迪。

理念上的清晰和升华带来了工作思路上的清晰和开展工作的明确目标。既然反腐败的目标是建立政治廉洁、政经结构合理、决策与管理透明、公平、正义和清洁的社会及社会风气，那么，反腐败的制度建设也因此而拓宽了思路、工作领域，丰富了反腐败制度建设的工作内容。一些看似不相关的工作都围绕通向反腐败目标这条主线而具有了内在联系和综合

---

① 可参见民间组织"韩国透明国际"的年度报告和"韩国反腐败独立委员会""公民权益委员会"历年的年度报告。

② "国家清廉委员会"对外英文译名没变，仍用"The Korea Independent Commission Against Corruption"。

治理的意义。

1. 法律法规制度的修改与完善。围绕着这一主线和目标，委员会开展的第一项工作就是清理现行的法律、法规、规章以及政策，鉴别其中可能导致腐败的因素，然后提出改进建议。

韩国中央政府对反腐败制度改进包括三项任务：自查任务、特殊任务和普通任务。第一，自查任务是明确要求每一个政府部门应当从自己行使的法律和法规中识别和清除腐败因素。韩国反腐败独立委员会则从更大范围内对公共部门行使的法律和法规进行审查清理。第二，特殊任务是明确要求每一个政府部门应该把反腐败努力的焦点放在易于作假和腐败的领域。韩国反腐败独立委员会的工作是确认这些易于腐败的特殊领域，如税收、公共工程项目、合同授予、公共检查、公共企业及对外贸易交往等，并对这些领域制定预防腐败的政策措施。第三，那些成功实施并对整个社会产生了积极的溢出效用的普通任务，由若干任务构成：修改了导致腐败的法律和规章、提高了行政管理过程的透明度、鼓励公众参与、培育了没有腐败的环境，并确保能对腐败的及时发现和惩罚。[①]

2. 建立廉政评估指数体系。这是"韩国反腐败独立委员会"与民间组织——"韩国透明国际"合作建立起来的，是借鉴透明国际（Transparency International）的清廉指数体系而形成的。韩国把透明国际对世界各个国家或地区的清廉指数评估体系引进到国内，在对韩国现实调查的基础上，对一些变量关系做了某种调整，形成一套新的评估体系，应用到对韩国各个公共部门的腐败状况和腐败程度进行评估。此外，还引进了行贿指数评估体系以及韩国创新的反腐败重大措施评估体系，真正形成了一套门类较齐全的反腐清廉指数评估体系。

清廉评估指数体系虽然存在着某些问题和偏差，但是，它毕竟是到目前为止对腐败的原因、领域以及腐败程度给出的比较科学理性的分析。下表是从韩国清廉指数评估材料中随意截取的，它反映的是 2007 年，普通民众、政府官员、工商业人员对涉及政府 10 个行政领域进行的腐败感受调查指数评估。

---

① Hae-yong Song, *Anti-Corruption Policy Implementation in Korea*, Speech at the Conference of Fighting Corruption and Safeguarding Integrity (Global Forum V) held in Sandton, South Africa, 2 – 5 April 2007.

对 10 个行政领域腐败水平评估

行政领域	普通民众（2007.7）腐败(%)	普通民众（2007.7）不腐败(%)	政府官员（2007.11）腐败(%)	政府官员（2007.11）不腐败(%)	工商业人员（2007.11）腐败(%)	工商业人员（2007.11）不腐败(%)
建筑、住房、土地	70.8	6.7	34.6	34.7	58.8	12.7
税收	53.4	13.1	30.1	34.7	37.9	28
警察	48	14.7	28	37	39.3	22.2
法律事务（公诉人、矫正机构官员及移民局官员）	52.8	12.7	27.4	35	32.2	26.2
教育	40.7	17.3	20.4	47.6	36.2	22.8
军事	47.5	18	17.9	47.1	25.2	29.5
公共卫生	36.3	22.1	10.4	55.4	26.3	31.2
政府采购	34.2	15.8	9.9	59.3	21.5	27.5
环境	30.3	26.2	9.4	59.1	20	37.5
消防	12.5	53.9	8.6	63.3	18.5	46.5

注：引自 KICAC, Anti-Corruption Annual Report 2007, Seoul: Anti-Corruption and Civil Right Commission Republic of Korea, 2008: 25。

上表至少说明：第一，对这些行政领域是否腐败，不仅是普通民众的评价，而且有政府官员和工商业人员的评价，反映的不是一方面的意见，而是代表三个方面的意见；第二，对 10 个行政领域的评估结果反映出，建筑、住房、土地领域最为腐败，消防领域腐败程度最低。

为使清廉评估体系避免官方人为操作和评估结果更加客观准确，这套评估指数体系的设计、运作和评估过程，数据搜集，都有民间组织的参与，在某些方面民间组织起着主要作用，比如，数据的搜集、整理和调查的结果，"委员会"都委托给了民间组织承担负责。

清廉指数体系的建立是韩国反腐败独立委员会推进反腐败最重要的制度建设。第一，它能够比较科学地标示各个公共领域腐败程度和腐败名次的排序。第二，它能比较清楚地标示出哪些部门腐败程度最为严重，它还表明，一个公共部门是否腐败严重，不是揭出了某个严重的腐败个案，不是群众的感情激愤，也不是某个公共部门为自己辩解证明自己清白而了事，清廉指数体系揭示出的数据和腐败程度，具有较强的科学性和准确性，这些科学性和准确性是腐败机构所无法否认的。第三，清廉指数体系揭示出来的不仅是公共部门的腐败程度，更重要的是它还揭示了腐败滋生的法律制度漏洞、政策执行漏洞和腐败产生的温床,促使该公共部门改进和完善反腐败的制度建设或廉政制度建设。第四,每年所有这些评估体系的文字和数字图表都要汇总起来,形成年度报告,通过各种传媒渠道,如报纸、电视台、网络和印刷小册子,向全社会发布。一年一度的年度报告对那些腐败严重的部门都给予了巨大压力,促使其有效地制定反腐败措施,推进廉政制度建设。

3. 处理腐败举报事项与保护举报人。《韩国反腐败法》规定,任何人均可举报腐败行为,腐败行为举报的对象为存在直接的腐败行为和强迫、提议、引诱、劝导腐败行为或强迫隐瞒腐败行为的人。并授权韩国反腐败独立委员会可以接受和处理腐败举报案件。[①] 因此,"委员会"设有监察总部,监察总部下辖若干工作小组:监察计划组、行为指南组和设有监察官员的腐败举报中心组。特别是腐败举报中心,它分析和处理来自个人到访、网络、咨询服务、电话、电子邮件以及传真对腐败行为嫌疑的举报。[②] 整个举报及处理程序是:举报人向委员会举报腐败案件→委员会受理并确认事实→如调查需要权威部门(监察院或检察院)调查,委员会通知并要求其调查→调查权威部门主持调查→权威部门通知委员会结果→委员会再把结果通知举报人。需要说明的是,委员会可以直接负责对高级别政府官员的腐败嫌疑行为进行调查;委员会如果认为专门调查机构初次调查的结果和结论不充分,可以要求其再调查。[③]

保护腐败检举人是反腐败制度的一项重要制度建设,一个不能保护腐败举报人的制度,某种程度上讲就是一个腐败的制度。韩国的反腐败法明确规定了未经举报人同意,不能泄露举报人的身份。反腐败独立委员会是保护举报人的重要机关。如果举报人遭遇到或将遭遇到所属机关或团体企业的惩罚措施,以及其他差别对待,委员会可以要求其所属机关和团体企业撤销报复决定和停止报复行为。另外,"因举报而导致举报人受到迫害

---

① 参见 The National Assembly, Anti-Corruption Act (Chapter 3), (Enacted on: 24 Jul, 2001), 2013 年 4 月 24 日 (http://www.iaaca.org/AntiCorruptionLaws/ByCountriesandRegions/K/RepublicofKorea/201202/t20120215_805522.shtml)。

② Hae-yong Song, *Anti-Corruption Policy Implementation in Korea*, Speech at the Conference of Fighting Corruption and Safeguarding Integrity (Global Forum V) held in Sandton, South Africa, 2 - 5 April 2007.

③ Anti-Corruption and Civil Right Commission Republic of Korea. Protecting Civil Rights and Promoting Transparency and Integrity, 2013 年 5 月 1 日 (http://www.acrc.go.kr)。

或存在迫害可能性时，将把公开身份视为非法行为。举报人因举报而对自身和家庭成员以及同居人的人身安全感到忧虑和恐惧时，委员会要求警察厅长、管辖地方警察厅长、管辖警察局长对他们采取必要的保护措施"[1]。根据法律，如果腐败的举报对税收产生了直接的贡献或降低了公共部门的支出，委员会可以向举报人最高发放200万美元的奖励，假如举报促进了公共利益，委员会可以授予和建议奖励。[2]

4. 反腐败的协调与合作制度平台。无论是反腐败的制度建设，还是出台新的反腐败政策，一个最重要的环节就是落实，没有落实，任何好的制度规章和政策都会流于形式。而要落实，就要有一个统筹协调的制度机构或制度平台。建立这样一种协商与合作制度平台的另外一层含义是，委员会认为，韩国以往的反腐败之所以成效甚微，一个重要原因是，反腐败作为一项长期而艰巨任务不是靠某一个人和某一个反腐败机构组织所能承担和完成的，更何况，反腐败的最终目的是建立透明、廉洁的社会，因此这个制度平台必须是能统筹和协调各个部门的横向合作和政府与民间的纵向合作并最终完成上述任务的制度平台。韩国反腐败独立委员会在韩国的反腐败中逐渐使自己扮演了这样一个制度平台的角色。在与政府公共部门协调合作方面，委员会创建了一个定期举办的"部长级会议"协商机制，会议讨论和协商的内容包括预防腐败制度建设落实进展、存在的问题，清廉指数评估和腐败影响评估揭示的制度问题以及进一步改进的意见，以及由此引发的下一步制定反腐败政策的意向和内容。在与民间组织合作方面，首先是《反腐败法》明确规定要加强与民间组织的合作，其次，自委员会运行以来，深感每一项工作的展开都离不开民间组织的支持与合作，如前面提到的清廉指数评估体系的引进与运行和反腐败的目标理念均来自民间组织的建议。民间组织在韩国反腐败问题上的贡献主要在于它的理念、智慧、技术、活力和创新。没有公民和民间组织的参与，反腐败是无法取得真正成功的。委员会与民间组织建立起来的反腐败合作伙伴关系取得里程碑意义的成就是2005年"韩国反腐败与透明公约"（K-PACT）的签署，公约签署方包括政治部门、公共部门、企业和

---

[1] The National Assembly, Act on Anti-Corruption and the Foundation of the Anti-Corruption & Civil Rights Commission, 2013 年 5 月 1 日（http://www.acrc.go.kr/eng/board.do?command=searchDetail&method=searchList&menuId=020103）.

[2] Anti-Corruption and Civil Right Commission. Protecting and Rewarding Whistle-blowers, 2013 年 5 月 1 日（http://www.acrc.go.kr/eng_index.html）.

公民。① 韩国反腐败与透明公约委员会是一个公民社会组织，它负责监督和评估全国范围内"公约"的实施和信息传播。②

反腐败的教育活动也是在这样一个平台上展开的，教育的形式主要分为三种：第一种是培训形式，主要对象是公共部门的公务员，教材主要内容包括由总统法令形式颁布的《公职人员行为指南》。③ 内容并没有什么高远理想目标，而是实实在在的公职人员行为规范或更像从政纪律条例。培训的意义，主要在于加深公职人员应具有的行为意识、法治精神和素质要求，重点在于落实和检查，这是对政府官员预防腐败的一项教育制度建设。第二种形式是纳入中小学课程教育，这应当是一种基础性教育，让孩子们从小树立起腐败可耻、清正廉洁做人的意识，是为反腐败的终极目的服务的一项软实力培养措施。第三种形式是面向社会的教育，这种形式是在委员会支持下，主要由民间组织实施的。具体形式包括：举办反腐败展览、印刷宣传画册以及通过电视、网络等形式来提高全体社会成员的反腐败意识和清廉意识。

上面这些活动不可能涵盖"韩国反腐败独立委员会"的全部活动内容，只是把它的主要活动领域做了介绍。委员会在韩国预防腐败的制度建设方面是做出了卓有成效的贡献的，④ 首先，它自身的建立就是韩国制度反腐败的重要制度建设。其次，它把反腐败的最终目标确立为建立廉政、透明、公正和清洁社会和社会环境。最后，它所开展的一系列活动，某种程度上讲，都是围绕着预防腐败的制度建设展开的，都是反腐败的制度建设，这些制度建设涉及公共部门的各个领域，既有法律、法规、宏观政策方面的制度建设，也有方方面面的落实机制建设，有些是细雨润无声的基础性的并具有长期影响的预防腐败的社会文化建设。此外，它开展工作的

---

① "公共部门"包括中央政府、地方政府、与公共服务相关的公营公司和组织；"政治部门"包括国会、地方议会和政党；"私营部门"包括以营利为目的的企业和商业组织；"市民"包括市民、社会和专业团体以及非营利组织非政府组织。The Council for The Korean Pact on Anti-Corruption and Transparency. K – PACT 2005 ANNUAL REPORT, We believe, Seoul: The Council for The Korean Pact on Anti-Corruption and Transparency, 2005: 35.

② Hae-yong Song, *Anti-Corruption Policy Implementation in Korea*, Speech at the Conference of Fighting Corruption and Safeguarding Integrity (Global Forum V) held in Sandton, South Africa, 2 – 5April 2007.

③ 参见 CODE OF CONDUCT FOR PUBLIC OFFICIALS, 2013 年 5 月 1 日（http://www.acrc.go.kr/eng_ index.html）。

④ 注：限于篇幅，本文没有详细介绍它的具体成果，想了解此方面较为详细的内容，可阅读韩国反腐败独立委员会和国民权益委员会历年的年度报告。

思路和工作合作方式,特别是与民间组织建立的合作伙伴关系都具有鲜明的特点和现代治理理念的特征。虽然它于 2008 年并入新成立的"公民权益委员会"(Anti-Corruption and Civil Rights Commission),但是其法律功能地位和工作性质并没有改变,它仍然以公民权益委员会的一个重要组成部门继续实施自己的功能和开展自己的工作。见下图:

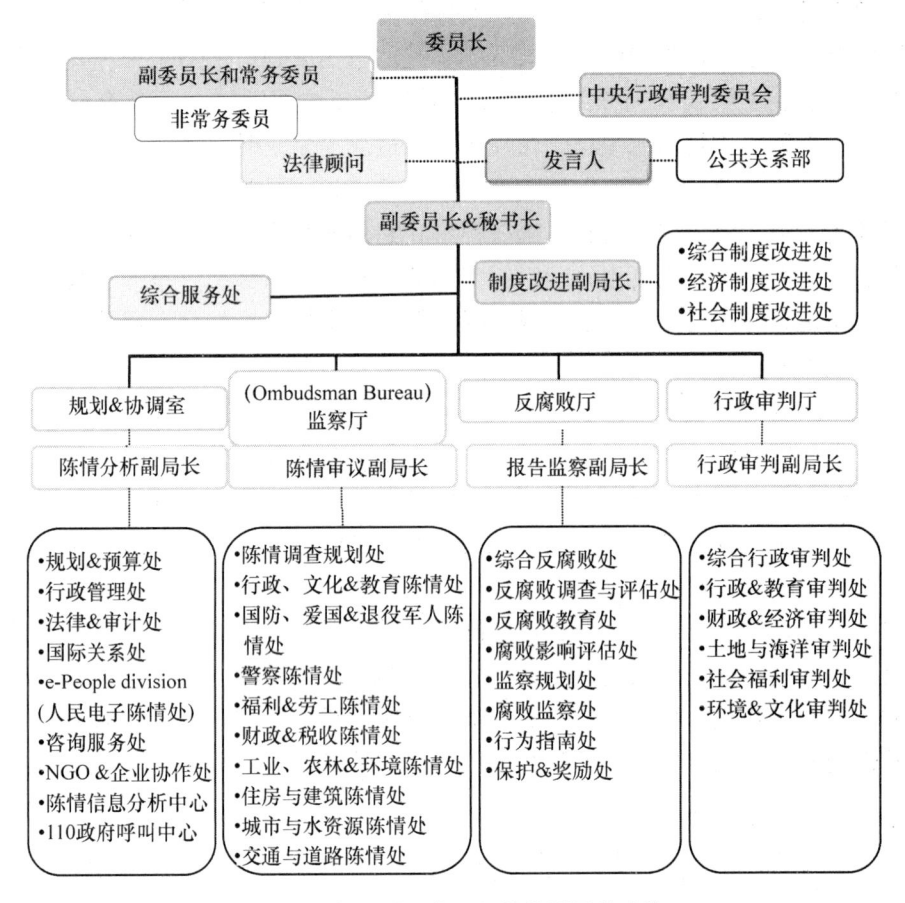

韩国公民权益委员会组织结构图及其功能

注:此图是笔者根据"ACRC Organizational Chart"英文版图表仿制而作的,只是图形大小及颜色做了变动,基本组织结构未变,并把文字译为中文。①

---

① Anti-Corruption & Civil Rights Commission Republic of Korea. ACRC-brochure 2010:Taking a Big Stride forward on Transparency & Civil Rights, 2013 – 04 – 09,(http://www.acrc.go.kr/eng/board.do? command = searchDetail&method = searchList&menuId = 020109)。

韩国治理商业贿赂的有效机制

申恩威[*]

[**内容提要**] 韩国商业贿赂曾经十分猖獗，对经济发展、传统文化的价值观和社会伦理、道德造成了重大影响。韩国政府治理商业贿赂始于20世纪60年代，从打击违法行为、维护市场秩序、整肃吏治出发，矛头直指政府公共部门的违法行为。到20世纪90年代，开始侧重制度性防腐和制度化建设。进入21世纪以后，韩国反腐败及反商业贿赂的长效机制建立并逐步显现威力，开始走出腐败高发期。总结韩国治理商业贿赂的经验，本文提出了以下对策建议：发展是硬道理，推进社会生产力进步是遏制和消除商业贿赂的根本；实行源头治理，遏制行政腐败；调动各方面力量，实行全民反商业贿赂；加强企业文化建设，建立企业自律机制。

韩国曾有过一段商业贿赂十分猖獗的历史，特别是在20世纪60年代和70年代经济高速增长阶段，在社会物质财富急速增加的同时，商业贿赂也迅速蔓延到各个经济领域，逐步形成一种"超市场化"的"潜规则"，对经济运行甚至经济发展走向产生了重大影响，也给传统文化的价值观和社会伦理道德带来了极大的挑战。人们感到，物质文明的大幅度跨越，并没有带动社会文明同步发展，甚至在文化、道德领域出现反向倒退。物欲横流、世风日下，成为韩国当时社会的真实写照。随着社会经济进一步发展，商业贿赂的负面影响越来越显现出来：一是商业贿赂的"潜规则"成为市场之外另一只"无形之手"，对社会经济产生重大的调节作用，使市场机制的效率大大降低或失灵；二是商业贿赂所形成的交易惯

---

[*] 申恩威，中国社会科学院财经战略研究院研究员。

例，隔断了国内市场与国际市场的有机联系，成为韩国市场国际化的一大壁垒；三是商业贿赂成为一种"法外"的利益分配和再分配机制，导致社会财富和发展成果分配不公，加剧两极分化，引发和激化社会矛盾；四是商业贿赂的广泛滋生，造就出公共权力寻租的适宜环境，推动了社会腐败向社会政治、经济、文化等领域全方位蔓延。

第二次世界大战之后，韩国经济经历了经济复兴、高速增长和平稳发展阶段。韩国政府对商业贿赂真正意义上的治理起始于20世纪60年代，这一时期正处于韩国经济高速增长期。在当时政府主导型的经济体制下，政府的宏观调控和实施的经济政策，对于经济快速发展起到了至关重要的作用，由此政府公共部门的地位开始凸显出来，一些财团、大企业以政治资金为手段，影响政府政策的制定和实施，维护自身垄断利益；一些中小私营企业，通过商业贿赂方式，笼络公共部门的政府官员，谋求自身的私利。随着这种政商、官商勾结的进一步加剧，政府公共部门的权限日益膨胀起来，加之当时行政制度、法律体系、财会体系存在着诸多漏洞，使行政权力寻租现象开始蔓延，越来越多的政府官员难以抵御金钱的诱惑，卷入这种权钱"交易"之中。商业贿赂的广泛滋生带来的直接后果：一是合法经营者的利益受到损害，平等发展机会被剥夺，而行贿者和受贿者却在其中大发不义之财；二是纳税人和广大民众的劳动成果被侵吞；三是国家税收大量流失。由此引发了社会民众和公共舆论对政府部门的强烈不满和抨击，要求严厉打击商业贿赂行为，惩治腐败官员的呼声日益高涨。

从当时来看，韩国政府治理商业贿赂主要是从打击违法行为、维护市场秩序、整肃吏治出发，矛头直指政府公共部门的违法行为。为此，政府对商业贿赂特别是政府官员的违法违纪行为，制定出了严厉的打击措施，并根据商业贿赂在不同时期的特点、活动规律、变化方式，在行政法规、法律体系、行政管理制度方面进行逐步健全和完善。1963年成立监察院，主要职能是对政府各部门进行监督和检查，对政府财政支出及政府官员收入进行审计，严防政府官员滥用职权和以权谋私。同年，根据当时政府某些行政部门管理权限混乱不清，行政权力行使失控，官员腐败高发频发，官商勾结日益严重的实际情况，组建了"行政改革调查委员会"，其主要职能是梳理部门间的行政管理界限，明确各部门的责任与义务，改革现有的行政体制，割断政商间的利益联结纽带，建立清廉政府，并对涉嫌商业贿赂的公职人员进行调查、取证。1964年，制定和出台了《关于特殊犯罪特别法》，主要针对公职人员渎职、受贿、以权谋私、非法敛财等行为进行制裁。1980年，为了遏制商业贿赂行为广泛滋生蔓延的势头，特别是重点打击医疗、工程建设、政府采购和经销等领域极为盛行的政府官员与商人间的权钱交易，韩国政府成立了"社会净化委员会"，动员全社会力量和广大民众参与，开展了一场声势浩大的"社会净化运动"，取得了较好的效果，更为重要的是大大提高了国民参与治理腐败及商业贿赂的意识，增强了人们战胜腐败和根治商业贿赂的信心。1981年，制定和颁布了《公务员伦理法》，设定出公职人员的社会责任和基本守则，从而将行政权力行使和公职人员行为规范纳入法制轨道，该法律还通过设置公职人员财产登记制度、公职人员物品申报制度和退休公职人员再就职限制制度等多条防线，来预防和监控公职人员违法行政和以权谋私。

20世纪90年代，韩国反腐败及治理商业贿赂进入了一个新的阶段，开始侧重于制度性防腐和制度化建设，包括建立"行政管理改革委员会"，从"反腐败"和革新的角度，对现行的行政管理体制和制度进行了大的调整和改组，以适应建立清廉、高效和透明政府的需要；为了适应新的腐败及商业贿赂行为的变化，颁布和修正了《公职人员廉政法》《行政法》《反洗钱法》《政治筹资法》和《选举法》等一系列法案，以求从源头上对腐败加以遏制。

通过长期不懈的努力，进入21世纪以后，韩国的反腐败及反商业贿赂的长效机制已建立起来，并逐步显现威力，从腐败高发期走了出来，政府官员涉案的商业贿赂案件逐年减少，政府部门的社会满意度大幅度提高。在韩国反腐败及商业贿赂制度建设过程中，最具历史意义的是《反腐败法》的制定和出台以及"反腐败独立委员会"的成立，该法被认为是韩国反腐败及商业贿赂的根本法，是遏制腐败和治理商业贿赂的一大利剑，是反腐倡廉制度建设的一大柱石。2000年，在市民团的要求下，《反腐败法》被提交到韩国议会；2001年，《反腐败法》颁布实施；2002年，根据《反腐败法》规定，成立了该法的执行机构"反腐败独立委员会"。"反腐败独立委员会"成立后的重大举措是对反腐败政策进行全方位调整，从而使全国反腐败和治理商业贿赂纳入到新的政策体系框架内。

反腐败独立委员会（KICAC）政策体系及结构调整比较

过去	现在
强调政府作用	社会各方参与
非弹性、单一化	有创造力、多样化
琐碎、零散	全面、系统
以惩罚为导向	预防导向
被动性、反应式	能动性、主动式

根据国际透明组织对韩国清廉指数的评估，2003年排名为第50位，2004年排名为第47位，2005年排名为第40位。根据国际评估权威机构——国际惯例发展研究所对韩国清廉度的评估，2004年排名为第52位，2005年排名升至第29位。

总结韩国治理商业贿赂的经验，对我国的借鉴和启发有以下几个方面：

第一，发展是硬道理，推进社会生产力进步是遏制和消除商业贿赂的根本。商业贿赂是商品经济的产物，其发生和存在都要依附于所处社会的经济体，在不同的经济发展阶段呈现不同的特点和活动规律。一般来看，社会经济高速增长阶段，正是商业贿赂的高发和多发时期，由于此时的社会法律体系、行政管理制度以及市场规则及准则存在着诸多不完善之处甚至漏洞，加之社会反腐的制度和机制方面的建设跟不上社会生产力发展和物质财富增长的步伐，出现了一些法律覆盖不到、行政管理涉及不到、市场机制调节不到的死角或真空地带，使官商勾结和权钱交易有机可乘，为商业贿赂的滋生和蔓延提供了适宜的环境。韩国在20世纪60年代和70年代的经济高速增长时期，也遇到了经济快速发展与商业贿赂泛滥的困惑，韩国政府一方面对大面积出现的商业贿赂予以严厉打击，绝不手软；另一方面加强反腐败的制度建设，通过强化预防、监督和惩治机制，最大限度遏制商业贿赂的高发势头。其目的是通过治理商业贿赂，清除这一依附于社会经济肌体上的毒瘤，为经济高速增长以及经济运转质量的提高创造条件，保驾护航。社会生产力的发展，必然带来社会生产关系的重大变革，可以从总体上促进社会经济结构、产业结构的不断优化和提升，推动经济运行体系和调节机制的逐步完善，也会加快市场制度的升级，可以大大提高社会经济肌体抵御商业贿赂的"免疫"能力和自净化能力。韩国在第二次世界大战后的半个世纪里,能够从一个贫穷落后的国家一跃成为世界第十一大经济国,并从商业贿赂的高发国走了出来,这与韩国政府专心致志搞经济建设的指导思想密不可分。我国目前经济发展阶段与韩国20世纪60年代和70年代大致相同,商业贿赂也处于频发、高发期。在治理商业贿赂中,一方面应明确治理的目的是为经济发展排除障碍,为经济增长创造良好的环境;另一方面要坚持科学发展观,尽快实现经济增长方式的转换,由粗放型转向集约型,由数量型转向质量型,推进社会主义市场经济向更高阶段跨越,这是最终消除商业贿赂的根本出路。

第二,实行源头治理,遏制行政腐败。韩国在20世纪经济高速增长时期,经济管理体制体现为政府主导型体制,从而引发了行政权限的过度膨胀,一度使行政权力寻租和官商勾结泛滥成灾,严重扰乱了正常的经济秩序,也败坏了社会风气,损害了政府的形象,引起了社会公众的极度不满。韩国政府从解决商业贿赂中行贿方与受贿方的主导方面入手,重点对滥用职权、索贿受贿、以权谋私的政府公职人员和行政官员予以严厉惩治和打击,一经发现,严惩不贷。一方面通过法律、法规的约束来加大公职人员的违法成本,使之不敢为;另一方面通过社会伦理、职业道德教育,使之知道什么可为,什么不可为。通过韩国政府长期和不懈的教育、预防和惩治相结合的治理措施,造就出了一支精练、强干和高素质的公职人员队伍,也使政府职能逐步完成了从管理型向服务型的转换。目前我国正处于经济体制转轨时期,行政管理体制尚存在很多弊端,官员腐败和行政权力寻租现象较为突出,在某些部门和某些领域,行政权力的膨胀和失控以及公职人员以权谋私已成为商业贿赂滋生的源头。因此,在治理商业贿赂中,应该从完善行政体系、转换政府职能入手,约束和规范行政权力,优化行政环境,建立行政组织机构的净化机制,加大对行政违法、违规人员的处罚力度。在行政管理体制内部,建立自上而下和自下而上相结合的监督、检查机制和公职人员录用、升迁及淘汰的评价机制。另外,加强依法行政,提高政策制定及行政权力行使的透明性,主动接受人民群众和社会舆论的监督。

第三,调动各方面力量,实行全民反商业贿赂。韩国总统卢武铉2005年3月9日在签署韩国反贪与透明化公约时指出:"在一个民众能够严密监视各种形式的腐败的社会环境下,任何诸如非法利用权力和营私舞弊的不道德行为都将无从下手。"韩国政府历来重视全民参与反腐败的作用,形成全民反腐的氛围。1980年，韩国掀起了一场"社会净化运动"，旨在通过调动社会各方面力量，在政治、经济、文化、伦理、道德等方面实现净化，清除腐败和商业贿赂，并取得了预期的效果，大大增强了全社会的反腐意识，为后来建立反腐败长效机制打下了坚实的民众基础。之后成立的韩国反腐败独立委员会的职能之一便是通过多种方式引导和鼓励更多的国民加入到反腐败和治理商业贿赂的行列中来，主要措施有：一是调动民众对腐败及商业贿赂的警觉性，并通过宣传、教育方式来提高他们的识别能力；二是高度肯定揭发和投诉者的勇气，并对他们予以保护和奖励，奖励最高金额可达20亿韩元，约合200万美元。目前韩国民众普遍认识到，商业贿赂不仅仅侵害了国家的利益，而且也直接损害了作为纳税人自己的切身利益，因而作为一个公民，有责任有义务来主动、自觉地揭发和检举这种违法行为。从我国目前来看，商业贿赂的出现由来已久，加上法律界定不清和宣传不够，人们普遍对经常出现于自己身边的商业贿赂现象习以为常，见怪不怪。在社会上，很多商业贿赂行为没有被上升到法律高度加以认识，对商业贿赂所带来的危害及后果也估计不足，导致群众主动参与的意识较为淡薄。当务之急就是要通过多种方式加大反商业贿赂的宣传力度，提高群众对商业贿赂的识别能力，特别是通过一些大案、要案的典型案例的报道，来提高群众对商业贿赂危害性实质的认识，使更多的人积极参与到治理商业贿赂工作中来。另外，应尽快建立规范性的投诉人保护和奖励制度，设置简便、快捷和高效的投诉受理、处置和回馈程序。

第四，加强企业文化建设，建立企业自律机制。在韩国，大多数企业都通过多年的企业文化建设，建立了抵制商业贿赂的防范机制。因为，在企业经营过程中，即使没有参与违法活动，但只要涉嫌卷入某个违背公共道德的事件中，该企业的社会声望将大大受损，社会公信度大幅下降，为今后的发展带来种种不利影响，甚至可能由此一蹶不振。如果一个企业牵涉到一个微不足道的诉讼当中，由于股东的态度对企业影响力巨大，便有可能导致该企业最终破产。这种社会道德价值观促使企业一方面远离商业贿赂，建立完善的企业自律机制；另一方面不断加强企业文化建设，树立正确的企业理念和宗旨，将企业的道德管理置于企业管理的核心地位。韩国的一些大公司如浦项综合制铁、新世纪百货等，都确立了企业道德管理模式，并带动众多企业纷纷效仿，形成了韩国企业文化的一大特色。在企业文化建设方面，韩国反腐败独立委员会也做了大量工作。该委员会认为，企业文化是与企业的价值观和国际市场竞争力密切相关的。因此，该委员会在总结以往韩国企业文化建设有效经验的基础上，设置了企业职业道德标准，为不同企业根据自身特点建立企业道德模式提供了依据。从我国来看，由于目前市场发育水平程度较低，市场秩序有待于进一步规范，企业缺少一个良好的宏观发展环境，加之企业自身制度建设较为滞后，很多企业还缺乏守法经营的自律机制。因此，当前治理商业贿赂工作中，一方面要整顿市场秩序，完善各项管理制度，约束企业经营行为，为合法经营的企业提供盈利和发展机会；另一方面要加强企业文化建设，促进企业树立良好的价值观，建立合法经营的企业自律机制，提高自觉抵制商业贿赂的能力。鼓励处于优势地位的企业与其合作伙伴建立反商业贿赂联盟，以及行业内企业间订立反商业贿赂协约，形成合力，营造竞争、有序的市场竞合关系。

日本的反腐败体制

中国社会科学院日本研究所课题组[*]

[内容提要] 日本的反腐败机制是一项"系统工程"，在制度设计上它以分权制衡为出发点，建有比较完善的腐败防范体制、健全的内外监督机制和严密的追惩体制，形成了较为行之有效的防范与惩罚相结合的反腐败体系。日本的立法、行政、司法、监督等体制在惩防腐败中的运作与成效，为我国从制度层面上加强廉政建设，提高党和政府的执政能力提供了可资借鉴的经验。但与此同时，日本的反腐败机制也并非尽善尽美，在某些方面甚至仍存在着法律上的空白和缺陷，尤其是随着近年来腐败手段和形式呈现出新特征和新变化，日本的反腐败体制也面临着新的挑战和考验，为适应新的形势变化，仍需进一步加以完善。这也从另一个角度为建立和完善我国的反腐败体制提供了反面教训。

日本的反腐败机制是一项"系统工程"，在制度设计上以分权制衡为出发点，建有比较完善的腐败防范体制、健全的内外监督机制和严密的司法追惩体制，形成了行之有效的预防与惩罚相结合的反腐败体系。日本的立法、行政、司法、监督等体制在惩防腐败中的运作与成效，为我国从制度层面上加强廉政建设、提高党的执政能力提供了可资借鉴的经验。

一 腐败防范体制

腐败是指公职人员故意滥用公共权力以获取私人利益的行为，具体表

---

[*] 执笔人：孙玲玲，外交研究室副研究员。

现为贪污、贿赂、滥用职权、以权谋利、权钱交易等行为，因此拥有公权力是腐败产生的前提。

（一）分权制衡机制

日本建立了完备的腐败防范体制，通过以权力制约权力、阻断权力与利益之间的联系等，以防止权力滥用，从源头上预防腐败的发生和权力的滥用。

法国思想家孟德斯鸠说过："防止权力滥用的办法，就是用权力来制约权力。"因此对权力进行分割，使之相互制约监督，是控制权力滥用、防止贪污腐败的利剑。《日本国宪法》确立了立法、行政与司法三权相互制衡的原则。这是最高层面的权力的分配、制约与监督。

首先，立法权与司法权相互制约。内阁总理大臣由国会从国会议员中提名；政府要向国会报告行政工作、财政收支状况等；国会对政府活动进行监督，通过质询、调查、听证、监察等形式对各级行政机关和高级官员进行监督，对违法失职的高级官员和腐败者实行弹劾，必要时众议院可通过不信任案迫使内阁总理辞职。而内阁首长也可以行使解散众议院的权力，二者相互制约。其中国会对制约行政权滥用和预防行政腐败起到了不可忽视的作用。

其次，司法权与行政权相互监督。日本最高法院行使司法权，通过违宪审查和司法审理对内阁及各级行政机关行使监督权。日本宪法第81条授予了最高法院对行政行为的最终违宪审查权，它有权决定一切法律、命令、规则以及处分是否符合宪法，保证了司法权在三权中处于优势地位。同时，宪法和《法院法》还规定，最高法院院长由内阁提名、天皇任命，其他大法官的任命权均属内阁。但由于内阁可以通过最高法院法官的人选决定权来影响司法，所以，实际上日本法院很少有认定政府行为"违宪"的判决。

最后，立法权与司法权相互制衡。根据《日本国宪法》和《法官弹劾法》的规定，法官由于工作中渎职、玩忽职守或犯有严重损害法官威望等过错的，将受国会的弹劾而被罢免。在国会直属之下的法官弹劾法院和法官追诉委员会，负责起诉和审判有违法行为的法官。行为构成犯罪的，再通过刑事司法程序予以追究。但国会只对有重大违法行为的法官进行弹劾，以确保司法独立。

(二) 公务员廉政体制

作为行使公共权力、决定公共事务的机关，行政机关内部易滋生腐败。日本在防止公务员腐败、维护行政廉洁方面卓有成效，从公务员的任用考核、定期轮岗、高薪养廉、职业自律等方面完善公务员制度，确保公务员队伍的廉洁高效。

1. 考试录用。日本《国家公务员法》和《地方公务员法》规定，国家和地方各级行政机关的事务官（即一般公务员）的任用实行考试制，考试在平等条件下公开进行。一经任用，公务员除犯过失外不得被解职，确保了较高的专业水准和稳定的职业保证。但随选举更换的政务官（特别职公务员）不适用此制度。

2. 薪酬保障。日本公务员的工资明显高于其他行业平均水平，随着职务升迁，收入会稳定增加。此外，公务员每年还享有基本固定、数额可观的奖金、津贴、保险、住房、福利待遇等，退休后还可得到高额退休金。高薪制度为公务员的生活和社会地位提供了保障，对防止公务员贪污腐败起到很大作用。

3. 定期轮岗。公务员定期在不同部门、不同地区间轮换，级别越高、权力越大的岗位，轮岗越频繁。国家高级公务员一般2年左右轮岗一次，中初级公务员一般3年左右轮岗一次。轮岗可防止公务员长期在岗建立权钱交易关系网，即使有贪污、渎职等违法行为，也很可能因交接工作而被发现并追究。

4. 职业自律。日本的公务员法和《国家公务员伦理法》确立了公务员必须遵守的行为准则和职业道德：要求公务员在行政办案中保持政治中立，不得担任党派或政治团体职务，不得为政党或某种政治目的谋求或接受捐赠；不得在工商、金融等营利性企业中兼职或自办营利性企业，离职后2年内不得在营利企业中担任与国家机关有密切关系的职务；不得接受利害关系人的赠礼与招待；即使接受利益不相关者的招待或赠礼，超过5000日元时须向上级汇报；超过2万日元的报告要存档。

5. 业绩考评。日本对公务员实行业绩考核制，侧重事后评价。2002年4月施行的《政策评价法》又强化了事先评价制度。事先评价，要求政府部门同公务员制定工作目标和措施时应从必要性、有效性及实际效率三方面考虑；有关研究开发、公共事业和政府援助的决策须事前作出评价，听取外部人员意见，公开评价结果并反映在预算编制中。政策评价机制规范了行政行为、防止了权力滥用。

此外，日本公务员退休后到对口企业就职的所谓"下凡"问题，也越来越多地引起社会关注。据总务省公布的一份报告，截至2004年10月，日本2325家公共事业企业的5889名执行官曾在中央政府中任职。"下凡风"同样刮到了日本都道府县等各级地方政府。据统计，占地方企业27%的5095家企业的执行官员曾供职于地方政府。事实上，这种在"发挥余热"名义下的"官员转业"存在很多弊端。日本检察机关2005年6月指控日本26家公司和8名公司经理涉嫌在2003财政年度和2004财政年度，对180份价值710亿日元（约合6.3亿美元）的桥梁建设工程招标过程中联手进行暗箱操作，将工程合同私分。调查结果表明，其中许多当事人属于"下凡"的原政府官员。由此可见，"下凡"造就的官商联手，往往成为腐败案件滋生的温床。

（三）阳光防腐举措

"暗箱操作"是滋生权力腐败的温床，"阳光"是最好的防腐剂。日本通过规范行政机关的行政行为，公开权力运作过程、公开公共领域信息、公开公共人物财产，使行使公共权力的每一步骤和环节都置于社会的监督之下。

1. 行政程序公开。规范行政程序，可有效防止和减少不当行政行为。日本1993年制定的《行政程序法》及配套法规，是行政程序法制化的重要标志。行政程序法规定了行政处罚、行政指导及登记等行政程序上的相关事项，从而确保了行政活动的公正，提高了行政透明度，促使行政机关的依法行政，保障了国民的权益。

2. 公共信息公开。凡涉及公共领域的信息，应当向全社会公开，以保障公民的知情权。日本1998年通过了《关于公开行政机关所保有信息的法律》（即"信息公开法"），规定除涉及国家机密等情况外，行政机关应通过文告、网络等形式主动公开其所掌握的信息，公民和新闻机构也有权向行政机关或司法部门申请调阅，而受理部门则必须依法予以公开。

3. 官员财产公开。20世纪70年代以来，日本政坛频发的重大腐败丑闻，使政府和官员的可信度严重受损，作为其挽救措施，遂开始公开官员的财产。1974年田中角荣因政治资金丑闻下台后，继任者三木武夫、福田赳夫等一上台即公布自己的财产，中曾根内阁时则把这一做法扩大到全体内阁成员。1992年颁布的《国会议员资产公开法》将公开官员、议员的财产制度化和法律化：申报主体为内阁成员及国会议员；申报的内容包括土地、建筑物等不动产、银行存款及有价证券、借贷款及数额、高尔夫球会员权、汽车、字画、古董等；对拒绝申报个人财产或弄虚作假者予以制裁，议员候选人将被取消选举资格，并被处以罚款或有期徒刑。

4. 政治资金报告。日本政党和政治家违规收受大企业或大集团巨额政治捐款的丑闻层出不穷。为消除金权政治，日本通过颁布《公职选举法》《政党资金补助法》来改革选举制度，并多次修改《政治资金规制法》对政治资金进行严格限制。它要求募集的政治资金，要如实向地方选举管理委员会或总务大臣提交"政治资金收支报告书"；单项捐献额达5万日元或单次购买募集资金宴会入场券超过20万日元者，必须登记并公布捐款来源及金额；规定了捐款金额的上限，企业或个人每年向政治家个人捐款不得超过150万日元，企业向政党或政治团体捐款不得超过3000万日元。

（四）司法专业化

现代法治社会中，司法是社会正义的最后屏障。检察官和法官处于追惩腐败犯罪的"第一线"，因而，反腐败机构保持自身的廉洁公正意义重大。日本通过司法一元化的严格考试制度及司法研修制度，保证了法官、检察官和律师法律等职业群体具有高度的法律专业素养。同时，为确保法官和检察官的独立司法和社会地位，实行高薪制和终身制，确保了司法过程的公平正义，也保障了司法队伍的廉洁。

1. 资格认定。日本实行严格的统一司法考试，通过率仅为2%；考试合格者还需到最高法院下属的司法研修所接受一年半的培训，通过考核后方可从事法官、检察官职业。因此，日本的法官和检察官属于法律界精英，保证了执法的严密公正。但下述人员不具备任职资格：一是依法不能担任行政职务的人；二是受过刑事处罚的人（被判过徒刑的）；三是被弹劾法院罢免的法官。

2. 职业保障。日本法官的资职不受国会、内阁、政党及其他势力所左右。根据宪法规定，法官除因身心健康或被弹劾外，不能被免职。法官任期10年，可以连任，最高法院和简易法院的法官满70岁退休，其他法院的法官到65岁退休。检察官身份也同样受到保护，《检察厅法》规定，除特殊情况外，一般不得违反检察官个人的意愿将其罢免、停职或减薪。

3. 待遇保障。日本对法官和检察官提供充足的物质保障，使之享有优厚的物质条件。最高法院院长的工资与总理大臣工资相同，其他 14 名法官与内阁国务大臣相同，地方各级法官的待遇也高于同级公务员，退休后还可享受优厚的退休养老金。日本检察官的平均工资也明显高于国家公务员的平均工资。

4. 道德自律。《法院法》第 52 条规定，法官不得担任国会或地方议会的议员，但可以参加政党、行使选举权等。日本的法官和检察官大多洁身自好，在政治上保持独立，有较高的职业道德和自律意识，保证了司法队伍的廉洁。在日本社会中，法官和检察官贪污受贿的案件非常少，有很高的社会信誉度。

二 内外监督体制

对权力的行使必须进行监督。有效的监督机制应具备以下要件：一是监督机关的权力要大于或等于被监督机关；二是监督机关只有独立于被监督机关、部门，才能保证监督权不受干预；三是监督权要有后续的纠正机制和追惩机制保障，才能实现监督效果。日本的监督机制既包括权力机关内部监督，也包括外部监督。内部监督的优点是随时定期监控，可及时发现并纠正违规、违法行为，以防患于未然，但也易受行政系统内上级对下级的命令权、人事任免权等所限，难以彻底追惩。因此，外部监督（也称"异体监督"）对行政腐败，尤其对高层腐败必不可缺。

（一）行政机关内部监督

日本的行政机关内部设有实施监督的监察机构，如内阁行政监察局和邮政监察、人事行政监察、预算执行监察机构等，直属于日本内阁或有关部门，负责对整个文官系统进行行政监察。根据《国家公务员伦理法》的规定，在人事院设立国家公务员伦理审查会，对公职人员的腐败行为进行防范和打击，监督公职人员遵守法律、履行职责。

（二）审计机关监督

根据《日本国宪法》和《会计检查院法》的规定，会计检查院是日本的最高审计机关，属于政府行政序列，但在组织体制、人事及经费上相对独立，依法对政府各级机关和国有企业等进行审计监督，并向国会报告工作。会计检查院通过审查原始凭据、账目、报表、资产等，对国家的收入和支出进行审计和监督；在对国家财政决算报告进行审计后出具审计报告，由首相转呈国会，再由国会对其进行审议并作出决议；此后向社会及被审计单位公布审计结果，要求被审计单位自行纠正，并把整改情况于下一年度汇总后向国会报告。对审计过程中发现的违法失职及腐败行为，可以提请相关的有权机关依法处置，这对及时发现并惩治腐败发挥了重要作用。

（三）新闻媒体监督

日本新闻媒体在监督、揭露及遏制腐败方面发挥着不可替代的作用。日本的首相官邸、中央政府各部、国会、政党、都道府县政府、市政府及各级警察局均设有新闻发布窗口，各大主要媒体也在上述部门派有常驻记者，以及时获取政府及政党的内部信息，在体制上保证了作为公众知情权代表的新闻媒体，可以无障碍地接触权力阶层。新闻媒体的报道只要内容属实、不泄露国家机密即属合法，消息来源受法律保护，任何人不能对消息来源进行调查。

从20世纪70年代的"洛克希德"案件和"利库路特"案件到2004年的养老金丑闻，许多位高权重的政要被拉下马，日本新闻媒体功不可没。以"洛克希德"案件为例，1976年2月5日，《朝日新闻》以醒目标题刊登"洛克希德公司向丸红公司和儿玉提供资金"的消息，揭开了追查日本战后最大的跨国贪污受贿案的序幕。此后，日本几乎所有舆论媒体集中大量篇幅与时间对此案进行追踪报道，田中角荣最终被判有罪，与新闻界穷追不舍的揭露报道分不开。纵观整个案件的全过程，从中可见日本新闻监督的运作模式：一般先是某家媒体曝出丑闻的存在及违法可能，引起新闻界及公众的广泛关注；之后检察机关介入侦查，进入司法程序；更多媒体对案件本身及侦查进度进行追踪报道，其间可能揭露出更多丑闻或更多涉案高官；在媒体和公众舆论的巨大压力之下，被调查的高官引咎辞职；经法院审理判决，腐败分子受到法律的制裁。

(四) 国民参与监督

日本宪法规定，国民对公共权力的行使及行政决策的作出拥有知情权、质询权、参与权、投诉举报权等。行政程序公开、公共信息公开、官员财产公开等"阳光"政策的实行，就是为了保障公民的知情权与监督权。此外日本还实行国民审查机制，如对法官的国民投票审查制度及对检察官的检察审查会制度等。以检察审查会为例，日本于1984年颁布《检察审查会法》，开始设立检察审查会，以防止检察官滥用起诉裁量权。检察审查会由有选举权的公民选出11名成员组成，其职责是对检察官的不起诉决定是否正确进行审查，并作出起诉适当或不起诉不适当的决议，但该决议不具有法律约束力。2004年5月修改后的《检察审查会法》规定，检察审查会连续两次作出起诉适当决议的，即具有法律约束力。2004年7月，东京第二检察审查会对东京地检关于原邮政大臣自见庄三郎和原厚生省副大臣木村义雄涉嫌违反《政治资金规制法》不起诉的决定，作出决议认为不起诉不适当，检察官最后接受了决议并再次进行搜查。

三 追惩体制

日本在反腐败斗争中，除高度重视预防、保障、监督举措外，对胆敢以身试法的违规、违法者也给予追惩，以儆效尤。日本的刑罚理念认为，受贿罪系贪利性和职务性犯罪，犯罪分子追求的主要是财物等不法利益，所以，根据腐败犯罪的特征只分别没收贿赂所得或处以罚金、剥夺其任职资格。在行政处分与刑事处罚之间，其惩处形式更偏重于前者。

(一) 权力机关内部的惩戒处分

日本行政机关内部制定了严格的行政处罚制度，严惩害群之马。(1)《国家公务员惩戒规则》规定了对国家公务员的重大失误、失职和违纪行为的惩戒处分。对未能充分履行职务者，依情节轻重给予降薪、降职、停职和免职处分；对于破坏法纪和秩序者，给予告诫、减薪、停职、免职等惩戒；对构成刑事犯罪的，移交司法机关追究刑事责任。(2)实行"连坐"（问责）制度，除对直接责任者进行处罚外，还要追究上级官员的领导责任，日本政界因下属贪污贿赂而不得不引咎辞职的案例不少。例如，

1998年防卫厅在桥本内阁时期向NEC公司订购活动中的违法行为被揭发，涉及有关局长、课长的舞弊事件暴露后，小渊内阁防卫厅长官额贺福志郎不得不引咎辞职。

（二）对司法人员的弹劾与惩戒

日本对反腐败机构中法官的腐败现象采取弹劾和国民审查制度。对法官工作中的渎职、玩忽职守或犯有严重损害法官形象的过错，国会根据《宪法》和《法官弹劾法》的规定对其弹劾或罢免。弹劾法官的程序，是由议院选出的14名追诉委员组成弹劾委员会，在法庭对拟罢免的法官进行追诉。确认该法官行为构成犯罪的，再通过刑事司法程序予以追究。日本国民虽不能对涉嫌法官直接进行追诉，但可以向国会弹劾委员会提出弹劾某特定法官的要求。

（三）刑事司法追惩体制

在反腐败机制中，追究刑事责任，是对腐败犯罪的最直接、最严厉的惩罚机制，是实现社会公平正义的最后屏障。日本构筑了严密的刑事法网，设置了独立的侦查、起诉与审判制度，确保了对腐败犯罪分子的有力惩罚。

1. 反腐败立法及其特点

日本的刑事立法几乎囊括了与官员和职务相关的谋取不当利益的所有腐败行为，使对腐败行为的追究有法可依，有效地打击和遏制腐败行为。日本非常重视刑事立法对职务犯罪的威慑作用，在刑法典中设立了贪污贿赂罪专章，详尽而又全面地规定了贪污贿赂罪的种类及刑罚。此外，作为对刑法的补充，还制定了惩治贿赂罪的专门法《关于整顿经济关系罚责的法律》，在《公司更生法》《律师法》《赛马法》《商法》《保险业法》等部门法中设立了惩治贿赂的条款，以打击各个领域的腐败犯罪。

日本反腐败刑事立法具有以下特点：一是刑名详尽细密。在《刑法》第197条至第198条中，共计规定了8种贿赂罪名，包括单纯受贿罪、受托受贿罪、事前受贿罪、向第三者供贿罪、加重受贿罪、事后受贿罪、斡旋受贿罪、赠贿罪。如"事前受贿罪"是指即将任职者约定任职后为行贿者谋取利益而接受贿赂的行为；"向第三者供贿罪"是指就其职务行为让人将贿赂交付第三者的行为；"事后受贿罪"是指任职期间为行贿人谋利而卸任后收取其钱财的行为;"斡旋受贿罪"是指公职人员通过他人收取贿赂的行为。上述规定是为适应贿赂犯罪变化的特点而对刑法逐步修改完善的结果。2001年实施的《斡旋获利处罚法》增加了"斡旋获利罪",是针对斡旋于各政府职能部门并从中获取非法利益的行为而增设的,其犯罪主体为国会议员及其公派秘书、各级行政长官和地方议员,但不包括私人秘书和亲属。

二是犯罪构成上重视实质要件。(1)在犯罪构成上,只要因职务行为而收受不当利益即构成受贿罪,但并不以该职务行为是否枉法为要件;约定贿赂即使未实际交付也构成本罪。(2)职务行为包括作为和不作为。1959年东京高等法院判定,税务署职员指使纳税人提出不当减税的所得税申报表的,即构成本罪;1954年最高法院判定,某警察署署长不将有犯罪嫌疑的案件向检察厅移送,亦构成本罪。(3)职务行为并不仅限于公务员本人直接行使的权限,若是基于本人的指挥监督权而由下级实施具体的事务性行为,只要与其职务相关,亦构成本罪。1982年前首相田中角荣在日本航空公司购买美国洛克希德公司民用飞机中收受贿赂5亿日元一案,东京地方法院就认定,田中对全日空公司选定特定机种虽无直接关系,但他有行政指导权限,属于与职务紧密相关的行为,所以构成受贿罪。

三是贿赂罪的标的物广泛。金钱是最典型的贿赂,此外物品、招待、娱乐、支付债务、性服务、提供职位、无息借贷等,均可构成贿赂罪的标的物。日本法院还通过判例扩大司法解释,1992年东京地方法院就判定转让必定涨价的未公开股票的行为属于贿赂。在判断社交礼仪上的赠予是否属于贿赂上,从赠予物的性质、金额、赠予方式、时间、赠予者和受赠者的关系等方面考察,依普通人的理解认为超出了正常交往范围、存在贿赂性质的,便可判定其属于贿赂。

四是对贿赂罪的量刑不重但有针对性。日本刑法典中的量刑处罚较轻。(1)自由刑,根据贿赂罪的类型及情节轻重,一般处5年以下有期徒刑,加重刑为7年,不适用死刑;(2)财产刑,处以没收或追缴贿赂、罚金等;(3)资格刑,剥夺受贿者一定时期或终生担任一定公职或参与政治活动的资格。如《政治资金规制法》规定,候选人及助选的竞选班底有违法行为的,不仅责任人要受到处罚,还实行"连坐制度",候选人在5年内不得参加竞选,并视情节轻重罚款20万—100万日元。这种处罚之所以有效,是因为它是基于高薪养廉的考虑,即只有建立高薪的公务员制度,方可使大多数欲犯罪者权衡得失后，放弃侥幸心理和冒险行为。

2. 独立侦查起诉权

查处腐败案件尤其是涉及政治家的重大腐败案件，从侦查、起诉到审判的全过程，必须由拥有独立权限、不受行政干预的司法机构进行。检察官几乎参与刑事司法的全过程，在侦查、提起公诉、公审等方面担负重要职责。

日本独立侦查起诉权的特点：一是独立侦查权。根据《刑事诉讼法》第191条和《检察厅法》第6条，每个检察官都被视为各自独立的国家机关，被称为"独任官厅"，以自己的名义独立行使检察权，可以亲自侦查，也可以指挥司法警察辅助侦查。这是由于日本检察官具备高度的法律与会计等专业知识素养，在重大复杂的腐败犯罪案的查处上比警察更有优势。在东京、大阪和名古屋的地方检察厅，还设立了专门侦查腐败犯罪案件的特别搜查部，其中东京地检特搜部最为有名，共有检察官38人、事务官84人、检事21人，都是日本检察官中的精英分子，对社会检举或媒体披露的经济犯罪案介入侦查。特别搜查部有充足的办案经费、优良的侦查装备和极大的调查取证权，再复杂、再隐蔽的犯罪也会被侦破。

二是起诉独占权及不起诉裁量权。根据日本《刑事诉讼法》第247、248条，检察官独占提起公诉权，并拥有不起诉的自由裁量权。检察官可以根据犯人情况、犯罪情节以及犯罪后表现，认为必要时可不提起公诉。如东京特搜部曾通过不起诉权警示其他犯罪者，以达到预防和纠正腐败的效果。1998年12月东京特搜部以挪用秘书工资罪逮捕并起诉了原防卫厅副长官、国会议员中岛洋次郎，同时警告其他议员如不再重犯可既往不咎；2002年东京地检特搜部以挪用秘书工资罪逮捕了社民党议员辻元清美，但没有对辻元清美提起诉讼。

3. 独立审判权

司法独立主要体现在司法权独立、法院对外独立、法院内部独立三个方面。日本国宪法保障了司法权的独立性和优越性（违宪审查权）；法院的审理不受行政机关、社会团体及个人的干涉；法官的任免、升迁也不受行政干预，从而保证了司法审理的独立和公正。日本的最高法院及各级法院独享司法权，司法系统实行的是"五院四级三审制度"，在审级上实行三审终审制。对于贪污腐败案件，通常第一审在地方法院进行，一般要经过三审终审，诉讼过程漫长。如"洛克希德案"对田中角荣的审理长达

19 年，成为罕见的"马拉松诉讼"。

日本的司法体制还包含检察官司法。这是由日本检察官拥有的起诉裁量权决定的，只有在获有罪判决可能性很大时才起诉，导致了起诉率较低，但判决有罪率较高的现象，造成某些本应在法庭公审中辨明真相的案件却不能被起诉，无法进入审理程序。如 1988 年"里库路特案"中，尽管有许多政治家被卷入其中，但因没有足够的获得有罪判决的把握，最后检察官起诉的只有寥寥几人，而且几乎没有一个掌握实权的政治家成为被告。这反映出日本刑事司法的重心不在法院公审阶段而在侦查阶段，法院几乎成了对检察官决定的形式上的追认机关，影响了惩处腐败犯罪分子的司法效果和社会效果。

四　结语

目前日本仍以加强制度防腐为主，现有廉政立法和监督机制发挥了重要作用，但在官员资产公开、政治资金限制等方面，仍存在不少法律空白和缺陷。针对屡禁不止的政治资金丑闻，有必要加紧制定和完善反腐败配套法律，消除选举制度中的漏洞和弊端。此外，如何惩处新出现的腐败行为，也对立法者提出了新的挑战。如现行《政治资金规制法》规定，企业或个人均可以直接向政客提供一定限额内的捐款；对政治资金的范围、政治资金与贿金的区别等均没有明确的界定，致使法院可能将贿金认定为政治资金，把"行贿罪"认定为"无罪"；政治家利用"政治宴会"变相敛财、收贿的行为，以及转让未上市股票行贿的行为，无明文法律规定来约束，致使有机可乘。日本在野党近期计划提交的《防止政治腐败法》，将"斡旋获利处罚法"的适用对象扩大到议员的亲属、行政长官的秘书；全面禁止参加公共事业投标的企业提供政治资金；要求企业、团体提供政治资金不论金额多少均全面公开，并通过互联网公开收支报告书。

尽管日本建立了完备的预防与惩罚腐败机制，但近年来腐败手段和形式呈现出新特征和新变化。这说明了日本的"政官财"结构体制仍旧是腐败滋生的根源，同时日本的反腐败体制仍需适应新形势进一步完善，反腐败工作仍任重道远。

欧洲及中亚

北欧国家反腐制度剖析：
预防、调查与惩处

傅 聪[*]

[内容提要] 北欧国家是全球廉洁程度最高的地区，是世界各国反腐廉政建设学习的榜样。北欧国家在历史形成的制度传统的基础上，发展出一套现代化的、成体系的反腐机制与手段。本文从腐败预防与自查、腐败调查和腐败惩处三个方面，从国家机构、公有企业和非公部门三个视角剖析北欧国家的反腐败体制与机制。

北欧是比较廉洁的地区，这与北欧国家重视廉政建设和一贯的反腐传统是分不开的。但是，北欧国家也存在一些腐败现象，公务员以权牟利，挪用、贪污公款的现象仍然无法杜绝。例如，2005年春，丹麦2名移民官员被指控接受贿赂，违法授予外国人居住许可。官员将公款用于个人消费等事件也偶尔见诸报端。在商业活动中，特别是涉及公共合同的领域，北欧国家的官员也时常被指收受贿赂。例如，据报道在丹麦的建筑部门，为赢得公共工程，大约有10%的承包商曾试图贿赂政府的各级官员。

腐败无孔不入，北欧国家建立了积极的事前预防，有效地跨部门联合调查侦办，以及完善的刑事立法对腐败行为进行全方位的包围和打击。下文将从腐败预防、调查和惩处三个方面介绍北欧国家的一些反腐经验。

---

[*] 傅聪，中国社会科学院欧洲研究所副研究员。

一　腐败预防与自查

北欧国家重视腐败发生前的预防工作，各公共部门纷纷制定自己的预防政策，以杜绝可能出现的腐败行为。作为积极的对外援助国家，大量的对外援项目成为滋生贿赂的温床，北欧国家公务员经常会面对受援国为得到援助项目而行贿的考验。对外发展援助领域成为引起北欧社会广泛关注的重要反腐阵地。

（一）政府部门的反腐行动计划和准则

丹麦外交部（Danida）非常重视部门反腐制度建设。它对腐败和贿赂坚持零容忍原则（the principle of zero tolerance），要求外交部工作人员践行最高标准的正直、诚实准则，坚守高度的道德责任感，在反对腐败的行动中成为楷模。

外交部制定《反腐败行动准则》，作为指导全体人员公务行动的指南。《反腐败行动准则》要求工作人员保持高度的正直与诚实。《准则》规定了以下几项重要的行动原则：第一，避免利益冲突；第二，不得滥用职务和公共资源；第三，个人行为恰当；第四，坚持公开、透明；第五，拒绝主动和被动贿赂。一般情况下，工作人员不得接受礼物或其他利益。但是在特别情况下，出于对驻在国风俗的尊重，可以接受价值较低或具有象征意义的礼物。例如，丹麦驻越南使馆要求工作人员接受的礼物不得超过50美元，且必须以使馆的名义接受。此外，工作人员不能接受免费或优惠的旅游服务、交通工具、门票、旅行补贴或宴会等。

2004年丹麦外交部制订了《外交部反腐败行动计划（2003—2008年）》。《计划》主要是针对丹麦对外援助行动中的腐败行为制订的。《计划》从改善腐败预防的规则与程序、提高预防腐败的能力以及违反预防规则的强制措施三个方面提出了行动计划。具体措施包括：（1）从反腐角度重新评估外交部的各项程序和制度安排，制定有利于反腐的指南、规章；（2）修订外交部双边咨询合同中的反腐条款；（3）起草适用于外交部所有工作人员的"职业道德准则"，加强对工作人员的职业道德培训；（4）在"职业道德准则"中增加了对违反准则的制裁措施。《计划》专门就每一项目标的执行和完成规定了时间表。为了促进《计划》的执行，对《计划》中的行动进行监督，

《计划》要求制作年度进展报告和5年行动计划总结报告。年度报告要对每年的进展、下一年度的努力方向进行评价和展望。5年总结报告则须对整个计划的得失进行回顾,总结成功之处和失败教训,为接下来的工作提出建议和发展方向。

在外援管理上,丹麦外交部制定了严格、完整的援助项目标准和信托基金管理制度,对其外部合作伙伴也有极高的反腐要求。丹麦外交部一旦发现外援资金可能因腐败而被滥用,就会马上采取措施将资金严格监控起来。在必要情况下,外交部还会将案件移交给律师或警察部门处理。涉嫌腐败案件的公司会被处以暂停或禁止参与今后的政府招标以及公共合同的处罚。此外,丹麦外交部还设立了"反腐败热线",使公众能够举报各种滥用外交部资金的行动,并在外交部网站上开辟了网上举报通道。

挪威外交部及其下设的挪威发展合作署(NORAD)都将腐败列为工作中的头等大敌,制订行动计划积极防止腐败出现。2006年,外交部提出了在国内、外加强反腐败行动的计划。计划提出了以下四项目标:防止外交部预算资金管理中出现腐败;通过加强国际反腐合作确保预算资金的使用效果;采取措施强化国际反腐框架;提高挪威反腐工作的形象。发展合作署在工作中会接触大量的援外资金。为了加强本部门的反腐力度,它特别制定了内部反腐指南和工作程序。"指南"要求在所有援外合同和协议中要明确腐败行为的报告和控制责任;对所有受援国的行政能力进行详细评估;支持受援国司法和公共部门改革和机构能力建设。

落实上述要求的具体行动包括以下几点:(1)提高发展合作署和驻外使馆工作人员的反腐意识和知识;(2)通过提高管理人员配置来预防腐败,提高发展合作署和使馆工作人员的职权;(3)提高使馆的资金管理职权和管理方面的专业技能;(4)提高援助的公开性,将所有援助资金在互联网上公布;(5)评估并修改与援助有关的协议、合同中的反腐条款;(6)对援助资金的不良使用给予处罚;(7)与挪威非政府组织和私人部门合作开展打击腐败的行动。

(二)公有企业的反腐政策

瑞典的国有公司,特别是一些金融企业,在经营中有意识地对腐败现象防微杜渐。大型公司纷纷制定自己的反腐规章,预防可能出现的商业贿赂。

国际瑞典基金(Startishda)是一家从事双边金融和风险投资的国有有

限责任公司。在公司"最佳行为守则"中，国际瑞典基金明确表示，将OECD《打击在国际商业交易中向国外公共机构官员行贿的公约》精神融入公司的"认股和股东协议"及"贷款合同"之中；将商业贿赂视为对合同条款的违反。

在国际瑞典基金的贷款合同中，反腐条款占据了重要的位置。部分条款摘录如下：

借款人保证、声明在提交的项目中，根据现有的认识，借款方没有从事并且不打算从事下列行为：（1）直接或间接许诺、提供、给予、接受或介绍任何付款、礼物、恩惠或其他不当利益，以影响公职人员或公共部门、公有企业的主管、雇员或国际组织的工作人员在履行职务时采取行动或避免采取行动；（2）任何其他不当地影响或试图影响公共采购过程或项目执行、运转的行为，包括投标人的共谋行为。

瑞典出口信用公司（SEK）是一家负责根据官方出口信用支持安排，向出口方提供出口信用融资的国有公司。切实履行公司的社会责任是瑞典出口信用公司企业文化的重要组成部分。反对腐败是其在履行社会责任中最为看重的一项。瑞典出口信用公司定期邀请外部专业人员与公司员工举行座谈，讨论在商业往来中如何防止贿赂行为。在对待业务伙伴方面，公司特别要求融资申请人出具书面文件，保证被担保的交易未牵涉任何贿赂。在贷款申请表格和贷款文件上，瑞典出口信用公司也都增加了反贿赂条款。

（三）非公部门的反腐政策

许多北欧国家的行业协会和私营部门都确立了自己的反商业贿赂规则。瑞典贸易理事会（Swedish Trade Council）成立于1972年，是一家为瑞典政府和企业服务的行业协会。它为瑞典及其企业在海外树立积极正面的商业形象做出了很多努力。瑞典贸易理事会特别关注企业及市场的社会正当性问题。作为对联合国倡导的"全球契约运动"的响应，瑞典贸易理事会提出了自己的反腐原则。瑞典贸易理事会以支持企业采取一切形式反对腐败的行动，以防止在商业交易中出现贿赂和索贿行为。

为防止企业因谋求商业利益而向官员行贿，瑞典私营部门采取了许多有益的措施。其中，比较有代表性的是成立于1923年的反腐败协会。反腐败协会是一个私人团体，在私营部门中具有很高的声望。协会发布了私营部门反腐行动指南，指导公司制定适合自己的反腐政策。协会还为公司制定行为守则提供网上指导，并在网站上提供已经建立行为守则的公司的链接。

（四）部门反腐自查和审计

瑞典国际发展合作署（Sida）是外交部领导下的官方发展援助项目的执行人。它建立的腐败自查机制在北欧国家具有一定的代表性。

出于降低在发展援助中发生腐败的风险，在出现任何腐败怀疑时可以及时开始预防或调查的目的，发展合作署建立了每一位工作人员都有权在工作中怀疑、发现、报告腐败行为的自查机制。自查机制适用于所有在瑞典国内或驻外的本署工作人员，以及瑞典驻外使团的工作人员。自查程序大致如下：首先，向直接上级实名口头或书面报告发现的腐败怀疑；如果听取报告的人也受到腐败怀疑或出现利益冲突，则向授予其职权的上级报告。而后，由发展合作署开展调查行动，主要手段为对腐败怀疑进行内部审计，或邀请外部审计员对腐败个案进行调查。调查结束后，调查员会将调查结果通知发展合作署会计、财务和资金控制部门，以促进它们改进相关规则。发展合作署的新闻服务部门也会收到调查结果，以备应对新闻媒体可能提出的质询。国际发展合作署还制定了举报保护制度。在调查过程中，对提出腐败怀疑的人的姓名和个人信息予以保密。在必要时还会为举报人提供人身安全保护。如经调查腐败属实，发展合作署会采取要求发生腐败行为的项目退回援助款或终止该项目的处理方法。根据腐败的严重程度，牵涉其中的发展合作署雇员或瑞典驻外使团雇员会受到口头警告直至开除公职的处分。如果发展合作署聘请的咨询人员出现腐败行为，会被取消咨询服务合同，并面临发展合作署提起的损害赔偿诉讼。

芬兰对外关系部门将以综合预防原则指导反腐败行为，视为其实现良好治理的方式之一。为此，在发展合作项目管理中，芬兰外交部确立了内部审计制度。内部审计涉及的范围包括项目行政管理、项目运行和资金使用等方面。较有特色的是，出于反腐考虑，内部审计还会对项目运行的监督机制和监督效果进行评估。

二 腐败调查机制

为了及时发现并认定腐败行为，北欧国家在调查腐败类型经济犯罪、收集罪证方面建立了跨部门合作机制，以检警联合、综合协调的方式查处腐败案件。例如瑞典在 1998 年成立了经济犯罪调查局，挪威在 1989 年建立了经济犯罪调查起诉署。

（一）瑞典

1. 瑞典检察院

瑞典执行打击腐败行动的主要责任机构有瑞典检察系统、国家反腐败局和经济犯罪调查局。瑞典检察系统由总检察长领导，大约有 750 名检察官和 360 名辅助人员，负责全瑞典的犯罪调查和公诉事务。中央检察院内设国家反腐败署和国家警官、检察官、法官调查署。它们分别负责腐败案件的侦办、起诉，以及对司法人员进行监督。

2. 国家反腐败署

2003 年，瑞典总检察长组建了国家反腐败署。该署最初由 3 名检察官组成，到 2005 年扩展成由 5 名检察官和 1 名经济学家组成的团队。国家反腐败署主要负责全国范围内的腐败和与腐败相关的犯罪侦查和起诉。此外，它还有权处理涉外贿赂案件。由于没有一支单独隶属于国家反腐败署的警官和调查员队伍，国家反腐败署要与地方、地区警官和国家警官、检察官、法官调查署的调查员合作处理案件。根据案件的具体情况，国家经济犯罪调查局也会向反腐败署提供经济调查员和会计等人力支持。

国家反腐败署在实践中摸索出了一套特有的反腐工作模式。首先，通过跟踪媒体对腐败行为的报道来获取最初的调查线索。这种方式最大化地调动了社会反腐力量，同时又弥补了案件侦办人手不足带来的限制。与腐败风险较高的政府部门（如公共采购、国际援助、社会保险、移民、司法系统、国防部门、金融和出口信贷部门）直接展开合作，也是获取腐败犯罪信息的重要渠道。其次，反腐败署与审计、税务部门密切协作，搭建了腐败案件调查网络。审计和税务部门由于自身职责和性质方面的原因，是腐败案件调查的重要帮手。另外，由于重视与欧盟成员国之间的司法与警务合作，国家反腐败署对跨国腐败案件也能高效处理。

3. 经济犯罪调查局

瑞典国家经济犯罪调查局成立于 1998 年，在公诉业务上接受总检察长的指导。经济犯罪调查局大约有 400 名工作人员，其中包括检察官、警官、经济调查员（例如，司法鉴定会计）和行政人员。经济犯罪调查局的组织架构包括：1个罪行评定办公室、3个执行警务处和3个执行服务处。每个处/室都由1名主管检察官负责。经济犯罪调查局的业务活动主要集中在斯德哥尔摩、哥德堡和玛尔摩三个大直辖区。

经济犯罪调查局成立的初衷是维护金融体系的健康和经济增长，防止经济犯罪损害社会和民众的利益，致力于创造更加公正的社会。经济犯罪调查局很重要的一部分业务是处理涉及贿赂、欺诈和贪污的腐败案件。处理这类案件需要拥有很强的税务、商业运作和账目簿记方面的专业知识和技能，而这恰好是经济犯罪调查局的强项。经济犯罪调查局每年受理的经济案件近4000起，75%以上的案件来自瑞典税务署和破产债权人，其他的案件来自金融监管机构、海关、欧盟事务机构、会计师和公众。

经济犯罪调查局的工作方式独特，在瑞典的司法系统中可谓独树一帜。每个调查处都配备了经济犯罪检察官、经济警察、审计员和经济专家，利用他们的专业技能，合作处理经济犯罪案件。经济犯罪调查局重视对检察官、警官、调查员、金融专家和普通行政人员进行有针对性的专业培训，使他们成为调查经济案件的先锋专家团。多种职能和专业人员合作成为经济犯罪调查局打击各种复杂经济犯罪的有力武器。

瑞典检察院系统、国家反腐败署和经济犯罪调查局共同组成了一个严密的网络，监视着可能出现腐败的各个角落。在处理腐败案件时，它们的职能如果出现交叉，一般由国家反腐败署负责处理涉外的贿赂案件，经济犯罪调查局负责调查牵涉税务、破产、内幕交易、欺诈和贿赂的案件，地方检察官处理较小的国内腐败案件。如果腐败案件比较复杂，涉及多种罪名，检察官们通常会通过非正式的讨论，决定由哪个机构负责案件侦查和起诉。如果检察官对案件管辖不能达成一致，则由总检察长作出最终决定。

（二）挪威

挪威国家经济和环境犯罪调查、诉讼署（Økokrim，以下简称为调查署）成立于1989年。调查署是由挪威警察部门和国家公诉部门联合成立，负责经济犯罪（包括贿赂犯罪）调查、起诉的特别行动机构。调查署在行政和经费上接受挪威国家警察局的领导和管理，在处理经济刑事案件时接受挪威总检察长的业务指导。

在反腐领域，调查署的主要职责包括：收集贿赂等腐败信息，调查腐败案件，协助公诉部门向法院提起公诉，协助法院执行部门的工作，为国家监管部门提供咨询，参与国际反腐合作。除了自己发现腐败案件外，调查署还会接手经济监管机构，如税务部门、银行、保险证券委员会以及海关等部门发现的腐败案件。

调查署按照经济犯罪涉及的领域成立了 11 支专门的调查团队，其中反腐败小组、反洗钱小组和反欺诈小组都是打击腐败活动的中坚力量。每一个调查小组都由一名高级检察官领导，小组成员包括一名警方检察官、若干经过警方培训的调查员、若干具有金融领域专业资质的调查员（如审计员、商学院毕业生等）以及一名行政辅助人员。在腐败案件的调查过程中，调查署可以使用一些如电话监听等特殊的调查手段。

三　腐败惩处机制

北欧国家注重刑事法律对腐败行为的震慑和惩罚作用。各国对贿赂犯罪施加的刑罚虽然不重，但法律对贿赂等腐败犯罪规定的入刑起点较低，在腐败犯罪的主体、事实和时间认定等方面的规定较为宽松。

（一）瑞典反贿赂刑事立法

第一，法典分别规定行贿罪和受贿罪两个罪名。《瑞典刑法典》将贿赂犯罪区分为受贿罪和行贿罪。在"侵害公共行为犯罪"中，瑞典刑法规定了对"在公务人员履行职务责任时向其给予、许诺或提供贿赂或其他不当的报酬的个人"，以行贿罪论处。在"滥用公职犯罪"中，瑞典刑法规定对"在履行职责过程中，接受贿赂或其他不正当的报酬和同意接受对此的许诺或索要贿赂或其他不当的报酬的雇员"，以受贿罪论处。

第二，回溯、延长滥用公职罪的法定公职期间，加大对受贿谋私的惩处。《瑞典刑法典》特别规定，"雇员在担任职务之前和卸任之后如果实施上述行为（即受贿行为）"，同样以受贿罪论处。刑法将保证公职廉洁的责任同时向前和向后扩展，扩大了对受贿犯罪的打击面，加重了对受贿行为的打击力度。

第三，扩大对公职身份的认定。《瑞典刑法典》规定的公共机构雇员的范围非常广泛。它不仅包括一切隶属于政府、自治当局和地方议会、地方当局社团、教区、宗教团体或社会保障机构的公务人员，还包括执行法定任务的个人、武装部队的成员、无法律授权执行公共权力的个人以及接受委托管理他人法律、金融事务或独立处理需技术知识认证的工作或对前述事务履行监管责任的人。[1]可见瑞典将一切与公共事务相关的人员以及社会中介机构人员的腐败都纳入到贿赂犯罪之中。

第四，特别规定选举中的贿赂犯罪。《瑞典刑法典》规定对在选举中，因接受、同意许诺或索要不当的好处而在公共事务上投赞成或弃权票的个人，以选举中接受不当报酬罪论处。

（二）芬兰反贿赂刑事立法

第一，严格立法，拓宽贿赂犯罪刑名。《芬兰刑法典》在公职犯罪一章中规定了受贿、加重受贿、贿赂侵犯以及以议员身份受贿四项罪名。[2]受贿罪规定只要公共官员以其公职行为为代价，为本人或他人要求、接受或同意接受礼物、利益和对此的承诺，就可以受贿罪论处。如果公共官员意图采用违反职责的方式，给予行贿人相当大的利益，就可以加重的贿赂罪论处。不以发现损害事实和损害行为为犯罪要件，体现了芬兰反贿赂刑法的严苛。

《芬兰刑法典》还创设了"贿赂侵犯罪"。如果公共官员为本人或他人，要求、接受或同意接受礼物或利益和对此的承诺，以致行为造成对政府行为公正性信任度的削弱，则以贿赂侵犯罪论处。这项罪名是对没有损害公职行为和违反职责，尚未达到受贿罪要求的法定要件的情况下出现的腐败行为的制裁。不以损害公职行为和违反职责为犯罪要件，《芬兰刑法典》扩大了贿赂犯罪的罪名。

第一，芬兰刑法专门规定了"以议员身份受贿罪"。如果议员为本人或他人，要求、接受或同意接受礼物、利益和对此的承诺，且为换取该利益而承诺以其议员身份实施行为，以使正在被或将被议会考虑的事项能以某种方式被决定的，则构成以议员身份受贿罪。这条罪名涉及政治游说中的不当行为，给议员的以权谋私套上了紧箍咒。

第二，对贿赂犯罪施予资格刑处罚。《芬兰刑法典》对贿赂犯罪施予资格刑处罚，限制或剥夺贿赂犯罪者的再犯能力。例如，《芬兰刑法典》

---

[1] See Swedish Penal Code, Chapter 20, Section 2 and Chapter 17, Section 7, 8.
[2] 参见肖怡译《芬兰刑法典》第40章，北京大学出版社2005年版。

规定，凡犯了受贿罪的，如果罪行表明公共官员明显不再胜任其职务，可以判处免除公职；凡犯了加重受贿罪的，一律附加免除公职。

（三）丹麦反贿赂刑事立法

丹麦重视打击国际腐败行为，刑法典对外国和国际组织的公务人员贿赂犯罪进行了规定。《丹麦刑法典》在第十六章"履行公共职责时所犯之罪"中规定了两种贿赂犯罪。一种是"在履行丹麦的、外国的或者国际组织的公共职务或职责时，非法接受、索要或者接受他人之承诺、礼物或者其他特权的"；另一种是"履行公共职务或职责之人，以获取个人利益为目的，索要或者接受与官方职责、税收或者不正当费用有关之款项的"。①第一种贿赂犯罪的认定表明丹麦将打击国际贿赂犯罪视为己任，将履行外国的、国际组织的公职时发生的贿赂与本国公职人员的贿赂犯罪同等对待。另外，在前述的第二种贿赂犯罪中，丹麦还特别将税收和不正当费用列为贿赂的标的，显示出其独到之处。

（四）冰岛反贿赂刑事立法

《冰岛刑法典》同丹麦一样，对外国公务员、国际组织的工作人员的贿赂犯罪进行规定，对他们处以和冰岛本国公务员犯罪相同的处罚。具体而言，犯罪主体包括外国公务员、国际组织雇员、国际组织或者外国国家的立法机构的成员、国际法院的法官及其雇员。

《冰岛刑法典》规定，公务员为本人或他人索取、收受或者承诺接受与其履行职务有关的、其没有权利获取的礼物或其他所得的，为贿赂犯罪。另外，《冰岛刑法典》还专门规定了以"不应当支付的税收或者费用"为贿赂标的贿赂犯罪。②

四 北欧贿赂防惩措施的特色和对中国的借鉴意义

北欧国家看重腐败预防，形成了突出重点区域（对外交往领域）、包

---

① 参见谢望原译《丹麦刑法典与丹麦刑事执行法》第144、145条，北京大学出版社2005年版。

② 参见陈志军译《冰岛刑法典》第十四章，中国人民公安大学出版社2009年版。

含公共部门和非公部门的多层次腐败预防体系。作为对外发展援助大国，各国政府都将外交和对外援助视为反腐行动的重点关注领域。政策方面，北欧国家政府根据一定时期的反腐形势，制订阶段性的反腐行动计划。机制方面，北欧国家的反腐重点部门建立了腐败内部自查和审计机制，以期及时发现漏洞和可疑人物或事件，降低腐败发生的风险。同时，北欧国家还重视公有企业和非公部门的反腐建设，倡导通过社会力量帮助国家构建严密的反腐网络。

北欧国家在重视自身肌体反腐的同时，还通过发展援助将自己的反腐理念、制度、要求推广到受援伙伴国。北欧国家希望通过外援中的反腐输出，不仅帮助受援国改善其国家经济状况和国民生活水平，还能以反腐提高发展中国家的行政行为与政策目标的一致性和行政管理的效率，最终达到善治的目标。

在惩治腐败方面，北欧国家形成了警、检联合的执法体系，成为打击腐败的有力支撑。北欧国家为了应对腐败在经济领域的蔓延，成立了集调查、侦查、起诉于一体的部门联合执法机制。这种联合执法部门不仅集合了警察的侦查力量和检察官的公诉力量，同时还配备了具有金融、财会等专业技能的调查员，从而保证了腐败案件的侦办速度和质量。高效的执法能力对腐败形成了强大的震慑力，维护了北欧国家政治、经济运行的良好空间。

随着中国国力的增强，我国对外援助的范围和力度在不断扩大。国家公务人员和国企工作人员在涉外发包项目和执行项目过程中受到腐败诱惑的风险也在加大。对这些涉外领域出现的腐败进行调查的难度往往大于非涉外领域。北欧国家的积极预防措施值得我们学习。另外，北欧国家在腐败调查和惩处方面的经验也值得我们思考并合理借鉴。

西欧主要国家的反腐败机制

中国社会科学院欧洲研究所反腐败课题组[*]

[内容提要] 欧洲国家重视对公民的道德教育,在教育法中明确规定了道德教育的目标,利用宗教教育作为培养青少年道德品质的重要渠道,走向社会的人还要继续接受各种道德教育,尤其是职业道德教育。为了有效地预防和惩治腐败,西欧各国根据本国国情颁布了一系列反腐败法律和司法惩处制度,这些法律法规相对完备、可操作性强。欧洲国家还建立了多种反腐败监督机制,例如,立法与司法部门对行政机构的监督;政府内部的管理和监督,最重要的举措是实行政务官与事务官分开的文官制度;"透明政治"监督;新闻和非政府组织的监督。跨国合作是欧洲反腐败廉政机制的新趋势,欧盟出台了有关反腐败的公约和决议,以促进各国反腐败合作。欧盟的主要贡献是,统一"腐败"的定义和标准;加强联合打击腐败力度;采取联合行动,为建立无腐败区域做出贡献。

西欧国家之所以能够基本保持廉政,是与它们普遍拥有一整套比较完善和全面的反腐败廉政机制分不开的,包括全民基本道德教育、较为完善的监督机制和行之有效的法律制度等。尽管国情不同,但这些国家的经验和教训对于建立和完善我国反腐败廉政机制仍有重要的借鉴意义。

一 道德教育

"公民的自律是防止腐败的最有效手段"[①],而自律习惯的养成是以全

---

[*] 本文撰稿人:罗红波、李靖堃、彭姝祎、杨解朴。罗红波,中国社会科学院欧洲所研究员;李靖堃,中国社会科学院欧洲所欧洲政治研究室主任、研究员;彭姝祎,中国社会科学院欧洲所副研究员;杨解朴,中国社会科学院欧洲所副研究员。

① 芬兰最高检察院总检察长马蒂·库西马基之语。

体公民的基本道德存在为条件的。除了历史、社会、文化等诸方面的因素之外，教育是培养和提高公民基本道德素养最重要和最根本的途径。正因为如此，这些欧洲国家都十分重视对公民基本道德的教育和培养，尤其是对青少年的教育。

首先，很多欧洲国家均在教育法中明确规定了道德教育的目标，例如《联邦德国教育总法》规定的目标是："培养学生在一个自由、民主和福利的法律社会中……对自己的行为有责任感。"在德国各州的学校法中也均有关于德育的一系列规定，并且均将遵守行为规范，做到公正、诚实、对国家和社会负责、具有群体精神、承认并且运用自由和民主的基本条例、履行国家公民的权利和义务等列为重点。这种教育有助于培养未成年人今后自觉远离腐败，自觉抵制腐败。另外，有些国家还在中小学普遍开设道德教育课程。例如，20世纪70年代以来，英国的学校普遍使用《生命线》系列教科书，通过正式开设道德教育课来进行道德教育。此类课程主张将气质修养、行为举止的培养与发展学生的道德判断力相结合，旨在创造一个关心他人的课堂环境、学校环境和社会环境。形式多样的道德教育在英国高校中也同样存在，但主要是通过增加人文学科在高等院校公共课程中的比重来实现道德教育，特别是进行爱国精神和守法精神的教育。此外，英国的一些高校还成立了道德研究机构和实验机构，例如牛津大学、爱丁堡大学等均设有此类机构，从而推动了学校道德教育的进一步深入发展。而在法国，则主要是针对年轻人、大学生、企业管理人员和行政管理人员进行反腐败教育，主要方式是在大学和某些职业培训中心（如警察学习与培训中心）开设专门课程，2003年11月已出版了一本名为《面对腐败》的反腐败教材。除大学生外，中、小学生也被纳入了教育范围。

其次，大多数国家都利用宗教教育作为培养青少年道德品质的重要渠道。这是因为，尽管近一两个世纪以来，宗教组织的影响不断衰退，但是作为西方世界最重要的精神支柱，基督教依然深深扎根于人们的日常观念和行为之中，而宗教教义大多教育人们要善良、正直、诚实等。例如，英国1988年的教育改革法规定，要为所有在校注册的学生开设宗教教育课程。此类课程注重向学生介绍与宗教领域相关的历史、内容和观点，尤其是对英国文化有深远影响的宗教传统知识，以及关于个人和社会价值观念的内容，目的在于使学生能够用传统宗教的观念来理解人生、人与自然、人与社会的关系，理解现代社会中宗教和文化的多样性，确立个人的价值观,以培养青少年民主、平等、善良、诚信等意识。再如,在德国的学校中,宗教课程实际上承担的就是专门德育课程的任务。一般每周2—4课时,因州而异。除了正式的宗教课之外,学校还组织开展宗教仪式活动,如集体祷告等,旨在通过宗教教义来潜移默化地培养学生具有诚实、勤奋、正直、守法等品质。对于不信仰任何宗教的学生,学校则有义务为他们提供伦理、哲学、价值与规范等方面的教学,以培养其基本道德。教学方式灵活多样,内容丰富生动,便于学生接受。

最后,在这些欧洲国家,走出校门、走向社会的人也还要继续接受各种道德教育,尤其是职业道德教育,特别是公务员的职业道德教育。所有欧洲国家都根据本国的现实情况制定了"公务员行为守则",严格规定了公务员的中立性和公正性,规定他们不得泄露经济情报,不得利用职务之便为私人利益服务,也不得利用公共财物为政党谋利。对于一些特殊的、易遭腐败行为冲击的职业还订有专门的条文细致的行为规范守则,例如"检察官准则""国家公证人行为准则""合作社经理人员行为规范"等,作为这些职业从业人员的案头卷,以提高他们的职业素质和职业道德判断能力。

二 法律制度和司法惩处

为了有效地预防腐败,并且能够在腐败发生之后进行严格的惩治,主要西欧国家均根据本国国情颁布了一系列专门针对腐败行为的法律和司法惩处制度。这些法律法规不仅相对完备,而且具有很强的可操作性。

英国是世界上第一个制定专门的反腐败法律的国家。迄今为止,它先后通过了一系列与反腐败有关或者包含反腐败内容的立法。

1889年,英国颁布了第一部反腐败法,即《公共机构腐败行为法》(Public Bodies Corrupt Practice Act),该法令将"一切行使公共职能或法定职能的机构"均认定为公共机构,尤其禁止公共机构的任何人员在与公共机构有关的任何交往过程中,收受或者要求收受、同意收受任何形式的礼物、贷款、费用、酬劳或利益;同样,此类人员也被严格禁止在此类事务中,承诺或提供任何形式的礼物、贷款、费用、酬劳或利益。也就是说,公共机构成员或官员的主动受贿或被动受贿均被定义为腐败行为。1906年通过的《防止腐败法》(Prevention of Corruption Act)将《公共机构腐败行为法》的范围扩大到不仅包括公共机构的工作人员，而且也包括公共机构本身。其处罚措施为 6 个月至 7 年的监禁，或者/以及不设上限的罚款。此外还包括剥夺此类人员的某些政治权利，例如，除了解除职务以外，还规定，从犯罪之日起的 5 年内，相关人员不得担任任何公职；如果第二次再犯类似的罪行，则永远不得担任任何公职，而且，在从犯罪之日起的 5 年内，剥夺其在议会和其他任何公共机构选举中的投票权和选举权，此外还有可能被剥夺获得养老金的权利。1916 年再次通过的《防止腐败法》再次扩大了公共机构的范围，即包括一切地方性和公共性机构。除了上述三部专门规定反腐败行为的法律以外，英国在第二次世界大战以后通过的多部法令中，例如 1948 年的《人民代表法》、1962 年的《北爱选举法》、1964 年的《许可证法》、1972 年的《北爱地方政府法》、1988 年的《犯罪审判法》、1989 年的《地方政府和住房法》、2001 年的《反恐、犯罪和安全法》等，均有针对政府官员腐败行为的法律条文。为了将 1999 年签署的经合组织"关于公共官员受贿的协议"纳入国内法，尤其是为了解决域外适用问题，英国政府开始着手对其反腐败立法进行改革。这次改革的另外一个目的是对以前的各项相关法令进行简化和整合，以便有一项统一的反腐败立法。2003 年 3 月，英国政府在整理、综合和修订现存各种反腐败法律条文的基础上，公布了新的《反腐败法》。7 月，专门委员会在征求各方意见的基础上提出了多项批评和建议，目前该法令仍在重新起草过程中。一旦该法令生效，此前的两部《防止腐败法》将被正式废除。

德国反腐败的主要法律依据是《德国刑法典》，其中有关贿赂罪的条款是确定腐败行为的法律后果的主要依据。通常情况下，刑法对贿赂等涉及腐败行为的制裁有两种：有期徒刑和罚金。有期徒刑最短 3 个月，最长 10 年。对法官的处罚重于对一般公务员的处罚。对于罚金的规定更体现了可操作性的特点，并且对行贿者与受贿者的处罚是对等的。1997 年 8 月 13 日，德国联邦议会通过了《反腐败法》。这不是一部独立的法律，而是一部修正案法，对刑法、法院法、刑事诉讼法、反不正当竞争法、违法行为法、压制竞争法、公务权利法、联邦公务员法、联邦惩戒条例、兵役法、国防纪律法、能源消费标识法等法律的有关腐败行为的条款做出了修正。此外还有一些规范政府部门行为的条例，例如 1998 年颁布的《联邦政府关于联邦管理部门反腐败的行政条例》（共 21 条，对联邦各公务部门制定反腐败措施作出了指导性的规定）和 2004 年内政部颁布的《联邦政府关于在联邦行政机构防范腐败行为的条例》。在条例的附件中将可能发生腐败的迹象概括为中性迹象和报警性迹象两类。[①] 中性迹象包括：公务员有不合理的高水准生活；对变换职务或者调动工作表示出令人费解的抵制；在未获得批准或未进行说明的情况下从事其他兼职工作；出现酗酒、吸毒或赌博等社会问题；同一些企业之间有不同寻常的私人交往；特别夸奖和照顾一些企业以及获得企业方面的慷慨赞助等现象。报警性迹象包括：公务员无视有关规定；不断发生"小过错"；作出不同寻常且令人费解的决定；滥用裁量空间；有意回避检查；隐瞒某些事件和情况；试图对不属于自己管辖范畴的决策施加影响；以沉默的方式容忍和违法行为；对可疑的现象或事件没有反映等现象。

在法国，《刑法典》中对盗用公款、滥用职权、内部交易、收受贿赂、非法占有财务、渎职等各种被动和主动的贪污腐败犯罪行为的处罚均作出了相关规定。民法中的《劳动法典》在关于代理或委托、反对不平等竞争等条款中也有关于惩治贪污贿赂的规定。《公务员总法》为预防公务员利用职务之便行贪污腐败之事作出了更为详细的规定，如公务员诈取罪、盗用公款罪、从事与职务不相容之商事罪、一般受贿罪、滥用职权受贿罪等，违法者将受到制裁。制裁一般分为两类：精神性的和实质性的，前者包括申诫、警告、记过等，后者包括取消一次晋升资格、减薪、降职、调职、降级、临时解除职务（不超过 6 个月）、强制退休直至撤职等。情节更为严重、触犯了《刑法典》中有关规定的，则将受到法律追究。1988 年，法国制定了《政治生活资金透明法》，据此设立了"公职人员财产申报制度"，并且建立了一个专门机构"政治生活资金透明委员会"来负责此项制度的落实。1993 年，法国又颁布了《预防腐败和经济生活与公共程序透明法》（我国往往把它简称为《反贪法》），主要针对最容易滋生腐败现象的一些行业和部门（如房地产业、公共服务业、公共市场、国际贸易、城市建设等）的活动透明度作出了规定，宣布建立以预防腐败为使命的专门机构"预防贪污腐败中心"。此外，由于法国的许多政治腐败案件都与政党非法收受选举资金有关，因此法国政府专门出台了一系列规范政党活动经费的立法，主要有 1990 年的《限制选举经费法》和 1995 年的《政治生活资助法》及修正案。

---

① 参见联邦德国内政部网站（http://www.bmi.bund.de）。

三 多种监督机制

上述的欧洲国家建立了多种监督机制，为有效地防止腐败提供了制度上的保证。

第一，立法部门与司法部门对行政机构的监督机制。欧洲国家奉行权力分立与制衡原则，立法部门、行政部门、司法部门之间相互制约。行政部门由于是腐败行为易发部门，因此往往被置于被监督的中心，因此，本文重点分析立法部门和司法部门对行政部门的监督职能。议会是最高国家权力机构，它不仅拥有立法权和财政权，而且还拥有监督权，即监督政府的政治方针、政策和政府成员行为的权力，具体包括质询权、调查权、倒阁权和弹劾权等。质询权是指议员（执政党和反对党议员均有权提出质询）采用口头或书面的形式向政府首脑或政府各部大臣提出问题，这些问题均要求首脑或政府大臣做出认真回答。通过质询，往往能够揭露出政府工作中的缺点或大臣的失职行为。调查权是指议会有权对政府机关的活动进行调查，并有权得到相关人员的证言和有关记录。其调查范围包括选举调查、针对有关行政部门及其工作人员的违法行为进行的调查，以及涉及国家机关侵犯公民权利问题的调查等。倒阁权是指如果议会没有通过政府的政策和施政方针，则有权对政府提出不信任案，这就是所谓的"倒阁权"。弹劾权是指议会对政府高级官员的犯罪行为或严重失职行为进行指控或制裁的权力，特别是司法机构无力制裁的高级官员的犯罪行为，更能成为弹劾的对象。

各国议会对行政部门实施监督、防止腐败的最重要工具是监察专员制度。该制度最早产生于瑞典。20世纪60年代，德国和英国也建立了监察专员制度。法国的类似机构建立于1973年。尽管不同国家在设立监察专员制度的用意、人员配置、监督范围、权力大小等方面的规定不尽相同，但它们对防止腐败行为产生的作用是相同的。

同样，司法部门在对政府官员的监督中也发挥着十分重要的作用。根据权力分立原则，许多欧洲国家的司法部门完全独立于政府，不受行政部门的干涉。不仅如此，司法机构还负责对行政机构及其官员的行为进行监督。有些国家还专门设有行政法院，有些国家则采取其他方式，例如英国设立了2000多个行政裁判所，负责对涉及税收、社会保障、退休金等上百个部门的案件进行审理。

此外，审计制度也是实施监督、防止腐败的重要工具。在欧洲，审计监督制度历史悠久，早在奴隶制度下的古罗马和古埃及以及古希腊时代，就已经建有宫廷审计机构。而英国则是近代审计制度的发源地。1215年，为了制约英王的权力，议院颁布了《大宪章》，从而为英国国家审计制度的产生和发展奠定了政治基础。现在欧洲国家的审计机构大多是议会的下属机构，如英国的国家审计署；少数归属于司法部门，如法国的审计法院；还有个别的是完全独立的机构，只对法律负责，如德国的联邦审计局。不论是哪种类型的审计机构，都拥有独立性和权威性，保证不受外部干扰，客观、公正地对政府及公共部门的财政财务收支行使其审计和监督权力。例如德国的联邦审计局完全独立于立法、行政和司法之外，不服从任何上级指令，不受任何诉讼程序的限制，可以随时进行审计。随着经济社会的不断发展，20世纪70—90年代，许多欧洲国家的审计机构职能完成了从传统的财政财务收支审计向管理审计（亦称绩效审计）的转变。所谓管理审计，就是对政府及公共部门的财务与资源的利用效率、业绩和预期影响进行审计和监督，这不仅能抑制腐败行为的产生，而且能有效治理不作为、失职、渎职等种种不良行政行为。[①] 英国审计署和德国联邦审计局等都属于管理审计做得最好的欧洲审计机构。

第二，政府内部的管理和监督机制。在欧洲国家的政府内部，防止腐败行为发生的最重要举措是文官制度（或称公务员制度），即实行政务官与事务官分开制度。文官制最初出现在英国，现在欧洲发达国家均实施了这一制度。它们基本上具有如下特点：（1）实行公开招聘，经过严格审查方能录用；（2）公务员的职业道德和廉洁培训制度化、经常化；（3）实行轮岗制度和权利约束机制。例如，德国政府规定，公务员每5年必须轮岗交流。对于容易滋长腐败的部门，则规定一般每3年必须轮岗；警察等特殊职业的人员执行公务必须坚持两个人以上把关和同行，不能个人单独行动；（4）实行高薪养廉和公务员终身制，原则上禁止公务员从事第二职业，另一方面严厉惩治违反纪律的公务员；（5）有详细的法律条文和行政规定，具有可操作性；（6）行为决策公开透明，接受多层监督。

---

① 在欧洲一些国家，"腐败"（corruption）一词的使用频率很低，更多的是使用"欺诈"（fraud）一词，后者包括的范围要比前者广得多，不仅包括一般意义上的腐败（贪污、受贿、滥用职权等），而且还包括诸如不作为、失职、渎职等种种不良行政行为。

除了严格有序的公务员制度，每个国家的政府还根据本国国情确立了内部监督机制，在这方面比较突出的是英国。在英国，有多个政府部门设有内部监督机制，其中五个部门的反腐败最有特色，对腐败行为的管理也最直接。（1）财政部。英国财政部每年都对发生在政府机构（不仅仅是财政部）内部的欺诈行为的性质、类型、原因、数量、金额和追缴方式等提交一份详细报告。此外，它还发布一些指导政府各部防止欺诈行为的原则，例如1997年发布的"管理欺诈的危险——给管理人员的指导"，特别指出了发生在政府机构的三种最严重的欺诈行为：偷盗，假账，贿赂和腐败。（2）国家保健署（NHS）。国家保健署设立了反欺诈处，2003年改组为"反欺诈与安全管理处"，主要针对国民保健系统出现的行政管理人员和供药商相互勾结合伙欺诈国家钱财，医生和患者相互勾结多开多报、虚报冒领等严重欺诈行为进行调查。（3）国内税收署（Inland Revue）负责征收直接税和国民保险缴款，下设特别办公室，有301人专门负责对税收方面的欺诈行为进行调查。而且，国内税收署本身就是一个具有起诉权利的机构，有权自主提起诉讼。（4）工作与养老金署（Department of works and Pensions）设有针对各项社会福利的专门反欺诈机构（包括地区性机构），并设有联合工作组，以便与其他政府部门更好地合作。（5）国防部，拥有一个由35人组成的反欺诈小组。此外，还有防务欺诈分析小组和内部审计，主要针对军备采购过程中的欺诈和腐败行为。

在法国，政府内部监督是对政府机关和公务员进行监督的一种主要形式。在政府的每个部门，均设有一个专门的监察机构，直接对部门首脑负责。此外，针对本国国有企业比重较大的特点，20世纪50年代在经济财政部建立了"国家稽查特派员办公室"，特派员的监管业务受经济财政部部长的直接领导，其职责就是在保证国企的自主权、使之在激烈的市场竞争中高效运作的同时，兼顾国家对国有资产的监督，防止国有资产流失。特派员一般是在经济财政部门工作多年、具有丰富管理经验的资深官员。为确保特派员的公正无私，其一，特派员均从从政多年的高级公务员中选拔，以确保他们在工作中从国家利益的大局出发；其二，特派员所拿的薪金是公务员中最高的，以保证他们不贪外财；其三，大多数特派员都行将退休，因此出于保持晚节计，也会较少贪图私利。他们主要是被派驻到战略性部门（如交通、能源、通信等）和公共采购、城建、重大工程、社会保障等公共事业机构或大型公有企业集团。

德国各级政府部门也均设有内部监督机构，并有专门的防腐联系人，一旦发现腐败现象，联系人就会向上级报告，封存计算机以及工作档案，然后转交检察院。

第三，"透明政治"监督机制。实行透明政治，是全民参与、积极防腐的有效机制。透明政治涉及的内容很广泛，包括公开行政、透明决策、金融实名制和财产申报与公开制度、公共采购的招投标制度等。上述做法有许多渊源于欧洲。例如早在1776年，瑞典就率先开放了政府记录，供民众查询。欧洲发达国家均效仿其做法，颁布了"信息自由法"，将机构、程序和记录开放（经法律允许的秘密文件和秘密会议除外），尊重公民的知情权。

财产申报和公开制度也是瑞典最先开始实行的。早在1766年，瑞典就通过了公民有权查阅官员乃至首相的财产与纳税情况的法律。现在几乎所有欧洲发达国家均实行了这一制度，例如法国1988年通过的《政治生活资金透明法》。其背景是1986年，法国有关部门怀疑国际合作部长克里斯蒂昂·努西利一幢豪华古堡别墅来源可疑，经过调查，查出其利用筹备第12届法非首脑会议之际非法贪污和挪用了至少700万法郎巨款的事实。该案成为法国历史上最大的官员贪污公款案。法国人深刻吸取这一教训，制定了《政治生活资金透明法》，建立了公职人员财产申报制度，并设立专门机构——"政治生活资金透明委员会"来负责此项制度的落实。按照《政治生活资金透明法》及其修正案的规定，法国的高级公职人员——包括总统候选人、国民议会和参议院议员、地方议会主席、当选议员、中央政府组成人员、大区区长、海外省议会议长和3万人口以上城市的市长以及经营规模较大的企业负责人（主要指主管2000套以上低租金住房的机构和年营业额500万法郎以上的合资公司的董事长、总经理和国际经理）必须依法对其拥有的财产状况，包括财产数量、来源、增减等情况向指定的监察机关作出报告，以接受审查和监督。财产申报制度有严格的时间期限，如总统候选人在正式竞选开始前15天内，议员/官员/企业负责人在被任命或上任后15天内，必须向相关监察机构提交一份详细的个人财产状况表，所申报的财产状况必须真实具体，并以名誉保证。对于当选的总统候选人，在公布他当选的同时也必须公布他的财产状况，以便公众监督。如果议员/官员/企业负责人未在规定期限内报送财产申报表或竞选账目，那么其被候选人资格或任命将在年内取消。同时，上述所有人员在任期届满前或职务终止时，必须提交新的财产申报表，详细说明其在任职期间的财产变更情况并出具书面凭证。来历不明的财产将受到调查。一旦发现公职人员所拥有的财产与其合法收入不符，而又不能说明其正当来源，即被疑为非法所得，若经调查确属非法所得，当事人将受到刑事法律的惩处。

第四，新闻和非政府组织的监督。新闻独立和新闻自由是防止和反对腐败最有力的武器之一。因此，新闻记者的采访权、报道权和批评权受到法律的保护。在欧洲，有很多腐败案件都是首先由新闻媒体予以披露的，大到政府对外政策，小到自己花钱购衣买物之类的生活细节都会被媒体曝光，因此，真正的腐败行为所要承受的舆论风险可想而知。当然，新闻媒体的"自由"也不是绝对的和无限的，在英国就设有独立的"媒体投诉委员会"（Press Complaint Commission），来专门负责对针对新闻媒体的投诉进行调查。

近年来，非政府组织的反腐败功能越来越显露，并发挥着重要作用。例如成立于1993年、总部设在柏林的透明国际组织即是非政府组织。该组织通过调查分析，每年公布世界主要国家的清廉指数。该组织每两年还召开一次全球反腐败会议。目前，该组织已在80多个国家设有分会，每个分会的任务、人数根据所在国家腐败情况各有不同。例如，德国透明国际组织1995年成立，现有300多位成员，在柏林和慕尼黑各设一个小组，主要任务是参与防止该国在对外经贸活动中出现腐败行为。主要包括：防止通过腐败、行贿得到的合同受到保险公司的保护；促使德国联邦议院通过法律，使公司用于行贿的资本不可打进成本；通过与税务、财政等部门的合作，随时对可能发生的腐败案件进行举报；与德意志银行合作，防止国际间的洗钱活动，将某些国家的官员通过腐败得来的钱归还原国，采取措施保护举报人，等等。

四 跨国合作是欧洲反腐败廉政机制的新趋势

随着欧洲一体化和经济全球化的发展，经济腐败现象也跨出了国门。由于司法量刑的不同，一些腐败者逃亡到量刑较轻的国家，以躲避本国的法律制裁。为了统一腐败行为的标准和处置量刑的标准，打击跨国腐败行为，近年来，欧洲联盟（European Union）和欧洲委员会（Council of Europe）[①] 先

[①] 1949年5月成立，现有成员国46个，欧洲国家除白俄罗斯外都是欧洲委员会的成员。

后出台了有关反腐败的公约和决议，促进各自成员国之间在反腐败行动中的合作。

欧洲联盟主要在以下几个领域对跨国反腐败行动做出了贡献：

1. 统一"腐败"定义和标准

1995年6月13日，欧盟委员会在欧洲议会的授权下，起草了一个关于欧洲打击腐败行为的报告，即《萨莉斯夫人报告》。同年12月15日，欧洲议会通过了这一报告，并拟定决议。这项决议将腐败定义为"具有公共或私人义务的当事人因为接受承诺、直接或间接地接受金钱或其他利益，而没有履行其职责的行为"。决议声明，"腐败，尤其是与有组织犯罪相关的腐败，对民主体制的职能构成威胁，并破坏了公众对一体化和民主体制国家的信任"。欧洲理事会宣布，"要迅速发现犯罪动机并采取措施，有效地打击诈骗和腐败犯罪，向成员国提出建议并协助他们采取适当有效的反腐败措施"，并呼吁"在公共协议竞标时，（欧盟）委员会和成员国应采取预防措施制止市场操纵者的腐败行为"。

1996年9月，欧盟通过了《欧共体金融利益保护公约第一备忘录》。该文件将官员的主动腐败（行贿）和被动腐败（受贿）规定为刑事犯罪。商业巨头行贿也要承担刑事责任。

2. 加强联合打击腐败力度

1997年5月21日，欧盟委员会向理事会和欧洲议会提交了关于联盟反腐败政策的通讯，建议加强共同体内部在刑事犯罪领域打击腐败行为的力度，杜绝通过行贿获得减免税收的行为。关于公共采购，委员会建议加强对缔约过程的监控，并将曾经有贿赂行为的企业列入黑名单。同月26日，欧洲理事会通过了《反腐败公约》。公约规定，不论共同体的财政利益是否受到威胁，欧盟委员会和成员国的受贿官员都要受到法律制裁。《公约》特别将贿赂外国公职官员的行为定为犯罪行为。1997年6月，阿姆斯特丹欧洲首脑会议签署了高层组织行动方案，内部名称为《打击有组织犯罪的行动方案建议》，实际是为打击腐败而制定的一个全面政策，其中包括适当而有效的制裁措施。欧盟部长理事会采纳了反犯罪和共同体法工作组提出的联合行动草案。这一草案是有关给私人部门的腐败行为定罪。草案指出："每个成员国用采取必要措施来确保相关罪行受到严厉惩罚，包括对罪行进行一定比例的罚款，而且在一些比较严重的案件中应该包括引渡等剥夺人身自由的惩罚措施。"

3. 采取联合行动，为建立无腐败区域做出贡献

1998年4月，欧盟委员会、轮值主席国（英国）和欧洲议会在布鲁塞尔联合召开了主题为"建立一个无腐败贸易区——欧盟的贡献"的会议。会议呼吁，"为了避免腐败行为，在政府、国际组织、贸易共同体和政治党派提供的有效反腐败措施下，各商业企业应该联合起来反对腐败；这些措施必须是全面的、均衡的，而且除了执行强制措施以外，还要注重对腐败行为的预防"。欧盟成员国之间已开始根据需要进行联合审计行动。例如瑞典、英国、荷兰的国家审计机关曾对援助项目进行联合审计，英国、德国、意大利和西班牙的国家最高审计机关也曾对欧洲战斗机计划进行联合审计，对被审计单位利用和管理公共资金的效益实施监督。

近10年以来，欧洲委员会也将反腐败、打击有组织犯罪作为其最重要的任务之一。1994年，欧洲委员会第19届司法部长在瓦雷塔举行的会议上，讨论研究了腐败行为的危害，并就开展反腐败跨国合作达成了共识。1994年9月，腐败问题研究小组正式成立，其反腐败行动计划得到了部长委员会的批准。1997年年底，部长委员会根据第二届成员国首脑会议的要求，草拟了《反腐败20条指导原则》，用于指导成员国制定本国相关法律和开展反腐败斗争。1998年6月，欧洲委员会又出台了《反腐败刑法公约》。不论是什么形式的金钱腐败都需要洗钱，而洗钱就要寻找网络和财务监督的薄弱点。《公约》特别将"影响交易"（即施加影响来换取好处），赃款转换（即洗钱），做假账以及协助腐败分子规定为刑事犯罪，同时敦促各成员国制定腐败罪的统一标准，解决实质性和程序上的法律问题，以推动国际合作。欧盟成员国均同时是欧洲委员会成员国，在《公约》的指导下，它们加强了抗击洗钱行为的斗争。

除了在欧洲内部的团结合作，这些西欧国家还广泛参与其他一些世界范围内的国际合作，例如联合国、经济合作与发展组织以及世界银行等国际组织的反腐败协定与条约等。

综上所述，可以看出，在欧洲发达国家已经形成了一种全方位的反腐败网络，从教育、法律、制度、监督机构、新闻媒体等各个方面对腐败行为进行预防、遏制和打击。我们国家从政治制度到发展阶段都与欧洲发达国家有着很大的不同，不可能完全照搬它们的做法，但它们在实践中积累的经验值得我们研究和借鉴。

南欧国家的反腐败机制

田德文　张军妮[*]

[内容提要] 与欧洲其他部分相比，南欧的腐败问题相对严重，而且有进一步恶化的趋势。为应对腐败，南欧各国已制定并正在完善反腐倡廉相关法律，除在刑法典中完善惩治公务员腐败的条款外，还进一步强化了公务员管理的法律规章，增加预防腐败和加强廉政的其他法律法规。在反腐败机构设置方面，南欧同其他欧洲国家的差别也不大，除了常规的审计机关、检察机关和监察机关之外，还设立了专门的反腐败部门和反腐败协调组织。但相似的制度并没有给南欧带来像北欧和西欧国家那样清廉的政治、社会环境。经济发展水平的差异，长期处于专制独裁中的政治环境以及天主教国家的宗教习惯等深层的经济、政治、文化因素都潜移默化地影响着南欧国家的廉政建设。

与欧洲其他部分相比，南欧各国的腐败问题相对严重。按2012年透明国际公布的世界廉政指数排名，北欧的丹麦和芬兰并列第1名，瑞典位居第4名，而南欧的西班牙、葡萄牙则位居第30名和第33名，意大利位居第72名，希腊位居第94名。与2011年相比，南欧各国排名普遍呈下滑趋势。究其原因，与南欧各国的政治、经济、文化等因素都有关系。其实，从反腐败的立法和机构来看，南欧各国与其他发达国家区别不大。为应对腐败，也都已制定并正在完善打击腐败行为的各种法律，积极加强与国际反腐败组织的合作，除了审计机关、检察机关和监察部门等常规反腐

---

[*] 田德文，法学博士，中国社会科学院欧洲所研究员，博士生导师，中国社会科学院廉政研究中心理事；张军妮，法学硕士，现为中国社会科学院数据中心工作人员。

败机构，多数南欧国家还设立了专门的反腐败部门和反腐败协调组织。具体措施主要包括增强公共机关的透明度、建立弹劾制度、规范政党筹款制度、建立金融实名制、规范政府采购和公共工程的招投标制度、严格政治与行政之间的界限，同时建立包括司法监督、审计监督、议会监督、内部监督、新闻监督和公众监督在内的综合监督体系等。但是，如法国社会学家克罗齐耶所言，"法令不能改变社会"①，相似的制度并没有给南欧带来像北欧和西欧国家那样清廉的政治和社会环境。因此，本文将在介绍南欧国家反腐败机制的基础上，对其腐败问题的深层原因进行分析。

一 南欧国家的反腐倡廉相关法律

廉政法规是反腐败工作的重要基础。现行南欧各国的反腐败法律的主要法源均为刑法，大都根据刑法和刑事诉讼法中的有关条款来认定腐败为犯罪行为，并制定相应的惩戒措施。有些国家虽然至今尚未制定专门的反贪污贿赂等职务犯罪的专门法律，但也会在宪法、刑法或行政法规等不同层次的法律法规中以专门条款制约腐败行为。

（一）南欧国家刑法典中惩治公务员腐败的条款
1. 意大利

南欧各国刑法中，意大利刑法在反腐败方面做得较细，对腐败行为的处罚按程度、方式、表现的情节轻重作出详细区分。例如，公务人员在执行职务行为的同时或事后接受贿赂，量刑相对较轻；而在执行职务行为之前已接受贿赂，在量刑上则较重；公务人员超出职权范围行为或者违背职责而采取相反行为，并因此获取物质报酬的，则构成最严重的受贿罪。

按意大利刑法典规定，公务人员受贿罪的类型及处罚限度包括，因职务行为受贿：公务员因履行其职务行为而为自己或第三人接受钱款或其他利益，或相关许诺的，处以6个月至3年有期徒刑。若公务员因已履行的职务行为而接受上述报酬，处以1年以下有期徒刑。因违背职务行为的受贿：公务员为不履行或拖延其职务行为，为自己或第三人接受钱款或其他利益，或相关许诺的，处以2—5年有期徒刑。加重情节：因违背职务行

---

① ［法］克罗齐耶：《法令不能改变社会》，张月译，格致出版社2008年版。

为的受贿若涉及授予公职、发给薪金或补贴或者签订与公务员所属的行政机关有关的合同，刑罚则予以增加。在司法行为中受贿：若受贿者是为了帮助或损害民事诉讼、刑事诉讼或者行政诉讼中的一方当事人，处以3—8年有期徒刑。若上述行为导致对某人不公正地判处5年以下有期徒刑，对受贿者处以4—12年有期徒刑；若导致对某人判处5年以上有期徒刑或无期徒刑，对受贿者处以6—20年有期徒刑。

贪污罪中，公务员或受委托从事公共服务的人员，因其职务或服务的原因占有或掌握他人的钱款或动产，将其据为己有的，处以3—10年有期徒刑。利用他人错误，为自己或第三人非法接受或保留钱款或其他利益的，处以6个月至3年有期徒刑。对索贿罪的处罚则更严厉，处以4—12年有期徒刑。①

2. 葡萄牙

与意大利相似，葡萄牙对不违背职务义务的受贿量刑较轻，处以不超过2年监禁。对违背职务义务的受贿量刑较重，最高可处8年监禁。但若行为人在实施违背职务义务的行为之前，自愿地拒绝接受曾经答应接受的利益或者承诺，或者将该利益予以退还的，可以免除刑罚处罚。若行为人在收集认定或抓捕应该承担责任的其他人的关键证据中提供了具体协助的，可减轻其刑罚。对于行贿者，一般处以不超过3年的监禁或罚金。对职务侵占罪，公务员为了自己或他人的利益，将因为其职务而获得的公有或私有的金钱或其他财产非法据为己有的，在没有更重犯罪情节的情况下，处1—8年监禁。②

3. 希腊

南欧各国中腐败相对严重的希腊，在刑法典中对公务人员腐败行为的处罚规定也涉及受贿罪、行贿罪和司法贿赂罪等。但与意大利和葡萄牙相比，希腊的处罚规定相对笼统，而且量刑也较轻。例如受贿罪，公务员因将来实施或者已经实施的、职责范围内或者违背职责范围的作为或者不作为，而直接或通过中间人，为自己或第三人向他人索取、接受任何种类的利益，或接受他人给予利益的许诺的，处以少于1年的监禁。如果礼物或利益的价值总额超过73000欧元的，处以不超过10年的惩役。对行贿罪

---

① Italian Criminal Code, section 314 – section 323.
② Penal Code of Portugal, section 372 – section 377.

与司法贿赂罪也是一般处以不少于 1 年的监禁,若礼物或利益的价值总额超过 73000 欧元的,处以不超过 10 年的惩役。①

4. 西班牙

长期以来,西班牙法律对腐败案件的处罚力度都较轻。按照西班牙刑法,公职人员受贿可被判处 1—9 年的监禁和 3 倍于受贿额的罚金。此外,他们还可能被判处在最长 12 年内不得出任公职。但在许多情况下,受贿不会被认定为一种刑事犯罪,而是"错误行为",这样就只会面临 1—3 年的监禁和较少的罚金。

(二) 对公务员强化管理的法律或规章

除刑法外,南欧各国涉及防止公务员腐败的其他法律法规还比较分散,远没有北欧国家完善,但也已经有了很多法规。以西班牙为例,1964 年佛朗哥时期的《政府服务法》第八章就已经规定了对于中央政府雇员的反腐败规定与惩罚措施,其他公职人员适用 1984 年 12 月发布的《不容忍法》(Incompatibility Act)第 53 条。其他自治机构另有规定。除此之外,在《公共合同法》(Public Contracts Act)和中央政府的《总预算法令》中也有预防与惩治腐败的相关规定。

与西班牙相比,意大利对公务员的廉政工作更加重视,其颁布实施的国家公务员《道德法典》多达 88 项条款,法典规定,公务员不准从事其他职业活动;不准参加任何秘密组织;除亲朋所赠少量价值的礼品外,不准接受任何赠品和赠款,不得已而接受的礼品一律上缴。而且,按照意大利公务员规章的规定,对于违反忠诚义务、滥用职权、收受贿赂等较严重的违法违纪行为,即使不构成刑事犯罪,也给予免职等纪律处分。宪法中虽然规定法官不得罢免,但相关法律也规定,法官一旦实施与其享有的信任不相符合的行为,破坏司法公正,要给予包括警告、训诫、停止按资历加薪和降职、免职等处分,受到降职和免职处分的司法官员应提出辞职。

希腊政府于 1998 年 11 月 11 日通过了一项执行经合组织反贿赂公约的法令,其第 3 条规定,受贿者将被处以不少于 3 年的监禁。经过长达 12 年的酝酿,1999 年希腊通过了新的公务员法,对公务员的职业操守和廉政规定进行了系统的规范。以后,希腊的公务员法几经修改。其中,最重要的

---

① Penal Code of Greece, section 235 – section 238.

变化是2007年第3528号法律，它使得选拔政府机构首长的标准更加透明，确定了以功绩为基础来选择中层和高层公务员的规则。但是，虽然有法律保障，希腊还是直到2010年才正式出台了促进公务员晋升透明化和标准化的新人事政策。

（三）预防腐败和加强廉政的其他法律法规

1. 立法规范政党的竞选资金

意大利政党政治中的腐败问题由来已久，尤以政治黑金和"回扣"盛行一时。于是立法机构对政党竞选资金加强管理，制止候选人与捐款者相互勾结、暗中立约，利用公职获取非法利益就成为意大利反腐败的重要领域。1974年5月2日，意大利通过第195号法律，宣布建立统一的政党竞选资金，有助于限制用金钱收买未来公务人员以及未来公务人员利用职务之便为少数特殊利益者服务。该法对申请公共资金的政党限定了条件，要求其必须具备一定的资格，如已经得到一定规模的选民支持，所获选票占总投票数2%及以上。在政府统一支配的公共资金中，划出15%给所有符合上述条件的政党平均分摊，其他85%依据各党的支持者人数按照比例分配。该法还规定：政党必须公开资金账目；禁止持股在20%以上的公司企业向任何党派提供捐款资助；其他团体若向政党提供政治捐款，应当事先经过该团体内部最高决策机构的商讨通过，还要在该团体资金账目中如实注明。[①]

2. 立法促进透明机制建设

实行财产申报制度是构建透明机制的重要手段之一，也是发现和防止利益冲突的基本做法。意大利于1982年7月5日制定了第441号法律，针对财产申报作出规定：任何当选为意大利议会的议员、当选为地区和省政府的行政官员、被选为大都市市政委员会的成员，都必须在当选后公布自己的经济状况、财产收入和持有股票情况等，公布他们还在担任的其他社会职务或职业，公布各自参加竞选所花的费用。该法试图从公务人员经济收入方面入手来防止和遏制他们接受私人企业的非法捐助，减少官私勾结、滥用权力等现象。[②]

1992年由米兰一家养老院院长受贿案引发的"净手运动"，查处了1200

[①] 孙晓莉编著：《国外廉政文化概略》，中国方正出版社2011年版，第63页。
[②] 王重方：《意大利反政治腐败的立法及其实践》，载《西欧研究》1989年第4期。

多起贪污腐败案件，涉及 8 位前总理、300 多名议员、5000 多名经济和政治界人士，引发了意大利政坛大变革。在经历了席卷亚平宁半岛的风暴后，意大利议会和政府出台了一系列应对腐败的新条款，关于财产申报也增加了新规定，加强了对议会和政府官员"收入申报"的检查，对个人财产明显超出其收入者，财政警察有权直接前往核查、查封和没收，无须经过法院批准；打破银行保安规章，各司法当局有权清查嫌疑犯的存款和证券。

保证公众对政府的有效监督是反腐败透明机制的重要组成部分。西班牙 1992 年 11 月 26 日颁布的第 30 号法令第 35 条对公共管理和一般行政程序作了法律规定，指出公民有权在任何时候被告知涉及自身利益的程序所处的状态，有权了解负责该程序的机构以及公众职员的身份。同时，公民有权根据西班牙宪法及其他法律规定获得公共管理的记录文件。[①]

（四）近五年南欧国家为打击腐败进行的司法改革

虽然南欧国家为应对反腐败提供了很多法律保障，但在固有的社会政治、经济制度和官僚体制下，腐败现象不可能在短期内消失。2007 年以来意大利腐败状况持续恶化，2010 年甚至达到了 1998 年以来的最低点。意大利国家审计法院负责人詹帕利诺在 2010 司法年就职大会上警告："意大利国内的腐败、违法及不当行为愈发严重，其中已被发现的违纪违规案件或仅是违法行为总体情况的冰山一角。"在这种情况下，意大利政府加大反腐败工作力度，于 2010 年 3 月推出了新法案，对反腐体制加以改革。

新法案规定，要增加政府行为的透明度，在公共职能和创新部内设立反腐和透明化办公室，要求有行政审批权、财税减免权、公共财产处置权、项目招标权的部门在网站上公开日常运作的全部信息，接受民众监督；要统一领导反腐工作，责成政府各部门，特别是警务和税务部门与司法机构加强合作、信息共享，加快对犯罪活动的侦查和取证速度，阻止故意拖延司法程序的行为；要对重要岗位官员定期培训、强制轮岗。同时，责成各地方选举委员会加强对候选人的资质审查，减少以权谋私的可能，要求各地方政府参照中央政府，设立专门机构，负责本地反腐败和透明化事务。[②]

[①] http://www.oecd.org/gov/fightingcorruptioninthepublicsector/1815414.pdf.
[②] 韩茂潮：《一个发达国家的老问题——意大利腐败状况述评》，载《中国监察》2012 年第 14 期。

2012年10月30日，意大利议会批准了一部新的反腐败法，这被媒体称为新总理马里奥·蒙蒂领导的政府力图摆脱被前领导人西尔维奥·贝卢斯科尼抹黑的国家形象的最新举措。这项新法律增加了被判索贿、滥用职权或权钱交易等罪名的官员的刑期，还增加了对私人犯腐败罪的处罚。新的法律禁止因腐败被定罪的人竞选公职，并要求地方和地区政府制定反腐败计划，并且每年对计划进行一次修订。法律将确保告密者的身份不被泄露，并要求地方政府在其网站上公示预算和公务活动的开销。①

葡萄牙于2007年9月21日批准了《联合国反腐败公约》。在这一国际法文书和欧盟所采取的各项措施的有力推动下，葡萄牙于2008年4月21日颁布了两部使其反腐败制度更趋完善的更新性法律。

一部是第19/2008号法律，其中一项重要举措是在组织犯罪和经济金融犯罪的适用制度中，在原有的受贿罪、公务侵占罪和洗钱罪的基础之上，加上了影响力交易罪、行贿罪和分享经济利益罪这三种罪状。法律还规定，如果发现罪犯的财产超过其合法收入，该超出部分被推定为犯罪所得，从而可将之充公拨归国有。有必要强调的是，对于该等犯罪，19/2008号法律中的刑诉条文还容许任何人都能成为诉讼的辅助人，以协助检察院进行刑事诉讼。如辅助人属于以反腐败为主要宗旨的非牟利团体，更可免缴任何诉讼费用。19/2008号法律定出的另一项重要措施是建立一个授权书资料库，凡涉及移转不动产所有权的不可废止的授权书都必须登记。

另一部是第20/2008号法律，它根据《反腐公约》以及欧盟委员会第2003/568/JAI号框架决议，调整了针对国际贸易和私营领域贪污的刑事制度。其实，葡萄牙的反腐败刑事制度发展至今，对《反腐公约》中的前瞻性规定已在该制度中有所体现，唯一例外的是葡萄牙国内尚未就公务员资产非法增加罪达成必要的政治共识。资产非法增加罪是欧洲大陆法系刑事制度中最具争议性的罪状之一，因为这个法系的学说，或多或少都反对强迫一个人去证明自己的财产来源合法。②

近年来，希腊发生了数起严重的司法腐败案，在社会上引起了强烈反响。为此，希腊政府采取了12项司法改革措施来打击司法腐败。这些措

---

① http://news.xinhuanet.com/world/2012-11/01/c_123899199.htm.
② 参见葡萄牙助理总检察长彭仲廉在国际反贪局联合会第三次年会暨会员代表大会（2008年10月3日至6日于乌克兰首都基辅举行）上的发言稿。

施包括：法官受贿将被定为重罪，可处以10万—100万欧元的罚款，行贿者也将受到法律制裁；增设法庭巡视秘书局，增加法庭巡视员；建立司法人员财产申报制度；有违纪行为的法官在调查期间不得参与案件审理；任何法官如果将案件拖延8个月以上将受到纪律处分，并取消其审案资格；在司法部成立一个专门委员会，负责起草法庭自律的相关法律法规。

颁布法律法令其实仅仅是制约腐败行为的第一步。更艰巨的任务是将依法严肃处理公务人员一切腐败行为落到实处。如在意大利，冗长的法律程序反而成为惩治腐败的严重障碍。意大利法庭案件审理包括初审、复审和终审三个步骤，很多案件的审理过程可以持续10年以上。近几年，意大利对司法体制进行了改革，把案件审理期限设定为6年。若不能将腐败官员绳之以法，纵然有最先进、最完善的反腐败立法也将无济于事。针对腐败行为的惩戒措施只有在能够强制执行和贯彻的时候才有效。

二 加强反腐败机构建设

从发达国家的经验来看，保证廉政机关在行政上的独立性，是预防和惩治腐败的必要条件。使反腐败机构相对脱离体制，保持较高的独立性是西方国家的普遍做法。在反腐败机构设置方面，南欧同其他欧洲国家的差别不大，除了常规的审计机关、检察机关和监察机关，近年来也采取了一些新举措，包括建立一些临时性或特殊的反腐败机构。

（一）审计机关

以意大利、西班牙为例，两国审计制度的共同特点是均设立了审计法院，审计法院行使部分行政审判权，对议会负责并报告工作，是司法模式的国家审计体制。

1. 西班牙审计法院

西班牙审计法院的历史可以追溯到中世纪，现在它是西班牙国家和公共部门账目和经济活动的最高监督机构，由议会授权，独立于政府之外，对政府的财政和国家的经济实施全面的审计监督。

组织机构：西班牙审计法院设有院长、全会、领导委员会、审判庭、起诉庭、检查处、审计处和秘书厅。院长主持全院的工作，行使本院最高领导权，由审计法院全会提名，国王任命。全会包括12名审计委员，他们其中1名将成为院长，12名成员中，上议院和下议院各任命6名，都采取五分之三多数票的原则，任期9年。全会负责审计业务的领导工作，决策过程是保密的。审计处由审计官和会计师若干人组成，负责审查公共账目。

职责：西班牙审计法院的职责分为审计职责和司法职责两种。

（1）审计职责。审查公共财务会计账目的准确性和合法性，是审计法院最基本的任务之一。宪法规定审计法院每年要向议会提交年度审计工作报告。报告的内容主要是：对各法定必须上报的审计项目的审计情况（包括国家总财政账目；公共各部门、地方和自治区的预算执行情况及财务活动；国家提供补助金使用情况和国营企事业财务活动等），并有责任对改进公共部门财务和经济管理提出建议。

（2）司法职责。司法职责是审判掌管公共财物者应负的财会责任。财会审判是审计法院专有的司法权力，依法由审计法院的检查处、起诉庭和审判庭执行。主要对象是那些征集、监察、管理、保护、掌管或使用公共财产、资金或物品的人报送的账目。对于账目方面的违法行为和触犯审计法的行为，审计法院将作出经济罚款和行政处分的判决。对于构成刑事犯罪的案件，审计法院可向一般法院提出起诉，由一般法院对该案罪犯追究刑事责任。对于违犯审计法的政府官员，审计法院可以依法对其判决罚款或向有关部门建议对其施加行政处分。审计法院审计或进行财会性审判的结果，以报告、普通或特别备忘录、动议或说明等形式提交议会，并在国家官方公报上公布。如上述活动是在自治区或自治区所属公共部门、单位中进行的，上述报告也应提交有关自治区的立法大会，并在该区官方公报上公布。①

西班牙的审计监督机构是经济与财政事务部的专门机构（Intervención General de la Administración del Estado），负责审计中央政府财政，另有审计委员会负责审计中央政府和其他公共部门的财政，直接向议会负责。西班牙法律规定，自治机构均须设立审计机构。

2. 意大利审计院

意大利审计院是意大利的特别司法机关，也是意大利在政府内部设立的三个辅助机构之一，对政府的财政起咨询、监督和司法的作用。审计院制度在意大利有较长的历史。早在14世纪的撒丁王朝，就有了审计室的设置。目前的审计院是意大利政府系统中最大的一个监督机构。意大利宪

---

① 参见西班牙审计法院印制的英文简介 The Spanish Court of Audit。

法规定，审计院"对政府决策是否合法进行预防监督，对预算的管理情况进行事后监督"。事后监督主要是对政府财政方面的监督。国家公职人员违犯财政纪律，或者因玩忽职守、滥用权力对公务造成经济损失，也是由审计院追究责任。[①]

组织机构：根据《审计法院法》的规定，意大利审计法院由院长、庭长、顾问、检察长、副检察长、首席法官、法官组成。审计法院共设三个法庭，一个庭行使审计职能，两个庭行使司法职能。审计院内的总检察处相当于普通法院系统的检察院，其职责是协调和推动审计院的行政司法工作。

职责：意大利审计法院的职责划分为审计职责和司法职责。

（1）审计职责。在提交议会前，对国家行政机构的总资产负债表予以调整，评估所有掌握国家资金或贵重物品的机构以及法律所规定的其他公共机构的账目等。审计对象包括共和国总统法令，国家支出，政府收入，国家会计总账目，保管国家物资的仓库、堆栈，以及法律所规定的国家资产等。

（2）司法职责。司法职责是对公共财物案件和法律规定的其他有关案件持有判决权。判决对象主要包括公务员在行使职责中所造成的税务机关损失的责任，对不服有关账目和债务的行政措施提起的上诉，对全部或部分由国家或其他法定机构支付的退休金提起的上诉等。

意大利实行支付命令由审计法院进行审签的制度。有关国家经费的付款凭证、支付官员的信贷凭证以及其他支付证明，连同旁证材料，均须提交审计法院进行审计。支付官员应将报告连同旁证材料一起送交审计法院审计。审计法院有责任确保：支付的金额不超出预算规定，不做法律不允许的转账、经费的结算和支付均符合法律规定。[②]

（二）检察机关

在很多国家的普通司法系统中，与反腐败有关的除了审计机关以外，还有检察机关。

1. 意大利检察机关

随着1946年共和国制度的确立，特别是1948年宪法的生效，意大利确立了检察机关是独立于行政机关依法设立的司法机关。意大利检察机关

---

① 杨祖功、顾俊礼等：《西方政治制度比较》，世界知识出版社1992年版，第365—366页。
② 中华人民共和国审计署网站（http://www.audit.gov.cn/n1992130/index.html）。

在每个法庭都设有共和国检察官,在每个上诉法庭都设有总检察官,在最高法院设有最高检察官。

意大利检察机关的组织制度分为三个层次。第一层次的检察机关是驻一审法院的共和国检察院。一审法院是对第一审刑事案件和民事案件进行审理,并作出判决的普通法院。由于意大利全境有 163 个一审法院,所以,相应的也有 163 个驻一审法院的共和国检察院。第二层次的检察机关是驻上诉法院的总检察院。上诉法院是在一审案件的刑事和民事判决提出上诉后,审理上诉的刑事案件和民事案件的二审法院。上诉法院的地域分布与意大利行政大区的分布相似,每一个上诉法院均管辖多个不同的一审法院。目前,意大利有 26 个上诉法院中均设有驻上诉法院的总检察院。第三层次的检察机关是驻最高法院的总检察院。这是唯一在全国地域范围内享有管辖权的检察机关。总检察长与意大利总统、最高法院院长一样,是最高司法理事会的当然成员。

最高司法理事会是一个完全独立于行政机关和其他司法部门的机构,具有非常大的人事管理权。检察官、法官的录用、晋升、调动、安排、处罚、经费预算都由它负责。它是由意大利总统、最高法院院长、驻最高法院总检察长 3 位当然成员与其他 3000 位选举成员组成,其组成人员的 2/3 由检察官和法官自行选举产生。[①]

根据意大利《刑事诉讼法》,意大利检察机关有如下职权:侦查权、起诉权、抗诉权、监督刑罚执行权力、民事诉讼权力、提起法律上诉的权力等。其中抗诉权是检察机关对法院的审判程序、庭审活动是否合法,以及作出的判决是否正确进行全面监督。提起法律上诉的权力主要是根据法律规定,驻最高法院总检察长有权监督法官(也包括检察官)对法律和职业道德的遵守,可以不受制约地自行决定对违法违纪的法官(检察官)提起法律起诉,要求进行审查处理;对最高司法理事会就检察官和法官违法违纪问题作出的处理决定,有权向最高司法理事会提出复审。

2. 西班牙检察机关

西班牙的最高检察机构是国家总检察院,下设最高检察院、国家检察院、高级司法检察院和省检察院。最高检察院在西班牙境内可以对各类检察机关进行管辖,其最有特点的职能是可以对下级检察机构的决定予以撤

---

① 刘晓明:《意大利检察机关》,载《犯罪研究》2003 年第 1 期。

销和审查。国家总检察院下设宪法检察院和账簿检察院两个专职检察院。账簿检察院是负责账簿与国家和公共经济管理案件的最高检察机构,通过参与有关案件的审理对经济管理实行监督。另外总检察院根据特定犯罪行为下设特别检察院,其中打击与腐败相关的经济犯罪特别检察院,负责调查与腐败和不正当得利有关的经济案件。①

3. 葡萄牙检察机关

葡萄牙检察署分为四级,包括共和国总检察署、司法行政区、司法市和司法镇的检察机关。另在政府的每个部或相当于部一级的局和自治区,各设置一名共和国总检察长助理,作为法律顾问。共和国总检察署是检察署的最高机关。

《葡萄牙检察署组织法》规定,共和国检察署在每一个司法行政区设一名共和国总检察长助理,并由与其同级别的检察官和共和国检察长辅助。

共和国检察署在每一个司法市,都有一名共和国检察长负责行使职权。在司法行政区总部所在地的司法镇,也有一名共和国检察长负责工作。②

(三) 监察机关

南欧国家的监察机关可大致分为政府监察机关和议会监察机关两种。

1. 促进政府内部立体监督的政府监察机关

(1) 希腊:为加强对行政权力的全方位有效监督,希腊政府先后设立了行政监察总局、总监察长、监察员办公室、监察工作协调理事会等机构,并赋予其广泛的权力。①内政部及其下属的行政监察总局。希腊内政部(内政、公共管理和权力下放部)是政府第一大部,是希腊政府建立快速高效的公共行政目标的主要机构。根据希腊《公务员法》,内政部的职责包括:制定公务员行为准则;推行公共行政透明化;通过立法预防腐败;对公务员进行培训;监督公共部门的高效运转;执行公务员轮岗制度等。其权限涵盖除了军队、司法、外交、安全外的所有公务部门。内政部所设的行政监察总局负责全国的行政监察工作,对政府各部门的腐败行为、公务程序不透明、工作效率不高、服务质量低劣、滥用职权等进行监

---

① 参见《关于考察团赴西班牙、匈牙利考察情况的报告》(http://wenku.baidu.com/view/5e568b39580216fc700afdde.html)。

② 参见葡萄牙《检察署组织法》简介,载《人民检察》1996年第4期。

察。行政监察总局局长由内政部部长提名，总理任命。总局工作人员要求大学学历，并经过严格的考试筛选，工作人员聘用期为3年，每年评估一次。监察总局在各地区有派驻机构。②总监察长。2002年依据《联合国反腐败公约》和经合组织《亚太地区反腐败行动计划》，希腊设立了总监察长。其职责包括：公正评价政府的公共服务；对各部门的运转机制进行监督评价；监督和评估各部门监察员办公室的工作；每年向内阁提交监察与评估报告等。其监察范围包括所有公共部门。总监察长由内阁全体会议任命，任期5年，有权独立决定对政府机构进行监察。享有传讯所有当事人、调查银行账户、查阅任何文件、指示各部门的监察员对监察事项进行调查、负责对监察事项定性等权力。③监察员办公室。监察员办公室设在中央和地方各政府部门，既向所在部门首长负责，又向总监察长负责，在总监察长的监督下独立开展业务工作。④监察工作协调理事会。为了促进监察机构的有序运转，希腊政府设立了监察工作协调理事会，由总监察长任理事会主席，行政监察总局局长任副主席。理事会每月开会一次，协调监察事项，由总监察长担任总召集人。

（2）意大利：为了遏制行政管理部门的腐败现象，意大利2003年10月设立了"打击和预防公务人员腐败以及其他形式犯罪行为的反贪污高级专员"。该职位挂靠在政府公共职能部门内，政府为此专门拨出一笔特殊资金，用以支持高级专员的反贪行动。其工作具有很强的独立性，主要是对各级政府行政管理部门的经营收入活动、预算开支以及公务员执行公务情况进行监督和检查。具体来说，为了避免给国家财产造成更大的损失，"反贪高级专员"有权根据自己理解的情况或者对那些被检举揭发的涉嫌贪污腐败的公职人员的行为进行调查。也可以直接或间接地对涉嫌有损国家利益的当事人进行调查取证。在不涉及国家机密的情况下，他有权直接翻阅国家行政管理部门的文件和档案库以便完成调查任务。"反贪高级专员"一般来自职位较高的法官、行政法官和财务法官，较高水平的律师，或者具备一定资历的公共职能部门高级管理层，具体人选需要经过总理提名，再经过总统的任命，任期5年，最多只能连任一次。其每隔半年要向总理府提供一份有关调查报告，意大利总理每年要向议会的参众两院报告有关全国机关预防、监督以及打击贪污腐败的情况。①

---

① 孙晓莉编著：《国外廉政文化概略》，中国方正出版社2011年版，第67页。

2. 完善外部监督的议会监察机关

（1）希腊：希腊政府的外部监督主要来自议会及其2004年新设立的"申诉专员署"又译为"监察专员署"（Ombudsman Office）。该署的主要职责是：参与立法；受理公众对公共行政部门不满的投诉，起调解作用；自行决定对某一事件或对某一个部门进行调查；向有关单位提出改进建议，向当事人所在单位提出处理建议；为公众提供免费便捷服务，减轻公众负担。

监察专员由议会任命，任期4年，只能连任一届。他们的工作方法主要是说服和调解，通过向行政主管部门提出改进管理意见或建议，提高政府部门的行政能力，解决老百姓反映的问题。受理投诉的时限是事情发生后的6个月内，超过6个月当事人只能向法院起诉。已经进入司法程序的案件不能再向监察专员投诉。监察专员署只有调查权没有处分权。

值得注意的是，监察专员署与行政监察总局保持着密切的联系，双方经常举行不定期会议，以沟通信息。监察专员署每收到对行政腐败行为的举报和投诉，都会及时向行政监察总局通报。

（2）西班牙：目前西班牙尚未实行特别监察员（Ombudsman）制度，来自议会的外部监察职责实际由"人民防御员"（people's defender）负责，根据西班牙《宪法》的有关规定，"人民防御员"由参众两院选举并任命，候选人获两院3/5以上的多数支持时方可当选，任期5年。其独立行使职权，不受任何机构的指示或干涉，在职期间享有豁免权。"人民防御员"以下设两位助理、秘书局、新闻部和技术部等机构，管辖范围包括中央、自治区和地方各级政府部门及其领导人，所有与公权部门进行合作、提供公共服务的机构及其工作人员。

"人民防御员"在接到群众投诉后，即可着手展开调查，当证实有损害群众基本权利的情况后，可以建议政府部门采取必要措施进行纠正。当接到涉及司法领域的举报时，则提交检察机关，以便其进行调查并依法采取相应措施。有权监督行政机构执行、落实司法决议的情况；有权起诉违宪行为，并启动人身保护程序。总之其有责任处理公民个人的投诉，提出建议，并向议会提交年度报告。[①] 但"人民卫士"不受理任何与未完结案件审判相关的个人举报。在当事人转向普通法院或宪法法院提起上诉的情

---

① http://www.oecd.org/gov/fightingcorruptioninthepublicsector/1815414.pdf.

况下,"人民卫士"有权监督军人公共自由和基本权利的维护和执行情况,但不得干预军事。[①]

(四) 其他反腐败机构

专门的反腐败机构是对常规监督制度的补充,其特点是任务专一、力量集中。在公务员管理制度方面,以西班牙为例,其在中央政府公共管理部设有专门机构(Inspección General de la Administración del Estado)负责为各部反腐败工作设定总则,同时依据《不容忍法》对各部实行反腐败监督。中央政府各部均设有副部级反腐败单位,实施监督并提出制裁措施。

意大利左民党设立了独立的党内监督机构"全国检察委员会"。该委员会独立于党内的其他权力部门,由全国党代表大会通过无记名投票方式选举产生的委员组成,委员不能担任党的其他领导机构的职务,不与党存在任何经济依附关系,担任政治职务时不可从事有偿工作。这样规定的目的是使监督主体和监督对象之间在地位和利益等方面具有超然性。委员会被授予较大的权力,可以根据相关法规对党内官员违纪行为进行查处。

为了遏制腐败现象、提高公共行政的行动力,意大利于1996年11月7日成立了一个部长主席会议的研究委员会。该委员会的任务是研究公共管理失灵,以便提出具体措施来提高管理的质量,防止非法活动。该委员会专注于分析公共管理中助长腐败的结构和组织缺陷。其于1997年9月27日发表了一份最终报告,其中包含了促使国家机器具有更高效率以及限制腐败的一系列建议。它的结论是,防止公共官员和雇员非法行为的唯一途径是构建一支高效的公务员队伍。[②]

三 对南欧国家反腐败机制的思考

与北欧相比,南欧国家的反腐败机制在立法和机构设置方面确实还有待完善,但硬件差距并不足以导致两者的清廉程度差距如此之大,导致南

[①] 戴纪言:《埃及、西班牙、蒙古三国反腐倡廉机构和举措》,载《当代世界》2009年7月刊。

[②] Andrea di Nicola, "Anti-corruption Measures in The Italian Experience", paper prepared for: "the XII international congress on criminology" international society of criminology, seoul, korea, 24th – 29th August 1998.

欧腐败程度相对严重的深层因素有哪些？

第一，经济因素。不可否认南欧与北欧在国家发展水平上存在差异，如西班牙、意大利等在欧盟国家中都属于经济起飞相对较晚的"后发国家"。从20世纪70年代开始，这些国家的经济都得到了较快发展。而经济发展速度较快的时期，大批新建的公共工程等领域中更容易滋生腐败现象。

第二，政治及制度因素。南欧的一些国家，如西班牙和意大利都长期处于专制和独裁统治中，意大利的墨索里尼和西班牙的佛朗哥都是西方著名的独裁者。建立西方民主制度之后，西班牙和意大利政治迅速走向了多元化，但与此相应的预防和惩治腐败措施都没有跟上来，导致腐败成风。再者，与北欧现代化的公共管理系统相比较，南欧中央国家机关比较软弱而且依赖于地方性代理人，这也是导致腐败的制度性隐患。

第三，文化因素。北欧国家属于新教国家，南欧则属于拉丁语系的天主教国家。马克斯·韦伯认为，新教伦理体对政治家、官员和商人提出了比其他宗教更高更严格的道德要求。一些西方学者的研究表明，由于长期处于腐败成风的社会环境中，拉丁世界对腐败的宽容度似乎更高。"透明国际"西班牙分部的主席利斯卡诺也提出："拉丁世界存在的一个问题是，人们对不道德行为有更大的容忍度。在西班牙，被认定腐败罪的市长中有70%的人还是能接着当选。"当我们借鉴西方的腐败理论来分析腐败产生的原因时，需要对腐败与文化之间的相关性进行分析。因为，在实践中确实存在一些文化比另一些文化更容易滋生腐败的现象。

大多数南欧国家的反腐机制依赖于法律和金融机构，如各种法典、审计、检察和监察机关。一个隐含的假设是更多的立法保证和更好的执法能有效减少腐败。然而，在很多国家，司法和监督机构较弱，并且它们自身就存在腐败现象。在这种环境下，将绝大部分精力与资源放在立法与执法机构上可能并不是解决腐败问题的正确方式。一些研究数据表明，改进市民信息知情权并给予市民更大的权利能有效减少腐败，但不可否认的是公民执法或草根监督很可能存在"搭便车"的问题。虽然草根式监督在反腐败中的有效性还有待考察，但很多国家正在尝试这种方式。葡萄牙在其19/2008号法律中建立了相关机制，便于市民严格监督当局的反腐败行动。意大利近几年的改革法令中特别关注透明度和反腐败之间的关系，主要通过实施透明机制计划确保数据可查询以及培养合法性与完整性的文化氛围。以 2011 年为例，意大利的每个行政部门都要制订一个多年度透明度计划，以确保公众可以在线访问政府绩效规划和结果，个人奖励计划和所有其他方面的行政管理业务。该计划还要求列出行政活动以便于公民参与。①

---

① OECD, "Modernising the Public Administration: A Study on Italy", the study was prepared for the Public Governance Committee Meeting at the Ministerial level held in Venice on 15 – 16 November 2010, p. 32.

中东欧三国反腐败研究报告

左娅　曲岩　贺婷　高歌[*]

[内容提要] 匈牙利、克罗地亚、罗马尼亚等中东欧三国都通过《刑法》《公务员法》《政治资助法》《公共采购法》《利益冲突法》等法律来防治腐败，都建立了财产申报制度以增强公众对政府廉洁的信任，但法律制度的具体规定各不相同，罗马尼亚还制定了专门针对腐败行为的《预防、揭露和惩罚腐败法》。三国反腐败的机构设置和政策措施各具特色，在预防和打击腐败方面发挥了一定的作用。但三国的反腐败形势依然严峻，反腐败之路任重而道远。

近年来，为了预防和惩治腐败，匈牙利、克罗地亚、罗马尼亚等中东欧三国加强反腐败的法律制度建设和机构建设，出台了一系列反腐败措施。

一　反腐败的法律制度

首先，中东欧三国制定并修订了一系列与反腐败有关的法律或法律修正案。主要有：

（一）刑法

1. 匈牙利

于 2013 年 7 月 1 日生效的新《刑法》第 27 章对行贿、受贿等腐败罪

---

[*] 左娅、曲岩、贺婷，中国社会科学院俄罗斯东欧中亚研究所助理研究员；高歌，中国社会科学院俄罗斯东欧中亚研究所东欧研究室副主任，研究员。

行的惩处做了详细说明。其中，第293条规定：对公职人员行贿处以3年以下有期徒刑，若行贿使公职人员行为超出其职权范围或滥用职权，对行贿人处以1年以上5年以下有期徒刑。第294条规定：对接受贿赂的公职人员处以2—8年甚至是10年有期徒刑。第296条规定：对在司法或行政程序的执行过程中，不行使权利和履行责任，索贿、受贿或是向第三方提供好处的行为处以1年以上5年以下有期徒刑。

2. 克罗地亚

于2013年1月1日生效的新《刑法》为腐败相关行为定罪，如第337条和第338条将滥用职权定为刑事犯罪；第345条将贪污定为刑事犯罪；第347条和348条将公职人员"在其职权范围内"为合法或非法作为或不作为进行的行贿和受贿定为刑事犯罪。此外，《法人刑事犯罪责任法》还将法人的刑事责任纳入法律，规定对负有刑事责任的法人实行两类制裁：罚款和终止法人资格所构成的处罚；包括职业禁令、没收和公布判决在内的安全措施。

3. 罗马尼亚

1997年颁布的《刑法》第254条至第257条对腐败犯罪有着明文规定。第254条规定：公职人员收取或索要贿赂，将被判处3—15年有期徒刑，剥夺相关权利并没收全部贿赂财产。如果没有找到涉案钱财、物品，将由犯罪人缴付等额罚金。第255条规定：判处行贿者6个月至5年有期徒刑并剥夺相关权利。如果行贿者是被胁迫行贿，则不构成犯罪。如果行贿者在有关机关介入前检举揭发，则免去惩罚。在以上两种情况下，涉案资金归还原财产所有者。第256条规定：公职人员如果完成应做工作或应尽职责后接受或索要贿赂，将被判处6个月至5年有期徒刑。第257条规定：如果公职人员利用自己的影响力介入其他公职人员的工作范围，以收取或索要贿赂，将被判处2—10年有期徒刑。2007年生效的《刑法》修正案把利益冲突定为犯罪，规定法人应对其下属工作人员的腐败行为负责，法人代表面临的处罚包括解职、暂停职务和1—3年不得参与公共采购。

（二）公务员法

1. 匈牙利

2012年3月1日新的《公务员法》生效，取代了1992年颁布的《公务员法》。新法对公务员的权利和义务作了明确规定，其中，第85条第4

款规定：公务员不得担任党内职务，不得在国家控制的经济组织或机构、监督机构、审计部门中担任领导职务，如果出现利益冲突的情况，公务员应提交书面报告，并立即辞去其他职务，若30天内仍未卸任，将不得行使公务员权力。第88条对公务员的财产审查作了规定：用人单位有权到税务局了解其单位内担任敏感工作公务员的财产纳税情况，在公务员任期内每5年进行一次财产审查，公务员离任后应立即对其进行审查。

2. 克罗地亚

2005年颁布《公务员法》，迄今已修改4次。该法规定：公务员用人单位必须定期公布公务员的财产及纳税状况，任何一位克罗地亚公民都有权查看。如果某一公务员的合法收入增加而不能给出令人满意的解释，或者某位官员被怀疑公款私用或挥霍公共资金，公民可向有关部门或媒体举报，相关部门应立即开始检查。高级政府官员被任命30天之内提交财产申报，此后每年申报，总理办公室负责人负责在政府官方网站上公布官员财产。公务员不得接受高额礼品，其标准根据物价指数时有变动，大概在20欧元上下。对于因公出差，各部门每年都有固定计划，规定出差目的、期限和报销数额。公务员接受金钱、珠宝、家用电器、特殊贷款、免费旅行等都可被视为接受贿赂，甚至接受荣誉头衔和有关部门的推荐也可能被视为受贿。公务员不享有豁免权，但共和国总统和议员除外。

3. 罗马尼亚

1999年颁布《国家公务员法》，已经多次修改。该法明确规定了公务员的权利和义务，以及公务员的招收、任命、晋升、离职等，并对公务员的违法行为采取相应惩罚措施，旨在依法保障公共服务稳定、专业、透明、有效和公正。《刑法》第251条还规定：公务员在执行公务时，因行使或参与某项决定直接或间接地为自己、配偶、亲属，或是为近5年来有商业或劳动关系的人实现某种物质利益，或从中得到任何形式的好处，将被判处6个月至5年有期徒刑，不得再担任公职。国家公务员管理局是国家公务员的管理部门。议会、总统办公室、立法委员会、外交机构、海关、警察和内务部等都有专门的规范章程。例如，2006年颁布的《议员法》对议员任期、不兼容性、财产申报、义务和权利、缺席、请假、退休等都有规定，内务部制定的警察道德规范规定了警察的主要职责及必须遵守的伦理道德和行为准则。

（三）政治资助法

1. 匈牙利

关于政党资金管理的法律主要有 1989 年通过的《政党运行和管理法》和 1997 年的《选举程序法》，议会还分别于 2000 年和 2003 年通过 "政党使用国有不动产"和"政党成立从事科学、信息宣传、研究、教育活动的基金会"的法令。2007 年，为推进政党经费和竞选经费管理制度的透明化，减少滥用，有力惩罚违反规定的行为，社会党的两名议员提交议案，内容包括：从选民处得到的不超过最低工资两倍的捐助，国家应给予同等价值的补偿，即选民每捐 1 福林，国家要补贴 1 福林；由国家审计局制定专门针对政党记账和编制账目的审计法规，所有竞选开支通过一个公开的竞选账号支付；建立有效的监督和惩罚制度，包括承办竞选活动的公司必须公开费用清单，以便国家审计局据此与政党竞选开支报告核对等。2012 年 4 月，匈牙利议会的五个党派共同签订了关于政党和竞选经费管理基本原则的声明，各党愿意在此基础上推动政党经费透明化改革。这些原则包括：被提名的组织和个人及其赞助方都应该是公开透明的；为保证竞选中机会均等，中央政府或地方政府不得利用职权拉票；为保证政党运行，可以接受最低限额的政府资助，但必须避免过度依赖政府；政党可以自行征集个人资助；避免政党成为经济利益集团的附庸；政党不得接受外国法人的资助。

2. 克罗地亚

2004 年，议会通过《总统竞选资助法》，要求候选人公布所获竞选资助的数额和来源，并禁止从国外、国有和公有公司、工会、雇主协会、公民组织、公共机构、部分或全部归地方政府所有的公司获得资助，但没有设定资助数额的上限。2007 年，议会通过《政党、独立名单和候选人融资法》，以保证政党资金来源和支出的透明性。该法首次限制了捐款数额并禁止匿名捐款。任何超过规定限额的捐款和匿名捐款，政党必须报告国家审计署、教育部、财政部、税务总局。不符合本规定的政党可被处以罚款。收到政府补贴的政党的所有收入和支出需在官方公报上公布。此外，政党必须在议会选举后的 6 个月内提交关于竞选支出的报告。

3. 罗马尼亚

2006 年通过关于政党和竞选资助的法律，规定：政党活动的资金来源包括党费、捐助、遗产、自有活动收入及国家预算补助金。政党不得接受或使用除此之外的其他资助。该法对以上几种资金有着相当详细的规定，比如政党有义务在次年的3月31日前在罗马尼亚官方公报上公布收入和支出；来自（单个）自然人的捐款一年之内不能超过国家最低工资的200倍，来自（单个）法人的捐款一年之内不能超过国家最低工资的500倍；禁止使用公共机构、自治区、国有企业和国有控股银行和商业机构的资金、人力或技术等。

（四）公共采购法

1. 匈牙利

2011年7月通过的新《公共采购法》，2012年1月生效。新法内容包括：取消竞标结果公布部门的设置，改为在项目竞标结束时，招标人应同时向所有投标人送交书面总结，但不需要提前给出送交总结的准确时间，只要在投标有效期内即可；招标时不需要确定合同签订日期，中标人应在竞标结果公布30天内签订合同，若因法律赔偿程序影响了合同签订，而中标人仍有签订意愿，可在法律赔偿程序结束后签订；在处理利益冲突问题时，既要符合欧洲法院的判决，也要考虑案件的具体情况；为了促进中小企业参与承包，保证及时付款，必须在合同约定的期限到期后的30天内付款，若在合同中双方已就工程建设等可能出现的延期事宜达成一致，则最迟可在60天内付款。

2. 克罗地亚

2012年1月1日生效的新《公共采购法》，对公共采购的程序、方式、选择标准、资历证明、法律监督等作了详细规定。特别是，发布公共采购简报及其电子版，使民众获取全面、系统的有关公共采购的信息，大大提高了公共采购项目招标程序的透明度。新法与老法最大的区别在于政府不再向承包商付款，而是直接向分包商付款，这在很大程度上能够抑制贪污公款。新法规定：任何经济主体均有权参加公共采购项目的投标，经济主体可单独参加投标，也可以联合其他经济主体共同投标。公共采购方必须在提交预算后的60天内在官方网站上公布采购计划，采购计划的任何修改和补充都应当立即在网站上公布。所有的相关信息在网站上保留到次年6月30日。

3. 罗马尼亚

2006年颁布有关公共采购的政府紧急条令，2010年议会通过了该条令并对其进行补充完善。目的是促进经济体之间的竞争，平等对待经济体,保障公共采购的透明与廉洁,保障公共资金的有效使用。公共采购合同包括劳动合同、供应合同与服务合同。该条令对三种合同涉及的项目做了详细的区分和说明,并分别作出规定。该条令还对公共采购合同的价值评估、分配合同制定、分配程序、信息公开、避免利益冲突、有限拍卖、电子拍卖等作了详细规定。

(五) 利益冲突法

1. 匈牙利

匈牙利没有出台防止利益冲突的专项法律,但在多项法律中都有关于利益冲突的规定。例如,1989年和2011年关于国家审计局的法律中规定:国家审计局局长、代理局长等担任审计职务的官员,在任职期间不得同时担任议会议员、地方议员等职务。《议会议员法》规定:议会议员不得担任全国或地方政治报刊的主编或副主编,不得担任匈牙利通讯社的社长或副社长,不得担任匈牙利电视台、电台的台长或副台长等。同时规定:总理、部长、国务秘书等不得担任议会议长、副议长等职务。当选议员须声明,是否存在冲突的职务,并应立刻予以解决。如果利益冲突仍继续存在,将失去议员资格。

2. 克罗地亚

2003年10月,议会通过《防止利益冲突法》,此后几乎每年都会进行修正。2012年3月10日出台新的《防止利益冲突法》。新法将政府工作人员可在公司中保留的基金数额从25%减少到0.5%,规定了违反该法的罚金数额,并把该法所涉及的官员扩大到克罗地亚总统、最高法院和宪法法院秘书、议会议员和政府官员的秘书、多数国家单位的财务主管等。关于礼品申报,规定价格低于500库纳(80美元)的礼品、给亲属的礼品、在国内和国际获得的奖品都在申报范围之内。此外,还要求官员提交有关其获得资产的方式和资金来源的申报表。为更好地执行《防止利益冲突法》,2005年,政府成立了独立的防止利益冲突委员会。委员会由11人组成,其中6名是议会议员,其余为社会知名人士,任期7年,最多可连任一届。该委员会每年发布一份调查报告,汇总当年受理的涉及利益冲突行为的举报和相应处理结果。

3. 罗马尼亚

罗马尼亚也没有针对利益冲突的专项法律,有关规定散见于多项法律法令中。如2010年颁布的关于廉洁行使公共职务的法律是对2007年有关建立、组织、运行国家廉政公署的法律的补充和完善，第25条规定如果官员涉及利益冲突，将被免职，或按照相关职务限制进行处理。有关公共采购的条令中也就利益冲突作了规定，禁止在公共采购合同中涉及利益冲突。

值得一提的是，罗马尼亚制定了专门针对腐败行为的《预防、揭露和惩罚腐败法》，该法于2000年通过，经过多次修订，最近一次修订是2007年4月1日。该法涉及的人员主要是公共行政管理部门和经济金融领域具有决策权的人员，政党或政治团体、工会或其他非营利组织的领导等。该法规定：在私有化过程中故意压低价格出售国家资产、违法发放或挪用补助金等行为要入狱5—10年；以职务之便获取相关信息进行金融活动或使用非公开信息等行为也要受到入狱1—5年的处罚；违背公共或他人利益，滥用职权，获取公共财产或非公共财产，判刑3—15年。此外，如果腐败罪行涉及毒品交易、违法军火交易、贩卖人口和恐怖主义等，将增加2—3年刑期。该法还规定了对危害欧盟共同经济利益的行为的处罚措施：为从欧盟总预算或行政预算中获取资金，使用或发布虚假、不确切或不完整的文件、声明等，将被判处3—15年有期徒刑，剥夺民事权利；如果后果极为严重，将被判处10—20年有期徒刑，剥夺民事权利；违反法律规定，更改预算资金用途，将被判处6个月至5年有期徒刑。

此外，中东欧三国大都通过《反洗钱法》《信息法》等，预防和惩戒腐败行为。

其次，中东欧三国建立了财产申报制度，以增强公众对政府廉洁的信任。

在匈牙利，按照《议会议员法》第19条的规定：议会议员当选后和在任期间，每年必须向议会议长提交财产申报表，离任后30天内也须提交财产申报表，申报本人、配偶及子女的财产、收入和经济利益。逾期未申报者，将不得行使议员权利。议会在其网站的议员个人主页上公开议员提交的财产申报信息。该法第16条还规定：议员不得借职务之便，收受价值超过议员两个月基本工资的礼物或财物，议员收受的价值不超过议员两个月基本工资的礼物或财物，应在财产申报表中列出。2007年"关于财产申报的一些规定"中要求：法官及其家属必须公开财产，新任职的法官须履行财产公开的申报程序，随后每3年对财产的变动情况进行申报，检察官和警察必须进行财产申报。

在克罗地亚，公职人员被任命30天之内必须提交自己及其配偶或同居对象，以及未成年子女的财产申报，否则不得领取工资，此后每年申报，由总理办公室负责人在政府官方网站上公布公职人员的财产状况。申报的内容主要有：不动产，高价值的动产（包括车辆、船舶、飞机、工作机器、狩猎武器、艺术品、珠宝首饰、有价证券、贵重动物等超过3万库纳的物品），在贸易团体中的股份及利益，签订的受益协议，非国有化过程中获得的返还财产及以其他方式获得的他人财产，接受的馈赠、款待和礼品，债权债务和担保，年收入（工资收入、独立活动收入、资本收益、保险收益等），继承的财产等。关于继承的财产，应申报其类型、数额以及来源。关于礼品，价格低于500库纳（80美元）的礼品、给亲属的礼品、在国内和国际获得的奖品都在申报范围之内。公职人员须提交有关其获得财产的方式和资金来源的申报表。公职人员的财产申报按其级别与行使公共权力的大小分层次、有重点地进行。

在罗马尼亚，除了公职人员外，总统、议员、县长顾问、地方顾问、县议会主席或市长等职位的候选人也须申报财产。总统候选人的财产申报在官方公报公布，并自申报之日起在国家廉政署网站公示10天。议员、县长顾问、地方顾问、县议会主席或市长等职位候选人的财产申报同样须在国家廉政署网站公示10天。财产申报每年进行一次，申报者最迟在6月15日申报。申报内容包括：不动产，即土地（包括农业、林业、城区用地、水域等）和楼房（包括公寓、居住地、度假地以及商业用地）；动产，即汽车、卡车、农用车、汽艇、快艇和其他交通工具，以及贵金属、珠宝、艺术收藏、钱币收藏以及价值超过5000欧元的文化遗产；单个价值超过3000欧元的动产以及在最近12个月内转让的不动产；金融活动，即总额超过5000欧元的银行账户、投资基金、投资等价物、信用卡，以及总额超过5000欧元的国债、执照、债权、股权、个人放贷；总额超过5000欧元的其他年净收入；债务，即总额超过5000欧元的欠款、抵押、第三方得利的担保，从个人、组织、商业团体、自治团体、国有企业或国内外公共机关免费或折价获得的单个价值超过500欧元的礼品、服务或好处，如奖金、贷款、抵押、报销等；申报者及其家人最近一个纳税年度的收入，即工资收入、独立活动收入、出租收入、投资收入、养老金收入、农业收入、奖品及博彩收入。以上申报内容均包括在国外的财产。此外，如果申报者在商业团体中担任股东、领导、顾问，或是在政党组织中担任职务，均须申报。

最后，中东欧三国都签署并批准了《欧洲委员会反腐败民法公约》《欧洲委员会反腐败刑法公约》《联合国反腐败公约》和《联合国反对跨国有组织犯罪公约》（参见附表1）。这些公约明确了腐败的定义，把行贿（包括私营部门的贿赂行为）、受贿、在交易中施加影响换取好处、洗钱、做假账及协助腐败分子等定为刑事犯罪，要求各签字国制定明确的刑事处罚和经济处罚法规，完善会计和审计制度，规范公共采购制度，消除国际行贿，加强以协助、引渡、信息交流、设立专职机构等为内容的反腐合作。

二　反腐败机构

中东欧三国的反腐败是多机构协同合作的系统工程，各机构各司其职，相互配合，防治腐败。

匈牙利没有独立的、主管反腐的高层专门机构，其反腐任务由多个机构承担。国家审计署是国家最高财政审计机构，有权对国家财政进行监督，是近年来反腐败工作的一号阵地；法院负责判定与腐败相关的违法犯罪行为，作出判决；经济竞争局负责检查法院管辖范围外的一般经济竞争，执行《竞争法》的规定，影响政府作出利于竞争的决定；公共采购理事会保护公共采购的合法性，促进公共资金以公开透明的方式支出，同时建立和公开法规数据库，公开公共采购信息，推广公共采购电子数据库的使用；国家金融监管局负责监管金融市场，以确保执行预防和防止洗钱及恐怖组织融资的相关法律，监控涉嫌内幕交易、市场操纵、未经许可擅自经营等不法行为，按照规定对企业收购进行市场监管；行政和司法部制定国家反腐政策，确保其通过和执行，并直接负责国际反腐协定的落实；内务部制定国家安全政策文件，加强反腐败领域的工作；政府监察局是政府重要的内部监督机构，负责监管管理机构、公共机构、基金会和除政党之外的社会组织对中央预算、赞助资金的使用情况，以及国家控股的国有营利机构；国家税务和海关总局监督预防和防止洗钱及恐怖组织融资相关法律的执行，监督执行法律法规规定的税收政策，协助调查机关工作；宪法保护局侦查并消除威胁匈牙利经济、科技和金融安全的行为；国家保护署是警察局内部预防和侦查犯罪的机构，负责对申请加入警察局的人员和警察局工作人员的不端生活行为和可靠性的调查，也负责对一些机构外人员犯罪行为的调查；检察院保证法律法规的遵守，追究故意犯罪行为，参与预防违法犯罪的行动；警察局是调查犯罪行为的执法机构，负责预防和侦查犯罪行为。

克罗地亚与反腐败相关的机构包括预防腐败和有组织犯罪办公室、反腐计划执行委员会、利益冲突委员会、反洗钱司、国家审计办公室、财政部内的独立部门税务管理和海关司、公共采购办公室、中央采购局、司法部内的独立反腐败科等。其中，预防腐败和有组织犯罪办公室成立于2001年，其司法管辖权及活动范围由《预防腐败和有组织犯罪办公室法》规定，主要职责是：让公众了解腐败的危害及预防腐败的方法和资源；按照办公室主任的授权和指示，向公众报告办公室的工作；分析公共及私营机构的腐败案件并撰写报告，需要及时向办公室主任提出修订现行法例或引入新法则的建议；促进当局与公众、媒体及非政府组织的反腐败合作。此外，2005年通过的《预防腐败和有组织犯罪办公室法》修正案赋予预防腐败和有组织犯罪办公室对腐败和有组织犯罪以完全裁判权。反腐计划执行委员会由议会反对派代表领导，其主要职责是协调和监督各反腐实施机构的工作，定期组织召开经济犯罪和腐败问题主管部门负责人参加的专题研讨会和年度会议，通报办案情况、提供案件线索、掌握工作进度、发现总结典型经验。利益冲突委员会由议会任命的11名成员组成，其中6名是议员，其余均是知名人士。委员会实行匿名投票制，每年向议会提交一份年度报告。其基本任务是：对公务员进行登记、就公职人员的行为是否符合公职原则给出意见、裁决其行为是否违反《利益冲突法》。如果违反该法规定，委员会可对公职人员处以罚款、警告、通报批评等处罚。

罗马尼亚的反腐败机构主要有国家反腐局和国家廉政署。国家反腐局隶属于最高法院公诉办公室，具有法人资格，专门调查中高层官员的腐败行为。在刑事追查的过程中，其行动得到司法警察部门及经济、金融、银行、海关和信息等部门有关专家的支持。国家廉政署是独立的行政机构，具有法人资格，主要职责是评估财产申报、审核财产数据和信息并审核财产变更、审理潜在利益冲突等，以保证公职人员廉洁，防范腐败。此外，内务部还设有反腐处，负责预防、打击、惩治内务部内部的腐败行为；税务管理总署下设海关总局和金融监察局，前者负责保证海关各项法律法规顺利实施，公正、公平、公开、透明、无歧视地对所有自然人和法人征税，后者是具有法人资格的监察机关，负责预防、调查、打击经济、金融和海关领域的逃税和诈骗行为；反欺诈行动处负责监控欧盟资金项目，协调国家各部门的反欺诈行动，并与欧洲反欺诈办公室及欧盟其他成员国相关机构合作。

三　反腐败措施

近年来，为防治腐败，中东欧三国出台了一系列反腐败措施。

（一）匈牙利

2010年上台的现政府采取多项举措推动反腐败工作，并积极参与国际反腐败组织的活动。2010年9月，匈牙利加入由联合国、国际警察、欧洲反欺诈办公室、奥地利政府共同组建的国际反腐科学院。2011年9月，匈牙利签署了《开放政府声明》，以加强与国际反腐败组织的合作。11月，国家审计局局长、最高法院院长、最高检察长、行政和司法部部长共同签署了反腐败合作声明，各部门要在反腐败行动中相互配合，有效遏制腐败行为。2012年3月，政府通过行政和司法部提交的"2012—2014年政府预防腐败计划"，计划包括17项举措，每项举措都落实了具体负责部门并规定了截止时间。其中，关于提高个人素质的举措有：为预算部门的工作人员制定职业道德准则；涉及相关政府部门的举措有：为国家行政机构的廉政责任和管理系统制订试点方案，组织中央廉政反腐培训；宏观体系方面的举措有：为法律法规提供腐败风险评估，成立独立于政府外的腐败行为举报机制和举报人保护机制，在各部委内建立反腐举报处理机制，设立外部举报机制或官员选拔的披露机制，根据实际经验审查公共采购和赞助机制的腐败风险，审查《刑法》条例遏制腐败的有效性，通过法律监管有效预防匈牙利企业海外雇员的腐败行为，尽可能地加强调查机关的反腐败力量，加强政府部门在打击腐败活动中的合作，建立面向所有政府部门的统一、透明的公众参与的反腐平台；社会层面的举措有：出台加强腐败知识宣传的计划，定期公布国家机构反腐败工作及其成效，将反腐败相关知识列入国家基本教学大纲，制订针对海外匈牙利公司的反腐败宣传计划。此外，政府还增加了对反腐败调查和检察部门的人力和财政投入。2011年向检察机关提供了9.888亿福林的资金，专门用于反腐败工作。

（二）克罗地亚

为了使反腐工作更加有效，政府每年发布一份反腐败行动计划，追踪和分析反腐工作的执行情况，制定了一整套具体的反腐措施。

第一，加强对国家公职人员的反腐败教育培训。通过基础教育、专门教育和特色教育等制度设计，将反腐教育内容寓于公职人员岗前教育之中，注重提高他们的反腐败意识，增强其抵制腐败的自觉性和主动性，同时加强对重要阶段、重要岗位和重要人员的重点教育。国家中央行政管理局负责对反腐部门的公务员进行培训，司法学院则对相关法律工作者进行培训。反腐败行动计划规定：对国家及地方公务员进行防止利益冲突的系统性教育培训；对主管选举委员会的人员进行选举监督的培训；开设海关培训中心，对海关工作人员进行知识、技能的教育和培训；加强对内部审计人员的专业技能培训；对负责公共采购的人员进行定期培训；对地方协调员进行控制竞选基金的培训等。

第二，提高政府机构工作的透明度。为使公众了解政府机构的工作内容和方式，推广以政府门户网站为窗口的电子政务：所有政府机构都设立网站；在互联网上公布一切与民生相关的数据资料、欧盟援助项目和资金以及所有政府项目的招投标信息；按时公布政府信息公开年度报告；发布和更新可了解公共采购信息和计划的网站链接，公共采购进程实现信息化；公布腐败案件从起诉到最终审理的监控数据；通过国家信息系统实行学校的电子登记注册。另外，中央政府每年对各级地方政府的透明度进行问卷调查，根据调查结果，召开地方行政和自治代表圆桌会议，组织关于公共机构透明度的公开讨论。内务部还与其他机构合作开设网站，向公众通报政府的反腐败工作，宣传国内外打击腐败的好做法。

第三，强化政府内部监督、司法监督、公民监督和舆论监督组成的监督体系。各监督主体既相对独立，又密切配合，形成整体合力。近些年尤其重视发挥舆论和公民监督的作用，通过推进政务公开，让公众了解政府机构的工作，加强公众对公务员的监督。公众可通过反腐败网站匿名向主管当局报告腐败案件。落实领导干部问责制，对公务员进行系统的内部监督和控制，对国内外各项援助基金的分配和使用实行监督。

第四，依法依纪查处腐败案件。政府近年来发起了一系列反腐败行动，已有一些政界和商界人士在反腐风暴中落马。2009年10月，克罗地亚副总理兼经济、劳动和工商企业部长波兰切茨因腐败丑闻被迫辞职。2010年7月，陆军司令克鲁利亚茨因涉嫌侵占建设用地被警方逮捕，克鲁利亚茨是克罗地亚独立20年来遭逮捕的最高级别军官。2011年7月，前总理萨纳德因涉嫌担任总理期间"实施犯罪并滥用职权"、从国有公司向私有公司转移资金，被通缉并落网。2011年10月，30多人因涉嫌骗取残疾人养老金被捕，这些嫌疑人向负责审查残疾人养老金的医生委员会的医生行贿，单人贿赂金额最高达5000欧元。

（三）罗马尼亚

2012年3月，政府通过了司法部提交的"国家反腐战略（2012—2015）"。该战略将腐败认知指数达到欧洲平均水平设为2015年的目标，并分别制定了预防公共部门腐败、提高反腐败教育程度、通过行政与刑事手段打击腐败、批准各部门计划并建立"国家反腐战略"监督体系四个方面的具体目标，每个具体目标下都列有相关措施，指派涉及的相关责任单位，并就每项措施制订了行动计划。该战略还列出了未来将要修订的反腐败相关法律，包括《刑法》和《刑事诉讼法》《政党和竞选活动资助法》《法官和检察官法》《议员条例》等，以便更好地建设反腐败司法体系。该战略宣布每年就战略实施情况发布评估报告，指出不足并给出补救意见。

近年来，中东欧三国通过完善反腐败的法律制度和机构设置，制定反腐败措施，在预防和打击腐败方面取得了一定的成效，审理了一些大案要案，逮捕了一批贪官污吏。克罗地亚前总理、罗马尼亚裁判委员会主席、前总理以及两位前农业部长、保加利亚前国防部长等纷纷落网。但三国的反腐败形势依然严峻，根据透明国际公布的世界各国腐败认知指数，三国的腐败状况非但没有好转，反而有恶化趋势（参见附表2）。三国的反腐败之路任重而道远。

附 录

附表1　　　　　中东欧三国批准国际公约的时间

	匈牙利	克罗地亚	罗马尼亚
欧洲委员会反腐败民法公约	2003年12月	2003年6月	2002年4月
欧洲委员会反腐败刑法公约	2000年11月	2000年11月	2002年7月
联合国反腐败公约	2005年4月	2005年4月	2004年11月
联合国反对跨国有组织犯罪公约	2006年12月	2003年1月	2002年12月

附表2　　　　　近年来中东欧三国的腐败认知指数

	2007年		2008年		2009年		2010年		2011年	
	国家排位	清廉指数（CPI）	国家排位	清廉指数（CPI）	国家排位	清廉指数（CPI）	国家排位	腐败认知指数	国家排位	清廉指数（CPI）
匈牙利	39	5.3	47	5.1	46	5.1	50	4.7	54	4.6
克罗地亚	64	4.1	62	4.4	66	4.1	62	4.1	66	4.0
罗马尼亚	69	3.7	70	3.8	71	3.8	69	3.7	75	3.6

资料来源：透明国际网站，http://www.transparency.org。

中亚及外高加索国家反腐败体制研究

孙壮志　包　毅　史谢红[*]

[内容提要] 中亚及外高加索国家的反腐败机制主要由相关反腐败的法律法规、相应监督执行机构及对官员的管理三部分组成。多数中亚和外高加索国家的反腐败体制建设都是从一系列法律的出台开始并逐步完善的，已经颁布的《反腐败法》或《反腐败纲要》是反腐败重要的法律依据。多数国家成立了专门的反腐败机构，有的从属于司法机关，有的直属于总统或由总统直接参与，相继出台了有关反腐败的国家发展战略，将反腐败工作作为维护国家安全与稳定的系统性工程来抓，不断加强公务员队伍的管理和建设。中亚和外高加索各国反腐败体制的基本特点是依靠自上而下的行政命令和国家强力部门来推进反腐工作、借助国际组织的帮助来推动反腐败机制建设、加强反腐败的跨国合作，但媒体和舆论监督作用比较薄弱，民众参与在逐渐加强。这些国家反腐败体制存在着内在缺陷，除体制自身的缺陷外，还受到其他外在因素的制约。

1991年独立以后，中亚的哈萨克斯坦、吉尔吉斯斯坦、塔吉克斯坦、土库曼斯坦和乌兹别克斯坦五国及外高加索的阿塞拜疆、格鲁吉亚和亚美尼亚三国在建立和完善国家行政体系和经济向市场化迈进的过程中，始终伴随着一些干扰因素，其中腐败现象成为阻碍中亚及外高加索国家发展的严重社会问题。20多年来，中亚和外高加索国家试图通过自己的努力或者

---

[*] 孙壮志，中国社会科学院社会学研究所党委书记，中国廉政研究中心副理事长、研究员；包毅，中国社会科学院俄罗斯东欧中亚研究所副研究员；史谢红，中国社会科学院亚太与全球战略研究院博士后。

加强国际合作与腐败做斗争,一些国家颁布了《反腐败法》及相关法律,建立了专门的反腐败机构,取得了一些成效,但问题依旧非常突出。

一 反腐败体制与机制建设

中亚和外高加索国家的腐败问题,不仅长期存在于国家官僚体制中,而且渗透到社会生活的很多领域,甚至在卫生和教育系统中也滋生了不同程度的腐败现象。腐败不仅阻碍了当地社会经济发展进程,而且该问题的久治不愈降低了民众对政府的信任,进而对政权基础与国家安全构成了现实的威胁。据统计,2003年独联体国家直接的公开贿赂数额为每年28亿美元,其中多数是中亚和外高加索国家"创造"的。[1] 2005年3月及2010年6月吉尔吉斯斯坦引发的两次政治危机,致使阿卡耶夫和巴基耶夫政权相继倒台,其原因之一就是民众对官僚腐败的长期不满。吉尔吉斯斯坦总统阿坦巴耶夫在其就职演说中也提到腐败对国家政权的危险问题,他指出,腐败已经成为危害社会和国家的一大问题,应尽全力去消除这一现象。[2] 2012年2月吉尔吉斯斯坦总统阿坦巴耶夫发布了关于"国家反腐败战略政策与反腐败措施"的总统令,提出调动全体国家权力机关、地方自治机构和社会根除腐败。[3] 2011年3月哈萨克斯坦总理马西莫夫总理批准了《哈萨克斯坦2011—2015年反腐败纲要重点领域》,并于2012年6月进行了重新修订。该纲要指出,腐败威胁国家安全,破坏社会经济可持续发展,为维持国家长期的竞争力,反腐败应采取持续而有效的政策措施。

中亚及外高加索国家的反腐败机制主要由相关反腐败的法律法规、相应监督执行机构及对官员的管理三部分组成。其中法制建设是反腐败工作的重要前提。亚美尼亚政府在2009年批准的《2009—2012年反腐败实施

---

[1] 阿列娜·列捷涅娃:《世界腐败报告之独联体国家的腐败问题研究》,2003年。

[2] Новый антикоррупционный орган может остаться без денег до конца лета, 26 Июн, 2012, http: //kloop. kg/blog/2012/06/26/novy-j-antikorruptsionny-j-organ-mozhet-ostat-sya-bez-deneg-do-kontsa-leta/.

[3] УКАЗ ПРЕЗИДЕНТА КЫРГЫЗСКОЙ РЕСПУБЛИКИ О Государственной стратегии антикоррупционной политики Кыргызской Республики и мерах по противодействию коррупции, г. Бишкек, от 2 февраля 2012 года УП N 26, http: //anticorr. mvd. kg/index. php? option = com_content&view = article&id = 36%3A2012 - 02 - 20 - 08 - 44 - 40&catid = 118%3A2012 - 02 - 20 - 05 - 56 - 40&Itemid = 44&lang = ru.

战略》中就曾指出，创造良好的法律框架是解决腐败问题的首要步骤。出于对国家安全与政权稳定的需要，各国政府均对反腐败工作给予了高度重视，加大了打击力度，尤其是在法律机制的建设上下了不少功夫，力图通过健全法律与制度体系，杜绝官僚体制和社会上的腐败现象。

（一）反腐败的法律基础

针对独立后职能部门内部日益猖獗的腐败现象，1998年8月哈萨克斯坦在独联体国家中率先颁布了《反腐败法》，此后吉尔吉斯斯坦和阿塞拜疆等国也相继颁布了类似的法律。同时，对于具体部门的反腐行动，还配有专门的法规与实施细则。以哈萨克斯坦为例，独立至今，哈萨克斯坦相继出台了一系列相关法律和总统法令以推进反腐败法律框架的建设。如1994年颁布了《侦查活动法》，1995年出台了《法人实体及其分支机构与代表处法》和《外国人法律地位法》，此后相继颁布了《刑满释放人员行政监督法》（1996年）、《刑法》及《刑事诉讼法》（1997年）、《反腐败法》（1998年）、《国家秘密法》和《公共服务法》（1999年）、《安全活动法》（2000年）、《哈萨克斯坦共和国劳动法》（2007年）、《执法公务法》和《国家管理与监督法》（2011年）。同时，哈萨克斯坦还通过颁布一系列相关的总统令，主要从整肃公职人员的纪律与官僚秩序等方面来贯彻法律的实施。总统令主要包括"关于完善打击犯罪和腐败系统的措施"（2000年）、"关于成立哈萨克斯坦共和国总统反腐败委员会"（2002年）、"关于采取措施加强反腐败，加强政府和政府官员在国家机关和履行公职工作中的纪律和秩序"（2005年）、"关于进一步加强打击犯罪和腐败力度与提高执法能力"、"哈萨克斯坦共和国2010—2020年法律政策构想"（2009年）、"提高执法和司法系统效率的措施"总统令（2010年）等。

其他中亚和外高加索国家的反腐败体制建设都是从一系列法律的出台开始并逐步完善的。如塔吉克斯坦进行反腐败建设始于1999年7月颁布的"关于进一步采取措施，加强打击经济犯罪和腐败"的总统令，其后制定了《反腐败法》《公务员法》《公共采购法》《国家金融监督法》《银行法》等一系列相关法律。2005年制定的新《反腐败法》，开始与国际标准接轨，2006年9月签署了《联合国反腐败公约》。[①] 吉尔吉斯斯坦在

---

① 资料来源：塔吉克斯坦反腐败网站（http://anticorruption.tj/ru/about-agency/history）。

《2009 年国家反腐败战略》中指出，吉尔吉斯斯坦的反腐败法律体系包括《反腐败法》《公共服务法》《公共采购法》和《预防和打击洗钱和金融恐怖主义法》。阿塞拜疆有《纪检官员法》《海关法》等法律法规。2006 年和 2012 年阿塞拜疆相继对《刑法法典》中有关界定与处罚腐败罪行章节进行了修订，规定法人的腐败犯罪责任，将追究其刑事责任并没收其财产。

中亚和外高加索国家目前已经颁布的《反腐败法》或《反腐败纲要》是重要的法律依据，包括目的、对象、范围、措施等。这些法律及纲要大多对腐败行为及反腐败对象进行了界定与分类，同时对反腐败的基本原则、预防腐败的措施、反腐行动的执行机关以及处理的办法也进行了阐述，甚至对不同领域的腐败问题，对干扰法律的执行，利用其他名目，如收取礼物等索贿受贿行为都作了相应的规定。法律颁布后，根据情况的变化大都进行了补充和修订。

（1）反腐败法的针对对象：为行使国家职能，如行政、司法及立法权力的国家公职人员，包括总统代表、国家及地方政府的行政职能人员、司法机关的工作人员、武装部队及其他军队编制人员等。此外，总统、议会议员及地方代议机关候选人的行为也将受其约束。

（2）腐败行为的类型：大体可以分为政治领域的腐败，如立法和司法领域的腐败行为；在选举和全民公决过程中妨碍政党活动及选民行使选举权的舞弊行为；经济领域的腐败，如国家及地方公务员滥用职权、以权谋私、干预和阻碍商业企业正常的合法活动的行为；财政预算领域的腐败，包括政府及地方财政预算未专款专用、国家和地方采买过程中以及在处理国外人道主义援助方面的贪污行为等。

（3）处罚措施：分为部门内的行政处理与部门外的司法追究两种。对于公职人员不构成违法犯罪的腐败行为，由国家行政权力部门根据情节的轻重程度施予警告、罚款、撤职等处分；情节严重的违法者，将送至检察和司法机关，接受审判及法律制裁。

（二）反腐败机构

多数国家对反腐败问题给予了高度重视，成立了专门的反腐败机构，有的从属于司法机关，有的直属于总统或由总统直接参与，主要负责对贪腐行为的侦查与界定工作，将执法与行政机关相协调，提高反腐败效率。

中亚和外高加索地区的多数国家拥有中央一级的反腐败机构,如哈萨克斯坦有国际打击经济犯罪与腐败署、吉尔吉斯斯坦有国家预防腐败署、阿塞拜疆有国家反腐败委员会等。具体而言,哈萨克斯坦的国家打击经济犯罪与腐败署有保障经济安全、参与制定与执行国家反腐政策、部门间协调的职能,以及预防、调查贪污腐败问题的特殊行政权力。该机构直属于哈萨克斯坦总统,由原从属于内务部的金融管理局升格而来。在执行权力机关内部,还设有隶属于总统的国家公务员事务署,主要负责对干部的管理,兼有反腐败相关法律提出建议的职能。其下属的打击腐败与公务员纪律委员会,负责对中央国家机关的领导及公职人员的腐败违法行为进行客观全面的审查工作。2005年4月,根据总统令,哈各州及阿斯塔纳、阿拉木图两市的纪律委员会归由国家公务员事务署统一领导,负责对地方政府官员腐败行为的调查。塔吉克斯坦于2004年成立了由总检察长领导的反腐败特别小组,2007年改组为金融控制与打击腐败机关,主要负责国家财政领域的腐败行为,以及对贪腐行为的侦查与调查工作。[①]乌兹别克斯坦于2008年,加入了《联合国反腐败公约》,并于同年9月成立了反腐败工作组,由副检察长任组长,12名成员来自国家各部委和其他政府机构。阿塞拜疆于2004年加入了《联合国反腐败公约》,并建立了隶属于司法机关的反腐败委员会,是专门的国家机构。亚美尼亚有隶属于政府的国家反腐委员会。截止到2010年,格鲁吉亚政府没有一个独立的专门反腐败机构,只有一个反腐败协调委员会,该机构由总检察长负责,副检察长、总检察长办公室和相关调查部门联合调查和打击腐败行为,行使司法管辖权,同时,对于国家最高级别的政府官员所涉嫌的腐败案件也具有独立调查权。总体而言,各国均成立了相应的反腐败机构或具有反腐败职能的机构,其职能范围因国而异。

此外,根据各国《反腐败法》的有关规定,多数中亚和外高加索国家的检察院、国家安全机关、内务部等国家机关分别负责腐败行为的调查取证、执法监察工作。此外,一些国家的领导人还提出,税收、海关、边防部门及金融警察等具体的职能部门也要承担更多的责任。

---

① 资料来源:塔吉克斯坦反腐败网站(http://anticorruption.tj/ru/about-agency/history)。

(三) 制定反腐败发展战略及相关措施

自2003—2005年外高加索和中亚地区发生"颜色革命"以后,腐败问题作为执政集团的痼疾,日益成为民众发泄对政权不满的突破口。各国领导人也越来越意识到了贪污腐败现象对政权的威胁性与危害性,并把打击腐败提高到了维护"国家安全"的战略高度,如乌兹别克斯坦总统卡里莫夫还把贪污腐败列为国家面临的七大安全威胁之一。他们强调,这已经不单纯是国家机关的行政问题,而是巨大的社会问题,因此在建立反腐体制时要充分吸纳社会的力量,加强社会的监督。各国相继出台了有关反腐败的国家发展战略,都将反腐败工作作为维护国家安全与稳定的系统性工程来抓。

哈萨克斯坦政府于2011年3月批准了《哈萨克斯坦2011—2015年反腐败纲要》,并于2012年6月进行了重新修订。纲要指出,腐败威胁着国家安全,破坏社会经济的可持续发展。现有反腐败法律体系要适应监管工作的要求和标准,反腐败的法律基础亟待进一步完善,需要分析和识别特定领域的腐败行为,进一步消除与国际反腐败立法的差距,以确保反腐败立法符合反腐败的国际标准。

吉尔吉斯斯坦于2009年发表了《国家反腐败战略》以及一系列行动构想。该构想指出,国家反腐败战略及其行动计划的主要目的是对国家机关进行监测和社会监督,联合所有国内利益相关者、国外投资者、国际捐助组织、民间社会团体实施反腐败行动,构建识别、预防和消除腐败的机制,以改善商业环境和提高投资吸引力。具体的行动计划包括组织和参加国际会议和研讨会;在玛纳斯国际空港立建反腐败咨询中心,在边境检查站和海关码头设置"白色通道";加强政府机构预防和打击腐败的能力,促进反腐败工作的制度化;协助国际专家参与吉尔吉斯斯坦国家公务员建立防止腐败评估机制、在立法层面贯彻反腐败机制等。

塔吉克斯坦在2008年通过的《2008—2012反腐败国家战略》中指出,公众支持是反腐败的主要因素,因此反腐败的重点是要在社会上营造反腐败的氛围,从根本上消除腐败滋生的条件,加强对国家财政和预算资金的控制,规避公共管理部门的腐败。[①] 此外,阿塞拜疆和亚美尼亚政府也相

---

① 资料来源:塔吉克斯坦反腐败网站(http://anticorruption.tj/ru/about-agency/history)。

继发发表了《阿塞拜疆2007—2011年增加透明度和打击腐败国家战略的行动计划》《亚美尼亚2009—2012年反腐败实施战略》。从这些反腐败战略和实施纲要中，我们可以看到中亚和外高加索各国政权对于反腐败问题的重视程度以及打击腐败行为的决心。

（四）加强国家公务员制度建设

为从体制上遏制腐败现象的发生，各国都在不断加强公务员队伍的管理和建设，有的国家通过《国家公职人员法》，对国家公务员的行为做了具体的规范。如在担任公职以前，要向税务机关报告自己的收入和财产情况；禁止国家公务员从事和参与商业或某些领域的活动；要求国家公职人员提供本人及其配偶的国内外账户与财产状况等。如在吉尔吉斯斯坦，2011年实行了议会制的吉尔吉斯斯坦加大了反腐败的力度，要求由人事部门对外公布国家主要领导人，如总统、议长和总理的年度收入及财产状况，接受公众对国家公职人员的社会监督。根据公布的资料，2011年吉尔吉斯斯坦总统阿坦巴耶夫及其家属的年收入近9万美元，包括总统的薪金、私人住宅及亲属的不动产等。吉政府总理巴巴诺夫的年薪约为1.9万美元，其亲属收入为26万美元。[①] 另外，塔吉克斯坦还于2011年10月通过了《反腐败法》修正案，其中规定禁止国家机关公务人员聘用其家属与亲戚进入政府部门，以避免官僚体系中因裙带关系而引发腐败现象。

同时，很多国家的总统和反腐败机关的领导人也都表示，公务人员的廉政建设、严厉打击和制裁经济犯罪是防止官僚腐败的重要任务。如阿塞拜疆总统伊尔哈姆·阿利耶夫就曾在2012年10月表示，总统及所有官员都是为人民服务的，因此要求每一位官员都应履行其职责，解决困扰市民的问题。他同时提出，国家及地方官员执政行为的正确性都必须得到公众的监督，要严厉打击腐败和贿赂行为。[②] 哈萨克斯坦反腐败与经济犯罪署领导人拉希特·图苏普别科夫在2012年2月表示，该反腐败机构未来的首要任务是集中力量打击体制性的腐败与"灰色经济"问题，防止挪用预算资金的行为，同时提高工作人员的素质。今后反腐败领域的重点将是对

---

① 《吉尔吉斯斯坦公布国家主要领导人财产状况》，人民网（http://news.163.com/12/0308/20/7S3NUSUR00014JB6.html），2012年3月8日。

② Борьба с коррупцией и взяточничеством должна вестись более серьезно, http://www.aznocorruption.az/rus/250 – borba-s-korrupciejj-i.html.

经常从事敲诈勒索及挪用预算资金的刑事涉案人员的监控工作。[①] 针对国家采买领域中频繁出现的腐败现象，哈萨克斯坦还逐年调整政府年度采购计划，防止在工程、货物等公共服务采购方面的腐败行为。哈萨克斯坦打击经济与腐败犯罪署在 2010 年制定的《2011—2015 战略计划》中指出，国家机关的重要任务是降低公共服务的经济犯罪水平。今后的反腐败工作将着眼于国家机关体制性腐败，保障公民和国家的权益不受经济犯罪的侵害。近年来，各国在反腐败政策中，还特别研究了利益冲突与腐败现象的关系，并制定相关法律法规明确界定公私利益，规范公职人员的行为。2010 年 8 月哈萨克斯坦总统颁布了"提高执法和司法系统效率措施"的总统令，指出将建立公务员电子信息数据库，以记录违法行为及其诱因，同时在立法层面引入"利益冲突"的概念，分析公务员私人利益、社会利益和国家利益之间的矛盾，规避因利益冲突诱发的腐败问题。

此外，在公务员待遇标准方面还规定，公务员要保持较高的工资水平，以"高薪养廉"的方式防止腐败现象的发生。同时，有的国家执行权力机关内部设有国家公务员事务署或类似的人事管理机构，负责向政府提出制定或修改公务员工资待遇的相关法律方案，并负责保障公务员上岗竞争制度的诚实性与透明度。此外，在哈萨克斯坦，直属于总统的人权委员会还对国家公务员事务署的一些涉及行政职位竞争以及国家行政职位的专业化要求的规章进行修改和补充，并对完善国家公务员法律基础提出建议。根据哈总统 2005 年的《国情咨文》，将中央和地方的纪律委员会彻底转交给国家公务员事务署管理，并由中央预算拨款，充实法律干部，不安排接近退休年龄的人员到纪律委员会工作。

各国还努力加强政府的工作效率，减少中间和行政环节，希望从根本上铲除腐败滋生的土壤。各国领导人反复强调，必须把经济活动和国家公务彻底分开。应该结束股份公司、银行体系的不透明现象、许可审批众多现象和行贿者不受惩罚的问题。各国领导人都提出了一系列要求，主要包括在政府部门中推广"一站式"服务；削减许可证数量；对《公司法》做相应的修改，防止权钱交易；国家公务员要刊登公告，声明已将自己的商务项目出售或托管；不仅要惩罚受贿者，而且要惩罚行贿者。

---

① 《哈萨克反腐败与经济犯罪署将着力打击腐败及"灰色经济"》，2012 年 2 月 21 日（http://spzx.foods1.com/show_1483450.htm）。

总之，中亚及外高加索国家均对反腐败问题给予了高度重视，已经建立了反腐败的法律基础，制定了反腐败发展战略及相应的实施计划，并在中央层面建立了由总统直接领导，对国家公职人员行为进行监督和管理的监察机构，但在地方层面的反腐机构的建立还相对滞后。

二 反腐败体制的基本特点

中亚和外高加索各国属于腐败高发的国家。腐败行为不仅使行政缺乏效率和透明度，而且还破坏了经济环境、损害了外国投资者的信心，甚至影响了社会秩序的稳定。因此，建立长期有效的反腐机制，对于这些国家来说，具有刻不容缓的现实意义。各国进行反腐败斗争的主要目标都是改善投资环境、增强投资吸引力。从目前的情况来看，这些国家在反腐机制建构、运行以及反腐措施的实施手段上存在以下特点：

（一）依靠自上而下的行政命令和国家强力部门推进反腐工作

在反腐败工作的实施方面，大部分国家的政府均制定了国家反腐政策及其实施战略，并通过总统令和政府纲要的形式加强反腐措施的实施力度。哈政府从颁布《反腐败法》的1998年起，先后制定了《1998—2000年国家反腐败计划》《2001—2005年国家反腐败计划实施纲要》等跨年度的反腐计划，2005年4月14日颁布了"在政府机关、公务员工作中加强与腐败作斗争、加强纪律"的总统令，同年12月总统亲自签发了《2006—2010国家反腐败计划》，这些文件是为了研究腐败产生的原因及条件，制定措施、建立反腐败信息体系和举报系统。同时，制定政策以加强政府在采购、税收、私有化等领域的透明度。2005年6月阿塞拜疆总统阿利耶夫也在总统令中，要求政府尽快制订反腐败行动计划，并提出每年向国家公务员管理委员会下属的反腐机构提供财政拨款以支持其行动。近几年，在总统和政府政令的敦促之下，这些国家先后采取了一系列大规模的反腐行动，重点查处了一批涉嫌腐败问题的国家上层权力部门和大型国有企业的领导人。2001年，阿塞拜疆军事检察院开始对军事委员会财政部门盗用公款事件进行审查，国防部财政司司长因此被判刑入狱。2003年阿塞拜疆三大城市行政部门的领导人同样因贪污罪而被查处。哈萨克斯坦前国家原子能公司总裁穆赫塔尔贾基舍夫因腐败、盗窃和向外国公司非法出售资产等罪名于 2011 年 3 月被判 14 年监禁。土库曼斯坦总理库尔班穆拉多夫因涉嫌挪用 6000 万美元国家财产而被解职，石油部长瓦利耶夫因贪污、盗窃国家财产数额特别巨大而被土库曼最高法院判处 24 年有期徒刑。土库曼斯坦石油天然气公司总裁伊里亚斯·恰雷耶夫因贪污被判处 25 年有期徒刑。乌兹别克斯坦、吉尔吉斯斯坦也有一些副部级官员和地方官员因腐败问题而被解职。

（二）借助国际组织的帮助来推动反腐败机制建设

由于财政困难，一些中亚和外高加索国家，如吉尔吉斯、格鲁吉亚等国主要依靠联合国和其他一些国际组织的帮助建立反腐败机制。2003 年在欧安组织的帮助下，七个欧安组织的独联体成员国，其中包括来自外高加索和中亚的亚美尼亚、阿塞拜疆、格鲁吉亚、吉尔吉斯斯坦、塔吉克斯坦参加了欧安组织的一个反腐败法律制度的报告评估程序，该程序是欧安组织为转型经济国家地区性的反腐败论坛设计的，并确保让民间社会能够参与到评估程序中。其目的是使成员国分享反腐败的最佳实例与经验。哈萨克斯坦也在 2005 年启动了该评估程序。2004 年，欧安组织经济和环境活动协调办公室开发了一套有关反腐败最佳实例手册，作为立法者、公务员、新闻媒体、非政府组织和其他所有关心腐败问题与想了解更多其他国家如何采取措施与腐败做斗争的一个资源工具。该手册的英文与俄文版本于当年正式出版，2005 年又出版了阿尔巴尼亚语、俄语、塞尔维亚语和乌兹别克语的版本。手册被广泛地分发到政府官员、非政府组织、学术团体和新闻机构手中，并在一些欧安组织经济和环境活动协调办公室和其他国际组织合作举行的研讨会上广为散发。

2004 年 10 月，欧安组织在哈萨克斯坦和吉尔吉斯斯坦召开了宣传《联合国反腐败公约》中关于反腐败、国家与国际上的法律手段和最佳实例的学术讨论会，并讨论了关于签订、批准和全国范围实施国际公约等问题，例如《联合国反腐败公约》《联合国跨国组织犯罪公约》、欧洲委员会《民事和犯罪法公约》和《关于洗钱、调查、查封与没收犯罪财产公约》等。这些活动提出的建议让两国政府考虑采纳一些具体的建议，允许专门的机构获取银行信息；通过国际组织的协助、通过对国家政府、法律制定者和负责进行反腐败斗争的官员进行培训以提高专业水平，尤其是为那些起草反腐败法规、培训金融调查官与其他必须追查犯罪资产根源的法律执行者提供培训，考虑为法人参与腐败犯罪的活动规定刑事责任、民事责任与行政责任。

一些国家在反腐败方面接受了世界银行的指导和资助。世行资助的反腐败计划往往包括分析腐败的程度和性质。这种调查工作有助于提高公众意识，促使借款国就资金的合法用途做出承诺。例如，2000年世行对欧洲和中亚地区的一份研究报告《转轨中的反腐败：对政策辩论的贡献》，根据对企业的调查结果，对腐败模式做了深入分析，并提出了各种有针对性的改革措施，依每个国家的具体情况而定。世行召开研讨会介绍分析结果，邀请政府官员、民营企业和公民社会的代表参与制定反腐败战略，还可以通过世行项目给予支持。如世界银行向亚美尼亚政府提供了30万美元的拨款，以重新制定反对"行贿受贿、裙带关系和其他经济犯罪"的行动纲领。在格鲁吉亚，世界银行对政府采购体制、发放许可证制度的改革，并在检察机关与司法机关、教育与卫生领域的廉政建设方面提供了很多建议。

吉尔吉斯斯坦是中亚地区经济非常困难的国家，在打击腐败方面主要依靠国际组织的帮助。2004年吉官方与联合国协调员、世界银行专家、美国特使联合建立了"廉政治理咨询委员会"，以帮助吉制定反腐败政策、政治制度改革计划以及提高国家机关工作效率的战略。此外，2004年该委员会还与欧安组织合作制定了吉《反腐败法》。经过吉政府的同意，欧安组织在比什凯克设立了一个中心，重点支持吉尔吉斯政府的廉政治理，巩固反腐败斗争中的制度基础。该中心旨在引导廉政治理全国委员会及其相关的机构发现并确定需要重点解决的问题，并通过派遣一组国际专家联合代表团帮助发展一项有关廉政治理/腐败问题的行动计划，为需要优先采取的反腐败措施制定了若干基本规则。依照该中心的建议，廉政治理全国委员会由吉尔吉斯共和国总统颁布的一纸法令于2004年10月25日被取消，其常设机构——廉政治理全国委员会秘书处转变成廉政治理咨询委员会秘书处。该中心目前正支持一些行动，利用一个新的、独立的反腐败委员会制定一项反腐败政策并监督它的实施情况，以取代吉现行的烦琐的反腐政策。就建立反腐败委员会一事，中心起草的相关文件初稿已于2005年2月中旬提交给吉尔吉斯当局、民间社会和国际捐助者机构进行讨论。中心还组织了一个反腐败问题考察团前往立陶宛、马其顿和斯洛文尼亚，让吉尔吉斯当局学习有关与反腐败做斗争的一些经验，尤其是熟悉国家反腐败委员会的一些行动。中心为新成立的廉政治理咨询委员会秘书处提供了技术装备，帮助其创建了一个网站，方便公众获取有关反腐败、廉政治理和政府在公共与私营部门进行改革方面的措施等信息。乌兹别克斯坦也于 2005 年开始加强反腐败的工作力度。总统卡里莫夫在 2005 年 3 月发表的"民主化和社会重建，深入国家改革开放和现代化"的总统令中提出了多项反腐败措施，但始终没有专门的反腐败法律和文件。2008 年乌兹别克斯坦加入了联合国反腐败公约，并启动了由副检察长领导的相关的工作组，成员来自 12 个国家部委和其他政府机构。该工作小组按照国际反腐败立法标准和反腐败公约的要求，制订了国家的反腐败计划。2009 年 7 月在欧安组织埃里温代表处、美国国际开发署、欧盟咨询集团、欧洲理事会以及公民社会和非政府组织代表的帮助下，亚美尼亚政府反腐败委员会完成了新的 2009—2012 年反腐败战略的制定工作。①

近年来，随着各国对反腐败工作的重视和加强，开始有更多的中亚和外高加索国家加入了国际反腐败公约和行动计划，在本国的反腐败机制中引入国际反识别标准与评估体系，同时通过加强国家间的交流，借鉴别国的反腐败工作经验，深化反腐败合作。如哈萨克斯坦政府在 2011 年 3 月《哈萨克斯坦 2011—2015 年反腐败纲要》中就指出，反腐败的法律基础还有待完善，需要加强对特定领域腐败行为的识别与界定，消除与国际反腐败立法的差距，以确保反腐败立法符合反腐败的国际标准。

此外，外高加索三国及中亚的哈萨克斯坦、吉尔吉斯斯坦和塔吉克斯坦均参加了 2003 年 9 月在伊斯坦布尔大会上提出的独联体国家反腐败行动计划。该计划是欧洲经济合作与发展组织（OECD）反腐败计划的一个重要的次区域合作倡议，其主要目的是通过定期地和系统地对东欧和中亚等转轨国家的法律体制进行比较研究，对其社会政治发展状况进行评估并提出建议。随着各国在反腐败领域的国际合作的加强，一些国家的反腐败工作也收到了较好的成效，如格鲁吉亚在透明国际的年度清廉指数排名由 2004 年的第 133 位升到 2009 年的第 66 位，这在很大程度上要归功于国际组织和国际合作计划，其中包括"伊斯坦布尔独联体国家反腐败行动计划"的帮助与支持。

---

① В Армении утверждена новая антикоррупционная стратегия, 2009 年 10 月 7 日, http://azerbaijan. kavkaz-uzel. ru/articles/160341/。

(三) 加强反腐败的跨国合作，与邻近国家共同打击腐败行为

中亚和外高加索国家非常重视在反腐败的问题上开展国际合作，包括相互之间和与其他一些国家签署相关的协议和文件，加强司法互助，引渡涉嫌贪污腐败的外逃官员。如 2003 年 9 月，哈萨克斯坦与摩尔多瓦两国政府签订了有关打击腐败和经济犯罪、加强金融信息交往等协定。2005 年 4 月 20 日，黑海经济合作组织议会大会法律和政治委员会会议决定，加强该组织各成员国在反腐败方面的合作。格鲁吉亚、阿塞拜疆、亚美尼亚等外高加索国家的代表出席了大会。与会各国代表指出，腐败问题目前已经不是一个国家的问题，而是地区性和国际性的问题。因此，国际社会应当共同采取措施来反对和打击腐败。会议决定，黑海经济合作组织成员国要充分发挥各自国家反腐调查机构的作用，而尚未成立反腐调查机构的国家，应当尽快成立这种机构并选拔品行端正、精通反腐业务的官员参与该机构的工作。会议指出，黑海经济合作组织成员国之间要加强反腐信息交流，互通情报，联合打击腐败，特别是本地区的跨国腐败行为。同年 9 月，在亚美尼亚首都埃里温举行的独联体国家内务部长理事会会议上，讨论了打击国际恐怖主义、反腐败和非法移民等问题。中亚和外高加索国家的内务部领导人出席了会议。会议指出，腐败已经变成危害独联体各国经济发展的跨国现象。独联体各国在加强经济联系和相互投资过程中经常签订大项目合同，这在客观上助长了借此非法致富的腐败现象。腐败的蔓延已经威胁到了独联体的稳定发展和安全。会议决定，要加强在反腐败领域的合作。

2011 年 3 月在哈萨克斯坦阿拉木图召开了有 60 个国家代表及联合国、欧安组织等地区组织和非政府组织代表参加的以"共同打击跨国腐败，全力追缴流失资产"为主题的国际反腐败会议。与会者一致通过了旨在加强反腐领域合作的《阿拉木图公报》，表示虽然各国的法律法规不尽相同，但各国均赞同在现行的国际法框架内制定统一的实施细则，按照统一的标准实施跨国引渡罪犯、追缴赃款。哈反腐败和经济犯罪署署长科扎姆扎罗夫表示，会议提出在建立国际反贪有效机制、跨国追缴流失资产等方面整合力量，这在全球经济一体化进程不断发展的今天尤为重要。[1] 由此可见，

---

[1] 《国际反腐败会议表示要加强全球反腐合作》，新华网，2011 年 3 月 11 日（http://news.xinhuanet.com/world/2011-03/11/c_121178464.htm）。

现阶段中亚及外高加索各国对于反腐败领域的深度合作的愿望在不断加强。

(四) 媒体和舆论监督作用比较薄弱

在中亚和外高加索国家，媒体和舆论监督的作用不尽相同。有的国家，如哈萨克斯坦和吉尔吉斯斯坦，舆论自由度相对比较大，电视和报纸等媒体能够揭露一些腐败现象和事件，对腐败分子产生了一定的震慑作用。同时，一些国家除了不断完善反腐败法律体系，加强公务员廉政教育之外，还通过媒体加大对政府反腐败工作的宣传力度，树立国家的反腐败形象。如哈萨克斯坦，通过社会组织协议合作打击腐败和影子经济；在大型企业内宣传反腐败。形成公民对腐败行为的负面看法，改善社会经济环境。2012 年制定了《哈萨克斯坦金融警察机构的宣传政策构想》，其主要任务是加强与媒体和民间组织，展示金融警察所取得的成果，以进一步树立其正面的公众形象。吉尔吉斯斯坦的"咨询发展"法律咨询公司在 2008 年成立了理事会，由商界、国际组织和民间社会机构的代表组成。该理事会对国家的腐败程度进行定期监测，通过媒体、网络等平台报道腐败事件，改善和提高公民对国家和国家机关的信心；通过开发和推出公益电视广告塑造国家公务员和政府公共部门工作人员的积极形象（如交警、警察、医生、教师和法官等）；进行谈话——节目、新闻发布会、关于腐败问题的专题圆桌会议；研制和投放街头横幅；制作和分发吉尔吉斯语、俄语、英语和其他语种的信息材料、广告、小册子和宣传单；为国家反腐败署提供对策建议。①

但由于在公务员队伍建设和任用等方面存在根本性的缺陷，行政机构的权力不受约束，媒体和舆论监督只能使腐败分子的腐败之风有所收敛或更加隐蔽，司法部门对媒体并不予以重视和配合，因此很难从根本上解决问题。由于主要的媒体是官办的，独立媒体和反对派的媒体报道受到了严格的限制，有些反对派报刊甚至被政府查封。在一些中亚国家，还出现了有的记者因为报道地方官员营私舞弊而遭到报复的事件。因此，多数中亚和外高加索国家媒体在反腐败舆论监督方面的作用十分薄弱。

---

① Проект Содействие госорганам по противодействию коррупции, http：//www.adc.kg/index.php? option = com_ content&view = article&id = 5&Itemid = 10&lang = ru.

（五）民众参与在逐渐加强

由于反腐败措施成效不大，致使民众对国家机关的信任度不断降低。民众因此对国家的反腐败计划态度漠然，甚至认为国家机关表面上的反腐行动反而掩盖、助长了腐败的大范围滋生。同时，由于腐败现象渗透的广度与深度，腐败现象被多数人认可为一种行事规则，严重败坏了社会风气。在一些国家，普通百姓在与各级官僚打交道过程中不得不采取行贿手段来达到合法目的；各级官员通过行贿来谋取自己需要的位置或者继续升迁，再在这个位置上为个人捞取更多的利益。这种对腐败规则的认可在某种程度上助长了腐败现象的蔓延，也加大了打击腐败的难度。

近年来，各国均加大了反腐败的力度，在反腐败措施中特别强调了民众和非政府组织参与反腐败工作的重要性。具体表现为，在反腐败政策中，一些国家积极鼓励媒体通过公益广告等方式对国家的反腐败政策进行宣传，对腐败案件及其判决结果进行报道；通过印制和发放传单、手册和海报等方式普及国家的反腐败法规政策；开通"热线"电话接受群众举报和信息咨询，协助官方监督和打击腐败行为；提高公共管理部门决策的透明度，实施对腐败行为的社会监督。2010年8月哈萨克斯坦总统颁布了关于"提高哈萨克斯坦共和国执法和司法系统有效性的措施"的总统令，成立了第一个官方网站来鼓励民众对腐败行为的监督和举报。[1]

同时，一些国家还建立了鼓励民众参与反腐败工作的民间组织，如吉尔吉斯斯坦的"保护公民权利委员会"，负责群众上访上告，并根据新闻媒体所披露的官员违法违纪线索进行调查[2]。此外，吉尔吉斯斯坦在2009年1月还成立了一个隶属于国家预防腐败署——反腐败事务委员会，代表由国内外投资者、国际组织和民间社会组织的观察员等各界人士组成。其职能与作用主要是预防腐败行为，消除腐败机制，并对国家机关活动进行社会监督，改善商业环境和提高国家投资吸引力。

阿塞拜疆的反腐败基金会在总统和非政府组织的支持下，于2012年6月启动了"促进公民与政府机构之间的相互作用以确定贪污腐败"计划。

---

[1] Закон о коррупции как способ борьбы с негативными экономическими процессами, http://www.nocorruption.net/.

[2] 倪国良、杨恕：《中亚区域经济合作中非经济障碍因素分析》，《东欧中亚研究》1999年第4期。

该计划在库萨尔、撒姆科尔、阿克斯塔法、撒比拉巴德、苏姆盖特五个地区进行了一系列公众参与的反腐败的活动，如组织地区接受举报和投诉的公民的热线电话、组织虚拟服务机构、为公民提供咨询和宣传等法律援助。《反腐败备忘录》（手册）在阿塞拜疆所有地区传播的项目已被纳入项目框架。此外，该反腐败基金会还将对国家反腐败工作现状与成效进行全国性跟踪调研工作。[①]

除了反腐机构，很多国家都向社会提供了监督热线电话，如哈政府近期还向社会及外国使领馆提供了内务部投诉与监督电话，用来举报哈各级行政官员的腐败违法行为，动员社会民众参与反腐败工作。

三　反腐体制的效能与缺陷

尽管中亚和外高加索国家努力建立起了比较完备的反腐体制，通过了一些法律，成立了由总统亲自领导的专门机构，但各国的反腐机制存在着内在缺陷，致使机制的效能不能得到正常发挥。影响各国反腐机制效能发挥的因素，除了体制自身的缺陷之外，还有其他外在因素的制约，如社会转型时期的特殊性、政权内部制衡关系的缺失，甚至一些落后的文化传统、思想观念等。

（一）总统权力体制的影响

中亚和外高加索国家的反腐体制中，总统扮演了领导者和核心的角色，虽然体现了该项工作的举足轻重，同时也出现了总统家族和亲信难以受到有效监督的问题，这些总统身边的人成为"特殊利益群体"，通过组织基金会、成立公司等聚敛财富，对官员队伍的廉洁和社会风气造成了非常坏的影响。具体表现为：

首先，这些国家都实行总统对国家的执行权力的垂直领导，各级官员层层对上负责，千方百计取悦和讨好上级，在总统周围形成了一个权力核心和特权阶层，任何机构都不敢得罪这个"核心"。

其次，在以总统为核心的权力体制下，本来应该对行政权力形成制衡

---

① Фонд Борьбы с Коррупцией реализует новый проект，http：//www.aznocorruption.az/rus/602-fond-borby-s-korrupciejj-realizuet.html.

的立法和司法机构软弱无力,而且多为亲总统势力所掌握,总检察长与上院议长由总统直接或间接任命,因此检察机构、立法机关听命于总统的现象在这些国家普遍存在。国家政权体系内部的制衡和监督机制薄弱。

最后,各国的反腐机构都不独立于执行权力机关,一般从属于总统,其任命与权限由总统决定。同时,宪法与其他法律也没有对总统的腐败行为的监督机制。这说明了反腐机构的职能十分有限,并不能对执行权力机关进行全面有效的监督。

(二) 反腐败与政治斗争不容易分开

中亚及高加索国家的反腐败工作大多表现为在总统及政府命令的推动下,依靠执行权力机关,重点打击高层腐败行为,结果经常被反对派批评为"清除异己和政敌的工具"。同时,由于各级官员的调整非常频繁,对上至总统亲属,下至地方和中低级贪官污吏的腐败行为缺乏具体有效的整治措施,致使腐败现象在这些国家长期存在。

不能否认,多数中亚和外高加索国家反腐败政策与计划的提出,多多少少具有一定的政治目的。哈萨克斯坦的几个反腐败计划都是在总统选举之际提出的,因而,具有为当权者助选的目的。此外,当权者有时以反腐败为名,实际上要排除异己,专门惩治那些对自己构成威胁的官员和反对派领导人。2001年,哈萨克斯坦多名国家部委领导人及地方高级官员因涉嫌贪污违法被查办,不是由于与总统政见不合就是因为投入了反对派阵营,其中有著名的反对派领导人巴甫洛达尔斯克州州长让吉雅诺夫。遭到同样命运的还有吉尔吉斯斯坦前副总统库洛夫、土库曼斯坦前副总理奥拉佐夫。在反对派夺取政权的格鲁吉亚和吉尔吉斯斯坦,反腐败同样是打击原政府高官的最佳武器。在格鲁吉亚新总统萨卡什维利掀起的"反腐风暴"中,原来谢瓦尔德纳泽执政时的能源部长、电信部长、副总检察长、全国铁路公司总裁等一一落网。吉尔吉斯斯坦政权更迭后,总检察院就立即宣布,原政府总理塔纳耶夫和国防部长托波耶夫有腐败行为,对逃到俄罗斯的两人发出国际通缉令。尽管这在一定程度上体现了民意,但不能排除,反腐工作事实上成了当权者政治斗争的工具,对整顿吏治,杜绝腐败行为没有真正起到警示作用。

(三) 西方的作用和影响比较大

独立以来,西方势力一直在力图对中亚及高加索国家的政治体制施加影响。多数国家的反腐败计划与战略的制定都接受西方的"指导"。西方一方面希望通过向这些国家政府施压，促使其加大反腐败力度，以改善当地的投资环境，尤其是在石油经济较发达的阿塞拜疆和哈萨克斯坦；另一方面，西方希望通过反腐败工作推进该地区的"民主化"进程，加强对这些国家的政治影响力。西方还通过培训官员、鼓动反对派、资助媒体和非政府组织等手段直接介入中亚和外高加索国家的"反腐"工作。如1992—2001年，美国为亚美尼亚相继提供了13.5亿美元的援助，2002年又提供了5.19亿美元，用于支持提高上层权力部门的透明度以及多党政治的发展。索罗斯基金会、"金色政府"组织以及美国司法局同样为格鲁吉亚政府的反腐败计划提供了大量援助。2004年5月，美国司法部门开始了对所谓"哈萨克门"案的调查，指控"梅尔卡特尔"商业银行董事长、美国公民詹姆斯·吉芬对哈萨克斯坦总统纳扎尔巴耶夫等人行贿8000多万美元。此举显然有向哈政府施加压力的政治目的。

　　西方希望通过"民主制度建设"来消除当地的腐败现象，而该地区的腐败根源不仅来源于制度，还涉及经济发展、贫困就业问题、人员素质、政治传统与文化等诸多因素。因此，西方帮助建立的反腐败体制在当地的运行效能并不高，甚至出现财政和人道主义援助都被官员"中饱私囊"的现象，致使援助成为新的腐败的来源。

（四）转轨体制的特殊性

　　在政治和经济转型过程中，中亚和外高加索国家的立法与司法体系尚不健全，法律基础薄弱，司法程序不透明，致使许多腐败案件的检察与审判行动受到阻碍。同时，政府改革和政府能力建设相对滞后，导致政府管理不善，表现为有法不依、纪律松弛、监管乏力、效率低下、人浮于事，特别是执法人员知法犯法、索贿受贿的现象很普遍。如2005年4月下旬，阿塞拜疆《祖国》杂志公布了对该国前30位富豪的社会调查和民意测验结果，其中官员占了25名，首富是阿海关委员会主席盖达罗夫。此外，这些国家的反腐败机制还处于初步建立时期，国家各行政机构与专门反腐机构也面临着相互协调与职能过渡的任务，这些都阻碍了反腐机制效能的有效发挥。

四 结语

中亚和外高加索国家的腐败问题与执政者本身有关，与政权基础薄弱、法制不健全、社会分配不公也有直接关系。因为腐败的存在，使一些国家的社会矛盾空前激化，也使执政当局失去了群众的支持。格鲁吉亚和吉尔吉斯斯坦这两个发生"颜色革命"的国家，腐败问题都很严重，其领导人在这方面没有多少作为，致使西方国家有机可乘。

中亚和外高国家反腐机制建设的一个重要教训是，对贪污腐败的姑息纵容，不能及时采取有力措施，最终会衍生出积重难返的社会腐败。因此，反腐败工作必须从法制建设、经济发展与国民素质的培养等多方面着手，制定长期的反腐败战略与实施计划，从根本上遏制腐败的滋生。

从中亚和外高加索国家反腐败体制的研究中，可以得出以下一些经验教训：

第一，加强法制建设，出台和完善相关法律法规，完善司法权力体系，提高监察与执法力度，使反腐败措施落到实处。

第二，完善国家干部体制，加强国家机关工作人员的自律意识和自我约束力，同时强化干部素质的培养及职业化训练，提高职能部门的工作效率。

第三，鼓励民众对反腐工作的参与，加强舆论监督作用。

芬兰腐败防控机制研究

田　坤[*]

[内容提要] 芬兰出色的反腐败成绩可以从其高效、实用、严密的腐败防控机制中找到原因。芬兰非常重视公职人员诚信体系建设，在公职人员的选任、培训、管理中融入腐败预防理念；政务高度公开透明为有效监督提供了必要条件；司法总监、议会监察专员、各类专业性的监察专员及国家审计局共同履行监督职能，成为芬兰廉洁的"保护神"；芬兰非常重视法治建设，形成了独具特色的反腐败刑事法律制度；在反腐败国际舞台上，芬兰也扮演着重要角色。

据透明国际（Transparency International）最新公布的 2012 年全球腐败印象指数（Corruption Perception Index），在其对 176 个国家和地区进行的廉洁度排名中，芬兰与新西兰、丹麦并列第一。透明国际开展腐败印象指数排名以来，芬兰一直位居世界前六，始终处于"第一集团"。[①] 多年来，芬兰一直保持着较低的腐败案件发生率，警方每年只收到大约 15 件涉及贿赂犯罪的举报。[②] 芬兰在腐败防控方面成效斐然，是民族性格、文化传统、经济发展及反腐败体制机制等诸多因素综合作用的结果。本文将从腐败防控机制的角度来解读芬兰成功的经验。

---

[*] 田坤，中国社会科学院中国廉政研究中心助理研究员。

[①] 1995—1996 年世界第四，1997—1999 年世界第二，2000—2004 年世界第一，2005 年世界第二，2006—2007 年世界第一，2008 年世界第五，2009 年世界第六，2010 年世界第四，2011 年世界第二。参见 http：//www.transparency.org，访问时间：2012 年 12 月 31 日。

[②] *Finnish Corruption*: *Subtle*, *but by no means non-existent*, Helsingin Sanomat, 2009 – 7 – 19.

一　在公职人员管理中融入腐败预防理念

为公职人员提供具有竞争力的保障。高薪能否养廉存在争议，但有一点可以肯定：如果政府不能为公职人员提供充分的保障，甚至公职人员的福利待遇低于同等劳动强度的其他国民，公职人员为自己掌握的权力寻找"租户"则是不可避免的。芬兰根据本国的经济发展水平，为公职人员提供了中等水平的薪酬待遇，虽然不是很高，但足以保障维持体面的生活。芬兰有句老话："公务员的面包虽然不厚，但是很长。"再加上公职人员享有较高的社会地位，受到人们的尊重，使得公务员成为一份比较吸引人的职业。

任用高素质国民担任公职人员。芬兰高度发达的教育体系为公共机关输送了大量的优秀人才。根据芬兰《宪法》规定，公职人员的任用着重于对技术（Skill）、才能（Ability）和公民素养（Civic Virtue）的考察。芬兰《国家公职人员法》《自治市公职人员法》《雇佣契约法》等成文法具体规定了国家公职人员的任职条件、任命程序，确保公职人员发挥特长、量才而用，将高素质的人遴选入公职队伍。对于法官、医生、教师等特殊主体还制定专门法律，规定任职条件。芬兰在公职人员，特别是高级官员的选用时，将独立、公正、客观、忠诚、透明的服务意识和责任感作为基本条件。芬兰采取所谓"职位制"（Position System）文官制度，所有新设职位、空缺职位，均开放给提出申请的任何人，并不限于现职的公务人员，[①]因此有利于优秀人才向公职机关流动。

将腐败预防的内容融入培训。芬兰非常重视公职人员能力的提升，中央政府各机关运用在公务人员培训上的经费，每年约650万欧元，约为人

[①] "职位制"的主要特征是：（1）录用人员不限于初级职位，包括高级职位在内的所有职位空缺都是开放录用；（2）认可在私营部门的工作经验；（3）特定的职位要求具备特定的技能；（4）没有定式化的录用制度；（5）没有升职或者加薪的制度性权利；（6）不根据"工龄"决定薪酬和加薪；（7）工作并非永业化（no job for life）。这就与所谓的"职涯制"（Career System）形成鲜明对比。"职涯制"的特征在于，人员录用一般限于最低层级的职务，有限度地认可公职以外的工作经验，大多数工作的条件由法律规定，法律明确规定薪酬体系，具有一套退休制度等。我国目前公职人员的选任机制便是所谓的"职涯制"。参见桂宏诚《芬兰政府体制与公务人员制度简介》（http://www.npf.org.tw/post/2/9412）。

事费用的3%。① 近年来，芬兰加大了对新晋公职人员进行综合入职培训的力度，内容包括价值观、伦理、职业道德等内容。如果在某一领域特别容易发生腐败，在入职培训时将特别强调与腐败预防有关的问题，向其提供有关腐败易发多发情形的信息。例如，在警官和检察官的基本培训中，专门的腐败预防培训已成为重要的内容。

严格控制兼职，防范利益冲突。在芬兰，担任政府的部长，不允许再担任可能侵害自己作为一名部长职责的其他公职或者其他职位，国务委员不得从事有损作为一名国务委员应得信任的其他公职或者其他职位。芬兰的个人信息采集、管理以及顾客信息资料保存系统非常发达，可以轻松获得某人的投资信息和财产情况，因此，尽管一般不要求公职人员对他们的工作外活动、受雇佣等情况进行申报，但一个公职人员在外兼职而不引起监督人员的注意几乎是不可能的。芬兰的公职人员不能参加任何与自身或关系密切人利益相关联的事项的决策。如果公职人员未尽回避义务，所做决策将被取消，并会针对该公职人员采取纪律处分措施。

集体决策防范个人擅权。当决策是由一个人做出的时候，很容易发生腐败，因为行贿人可以集中精力公关这个人。当更多的人参与到决策过程中后，腐败就变得比较困难，因为行贿人必须搞定所有的相关人员，才能确保自己的利益诉求体现在决策结果之中。这对于行贿人来讲是一件非常有风险的事情，因为只要其中一个人站出来说不，就不能达到他的目的。审查官制度是芬兰行政制度中一个古老而重要的支柱。芬兰各政府机构都设有审查官，虽然该职位不是很高，但行政首长在决策过程中，如果出现疑问或失误，审查官可以对该决策提出质疑，并进行独立调查。一位部长可以不顾审查官的异议而通过某项决策或制定某项规定，但没有审查官的签署，该决策将不受法律保护。②

二　政务信息充分公开为有效监督提供了条件

基于对公共权力属性的理性认识，芬兰具有悠久的政务公开传统。

---

① 参见桂宏诚《芬兰政府体制与公务人员制度简介》（http://www.npf.org.tw/post/2/9412）。

② 参见刘仲华《芬兰反腐倡廉靠机制》，载《人民日报》2003年10月27日第3版。

1776年，第一部关于出版自由和获取政府公文权利的法案在芬兰生效，那时，芬兰还是瑞典的一部分，这部法案开政务公开之先河。从那时起，"公开、透明"的政务理念就成为芬兰公共部门履行职责的基因，贯穿于各个领域、部门和行为之中。1952年，芬兰颁布《政府文件公开法》（Act on the Publicity of Official Documents），在四十多年的时间里，这部法律保障了芬兰的公众、新闻媒体获得相关政务信息的权利。为保证公众获取公共领域中政务信息权力，芬兰于1999年颁布《政务公开法》，明确要求只要是履行公共职能的部门，不论组织形式为何，都必须为公众获取相关信息提供方便。2000年芬兰新宪法将获取公共机构信息的权利规定为宪法的基本权利。在宪法之下，每个人都有获得公共领域相关文件的权利。

近年来，芬兰进一步加大了政务公开的改革力度，希望以此提高公共参与决策讨论的可能性，优化涉及公共利益事项的管理。在公开主体上，范围进一步扩大，除了行政机关、法院，还包括国营企业和市营企业。即便是私法组织和个人，只要其履行职责涉及运用公共权力或者接受有权机关委任履行职责，也必须履行公开义务。公开的原则适用于所有类型的文件，不论是纸质的还是电子的。改革的一大亮点是，文件准备过程的公开与准备文件的公开。能够获得有关正在进行的重要决策的相关信息是公众参与讨论的前提条件。向公众公开相关准备性文件可以使公众明确了解公权机关决策的根据。过去，如果想要获得有权机关决策制定过程中的一些准备性资料、文件需要获得有权机关的批准。现在，除非文件需要保密，所有有关决策过程中的准备性材料应当进入公共视野，至少在决策制定之后，这些材料会被公之于众。这样的规定促进了决策过程的公开。在新的法律制度之下，还有一些特定的文件也比之前更早地进入公共领域。各种相关的用于决策使用的研究报告、数据资料也尽快进入公众视野之中。

在芬兰，获得公共机关掌握的信息的权利是公民享有的一项基本宪法权利。公众在索取相关信息时，不需要向有关机关解释理由。公共机关必须采取各种措施确保公众获得相关信息。例如，公共机关必须制定索引置备于公共领域。公共机关必须积极公布关于自身活动和社会环境的相关信息，包括描述有权机关活动的出版物、数据分析等。法律还要求有权机关确保公众可以轻易地获得相关信息，例如将信息放置在图书馆或者数据网络。值得一提的是，芬兰是"E-民主"的改革先锋。根据"经济学人智库"2009年"电子化整备评比"，关于"在经济和社会福利制度发展中利用信息交流技术的能力"排名为世界第 10 名。芬兰居民通过网络可以轻松获得政府的相关信息。公民获得政务信息的权利得到司法总监和议会监察专员的保护。任何公民如果认为自己的知情权受到了侵犯，就可以向这两个机关进行申诉。

三 务实高效的监督体系成为芬兰廉洁的"保护神"

在芬兰，负责监督政府、受理群众申诉的机构包括司法总监（Chancellor of Justice）、议会监察专员（Parliamentary Ombudsman）及各类专业性的监察专员，例如，机会平等监察专员（Equal Opportunities Ombudsman）、消费者权益保护监察专员（The Consumer Ombudsman）、数据保护监察专员（Date Protection Ombudsman）、少数民族监察专员（The Ombudsman for Minorities）、破产监察专员（the Bankruptcy Ombudsman）等。此外，国家审计局也是重要的监督力量。

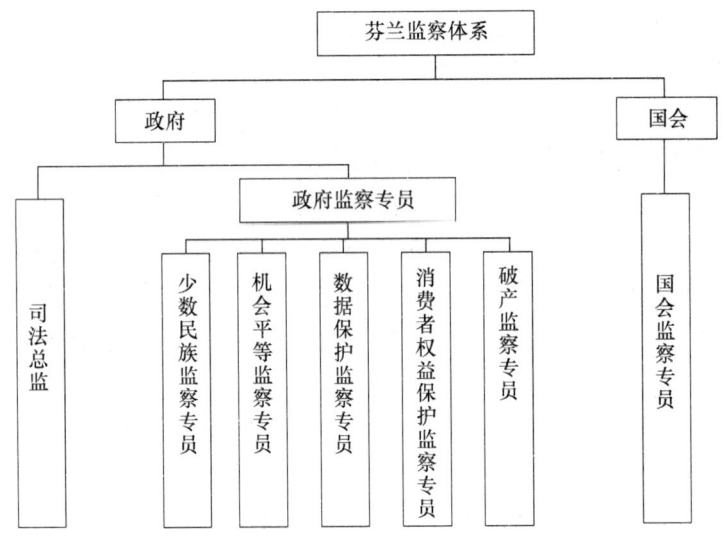

图 1 芬兰监察（监督）体系

（一）司法总监

根据芬兰《宪法》，司法总监的职责，主要是负责监督政府和总统履行公职行为的合法性，确保法院及其他政府机关及公务员、政府雇员以及其他执行公务的人员,遵守法律、恪尽职守。同时,司法总监还负责监督基本权利、自由权与人权的执行状况,向总统、政府和部长提供与法律议题相关的信息和意见,向国会和政府提出关于其业务和对法律执行状况观察的年度报告。

司法总监通过出席政府的各种会议来监督政府是否遵守法律对议事程序和实体内容的规定,并提前审阅会议的相关文件,包括总统命令、政府法案和预算等。在草拟新法,特别是有关宪法、行政法、刑法及诉讼法等基本法律时,一般都会征求司法总监的意见。如果司法总监了解到政府、部长或者总统的决定或措施在合法性上存在争议,司法总监应提出附有理由的意见。如果意见被忽略,司法总监应将批评意见列入政府会议记录,必要时采取其他措施。如果总统作出的决定违法的话,政府应在司法总监提出声明之后,通知总统该项决定无法执行,并向总统提议修正或者废止该项决定。[①] 任何人认为政府机关及其工作人员的行为侵害了其合法权利,都可以向司法总监提出申诉,司法总监也可依职权对认为有非法行为或者错误的机关或工作人员进行调查。司法总监还负有监督律师及人权保障实施情况的职责。

司法总监对于被调查的案件,具有以下权力:提出声明或命令,提案,径行起诉或者命令起诉,弹劾建议,谴责,提出意见或指示,纠正,建议等。其中最重要的权力之一就是对总统和部长的监督。司法总监如果认为总统犯下谋反罪或叛国罪,或侵犯人权,应通知国会。如果国会经四分之三票表决同意,则对总统提出控诉,总检察长应向最高弹劾法院对总统提出诉讼,诉讼期间应予以免职。司法总监有权对违反职守、疏忽大意或其公务行为明显违法的部长,向"宪法委员会"送达弹劾建议,国会在宪法委员会提出意见后,就该部长的违法行为进行考量。对部长执行公务违法行为应由总检察长起诉,然后交由弹劾法院审理。

(二)议会监察专员

监察专员具有高度的独立性。虽然监察专员选举与国会大选都是4年一次,但两者没有关系。解散议会不影响监察专员的任期,议会也不能罢免监察专员的职务,不能向监察专员发出工作指令或指派工作,除非涉及

---

① 参见芬兰《宪法》第112条。

政府部长。①

第一，监督范围。芬兰行政监察专员负责监督国家机构及官员行为的合法性。这就是说，除国家共和国总统、政府司法总监等极少数人之外，其他所有国家工作人员包括地方政府官员、法院法官、军人以及任何以官方身份工作的人，都在其监督之下。监察专员对国家官员和国家机构的任何公务行为都可以监察和审查，不仅有权调查一项决定的客观合法性，而且有权审查决定的整个过程。监察专员有权视察各政府机关和公共机构并有权出席这些机构的决策会议。在实际工作中，监察专员对上述部门延误、失职、滥用等行为也可以进行干预。

第二，处理权限。监察专员对公署受理的案件均有权独自作出处理决定，并由其进行"监控"。对于一般官员，监察专员可以命令公诉人或公署调查官执行，对于政府内阁成员、最高法院法官等高级官员，则由监察专员亲自起诉。若发现政府部长有违法行为，监察专员首先要提醒政府。如果政府对提醒置之不理，或提醒失去实际作用，监察专员便可向议会报告，待议会批准后起诉。监察专员对一般案件通常不诉诸法律，但对严重违法案件、非经法院裁决的案件以及对拒不悔改的官员，他们便会动用检控权。

第三，监察程序。监察专员公署的案件信息，主要来源于公民投诉。监察专员在调查中，可以检查任何地方，查阅任何文件资料，可以要求与调查案件有关或无关的任何人就有关事项给予解释或说明，必要时还可以要求警方协助调查。芬兰的《监察专员训示》特别规定，监察专员有权就任何事项向有关政府部门提出建议，对法律法规中存在的缺陷和问题提出修改意见，对不良行政程序和做法提出批评，或直接提请国务委员会审议。②

(三) 专业领域监察专员

芬兰专业领域监察专员的职责、权力等情况如表1所示。③

---

① 参见孔祥仁《国际反腐败随笔》，中国方正出版社2007年版，第87页。
② 参见李秋芳主编《世界主要国家反腐败体制机制研究》，中国方正出版社2006年版。
③ 参见李文郎《修宪后我国监察制度与芬兰国会监察使制度之比较分析》，博士学位论文，台湾政治大学，第156页。

表 1　　　　　　　芬兰专业领域监察专员的职责及法律依据

名称	少数民族监察专员	机会平等监察专员	数据保护监察专员	消费者权益保护监察专员	破产监察专员
隶属单位	劳工部	社会事务暨健康部	司法部	贸易暨工业部	司法部
职责	1. 促进芬兰社会良好的民族关系； 2. 维护少数民族的自尊心和地位，并保障外国人和少数民族的权利； 3. 与公共部门和组织密切发展合作关系，防止种族歧视； 4. 听取被收容所收容者和被取消国籍者的意见。	1. 监督《男女平等法》的执行，特别是禁止歧视和歧视性的求职工作广告以及其他公告； 2. 通过立法提议、忠告、建议，达到《男女平等法》的立法宗旨； 3. 提供有关平等法和实用的相关资讯； 4. 在不同的社会部门，监督男女平等的履行。	1. 监督个人资料处理； 2. 关于接近和修改个人资料案件的解决； 3. 资料保护巡查、对资料管理人的指导和忠告； 4. 处理相关国际事务； 5. 在立法草案和行政改革上，与政府机关进行商议。	1. 确保消费者的经济、健康和法律地位； 2. 执行消费者政策； 3. 监督有关消费者权利立法的遵守。	监督破产财产的管理。
法律依据	《少数民族安监察专员法》	《男女平等法》	《个人资料法》	《消费者保护法》	《破产财产管理机构监督法》

（四）国家审计局

芬兰国家审计局是一个全国性的监督机构，它与国会之间存在紧密联系。国家审计局检查国家财政的运行情况以及国家财产的管理情况。在审计中，它关注并确保国家财政用于国会设定的目的，并且确保财政的合理使用。国家审计局和政府一道，共同促进国家经济的发展，促进公众对公共资金合法、合理使用的信任。国家审计局还为议会、国务委员会的决策提供专家建议。

四　独具特色的反腐败刑事法律制度

（一）"零容忍"——应对腐败犯罪的基本刑事政策

对腐败犯罪"零容忍"是一个"听上去很美"的口号，但实际运作起来却十分困难。出于维护官僚体系稳定，保持政府"良好形象"以及在国际商务、政治竞争中取得优势地位等方面的考虑，一些国家和地区并未真正以"零容忍"的理念指导针对腐败犯罪的刑事立法和司法，而是习惯于"抓大放小"。但是，芬兰做到了。芬兰将"零容忍"作为其应对腐败犯罪的基本刑事政策，指导刑事立法、司法。

芬兰刑法没有明确规定行贿罪、受贿罪等腐败犯罪的入罪数额及"不正当利益"的类型，也没有"情节严重""数额较大""影响恶劣"等较为模糊的限制条件，这就使得一些所谓的"小腐败"也能进入刑事司法程序。以受贿罪为例，只要公职人员接受他人利益有损于公众对公共权力的信任，即可以认定其构成犯罪，是否许诺或者实际利用自己的职务为行贿人牟利不是受贿罪的构成要件。公职人员接受金钱、珠宝、家用电器、低息贷款、免费旅行等都可被视为接受贿赂，甚至接受荣誉头衔和有关部门的推荐也可能被视为受贿。与立法上的"小腐即惩"理念相适应，芬兰经长期实践，形成了分工明确、办案高效的腐败犯罪侦查、起诉、审判机制。对于腐败犯罪案件，不论嫌疑人职位高低、涉案金额大小，坚决一查到底，决不姑息。从近年来所判的腐败犯罪案件来看，芬兰贯彻了"零容忍"的刑事政策，起诉了一些金额不大、情节"较轻"的案件当事人。

虽然很多国家和地区也提出了对腐败犯罪"零容忍"的口号，但是像芬兰一样真正做到的并不多。芬兰能够做到是因为有两个基础的支撑：一个基础是多年来一直保持较低的腐败案件发生率（见表2）。据统计，1925—2007年的82年间，芬兰法院以贿赂罪（包括行贿罪和受贿罪）的罪名共判处1562人，平均每年判决15人。即便在第二次世界大战期间及之后的几年，因实行严格的配给制而导致腐败高发，每年也仅有60多人以贿赂罪罪名被追究刑事责任。由于腐败案件低发，司法机关有足够的力量处理那些所谓的"小腐败"。另一个基础就是诚实守信、注重公共利益的民族性格。与一些国家民众对腐败持"麻木"心态形成鲜明对比的是，芬兰公众对腐败非常敏感。在芬兰文化中，腐败是不能被容忍的社会丑恶现象，所有的腐败，不论动机、数额、情节，都被认为是对受托权力的亵渎和滥用，在性质上没有根本区别。因此，即便是"小腐败"，例如公车私用、公款吃喝等，一旦被公众发现，都会被举报。

表2　　1925—2007年被芬兰法院认定犯贿赂罪（行贿和受贿）人数

年份	1925—1929	1930—1934	1935—1939	1940—1944	1945—1949	1950—1954	1955—1959	1960—1964	1965—1969	1970—1974	1975—1979	1980—1984	1985—1989	1990—1994	1995—1999	2000—2004	2005—2007
被定罪人数	65	54	44	384	432	171	87	33	22	12	4	105	64	19	16	12	38

资料来源：芬兰填写的《联合国反腐败公约》履约审议自评清单。

(二) 刑事法律体系完备,条文务实严密

以《芬兰刑法典》为主干的刑事实体法编织了一张严密的腐败犯罪罪名网络,几乎囊括了所有腐败犯罪类型,《刑事诉讼法》《审前调查法》《强制措施法》等程序法为刑事司法的正常进行提供了保障。根据情势变更,芬兰通过法律修正案修改相关刑事法律,将新型腐败犯罪纳入其中。

《芬兰刑法典》系统规定了公共部门和私营部门中的腐败犯罪,包括贿赂犯罪、侵占挪用犯罪、洗钱犯罪、会计犯罪等。《芬兰刑法典》对腐败犯罪的规定严密而实用,具有以下几个鲜明的特点:

入罪标准灵活实用。芬兰刑法规定,行贿行为和受贿行为都要接受惩罚,两者适用的法定刑幅度完全相同,但两者入罪的标准却有差异。对行贿人来讲,只有他打算利用"不正当利益"与公职人员的权力(影响力)进行交换的情况下才会受到处罚;对受贿人来讲,即便接受贿赂与自己的行为决策之间没有具体的联系,只要接受贿赂的行为"有损公众对公共机关行为公正性的信任"就可以认定其为犯罪。也就是说,行贿罪的入罪标准要高于受贿罪,受贿人收受利益与履行公职之间不需要有必然的联系。芬兰刑法还针对国会议员等特殊主体规定了不同的入罪标准。

"不正当利益"外延丰富。芬兰刑法将贿赂犯罪中权力的对价物称为"不正当利益",但是对"不正当利益"成立的时空条件及具体内容并没有作具体规定。芬兰刑事司法实务部门一般认为,只要超出"好客"标准而输送的利益,都应该被认定为"不正当利益"。对于如何区别"好客行为"和"行贿行为",芬兰流行着一个看似是个笑话,却能说明一定问题的"标准":一个公职人员可以接受一杯常温啤酒、一块冷三明治,但却不能接受一杯冰啤酒和一块热三明治。久经职场的公职人员也会用这个"标准"来教导新入职人员。实务中,司法工作人员对"不正当利益"理解得非常宽泛,认为既包括现金、珠宝、房产等实体财物,又包括旅游、住宿、餐饮、娱乐等无偿服务或者享受不正常折扣,甚至包括荣誉、性服务等。

腐败犯罪主体范围宽泛。以《芬兰刑法典》中受贿罪的行为主体为例:受贿罪的主体既包括普通的公职人员,还包括议会成员、被选举到公共机构的人员、公法人的雇员、外国公职人员、外国议会成员及其他行使公共职权的人。其中,公职人员既包括在国家及地方(自治市)政府、议会、社会保险机构、职业卫生机构、市级养老金机构、市级担保中心等公共机构中工作的人员，还包括在基督教路德福音教派教堂、东正教教堂、芬兰银行、国有公司等具有公共委托权力的公共机构中的工作人员。可以说，芬兰刑法典将受贿犯罪的主体扩展到一切基于法律而承担公共委托事项的人员。

（三）刑罚轻缓，注重腐败犯罪人重新融入社会

芬兰刑法具有"严而不厉"的特色，虽刑事法网严密，但法定刑却较低，关于腐败犯罪的规定也是如此。例如，对公职人员的受贿行为，一般判处"罚金或最高2年有期监禁"。即便是在"公职人员约定受贿是其行为的条件""受贿的利益具有重大价值"或者"为了提供礼物者的巨大利益或者为了给他人造成巨大损失或者损害"等加重受贿罪的场合，对行为人也仅在"最低4个月最高4年有期监禁"的量刑幅度内选择刑罚。同样，行贿罪的基本法定刑也为"罚金或最高2年有期监禁"，即便加重行贿的情形，法定刑也仅为"最低4个月最高4年有期监禁"。在司法实践中，对犯有腐败罪行的公职人员一般判处免除公职、罚金或者短期自由刑，很少有案件被判处"4年有期徒刑"的"重刑"。对于犯有腐败罪行的私营部门人员，也倾向于判处罚金和短期自由刑，同时根据《商业从业禁止法案》（Business Prohibition Act），行为人可能被判"禁止直接或者间接从事商业活动"。

针对腐败犯罪，芬兰刑法设置了如此之低的刑罚，不禁让人产生这样的疑问：轻缓的刑罚如何实现威吓潜在腐败犯罪人的目的？对此，可以从芬兰刑罚理念的演进和高效的腐败犯罪查缉体制中得到答案。进入20世纪，报应和预防并重的"二元刑罚目的论"逐渐成为主流学说，芬兰许多法学家和实务工作者逐渐接受了这样的观念：包括腐败犯罪在内的所有犯罪在很大程度上是社会环境影响的必然结果，因此不能将犯罪的惩罚性后果全部施加于行为人，虽然对行为人施予刑罚有对行为人的恶行进行报应的考虑，但根本目的却是预防犯罪。"促进犯罪人重新融入社会"逐渐成为芬兰刑事政策的基本原则，因此减轻刑罚成为历次刑法修正的重要内容，腐败犯罪的刑罚也经历了从重到轻的演变。芬兰采取较低的法定刑却保持了较低的腐败犯罪发生率，重要原因是其形成了高效的腐败犯罪查处机制。芬兰政务公开透明，监督机构完善，新闻监督、群众参与机制健

全，这使得腐败犯罪行为很容易进入司法机关的视野，腐败犯罪基数较小。虽然刑罚较低，但是由于被发现的概率较高，公职人员一般不敢冒着被剥夺公职、丧失高额的预期工资和退休保障的风险而铤而走险。芬兰的经验表明，一个国家的廉洁程度与刑罚严厉程度之间没有必然联系，完善、高效的腐败查处机制、"零容忍"的腐败犯罪刑事政策才是一个国家反腐败刑事法律制度的核心。

五 积极开展反腐败国际合作

在一个开放的世界里，反腐败也不能关起门来搞。芬兰是一个高度开放的国家，在反腐败国际合作上也不落人后。芬兰非常重视与其他国家、地区在反腐败上开展合作，内容包括互相交流反腐败的有效做法、开展刑事司法合作、提供技术援助等。

（一）积极履行国际公约义务

世界各国均已意识到腐败对政治、经济、社会、文化的腐蚀性后果，并且意识到分享经验、互相合作的重要性。从 20 世纪 90 年代中期开始，一些区域性组织起草了关于反腐败的国际公约，联合国也于 2003 年起草了《联合国反腐败公约》。芬兰积极参加各反腐败国际公约，并履行公约规定的义务。目前，芬兰参加的公约包括联合国经济和社会理事会制定的《在国际商业交易中反对行贿外国公职人员公约》（1998 年批准）、欧洲理事会制定的《打击涉及欧洲共同体官员或欧洲联盟成员国官员的腐败行为公约》、《反腐败民法公约》（2001 年批准）、《反腐败刑法公约》（2002 年批准）以及《联合国反腐败公约》（2006 年批准）等国际公约。

芬兰通过修改本国法律和改进实践来落实所批准的公约的相关要求，积极推进相关公约履约审议机制的建立。对于已经建立履约审议机制的国际公约，芬兰积极组织政府专家对他国进行审议并认真对待他国对本国的审议。[1] 芬兰严肃对待审议过程中学习到的他国的先进做法以及他国在对本国审议过程中提出来的改进建议，并努力通过修改本国立法和改进本国

---

[1] http://www.unodc.org/unodc/treaties/CAC/country-profile/profiles/FIN.html，访问时间：2013 年 1 月 1 日。

实践来促进这些建议在国内得到落实。例如，根据GRECO第一轮审议提出的建议，在司法部之下设置"反腐败工作组"（Anti-corruption Network）。①再如，为了衔接《联合国反腐败公约》的相关规定，芬兰对刑法典中的相关规定进行了修改。②

（二）支持各类国际性机构的反腐败议题

芬兰虽然是一个小国，但是在各类国际性机构中却扮演着重要的角色。对于各类国际性机构提出的反腐败议题也是积极参与，通过提供资金支持、技术援助等方式支持工作。芬兰是世界银行、透明国际、世界经济论坛等国际组织开展的一些"良治"、反腐败项目的有力支持者。

芬兰的一些反腐败机构还积极参与国际性的反腐败组织。例如，芬兰国家警署是"欧洲反腐联盟"（European Partners against Corruption）及"反腐联系网"组织（Contact Point Network against Corruption）的成员。通过这两个组织，芬兰强化了与欧盟其他国家反腐败机构、警务监督机构之间的联系，交流提高警务监督机构及反腐败机构开展工作的独立性、公正性、合法性和透明度的经验，共同探讨反腐败机构和警务监督机构通用工作标准的制定。在这个平台上，芬兰与其他国家相互交流有关警务监督和反腐败信息和知识。③ 再如，芬兰的反腐败机构还是国际反贪局联合会的成员。这个由中国最高人民检察院发起成立的国际组织为各国反腐败机构搭建了一个相互交流的平台，芬兰在其中发挥着重要的作用。芬兰最近加入了国际采掘业透明组织（EITI）。这个组织通过核实并公开公司支出以及政府从石油、天然气和矿藏中获得财政收入来促进资源丰富的国家提高治理水平。芬兰还是欧洲反腐败合作组织中的成员，与欧洲其他国家的警

---

① 芬兰没有成立类似"国家预防腐败局"的专司腐败预防的机构，而是在司法部下设置"反腐败工作组"（Anti-corruption Network），沟通协调包括腐败预防在内的反腐败事宜。这个工作组由国家及地方政府机关、私营部门、非政府组织及研究机构的代表组成，其主要工作是：（1）提议开展有关反腐败行动；（2）提高公众对腐败的认知程度，促进公职部门和私营部门对国家反腐败行动纲领的认知；（3）促进履行已批准的《联合国反腐败公约》《欧洲理事会反腐败民法公约》《欧洲理事会反腐败刑法公约》等国际反腐败条约设定的义务；（4）促进腐败问题研究。反腐败工作组是一个促进各部门共同合作的机构，并不直接从事相关活动。

② 对刑法典的修正包括：扩大外国公职人员受贿罪的主体范围；将私营部门的贿赂犯罪纳入公诉范围；将洗钱单独规定为犯罪，洗钱罪上游犯罪的范围扩大到包括贿赂犯罪在内的一切犯罪等。

③ EPAC/EACN's mission, http://www.epac.at/，访问时间：2013年1月2日。

察监督机构和反贪局进行合作。

(三) 与他国开展形式多样的反腐败合作

随着经济全球化和区域经济一体化的发展，跨国境腐败问题日益突出，反腐败已成为世界各国面临的共同课题。单纯依靠一国的力量难以全面遏制腐败的滋生和蔓延，加强反腐败的国际合作，建立有效的反腐败国际合作机制，才能更好地预防和打击腐败。芬兰非常重视与其他国家开展形式多样的反腐败合作，芬兰司法部与俄罗斯、中国等国家开展了双边的反腐败项目。例如，芬兰司法部与中国司法部签署的《2007—2009年合作执行计划》中就有反腐败合作议题。根据该执行计划，2008年5月，"中芬反腐败研讨会"在北京举行。[1] 2009年芬兰司法部在赫尔辛基成功举办了第二次反腐败研讨会，交流中芬双方在反腐倡廉建设方面的经验和做法，促进了双方在反腐败领域的交流与合作。

在对腐败犯罪分子的引渡方面，芬兰同时受《欧洲委员会引渡公约》以及北欧国家之间关于引渡协定的约束。芬兰《引渡法》明确规定了向芬兰引渡和从芬兰向他国引渡的条件及程序。在刑事司法协助方面，除了《欧洲刑事事项互助公约》和欧盟关于司法协助的法律框架外，芬兰还与澳大利亚、匈牙利、波兰、俄罗斯、乌克兰和美国等国达成了双边协定。在执法合作方面，基于《关于北欧警察当局之间合作的协定》，芬兰同其他北欧国家开展了高水平的合作，同时与捷克、爱沙尼亚、匈牙利、拉脱维亚、立陶宛、波兰、俄罗斯、土耳其等国签订了谅解备忘录。芬兰警察联络干事被派往各国和国际组织（欧洲警察组织、国际刑警组织等），联络腐败犯罪查缉事宜是其重要工作内容。

---

[1] 《中芬反腐败研讨会在北京成功举行》，载《中国纪检监察报》2008年5月8日。

德国反腐败体制机制研究

祝伟伟[*]

[内容提要] 根据透明国际的评估，德国一直属于轻微腐败或比较清廉的国家，这说明德国的反腐败体制有其独到之处。经过多年的发展和完善，德国形成了以严格系统的法律保障为基础，以政府机构反腐败为主体，以非政府组织和经济领域反腐败为依托的反腐败机制。

近年来透明国际的清廉指数排行榜显示，德国一直属于轻微腐败或比较清廉的国家，在全球排名比较靠前，这说明德国的反腐败建设颇有其独到之处。经过多年的发展和完善，德国形成了以严格系统的法律保障为基础，以政府机构反腐败为主体，以非政府组织和经济领域反腐败为依托的反腐败机制。

一 德国反腐败的法律框架

作为一个法治国家，德国的反腐败机制主要依靠法律保障。德国最主要的反腐败法律是《刑法典》，对公职人员的腐败行为进行了大体的界定，并规定了相关处罚。除此之外，还有《反腐败法》《反国际受贿行贿法》《公务员法》以及行政部门反腐败行政条例作为补充，对公职人员的行为规范作了详细规定。

（一）《德国刑法典》

该法典于1871年成文，后来经过了数次修订，其中最重要的一次是

---

[*] 祝伟伟，中国社会科学院信息情报研究院助理研究员。

1998年根据德国联邦议院（Bundestag）通过的《反腐败法》①（Gesetz zur Bekämpfung der Korruption）进行的修订，现行刑法典的量刑标准主要来源于此次修订。修改后的刑法典第30章第331—358条均是有关公职人员犯罪的有关规定，包括收受好处、贪污腐败、为他人提供好处、对他人行贿、玩忽职守等。根据刑法典，公职人员为执行公务便利为自己或他人索取或收受好处的，根据情节轻重判处3年有期徒刑或处以罚款；法官为自己或他人索取或收受好处作为审案酬劳的，根据情节轻重判处5年有期徒刑或处以罚款；公职人员和法官索取或收受好处并妨碍公职义务的罪加一等，有期徒刑最高年限分别提高至5年和10年。向公职人员、联邦国防军士兵或他人许诺或提供好处，以方便其执行公务的，根据情节轻重判处3年有期徒刑或处以罚款；向法官许诺或提供好处，以方便其审判的，根据情节轻重判处5年有期徒刑或处以罚款；向公职人员、联邦国防军士兵或法官许诺或提供好处，以致妨碍其公职义务的，有期徒刑最高年限均提高至5年。此外，公职人员出具假证明、乱收费、乱收税也会受到相应的处罚。

（二）《反国际受贿行贿法》

该法令实际上源于1997年经合组织在法国巴黎签署的《反对在国际商业活动中贿赂外国公职人员公约》，该公约是发达国家之间签署的第一个国际性反腐败公约。在此基础上德国于1998年颁布了《反国际受贿行贿法》（Gesetz zur Bekämpfung internationaler Bestechung），以期对外国公职人员的受贿行贿行为进行约束。该法令规定，在国际商业往来中，如果出现《德国刑法典》中界定的受贿行贿行为，对外国公职人员（法官、公务员、在联邦国防军中服役的士兵）的处罚等同于德国国内公职人员；为了在国际商业往来中为自己或他人谋求好处，而对外国司法机关成员或国际机构议会成员许诺或提供好处者，根据情节轻重处以罚款或最高5年有期徒刑；德国人在国外对外国公职人员或议会成员行贿，无论案件发生在何地，德国刑法一律适用。

---

① 德国《反腐败法》并不是一部独立的法典，而是一部修正法，对德国多部法律进行修正。对《刑法典》中关于腐败的规定进行的修正主要集中于提高量刑标准。

(三)《公务员法》

德国颁布了数十部法律法规，对公职人员的权利、义务、行为规范、待遇等作了详细规定。其中《公务员法》是最主要的概括性法律，对公务员的腐败行为作了如下规定：

除非经过上级部门许可，否则公职人员不得利用职务之便为自己或他人索要或收取金钱、礼物或其他好处，即使结束公职任期后也不允许。如有违反，但尚未进入刑事诉讼程序，必须将所得好处上交给上级领导或以其他方式交给国家。

公职人员的差旅费包括交通费、每日基本费用、住宿费和其他相关费用等，具体规定要严格遵照专门的《联邦差旅费法》（Bundesreisekostengesetz, BRKG）。对于跨境出差，联邦内政部在与外交部、国防部和财政部达成一致的前提下可以制定一些特殊规定。

《公务员法》对公职人员从事兼职也作了十分详尽的规定。德国公职人员可以从事兼职活动，但如果是从事有报酬的兼职活动，事先必须获得上级领导的允许。如果是管理自己名下的财产，从事写作或学术类、艺术类创作，在公立高校或学术机构做有关教学或科研方面的顾问等不需要获得上级许可。所有兼职活动都不得影响正常工作，不得妨害国家利益，不得损害公务员形象。

(四) 行政条例

除了上述几项基本法律法规之外，1998 年德国联邦政府还颁布了《联邦政府关于联邦管理部门反腐败的行政条例》，2004 年联邦内政部又颁布了新的《联邦政府关于在联邦管理部门防范腐败行为的指导性条例》（Richtlinie der Bundesregierung zur Korruptionsprävention in der Bundesverwaltung），对联邦行政部门制定反腐败措施进行了指导性的规定。条例规定，联邦政府各机构都必须确认本部门易滋生腐败行为的工作领域，进行重点防范，这些工作领域的工作人员要审慎选拔，且任职期限通常不得超过 5 年。根据各部门的工作性质和规模，一个或多个部门设置一名防腐败联络人。联络人的职责包括：为部门领导层提供防范腐败行为的意见建议；通过定期召开会议等方式提高职员的防腐败意识；举办职员职业道德培训；关注和鉴定腐败苗头；向职员宣传公务员法和刑法中关于防腐败的规定等。如果联络人发现有疑似腐败行为出现，需立即通知部门领导，建议进行内部调查，采取措施防止出现遮掩腐败行为的现象，并通知司法部门。但联系人不具备惩戒权，在腐败行为调查过程中不得担任调查组长。联系人必须对其掌握的人事关系保密，即使结束任期也必须遵守该原则。但如果有事实证明腐败行为的存在，联系人可以向部门领导和人事部门报告相关信息。一旦发现有事实依据的腐败行为出现，部门领导必须及时通知国家检察院和最高级行政部门，与此同时进行内部审查。最高级行政部门每年需要向内政部汇报当年该部门出现腐败和疑似腐败的案例，以及相关调查过程及结果。

根据联邦刑事局（BKA）组织的专家问卷调查，腐败行为通常与某些行为方式密切相关，可以称为腐败信号。这些信号可分为中性指标和预警性指标两大类。根据联邦刑事局的经验，中性指标并不意味着一定存在腐败行为，而需要对其进行进一步的观察和审核；而预警性指标则往往意味着行政腐败行为的出现。《联邦政府关于在联邦管理部门防范腐败行为的指导性条例》的附件中详细列举了这两类指标。中性指标包括：公务员有不合理的高水准生活；与第三方有明显的私人交往（如宴请、担任专家或顾问、参股等）；对变换职务或者调动工作表示出令人费解的抵制，尤其是在薪水待遇提高或有望提高的情况下；在未获得批准的情况下从事兼职工作；出现反常不合理的行为（如敲诈勒索等），性格突然变得内向自闭，突然对同事和上级出现抗拒态度；对领导或从事工作的认同度下降；出现酗酒、吸毒或赌博等社会问题；好出风头、好吹嘘自己在工作和私人交往中人脉广泛；占用他人优惠（购物时要求额外优惠、在餐馆就餐不付账）；受到某些企业的慷慨赞助等。

预警性指标包括两大类。第一类，职务范畴内指标：公务员无视或回避有关规定；经常出现"轻微的不端行为"；不认同领导或者自己的工作；作出不同寻常的决定且无合理理由；对同类事件作出不同评判和裁决；区别对待项目申请人；滥用裁量空间；避开其他程序开具许可证明；有意回避监管；隐瞒某些事件和情况；过于快速地作出有利于自己的决定；明显支持或偏袒某些项目申请人；忽视节约办事经费的原则；试图对不属于自己管辖范畴的决策施加影响，并有利于第三方利益；对错误尤其是违法行为保持沉默；对可疑现象或事件不予反应；在工作范围内过于关注某些人等。第二类，对外交往中的指标：对某些项目申请人明显过于热情；在限制性招标中给予竞标人优惠；明显或一再提高合约金；以非市场价格采购；进行不必要的采购；出现明显的"计算错误"；收取财物而无收取凭证；本人或其下属在项目申请公司兼职；在与某些企业商谈时明显顺从企业的意愿；利用企业获取实权职位；经常到某些企业出公差等。

二 反腐败职责的设计安排

（一）联邦层面

尽管德国在联邦层面并未设置专门的反腐败机构，但联邦议院、联邦司法部、联邦检察院、联邦内政部都担负着反腐败的工作职能。

联邦议院不但有立法权和重大决策的审批权，还对政府和官员负有监督的职能，以防止政府官员和行政机构出现权力被滥用的现象，预防和减少腐败行为的发生。联邦议院中如果有1/4的议员要求对联邦政府在行政管理中产生的官僚主义、贪污腐化、行贿受贿或公众十分关注的问题进行调查，联邦议院有权利和义务成立一个调查委员会。调查委员会可以根据德国刑事诉讼的规定传唤证人，通过公开或秘密的途径搜集必要的证据，之后向联邦议院报告其调查结果，最后由联邦议院根据报告考虑做出最后决议。调查委员会在处理官员受贿案时，需与联邦检察院共同调查和审理最后形成报告，由联邦议院作出决议，最后交由法院处理。[①]

联邦司法部主要负责拟定和颁布防范腐败和反腐败的相关法律规定；联邦检察院则主要负责反腐败案件的审理，其内部设的反腐败工作小组也负责制定相关法律和条例。联邦内政部主要负责对公职人员进行监督和管理，查处尚未达到追究刑事责任程度的轻微腐败案件。

（二）联邦州层面

德国16个联邦州刑事局、州内事务部、司法部跟联邦级的司法部、内政部等机构一样，担负着各州内防范腐败和反腐败的职责。除此之外，部分联邦州还设有专门的反腐败部门。例如巴登—符腾堡州1996年在刑事局下专设了反腐败协调工作组（Koordinierungsgruppe Korruptionsbekämpfung, KGK），小组成员来自斯图加特和卡尔斯鲁尔最高检察院、审计院、区审

[①] 《德国的反腐败机制》（http://theory.people.com.cn/GB/41038/3930801.html）。

查办、社保审查办、州经济部卡塔尔局、斯图加特和卡尔斯鲁尔高级金融机构、州议院等机构；柏林市议会下设有反腐败工作组（Senatsverwaltung），由柏林所有行政机构、审计院、州刑事局和检察院的专业人员组成；勃兰登堡州内部事务部下设防范腐败处（Stabsstelle "Korruptionsprävention"）；不来梅设有反腐败委员会（Antikorruptionsrat, AKR）等。

各联邦州的反腐败机构设置尽管有所不同，但整体的机制建设大同小异。与其他州相比，柏林的反腐败机制建设相对更为健全，下面以柏林为例介绍一下德国联邦州的反腐败机制。经过多年的完善与发展，目前柏林反腐败机制由四大机构支撑，分别是柏林检察院专门处、柏林最高检察院反腐败中央处、市议会领导下的反腐败工作组和诚信律师。柏林检察院专门处由11名检察官组成，与柏林刑事局3名负责反腐败案件审查专员合作，并与柏林州卡塔尔局和市议会城市规划部门联系密切。柏林最高检察院反腐败中央处成立于1998年，不受其他部门领导，主要负责接受对腐败案件的诉讼，为柏林的公职人员和居民提供咨询服务和反腐败信息，处理关于行政机构防范腐败的有效建议，并对柏林行政管理机构下设的反腐败审查组和工作组成员进行培训。市议会领导下的反腐败工作组成立于1995年，受市议会司法部门领导，由包括检察院、州刑事局在内的柏林行政管理部门专业人员，此外还有两名审计院职员常驻该工作组。该工作组主要负责收集反腐败的经验和知识，分析行政机构易滋生腐败的部门，制订反腐败指导条例，对柏林行政管理部门职员进行培训。反腐败诚信律师这一措施从2011年10月1日开始实施。诚信律师受柏林市议会司法部门的委托，为市民提供防范腐败和反腐败咨询服务，让市民了解柏林州行政管理部门中哪些行为属于不端行为，首次委托期为两年。

三 反腐败的社会参与

（一）非政府组织与行业协会

除了政府部门的反腐败努力，德国还有不少**非政府组织**致力于反腐败事业，其中最大的组织就是透明国际，同时也是颇具国际声誉的智库。德国透明国际组织成立于1995年，目前有300多位成员，在柏林和慕尼黑各设一个小组，主要任务是防止德国对外经贸活动中腐败问题的出现。德国透明国际组织提出了反腐败的"机能整合系统",认为仅靠立法是不能解决问题的,而应建立一种有效遏制腐败发生的社会机制,在立法和行政管理的指引下,依靠媒体的力量,借助于审计部门的监督职责、司法部的反腐败职能,动员个人和社会组织的力量,编织一张反腐败的大网。①

除此之外,德国**消费者协会**等非政府组织在透明、审计、正直等领域发展出了一系列的协会自愿行为准则和自愿审核程序等,为德国社会反腐败做出了不可忽视的贡献。例如,德国国际商会(ICC)早在20世纪70年代就非常关注国际商业往来中的腐败现象,并于2008年与德国工商总会(DIHK)共同出版了《反腐败——针对经济领域的ICC行为规范》,为企业在如何防范腐败,在经济活动中加强自身管理做出了指导。该规范的主要规定如下:

第一,企业管理层伦理和示范作用。企业管理层和主席团的行为必须符合伦理道德;必须每时每刻都保持诚实和公平,以便对员工做出示范和榜样;必须让公众了解,其所在企业对腐败行为绝对不能容忍。领导层有义务让员工了解并遵守关于腐败行为的法律规定,为预防腐败行为创造框架条件。

第二,员工行为准则。(1)与商业伙伴和国内外政府机构打交道要秉承公平原则,遵守各项法律和国际行为准则,不得通过行贿受贿、欺骗、间谍、偷盗等行为影响甚至妨碍公平竞争,如果有商业伙伴或者公职人员试图对企业员工施加不良影响,员工必须上报给主管领导;如果有企业员工试图以腐败行为对商业伙伴或者公职人员施加影响,则必须按照劳动法和企业纪律规定进行处理。(2)原则上不得赠予或收受礼物,包括任何形式的金钱和实物,旅游、运动会或音乐会门票、请客吃饭、回扣等均在禁止之列;宣传礼品必须合适合法,并事先征得领导同意。(3)公私分明,明确区分公务花费和私人花费,私人花费必须由个人承担。(4)员工从事兼职和参股不得损害公司利益;在商业伙伴或竞争企业从事兼职或参股必须书面报告领导,并获得许可。(5)对外捐赠要遵守相关法律法规,并获得企业领导同意。尤其是对党派的捐赠,企业领导要制定专门的规范加以约束。

第三,内部组织管理。坚持"双人制"原则,坚持职责分明原则,尤

---

① 《德国的反腐败机制》(http://theory.people.com.cn/GB/41038/3930801.html)。

其在簿记和文件证明方面加强监督；在易滋生腐败的部门实行轮岗制；完善举报人制度，发现腐败行为却不及时举报的员工负有同等责任。

第四，监督与惩罚。充分发挥合规部门的作用，不仅要重点监控易滋生腐败的薄弱环节，更要注重对腐败行为的防范。如果出现违反行为准则和法律法规的现象，要从组织、纪律和法律方面进行惩罚。

（二）经济领域

除了非政府组织，经济领域的反腐败工作在近年来也取得了较大进步。鉴于西门子、大众、曼集团、Ferrostaal 等大型德国企业相继出现了严重的腐败案件，近年来**德国大型企业的反腐败**意识大大提高。近 5 年来不少总部位于德国的国际集团着手扩建了其合规部门，加强了员工行为准则规定和内部监管机制，设立了疑似腐败行为咨询处。此外还有部分企业通力合作，共同为防范腐败行为而努力，例如德俄外国商会 50 多家成员企业于 2010 年 4 月共同签署了合规协议，在本公司和与商业伙伴的合作中对腐败行为采取"零容忍政策"。

（三）媒体监督

政府机构和社会各个领域在腐败问题上的自查自省固然十分重要，但第三方的监督也必不可少。**舆论媒体监督**就是防止腐败的一种行之有效的形式。根据 2001 年瑞士经济事务国秘书布鲁内蒂（Aymo Brunetti）和德国美因茨大学教授韦德（Beatrice Weder）的研究成果《自由媒体是腐败的噩耗》（*A Free Press is Bad News for Corruption*），媒体环境自由的国家腐败现象明显少于对媒体施加控制的国家。他们将一个国家媒体自由程度分为三个等级，分别是自由（0—30 分）、部分自由（31—60 分）和不自由（61—100 分）。2005—2008 年，德国媒体自由度得分为 16 分，2008 年全球排名 16 位。

德国的舆论监督力量非常大，被称为"第四种权力"。德国拥有 100 多家电台、25 家电视台、27 家通讯社、380 多种报纸和 9000 多种期刊。德国的舆论媒体大都是独资或合资的股份制企业，以营利为目的，依法享有高度的自由。德国报刊、电台、电视台可以报道政府、政党内部的情况，只要内容属实，不泄露国家机密，即属合法。根据德国法律规定，检察院如果发现有腐败方面的报道，有义务对其进行调查。政府官员和公务员的腐败丑闻和绯闻一旦曝光，就要引咎辞职。[①] 最鲜活的例子就是德国前任总统伍尔夫的丑闻。最初是 2010 年伍尔夫在下萨克森州议会上被其他议员问及与商人格尔肯斯（Egon Geerkens）的关系时，回答说自己与该商人毫无关系。紧接着德国《图片报》对此事进行了调查，发现并报道了伍尔夫曾于 2008 年从格尔肯斯妻子处获得了 50 万欧元的优惠贷款，随后格尔肯斯向《明镜报》透漏，他曾亲自参与了这笔贷款的审批。为了掩盖此事，伍尔夫给《图片报》主编发短信，威胁其撤销相关报道。这一做法反而引起了德国各大媒体对此事的关注，相继报道出伍尔夫出差坐飞机免费升舱、在企业家朋友处免费豪华度假等不符合公务员身份的行为，最终引起了司法机构的关注和介入。迫于媒体、舆论、政治界和学术界的压力，伍尔夫于 2012 年 2 月 17 日正式宣布辞职。但是司法机构对此案的调查并未因为伍尔夫的辞职而中止，直至 2012 年年底该案件仍处于取证审理阶段。

四 德国反腐败体制的特点

纵观德国反腐败机制，可以发现以下几个特点：

第一，依靠法律保障，以重典防腐治腐。无论是刑法典、专门的反腐败法等基本法典，还是政府机构防腐反腐指导性法令，都对腐败行为做了细致、详尽的界定，并对不端行为的处罚有着明确规定，从政府工作的各方面入手，堵住腐败源头，防微杜渐。除此之外，《公务员法》还对公职人员的选拔、任用作出了严格规定，尽量保持公务员队伍的纯洁性和道德水平，铲除腐败滋生的土壤。

第二，联邦政府独善其身，联邦州高度自主。联邦制的政治体制决定了德国 16 个联邦州在反腐败方面的高度自主。联邦政府各部门在联邦议院、司法部、检察院、内政部的领导和监督下，依靠联系人制度做好本部门的防腐反腐工作即可。而各联邦州则依托州级司法、监察等部门，设立由多部门工作人员共同组成的专门反腐败机构，共同合作相互监督。联邦政府和各联邦州只需各司其职地做好管辖内区域的防腐反腐工作，不会因负责范围太广而出现疏漏懈怠的情况。

---

① 《德国的反腐败机制》（http://theory.people.com.cn/GB/41038/3930801.html）。

第三，充分发挥社会力量。尽管政府机构是德国反腐败工作的重心，但反腐败问题的研究以及经济等其他领域的反腐败则要依靠社会力量，非政府组织和大型企业都功不可没。政府应当鼓励倡导各行业制定本行业行为准则，不仅有利于行业的健康良性发展，而且有助于整个社会廉洁风气的形成。除此之外，媒体的作用也不可忽视。正是由于法律赋予的高度自由和政府机构对媒体监督作用的认可，使德国媒体可以如鱼得水地发挥其监督职能，为德国的反腐败工作提供了有力的支持。

法国反腐败机制研究

彭姝祎[*]

[内容提要] 法国非常注意从教育角度着手预防腐败，教育的主要对象是国家公务员，重视对公务员队伍整体进行职业道德、操守和行为规范教育。另外，还加强了公众对腐败行为之危害性的认识，培养其对腐败现象的敏感性。法国的反腐败重在预防，"预防为主、铲除犯罪根源"是反腐败工作的指导思想，据此法国出台了几部反腐败专门立法，通过这些立法确立了几项行之有效的预防腐败制度。法国还实行了严格的使人不能腐败的惩罚机制，在刑法典、民法和公务员法中对公职人员的腐败犯罪都有明确而严格的规定。

一 教育

教育是从根本上预防腐败的一个重要途径。由于国家公职人员是贪污腐败的主体之一，因此，法国预防腐败教育的主要对象是国家公务员，重视对公务员队伍整体进行职业道德、操守和行为规范教育。廉洁奉公，秉公办事是每个公务员都必须遵守的头项行为准则，任何图谋私利、贪污受贿的行为，哪怕微乎其微，都是可耻的，并将受到纪律甚至法律惩罚；其次，各行各业的公务员还分别有各自的行为规范，可以做什么，不可以做什么都有严格而清晰的规定，虽然这些规范主要不是作为反腐败措施而出现的，但它们有利于提高公共生活的透明度，因而在一定程度上有利于杜绝腐败现象的发生。

---

[*] 彭姝祎，中国社会科学院欧洲所国际关系研究室副研究员。

在法国民间也开展了大规模的教育活动，以加强法国公众对腐败行为危害性的认识，培养对腐败现象的敏感性。教育的主要对象选定为年轻人、大学生、企业管理人员和行政管理人员。教育的主要方式是在大学和某些职业培训中心（如警察学习与培训中心）开设专门课程，一本题为《面对腐败》的、以大学生为主要对象的反腐败教材已于2003年11月出版。除大学生外，中学生甚至小学生也将被逐步纳入教育范围，因为今天有关毒品、艾滋病等的教育已经走进了法国的中小学校，所以反腐教育也需从娃娃抓起，越早越好，使孩子们从小就知道腐败是一种对社会极为有害的行为，应受到唾弃。

二 预防性立法、制度与相关执行机构

法国的反腐败重在预防，"预防为主、铲除犯罪根源"是法国反腐败工作的指导思想，据此，法国出台了几部反腐败专门立法，通过这些立法确立了几项行之有效的预防腐败制度。

（一）反腐败专门立法及制度

1. 《政治生活资金透明法》与财产申报制度

《政治生活资金透明法》制定于1988年，背景是1986年，法国相关部门由于怀疑国际合作部长克里斯蒂昂·努西利一幢豪华古堡别墅的来源可疑而查获了其利用筹备第12届法非首脑会议之际非法贪污或挪用了至少700万法郎巨款的案件，该案成为法国历史上最大的官员贪污公款案。法国人深刻吸取教训之余，制定了《政治生活资金透明法》，建立了"公职人员财产申报制度"。并建立了一个专门机构"政治生活资金透明委员会"来负责此项制度的落实。

按照《政治生活资金透明法》及其修正案的规定，"公职人员财产申报制度"的主要内容是：法国的高级公职人员——包括总统候选人、国民议会和参议院议员、地方议会主席、当选议员、中央政府组成人员、大区区长、海外省议会议长和3万人口以上城市的市长以及经营规模较大的企业负责人（主要指主管2000套以上低租金住房的机构和年营业额500万法郎以上的合资公司的董事长、总经理和国际经理）——都必须依法对其拥有的财产状况，包括财产数量、来源、增减等情况向指定的监察机关作

出报告，以接受审查和监督。一旦发现公职人员所拥有的财产与其合法收入不符，而又不能说明其正当来源，即视为非法所得并予以惩处。

财产申报制度有着严格的时间期限，具体如下：总统候选人在正式竞选开始前15天内，议员/官员/企业负责人在被任命或上任后15天内，必须向相关监察机构提交一份详细的个人财产状况表，所申报的财产状况必须真实具体，并以名誉保证。对于当选的总统候选人，在公布他当选的同时必须公布他的财产状况，以便公众监督。如果议员/官员/企业负责人未在规定期限内报送财产申报表或竞选账目，那么其候选人资格或任命将在年内取消。同时，上述所有人员在任期届满前或职务终止时，必须提交新的财产申报表，详细说明其在任职期间的财产变更情况并出具书面凭证。来历不明的财产将受到调查。

2. 《预防腐败和经济生活与公共程序透明法》（以下简称《反贪法》）

《反贪法》制定于1993年，出台背景是20世纪90年代初，一些腐败大案被揭发，法国朝野在震惊之余，决定出台措施，杜绝此类现象，《反贪法》于是应运而生，其主要内容是对最容易滋生腐败现象的一些行业和部门（如房地产业、公共服务业、公共市场、国际贸易、城市建设等）的活动透明度作出规定，宣布建立以预防腐败为使命的专门机构"预防贪污腐败中心"并对该中心的任务作出详细规定，这一点我们将在下文详述。

3. 关于政党活动经费的立法

由于法国的许多政治腐败案件都和政党非法收受选举资金有关，因此法国政府专门出台了一系列规范政党活动经费的立法，其中主要有1990年《限制选举经费法》和1995年《政治生活资助法》及修正案。前一部法律对法人向政党和议员候选人的捐赠作出了严格限制，后一部则进一步规定了彻底禁止法人向候选人捐赠，包括以低于市场价提供优惠的间接赠与，为此还专门成立了一个独立委员会来监督法律的实施，违法者将被取消候选人资格。

4. 国家稽查特派员制度

"国家稽查特派员制度"是一项专门针对国有企业的反腐措施，始于50年代法国第二次国有化高潮时期，目的是在保证国企的自主权、使之在激烈的市场竞争中高效运作的同时，兼顾国家对国有资产的监督，防止国有资产流失。

法国规定，经济财政部是国企财政业务的主管部；国家对国有企业实行国家经济与财政监管，向这些机构派驻"国家稽查特派员"。特派员一般是在经济财政部门工作多年、具有丰富管理经验的资深官员。为确保特派员的公正无私，（1）特派员均从从政多年的高级公务员中选拔，以确保他们在工作中从国家利益的大局出发；（2）特派员所拿的薪金是公务员中最高的，以保证他们不贪外财；（3）大多数特派员都行将退休，因此出于保持晚节计，也会较少贪图私利。

一开始，政府圈定的派驻稽查特派员的公司很多，今天已大大精简，仅向战略性部门（如交通、能源、通信等）和公共采购、城建、重大工程、社会保障等公共事业机构派驻。

一个国企一般只派一名特派员，重要的公司则派驻一个由多名特派员组成的监管小组。特派员的任期为5—6年，办公室设在企业，工资由经济财政部支付，日常运转费用则由企业负担。特派员的监管业务受经济财政部部长的直接领导，在经济财政部内设有一个协调机构——"国家稽查特派员办公室"。

稽查特派员对国有企业主要行使以下几方面的职能：（1）通报情况，监督开支。特派员向经济财政部长和主管部门通报企业短期和中期的经济、财政状况，提交年度报告；与企业领导人、中层管理干部保持密切联系，了解企业的变化；参加企业的董事会，获取正确的信息，但没有投票权；监督企业向主管部门提供报表的客观性。特派员还监督企业的工资奖金，注意企业加薪是否按规定得到了"国有企业工资协调委员会"的同意；监督企业领导的工资待遇；向企业领导通报政府关于企业的看法，一般是总理和财长对企业工资待遇的意见。（2）评价业绩，影响决策。运用获得的信息，特派员对企业的经营状况进行评估，就企业交主管部门审核的项目议案提出意见，如预算、负债表、财务报表、收入的分配使用、资产转让、投资融资等。特派员要了解行业的情况、竞争环境、掌握企业管理的规定、财政技术、会计办法。为弥补管理知识方面的不足，特派员经常借助咨询事务所，就企业管理进行培训。在必要时，特派员有权影响固定资产评估和折旧评估的决定。（3）预测风险，防止风险。近年来，随着贸易全球化、货币波动、金融衍生工具多样化和日益增长的子公司业务等因素，企业面临的财政风险日益增加。因此，一方面，特派员增加了预测和防止风险的新任务，其作用就是保证账目能准确地反映风险。另一方面，他还需要监督企业建立有效的风险预测机制，涉及企业中的授权管理、资产管理程序、企业内部的管理监督体系、市场进入条件研究等。简言之，国家稽查特派员通过对企业财政状况和商业管理控制的了解和评估，对国企进行全方位的预警。

（二）机构设置

反腐败立法和制度的实施需要行之有效的机构作保障，主要机构有：

1. "政治生活资金透明委员会"

"政治生活资金透明委员会"于1988年由《政治生活资金透明法》创建，是一所以预防腐败为宗旨的监察机构，由法国行政法院、审计院和高等法院的十余名工作人员组成，全体人员每4年更换一次，以保证该机构自身的廉洁。委员会的主要使命是落实《政治生活资金透明法》中的财产申报制度，按照法律规定审查政府成员、议员和企业负责人的财产状况，对来历不明的财产进行调查。该机构的成立和有效运作大大增强了法国高级公职人员的财产透明度，在某种程度上确保了他们的廉洁。

2. "预防贪污腐败中心"

"预防贪污腐败中心"于1993年由《预防腐败和经济生活与公共程序透明法》创建，是一所专职的预防腐败机构，在预防腐败方面发挥着十分独特的作用。

中心挂靠法国司法部，受法国总理的直接领导，由来自税收、警察、宪兵、海关、司法和内政部门的近20名专家组成，全体成员每4年更换，以保证中心本身的廉洁。之所以由不同行业的人员组成，目的在于使中心尽可能全面地掌握不同部门的腐败情况，因为多样化的信息汇总能使人们更全面（既横向又纵向）、更透彻地审视一个潜在的贪污、腐败现象。中心拥有完全独立的工作自由，这一点对反腐工作而言相当重要。

中心的基本任务是通过媒体报道、个人揭发、司法部门案例和研究机构的研究等途径收集政府和经济部门中有关贪污腐败的蛛丝马迹；分析腐败案件的类型；总结反腐败经验；研究利用新科技手段进行行贿受贿、贪污腐败的可能性并及时发现新的腐败形式。譬如中心专家使用风险分析的方法，制作风险分析图表，列举出某些容易导致贪污腐败的潜在的普遍性因素，从而使监督人员对可能出现的腐败问题做到心中有数，以便提早采取预防措施，把事态消灭在萌芽阶段；例如，网上银行出现了一种新的洗钱方式，在初露苗头之时，工作人员就将其作为案例写入工作报告中，并对这一方式进行微观研究分析，剖析每个步骤，研究其发展趋势，并向相关部门报告。

中心每年向总理和司法部长提交一份年度报告，其内容并不是就某一起腐败案件进行汇报，而是就可能出现腐败特别是最容易滋生腐败的部门（如公共卫生部门、交通部门、能源部门、教育部门等）进行分析并提出预防性建议和制裁措施。

除了上述基本任务外，中心还具有以下几方面的职能：（1）向政府部门提供咨询。如某政府部门察觉到本部门有腐败征兆，但缺乏相关的法律知识，那么可以向中心求助。（2）与大企业、无论是公有还是私有（如法国电力公司、法国电信公司等）签订协议，交换信息，帮助其建立职业规范，了解国际规范，并为其进行有关防止腐败方面的高层培训。（3）开展国际防腐败合作。中心曾多次参加经济合作与发展组织、欧洲委员会、亚洲开发银行等国际组织的反腐败联合行动，并应邀赴南美、非洲以及东欧和北欧等地区介绍法国的防腐败经验，同时在合作中积极汲取国外的防腐败经验。在开展国际合作的过程中，防腐中心与法国行政学院、法官学院、警官学院、商务学院和其他一些高校建立起了密切联系。

3. 其他机构

除了上述两个专门的防腐败机构外，法国的审计院（隶属于司法机构，地方审计单位则称审计庭）、行政法院、中央廉政署等机构也在预防和打击职务犯罪方面起着重要作用。

行政法院是中央一级的行政诉讼机构，负责对行政机关的活动进行有效监督；审计院则负责监督政府和政府各部门财政法律和财经纪律的实施过程，审查、判断和公布国家财政活动情况，调阅政府各部门的财会账目，直接向总统提出政府各部门财政活动的年度总结报告；地方审计庭则负责监督地方政府的财政活动。

4. 议会的作用

议会在法国预防腐败方面也起着不容忽视的重要作用。按照法国法律规定，议会依法享有监督、制约政府和官员的权力。具体如下：通过法律案审议权、每周一次专门质询权、对政府提出不信任案等方式监督政府；通过弹劾案监督总统和政府成员；审查行政部门的预决算方案等。

三 惩罚机制

如果缺乏严格的惩罚机制，再好的反腐败措施都将无济于事。为此，法国的相关法律都对惩治腐败作出了规定。

首先，法国《刑法典》中对盗用公款、滥用职权、内部交易、收受贿赂、非法占有财务、渎职等各种被动和主动的贪污腐败犯罪行为都有着相关规定。其次，民法中的《劳动法典》在关于代理或委托、反对不平等竞争等条款中也有关于惩治贪污贿赂的规定。最后，《公务员总法》为预防公务员利用职务之便行贪污腐败之事作出了更为详细的规定，如公务员诈取罪、盗用公款罪、从事与职务不相容之商事罪、一般受贿罪、滥用职权受贿罪等，违法者将受制裁。制裁一般分为两类：精神性的和实质性的，前者包括申诫、警告、记过等，后者包括取消一次晋升资格、减薪、降职、调职、降级、临时解除职务（不超过6个月）、强制退休直至撤职等。情节更为严重、触犯了《刑法典》中有关规定的，则将受到法律追究。

在追究腐败犯罪方面，法国的检察官、司法警察、预审法官等都拥有一定的侦查权。其具体程序一般包括以下几个阶段：一是立案侦查。二是初步侦查。该阶段由检察官主持，他除了有权亲自或指挥司法警察实施侦查措施外，还有权签发拘票和拘留证，拘传或拘留犯罪嫌疑人并进行讯问。三是预审。四是起诉和审判。

四 法国反腐败机制评估

就全球范围来看，法国是比较清廉的国家，可见它的一整套反腐败机制整体而言还是比较有效的。例如，它的"预防贪欲和腐败中心"作为专业反贪机构，已受到法国乃至欧洲民众的信任，越来越多的个人和企业经常向该中心举报腐败线索。反贪中心的年度报告也对预防腐败起着重要作用，比如它通过分析研究而提出的最容易滋生腐败现象的部门已经引起了政府部门的高度重视，并加强了对这些部门的审查和监管。近些年揭露出的许多大案实际上大都发生在20世纪90年代初，即反贪中心成立以前。其中涉及政党非法集资的案件则大多发生在《政治生活资助法》及修正案出台之前，可见相关法律和机构还是有一定效果的。

五 几点启示

法国的反贪经验在许多方面可以为我国所借鉴：如上文中提到的"公职人员财产申报制度""国家稽查特派员制度""审计制度"等，也可以酌情建立像"预防贪污腐败中心"那样的专门预防贪污机构，并与国际组织通力合作。此外，还需要补充两点：

一是"公务员制度"的作用。法国是较早实行公务员制度的国家，公务员制度发展得比较完善，从某种程度上而言，该制度对预防公务人员职务犯罪起着一定的作用。因为法国的公务员虽然薪水不算高（但也明显高于一般行业的平均工资水平，而且随着职务的升迁，收入会不断地增加），但是福利待遇优越，补贴繁多，实惠不少：如每年可领13个月的工资，还享受不下25种的各类补贴。有些补贴莫名其妙甚至滑稽可笑，如自行车补贴、服装补贴、穿鞋补贴、小装饰补贴，还有买内衣或衣物丢失补贴等。同为司机，公交车司机的最低年补贴仅为138欧元，而部长、国务秘书、总理的司机可领到高达4372欧元的补贴（2000年数据）。公务员还可享受安家费、子女入托、入学补贴、公休、病假、产假等各种社会福利。而且，只要本本分分工作，不犯大错，基本上可以一直干到退休而不被解聘。退休后还可以领取一笔可观的退休金。因此，在失业率超过10%的法国，"公务员"职业是一个难得的"铁饭碗"和"避风港"，这在一定程度上确保了公务员安分守己，不贪图"外财"，因为弄不好财没发成，反而丢了这个难得的"铁饭碗"。法国的做法，我们国家也可以结合自己的国情略加借鉴。

二是媒体的监督作用。在法国，新闻监督在预防和杜绝腐败现象方面起着不容忽视的作用。法国的许多腐败案件，如向政党行贿，非法牟取并滥用竞选经费等都是信息灵通、触角敏锐的新闻界率先发现并曝光的。新闻报道也早已成为法国"预防贪污腐败中心"搜集相关信息、进行研究工作的一个重要渠道。因此，我国应充分借鉴这一点经验，对新闻媒体的监督作用给予足够重视并对其监督工作给予更多的实质性支持。

最后，需要强调的是，中法两国毕竟有许多不同之处，因此，借鉴法国经验的同时一定要结合我国的实际情况，任何措施都不可照搬。

英国的反腐败机制

中国社会科学院欧洲研究所反腐败课题组[*]

[内容提要] 英国学校的反腐败道德教育主要通过以下几种方式得以实现：借助宗教教育进行道德教育；直接开设道德教育课程；注重礼仪、仪表、个人品行的教育；通过其他学科和活动来进行。立法和司法机构对政府机构的制约。英国没有专门和单一的反腐败机构，负责反腐败的机构分散于议会、司法部门、审计部门，以及政府部门内部，从而形成了广泛的反腐败网络。英国是世界上第一个制定反腐法律的国家。迄今为止，它已经先后通过了一系列与反腐败有关或者包含反腐败内容的立法。

英国是最早实现工业化的国家，它在历史上也曾经有过一段政治腐败横行的时期。英国从19世纪开始就对公务员制度进行了大刀阔斧的改革，收效显著。

需要说明的是，在英国，"腐败"（corruption）一词的使用频率很低，更多的是使用"欺诈"（fraud）一词，后者包括的范围要比前者广得多，不仅包括一般意义上的腐败（贪污、受贿、滥用职权等），而且还包括诸如不作为、失职、渎职等种种不良行政行为。

英国的反腐败机制主要由以下几个方面构成。

一 道德教育

众所周知，英国是一个"出产"绅士的国家，公民的道德水平普遍比

---

[*] 中国社会科学院欧洲研究所反腐败课题组成员：罗红波，中国社会科学院欧洲研究所研究员；李靖堃，中国社会科学院欧洲研究所欧洲政治研究室主任、研究员；彭姝祎，中国社会科学院欧洲研究所副研究员；杨解朴，中国社会科学院欧洲研究所副研究员。执笔人：李靖堃，中国社会科学院欧洲研究所欧洲政治研究室主任、研究员。

较高，这不仅与其传统文化息息相关，更重要的还在于英国人从小学一直到走上工作岗位后接受的道德教育。

英国的核心道德观念包括：尊重生命、公平、诚实和守信。英国社会普遍十分重视道德教育。道德教育被称为"个人的社会健康教育"，目的在于让学生从小就懂得做人的基本道理，懂得如何处理人与人、人与社会的关系。尤其是，英国人从小就被反复灌输这样一种观念，即如果你靠欺骗方式获胜，那么实际上你已经输了。此外，守法也是一项非常重要的教育内容，绝大多数人坚信，法律对于改变和塑造个人品德起着很重要的作用。

英国学校的道德教育主要通过以下几种方式得以实现：（1）借助宗教教育进行道德教育。1944年的教育法规定：所有郡学校和民办学校均开设宗教教育课；1988年的教育改革法也规定，为所有在校注册的学生开设宗教教育课。宗教教育注重向学生介绍宗教和精神领域的历史、内容和观点，尤其是对英国文化有着深远影响的宗教传统知识，以及关于个人和社会价值观念的内容，目的在于使学生能够用传统宗教的观念来理解人生、人与自然、人与社会的关系，理解现代社会中宗教和文化的多样性，确立个人的价值观。（2）直接开设道德教育课程。20世纪70年代以来，英国学校普遍使用《生命线》系列教科书，通过正式开设道德教育课来进行道德教育。此类课程倡导体谅和关心他人、为他人着想；主张将气质修养、行为举止的培养与发展学生的道德判断力结合起来，旨在创造一个关心人的课堂环境、学校环境和社会环境。（3）注重对礼仪、仪表、个人品行的教育。这与英国社会、家庭的传统有关，英国历来提倡培养一种有德性、有礼仪、有学问的绅士风度，注重从小教育学生讲究个人仪表、懂礼仪、培养良好的个人品行。例如，英国小学教育目的规定：鼓励儿童对文明的兴趣和关心；帮助儿童树立责任感；启发他们树立理想；培养他们的情操，能理解并效法生活中最优秀的范例。（4）通过其他学科和活动来进行，最通常的是将对道德品质的教育蕴含在文学、艺术、历史、健康教育、为人父母及家庭生活的准备教育等课程中，帮助学生了解社会的发展以及人在社会发展中的作用。此外，英国也比较注重课外活动中的德育功能。学校经常组织集体活动，如各种集会、教会活动、各种俱乐部活动、学生会活动等来促进道德意识。

这种各类形式的道德教育在高等教育中同样存在，但主要是通过增加人文学科在高等院校课程中的比重来实现道德教育，尤其是爱国精神和守法精神。此外，英国的一些高校还成立了道德研究机构和实验机构，例如牛津大学、爱丁堡大学等均设有此类机构,从而推动了学校道德教育的进一步深入发展。在这种教育氛围下,再加上长期的历史文化传统,诸如正直、诚实、公正、守法等价值观已经深入人心。

除了学校教育之外,走上工作岗位的英国人仍要继续接受各种道德教育,尤其是职业道德教育,这也是英国公务员制度的一个重要组成部分。在"公共生活标准委员会"1995年发表的报告中,提出了"公共生活七原则",即无私、正直、客观、负责任、公开、诚实和发挥典范作用。这七项原则已经得到了广泛的承认和遵守。除了自律之外,英国还形成了一套用以规范公务员行为的法律规范,例如《公务员行为守则》(1996年)《反腐败法》《犯罪所得赃款法》等,均严格规定了公务员的中立性和公正性,规定他们不得泄露经济情报,不得滥用利用职务获得的任何便利或信息为私人利益服务,也不得利用公共财物为政党谋利。此外,一些特殊的行业还有专门的行为规范守则,例如《检察官准则》等,从而对公务员的行为形成了严格的制约机制。

二 立法和司法机构对政府机构的制约

与其他绝大多数西方国家一样,英国奉行权力分立与制衡原则,即国家权力划分为立法权、司法权和行政权,分别归属于议会、法院(与检察院)和政府,三者之间相互制约。鉴于本文的主题,这里只探讨议会和司法机构对政府(行政机构)的制约和监督。

英国被称为"议会内阁制"国家,政府要对议会负责。因此,从法理上来说,议会是英国的最高国家权力机构,它不仅拥有立法权和财政权,而且还拥有监督权,即监督政府的政治方针、政策和政府成员行为的权力,具体包括质询权、调查权、倒阁权和弹劾权等。质询权是指议员(执政党和反对党议员均有权提出质询)采用口头或书面的形式向政府首脑或政府各部大臣提出问题,这些问题均要求首脑或政府大臣做出认真回答。通过质询,往往能够揭露出政府工作中的缺点或大臣的失职行为。调查权是指议会有权对政府机关的活动进行调查,并有权得到相关人员的证言和有关记录。其调查范围包括选举调查、针对有关行政部门及其工作人员的违法行为进行的调查,以及涉及国家机关侵犯公民权利问题的调查等。倒阁权是指如果议会没有通过政府的政策和施政方针,则有权对政府提出不信任案,这就是所谓的"倒阁权"。在这种情况下,政府必须集体辞职,或者提请国家元首解散议会,提前进行大选。弹劾权是指议会对政府高级官员的犯罪行为或严重失职行为进行指控或制裁的权力,特别是司法机构无力制裁的高级官员的犯罪行为,更能成为弹劾的对象。尽管目前弹劾权力的使用率几乎等于零,但这一制度并未被废除,它的存在本身就是对政府官员的一种威慑。

司法机构也在对政府官员的监督中发挥着重要作用。根据权力分立原则,司法机构完全独立于行政机构,不受行政机构的任何干涉。不仅如此,司法机构还负责对行政机构及其官员的行为进行监督。这一点与其他西方国家是相同的。不同的是,英国是普通法国家,没有专门的行政法院,因而可以通过普通的法律程序对行政机构进行监督。与大陆法系国家相比,这样的机制既有优点又有缺点。优点是其法律的适用范围比较广;缺点则是缺乏针对性。因此,为了更有效地对行政机构进行更有针对性的监督,英国设立了2000多个行政裁判所,负责对涉及税收、社会保障、退休金等上百个部门的案件进行审理。行政裁判所的裁决权由议会下院授予,不受任何形式的行政干预,从而在一定程度上弥补了英国普通法院针对性不足的缺点。

在检察部门,设有严重欺诈局(Serious Fraud Service),它是一个独立机构,成立于1987年,在检察总长的领导下开展工作。严重欺诈局共有150名雇员,有权对英格兰、威尔士和北爱尔兰的"严重的和复杂的"欺诈行为进行调查和起诉。由律师、财政调查员、警察和透明国际组织的专家共同对案件进行调查,并且有权从其他机构获得所需信息。

此外,英国还根据2002年的"犯罪收益法"(Proceeds of Crime Act)成立了"资产追缴局",专门对超过1万英镑以上的非法所得进行追缴,追缴期限可达12年之久。这一机构的设置十分独特,因为它可以通过普通民事法院追缴资产,即使在追缴对象从来没有受到过犯罪起诉的情况下它也可以通过上述方式追缴资产。

当然,在实践中,由于议员、法官(上院即为最高上诉法院)和政府官员之间的身份重叠,实际上的监督力度必然要受到一定的影响。

三 反腐败机构与监督机制

英国没有专门和单一的反腐败机构，负责反腐败的机构分散于议会、司法部门、审计部门，以及政府部门内部，从而形成了广泛的反腐败网络。

（一）审计机构

英国是世界上最早设立审计机构的国家，早在13世纪就建立了王室财政审计制度。在对行政机构行为的监督过程中，审计机构发挥着至关重要的作用。其审计机构主要包括以下几个部分：

1. 国家审计署

1861年，英国在下院设立了决算审查委员会，首次建立了统一、独立的审计机构。1886年通过了《国库审计部法案》，设立了国库审计部；1983年通过了《国家审计法案》，将国库审计部更名为国家审计署。它负责对所有政府机构的财务开支进行审计，此外还包括超过半数以上的使用公共资金的社会团体，另外还对某些国外组织的机构进行审计。国家审计署向议会下院"公共账目委员会"提交报告，后者再在此基础上向政府提交报告。

2. 公共账目委员会

最早设立于1861年，是下院的常务委员会。由16名成员组成，各政党成员所占的比例与下院议员的比例相同。政府必须在2个月内对该委员会提交的报告建议予以回复，该委员会再根据政府的回复决定是否进行进一步调查。

3. 审计委员会

根据1982年的地方政府财政法设立，负责对一般性的审计问题进行监督，并且负责在公共审计机构和私人公司之间分配审计任务（比例一般是1∶2）。此外，审计委员会还负责对审计行为提出建议、监测全国的欺诈与腐败行为的发生概率，并且就当前的趋势和技术发展提出报告。

4. 地方审计机构

2002年以前，地方审计机构负责对国家卫生系统和地方政府进行审计，并向审计委员会报告；2002年以后被并入审计委员会，成为后者的一个总司。

(二) 政府内部监督

英国有多个政府部门设有内部监督机制,其中 5 个部门的反腐败最有特色,对腐败行为的管理也最直接。

1. 财政部

英国财政部每年都对发生在政府机构(不仅仅是财政部)内部的欺诈行为的性质、类型、原因、数量、金额和追缴方式等提交一份详细报告。此外,它还发布一些指导政府各部防止欺诈行为的原则,例如 1997 年发布的"管理欺诈的危险——给管理人员的指导",特别指出了发生在政府机构的三种最严重的欺诈行为:偷盗;假账;贿赂和腐败。

2. 国家保健署(NHS)

国家保健署设立了反欺诈处,2003 年改组为"反欺诈与安全管理处",主要针对国民保健系统出现的行政管理人员和供药商相互勾结伙欺诈国家钱财,医生和患者相互勾结多开多报、虚报冒领等严重欺诈行为进行调查。

3. 国内税收署(Inland Revue)

负责征收直接税和国民保险缴款,下设特别办公室,有 301 人专门负责对税收方面的欺诈行为进行调查。而且,国内税收署本身就是一个具有起诉权利的机构,有权自主提起诉讼。

4. 工作与养老金署(Department of works and Pensions)

设有针对各项社会福利的专门反欺诈机构(包括地区性机构),并设有联合工作组,以便于与其他政府部门更好地合作。

5. 国防部

拥有一个由 35 人组成的反欺诈小组,此外还有防务欺诈分析小组和内部审计,主要针对军备采购过程中的欺诈和腐败行为。

(三) 监察员

英国的监察员分为三种,即议会监察员、地方政府监察员和国家卫生署监察员。议会监察专员是一个独立机构,负责对政府官员(尤其是高级公务员)的行为进行监督,但其权限远远比不上芬兰、瑞典等北欧国家,仅限于公民由于中央行政机关的不良行政而使利益受到侵害时的投诉。国家卫生署监察员负责监督国家卫生署系统的不良行政行为。调查结果将公开发表。地方监察专员的管辖范围包括地方议会和议员、地方政府有关机构及官员等不良行政行为造成的侵害公民利益的事件。

(四) 舆论和媒体监督

在英国,舆论和新闻媒体拥有较高程度的自由,素有对政府进行监督和批评的传统权利。这正是西方国家所标榜的言论自由的一部分,尽管其所谓的"言论自由"有其不可克服的虚伪性,但不能否认的是,舆论和新闻媒体的监督是对政府滥用职权的一种有效制约,使权钱交易实际上对当事人来说变成了一种困难的行为。在英国,有很多腐败案件首先是由新闻媒体予以披露的,大到政府对外政策,小到自己花钱购衣买物之类的生活细节都会被媒体曝光,因此,真正的腐败行为要承受的舆论风险可想而知。当然,新闻媒体的"自由"也不是绝对的,英国设有独立的"媒体投诉委员会"(Press Complaint Commission),负责对针对新闻媒体的投诉进行调查。

四 主要法律规定

英国是世界上第一个制定反腐法律的国家。迄今为止,它已经先后通过了一系列与反腐败有关,或者包含反腐败内容的立法。

1889年,英国颁布了第一部反腐败法,即《公共机构腐败行为法》(Public Bodies Corrupt Practice Act),该法令将"一切行使公共职能或法定职能的机构"均认定为公共机构,特别禁止公共机构的任何人员在与公共机构有关的任何交往过程中,收受或者要求收受、同意收受任何形式的礼物、贷款、费用、酬劳或利益;同样,此类人员也被严格禁止在此类事务中,承诺或提供任何形式的礼物、贷款、费用、酬劳或利益。也就是说,公共机构成员或官员的主动或被动受贿均被定义为腐败行为。对于犯有此类罪行的公务人员可处以6个月至7年的监禁,或者/以及不设上限的罚款。此外还包括对某些政治权利的剥夺,例如,除了解除职务以外,还规定,从犯罪之日起的5年内,相关人员不得担任任何公职;如果第二次再犯类似的罪行,则永远不得担任任何公职,而且,在从犯罪之日起的5年内,剥夺其在议会和其他任何公共机构选举中的投票权和选举权,此外还有可能被剥夺获得养老金的权利。

1906年通过的《防止腐败法》（Prevention of Corruption Act）将《公共机构腐败行为法》的范围扩大到不仅包括公共机构的工作人员，而且包括公共机构本身。其处罚措施为6个月至7年的监禁，或者/以及不设上限的罚款。1916年再次通过的《防止腐败法》再次扩大了公共机构的范围，即包括一切地方性和公共性机构。

除了上述三部专门规定反腐败行为的法律以外，英国在第二次世界大战以后通过的多部法令中，例如1948年的《人民代表法》、1962年的《北爱选举法》、1964年的《许可证法》、1972年的《北爱地方政府法》、1988年的《犯罪审判法》、1989年的《地方政府和住房法》、2001年的《反恐、犯罪和安全法》等，均有针对政府官员腐败行为的法律条文。

为了将1999年签署的经合组织"关于公共官员受贿的协议"纳入国内法，尤其是为了解决域外适用问题，英国政府开始着手对其反腐败立法进行改革。这次改革的另一个目的是对以前的各项相关法令进行简化和整合，以便于有一项统一的反腐败立法。2003年3月，英国政府在整理、综合和修订现存各种反腐法律条文的基础上，公布了新的《反腐败法》。7月，专门委员会在征求各方意见的基础上提出了多项批评和建议，目前该法令仍在重新起草过程中。一旦该法令生效，此前的两部《防止腐败法》将被正式废除。

五　结论

综上所述，在英国，已经形成了一种全方位的反腐网络，从法律、制度、监督机构、媒体等各个方面对腐败行为进行遏制和打击，使英国成为一个相对而言比较廉洁的国家。当然，英国的反腐机制中也有缺陷，例如在与议会职责有关的问题上，议员可以豁免于刑事责任。再如，在实践中，议会和司法机构对行政机构及其工作人员的监督由于种种原因而无法完全落到实处。最后，英国的不成文法和普通法，以及其实用主义传统决定了它的反腐败调查和机构设立多为"事后"型，也就是说往往是出于对已经发生了的事情做出的反应，即往往采用出一类问题制定一个法律、采取一项措施甚至设立一个机构的方式来处理问题。这样的行为方式至少导致了三个不利的后果：第一，设置的机构数量也许会越来越多，但在事情结束之后这类机构又不得不考虑继续存在下去的理由；第二，与此相应的则是各机构之间责任的重叠,从而可能造成冗员和效率问题;第三,由于事前没有统一规划,因此机构设置不统一,各机构之间的关系比较复杂,工作也不容易协调,从而会给反腐败工作带来一定的难度。

意大利的反腐败体制机制建设

王继锋*

[**内容摘要**] 意大利的腐败状况一直比较突出，政党腐败、高额公共支出、任人唯亲、信息不公开及缺乏有效监督等问题长期存在。进入新世纪以来，根据联合国反腐败公约、世界经济与贸易合作组织、欧盟委员会等反腐败的相关要求，意大利逐步修订和出台了一系列反腐败法案，调整了反腐败机构的设置和职责，不断健全反腐败体制机制和法律体系。在2011年出台的反腐败法案中，重点增加了预防腐败的举措和内容。例如，将公共管理透明和评估委员会明确为预防腐败的国家机构，制定国家和部门反腐败计划，明确公共部门的预防腐败职责，发布高腐败风险的行业和领域，关注私营部门防治腐败的责任等。在具体举措方面，意大利提升打击腐败的专业化水平，把强化金融和税收监管作为监控腐败的重要手段，加大对行贿者与行贿企业的处罚力度等做法，对我国的反腐倡廉建设具有一定的借鉴意义。

在历史上，贪污腐败一直是困扰意大利政局的顽疾。20世纪90年代，意大利掀起了席卷整个政坛的"反腐风暴"，数千名政府官员、国会议员和经济界人士受到调查。之后，议会和政府出台了一系列防治腐败的法律、法规和制度举措，使腐败状况一度有所改观，但腐败程度仍居于欧洲各国的前列。近年来，透明国际发布的全球腐败指数报告显示，意大利的排名从2009年的第63位下降到2012年的第72位，贪污腐败呈进一步恶化的趋势。2011年透明国际的报告曾指出，意大利仍面临政党腐败、高额

---

* 王继锋，中国社会科学院中国廉政研究中心助理研究员。

的公共支出、任人唯亲、信息不公开及缺乏有效监督等问题。2012年11月13日，意大利议会通过了一项新的反腐败法案（2012年第190号法案），对既有的反腐败体制机制、法规制度等进行了重新布局和调整，但其实际效果如何，仍需等待实践检验。本文拟对意大利现阶段的反腐败体制机制制度建设作简要回顾和梳理。

一 意大利反腐败相关法律

意大利没有制定一部专门的反腐败法，关于防治腐败和职务犯罪方面的法律散见于宪法、刑法及行政法规之中。近年来，意大利不断地将联合国反腐败公约、世界经济和贸易合作组织、欧盟委员会等反腐败的相关要求引入意大利法律中，不断地调整和修订反腐败相关法律，健全反腐败法律体系。与反腐败相关的法律规定主要有：

（一）《刑法典》中关于腐败的具体规定

1. 罪名设定

在意大利《刑法典》中，关于腐败及其惩处的法律规定包含在"侵犯公共管理罪"中，其主要罪名包括"贪污罪""贿赂罪"和"滥用职权罪"。（1）贪污罪。意大利刑法典对贪污罪进行了详细而严密的划分，"公务员或受委托从事公共服务的人员，因其职务或服务的原因占有或者掌握他人的钱款或动产，将其据为己有的"（第314条）、"犯罪人仅以暂时使用物品为目的，并且在暂时使用后立即予以归还的"（第314条第二款）、"在行使其职务或服务时，利用他人的错误，为自己或第三人非法接受或者保留钱款或其他利益的"（第316条）均被认定为贪污罪。犯罪对象为钱款和其他动产，包括他人的私有财产以及公共财产。此外，根据刑法第316条（"利用他人错误贪污"）的第二款和第三款的规定，非公共行政机关人员"侵吞国家财产"或"非法获取国家的捐助"（例如，通过使用或提交虚假声明、文件或不真实的证明物品，或者通过不如实报告情况为自己或他人非法获取帮助、资助、优惠信贷或者其他捐助等），也被视为"贪污罪"。（2）贿赂罪。意大利刑法典中公务人员的受贿类犯罪有索贿罪（第317条）、因职务行为受贿罪（第318条）、因违反职责义务的行为受贿罪（第319条）、在司法行为中受贿罪（第319条—3）、受委托从事公共服务人员的受贿罪（第320条）、行贿罪（第321条）、教唆受贿罪（第322条）七个罪名。在上述罪名上，意大利刑法典对贿赂的程度、方式、表现等从法律上进行了合理判别，适当区分了对贿赂行为的主动和被动、既遂和未遂、行贿者和受贿者等差异。意大利刑法典还特别重视司法渎职罪，把"司法行为中的受贿"（为了帮助或者损害民事诉讼、刑事诉讼或者行政诉讼中的一方当事人而接受钱款、其他利益或有关许诺）作为专门罪名予以规范，并处以有期徒刑20年的重罚，以防止司法领域腐败。（3）滥用职权罪。第323条规定："除行为构成更为严重的犯罪外，公务员或受委托从事公共服务的人员，在行使职务或服务时，违反法律或条例的规定，在涉及本人或近亲属利益时或者在法律规定的其他情况下，不实行回避的，有意为自己或其他人获取不正当的财产利益的，或者对他人造成非法损害的"为滥用职权罪。与之相关的罪名还包括：利用因职务原因而知晓的发明或发现（第325条）、泄露和利用职务秘密（第326条）、拒绝职务行为不作为（第328条）等。

2. 处罚规定

意大利《刑法典》对腐败行为规定了包括自由刑、财产刑和资格刑等多样化的刑罚种类。在细化区分腐败罪名种类的同时，设置了相对较窄的法定刑幅度，使处罚判决的自由裁量空间相对较小。例如：与受贿罪相比，索贿罪被视为主观恶性更深、客观危害更大，因而被处4—12年的有期徒刑，远高于受贿罪的6个月至5年有期徒刑。此外，腐败罪的法定最高刑普遍较低，而对罚金、没收和剥夺公职等财产刑和资格刑适用较为普遍。渎职罪中最重的处罚是有期徒刑10年（贪污罪）、12年（索贿罪）、20年（在司法行为中受贿罪），而绝大多数为3年、5年等10年以下有期徒刑。为遏制日益恶化的反腐败形势，新出台的反腐败法案加大了对腐败的惩处力度，延长了腐败犯罪的刑期，其中受贿罪最多可判处12年有期徒刑，积极腐败（因履行公共职务行为腐败），监禁长达5年，被动腐败（违反职责义务的腐败行为）监禁多达8年。[①]

总体来看，意大利对腐败罪的处罚有以下几个特点：（1）行贿人与受贿人并罚。刑法第321条规定，适用于各种受贿罪的处罚，"也适用于向

---

① Luca Basilio, Italy's new anti corruption law, 20 November 2012. http://www.elexica.com/it-IT, 访问时间：2013年3月20日。

公务员或受委托从事公共服务的人员给予或者许诺给予钱款或其他利益的人"。(2) 事实行(受)贿与承诺行(受)贿并罚。根据意大利刑法典，公职人员答应受贿的，虽然事实上没有拿到贿款，也可认定为受贿事实，这在一定程度上有利于从源头上防治腐败。例如，"教唆受贿罪"（第322条）实质上处罚的是意欲行贿之人引诱他人受贿的行贿未遂行为，是处于行贿罪和受贿罪之间的一个罪名，如果行为人贿赂的提议或者许诺被接受，双方才构成行贿罪和受贿罪。与实际行(受)贿的处罚相比，对教唆受贿的处罚相对较轻。(3) 处罚对象包括非公职人员。例如，"侵吞国家财产罪"（第361条—2）和"非法获取国家捐助罪"（第361条—3）中，犯罪主体为不属于公共行政机关的人员；而"经营涉及公共服务或公需服务的企业的人，中断服务或者停止在其企业中的工作，以致干扰服务的正常进行的"，被认定为"中断公共服务或公需服务罪"（第331条）。

（二）关于预防腐败的法律规定

2012年通过的新反腐败法，除了对惩处腐败的刑法进行修订之外，其核心是增加了关于预防腐败的举措和内容。主要包括：

1. 制订国家和部门反腐败计划

新反腐败法要求公共管理部负责制定和发布年度国家反腐败计划和任务。通过反腐败计划，推动预防腐败制度和举措的不断完善，促进各部门之间和不同政策之间的相互协调，形成预防腐败的整体合力，确保国家反腐败战略在国际和国内层面的落实。根据国家预防腐败计划，各公共管理和公共服务部门结合本部门及其行业内腐败风险情况，制订各自的预防腐败计划。预防腐败计划的内容应包括：明确存在腐败风险的岗位和环节；制订防治腐败的培训和审计计划；监控公职人员依法履行职责情况；监察主管部门与合同方之间是否有亲戚关系；推动人事招聘、政府采购等政务信息公开透明的举措；等等。

2. 规定公共部门的预防腐败职责

新反腐败法规定，每个公共部门必须做好以下预防腐败工作：（1）对本部门所面临的腐败风险进行全面评估，并提出相应的预防举措。（2）每个公共部门必须任命一名高级行政人员，专门负责修正和实施预防腐败计划、对高风险部门员工的针对性培训等预防腐败工作。负责人有权对违反预防腐败计划的公职人员给予纪律处分，同时也承担相应的责任。如果部门内部有人因腐败问题被起诉，该负责人也将受到包括经济和声誉在内的纪律处分（如果能证明在腐败行为发生前已经制订了适当的预防腐败的计划，并且保证其得以实施）。（3）提高公共管理的透明度。每个公共管理部门必须在网上公布其反腐败举措、财务报表及账目、提供公共管理和服务的成本等信息。尤其是涉及行政审批、行政许可、公共招投标等腐败易发环节，如果信息不公开或公开不完整，将会受到相应的处罚。（4）制定公职人员行为守则。根据部门和行业实际，制定公共部门雇员非法行为纪律处分，禁止公职人员收受任何与职务相关的金钱、礼物（低价值的除外）或其他利益。违反规则的人除受到纪律处分外，根据规定在一定时期内将不能在委员会、负责招聘公共职位、公共财政管理、政府采购、招投标、发放拨款、捐款、补贴或财政援助等岗位任职。（5）保护举报人。任何向法律机关、财经法院或监管部门举报非法行为的政府雇员，不能接受惩罚、解雇或任何歧视性待遇，而且不经本人同意其身份不能被披露。

3. 发布高腐败风险的行业和领域

反腐败法特别指出了立法机关认为目前可能存在腐败风险的行业和领域。例如，填埋材料的运输；代表第三方的垃圾处理；泥土或地面材料的提取、供应和运输；原混凝土和沥青的包装、供应和运输；载人和无人机器或设备出租；钢铁供应；代表第三方的货运；警卫室服务等。此外，政府还建立了防止有组织犯罪的白名单制度。对垃圾填埋及处理、建筑、运输、保安服务等存在有组织犯罪风险的行业，向地方政府提供没有被黑手党渗透的企业名单，作为公共服务合同的可选择供应商。当名单中的公司所有制结构、公司治理结构变化时，该公司必须在30天内向辖区政府报告，否则就会被从列表中删除。

（三）关于限制政党接受非法资助的规定

第二次世界大战以来，意大利国内党派林立，政府更替频繁。众多的全国性政党和众多的地方性政党并存，不同意识形态和不同政治倾向的政党并存。主要的政党分为中左和中右两大阵营，包括自由人民党、民主党、北方联盟、中间联盟、意大利价值党、自治运动等。一直以来，意大利政党的腐败问题比较突出，政党领导人的腐败丑闻时常见诸报端。意大利人认为，在他们国家政党是最腐败的机构。为筹集更多的竞选资金，政党往往会通过各种手段去寻找额外收入，甚至同私人公司达成腐败交易，接受非法捐助。20 世纪 70 年代初，社会舆论曾揭露某些大石油公司向意大利的政党非法提供大笔政治资金和竞选费用，引起了社会公众的不满，要求立法机构对政党竞选资金加强管理，制止候选人与捐款者相互勾结、暗中立约，利用公职获取非法利益。1974 年 5 月 2 日意大利通过了第 195 号法律，宣布建立统一的政党竞选资金，堵塞贪污受贿的渠道。[①] 该法案从两个方面限制"政治献金"问题。一是建立"公共资金援助"。政府按照"每个注册选民 1 欧元的标准"，以公共资金资助政党，作为"选举补偿金"，以遏制游说集团对政党的不利影响、维护政党的清廉与独立性。[②] 任何政党在申请公共资金之前必须具备一定资格，如已经得到一定规模的选民支持，所获选票占总投票数的一定比例（2%）。在由政府统一支配的公共资金中（每年约 1 亿欧元），划出 15% 在所有符合上述条件的政党中平均分摊，其他 85% 参照各党获得支持者人数按比例分配。二是加强对政党资金的监管。该法规定：政党必须公开资金账目，接受了公共资金的政党的财务代表，都需要向众议院议长作财务年报，并由审计法院审核。财务年报必须在政府公报和其他至少两份公开发行的报纸上（其中一份必须是全国性的）刊发。禁止持股在 20% 以上的公司企业向任何党派提供捐款资助；其他团体若向政党提供政治捐款，应当事先经过该团体内部最高决策机构商讨通过，还要在该团体资金账目中如实注明。第 195 号法律明确了政党竞选资金的来源和条件，有助于限制用金钱收买未来公务人员以及未来公务人员利用职务之便为少数特殊利益服务的行为。但从实践来看，该法案对遏制政党腐败收效不大。在 1992—1994 年的"净手运动"中，几乎所有的政党都牵涉其中，天民党、社会党等一些意大利重要的政治党派在连续的丑闻调查中纷纷解体，引发了意大利政坛的大变革。为防治政治家腐败，2010 年，意大利总理贝卢斯科尼领导的内阁推出了一项立法提案，根据这项提案，政治家如果被判贪污、受贿或其他形式的腐败，5 年内将被禁止从政。[③] 而在公共资金的分配与使用方面，则存在许多灰色地带，政党往往以"政治活动费"的名义"公款私用"。2012 年 2 月，意大利下议院通过了一项动议，要求每年国家补贴给政党的资金不得超过 9100 万欧元。但对如何进一步控

[①] 金太军：《〈腐败与反腐败〉——意大利廉政制度概览》，《社科信息》1997 年第 12 期。
[②] 张静雯：《意大利"房叔"党首落马记》，《21 世纪经济报道》2013 年 3 月 23 日。
[③] 《意大利出台反腐新规：贪官 5 年内不准从政》（http://news.163.com/10/0303/04/60QUPDLC0001121M.html），访问时间：2013 年 3 月 7 日。

制政党对公共资源资金的盗用与挥霍，仍待进一步探索。

（四）关于规范公职人员行为的规定

为加强公职人员和政府雇员从政行为和职业道德规范，意大利先后制定了《公务服务章程》《公务行为准则》《政府雇员行为守则》等制度。2006年，意大利颁布了国家公务员《道德法典》，对公务员几乎所有的行为都作了指导性的规定，具体款项多达88项。在新的反腐败法案中，把规范公职人员行为作为重要的预防腐败的一项重要举措，并提出新的要求。意大利对公职人员的管理主要集中在以下几个方面：

1. 防止公职人员利益冲突

为确保公共管理的公正性，各部门必须向公共管理部提供高层管理者的相关信息，并对高风险岗位的高级管理人员实行定期轮换。新反腐败法规定，代表政府利益进行公共服务的管理人员，担任该岗位不得超过连续3年，离任后也不能在与其签署过委托合同的公司中担任职位。如违反规定，所签署的合同将被判无效，所有已付款将被收回，而合同承包商也将受到相应的处罚，如限制公共合同承包资格等。

2. 规范公职人员收入

意大利制定了比较详细的纳税申报制度，用来监督有关人员的收入情况，防范并及时发现官员所实施的贪污贿赂等职务犯罪行为。1982年第441号法令规定：任何当选为意大利议会议员、当选为地区和省政府的行政官员和被选为大都市市政府委员会成员的，都必须在当选后公布自己的经济状况、财产收入和持有股票情况，公布他们还在担任的其他社会职务或职业以及参加竞选所花的费用等。意大利财经警察专门负责严格审核包括医院在内的公职机构从业人员是否存在双份收入，对个人财产明显超出其他收入者，财经警察有权核查、查封甚至没收，而无须经过法院批准。相应地，意大利通过法律规定对政府公职人员在各种交易中使用现金和无记名债券时作出了严格的限制，防止其利用金融系统实施洗钱犯罪行为。为防止公职人员转移不法财产，意大利法律规定，如果不能证明其所拥有的财产具有合法的来源，则该财产将被收归国有。如果公职人员为证明财产的合法来源而提供虚假证明，也要被处以相应的刑罚。

3. 监督审查公职人员从政行为

意大利的法律要求公务人员必须严格遵守《公务员行为守则》，每一位新加入公务员队伍的公民都要举行宣誓仪式,保证严格遵守公务员守则。若违反誓言,愿意接受任何处罚。同时,公务员每年要与所在单位领导签订一份廉政合约,承诺廉洁奉公。根据意大利文官规章制度的有关规定,一般公务员如果在执行公务过程中出现违法违纪的行为,则要对其给予 10%—20% 的处分。[①] 如果出现违反忠诚义务、收受贿赂、滥用职权等相当严重的违法违纪的行为,一般给予免职等纪律处分,即使其行为不构成刑事犯罪。如果政府公职人员在执行职务过程中获悉了一些犯罪行为但不及时向有关部门报告时,也将对其处以相应的刑罚。政府颁布的《公务服务章程》和《公务员行为规则》,规定公务员不得兼职,不得去赌博场所,不准收受礼品,处理公务期间不得与其相关的单位或个人有任何私人接触,严重违章者将被解除工作合同等。

二 反腐败主要机构及职责

意大利的反腐败模式可以清晰地分为打击和预防两个体系,两个体系之间分工明确,相互独立,其主要的反腐败机构有:

(一) 发现和打击腐败的有关机构

意大利在司法部的领导下建立了包括反洗钱机构、财经警察、宪兵和国家警察等多种专业化机构,以分工合作打击腐败的制度体系。

1. 公共检察官办公室 (Public Prosecutors' Office)

意大利司法体制中的检察官享有高度的独立性。他们不从属于国家权力体系中的行政分支,而是属于司法分支。领导检察官和法官并决定他们的选任、升迁、薪酬、奖惩的,是一个由意大利所有的检察官和法官选举产生的"司法官最高委员会"(CSM)。公共检察官职位从 1865 年设立并延续至今(依据 1865 年 12 月 6 日颁布的 No. 2626 皇家法令)。公共检察官办公室由总检察长负责,独立于其他检察官。其下设多个地方办事处,各自分管不同的辖区。每个区域办事处设有检察官和首席检察官,首席检察官负责办公室的总体行政事务。所有区域办事处会下设若干个不同的工作小组,分别负责对特定犯罪的调查起诉。例如,在罗马有一个工作组配

[①] 张穹、张智辉主编:《权力制约与反腐倡廉》,中国方正出版社 2009 年版,第 203 页。

备了40名公共检察官,专门负责调查侵犯公共管理罪(包括贿赂)。① 根据意大利法律,公共检察官基于属地原则调查和起诉犯罪行为。在本辖区内,检察官独立自主地行使其刑事检控职能,不受任何其他政治势力的干预。案件以随机抽样方式分配给检察官。一旦负责某个案件以后,检察官则有完全独立于政府和其他检察官的自主权。当他们从各种渠道得到犯罪线索之后,就基于其独立的检控权,领导司法警察进行案件侦查。当他们认为需要进行电话窃听,在征得预审法官的批准之后,就可以对包括总理在内的任何人进行电话窃听、收集证据。为保证在办案过程中不受干扰,检察官只有在违反司法最高委员会(CSM)有关规定的情况下,才有可能被取消调查资格。

2. 警察(Police Forces)

意大利警察组织种类和人数众多,分工明细。2005年,意大利警察人数已达324339人,为欧洲之最,远超欧洲国家。② 在反腐败方面,主要由司法警察、财经警察、宪兵和国家警察等多种专业化的警察队伍负责。根据意大利宪法第109条规定,司法机关可以直接使用司法警察。从实际运行的角度来看,司法警察必须依据司法机关的命令行事,并受其控制。司法警察与检察官的关系尤其紧密。每个检察官办公室设有特别司法警察部门。隶属于这些部门的司法警察只能在总检察长的同意下被解除职务。同样,这些部门的人员只有在他们的工作受到总检察长的积极评价以后才会得到升迁。财经警察是财政部下属的警察队伍,负责控制公共收入和对金融犯罪的调查,包括贿赂、洗钱、偷税漏税及法务会计等专业调查。财经警察的一项重要职能是审核调查公共机构从业人员是否存在兼职兼酬问题。在反洗钱方面由金融情报局(FIU)统管,涉及有组织犯罪的归反黑手党警察(DIA)处理,其余由财经警察负责。洗钱的线索主要由金融机构提供,警察机关也可直接从金融机构中检查和获取相关信息。在调查金融腐败时可以采取一些特殊技术和手段,如果需要更多的专业技能,检察官可以聘请其他外部专家。国家警察隶属国防部和内政部,负责维护公共秩序,他们可以调查辖区内所有类型的犯罪,包括经济犯罪。但主要负责

---

① http://www.loc.gov/lawweb/servlet/lloc_news?%20disp3_l205401229_text,访问时间:2013年3月20日。

② http://www.iaaca.org/AntiCorruptionAuthorities/ByCountriesandRegions/I/Italyjigou/,访问时间:2013年3月20日。

处理对社会和经济活动危害较大的犯罪活动，在调查过程中可以使用的手段包括对当事人的一般状况进行调查，如存款、税单、报表、用电量、奢侈品等，包括实施监听、查阅文件、寻找证人。意大利的宪兵机关负责与公共健康、产品生产有关的腐败案件，相关业务归卫生部管理。按照规定，除了接受司法委托之外，宪兵机关还设立了24小时热线电话，接受公众的举报。

3. 国家审计院（The Corte dei conti）[①]

国家审计院成立于1862年，旨在控制公共管理、防止公共资金浪费和管理不善。1934年7月12日颁布的第1214号皇家法令，规定了国家审计院的结构、组织和任务设置。自1948年《宪法》颁布实施后，意大利公共管理的组织和功能发生了重大变化（包括增加多个公营机构、建立独立的行政机关、公共企业私有化等）。相应地，公共支出的结构也发生了变化（例如引入金融法律、预算改革等），这使得国家审计院的地位更加重要。为进一步提高政府透明度，加强对公共资金和资产的监管，提高公共服务的质量和水平，必须强化审计院的职能，提高审计效率。意大利国家审计院独立于议会和政府机关，具有审计和司法职能。（1）审计职能。根据意大利宪法第100条规定，国家审计院负责对政府行为合法性的先验审计和对国家预算管理的后验审计。审计对象可以是某个公共部门或国家项目，审计部门从项目预算开始就要进行审计，不仅要审查其资金预算的合理性和政府行为的合法性，还要对其效果、效率（时间和方法）成本及收支平衡状况进行审查。审计过程向社会公开，公民经申请可参加预算及经费收支的讨论。审计院每年向议会和地方议会提交一份审计结果报告。1958年第259号法令规定"在有关文件提交后的6个月之内，审计法院必须向议会提交审计文件，并报告审计结果，然后公之于众"。由于审计院的独立性，议会对审计报告非常重视，并根据审计报告采取适当的改进措施。1994年第20号法令第三条规定，国家审计院可以对每个部门的内部审计进行核实。此外，国家审计院还要根据实际情况制定年度审计程序和标准。（2）司法职能。《宪法》第103条规定，审计法院在处理与公共账目和法律规定的其他有关事务时，拥有司法审判权。审计院可以就造成损害或损失的公共机构或公职人员应承担的经济责任，公共资金和资产账户

[①] http://www.corteconti.it/english_corner/，访问时间：2013年3月10日。

管理以及民事、军事和战争养老金问题作出判决。通过调查所得信息和审计数据之间的相互交流，能够更好地实现审计和司法之间的相互促进。

（二）预防腐败的主要机构

通过权力分配和相互制约强化对行政部门的监督，是意大利的预防腐败的重要方式。对政府的监督主要通过以下几个途径实现：（1）议会对政府的监督。在意大利的议会共和制下，议会以立法权和重大政策审批权对行政权力进行制约，议会可以通过质询、调查、不信任投票以及弹劾等，对政府及其官员进行监督。（2）司法监督。宪法法院除了监督和裁决各种违宪案件以外，可审判和判决政府总理和部长的渎职和滥用权力罪。根据法律规定，普通法院对于行政机关一切违反刑法的行为及侵犯公民权利的行为拥有监督审查权。（3）政府内部的自我监督。行政法院与审计法院等行政司法机关，虽然隶属于行政系统，但具有较强的独立性，可监督和纠正政府的不正当行为。除此之外，还有两个专门的预防腐败机构。

1. 公共管理透明和评估委员会（The Commission for the assessment, transparency and integrity of public administrations）[1]

根据2009年第15号和第150号法令，意大利成立了新的防治腐败机构——公共管理透明和评估委员会（CiVIT），主要承担强化政府透明度和诚信建设、提升政府绩效管理和公共服务质量等职责。委员会是独立性的反腐败机构，由3名委员组成，委员由公共管理部和政府计划实施部的部长共同推荐，经主管议会委员会批准后，由共和国总统宣布任命。根据2009年第150号法令，委员会主要有以下职责：（1）加强绩效管理。指导公共部门制定绩效评估办法，建立科学有效的绩效评估体系，发布公共服务质量评估标准，监督公共部门绩效管理计划的制定和实施。（2）加强透明度和诚信建设。指导公共管理部门制定"透明度和诚信建设三年规划"；指导和督促各行政部门内部设置的独立评估机构（OIV）的工作，并提出改进意见；监督公共部门信息公开的情况和"全面披露"原则的落实；根据公民要求，督促有关主管部门公开相关信息；编制公共部门的透明度评估报告，并在网上公开。（3）推动地方政府透明度和诚信建设。

---

[1] Luca Basilio, *Italy's New Anti Corruption Law*, 20 November 2012. http://www.elexica.com/it-IT，访问时间：2013年3月20日。

2010年以来，委员会与意大利各省市合作，共同制定了地方政府透明度和诚信准则及工作指南。

2012年颁布的新反腐败法令（第190号法令）把公共管理透明和评估委员会作为国家反腐败机构，并根据联合反腐败公约和欧洲理事会刑法公约的要求，赋予了委员会新的职能。主要有：（1）批准公共管理部编制的国家反腐败计划和反腐败三年规划；（2）分析腐败产生的原因，提出相应的预防和打击腐败举措；（3）监察公共管理部门反腐败计划和透明度规则的合规性和有效性；（4）向议会提交反腐败法规举措的效果评估报告；（5）与国际反腐败机构开展合作。此外，委员会还被授予相应的决策权和检查权，以保证全国预防腐败工作的合理有效开展。委员会可以对公职人员的角色分配进行合规性审查，对国家机关和公共管理部门的公职人员遵守行为准则、合同和相关法律的情况进行检查，纠正与法律和透明度规则不相符的行为，禁止任何终审被判有腐败罪或其他罪行的人员担任公职，包括在议会、其他全国性或地区性委员会担任委员。为了更好地履行预防腐败职责，委员会还可以要求公共部门委派专人负责部门内部监督以及透明度和诚信建设，从而在全国公共机构建立预防腐败的组织网络。

2. 反腐败和透明服务部（Anti-Corruption and Transparency Service）[①]

反腐败和透明服务部成立于2008年，它的前身隶属于公共管理部的反腐败高级专员办公室（The Office of High Commissioner against Corruption）。该办公室负责遏制和消除行政管理部门的腐败现象。高级专员一般来自职位较高的法官、行政法官和财务法官，较高水平的律师，或者具备一定资历的公共职能部门的高级管理层。高级专员的工作独立性强，职权范围广泛，从政府下属的各行政管理部门到地方行政机构，主要是对各级政府行政管理部门的经营收入活动、预算开支以及公务员执行公务情况进行监督和检查等。同时，高级专员还兼具调查职能。可以直接或间接地对涉嫌有损国家利益的当事人进行调查取证，依据事实通知有关当事人启动法律诉讼程序。反腐败和透明服务部成立后，隶属于部长理事会轮值主席。根据联合国反腐败公约及世界经济和贸易合作组织的要求，其职权范围有所调整，强化了预防腐败的职能和任务，旨在完善政府内部预防各种类型腐败的总体战略规划。其主要任务有：定期更新和审查相关法

[①] http://www.anticorruzione.it/site/291/default.aspx，访问时间：2013年4月1日。

律文书和行政行为；确定医疗卫生系统、政府采购和招投标等关键领域的监管制度；分析和研究监管框架和做法是否适当；阐释公共管理的指导方针（标准、内部审计、道德守则、热线电话等）；监控支出程序及付款期限；与公共管理信息技术中心（CNIPA）开展技术合作，以实现与既有数据库的互动；与其他反腐败机构开展国际合作；参加相关的国际组织等。反腐败和透明服务部定期向议会报告全国公共管理部门预防、监督以及打击贪污腐败的情况。

三 意大利在反腐败方面采取的一些举措

（一）政府采购的集中化和电子化

意大利最近出台的法律规定，包括医院在内的所有公职部门的公共开支和采购行为，都必须在单位网站上予以公布，并通知财经警察和司法部门，接受其核查。意大利的电子采购平台相对成熟，在经济财政部设置了公共采购服务公司，负责集中处理公共部门一般性公共采购事务的服务及监控。该公司建立了政府采购服务电子平台，集中收集供应方和需求方的信息，代表政府部门与企业进行价格谈判，以获取最佳性价比的物品和服务。标书文本、中标单位、标书评语及价格等所有信息都在电子平台上公布并接受监督。采购公司对竞标公司进行资格审查和企业状况信息的真实性核查，如果发现公司涉及法律纠纷或存在欺诈行为，则会采取相应的禁止性处罚，如列入企业信用黑名单、取消其政府采购供应商资格等。在项目执行及合同管理环节，只要有10%的部门对采购物品和服务提出不满，就必须解除采购合同。经济财政部每年要对公共采购中节约资金的行为给予适当的物质奖励，以同类产品的市场均价为标准，如果采购价低于均价的5%，将给采购人员奖励；低于10%的给双倍奖励。为有效监管公共资金，意大利法律规定，政府采购只能通过银行转账的方式支付，而供应方必须设立专门的账户接受公共资金支付，财经警察负责定期评估核查各部门及地方政府的采购透明度，如有违反将立即取消采购合同。

（二）关注私营部门防治腐败的责任

为减少企业腐败现象，2000年，意大利修订了国家刑法典，规定在处理行贿、受贿等腐败案件时，不仅追究行为人责任，而且要求企业法人提供与腐败案件无关的证据证明，否则要依情况对其法人进行经济处罚，金额可高达数百万欧元。从规定上来说，发生严重腐败案件的企业甚至可以被关闭，但至今还没有此类案例。在审理腐败案件的时候，意大利对法人和行为人进行平行诉讼。企业法人必须有充分的证据说明腐败案件与自己没有关系，否则将承担过失责任。同时，各种企业行会和联合会也对腐败现象有实行监控的法律责任，司法部可对其章程进行审核，提出修改意见。企业的行贿行为一旦被发现，该企业将会被列入"黑名单"并公之于众，行业工会可对违纪违规者在行业中给予限期停止业务活动和罚款处理。在腐败现象比较普遍的情况下，适当扩大处罚面，可以推动更多的利益相关方加强腐败预防工作。新反腐败法规定，企业如果为了自身利益而采取或试图采取腐败、贿赂、欺诈、洗钱等方式，或没有采取足够的措施去防治腐败，将会被追究法律责任、罚款、经营受限或被没收。此外，企业有责任建立防治腐败的组织模式，制定相应的程序、政策、制度以及违反相关规定的处罚办法，并对高层管理人员和普通员工开展定期培训。新反腐败法还引入了对发生在私营部门内部腐败的防治规定，如果企业管理人员在工作中有收受或许诺收受贿赂、贪污或滥用职权等行为，也将会受到相应的刑事处罚。

四　几点启示

尽管从总体来看意大利的反腐败成效不尽如人意，政党腐败、有组织犯罪、贪污贿赂等未能得到有效遏制，据意大利审计法院估算，腐败每年给意大利经济造成的损失约为 600 亿欧元，而该国每年的经济产出约为 1.7 万亿欧元。[1] 然而，腐败和反腐败是毕竟是两个不同层面的问题，抛却政治体制和社会文化环境等方面的差异来看，意大利反腐败的实践对我国的反腐倡廉建设仍具有一定的借鉴意义。

第一，提升打击腐败的专业化水平。目前，我国纪检监察机关协调党政部门共同防治腐败的力度较大，但党政部门与反腐败专门机构的配合不够默契，结合部门职能反腐败的力度不够大。针对工程建设、土地出让、

---

[1] 《意大利推出新法严打腐败》，新华网（http://news.xinhuanet.com/world/2012-11/01/c_123899199.htm），访问时间：2013 年 4 月 3 日。

教育医疗等腐败高发领域，应进一步向纪检监察机关赋予协调权力，向相关党政机关部门赋予更多的反腐败责任，尤其是赋予审计、公安等机构监控腐败、发现线索、移送证据的法定职责义务。纪检监察干部队伍也应更加专业化，选调更多具有专业技能和基层经验的人员进入省级以上纪检监察领导机关。

第二，把强化金融和税收监管作为监控腐败的重要手段。加强银行监管和控制现金使用是欧洲各国遏制腐败的重要措施。通过腐败和有组织犯罪非法所得的款项，95%是经过银行支取、存储或转移的。近年来，我国逐步实行了金融实名制、银行内部管控体系建设、公务卡和商业预付卡制度等措施，还应进一步强化金融机构发现腐败的职能，明确银行搜集、分析、监控和举报非法资金流动的法定义务，提高银行进行资金动态监控的主动性，从技术上推动各商业银行网络的互联互通，为查找分析个人账户的资金异动提供便利，尤其加强对现金交易流通的限制，严格规定现金交易提取的限额，大量现金存入要提供收入证明，强化对商业银行的业务审查，严厉处罚银行提供洗钱服务行为。

第三，加大对行贿者与行贿企业的处罚力度。我国因对受贿方的取证需要，对行贿方的处罚一般不够严厉，特别是对法人行贿的处理失之于宽，使得惩治效果大打折扣，易造成"前腐后继"的局面。借鉴意大利的做法，应加大对行贿方的处罚力度，对贿赂公职人员的企业，不仅追究行贿当事人的责任，还要追究企业法人的责任。对行贿企业进行经济处罚的同时，建立"行贿黑名单"制度，对"上榜"企业从政府获得产品服务的机会予以限制，以维护正常的市场秩序。

参考文献

1. 《最新意大利刑法典》，黄风译注，法律出版社2007年版。
2. 李天德：《洗钱与反洗钱金融学分析》，四川大学出版社2008年版。
3. 张穹、张智辉主编：《权力制约与反腐倡廉》，中国方正出版社2009年版。
4. *National Integrity System Assessment Italy*, Transparency International Italia, March 2012.
5. Luca Basilio, *Italy anti Bribery and Anti-corruption Review*, 25 January 2013, http：//www.elexica.com/it-IT，访问时间：2013年3月20日。
6. Giampaolo Salsi, *The Italian Anti-Corruption Reform-Recent News*, (http：//www.thelawyer.com/law-firms/briefings/the-italian-anti-corruption-reform-recent-news/300260

4. article）访问时间：2013 年 3 月 20 日。

7. Andrea Di Nicola, Anti-corruption Measuresin the Italian Experience—towards the reduction of opportunities for corruption, "the XII international congress on criminology", *International Society of Criminology Seoul*, Korea, 24th – 29th August 1998.

8. Alberto Vannucci, "The Controversial Legacy of 'Mani Pulite': A Critical Analysis of Italian Corruption and Anti-Corruption Policies", *Bulletin of Italian Politics*, Vol. 1, No. 2, 2009, 233 – 264.

9. 展江、张金玺等：《新闻舆论监督与全球政治文明：一种公民社会的进路》，社会科学文献出版社 2007 年版，第 304—368 页。

10. 刘海渤：《中意两国渎职罪刑事立法的比较研究》，《中国刑事法杂志》2011 年第 10 期。

11. 王重方：《意大利反政治腐败的立法及其实践》，《欧洲研究》1989 年第 4 期。

12. 许道敏：《意大利："干净之手"的廉政运动》，《中国监察》2002 年第 22 期。

13. 谢倩：《意大利廉政制度简介》，《中共成都市委党校学报》1999 年第 3 期。

俄罗斯的"反腐败国家战略"

庞大鹏[*]

【内容提要】反腐败是俄罗斯的一项国家战略。俄罗斯最高领导层已经视腐败问题为俄罗斯系统性的政治难题,认为需要各部门各阶层一起参与进行综合治理。反腐败的政治意义不仅仅在于可以促进行政效率的提高,更主要的是为了确保国家创新发展战略能顺利进行。俄罗斯的"反腐败国家战略"具备较为严密的组织保障但仍需要进一步细化。"反腐败国家战略"具有完备的法律基础,其立法重点是制定《反腐败法》及确立财产申报制度。俄罗斯反腐败社会心态的基本特征是民众对腐败问题的容忍度高。俄罗斯的反腐败制度改革面临挑战。

当前俄罗斯反腐败的基本特点就是普京执政团队将反腐败定位为一项国家计划并升级为国家战略。"反腐败国家战略"已经成为俄罗斯政治中的特定术语。它的提出表明,在经历了叶利钦和普京时期艰难的反腐历程后,俄罗斯最高领导层已经视腐败问题为俄罗斯系统性的政治难题,认为需要各部门各阶层一起参与进行综合治理。反腐败的政治意义不仅仅在于可以促进行政效率的提高,更主要的是为了确保国家创新发展战略能顺利进行。

一 "反腐败国家战略"的制定背景

俄罗斯的腐败现象由来已久,腐败原因错综复杂。俄罗斯学者认为,

---

[*] 庞大鹏,中国社会科学院俄罗斯东欧中亚研究所俄罗斯政治研究室主任、研究员。

苏联时期很少讨论腐败问题，并认为腐败是资产阶级社会所特有的一种现象。但事实上苏联时期同样存在腐败问题，只是表现形式与今天的俄罗斯不一样，这主要是由于政治经济体制的差别造成的。苏联时期腐败的表现形式主要为盗取公有财产、挪用公款等，而最为严重的表现形式是特权阶层的腐败问题。

叶利钦时期是俄罗斯社会制度的转型时期，俄罗斯出现了权力与资本紧密勾结的寡头掠夺型腐败。其主要特点在于，腐败与不受监督的原始积累过程和无序的官僚资本主义形成密切相关。叶利钦时期虽然颁布了与反腐败相关的几个总统令，但反腐败立法的内容远远不适应反腐败形势的现实需要，使得法令的颁布往往流于形式，无法付诸实施。

普京前两个任期及梅普组合时期，俄罗斯一直保持着严厉打击腐败的力度。在2002年的国情咨文中，普京就明确提出把惩治腐败作为政府工作的重要任务，并提出两条具体办法：一是进行行政改革，二是加强法制。尽管采取了一系列措施来强化国家权力机关，然而国家政权机关和管理机关效率低下的问题并未根本改变，官员腐败、行贿受贿案件仍保持着上升的趋势。

尽管如此，俄罗斯的腐败现象仍未有根本性好转，原因在于俄罗斯的反腐败立法缺乏相应的配套措施而无法真正实施，而且俄罗斯的反腐败立法过程与政府的反腐败行动受到来自政治集团内部的消极抵制，普京推动的反腐败行动往往成为精英集团内部政治斗争的工具。

俄罗斯官员和学者并不讳言俄罗斯当前腐败状况的严重性。他们指出，《联合国反腐败公约》《打击欧洲共同体官员或欧洲联盟成员国官员的腐败公约》和《欧洲委员会反腐败刑法公约》中所列举的腐败类型在俄罗斯都能够找到相应的表现形式，而且实际腐败行为表现得往往更为充分。

除了世界各国普遍存在的公职人员的贪污型和权钱交易型腐败形式外，俄罗斯目前存在着具有俄罗斯特色的两种典型腐败形式：第一，渎职型腐败，即政府官员故意失职和不作为。拖延办事、互相推诿、官僚主义，不给好处就不办事。这是一种权力寻租，依靠职责范围的权限捞取好处，属于政府官员的一种故意不作为。第二，补偿性腐败，这类腐败主要是政府官员以损害当事人利益相威胁，敲诈勒索。护法部门的工作人员由于工资水平不高，不得不索取好处费以作为低工资的补偿。这两种类型都属于滥用职权的违法行为，其社会危害不可谓不深，以至于普京在2008年2月8日关于2020年国家创新发展战略的重要讲话中深刻指出，俄罗斯的国家机关在相当程度上是一个搞形式主义、贪污受贿的体系，它不致力于积极改革，更不要说高速发展，这已成为阻碍俄罗斯发展的主要因素。①

"反腐败国家战略"就是在这样的政治背景下出台的。它表明俄罗斯最高领导层对反腐败的战略定位发生了重要变化，已经从单纯地是否可以促进行政效率的提高转变为是否能够确保俄罗斯国家创新发展战略的顺利进行。战略定位的转变意味着俄罗斯采取制度反腐的有力措施已经是刻不容缓的政治任务。从这个意义上看，"反腐败国家战略"的出台可以说是顺势而为，符合俄罗斯反腐的历史进程。

二 "反腐败国家战略"的组织机构

"反腐败国家战略"具备较为严密的组织保障：一是总统反腐败委员会统揽全局；二是由总统办公厅主任领导跨部门反腐工作组、协调行政管理系统；三是由总检察院协调所有护法部门打击反腐败的行动②。这样的组织保障分层次分领域，可以形成一个严密的体系。值得关注的是，由总检察院协调所有护法机关的行动是基于总检察院已有的打击腐败的机构设置。

2006年6月，俄罗斯总检察院设立致力于打击腐败、监督国家方案实施和与外国伙伴相互协作的专门机构。一是在总检察院的联邦法律执行监督总局成立专门的分析处，以监督国家方案的实施和联邦各主体遵守法律的情况；二是在总检察院的国际法总局成立独立的法律合同处，以加强俄罗斯在国际法律领域的合作。但是，梅德韦杰夫显然对于上述机构的政治分量及效能难以满意。2008年12月2日，梅德韦杰夫在全俄罗斯第七届

---

① Выступление на расширенном заседании Государственного совета《О стратегии развития России до 2020 года》（http：//president.kremlin.ru/appears/2008/02/08/1542_ type63374type63378 type82634_ 159528.shtml）.

② 根据俄罗斯护法机构工作人员协会的网站（http：//www.arpo.ru），俄罗斯共有13个联邦护法机构：俄罗斯联邦安全总局、俄罗斯联邦内务部、俄罗斯联邦处罚执行局、俄罗斯联邦司法部、俄罗斯联邦法警局、俄罗斯联邦移民局、俄罗斯联邦税务局、俄罗斯联邦总检察院、俄罗斯联邦最高仲裁法院、俄罗斯联邦最高法院、俄罗斯联邦海关总署、俄罗斯联邦紧急情况部和俄罗斯联邦对外情报总局。

法官大会上主张在俄罗斯组建一个统一的纪检机关，该机关应能够对法官起到约束作用。① 也就是说，总检察院协调护法机关是权宜之计。

究其原因，其中一个重要因素与《联合国反腐败公约》有关。该公约第二章第六条明确规定，各缔约国均应当根据本国法律制度的基本原则，确保设有一个或酌情设有多个机构以预防腐败，并赋予这些机构必要的独立性以及必要的物资和专职工作人员。② 可见，俄罗斯要切实履行《联合国反腐败公约》所规定的义务，加强反腐败国际合作，就需要建立国家级的预防腐败的专门机构。总检察院下属的两个处难以担负此重任，而其他护法机构也各有独自的监督职能，很难协调和统一行动。

2013年12月3日，普京签署总统令，成立俄罗斯总统反腐事务局。俄罗斯国家反腐委员会主任卡巴诺夫认为，成立隶属于俄总统办公厅的反腐事务局是政府加大反腐力度的一个标志。该局主要任务是研究国家反腐工作的战略方向，检查国家反腐法实施情况，同时负责传达总统制定的反腐政策。另外一项主要任务是负责对官员申报的收入、支出和财产信息的准确性和完整性进行核查。反腐管理局不仅可以进一步完善反腐领域的各项法律，同时也可对高官们的收入申报情况实施有效监督，还可全面协调国家的反腐工作。

俄罗斯反腐败的组织保障需要进一步细化。类似于国家预防腐败局这样的专门机构迫切需要在俄罗斯建立。由于《反腐败法》中关于这样专门机构的名称、地位、性质、职能、办案程序均未有法律的明文规定和授权，因此俄罗斯国家反腐败机构的完善尚未完全到位。完善这种专门机构的工作机制，是为了尽快建立健全预防腐败的信息收集与处理机制。只有这种机制得以确立，才能要求财政、税务、银行等部门及时向国家报送相关信息。

可以说，俄罗斯至少在以下方面上任重道远：加强对腐败的前瞻性研究，及时总结腐败发生的规律，在腐败高危部门中建立预防腐败的监控机制，建立对腐败风险和反腐败成效的科学评估体系等。

---

① Выступление на VII Всероссийском съезде судей, http://www.kremlin.ru/appears/2008/12/02/1631_type63374type63376_210020.shtml.

② 《联合国反腐败公约（中文本）》（http://www.spp.gov.cn/site2006/2006-04-30/001987455.html）。

三 "反腐败国家战略"的法律基础

2008年1月22日,已经成为总统候选人的梅德韦杰夫在莫斯科公民论坛上发表施政纲领时首次提出要把反腐败问题列为国家计划。① 5月19日,刚刚就任总统的梅德韦杰夫就召开专门会议,宣布"反腐败国家计划"正式启动。② 5月21日,为完成"国家计划"规定的任务,国家杜马专门成立了打击腐败立法保障临时委员会,负责制定《反腐败法》。③ 6月17日,统一俄罗斯党最高委员会主席、国家杜马主席格雷兹洛夫表示反腐败是统一俄罗斯党党员的主要任务之一。7月31日,梅德韦杰夫签署了"反腐败国家计划"。10月3日,根据"反腐败国家计划"梅德韦杰夫向国家杜马提交反腐法案进行审议。这套法律包括反腐败基本法、联邦政府法修正案及对25项联邦法律进行变更和修改的法案。10月10日,格雷兹洛夫表示,审议反腐法草案是国家杜马秋季会期的首要任务之一。对于俄罗斯的现在和将来,打击腐败都是非常重要的问题。各党派的议员们都是从这一点出发来安排自己的工作。

2008年11月5日,梅德韦杰夫在国情咨文中进一步阐述了反腐败的原则与措施,突出强调了财产申报制度的意义。12月19日,俄罗斯国家杜马通过《反腐败法》;④ 12月22日,联邦委员会通过该法;⑤ 12月25日,梅德韦杰夫签署了《反腐败法》并在总统网站上以第273号联邦法律予以公布。⑥

---

① 此时"国家计划"一词用的是 национальная программа. См. Выступление на II Общероссийском гражданском форуме (http://www.medvedev2008.ru/performance_2008_01_22.htm)。

② Медведев против коррупции (http://vz.ru/politics/2008/5/19/169261.html).

③ О Комиссии Государственной Думы Федерального Собрания Российской Федерации по законодательному обеспечению противодействия коррупции (http://www.pnp.ru/documents/rasporyazheniyagd/rasporyazheniyagd_345.html).

④ Госдума приняла закон "О противодействии коррупции" (http://www.prime-tass.ru/news/show.asp?id=849644&ct=news).

⑤ Двести тридцать седьмое заседание Совета Федерации (http://www.council.gov.ru/inf_ps/chronicle/2008/12/item8812.html).

⑥ Федеральный закон от 25.12.2008 N 273 – ФЗ "о противодействии коррупции" (принят ГД ФС РФ 19.12.2008) (http://document.kremlin.ru/doc.asp?ID=49786&PSC=1&PT=3&Page=1).

2010年4月13日,梅德韦杰夫签署了关于《反腐败国家战略》①和《2010—2011年国家反腐败计划》②的总统令。反腐败国家战略是一份整体性的纲领性文件,再次表明俄罗斯最高领导层是从俄罗斯发展前景的战略性高度审视反腐败问题,其条款旨在消除社会中腐败的根本原因,并且指出应当根据相关时期的要求,在国家反腐败计划以及联邦级国家机关、联邦各主体政府机关和地方政府的反腐败计划内将这些条款进一步具体化。

可见,"反腐败国家战略"让俄罗斯真正实现了由行动反腐向制度反腐的转变。单就《反腐败法》而言,在1992年、1994年、1999年、2003年,甚至在2008年4月,俄罗斯在不同时期由不同的提案主体先后提出过五部不同版本的《反腐败法》草案,但是均遭到否决。此次由俄罗斯最高领导层强力推动的《反腐败法》,从11月7日提交国家杜马到12月25日最终由总统签署正式实施,仅仅用了不到两个月的时间。2008年10月,国家杜马打击腐败立法保障临时委员会主席沃尔科夫明确表示,此次《反腐败法》不会重蹈覆辙,一定会在2008年年底通过,究其原因,主要是俄罗斯社会以及精英阶层认同最高领导层对于反腐败的战略定位,深刻认识到反腐败是事关国家创新发展战略顺利执行的关键要素,更为主要的原因是"反腐败国家战略"一改以往反腐的单一形式,以综合性和体制性的应对措施赢得了普遍的支持。

普京再次执政以来,继续加强法律反腐的力度。2003年5月7日,普京签署法案,禁止政府公务员拥有国外银行账户和有价证券。现任法官、检察人员、立法机构议员、军人、地方行政长官市,以及参与竞选总统、地方行政长官、联邦中央和地方立法机构议员的候选人等。除了禁止在国外银行开设账户储存现金和贵重金属外,法案还规定不能拥有一切形式的外国金融产品,包括有价证券和金融衍生品。上述人群的配偶及未成年子女也适用该法案。由于这项法案允许政府公务员可以在国外拥有不动产,因此根据形势的变化,为了进一步打击腐败,2014年2月,普京签署法

---

① Национальная стратегия противодействия коррупции (утверждена Указом Президента РФ от 13 апреля 2010 года N460), 13 апреля 2010года (http://news.kremlin.ru/ref_notes/565).

② Национальный план противодействия коррупции на 2010 - 2011 годы (утверждён Президентом РФ 31 июля 2008 г. N Пр - 1568) (в редакции Указа Президента РФ от 13 апреля 2010 года N460), 13 апреля 2010г (http://news.kremlin.ru/ref_notes/566).

令，要求政府公务员等相关人员必须申报国外房地产等不动产并解释资金来源。这为全面反腐打下了坚实的法律基础。

四 "反腐败国家战略"的立法重点

"反腐败国家战略"的政策重点是：完善反腐败立法工作，弥补现行法律中的漏洞；在经济和社会领域加大打击和预防腐败的力度，从根本上减少滋生腐败的条件；在全国进行道德教育，宣扬反腐败的意识，树立相应法律观念。其中，反腐败立法是关键。

俄罗斯高度重视反腐的立法工作，从20世纪90年代到现在比较重要的反腐方面的立法包括1992年4月4日由叶利钦签署的《有关反对国家行政体系内腐败行为》的总统令，根据该总统令1995年通过的《俄罗斯联邦国家公务条例》，以及1996年通过的《俄罗斯刑法法典》和2001年通过的《俄罗斯联邦行政违法法典》等。

2009年5月18日，梅德韦杰夫签署了对俄罗斯官员进行财产申报规定的总统令，以附件形式提供了几十张申报表，这些申报表把需要申报的信息细分为五类。财产申报制度正式启动。2009年9月21日，梅德韦杰夫签署总统令，宣布在国家机关内部增设一个部门，负责审查国家公务人员及有意担任国家公职人员财产申报情况的真实性和完整性。总统办公厅主任纳雷什金指出，根据总统的命令，将在不增加现有编制员额的情况下，在国家机关人事部门内组建相应机构，负责官员及其家属收入和财产申报情况的审核，该机构还将参与其他反腐败工作。纳雷什金表示，审核将以税务机关以及政党、全俄社会组织和俄罗斯联邦社会院提供的书面材料为基础。他同时强调，匿名举报材料不会被作为审核官员收入和财产申报情报的依据。

《反腐败法》是一部具有原则性指导意义的、以系统观点预防和打击腐败的法律草案。根据总统网站公布的文本，该法首先界定了腐败与反腐败的基本概念；其次规定了反腐败的法律基础和基本原则，并提出反腐的国际合作问题；此外，该法还对总统、联邦政府及联邦主体、总检察院和审计署等机构在反腐中的地位和作用进行了说明，并确立了国家机关在提高反腐效能方面的基本方向。

第一，对"腐败"的定义。将腐败行为界定为：自然人或法人滥用职权、收取贿赂、为自己或第三方谋取金钱、有价证券和其他财产而进行的危害社会和国家合法利益的商业贿赂或其他违法行为。自然人在实施腐败行为后，应根据俄罗斯相关法律承担刑事、行政、民事和违纪责任。实施腐败行为的自然人，在法院根据俄罗斯相关法律作出裁决后，有可能丧失在国家和市政机构中担任相关职务的权利。法人在实施腐败行为后，应根据俄罗斯相关法律承担责任，同时对法人机构中犯罪的自然人也要追究责任。

第二，确立财产申报和公示制度的基本方面。规定俄罗斯联邦和市政机构的公职人员在任职时，有义务申报自己及其家庭成员的收入、财产和具有财产性质的证券等，同时要按照俄罗斯联邦法律规定的程序在媒体上对申报信息进行公示。对于隐瞒申报自己及其家庭成员收入、财产和具有财产性质有价证券的公职人员将被解除公职，或者按照俄罗斯联邦法律的规定承担其他责任。俄罗斯的财产申报制度采用的是家庭的概念，而不仅仅是公职人员个人。

根据《反腐败法》的上述原则，俄罗斯其他配套法律对财产申报制度的基本内容作出了详细规定。

第一，申报主体。根据俄罗斯相关法律规定，目前的申报主体大致可分为以下三个部分：一是充任联邦国家职位的人员及其配偶和未成年子女。这些职位由俄罗斯联邦宪法、宪法性法律及联邦法律作出规定，包括总统、政府总理和副总理、总统办公厅主任、政府办公厅主任、列入政府成员的联邦部长、各联邦主体领导人、联邦委员会会议成员、国家杜马会议成员、联邦审计院正副院长及审计员、中央选举委员会主席，以及宪法法院、最高法院及最高仲裁法院正副院长及法官等。这些人员要在每年4月1日前按规定提交上一年度所需申报信息。二是充任联邦国家公务职位的人员即联邦国家公务员及其配偶和未成年子女。三是属于非营利性的国有公司负责人及其配偶和未成年子女。这两类人员要在每年4月30日前按规定提交上一年度所需申报信息。

第二，申报内容。各类申报主体申报的信息是一致的，即关于收入、财产和财产性债权债务的信息。第一类是收入信息。包括主要工作地收入、教学活动收入、学术活动收入、其他创作活动收入、银行和其他信贷机构存款收入、有价证券及商业组织参股收入、其他收入。第二类是财产信息。包括不动产和交通工具。不动产项下有地块、住宅楼、住宅、别墅、车库和其他不动产。交通工具项下有小型汽车、载重汽车、拖车、摩托车、农用机械、水上交通工具、空中交通工具和其他交通工具。第三类是银行和其他信贷机构账户的货币资金信息。第四类是有价证券信息。包括股票和其他股份、其他有价证券（包括债券、票据等）。第五类是财产性债权债务信息。包括使用中的不动产，要求指出属于哪类不动产（如地块、住宅楼、别墅等）以及不动产使用形式（如租赁、无偿使用等）和期限等内容；其他债权债务，要求指出超过报告日最低工资额100倍的定期金融性债权债务，指明债的内容（贷款或借款）、借款人或贷款人，以及债的发生根据、数额和债的条件。

第三，申报信息的核实和公开。俄罗斯没有建立一个单独的机构来专门负责对申报信息的可靠性和完整性进行核实。申报信息的可靠性和完整性由接受申报的各机构人事部门有选择地进行核实。申报信息由各机构人事部门负责在各自的官方网站发布或提供给全俄大众媒体。可以公布的信息包括：不动产、交通工具和年收入。禁止公布的信息有：上述可公布信息以外的收入、财产和财产性债权债务信息；公务员配偶、子女和其他家庭成员的个人信息；可能判定公务员及其家庭成员居住地、通信地址、电话号码以及其他通信信息以及不动产所在地的信息；属于国家秘密或个人隐私的信息。

第四，责任追究。希望获得国家公职职位的公民不提供个人及其配偶和未成年子女收入、财产和财产性债权债务的信息或者故意提供不真实信息，将失去获得相应职位的机会；国家公职人员如果不提供或故意提供虚假申报信息，将被解除国家或地方公职，或者依联邦法律承担其他纪律责任。各机构人事部门公务员如果泄露国家秘密或个人隐私，将依联邦法律追究其责任。

在具体细节方面明确规定：公职人员不得收受价值3000卢布（约合84美元）以上的礼品；公职人员如计划加入可能涉及个人利益的商业公司，必须提前向政府报告；对于腐败行为的惩罚加倍，滥用公职权力或受贿将被处罚100万卢布；公务员敲诈勒索将被判处12年监禁等。

制定《反腐败法》要求配套法律的修订与及时跟进。俄罗斯于2006年加入《联合国反腐败公约》也正在促进俄罗斯的立法和法律修订工作。俄罗斯刑法与国际法的主要区别是，在俄罗斯到现在为止法人还不为腐败承担刑事责任，与加入公约相联系的修订刑法的工作就是扩大犯罪主体的概念。从《反腐败法》的基本精神来看，将法人也列入了犯罪主体的概念之中，这与《联合国反腐败公约》相适应。同时，俄刑法中还没有将腐败违法行为作为专门一章制定出来，而只是在其他个别条款中有所涉及。这些条款包括：第204条"商务贿赂"，第285条"滥用职权"，第290条"行贿"，第291条"受贿"，第292条"职务作假"等。在这些条款中，依据情节轻重和受贿金额的多少，规定了对国家公务员腐败违法行为的处罚标准。为了与《反腐败法》和《联合国反腐败公约》相适应，俄罗斯修订相关法律势在必行。

2009年3月10日，梅德韦杰夫签署了反腐败五年计划，宣布将推行政府官员定期公布财产状况等一系列新措施，以完善反腐败法规体系。该总统令要求联邦和地方政府建立利益冲突调解委员会，联邦和地区公务员公务行为要求遵守利益冲突调解委员会的规定。各部门可以按要求向这个部门提供公务员的收入和财产情况。拒绝与委员会合作、无视法律要求的人应该从国家机关名单中开除。尽管法律对总统申报并无明文规定，但为使官员及其家属负责任地申报财产，梅德韦杰夫在2009年3月10日举行的反腐败委员会上表示将每年公布自己的收入，认为这在一定程度上会带动国家公职人员遵守相关法律。①

根据《反腐败法》，《政府法》第十条进行了修订，规定俄罗斯联邦总理、副总理和部长有责任向税务机关提供本人及其配偶和未成年子女的收入、有价证券及其他财产。② 也就是说，俄罗斯的财产申报制度采用的是家庭的概念，而不仅仅是公职人员个人。不仅如此，在梅德韦杰夫同时签署的法案中还详细规定了公职人员需要进行财产申报的明细。③ 俄罗斯学者指出，财产申报制度从一定意义上说，是悬在公职人员头上的一把利剑，其威慑意义大于实际意义，有利于遏制腐败。可以说，财产申报制度实行比不实行好，早实行比晚实行好。

但是，俄罗斯财产申报制度缺乏有效性。第一，审核机构的设置不合

---

① Сверхскромные итоги: Дмитрий Медведев решил бороться с коррупцией личным примером（http://www.vremya.ru/2009/39/4/224698.html）.

② Справка к Федеральному конституционному закону О внесении изменений в статью 10 Федерального конституционного закона 《О правительстве российской Федерации》（http://www.kremlin.ru/text/docs/2008/12/211105.shtml）.

③ Федеральный закон от 25.12.2008 N 274 - ФЗ О внесении изменений в отдельные законодательные акты Российской Федерации в связи с принятием Федерального закона 《О противодействии коррупции》（принят ГД ФС РФ 19.12.2008）78 2205 Кб（http://document.kremlin.ru/doc.asp?ID=49787&PSC=1&PT=3&Page=1）.

理。审核部门在各权力机构内部组建的问题，引发了各界对相关机构会在多大程度上袒护自己人的担心。国家机关将独立自主，即依靠自身力量，对官员财产申报情况进行抽查，也就是说审核是在"家丑不外扬"的模式下进行的。第二，预防腐败的信息收集与处理机制不完善。根据规定，公民必须通过政党或者联邦社会院，才能提出对官员财产情况进行审核的要求。然后审核将以税务机关以及政党、全俄社会组织和俄联邦社会院提供的书面材料为基础。有俄罗斯学者指出，这等于间接把普通公民排除在有权要求对官员财产申报情况进行审核者之列。

2010年4月13日，《反腐败国家战略》和《2010—2011年国家反腐败计划》的出台，被认为是具有历史意义的事件。梅德韦杰夫指出，在执行"反腐败国家计划"的过程中，必要的法律都已制定，现在该公民和官员具体落实了。反腐败国家战略认为解决腐败问题首先要有计划地提高民众的法律水平，确保政府服务程序实现最大限度的透明，在所有中央和地方机关持续开展有针对性的预防工作。2010年4月6日，梅德韦杰夫在反腐败委员会会议上还提议对受贿官员处以高于受贿金额数倍的罚款，最严重的处罚是没收财产。[①]

梅德韦杰夫呼吁社会对腐败采取不容忍的态度。他认为社会本身包括官员在内对腐败现象的态度比法规重要，因此出台了反腐败战略。为在社会中形成一种对腐败现象不容忍的态度，反腐败国家战略呼吁社会团体和政党积极工作。官员必须监督反腐败措施的落实情况，推动媒体宣传这方面的政策。反腐败国家战略还特别关注公民的申诉和意见反馈。[②]

内务部改革成为执行反腐败国家战略的先声。莫斯科市察里津诺区警察分局前局长叶夫休科夫于2009年4月27日在首都某超市持枪射击，酿成命案，这成为内务部改革的直接导火索。先是莫斯科内务总局进行了一系列的人事变动，其下辖各分局也接受了一系列的检查。2009年12月24日，梅德韦杰夫签署了以削减内务部门员工数量为内容的改革法令。2010年2月18日，梅德韦杰夫进行了苏联解体后俄罗斯历史上最大规模的内务局系统人事变动，两位副部长和逾10名将军被免职。当日，梅德韦杰

---

① Виктор Поспелов, Россиян заставят ненавидеть взяточничество, 14 апреля 2010г (http://www.utro.ru/articles/2010/04/14/887751.shtml).

② Анатолий Медведев, Национальный план создания национальных стратегий, 14 апреля 2010г (http://www.politcom.ru/9945.html).

夫还向国家杜马提交了有关内务部改革的一揽子法律草案。①

2011年1月，梅德韦杰夫签署了"优化联邦国家机关工作人员数量"的总统令，2011年和2012年分别裁减5%的公务员，2013年裁员10%，最终完成裁减20%的目标。据介绍，裁减工作完成后，将每年为联邦财政节省430亿卢布（约合13.76亿美元）的开支。2012年7月26日和8月1日，国家杜马开始审议两份有关官员和议员境外资产的法律。这两份提案规定上下两院议员、地方行政长官和地方立法机构议员、A级国家公务员必须在专门网站公布其海外资产和账户，如果隐瞒则需要承担刑事责任。提案适用于《反腐败法》针对的所有对象，要求公务人员、其配偶和未成年子女不得拥有公务必要以外的境外资产，以及同必要的医疗和教育无关的外国账户。违法者将被罚款500万—1000万卢布，处以五年以下监禁，不得在之后的三年内担任公职。

五 "反腐败国家战略"与社会心态

在俄罗斯，腐败不单是一种行为，更是一种生活和思维方式。无论是社会、实业界还是政府，都无法也不愿意循规蹈矩。俄罗斯的腐败问题积重难返，但俄罗斯民众对于这一现状已经司空见惯。民众把政府每隔一段时间都要进行的反腐宣传看作是一种政治作秀。可见，俄罗斯反腐败的社会心态的基本特征是：俄罗斯民众对腐败问题的容忍度高。

2009年5月20日，俄罗斯司法部部长科诺瓦洛夫在国家杜马汇报工作时承认，有25%的俄罗斯人希望官员腐败，愿意让腐败机制继续存在下去。他说，这是个被大大压缩了的数字，实际上有更多的人不希望惩罚受贿行为，希望通过腐败机制获得非法好处，容忍官员的索贿行为。要解决这个问题，必须教育居民仇恨腐败。人们认为腐败和司法形同虚设的过错出在官员身上。由于缺少配套法规，许多现行法律难以落实。②

俄罗斯存在的腐败问题，在一定程度上带有明显的体制性腐败特征，但俄罗斯政治人格化的独特价值观文化在很大程度上抵消了民众对于腐败

---

① Двенадцать шагов Медведева-Что стало главным для третьего президента России за первые два года работы（http：//vz.ru/politics/2010/5/7/399733.html）．

② Минюст：четверть россиян заинтересованы во взяточничестве（http：//www.gazeta.ru/news/lenta/2009/05/20/n_1363750.shtml）．

的指责，并没有引起明显的泛化趋势。由于俄罗斯转型时期的经历，相比较而言，俄罗斯民众更为关注的是社会公正问题而不是腐败现象。价值观念的分化对俄罗斯也是一种挑战。一方面，要彻底保障自由，就必然会产生人们由于天赋和出身方面的差别而导致的不平等，这种不平等包括人们经济地位和政治地位的不平等，就是说保障自由就无法保障大众平等。另一方面，如果大力推行平等主义，通过国家积极干预，照顾最少受惠者，缩小财富和权力等方面的差距，实现所有社会成员在经济和政治地位上的平等，就必然会侵犯人们的自由，特别是侵犯在政治与经济领域自由竞争中脱颖而出的杰出人物的自由。正是这种自由与平等之间的深刻矛盾，使俄罗斯一直在自由放任与国家干预之间相互牵制，直到在矛盾对立中维持脆弱的动态平衡。俄罗斯在苏联解体后，从社会心态中所体现出来的这种关于自由与平等之间的矛盾可以说造成了俄罗斯民众更关注的是社会公正问题。

大多数民众对俄罗斯政治最高层在外交和内政方面的成就表示满意，因此虽然俄罗斯在反腐、树立司法公正方面的政绩不尽如人意，但俄罗斯社会宿命地认为腐败已经成为俄罗斯社会的顽疾，无法根治，并没有过多地指责俄罗斯的政治精英阶层。在俄罗斯，对许多机构而言，行贿、偷税、漏税是司空见惯的生存法则。俄罗斯人对普遍存在的腐败现象也怀有复杂的感情，一方面，他们深恶痛绝；另一方面，他们也默认了它的存在，认为它是不可根除的。[1]

根据民意调查显示，53%的俄罗斯人承认他们在解决个人问题时曾经行贿，其中19%的人是经常这么干。只有45%的人表示从未行贿。其中，年龄越轻、行贿者的比例越高。25—44岁的年轻人中，61%—64%的人有过行贿经历；而60岁以上的人中，这一比例只有35%。人们最经常行贿的对象是医生（51%）和教育工作者（20%）、警察（16%）、办理土地和私有化及遗产手续的工作人员（10%），兵役委员会工作人员（7%）紧随其后。10%的人承认，他们是通过行贿找到工作的。在受访者眼中，最腐败机构的排名依次是地方政府（31%）、交通管理局（30%）、警察局（22%）、中央政府（20%）、法院（14%）。腐败在俄罗斯盛行，其原因非常复杂，既有道德上的问题，也有制度上的缺陷。40%的人认为是俄

---

[1] Леонтий Бызов, Елена Кофанова, Коррупция: Норма жизни, *Ведомости*, 6 июля 2006 г.

罗斯官员和商人的贪婪、礼义廉耻的沦丧；37%的人则将之归罪于政府统治乏力和司法不健全。此外，公民的守法习惯差也是造成腐败蔓延的原因之一。

谈及反腐措施时，39%的人认为，不仅应当没收腐败分子的财产，还应当没收其家庭成员的财产。38%的人主张对国家机关进行清洗和精简。28%的人赞同对严重腐败案的当事人处以死刑。此外，35%的人寄希望于社会及其民主体制对官员行为的监督。30%的人支持进一步完善立法。不受民众青睐的反腐方法包括赋予护法机关额外权力、鼓励检举腐败、令一些小腐败行为合法化（小费、送给医生和老师的礼品）等。在回答当前谁打击腐败最得力时，44%的受访者的回答是"没有人"，21%的人认为是总统，只有14%的人认为是护法机关，很少有人填写法庭、全国反腐委员会。

俄罗斯的腐败状况呈现出马鞍形的发展曲线。苏联解体前戈尔巴乔夫时期俄罗斯民众对于腐败问题深恶痛绝，成为社会的焦点问题。在苏联解体后叶利钦执政时期，寡头掠夺型的腐败让俄罗斯民众深受重创，对政权的信任度跌入谷底。普京执政期间，虽然俄罗斯腐败问题依然严重，但是普京打击寡头、惩治贪腐，俄罗斯治理腐败的成效呈现上升趋势。俄罗斯民众对比20世纪90年代的严重腐败现象，认可了逐渐走向正规的反腐败状况。尽管历次民意调查都显示民众对于腐败问题不满，但因俄罗斯民众对现政权的执政业绩相当认可，因此社会反腐心态平稳，没有过激行为。例如，2008年3月，普京第二任期即将结束之际，俄罗斯列瓦达民意调查中心的调查显示，32%的受访者认为，普京执政期间的不足是没能打击腐败和受贿，但同时大约70%的被调查者对普京提高人民生活水平方面的政策表示满意。

"相对剥夺感"为我们对此提供了一个解释。"相对剥夺感"是阶层意识中的一个非常重要的概念。"相对剥夺"是与"绝对剥夺"相对而言的。一个人如果缺乏食品、衣物、住所等基本生活条件，他所感受到的是"绝对剥夺"。而一个人在基本生活条件满足后还会不时与以前或周围的人进行比较，如果觉得下降或不如，就会产生"相对剥夺感"。相对剥夺感是造成社会冲突的基本原因之一。每个人都有一个价值期望，而社会则有一个价值容量。当社会变动导致社会的价值容量小于个人的价值期望时，人们就会产生相对剥夺感。相对剥夺感越大，人们造反的可能性就越大，破坏性也越大。① 而俄罗斯强调发展道路的继承性，并在此基础上形成了以俄罗斯保守主义为基础的创新发展道路，这一道路凝聚起全社会的价值观。俄罗斯民众认可这一价值观。因此，建立在该价值观基础上的官僚集权体系具备民意基础，俄罗斯最终形成了矛盾的默认和宽容的社会心态。

不仅民众的容忍度高，甚至有俄罗斯学者提出，不一定要完全消除腐败，只要有效平衡各类腐败之间的关系就可以达到积极效果。总之，俄罗斯当前的政治体系特征直接造成俄罗斯在现代官僚制度基础上建立政权体系始终是它的一个政治僵局。尽管这种政治体系存在严重弊端，但金融危机造成民众对官员指责但对梅普依然高支持率的现实表明，俄罗斯的政治人格化现象是形成这种体系的内因，也成为俄罗斯社会对腐败问题容忍度高的关键。

六 "反腐败国家战略"的挑战

现代国家的二律背反在官僚制度管理中是必需物的同时，又是实现国家目标的障碍。俄罗斯的反腐败制度改革至少面临以下三个挑战：

其一，如何摆脱行政效率低下和政治腐败。威权政治的有效发挥必须依赖于强力高效的官僚政治阶层，这直接刺激了俄罗斯官僚集团的壮大。但是，这个官僚集团由于缺乏监督和竞争，腐败在所难免，而且在危机情况下，并没有发挥应有的作用。

其二，如何树立法律权威。作为拥有执行权力的官僚体系，必须严格恪守法律规章，预防腐败，这是在全社会树立法律权威的必要前提。在一个高度法治化的国家，官僚制度构成的政府机关不仅是作为执法的主体存在，更是首先作为守法主体而存在。梅德韦杰夫一直强调法律虚无主义是俄罗斯政治弊端的原因，法律权威本身难以建立。

其三，如何促进创新经济的发展。俄罗斯发展道路与反腐败制度改革之间的高度关联在于，要建立创新型发展模式、促使经济多样化，就意味着要推行深层体制改革，这种改革需要多元化和竞争性，而这将对官僚集团政治和原料贸易构成打击。因为这些改革势必导致中产阶级数量的增加

---

① 郑杭生、李路路：《中国人民大学中国社会发展研究报告2005：走向更加和谐的社会》，中国人民大学出版社2005年版，第131页。

和新资本家的出现，并改变政权的特性，而重新分配经济资源必然导致集团利益的冲突。俄罗斯的反腐败制度改革实际上处在这样一个政治大背景下。

创新型发展模式已经被俄罗斯最高领导层提升到事关俄罗斯民族生死存亡的战略高度，俄罗斯的发展前景舍此无他。然而，这种发展模式需要建立相应的政治治理体制。延续俄罗斯现有的官僚集团政治体制，反腐就治标不治本，创新型发展模式也难以实现；建立一种公开透明的新公共管理的治理模式，创新型发展前景光明，反腐败也可触及实质，但对现有政治体系是一种本质转变，官僚利益集团将会本能地反抗，俄罗斯政治局势就有可能出现动荡，而政权恰恰是执政者首要的核心利益，普京团队很难冒此政治风险。俄罗斯反腐败制度改革与发展道路之间的这种高度关联和互动影响值得继续观察和深入研究。

乌克兰反腐败机制研究

中国社会科学院欧亚所国际反腐机制研究课题组[*]

[**内容提要**] 乌克兰的经济增长速度较低，但腐败问题却日益加重，主要原因是法制不健全、执法部门缺乏行为能力、贫富差距的拉大、信任危机的普遍化和拜金主义的弥漫。腐败构成了乌克兰"颜色革命"的"催化剂"。乌克兰的反腐败机制由法律体系、预防体系、执法体系及监督体系组成。通过分析乌克兰的反腐败体系，我们认为，在开展反腐败的斗争时，应该做到教育、预防和惩治并重，缺一不可；制定一套较为完整的反腐败法律体系固然重要，高效率的执法体系同样重要。

当今世界，腐败被视为人类公害，无论是发达国家，还是发展中国家，均受到腐败"病毒"的侵袭。虽然腐败的程度和形式有所不同，但造成的结果却是一样的：腐败会加剧贫富差距，激化社会矛盾，并直接关系到一个国家的经济、文化和社会的和谐发展。与大多数苏联国家一样，乌克兰最大的问题是腐败。腐败引发社会的广泛不满是乌克兰爆发"橙色革命"的主要内因之一。

一 乌克兰腐败问题的根源

独立以来，乌克兰的经济增长速度较低，但腐败问题却日益加重，已

---

[*] 本文撰稿人：董晓阳、何卫、李雅君、薛福岐、孙壮志、包毅、高歌。董晓阳，中国社会科学院俄罗斯东欧中亚研究所前副所长、研究员；何卫，中国社会科学院俄罗斯东欧中亚研究所研究员；李雅君，中国社会科学院俄罗斯东欧中亚研究所研究员；薛福岐，中国社会科学院俄罗斯东欧中亚研究所研究员；孙壮志，中国社会科学院中国廉政研究中心副理事长兼秘书长、研究员；包毅，中国社会科学院俄罗斯东欧中亚研究所副研究员；高歌，中国社会科学院俄罗斯东欧中亚研究所研究员。

从轻微的个别现象逐渐发展成一个相对严重的制度性问题。拉扎连科和兹维亚吉斯基等一些政坛巨贪的相继曝光，无疑使乌克兰背上了"黑锅"，一些媒体因此称乌克兰为世界上腐败现象最为严重的国家之一。乌克兰反有组织犯罪和腐败委员会主席奥麦钦科于1997年6月3日在《乌克兰之声》报上说，在腐败程度上，乌克兰进入世界前5名，超过意大利。乌克兰腐败问题的主要原因是：

1. 法制不健全。法律制度是社会制度的一部分。一个国家法律制度的建设状况如何，直接影响到各项工作的开展，其中也包括反腐败。尽管乌克兰制定了一系列反腐败的法律文件，但由于民主政治体系尚不完善，人治色彩比较浓厚，因此反腐败斗争的法律环境并不尽如人意。例如，法律脱离实际，难以执行。目前在乌克兰，政治和经济生活中的贪污日益蔓延，其严重程度超过苏联时期。又如，乌克兰法规朝令夕改。法律的不确定性，经常使人无法可循，无所适从。再如，无视法律，执法混乱的现象普遍存在。虽然有关法令对腐败现象和行为进行了严格的法律界定，并明确查处程度、规则和惩治办法。但因地方行政长官意见而使政策不能落实的现象时常发生。此外，缺乏权威的仲裁机构和有经验的司法人员。在乌克兰，经贸伙伴间的经济纠纷频繁出现，甚至诈骗、暴力事件屡见不鲜。然而由于没有仲裁机构和保险机构的保障，致使合作者常常蒙受重大损失。

2. 执法部门缺乏行为能力。国家行政上的执行纪律涣散，有令不行，有禁不止。前总统库奇马曾于1997年12月14日指出，总统和政府所做出的决定，有1/5没按时完成或根本没完成。1996年，总统在各州巡视中向下交办的105项任务，结果只完成了63项，内阁交办的任务只完成了50%。由此不难看出政权对国家的管理能力。据乌克兰社会学所的一项社会调查资料显示，有50%的被调查者认为，国家是由腐败的官吏和黑手党共同掌管着。认为总统府有实际权力的只占回答者的9%，认为议会有实权的只占答者的5%。只有2%的被调查者认为，执政当局能治理领导层的腐败；74%的人认为，当今政权本身的腐败已不能"自我清除"。[①]

3. 贫富差距的拉大形成了贪污犯罪的社会基础。由于国民经济长期处于危机状态，人民的生活水平受到了很大影响，贫困人数越来越多。如在转轨进程的前5年，整个国家的生产下降了50%，因此实际工资下降了

[①] 马贵友、何卫等：《乌克兰列国志》，社会科学文献出版社2003年版。

90%。而随着价格的放开,乌克兰物价已达到甚至超过世界水平。收入的减少直接降低了居民的生活质量。工薪阶层的生活尤为艰难,一些退休人员甚至食不果腹。生活条件及医疗条件的不断恶化,致使乌克兰人的寿命大大降低。独立以来乌克兰人口始终呈负增长状态,其主要原因是人口出生率下降,死亡率上升。人口下降的趋势甚至令人触目惊心:1995年,乌克兰全国人口为5172万,截至2005年6月,乌克兰全国人口已下降到4710万。联合国在2005年2月对乌克兰人口状况进行了评估,认为乌克兰是世界上人口减少速度最快的国家。

独立后,企业生产和经营活动的严重受挫致使乌克兰失业率始终居高不下。乌克兰官方公布的失业率一般在4%左右,低于大多数独联体国家和东欧国家。但事实上乌克兰约有1/3具有劳动能力的人口处于"潜在失业"状态,不能全周工作或处于不发工资的休假中。① 据联合国专家评估,乌克兰实际失业率可能高达40%,学术界甚至高达90%。② 一些乌克兰学者认为,失业人口的增加是乌克兰犯罪率上升的主要原因之一。③

4. 信任危机的普遍化和拜金主义的弥漫,也为腐败的土壤提供了养料。由于实行多元主义,人们在价值观念上已不存在社会普遍共同遵奉的最高价值观念。随着经济转轨的不断深入,家庭伦理观念、人际关系原则、人生观和世界观都发生了很大的变化。许多人拜金主义严重、个人利益至上。社会存在严重的信仰危机。民意调查表明:在乌克兰没有一个政治家得到的信任票比不信任票多,相当一部分乌克兰人(约占1/2)认为上帝是唯一可信任的。独立之初,不少乌克兰人曾存有幻想,希冀国家独立后,在停止向联盟中央上缴各种物资和资金后,依靠本国肥沃的土地、丰富的资源、发达的工业,将会过上富裕的生活。然而,独立后的现实打破了人们的幻想。原来经济发展水平在苏联各加盟共和国中位居前列的乌克兰,独立后持续遭受经济危机,其危机的深度和广度在苏联地区国家中均名列前茅。大多数居民对市场经济转轨过程中出现的种种问题缺乏足够的心理准备。尤其是当社会财富分配出现很大不均时,人们的心态失去了

---

① [乌]列昂尼德·库奇马:《乌克兰:政治、经济和外交》,路晓军、远方等译,东方出版社2001年版。
② 帕夫洛夫斯基:《过渡时期的宏观经济——乌克兰的改革》,何宏江等译,民主与建设出版社2001年版,第158页。
③ 1997年,乌克兰未成年人犯罪约达4万起,其中20%为严重犯罪。

往日的平衡。社会不满扩大，罢工、游行等居民自发抗议活动不断发生，直至引发了令世人瞩目的"橙色革命"。

腐败损害了乌克兰在外国投资者心目中的形象。乌克兰是东欧地区吸引外资最少的国家。国际货币基金组织对乌克兰的多笔贷款也因无法保证不被挪用而遭中止。政府官员的贪污腐化，还扩大了改革后原本难于避免的收入分配的不平等，增加了在改革中失落者的不满情绪，也降低了政府的公信力。许多乌克兰人将自己的贫困状况归咎于政府的无能和政治家的腐败。因此，当国家的政治生活出现动荡时，他们往往随波逐流地跟从反对派参加抗议活动，借以发泄其不满。由于民众对腐败问题的日益严重深恶痛绝，反对派就利用民众的不满情绪向政府发难，西方国家也利用这一情绪加紧培植亲西方力量，并利用大选的机会发动"颜色革命"。可见，腐败构成了乌克兰"颜色革命"的"催化剂"。

二 乌克兰的反腐败机制

乌克兰的反腐败机制由法律体系、预防体系、执法体系及监督体系组成。

1. **构建反腐败法律体系**。库奇马1994年首次当选总统后颁发的第一个总统令就是打击犯罪活动，特别是经济领域有组织的犯罪。1995年10月5日，乌克兰颁布了《反腐败法》。该法律将腐败界定为：（1）以非法手段获得物质财富、服务、特权或其他好处，包括国家工作人员以大大低于实际水平的价格（或关税）获得商品或服务。（2）国家工作人员利用自己的特权获得信贷、有价证券、不动产或其他财产。

除了《反腐败法》以外，乌克兰还有多个与反腐败有关的法规和总统令。例如，1998年4月24日以总统令形式颁布的《1998—2005年反腐败规划》以及2004年2月9日颁布的总统令《为消除导致犯罪和腐败的根源而采取的措施》，为有关政府部门和执法机关确定了打击腐败的重点领域。根据《联合国反腐败公约》和上述总统令的精神，司法部制定了名为《抵制和预防腐败的基础》的法案。该法案进一步明确了如何预防、发现和抵制腐败的具体做法。

上述总统令和司法部的法案明确规定：（1）个人的权力和私人的财产不应该受到腐败行为的损害；（2）市场的运转和公民社会的关系不应该受

到腐败行为的损害；（3）乌克兰的国际形象不应该受到腐败行为的损害；（4）政府部门、私人企业、各种机构和组织以及个人都应该积极地参与反腐败的斗争。

为了调查官员腐败和官员在银行金融活动、对外经济活动等方面的经济犯罪，库奇马曾于1993年11月责成检察院、内务部、司法部、安全部组成了反腐败和经济犯罪的协调委员会，并命令政府必须提供有关被调查人员的材料。2004年3月24日颁布的《关于进一步改进"打击腐败和有组织犯罪协调委员会"的工作的总统令》对该协调委员会的组成人员进行了调整，并使其工作程序更加符合宪法的精神。该委员会除了为总统提供咨询服务以外，还拥有以下职能：协调参与反腐败斗争的各个政府部门的工作，制定反腐败的策略和提出政策性建议，在打击腐败和有组织犯罪活动时与国外机构开展合作，定期向总统汇报反腐败斗争的进展，在反腐败等问题上与议会和乌克兰国家安全与防务委员会进行磋商，向公众传递总统对反腐败斗争所作的重要指示。2005年2月尤先科总统宣布撤销该委员会，改由乌克兰国家安全与国防委员会负责此项工作。

2. 构筑反腐败预防体系。乌克兰反腐败体系中基本上没有反腐败教育的内容。其预防措施主要是《反腐败法》中的一些条款。为了预防腐败行为的发生，《反腐败法》为国家工作人员规定了以下几个不准：（1）不得利用自己的官方地位帮助自然人或法人开展业务或获得补贴、赠款、信贷等好处。（2）不得打着政府机构的旗号直接或间接地开展商业活动或兼职（科研和教育等创造性活动和医疗服务除外）。（3）不得独立地或通过代理人参与企业董事会（或其他管理机构）和金融机构的决策。（4）不得向自然人和法人提供不该提供的信息，不得在应该提供信息的条件下不提供这种信息或提供不全面和错误的信息。

此外，《反腐败法》还要求国家工作人员根据《公务员法》的有关规定，申报财产（包括收入、有价证券、不动产和筹款）。如果国家工作人员在外国银行中开设了账户，他必须在10日内向税务部门报告外国银行的所在地及银行账号。2014年5月，乌克兰最高拉达（议会）通过"关于修订乌克兰在国家反腐败领域某些立法推进欧盟对乌签证自由化"的法案，采取更严厉措施治理腐败，规定对公务员资产、收入、支出等财产申报情况进行监督，明确界定负责打击腐败的执法机构的职权，授予该机构向银行查询与财产申报相关的数据信息，要求虚假申报者承担行政和法律责任。该法案还对贪污举报人提供更强有力的保障，对外国人和无国籍人涉及国家公职人员腐败犯罪行为应承担的法律责任进行了明确。

3. 建立反腐败执法体系。对腐败行为的制约有赖于法律规章制度的不断完善，但更离不开监督执行这些法律规章的独立机构。《反腐败法》规定，内务部、安全部和检察院组织与实施反腐败斗争。

作为反腐败的监督机构，司法机关在打击和预防腐败问题工作中的作用至关重要。乌克兰的司法系统由宪法法院、法院和检察院组成。乌克兰宪法法院是维护宪法的最高司法机关。乌克兰法律系统由普通法院和专门法院组成。普通法院的最高审判机关是乌克兰最高法院。专门法院的最高审判机关是相应的最高法院。法院是唯一行使审判职能的机构。检察院系统由乌克兰最高检察院、各州检察院和区检察院组成。检察机关代表国家利益，其主要职能是对案件的侦察活动、调查、办案的执行过程是否合法进行监督。乌克兰宪法和法律保证了法官的独立性和不受侵犯性。法官在行使审判职能时，独立行使职能，只服从于法律。

客观地说，乌克兰的司法系统不可谓不独立。在 2004 年的总统大选中，竞争两派发生冲突，如果没有独立的司法机关依照法律做出裁决，很容易使矛盾激化。双方尽管对立情绪激烈，但最终还是按相关法律程序提起申诉，并接受了法官的最后裁定，避免了危机的扩大。如果法官听命于权力，或服务于某一党派，结果则难以想象。但是，司法机关在处理腐败问题上的作为却非常有限。事实上，腐败向司法机关渗透在乌克兰已成为公开的秘密。无怪乎，尤先科总统在宣誓就职时就表示，他将会向腐败宣战，恢复因为腐败而导致的司法混乱。

乌克兰内务部是负责调查和起诉公共腐败行为的主管部门。打击和预防腐败是内务部最重要的工作之一。近年来，乌克兰内务部采取了一系列措施以预防和打击腐败行为以及向国外非法转让资金的活动。内务部还积极参与起草并讨论防止和打击清洗犯罪收益活动的有关法案，如提议修改《银行和银行业务法》和《乌克兰刑法》草案等。此外，内务部还根据政府有关决定制定打击和预防贪污腐败的具体措施，并确保这些措施的真正落实。

4. 确立反腐败监督体系。乌克兰的司法部以及总统直接领导的打击腐败和有组织犯罪协调委员会构成了官方的监督体系的主体。例如，这些部门的官员可以到各级政府部门检查公务员和官员是否以权谋私、是否有渎职和失职的行为。但这种检查和监督尚未形成制度化的程序，常常是一种临时性的行为。

相比之下，乌克兰的非政府组织在监督和揭露腐败行为方面则发挥着更大的作用。例如由多个非政府组织构成的"自由选择联盟"办起了自己的网站，在揭露腐败行为等方面广泛传播信息。

此外，乌克兰的媒体也毫不留情地把各种形式的腐败行为给予曝光。几乎乌克兰的所有重大腐败案件都是首先由媒体揭露的。

三　乌克兰反腐败的效果与启示

乌克兰虽然建立了一套反腐败体系，但腐败问题并没有得到解决。通过分析乌克兰的反腐败体系，我们可以得出以下启示：（1）在开展反腐败的斗争时，应该做到教育、预防和惩治并重，缺一不可。（2）制定一套较为完整的反腐败法律体系固然重要，但高效率的执法体系同样重要。（3）乌克兰的腐败问题与这个国家的政治、经济转轨进程密切相关，而腐败问题的严重性也会破坏转轨的顺利进行。

西亚与非洲

西亚非洲六国反腐败机制

李子昕[*]

[内容摘要] 西亚、非洲地区发展中国家广布，其中绝大多数国家正处于政治现代化的发展进程之中。各国结合自己独有的宗教文化、历史传统，不断探索着符合自身发展特点的政治现代化之路。然而，不必讳言，该地区大部分发展中国家由于缺少必要的权力监督机制和反腐败机制建设，腐败现象较为严重，一直困扰着国家经济社会发展及百姓的日常生活。21世纪以来，各国开始逐步认识到反腐败机制建设的重要性，先后成立了体制内部的"监督委员会"或类似的监察机构，同时在立法层面加强对腐败行为的打击力度。本文以卡塔尔、土耳其、沙特阿拉伯、埃及、伊朗、尼日利亚等国家为例，梳理这些国家在进入21世纪以来所采取的反腐败政策和措施，并对其效果进行评估；同时试图剖析这些国家反腐败进程中所经历的关节要点，期待从中探寻出行之有效的反腐败机制建设之路。

长期以来，西亚非洲地区国家的反腐败形势普遍较为严峻。受困于国家体制建设的不完善，或是军队或其他武装力量掌控国家政权，抑或固守传统一元君主制政体，该地区大部分国家并未形成较为成熟的权力分配和制衡、监督体系，因而腐败现象屡有发生。反腐败机制建设在该地区国家发展相对滞后。2010年底发生的席卷西亚北非地区的"阿拉伯之春"使部分地区国家长期停滞的政治改革和反腐败运动迎来了新的发展契机，大部分新生政权均以"废旧立新"的形象登上政治舞台，其他既有政权也都

---

[*] 李子昕，中国国际问题研究院美国所研究实习员。

纷纷加大改革力度。然而令人遗憾的是，随着时间的不断推移这些反腐败的尝试大都没能延续下来。时至今日，大多数地区国家的腐败现象和反腐败机制建设与之前并无太大变化。西亚非洲地区国家的反腐败之路任重而道远。

卡塔尔

卡塔尔虽为海湾小国，但得益于其蕴藏着巨大的石油和天然气资源，人均 GDP 以及近年来的经济发展速度一直位于世界各国前列。卡塔尔施行一元制君主制，其国家元首埃米尔具有极大的权力。贪污腐败在卡塔尔并不是一个严重的问题，一直处于相对较低的水平。卡塔尔的政策制定和实施通常并非十分透明，但却行之有效。

在商业活动中，外国投资商为了获得高利润的大项目合同，若要同王室成员或是该国高层政治人士接触，通常需要有卡塔尔本国人牵线引荐。公司所聘"中间人"是否得当、其人际关系是否广泛被看作是获取最终合约的重要条件。"中间人"通常通过巨额回扣来获取收益。由于卡塔尔迄今未出台财务披露方面的相关法律，尤其是缺乏对掌握着大量公务员职位的王室成员的监督，导致这种"中间人"现象愈发严重，同时也引发了诸多潜在的腐败风险。

在卡塔尔，伊斯兰教法（الشريعة, the Sharia）是卡塔尔法律体系的基础；而埃米尔则掌握着认定或推翻法律判定的最终解释权力。根据 2004 年卡塔尔通过的新刑法典，勒索、行贿、受贿、贿赂公职人员以及滥用职权均属犯罪行为。若被定罪为行贿，可被判处最高 10 年有期徒刑，以及最少 5000 卡塔尔里亚尔、最高可等同于行贿金额的罚款。若被定罪为挪用或损坏公共财产，可被判处 5 至 10 年的有期徒刑。总体而言，卡塔尔的反腐败相关法令本身在全球而言可被认为是比较严厉的法令之一；然而令人遗憾的是其执法力度与效果却差强人意。

尽管反腐败问题一直被提及，但上升到重视"反腐败运动"这一水平则是近年来才出现。在过去很长一段时间，卡塔尔的国家审计署、检查系统、申诉仲裁体制主要承担着部分反腐败职能。2007 年，卡塔尔批准通过《联合国反腐败公约》；并根据埃米尔签署的 2007 年第 84 号法令，于次年设立了该国第一个专门反腐败政府部门——"国家反腐倡廉委员会"

[National Committee on Integrity and Transparency (NCIT)]。该委员会的主要职责是：负责履行《联合国反腐败公约》、制定清正廉明的国家战略、调查民众有关腐败问题的相关检举、提升全国的反腐败意识、管理国有财产、为相关法律立法提供建议、培训相关反腐败工作专职人员①、推动建立采购透明机制，并为相关的政府公职人员、承包商、供应商制定进一步的规章制度以防止腐败②。该机构由卡塔尔审计法院院长领导，其成员由来自政府内部各不同领域的代表组成。由于该机构尚未有在线公开资料可供查阅，外部对其的具体运作信息难以全面了解，其运作效果尚不明确：美国国务院在2010年卡塔尔人权报告中对其给予较高评价；然而在《2009年全球清廉报告》③中，该机构由于被认为受到强烈的政治性外部干扰，评分处于较低等级。

2008年，卡塔尔制定了"反腐倡廉国家战略（2008—2012）"，该战略旨在防止腐败、提升反腐意识、建立调查腐败的有效机制。

2009年，卡塔尔在其首都多哈举办了"第六届反腐倡廉国际论坛" [The Global Forum VI (GFVI) on Fighting Corruption and Safeguarding Integrity]④。该次论坛的主题是：团结一致，共同应对腐败。同年，《联合国反腐败公约》第三次缔约国会议亦在卡塔尔举办，来自公约缔约国、签署国及多个联合国专门机构和非政府组织的代表约1000人出席会议。本届会议就建立一个审议各国履行《联合国反腐败公约》情况的机制进行讨论；同时，与会代表还就各国如何追回被腐败分子带到各自境外的资产等问题进行探讨⑤。

2011年"阿拉伯之春"席卷西亚北非诸国后，卡塔尔于2011年12月成立了"法制反腐败中心"（Rule of Law and Anti-Corruption Centre）。该机构可对全国各级政府机构及与政府有所联系的各类组织的相关行为进行监察和调查，以防止滥用国债、滥用公权力等行为的发生，并通过与银行的合作调查洗钱等犯罪行为。据卡塔尔一位高级官员表示，卡塔尔希望通过

---

① 2010 Human Rights Report: Qatar, US Department of State.
② Programme on Governance in the Arab Region UNDP (POGAR), http://www.pogar.org/.
③ Global Integrity Report 2009, Global Integrity, http://report.globalintegrity.org/Qatar/2009.
④ 第六届反腐倡廉国际论坛官方网站——The Global Forum VI (GFVI) on Fighting Corruption and Safeguarding Integrity, http://www.gf6.pp.gov.qa/overview.htm。
⑤ 《＜联合国反腐败公约＞第三次缔约国会议在卡塔尔开幕（图）》，光明网，2009-11-11，http://www.gmw.cn/01gmrb/2009-11/11/content_1006467.htm。

设立此类反腐机构,进一步提高政治清廉水平,争取在全世界最为透明清廉国家排行中位列前十①。联合国秘书长潘基文对该中心的建立持以高度评价,认为这是对阿拉伯抗议民众(要求反腐败)呼求的积极回应;同时这也是践行联合国反腐败努力的重要一步。

卡塔尔的政府官员薪金较高,可谓"高薪养廉",故此,小规模的腐败并没有成为一个严重的问题。贝塔斯曼基金会2014年的报告中曾指出:高阶官员的腐败行为很难被调查,因为其通常具有法律上豁免调查的权力;高阶官员几乎不会惧怕因某项贪腐行为或滥用职权所引发的法律问题。虽然如此,卡塔尔埃米尔仍然致力于反腐败、树清明,并取得了一定的成绩。一个典型的例子就是:卡塔尔前外交部部长谢赫·哈马德·塔哈尼因据传收受英国一防务公司贿赂并收取巨额回扣而接受调查。

除了官方的努力,近年来随着媒体的不断发展,社会舆论对于反腐败的作用亦日益显现。卡塔尔力图推进新的扩大媒体自由的相关法令,禁止官员在未获得法庭许可之前以诽谤和质疑罪为由羁押记者;而记者亦可选择对其信息来源进行保密,除非法庭命令要求其公开证据来源。

不过令人遗憾的是,卡塔尔公民社会由于受到各种政策因素的限制,发展水平相对不高,其社会监督职能未能充分发挥。在卡塔尔,只有非政治性的公民社会组织被允许注册、活动;且若欲成立非政府组织,组建者不但须要承担极其高昂的成本费用,更会遇到众多的官方文件、规章的限制和烦冗的审批程序。根据卡塔尔2004年第12号法令,公民社会组织在卡塔尔开展反贪腐活动是非法的。这使得通过公民社会组织来促进反贪腐进程的努力变得极为困难。

总体而言,近年来卡塔尔政府在反腐倡廉的进程中采取了一些措施,也取得了一定的成绩,但仍有很多需要改进之处。目前,卡塔尔在阿拉伯地区,乃至整个西亚范围内,其清廉水平尚位居前列。

土耳其

2014年贝塔斯曼基金会曾出具了一份有关土耳其的报告,其中指出:

---

① *Qatar's corruption unit eyes big strides in transparency*, Arabian`Business.com, 2012 - 1 - 4, http://www.arabianbusiness.com/qatar-s-corruption-unit-eyes-big-strides-in-transparency - 438532. html#. UTFrLbJjNni.

尽管已经有相当数量的官员因行贿受贿和贪腐行为而锒铛入狱，土耳其的贪腐现象仍然较为普遍；而其现有反贪腐机构和相关政策与日趋严重的贪腐现象相比仍显乏力。美国国务院2013年的报告就土耳其的贪腐问题亦曾指出，政府官员所享有的豁免权尺度在贪腐问题上过于宽松；此外，土耳其的政党财务管理、竞选活动募集资金等领域的监管亦缺乏透明度。

根据"透明国际"发布的《全球贪腐晴雨表（2010—2011年）》报告，土耳其政府的各级机构都或多或少的有腐败问题存在，其中也包括监管机构自身。47%以上的土耳其被调查家庭认为其本国官员是"极其腐败"的。一份2011年由欧盟和"经济合作与发展组织"联合发布的土耳其评估报告指出，缺乏透明度以及冗沉的公共事务管理程序为腐败的发生创造了条件；而强化对于官员的培训，以及制定新的反贪腐法律将有助于改善这一状况。此外，根据"2008年安永全球欺诈调查"数据显示，68%参与调查的跨国公司认为土耳其的反腐败措施并非十分有效。据"贝塔斯曼基金会2014年报告"[①] 数据显示，土耳其的腐败程度在保持与之前水平基本持平的情况下略有上升；而鉴于政府对于媒体的监管愈发收紧，社会舆论对于腐败的监督作用有所削弱。

美国国务院2012年的报告中指出，在土耳其的外国公司仍旧会在其商业活动中遭遇冗繁的监管和高频率的索贿要求。此外，相对严重的官僚作风、较为低效的司法体系、薄弱的市场管理能力、不可预知的地方政府决策，以及频繁变更的法律和监管要求等均是在土耳其的外国公司可能会遭遇的挑战。尽管如此，据"自由之家"2011年的报告[②]显示，近年来土耳其的商业环境已然比过去优化很多：由于注册公司程序的简化和时间的缩短，土耳其政府公务员的索贿现象已在逐步减少。

2013年"透明国际"发布的最新数据显示，38%的土耳其人认为在过去的两年中，该国腐败现象严重恶化，16%的人认为有所恶化但不严重，16%的人认为与原来持平，只有剩余29%的人认为有所好转；与此同时，高达89%的民众认为腐败横行是国家发展面临的严峻挑战。令人担忧的是，有高达66%的人认为在政治层面存在着严重的腐败行为，而在立法领域也有55%的民众认为腐败现象严峻。民众的这一感知极大地削弱了土

---

① *Bertelsmann Foundation* 2014 – *Turkey*，http：//www.bti-project.org/countryreports/mena/tur/.
② Freedom House，http：//www.freedomhouse.org.

耳其政府对内的社会信誉，对国家的稳定及相关政策的推行也极为不利。

早在1996年，土耳其便成立了"金融犯罪调查局"（MASAK），其任务的主要部分，就是解决土耳其的金融腐败问题。然而，金融犯罪调查局并没有自己的执法机构，同时其政治独立性也一直被人们所质疑——《2010年全球清廉报告》[①] 即认为，该机构的活动很大程度上受到土耳其财政部的影响和制约。

自2001年起，土耳其开始了电子政务建设，旨在通过信息技术的运用，使普通民众可以参与到政府行政决策的过程中。有赖于此，2003年至2007年间，政府门户网站的数量翻了两番多，诸如国民大会、最高法院、总检察院、海关总署、政府采购管理局等。这一措施使得政府施政的透明度进一步提升，从客观上也减少了腐败案件的发生。

2002年1月，土耳其部长委员会通过了一项行动计划，旨在土耳其政府部门进一步提高透明度，并改进施政水平，并以此作为反腐败的一项重要举措。该计划对涉及贪污的公务员制定了相应的纪律处分和刑事制裁措施、进一步规范了政府部门的财务审计体系、提高公共管理的透明度、加强打击洗黑钱活动的力度，以及强调问责制度并再度重申在竞选期间资金透明的重要性。

2003年，一项土耳其政府和欧洲联盟之间的紧急行动计划要求：通过改善公共服务、提升反腐败职能部门的工作以及提高公众意识，来进一步推进土耳其的反腐败进程。

2005年，土耳其总理批准了一项由公职人员道德委员会起草的"道德准则"。该"准则"为公职人员划定了一系列的标准和要求，从某种程度上亦推动了土耳其的反腐倡廉体系的建设。

2005年6月1日，土耳其颁布了新的刑法，该部法典着重加大了对于腐败问题的惩处力度。其他诸如刑事诉讼法、信息权利法案、反洗钱法、公共采购合同规约、政府采购法、公共财务管控法案、打击贿赂和腐败法等，亦都对腐败行为的监察、处置等进行了相关的规定。新刑法判定了多种形式的腐败行为，包括：行贿、受贿、蓄意贪污、勒索、贿赂外国官员、洗钱、滥用职权等。

2006年11月土耳其批准了《联合国反腐败公约》（UNCAC）；与国际

---

① *Global Integrity* 2010，http：//back.globalintegrity.org/reports/2010/turkey/index.cfm.

其他国家和国际组织的反腐败合作提升到新的水平。一份 2010 年由 "经济合作与发展组织"（OECD）所作的报告①指出，土耳其在反腐败领域的立法、执法方面已然取得了巨大地进步，其所通过的相关国际反腐败公约已对其自身的反腐建设起到了一定的积极作用。

不过令人遗憾的是，由于相关法律及保护政策的缺失，在土耳其普通社会个体通过检举来打击腐败的现象比较少见。2007 年，土耳其通过了目击证人保护法案，然而该法案只保护在刑事法院作证的证人。《2010 年全球清廉报告》②认为，土耳其的腐败案件检举人几乎得不到任何法律保护，通常这些检举人都处于相对危险的境地。

除了颁布政策和制定法律，土耳其亦注重对于公务员本身反腐倡廉精神道德层面的培养。2009 年至 2010 年期间，7000 名公职人员接受了道德培训。同时，土耳其政府还专门推出了一套反馈系统，用来监测这些反腐败措施的实施效果。

2010 年，土耳其制定了 "国家反腐败战略"（2010—2014 年），以及一项具体的反腐败行动计划；在该战略中，包括有关打击腐败的一系列预防措施、法律强制措施，以及提高公众反腐的具体做法和政策。

此外，土耳其政府还设立了一个被称作 "公共监察员办公室" 的机构。2012 年 6 月，土耳其议会通过法案，允许公共监察员办公室检验并调查政府行政活动，综合评估这些政府行为在人权、基本自由、遵守法律和宪法等方面的表现。该机构被认为将极大地提升土耳其的政府行政透明度。该机构对议会负责，成员最多 10 人，包括一名秘书长，以及相应的专家、助理及其他人员。公共监察员的任期为 5 年，由土耳其议会大会选举产生。

除了以上所提及的机构、法令，土耳其还有一些官方和民间的机构与组织涉及反腐败方面的工作，诸如：总理府下辖的稽查局，亦可被看作一个审计机构，对政府部门的重大腐败案件予以调查，并提出相应的处理意见。一些公民社会组织，诸如："透明协会"③（Transparency Association）、"反腐倡廉协会"（Association for Combating Corruption）、"土耳其经济和社

---

① Follow-Up Report on the Implementation of the Phase 2 & Phase 2 bis Recommendations, 19 March 2010, OECD.

② *Global Integrity* 2010, http://back.globalintegrity.org/reports/2010/turkey/index.cfm.

③ Transparency Association, http://www.seffaflik.org/index_en.asp.

会研究基金会"（Turkish Economic and Social Studies Foundation）、"公民护税协会"（Association for the Protection of Citizens' Taxes）等虽处于发展阶段，但客观上仍对社会中的腐败现象起到了一定的监督作用，其各自均在不同的方面或多或少地参与到了土耳其整体的反腐败进程之中。

此外，虽然媒体对于腐败问题的监督由于受到政府的管制而能力有限，但是土耳其亦通过政府内部审计、国际合作等一些新的途径加强对腐败问题的打击力度。

2008年一个"国家反腐败小组"（GRECO）的报告[1]指出，土耳其已然实施的部分积极反腐败措施，如加强道德守则宣传和要求并实行财产和收入申报制度，已显现出一定的社会效果。尽管如此，土耳其在反腐败问题上仍有更多的方面亟待改进，该报告建议可以更多地引入公民社会监督，以期建立一个更广泛的反腐败监督机制。2010年该组织另外一份针对土耳其的评估报告指出，土耳其的反腐败立法仍然有一些不足之处。该组织认为其中最重要的缺点是：土耳其法律将贿赂犯罪的定义限定得过于狭义，使得众多实质性贪腐行为可以免去法律的制裁。

土耳其政府在反腐败方面已经取得了一定的成就，反腐败法律框架已基本形成；然而，行政权力对于司法较强烈的干涉、公务员过大的司法豁免权、公民社会监督的缺乏、监察系统尚有待提高的透明度等均为土耳其的反腐败之路设置了不少障碍。土耳其的反腐败进程任重而道远。

沙特阿拉伯

沙特阿拉伯自独立以来，一直由沙特王室执掌政权。石油收入一直是沙特阿拉伯的主要收入来源，其石油储量位居世界首位。沙特阿拉伯近年来一直在追求贸易自由化，努力吸引外资，并于2005年底加入世界贸易组织。

虽然普通民众对于改革持开放态度，但是沙特王室对此一直态度谨慎。然而，2010年底开始席卷中东的"阿拉伯之春"让沙特王室重新开始思考加速推进适当改革的必要性。在沙特阿拉伯的法律体系中，反对贿

---

[1] *Compliance Report on Turkey—Joint First and Second Round Evaluation*, 4 April 2008, Group of States against Corruption.

赂、过程公开透明的概念其实早已存在，然而其反对腐败的具体行动却是在近年来才成为沙特政治议程的一部分。前国王阿卜杜拉曾坦言，腐败是沙特面临的严峻问题之一，并于2007年批准了"反腐倡廉国家战略"[1]，希望借此推动沙特的反腐败进程。现任国王登基执政后，秉承其兄遗志，对反腐败建设亦十分重视。

沙特阿拉伯对于在沙外资公司的雇员构成比例有着一定的要求。通常，外国公司每申请一个外国工作人员的工作签证，就必须要提供10名当地沙特民众的就业岗位；而每位沙特员工的最低工资是每月3000里亚尔。这就使得所有的在沙特阿拉伯的外国公司不得不面对十分巨大的人员管理和薪金压力。由于风俗习惯、工作内容等多方面因素，客观上，很多沙特民众尽管受雇于外国公司，但实际上并不承担任何实质工作内容。这一方面是由于部分工作内容不为当地人所接受，另一方面也是由于当地普通民众缺乏足够的工作技能，且工作效率不高，会给企业带来更加沉重的负担。然而，这样的规定，使得外国公司在沙特投资所必须担负的成本急剧上升；对于部分公司而言，这已成为"不可承受之重"。为了解决这一情况，一些公司则寻求与"相关政府工作、审批人员"有关系的中间人来代为处理这些棘手问题：公司将给予这些中间人一定的额外佣金，并委托其在日常的行政审批过程中向沙特政府的底层具体办事人员进行小额行贿，以此来获得审批过程中的"额外照顾"，诸如延长外国工作人员的工作签时效等；而有些，甚至是希望获得一些并不合规的行政许可。尽管这一过程所涉及的单笔行贿金额并不大，且行贿受贿行为处于较低层级的公务人员之中；但这种行为的发生频率较高，在外国公司的各项行政审批过程中存在较为普遍。

随着反腐败斗争的持续深入，越来越多的政府公务员因腐败问题而被判罚款甚至锒铛入狱。据"2014年贝塔斯曼基金会报告"[2]，反腐进程的推动使得沙特在整个阿拉伯世界中，其行政效能和廉洁程度排名都保持了

---

[1] National Strategy for Maintaining Integrity and Combating Corruption, Edition No. 1, 1433/2012, National Anti-Corruption Commission.

[2] Bertelsmann Foundation 2014 – Saudi Arabia, http：//www.bti-project.org/countryreports/mena/sau/.

相对靠前的位置。不过令人遗憾的是，按照美国国务院"2015投资环境报告"①的观点，沙特王室和政府部门的腐败在客观上依旧是普遍存在的。有观点认为，导致这种结果的主要原因，是因为沙特政府在决策过程中缺乏透明度，政府官员不受财务披露法令的约束，且没有任何法律保障公众能有渠道了解政府信息，甚至是部级行政机构的预算亦不在政府信息公开的范畴之内。腐败现象在沙特的各层级政府部门中都或多或少地存在着，沙特总审计署甚至表示，正是贿赂和腐败，导致政府在一些问题上表现得并不尽如人意。据"贝塔斯曼基金会2014年报告"②显示，沙特王室在某种程度上被认为有滥用政府资金、窃取公共事业合同、有违民事和刑事司法程序之嫌。

沙特阿拉伯被认为存在一定的司法系统内部腐败，但这种腐败程度相较之其他西亚北非国家，已然是程度相对较轻的之一。据"世界经济论坛全球竞争力报告"（2012—2013）中所调查的公司显示，它们大多认为沙特的司法系统仍可被看作是独立的，但是其争端解决的司法效率是相对较低的。不仅仅是司法系统，沙特阿拉伯的整体行政效率相对而言都不可称之为高效，这一状况在某种程度上也客观地促使了腐败和贪污现象在沙特阿拉伯以特定形式持续存在着。

反对贿赂和尽职地履行政府治理职能，对于沙特阿拉伯而言并不是一个新的概念；在《古兰经》和圣训中已然明确无误地体现出了这些思想和要求，同时这也构成了伊斯兰教法的法律基础；自然对将伊斯兰教奉为国教，以伊斯兰教法治国的沙特阿拉伯也有着深刻的影响。尤其是贿赂，这在伊斯兰教中被认为是很严重的罪过。1992年，沙特阿拉伯颁布了"第M/36号王室法令"③——即沙特阿拉伯的反贿赂法。该部法令规定，所有国有资产均在审计的范围之内，并且允许对行政和财务管理的不当行为进行调查。这部法令涉及公共部门间以及公共部门同私人间的贿赂行为，但是并不包括私人间的贿赂行为。其规定了腐败的各种犯罪形式，包括以公

---

① 2015 Investment Climate Statement-Saudi Arabia, May 2015, Bureau of Economic and Business Affairs, U. S. Department of State, http://www.state.gov/e/eb/rls/othr/ics/2015/241728.htm.

② Bertelsmann Foundation 2014 – Saudi Arabia, http://www.bti-project.org/countryreports/mena/sau/.

③ The Basic Law of Governance, 1st Mar. 1992, http://www.saudiembassy.net/about/country-information/laws/The_ Basic_ Law_ Of_ Governance.aspx.

谋私、行贿、受贿等。违反该法令将可被判处 10 年以下有期徒刑及最高 100 万沙特里亚尔的罚款。2002 年 5 月，沙特阿拉伯货币局为打击洗钱活动颁布了新的指导方略，并于 2003 年 8 月公布了打击洗钱活动的法律文本。然而，根据 2012 年"自由之家"的评估，沙特阿拉伯的反腐败执法力度是相对有限的，这种"不温不火"的执法方式加剧了灰色地带的腐败现象。在沙特，政府官员并不受财产信息披露法令的管辖。尽管沙特阿拉伯已然签署了《联合国反腐败公约》（UNCAC），但其国内机构尚未批准。这些都令沙特的反腐败法律体系存在不少漏洞，且国际合作方面亦有欠缺，从而加剧了腐败行为的发生。

2007 年，由部长理事会提请国王批准的"沙特阿拉伯反腐倡廉国家战略"旨在将有序的反腐败进程推向新的高度。诸如，该战略意图寻求建立一个国家级的打击腐败专门机构，并由相关部门制定一套打击腐败的完整制度体系。同时，该战略亦寻求建立财务和管理的内部控制体系，包括通过拨款、人力资源支持、培训和技术等多重方式，继续支持相应的监察、司法和相应领域的管控部门。此外，沙特政府还希望通过和学术部门的合作来加强对于反腐败理论的研究；并通过支持宗教机构，来加强宗教对于打击腐败、提高透明度的社会促进作用。

根据"第 A/65 号王室命令"，2011 年 5 月，内阁批准建立"国家反腐败委员会"。沙特国王之所以批准该委员会的建立，是旨在"提高透明度并打击金融和行政管理领域的腐败行为"。据沙特阿拉伯驻美国大使馆的说法，该委员会的职责有：确保公众利益得到应有的保障、调查金融和行政管理领域的腐败行为、为公众提供举报腐败的渠道、对公众所揭发的事件采取适当的措施、调查违反涉及反腐败法的相关行为，并努力追回因腐败所导致的国有财产流失等等。该委员会直接向国王汇报、对国王负责，同时国王也给予该委员会完全独立的财政支持和独立的行政管理权限。据该委员会主席表示，沙特财政部自 2008 年起即专门设立了一个银行账户，用于供那些盗用国家资产、受贿贪污的官员以匿名的方式偿还或上缴其不法所得，而这些官员将会因此而免于遭受相关法令的制裁。自 2008 年至今，已有共计超过 5700 万美元存入该账户。然而该委员会主席表示，考虑到巨额的政府工程合同，该账户中所偿还的非法所得金额依旧相对较少，其所领导的委员会将进一步调查在大型国家级工程中的贪污腐败问题。

沙特阿拉伯政府采购相关法令规定，任何在招投标过程中的行贿受贿或任何不符合政府采购相关规定的行为，一经发现，即刻取消相关企业的竞标资格。根据其所犯行为的严重性，这些公司将不得不面临临时，甚至是永久禁止参加沙特政府的政府采购项目的惩罚。

在沙特阿拉伯有一个名为"起诉及调查委员会"[Prosecution and Investigation Commission (PIC)]的机构，该委员会负责调查涉及政府公务员的腐败行为，并直接向部长理事会报告。该委员会监察所有的政府雇员并调查那些受到行贿受贿、挪用公款指控的公务员，以确保沙特政府能具有良好的行政管理表现。美国国务院《2010年沙特阿拉伯人权报告》[1]指出，自2008年上半年起，"起诉及调查委员"会已调查了超过12400件涉及政府公务人员及相关机构的案件。

"沙特阿拉伯审计总署"（ديوان المراقبة العامة، المملكة العربية السعودية）[2] 在反腐败工作中亦承担着是非重要的作用。审计总署建立于1954年，是沙特境内相关审计及反腐败工作的牵头机构之一。审计总署中，设有审计和调查委员会，该委员会的职能涵盖打击伪造、行贿受贿、挪用公款等犯罪行为。审计总署每年会出台一份内部审计报告，并直接向国王汇报；同时，也只有国王可以解除审计总署署长的职务。由于是国王直接指定审计总署的高级官员，所以总署对于王室的相关机构几乎没有管控能力；一些国际组织和沙特国内民间组织亦均对审计总署的实际反腐败能力表示质疑。

除了上述所说的国家机构，沙特公民亦可通过电话、传真或是电子邮件的方式联系内政部，以检举有关行政管理腐败的问题。

由于沙特王室及政府对于媒体的高强度管控，以及沙特自身公民社会传统的薄弱，使得在沙特社会中，来自于民间的对腐败现象的监督尚处于相对缺乏的状态。

总体而言，沙特阿拉伯已经具有一套有效的法律体系用以打击腐败，但是其具体的反腐行动仍然处于相对初级的水平。不过令人欣慰的是，从前任国王阿卜杜拉到现任国王萨勒曼，均已认识到腐败是沙特当下所面临的一个极为严峻的挑战，并为此制定了国家级的反腐倡廉战略，这为沙特阿拉伯不断推进反腐败工作奠定了一个良好的基础。

---

[1] *2010 Human Rights Report: Saudi Arabia*, 8th April 2011, U. S. Department of State.

[2] 沙特阿拉伯审计总署（The General Auditing Bureau），http://www.gab.gov.sa/index.php（阿拉伯语）。

埃及

2010年底由突尼斯点燃进而蔓延至整个西亚北非地区的"阿拉伯之春"运动,让这个地处北非的地区大国深深地震荡。埃及的街头革命中,抗议示威者最主要的抗议缘由之一便是埃及长期以来屡禁不绝,甚至愈发严重的腐败现象。自1981年前总统穆巴拉克登上总统宝座,整整30年,埃及一直在这位被人称之为"最后的法老"的政治强人的统治之下。穆巴拉克的是非功过并非是本文讨论的重点,但我们所需要提及的是:由于穆巴拉克的长期执政,埃及社会现在的反腐倡廉状况,很大程度上都受到了穆巴拉克时期政策的影响;埃及政府在过去的30多年以及今后的一段时间内,其曾经的政策都会深刻影响着埃及社会的发展——即使其本人已经在2011年初的埃及街头革命中下台。

埃及局势持续变化,首位民选总统穆尔西在近年的政治运动中锒铛入狱。军方强人塞西将军成为埃及现任总统,几时间埃及的政治生态又在很大程度上回归至穆巴拉克时代。面对风谲云诡的政治态势,很难精确估量目前埃及的腐败状况;但是在"阿拉伯之春"运动之前,观察家们比较一致地认为,埃及的腐败现象是普遍存在的:在做生意时,掮客(واسطة, wasta)及相关的"中间费"是难以避免的。2007年,穆巴拉克政府承认,腐败在埃及是个非常严峻的社会问题;而前总理艾哈迈德·纳齐夫表示,他会全力打击贿赂问题。然而令人遗憾的是,截至目前,在埃及也鲜有严厉打击腐败现象的政策得以认真地贯彻实施。

在穆巴拉克下台后,许多腐败案件浮出水面;诸位前政府部长和与穆巴拉克政府有紧密关系的巨商大贾均因滥用权力或腐败问题而被判刑。"阿拉伯之春"运动开始后,欧盟冻结了穆巴拉克及其家人、内阁部长等共计18人的资产,避免其进行财产转移。2012年"国际合作者组织"的《埃及腐败报告》[①]认为:迄今为止,埃及的腐败现象依然比较严重;政府对于经济的过度干预、操纵补贴、缺乏适当的政府财务制度,以及广泛存在的裙带关系现象等都使得埃及的腐败现象屡禁不止。据美国国务院发布

---

① *Corruption in Egypt*, Andrew Puddephatt, Global Partners & Associates, March 2012.

的《2011 年埃及人权报告》①中所述，埃及政府一直未能持续且有效地执行反腐败相关法律；而埃及的反腐败机构也多是未能发挥其应有的作用。

2007 年埃及政府在国家发展与管理部中建立了"清明廉洁委员会"，旨在减少政府部门内部的腐败行为；2008 年，又成立了"国家反腐败委员会"。然而，前总统穆巴拉克被认为直接操纵了这些反腐败部门，这些部门仅仅是穆巴拉克私人的政治工具而已。据"透明国际"2008 年的一份调查②显示，受访的企业家中，有一半以上认为埃及政府的反腐败措施是"低效"或"极为低效"的。另据受到"美国国家民主基金会"（National Endowment for Democracy）资助的"国际私营企业中心"（Center for International Private Enterprise）和埃及金字塔报"政治及战略研究中心"（مركز الدراسات السياسية والاستراتيجية - الاهرام）联合发布的《2009 埃及公民反腐倡廉意见调查书》③显示，只有 17% 的受访埃及公民认为监察机构在反腐败过程中起到了相应的作用。

与沙特阿拉伯政府政策相近，埃及也要求外资公司在每派遣一名外籍工作人员在埃工作的同时，必须解决至少 10 名埃及当地人的工作岗位问题。而这一过程中，与沙特的情况相似，埃及也普遍存在着与政府有特殊关系的"中间人"；他们帮助外资企业在无法承受严苛且沉重的劳资负担时，通过灰色渠道获得一定的政府审批"便利"。在普通的行政审批中，也有着金额不大但次数众多的贿赂行为。这种运作方式在某种程度上已成为外资公司在埃及经商所必须面对的常态。尽管其每一单次都是"小贿赂"，但若要彻底铲除，埃及政府所需面对的挑战依旧巨大。

在立法方面：2005 年，埃及批准了《联合国反腐败公约》；但并未参加《经济合作与发展组织反贿赂公约》，也未参加《非洲联盟预防及反腐败公约》。埃及并没有一个专门的反腐败法律，但是埃及刑法确将行贿、受贿、意图贪污、滥用职权、以公谋私等均列为违法犯罪行为，而敲诈并未被列入法律制裁之列。此外，埃及还通过了修订后的《反洗钱法》。

---

① *Country Reports on Human Rights Practices for 2011-Egypt*, U. S. Department of State, http://www.state.gov/j/drl/rls/hrrpt/humanrightsreport/index.htm#wrapper.

② *Bribe Payers Index* 2008, Transparency International, http://www.transparency.org/research/bpi/overview.

③ *Egyptian Citizens' Perceptions of Transparency and Corruption - 2009 National Public Opinion Survey Final Report*, Center for International Private Enterprise & Center for Political & Strategic Studies.

2008年，埃及通过并开始实施《施建筑标准法》(قانون البناء الموحد)①，该法令中的一部分专门着眼于减少在建筑领域的腐败问题。

在战略层面：穆巴拉克主政时代，自2002年以来，埃及政府展开了一项名为"向腐败说不"的行动，这一行动使得数名涉嫌贪腐的高级官员被免职并移送司法系统。这项行动是一项完全的体制内自上而下的自查运动，非政府组织或公民社会组织并未能参与其中。埃及的反腐败机构所做的相关报告，通常并不会在议会进行讨论，更不会通过媒体披露给普通的社会公众。2007年至2011年，埃及投资部与联合国发展署等国际组织合作，通过加强埃及的政治透明度、制定保护信息自由的法令、打击腐败、提高社会反腐意识等手段，改善埃及投资环境，这也在客观上对推进埃及反腐败进程起到了积极作用。此外，埃及政府也通过推进电子政务的方式加强政府施政的透明度，特别是在涉及商务方面的政府部门，如商务及工业部、工业发展据、内政部等部门，都通过设立网站来增强其信息公开力度，并以此来减少腐败现象的发生。

在机构方面：埃及设立了不少反腐败专门机构；然而这些机构多数都并非是政治独立的，他们都深深受到总统、总理、司法部长的影响。多数时间内，这些机构所做的报告并不对外公开，而只是在埃及政府体制内部提交给相应的责任方。埃及国内最具历史的反腐败领域的政府机构中，"行政管理局"［Administrative Control Authority（ACA）］当属其一。该局建立已逾40年，受权调查公共部门的腐败现象，包括国有企业以及与国家工程有关的公司的腐败行为；同时，该局亦负责调查民众或媒体所检举的政府部门腐败行为。然而，由于该局的所有行动必须征得总统的允许，该局实际的行动力度大打折扣。2007年，埃及政府于国家发展与管理部内建立的"清明廉洁委员会"［لجنة الشفافية والنزاهة，The Transparency and Integrity Committee（TIC）］②，旨在提高政府行政的透明度、加强问责机制并更好地开展反腐败工作。该委员会对埃及的政府行政清明度进行评估，并在国家发展与管理部的网站③上公布了这一评估报告。此外，埃及在反腐败领域的机构还有"行政诉讼局"［Administrative Prosecution Authority（APA）］、

---

① http://ar.jurispedia.org قانون البناء الموحد، 11 العدد 19 مكرر (أ) فى مايو.

② The Transparency and Integrity Committee（TIC）http://www.ad.gov.eg/About + MSAD/Transparency + committee/لجنة الشفافية والنزاهة.

③ http://www.ad.gov.eg/وزارة الدولة التنمية الإدارية - جمهورية مصر العربية.

"非法获利调查局"［Illegal Profiting Apparatus（IPA）］、"打击洗钱犯罪专署"［Money Laundering Combating Unit（MLCU）］、"特别观察员办公室"（Ombudsman's Office）、国家审计署等。

除去以上所提及的政府主导的反腐败机制，媒体、公民社会组织客观上讲也发挥了一部分的作用，但由于受到各种因素的影响和制约，其效果并不是令人乐观的。埃及宪法从理论上保障言论、媒体、出版的自由，但由于穆巴拉克政府的严苛审查及冗沉繁复的管理体系，埃及的舆论管理环境并不令人乐观。在"阿拉伯之春"运动之前，埃及的公民社会发展一直受到政府的压制，发展水平并不高；经历革命后，埃及政府对于公民社会组织的限制有所松绑，但仍然存在不少限制，这些使得埃及非政府组织和公民社会组织对于腐败的监督功能并未得到充分发挥。此外，一些国际组织的埃及分支机构，诸如"国际私营企业中心"的埃及分部等也通过和埃及国内机构组织的合作开展反腐败活动；一些专业性组织，如"埃及网络透明组织"［Egyptian Transparency Network（ETN）］、"阿拉伯司法独立和专业法律中心"［Arab Center for the Independence of the Judiciary and the Legal Profession（ACIJLP）］、"埃及反腐败组织"［Egyptians Against Corruption（EAC）］、"全球契约组织"（Global Compact）、"阿拉伯反腐倡廉联盟"［Arabian Alliance for Combating Corruption（AACC）］等也通过腐败现象调查、发布反腐败报告、加强反腐败宣传、提供反腐败策略、反腐败培训、促进政府反腐败领域立法等方式为推进埃及的反腐败进程发挥一定的作用。

总体而言，在此次"阿拉伯之春"运动在埃及引发街头革命之前，埃及的反腐败斗争基本上都是以政府为主导，并在体制内自我运行，没有非政府组织和公民社会组织的参与与介入；而相关的反腐败政策、法令、人员、机构都在不同程度上受埃及自身政治力量的强大影响，并不具备足够的独立性，这使得其反腐败效果大打折扣。民众对于埃及社会腐败现象的不满是导致此次革命的核心原因之一，并最终导致了穆巴拉克的下台。在革命发生伊始，外部观察家们普遍认为，此次革命或可成为埃及重新构建有效反腐败机制体制的新契机；而在这一轮新的反腐败斗争中，非政府组织和公民社会组织也将承担起更加重要的作用。令人遗憾的是，就目前的情况而言，埃及的整体体制机制运作很大程度上回归到了穆巴拉克时代，公民社会对于社会腐败现象的监督与遏制并未充分体现，埃及的反腐败进程依旧前路漫漫。

伊朗

伊朗自1979年伊斯兰革命以来，一直秉承政教合一的制度。由于美国对伊朗前国王巴列维的庇护态度，以及20世纪80年代发生的由美国支持的伊拉克萨达姆政权与伊朗发生两伊战争，以及1990年美国直接参与的海湾战争等，这都被伊朗视为美国对于伊斯兰世界直接且粗暴的干涉，而亦因此伊朗和美国的关系长时间以来处于僵化乃至敌对关系。1997年，政治立场较为温和的哈塔米当选总统，试图与西方改善关系，释放出一些和解讯号；然而由于随后发生的阿富汗战争和伊拉克战争，以及美国对于伊斯兰世界愈加升级的干涉，并将伊朗列入所谓"邪恶轴心"，伊朗国内民众对于哈塔米这种温和政策越发产生怀疑。与此同时，伊朗的保守派势力日渐增强，2005年，艾哈迈迪·内贾德当选总统，伊朗与西方关系的改善陷入停滞。与此同时，2003年初，伊朗宣布提炼出核电站燃料铀；虽然于同年底，伊朗签署《不扩散核武器条约》附加议定书，且反复宣称伊朗核计划将为民用，但西方对于伊朗的核计划始终抱以极不信任的态度，并全方位展开对伊制裁。2015年7月，经过马拉松式的谈判，伊核问题有关六方与伊朗终就核问题达成全面协议，困扰伊朗长达几十年的各种制裁即将结束，伊朗的国家和社会发展迎来新的机遇期。

在巴列维王朝时期，伊朗社会的腐败情况并不乐观。建立伊朗伊斯兰共和国后，不仅仅是政治层面上的变革，经济上也在新意识形态的主导下建立起保护穷人的经济秩序格局。伊朗政府在社会各领域建立了一套所谓"慈善基金会"的经济管理制度，然而随着时间的推移，这一制度的弊端逐渐显现：由于严重依赖政府补贴并缺乏足够的透明度，基金会的腐败现象层出不穷。此外，伊朗伊斯兰革命卫队和与其相关的公司在资金的收支方面拥有极大地自由权，这为腐败的发生提供了可能性。在伊朗，私有财产受到法律保护。然而私人企业的运行并不容易，通常需要有政府部门的支持。为了获得这样的支持，寻找适当的中间人牵线搭桥往往是必要的。这样一来，腐败的发生亦难以避免。在据"贝塔斯曼基金会2014年报告"[①]表示，伊朗社会广泛存在着腐败问题，尤其是在政治和宗教精英

[①] *BTI 2014 I Iran Country Report*, http://www.bti-project.org/countryreports/mena/irn/.

群体之中；并且由于宗教教义原因，一些在宗教上持不同意见的群体，或是其他教派、宗教的信众，有时并不能得到足够的权益保障及保护。该报告还认为，由于腐败现象较为普遍，甚至在伊朗的司法系统中也广泛存在，故而本应承担起反腐职能的司法系统并不能很好地履行其职能。有观点认为，由于愈发严重的裙带关系、收受贿赂及其他腐败行为，伊朗国内的腐败现象有恶化的趋势。

伊朗由于施行政教合一体制，伊斯兰教对于伊朗社会的影响是无以估量的；伊朗的各法律的立法基础均是伊斯兰教法及其他各伊斯兰教相关教义、规定。伊朗宪法第57条规定，政府的权力由议会授予，司法及行政权的行使应得到最高领袖的监督。伊朗的法律规定，如果官员贪腐，将受到刑事处罚；然而令人遗憾的是政府及司法系统对于该方面法令的执行效果并不理想，这也使得伊朗政府内部的腐败现象屡见不鲜。

在前总统哈塔米当政时期，伊朗议会中大多数议员属于改革派。他们对当时的许多电视台和广播电台内的腐败事件进行调查，并对其财务进行审计。尽管此次反腐败行动不可谓力度不强，但其最终仅核查了五个不同机构的财务。"实施调查委员会"最终向议会报告，经查有问题的资金总额约为525.8万亿伊朗托曼，却没有任何一名时任涉事人员遭到起诉。

伊朗石油、天然气资源丰富。其石油储量占世界总储量的11%，是世界第四大石油生产国、欧佩克第二大石油输出国；同时，其天然气储量亦仅次于俄罗斯，位居世界第二。石油和天然气是伊朗的经济命脉和外汇收入的主要来源之一。前任总统艾哈迈迪·内贾德在选举时承诺给民众一个财富分配更加公平的社会。作为第一步，他所领导的政府承诺将大量的石油收入用于民生建设、提高民众收入，以及改善人民生活水平。他还做出承诺将大力度打击腐败行为，尤其要加强对于国家高层人士的反贪腐调查，并将反腐作为政府的一个长期政策目标；不过令人遗憾的是，至其结束总统任期亦尚未有实际的措施出台。原则上，伊朗的内阁部长、议员，甚至是普通官员，每年需要向国家相关监察机构上报财务状况；这将有利于提高透明度并杜绝腐败。

事实上，伊朗政府确有一些具备反腐败职能的机构。伊朗议会所下辖的各专门委员会，多有反腐败调查的职能，如："调查委员会"、"社会保障调查委员会"等。此外还有："反腐败总局"、"反腐败强制项目组"、"打击经济腐败委员会"、"综合检查组织"等；然而这些组织的具体反腐败效果并不理想。

尽管伊朗是一个政教合一的国家,在西方眼中更是一个极权国家;然而,伊朗实行的却是多党制,并有着较为完善且确有其效的选举制度。同时,其舆论检查制度在本地区属于较为宽松的,媒体对于政府的监督职能发挥得也比较充分,对于反腐败能起到一定的促进作用。按照伊朗官方的观点,伊所实施的是伊斯兰特色民主制度。事实上,伊朗也的确是本地区民主实践水平最高的国家之一。

总体而言,伊朗的腐败现象在体制内部——特别是革命卫队内——仍然是比较普遍的,反腐败形势比较严峻。如若能有更为独立的监察和调查机构,可以不受限制地对伊朗所有体制内部门进行调查、监督,同时其公民社会和民间舆论监督能获得更多的发展空间,伊朗在反腐败进程中或将能更进一步。

尼日利亚

尼日利亚是非洲人口最多的国家,且拥有丰富的自然/石油资源;自20世纪70年代以来,石油出口逐步成为尼日利亚最主要的经济来源。近年来尼日利亚发展迅速,经济规模持续扩大。然而,尼日利亚却一直饱受"世界最严重贪腐国家之一"之累,虽然采取了多方措施,但效果都不尽如人意,其各项指标均处于国际排名的较低水平。在"透明国际"公布的《2012年全球清廉指数》排名中,尼日利亚位列176个国家中的第139位[①]。无论是普通民众还是在尼日利亚的公司,普遍认为腐败是尼最为严重的问题之一:据《2008年非洲发展晴雨表》[②]数据,57%的受访者认为政府在处理腐败问题上"极为不力";同时,该报告还指出,30%的受访民众对于尼日利亚的各政治党派并不信任。据"透明国际"《2010—2011全球腐败晴雨表》数据显示,40%的尼日利亚居民认为政府的反腐败行动是低效的,而政治党派和议会恰恰是民众眼中最为腐败的主体。尼日利亚的几任总统均在不同的时候表达过反腐败的决心,但终因各种问题,使得

---

① *Corruption Perceptions Index* 2012, Transparency International, http://www.transparency.org/cpi2012/results.

② *Afrobarometer* 2008, http://www.afrobarometer.org.

尼日利亚政府的反腐败行动效果始终欠佳。

尼日利亚于 2004 年 12 月批准了《联合国反腐败公约》；并于 2006 年 9 月批准了《非洲联盟预防和反腐败公约》。1999 年尼日利亚议会曾通过诸如财产公布、向当权者收受礼物等方面的规定，并融入诸多公务员的行为守则中，但执行效果甚微。2000 年尼日利亚出台反腐败及其他不当行为的专项法令，针对所有公务员展开行贿、受贿、意图贪污、滥用职权、诈骗、勒索、洗钱等违法犯罪行为的调查及惩治。2004 年，尼日利亚又颁布了新的《反洗钱法》[1]，规定个人超过 50 万尼日利亚奈拉、公司或其他法人团体超过 200 万奈拉资金流动，如未经金融机构，即可判定为洗钱行为。2006 年国民大会还通过预付款诈骗和其他诈骗行为的专项法令，以期打击持续且愈发严重的诈骗活动并以此提振尼日利亚的商业形象。2007 年，政府颁布了《公共采购专项法令》。与此同时，据"透明国际"的《2009 年全球腐败报告》[2]，尼政府亦在通过改善自身行政体系来减少腐败的发生，如 2007 年颁布实施的《国库责任专项法案》[3]，旨在改善预算批复体系，并借此推动反腐败进程。2011 年 5 月，尼日利亚总统签署了《信息自由法案》，根据这一法案，允许公民获取公共事务的数据和信息；而这一过程将有利于揭发更多的腐败行为，并要求相关官员和机构为此负责。《2010 年全球清廉报告》[4] 认为，尼日利亚的法律体系单就反腐败的相关规定而言是相当有力的；然而就其具体的法令执行力度而言，报告认为只能评为"中等"，其原因包括政府对执法系统的过度干预、模糊且低效的有关政府官员收受礼物的规定等等。

由于长期以来腐败问题一直是尼日利亚最为严重的社会问题之一，尼政府为此亦制定了多项国家战略或开展专项行动来遏制愈演愈烈的腐败现象。"道德革命"（1981—1983）、"惩治违纪之战"（1984）、"全国专项行动"（1986）、"人民社会正义运动"（1987）、"新惩治违纪之战"（1996）等等都是在这三十年来尼日利亚政府在国家层级上开展的大型反贪腐运动。2000 年时任总统签署反腐败专门法律后，尼日利亚首次构建了

---

[1] *Money Laundering（Prohibition）Act* 2004, National Assembly.
[2] *Global Corruption Report* 2009, Transparency International, http://www.transparency.org/publications/gcr/gcr_ 2009.
[3] *Fiscal Responsibility Act* 2007, 2007 ACT No. 31, National Assembly, 19th day of July 2007.
[4] *Global Integrity Report：Nigeria* – 2010, http://www.globalintegrity.org/report/Nigeria/2010/.

打击腐败现象的法律框架。

近年来,尼日利亚政府先后建立了"反贪腐及相关犯罪行为独立委员会"(Independent Corrupt Practices and Other Related Offences Commission(ICPC))、"经济和金融犯罪委员会"[Economic and Financial Crimes Commission(EFCC)]、"行为守则局"[Code of Conduct Bureau(CCB)]。其中,"反贪腐及相关犯罪行为独立委员会"[Independent Corrupt Practices and Other Related Offences Commission(ICPC)]的职能是调查有关贪腐问题的举报、审查政府内部的腐败现象、加强公众的反腐败教育与意识。其在理论上不受到政治的干预,然而实际情况往往并不令人乐观。"经济和金融犯罪委员会"[Economic and Financial Crimes Commission(EFCC)]某种程度上可被看作是一个金融情报机构,专门打击经济犯罪,包括让尼日利亚国人及在尼公司不堪其扰的预收费诈骗案件、电子邮件诈骗等。委员会尝试预防金融和经济犯罪,并对涉嫌违规的行为进行调查,在查实后将相关机构与个人移送司法系统。"行为守则局"[Code of Conduct Bureau(CCB)]则是通过拟建更高水准的道德和纪律标准,来减少政府内部的贪腐行为。然而,有很多人认为,这些组织是尼日利亚国内政治角逐的工具,用来敌对的政治势力;为此,尼日利亚政府曾考虑将这三个机构合并,并统一由行政部门管理,以加强其反腐的实效。

除了上述的这些组织,"公共诉求委员会"[Public Complaints Commission(PCC)]、审计总署、"预算监督及价格情报局"[Budget Monitoring and Price Intelligence Unit(BMPIU)]、"政府采购局"[Bureau of Public Procurement(BPP)]等机构亦分别在民情社情、财务、政府采购、工程合约等方面肩负着反贪腐的部分职能。值得一提的是,"尼日利亚采掘业透明倡议组织"[Nigeria Extractive Industries Transparency Initiative(NEITI)]在这个自然资源大国的反贪腐斗争中扮演着重要的作用。该组织旨在通过增强采矿业各项行为的透明度,来规范整个产业链及其利益相关者的行为守则,以此来减少腐败现象的发生。

尼日利亚政府已经开始发展电子政务,许多政府机构有了自己的网站;这不仅可以增强信息公开的力度,更可以通过高效的网上办事体系来提高政府行政管理效率,并减少腐败现象的发生。例如,尼日利亚海关如今使用一套名为:"海关数据自动化系统"[Automated System for Customs Data(ASYCUDA)]的程序。该套系统通过电子化处理政务,降低腐败的风险。

令人遗憾的是，根据《2010年全球清廉报告》[①] 称，政府公务员或是私营企业的雇员如若要举报贪腐案件，尼日利亚目前尚无任何法律来保护这些举报人的合法利益；且在尼日利亚，严禁匿名举报贪腐案件。尽管一些专门的反贪腐组织有各自的保护举报人的相关规定，但其执行力度和效果都是令人担忧的。这就使得所有的贪腐行为举报人都必须面对极大的打击报复风险。这令尼日利亚社会对于贪腐的监督与揭发职能大打折扣。

尼日利亚的宪法从法理上保障了言论和出版自由权；尼日利亚的媒体也的确经常批评政府及揭露腐败现象，但是为此记者们却不得不承受被骚扰或其他形式的各种压力。

在尼日利亚国内也有不少的非政府组织和公民社会组织致力于打击腐败，诸如："零腐败联盟"［Zero Corruption Coalition（ZCC）］、"廉正组织"（Integrity）、"商业诚信联合会"［Convention on Business Integrity（CBi）］、"透明尼日利亚"［Transparency in Nigeria（TIN）］、"独立倡导项目"［Independent Advocacy Project（IAP）］、"非洲议员反腐网络联盟"［African Parliamentarians Network Against Corruption（APNAC）］、"尼日利亚经济峰会集团"［Nigerian Economic Summit Group（NESG）］、"尼日利亚律师协会"［Nigerian Bar Association（NBA）］等。这些组织在自己的专业领域开展各自的反腐败活动。由于受到政治因素以及其他各式问题的干扰，目前看来这些非政府组织和公民社会组织的反腐败工作仍然收效甚微；但不可否认的是，这些组织的存在的确为尼日利亚的反腐败斗争增添了正能量。

总体而言，尼日利亚已然有了一定的反腐败机构，也有了较成体系的反腐败法律系统。然而由于沉疾深厚，以及政治干预、司法效率低下等种种原因，尼日利亚的反贪腐进程可谓前进缓慢。尼日利亚至今仍然是世界上贪腐现象最为严重的国家之一。反腐之路任重道远，需要社会各阶层的共同努力方能取得进步。

---

① *Global Integrity Report*：*Nigeria* – 2010，http：//www.globalintegrity.org/report/Nigeria/2010/.

摩洛哥等四国反腐败体制比较

王林聪[*]

[内容提要] 腐败问题在非洲国家有着不同程度的表现。腐败现象在该地区的发生有着多方面的原因。它反映了这些国家处于经济和社会发展转型时期、制度建设和法治建设属于初创阶段的这一现实。与此同时，许多国家近年来在反腐败方面进行了卓有成效的探索：对内加强反腐败的制度化和法治化建设，完善治理腐败的监督机制；对外建立国际反腐败协作，使反腐败工作取得了重要成就。加快政治改革步伐，强化对权力的制约，增强政治透明度，将反腐败纳入法治化轨道是治理腐败的基本前提；增加反腐败投入，提高反腐败的能力是反腐败的重要保证；发挥社会监督的作用，营造法制文化环境，提高民众的法制意识是反腐败取得成效的关键。

腐败作为一种社会问题，不同程度地存在于不同国家的不同发展时期。有的学者从宏观经济发展的角度对腐败进行剖析，列出关于腐败的公式[①]："腐败（corruption）＝垄断（monopoly）＋任意性（discretionality）－责任性（accountability）"，即 $C = M + D - A$，用以说明腐败与社会经济运行中的垄断性、专权程度、决策过程的随意性以及决策者缺乏责任性等深层问题之间的关系。从发生领域来讲，腐败可分为公共部门腐败和私人部门腐败。这里讨论的腐败主要指公共部门腐败问题，即公职人员以权谋私，从而损害公共利益的行为。在市场经济条件下，一个国家的腐败程度往往与发达水平有反向联系。非洲地区每个国家的国情不同，腐败状况与反腐败力度、实效等差异也很大。这里拟就摩洛哥、埃及、肯尼亚和尼日利亚等

---

* 王林聪，中国社会科学院西亚非洲研究所所长助理、国际关系研究室主任、研究员。

① Antonio Vigilante, "Clipping Corruption's Wings", *Al-Ahram Weekly*, Issue No. 748, 23 – 29, June 2005.

国的腐败现象、反腐败机制及其治理措施进行对比分析,从中总结其经验与教训。

一 非洲国家腐败问题存在的原因分析

腐败在非洲国家中存在的原因是多方面的。

首先,从发展阶段看,绝大多数非洲国家属于发展中国家,仍处在由传统社会向现代化社会过渡的漫长过程中,处于经济制度转型和社会转型时期。在这一过程中,这些国家的制度建设、法治建设还属于初创阶段,很难形成防范腐败产生的系统性规范机制。更为重要的是,绝大多数非洲国家在20世纪下半叶才先后挣脱了殖民主义的枷锁而走上独立发展的道路。作为新型的民族独立国家群体,不仅国民经济基础薄弱,社会经济发展整体水平仍然很低,难以为公众提供足够丰富的公共产品,而且人们的国家意识、公民意识也相对薄弱。这些情况在客观上为腐败的产生提供了条件。

其次,从制度层面看,政治发展的不平衡以及对权力监督的有限性是导致该地区腐败现象突出的重要原因。非洲既有传统的君主制,又有某种现代色彩的君主立宪制,还有各种不同类型的共和制,等等。在各种政体中,一个普遍的现象是权力高度集中。腐败的产生通常表现为公职人员以权谋私,从而损害公共利益的行为。因此,能否对权力实行有效监督是防止腐败的基本手段。

最后,受历史上长期专制统治的侵害,非洲地区广大民众缺乏自觉抵制腐败的观念和意识,普遍存在着一种"给钱好办事"的社会文化心理,成为腐败赖以存在的土壤。

此外,许多国家在以往的发展过程中只强调经济发展,而对反腐败问题的重视不够,这在某种程度上也是造成腐败的原因之一。

二 四国反腐败措施及其制度建设

(一)埃及

埃及现政权既着手于相关法律文件的制定和完善,又依法建立相应的机构,并且维护司法的相对独立,从而形成了具有埃及特点的反腐败机制——行政主导与法律规范相结合的反腐败体制:国家委员会、行政检察署以及司法部下设专门的国家要案局等。

1. 国家委员会

国家委员会是最高行政司法机关，专门审理行政纠纷和违纪案件，下设四级法院：违纪法院、行政法院、行政司法法院和最高行政法院。凡涉及部级以上官员的要案，不论是民事案件还是刑事案件，通常由行政司法法院和最高行政法院审理和判决。

2. 行政检察署

行使国家反腐败职能，由政府总理直接领导，并向总理负责。但总统可随时指示或者委托它行使职权，国会以及各部部长也可委托或者请求检察署就某事项进行监察调查。行政检察署的工作重点：一是调查政府官员的贪污受贿案件；二是实施效能监察，查处工作拖沓、失职、渎职、违章、管理不善等行为。该机构在破获各政府机关人员违背财务和行政法规方面起有效作用。

3. 国有资产情报局

内政部下设一个机构，在反对侵吞国有资产方面起积极作用。

4. 司法机构

专门负责调查和审判与腐败有关罪行的司法机构，如专门调查非法所得并将罪犯提交刑事法院的司法局。

5. 法律规范与舆论监督

2002年议会通过了反洗钱法，2004年人民议会批准埃及加入联合国《反腐败公约》。埃及积极参与反对国际有组织的犯罪活动，反对洗钱、腐败和其他罪行。与此同时，埃及政府允许一定程度的新闻自由，这使得媒体在监督和揭露腐败问题方面起到了重要作用。前述的几个大案就是率先由媒体曝光并引起官方注意而得以侦破的。埃及政府在打击腐败方面有着坚定的决心。奥比德总理曾说："我们同腐败的斗争是严肃的、坚决的，我们的口号是没有任何人高于法律。"[①] 为了减少官僚作风，打击腐败，2002年8月，政府行政发展国务部设立了公民服务中心，便于公民和投资者直接办理业务而不必到其他相关部门。政府同时还加强了对银行金融领域的监管。2002年9月，民族民主党宣布设立新的道德办公室，旨在加强社会道德教育与规范。随着几起大案要案的审理，反腐败正在国家不同的

---

① *Al-Ahram Weekly*（Egypt），6–12，February 2003.

部门大张旗鼓地展开,如银行、工业和宣传部门,人们称它为"廉洁的手"运动。

(二) 摩洛哥

为了惩治腐败,摩洛哥采取了一系列规章制度,其反腐败的主要措施有:

1. 立法措施

1999年和2001年,摩洛哥分别制定并实施了针对保护市场和有序与合理竞争的贸易法规,加强了贸易透明度,有效地打击了腐败现象。摩洛哥制定了《从政道德法》《防腐败法》《回扣法》等具体的法律,通过这些法律禁止公务员经商、接受礼品,限制公务员兼职并实行回避制度等,从法律上提高犯罪成本,对腐败产生遏制作用。

2. 选举制度

对于参加选举议员的候选人,法律规定,选举期间任何有违反选举法行为的人,将被判处1000—20000迪拉姆(1美元=8.4迪拉姆)不等的罚款或1—20个月的监禁。国家官员、行政人员若以不正当方式影响选民投票决定或影响投票秩序者,加倍判罚。

3. 审计监督

设立最高审计委员会,负责对财政法规的实施进行严格监督,使受监督的部门按法律规定做到收支有序、合法;对受监督部门的处事行为进行评估,对违反扰乱现行规章的部门,必要时给予惩处。委员会在处理其法律规定的职责范围内的事务方面,由政府和议会给予协助。还设立地方审计委员会,负责对地方省市及所属机构的财务进行监督并对其行为进行评估。

4. 司法监督

摩洛哥的司法独立于立法和执法机关,由国王根据最高司法委员会建议颁布法令任命法院法官。司法机构有最高法院、地方法院、行政法院、初级法院、上诉法院、特别司法法院、军事法院和商业法庭,还设有最高司法委员会。最高法院专管政府成员在执行公务中发生的过失和刑事犯罪;参、众两院可检控政府成员,并将检控转给最高法院;最高法院成员由参、众两院各选举相等人员组成,院长则由王宫发布法律决定予以任命。行政法院对要求废除因有关当局越权做出的行政决定的申诉、行政契约、合约的纠纷、法人行为造成损害的赔偿诉讼进行初步裁决；负责审核行政决定是否合法。特别司法法院负责审理国家公职人员的欺诈、贪污、受贿、挪用公款等犯罪。最高司法委员会对驳回全国各法院的最终判决的申诉予以裁定，对要求废除因有关当局或首相个人所做出决定的申诉予以裁决，对法官的越权行为和越权做出决定的申诉予以裁决，对法院间的职责纠纷进行裁决。

5. 社会监督

摩洛哥社会通过各个方面对政府及公务员进行监督。例如，摩洛哥私营企业的代表是摩洛哥企业总联盟，在管理、指导以及激励摩洛哥的企业招商引资方面发挥着重要作用，在企业推动摩国家经济融入区域乃至世界经济环境中也扮演着重要角色。联盟中的企业主与摩王室关系密切，在摩洛哥的政治、经济生活中具有重要影响。该组织中就设有一个职业道德委员会，致力于商业道德及正当经营准则的建设，以消除腐败及违规操作。

6. 宣传教育

摩洛哥政府为使国民充分认识到腐败对国家经济和社会生活造成的危害，进一步推动摩洛哥的改革开放，于2005年在全国范围内发动了一场反腐败倡廉教育运动。该运动的目的是对国家公职人员进行深入的道德教育，使广大民众认识到腐败对社会的严重危害，认识到反腐败倡廉的重要性，加强民众监督的力度，该运动也包括对青少年的教育。

（三）肯尼亚

1. 加强反腐败的立法工作，把反腐败工作法律化和制度化

2003年1月，齐贝吉上台伊始，新政府就公布了《反腐败和经济犯罪法案》和《国家公职人员职业道德准则法案》这两项重要的反腐败法案。前者主要是针对公共和私营部门的各种经济犯罪，并拟建立反腐败特别法庭；后者主要是给所有的政府公务员制定出一套行为规范，并对包括总统、部长、法官、议员等在内的所有政府官员实行就职、离职两次财产申报制度。该法案一经通过，新政府立即就对所有政府官员宣布了一个90天的财产申报期限。同年7月，肯政府又启动一项"全国反腐败行动五年计划"，由司法和宪法事务部负责实施，决心在五年内修订、完善并实施反腐败立法；追缴贪污受贿款；发现和填补各级政府部门管理工作中易产生腐败现象的漏洞；开展全国性的反腐败倡廉教育；实施经济改革、减少

政府等公共部门在社会经济生活中的作用,从而削弱并最终铲除腐败产生的土壤。目前,肯政府还酝酿通过新的《证人保护法》和《非法收益犯罪法》,旨在保护揭发者的人身安全和权益,重拳打击洗钱等金融犯罪行为。

2. 整顿司法系统,加强反腐败的执法力度

为表明政府对腐败现象"零容忍"(zero tolerance)的决心,2003年10月,齐贝吉总统签署了一份自独立以来首次公开点名受贿者姓名的政府公报,列出了上诉法院和高等法院共23名受到腐败指控的法官名单(对他们的指控包括巨额受贿、滥用职权、缺乏职业道德、办事不公正等),并任命了两个特别法庭负责对这些指控进行调查。此举在肯尼亚司法界引起了轩然大波。整顿后的司法系统的监督和执法权力还被大大扩充,可以放手处理腐败案件。对于肯尼亚存在的"低层腐败"(如警察经常对未随身携带身份证的路人的索贿行为等),肯政府从改进警察队伍建设、提高其薪酬标准等入手加以整顿。2003年7月,肯政府宣布了一系列加强警力的改革措施,如大幅增加警察的工资、改善警察工作条件、购买新的警用设备等,并拟在5年内把现有的3.4万人的警察队伍扩充为10.2万人,以使警察人数达到联合国所建议的每400人中有1个警察的合理比例。

3. 抓大案、要案,对腐败分子和腐败行为起到威慑作用

2003年3月任命了一个司法委员会独立调查"戈登堡丑闻案",显示了政府清理旧案、悬案、大案的魄力和决心。同年10月底,调查此案的司法委员会已向涉案的一些商界人士发出了传票。为清除反腐败工作的阻力,避免一些利益集团之间的官官相护,齐贝吉总统还对政府各部进行了重大改组,并对30余家国有企事业单位领导层及部分驻外使节进行了调整。

(四)尼日利亚

近年来,奥巴桑乔政府采取了一系列措施,出台相关法律,设立反腐败机构,加大反腐败力度。

2000年设立了"腐败及其他相关事务独立委员会",抑制公职部门的行贿和腐败行为。

2002年,尼日利亚政府出台了《反腐败法》。

2003年成立了"经济和金融犯罪委员会",为尼日利亚主要的反腐败机构,法律依据为《2002年经济和金融犯罪委员会(设立)法案》。主要

职能：调查所有金融犯罪；采取措施核查、追捕、冻结和没收来自恐怖活动、经济和金融犯罪等的赃款；采取措施根除和防止经济和金融委员会中的个人、组织机构和团体卷入案件；便捷、快速交换与根除经济和金融犯罪的科学和技术信息；与境内外的尼日利亚政府机构开展合作；收集并分析所有与可疑金融交易有关的报告，并散发给所有政府相关部门；与尼日利亚联邦检查总长办公室、海关、移民和监狱服务局、尼日利亚央行、尼储蓄保险公司、所有政府安全和法律部门和其他金融监督机构保持联络；发动公众打击尼日利亚境内外的经济和金融犯罪；以及在该法案下采取任何有必要的行为。"经济和金融犯罪委员会"的主要机构包括执行主席办公室、委员会秘书办公室、分区办公室、审计处、行动处、法律和检察处、人力资源处、金融和账户处、媒体和宣传处、对外合作处、信息交流和电信处、尼日利亚金融情报处、培训处以及培训和研究所等。该委员会成立以来，已将多名政府高官及其党羽绳之以法，在尼日利亚国内和国际社会产生了不小的震动。

2004年成立的"尼日利亚金融情报处"是"经济和金融犯罪委员会"的一个分支机构。它是尼联邦政府为打击洗钱、为恐怖分子提供资金支持活动和去掉"不合作国家和地区"黑名单所作出的努力的一部分。其职能包括搜集来自金融机构和指定的非金融机构的现金交易报告和可疑交易报告，以及其他与洗钱和为恐怖主义提供资金支持有关的报告；维护信息搜集的综合金融情报综合数据库，与全球金融情报机构和执法机构开展交流；就预防和打击经济和金融犯罪，向各级政府和管理机构提供建议；在调查和起诉犯罪嫌疑人时提供金融信息和数据；提高公众对经济和金融犯罪的意识和认识；追查银行和其他金融机构的交易；确保所掌握的个人信息未经授权时不能被披露；信息保密；开展国际合作；告知金融和商业机构其义务和侦查、预防和威慑犯罪的措施；等等。

与此同时，尼日利亚执政党还开展党内反腐败，整肃党纪。执政党"人民民主党"在全国36个州中，拥有28个州的州长职位。近年来，个别州州长的腐败问题也比较突出，主要表现在非法挪用党内资金、因党内内部争斗导致州内暴力事件时有发生、涉嫌非法洗钱等。人民民主党特别委员会已对涉嫌腐败的州长展开调查，以整肃党纪。

2015年5月，穆罕默杜·布哈里（Muhammadu Buhari）当选尼日利亚总统。作为第一个当选的反对派候选人，他之所以能当选，部分原因是选民信任他能在反腐领域有所作为。布哈里在发表就职讲话时再次提及将反腐作为工作重点。布哈里及其副手向政府行为规范局申报了个人财产。布哈里强调政府的每名官员都必须依法在上任和离任时申报个人财产信息。5月底,尼总警监所罗门·阿瑞斯呼吁公众不要贿赂警察。次日,警方宣布,3名涉嫌贿赂尼日尔州警察的嫌疑人落网,这三人企图用100万奈拉(约合5000美元)买通警方反抢劫部队成员,以期让一名亲属获释。6月初,尼日利亚反腐机构经济和金融犯罪委员会公布一批央行的害群之马。这些嫌疑人原本负责销毁老旧、残缺的纸币,却将其翻新并从中渔利,涉案金额可达80亿奈拉(约合4000万美元)。多名央行官员和商业银行官员已经被捕。针对银行官员的逮捕行动可谓是尼日利亚新政府发起的首轮肃贪风暴。6月12日,经济和金融犯罪委员会指控巴耶尔萨州前州长蒂米普雷·西尔瓦涉嫌于2009年至2012年假借给州政府职员涨工资的名义,伙同他人利用3家公司从州财政中盗取192亿奈拉(约合9600万美元);几天后,依莫州前州长伊凯迪·奥哈基姆被拘押并接受经济和金融犯罪委员会质询,他涉嫌挪用公款以为私用。[①] 8月,尼日利亚总统任命反腐败咨询委员会,帮助其应对腐败问题和推动法律制度改革。该委员会有7名成员,多数是专家。

此外,为加强国际合作,尼日利亚还加入了总部设在塞内加尔首都达喀尔的西非次区域组织——非洲反洗钱政府间行动组织,以打击洗钱和恐怖主义行为。

三 四国反腐败的实效

从上述对象国国内腐败问题的介绍、反腐败的治理措施以及制度建设等方面的努力可以看出,反腐败工作取得了重要进展,腐败治理在许多国家都有了不同程度的改善。

埃及反腐败行动正在国家不同的部门大张旗鼓地展开,如银行、工业和宣传部门。据称,国有资产检察院正在调查的案件超过600万件,已将被侵吞的29亿埃镑国有资产归还国库。此外,有向银行贷款,拒不归还,又潜逃国外者。埃及安全机构已通报国际刑警组织,请求将40名侵吞460

---

① 杜鹃:《尼日利亚新总统掀"命脉反腐"浪潮》,《中国纪检监察报》2015年6月28日。

亿埃镑的在逃犯缉拿归案。其中阿姆鲁·奈沙提、哈提姆·海瓦里和拉姆哈·莱克哈三人分别侵占 4 亿埃镑、40 亿埃镑和 20 亿埃镑。2002 年社会主义检察长为单位、个人和银行追回了 20 亿埃镑，没收毒犯资金 5900 万埃镑，38 家伊斯兰投资银行已将存款归还所有者。埃及国家社会和刑事研究中心的一份研究报告说已破获的贪污案件有 2121 起。

肯尼亚新政府成立两年多来，反腐败工作取得了一定成效。主要体现在：（1）各级政府部门的腐败程度已大大降低。如移民部和许多地方政府的腐败情况也有了很大改观。另外，政府大力倡导的反腐败宣传和教育也发挥了积极影响，"低层腐败"中的行贿和受贿现象也大幅减少。（2）犯罪率降低，社会治安情况也有所改善。腐败现象泛滥，尤其当"高层腐败"与"低层腐败"并行肆虐，腐败就成为了一种普遍存在的、体制性的事务时，全社会整体性的道德水平下降便不可避免，奸掳盗抢等犯罪行为势必上升；反之亦然。近两年来，肯尼亚政府在反腐败方面的作为使肯尼亚的犯罪率下降了一成左右。加之肯尼亚的市民社会、新闻媒体原本就较之其他非洲国家更成熟和发达，因此，一种全民性的反腐败文化也正在形成之中。（3）人民对政府的满意度也有所提高。在前总统莫伊执政时期，腐败蚕食了肯尼亚近 10 亿美元的国家资产（肯全国年 GDP 也不过 100 亿美元），使得民怨沸腾，莫伊最终也政权不保。齐贝吉政府大力惩治腐败在一定程度上赢得了民心。据 2003 年年底肯尼亚权威《东非旗帜报》民意调查显示，全国民众对新政权满意度为 58.4%，比莫伊时期有了实质性的提高。

尼日利亚奥巴桑乔政府近年反腐败措施也取得了明显成效。1999 年，奥巴桑乔上台执政后，查办阿巴查家族的贪污腐败案件，惩办了 100 名与腐败有关的军政官员。2003 年奥巴桑乔总统连任后，继续将反腐败作为政府工作的重点，成立了专门反腐败机构——经济和金融犯罪委员会和尼日利亚金融情报处。为加大反腐败力度，尼政府着手修改现行法律中有关高官可以免于起诉的豁免条款，以增强本国人民和外国投资者的信心。针对民众和国际社会对其以往反腐败"雷声大，雨点小"的抱怨，自 2005 年以来，尼日利亚政府加大了反腐败力度。一批高官在反腐败运动中纷纷落马，在国内外产生了不小的震动。

四　非洲国家反腐败若干经验

当前，腐败似已成为一种全球普遍的政治现象。大量的腐败行为不仅会蚕食国家的经济基础，而且会影响政府的政权合法性。因此，对腐败的治理是一项涉及领域广泛的全球性重任。从上述非洲国家普遍存在的腐败问题以及在反腐败过程中的具体实践来看，有许多经验值得总结。

第一，在发展中国家的现代化进程中，腐败的高发期或者高峰期与社会经济发展转型，特别是与工业化、城市化的扩张、私有化进程有着明显的相关性。这种情况在绝大多数非洲国家都有所反映，是一种较为普遍的现象。大部分非洲国家属于发展中国家，在这些国家里，腐败的程度与法律文化状况有着直接关系。法律意识越淡漠，腐败就越容易盛行。因此，处于转型时期的非洲国家，在推进经济改革和开放的同时，加强法律意识、强化对权力制约是治理腐败的战略性步骤。

第二，制度建设与监督机制的有效性是遏制腐败的基本保证。反腐败工作的可持续性取决于反腐败工作的法律化和制度化。加快法制建设，特别是通过制定反腐败的各种法律，为反腐败工作奠定了法律基础。埃及、摩洛哥、肯尼亚、尼日利亚等国在这方面都做出了显著的努力。从这个意义上来说，不能把反腐败工作仅仅当成一种权宜之计，而是要制定和完善反腐败立法，使反腐败工作法律化、制度化和长期化，使反腐败工作走可持续之路。同时，加强执政党党内的反腐败力度也是治理腐败的重要途径。埃及民族民主党、尼日利亚人民民主党、南非非洲人国民大会作为执政党在治理党内腐败方面积累了一定的经验。

第三，强调严格执法，特别是通过抓大案要案、惩治高官腐败，以及打击司法系统内部腐败，提高反腐败的效果。这些国家的高级官员因涉嫌腐败而下台，因涉嫌腐败而落马的部长不胜枚举。肯尼亚从惩治司法系统内部腐败入手，为全国反腐败工作的开展创造了条件。同时，该国实行政府官员就职、离职两次财产申报制度对遏制公职人员腐败行为也有着积极作用。

第四，增加反腐败投入，特别是通过建设反腐败执法队伍和改善有关设备，提高反腐败的能力。即便是在经济条件最困难的肯尼亚，也在这方面采取了有力的措施。在反腐败过程中，一方面要赋予反腐败机构充分的授权（直接向总统负责或得到宪法的保障），否则就无法撼动权力基础牢固的"高层腐败"；另一方面，对于基层警察如果薪俸过低，则难以避免巧取豪夺、敲诈勒索的"低层腐败"。反腐败政策的制定要能使贿赂的收益降到极低的水平，要使官员和行贿者确信，与败露和受惩罚的风险相比，受贿得不偿失。

第五，开展国际合作，特别是通过与国际性和地区性反腐败机构合作，增加反腐败的力度。尼日利亚把与全球金融情报机构和非洲反洗钱政府间行动组织的合作作为反腐败工作的措施。

第六，发挥社会监督的作用，培育和发展具有独立监督作用的非政府组织，特别是通过媒体曝光和公众举报，加强舆论监督和获得腐败信息，与依法惩治腐败形成互动。埃及和肯尼亚在这方面都采取了许多值得关注的措施。

第七，营造良好的法治文化氛围，消除腐败产生的土壤。不仅要通过法治化和制度化来加强对腐败的治理，更要注重塑造廉洁自律的大众文化品格和法制文化环境，以形成良好的社会风气。

腐败的治理是一个漫长的过程。既要强调制度构建，又要提高民众的法制意识和公民意识，从根本上构造一个能够遏制腐败的社会文化环境。同时，开展与国际社会的协作，使之有效配合国内的反腐败工作。

以色列的反腐败体制特点和效能

余国庆[*]

[内容摘要] 在中东国家中，以色列的政党制度和议会民主制效仿西方国家。建国以来，由于国家安全环境的变化，以色列的政党不断分化瓦解。随着政党数量的增加，一些小党派在选举和组建政府过程中的投机专营现象不断发生，相互揭发政治人物腐败与丑闻事件时有出现。近年来，以色列的政治动荡加剧，政府更替频繁，腐败指控成为政治人物常遇现象。包括前总理奥尔默特和前总统卡察夫在内的政治人物在反腐败中落马。近年来，以色列在严格腐败定义，建立和完善法律体系方面也借鉴了其他国家的一些做法，保证监察和审计部门独立行事调查权。以色列对腐败行为的严格定义和"国家廉政运动"在约束政治人物腐败行为方面发挥了重大作用，不少政治人物因政治丑闻和腐败而落马。与此同时，反腐败制度创新成为遏制腐败产生的重要途径。在最近几届大选中，改革选举制度和健全反腐败制度成为重要议题。

以色列是中东地区实行西方议会民主制的国家。以色列的反腐败体制在中东国家中具有鲜明的特点。近年来，以色列的政治动荡加剧，政府更替频繁，腐败指控成为政治人物常遇现象。以色列对腐败行为的严格定义和"国家廉政运动"在约束政治人物腐败行为方面发挥了重大作用，不少政治人物因政治丑闻和腐败而落马。与此同时，制度创新成为遏制腐败产生的重要途径。在最近几届大选中，改革选举制度和健全反腐败制度成为重要议题。政治创新和反腐败成为决定公众选票投向的重要因素。

---

[*] 余国庆，现为中国社会科学院西亚非洲研究所研究员。

一 腐败的定义及其表现

1. 官员以权谋私，获取不正当经济利益

像许多国家一样，目前以色列并没有成文的《反腐败法》，但政治人物的以权谋私现象绝对可以归纳为腐败的突出表现。在以色列，无论是总理、总统还是部长，利用权力牟取私利毫无例外成为大权旁落的重要原因。

以色列前任总理沙龙任期内一直为几大政治丑闻缠绕。首先是源于1999年的"希腊岛事件"。根据以色列检察官的控告书，以色列房地产商阿佩尔为获得政府支持对希腊的一个岛屿进行旅游开发，于1999年向时任以色列外长的沙龙行贿69万美元。据报道，时任耶路撒冷市长、后来就任以色列新政府总理的奥尔默特也被指控接受了阿佩尔的贿赂。为帮助阿佩尔开发希腊的这个海岛，沙龙利用外长职权将到访以色列的希腊副外长请到阿佩尔的家中"做客"。作为回报，沙龙的幼子吉拉德被阿佩尔以150万美元的"高薪"聘为"项目顾问"。尽管最终项目泡汤，150万美元被奉还，但吉拉德还是领到了数万美元的"佣金"。以色列媒体还披露，就是这名地产商阿佩尔，还在另一桩地产商业买卖中涉嫌向沙龙行贿。他以2400万美元低价收购一块郊区农业用地，然后申请转为高价住宅用地，被以色列土地管理局拒绝后，他被指控向时任以色列总理的沙龙行贿，而沙龙据称利用职权向以色列土地管理局、环境保护部门和市政规划机构施加压力，要求他们同意阿佩尔的变更请求。

现任利库德集团主席内塔尼亚胡当年也被腐败丑闻击倒。据媒体称，内塔尼亚胡在担任总理期间，一位承包商曾长期免费向其提供私宅装修、清洁等服务，费用金额高达11万美元。而内塔尼亚胡与夫人萨拉同时还将700件外国友人赠送的、应上缴国库的礼品私吞。警方对内塔尼亚胡进行了长达7个月的调查，并于2000年3月被国家总检察长以涉嫌腐败罪对其提出起诉。

2. 政党和政治领导人通过贿选等手段获取政治利益

贿选，也就是在选举过程中接受各种不正当经济来源，从而影响选举结果，成为以色列政治腐败现象的突出表现。以色列前总理沙龙尽管在任期内获得了很高的支持率，但仍然因为一桩"政治献金"案而险些下台。

沙龙在1999年利库德集团主席竞选中击败了内塔尼亚胡。但以色列国家审计局长戈登伯格发现，沙龙的竞选资金来自一家名为"安耐克斯研究"的控股公司。戈登伯格随后发布了一份总结报告，认定沙龙违反政党集资法，责令沙龙退还"安耐克斯研究公司"的110多万美元捐款。此外，以色列媒体还披露，沙龙长期以来一直与南非富商科恩保持密切联系，科恩曾是沙龙在1948年独立战争时期的战友，后移居南非。媒体指控沙龙曾在1999年接受了科恩150万美元的所谓"贷款"，用来偿还当时竞选利库德集团主席时所欠的债务。因为按照以色列的法律，为防止外国势力对以色列政治生活的干涉，参选人在竞选活动中不得接受并使用海外资金。但后来有媒体称，经调查，发现科恩并不是这笔钱的真正主人。由于科恩已加入了南非国籍，以色列检察部门事后并未就此事起诉沙龙。

3. 政府官员和公务员违反国家法律和制度获得不正当利益

在以色列，包括总理、总统在内的高官因违反国家法律而在政治上败走麦城的大有人在。以色列前总理、1994年"诺贝尔和平奖"获得者拉宾，曾于1974年首次出任以色列总理，但在1977年4月，一名记者揭露拉宾夫人莉娅在70年代初拉宾任驻美国大使时拥有当地银行的私人美元账户。拉宾不得不因这一违法之举而辞去总理职务。在这一事例中，拉宾就是因为违反了以色列的外汇管制法而受到惩罚。当年以色列实行严格的外汇管制，任何人都不得私自拥有外汇存款，法律禁止政府官员及家属在国外存款，一旦被发现，就被认为是破坏国家经济，必然受到法律追究，即便是特殊情况也不允许。在当年的事件中，拉宾夫人背着拉宾曾将节省下来的2000美元存入美国银行，拉宾本人并不知青。但以色列监察机关并没有网开一面。以色列总检察长的亲自追究，并让外汇管理局局长担任调查组组长，最后使拉宾夫妇双双出庭受审，不得不接受相当于24万美元的高额罚款，拉宾本人也因此而辞去总理职务。

曾两度出任以色列总统的魏茨曼在2000年连任总统的第二年便受到腐败指控。时任总检察长鲁宾斯坦指责魏茨曼和他的家庭在20世纪八九十年代从商人和朋友处获取约50万美元的非法捐款，但他没有按规定将这些"收入"上报，也未缴纳所得税。在丑闻曝光初期，魏茨曼曾否认这些"收入"，而坚持将其作为"礼物"收取。虽然后来鲁宾斯坦决定不继续对魏茨曼涉嫌腐败和金融诈骗一事进行调查，但同时指出"总统行为有严重的道德问题"。压力之下，魏茨曼于当年7月正式提出辞职，距其第二任总统任期期满还差3年。

以色列还把官员违反职业道德的行为定为腐败现象。以色列前国防部长莫迪凯也因媒体披露他在担任北方军区司令员和国防部长期间对女兵有多次不检点的行为而被警方调查。2001年，耶路撒冷地方法院裁定莫迪凯"性骚扰罪"成立，判处有期徒刑一年半，缓期执行，宣告了莫迪凯政治生命的终结。最近，以色列报纸又披露了一起特大"性丑闻"：某空军基地多达35名的以国防军官兵在长达一年多的时间内，与一名现年14岁的辍学少女发生性关系。这起特大性丑闻在以色列引起巨大反响。以色列"性侵犯受害者联盟"负责人已经要求军方对这一事件进行彻底调查，并追究某些军官的腐败和渎职行为。以色列另一名政治家、前任总统卡察夫（2000-2007）从政30多年来，从未卷进过任何丑闻，一向以正面清白形象出现，素有"干净先生"的美誉。但这样一位政治家就是因为对女下属有不检点行为而受到警方调查。2007年1月，以色列总检察长马祖兹宣布将以强奸、性骚扰、滥用职权、妨碍司法及非法收受礼品等罪名起诉卡察夫。卡察夫虽然否认对他的指控，但迫于压力仍然在2007年6月向议会递交辞呈，离他总统任期届满仅仅相差一个月。

二 以色列反腐败的措施

1. 建立和完善法律体系，保证监察和审计部门独立行事调查权

以色列的法律体系中有完整的针对政府公务人员贪腐行为的界定、惩处条文；而以色列当局对于这些法令的实施亦可谓是切实有效的。以色列的高级官员在面对诸如财务信息披露法案等反贪腐法律时，也没有所谓的法律豁免权。这确保了"法律面前人人平等"的原则，也使得这些反贪腐法律实行起来更加切实有效。与此同时，以色列的法律还要求各政府部门要自行拟定内部纪律、管理原则、调查系统，并将这些规定向公众公示，接受民众监督。

在以色列的政府体系中，国家总检察长和国家审计长是两个特殊的职位。尽管它们也是总理任命的，但在政治上又是独立的，不接受政府的领导，只对议会负责。它们同时又是政府的法律顾问，主管政府的法律事务，监督政府涉及法律的行为，并在重大刑事、民事和行政案件中代表国家，有权决定包括总统总理等高级领导人是否违法。国家审计长负责接受

公民对政府的各式各样的投诉。国家审计长不仅审计政府的经济行为，还负责监督和报告政府的效率和高级官员的道德规范问题。国家审计长权力极大，但只有报告权而没有制裁权。国家总检察长对是否起诉国家最高领导人有最终决定权。

2. 改革、完善政治和选举制度，减少腐败现象产生的制度因素

以色列虽然实行的是一院制的议会民主制，但制度本身并不能自动成为腐败的防火墙。近年来，以色列通过不断完善政党和选举制度来规范国家政治生活。在制度方面，1992年，以色列议会曾通过《总理直接选举法》，规定从1996年开始，总理由选民直接选举，用以减少小党派在选举和组阁过程中的讨价还价行为。但随后举行的三届总理选举证明，这种由选民直选总理的制度更助长了用非法手段拉选票的不正之风，于是以色列在2003年大选中又恢复了间接的总理选举制，用来压抑议员乱拉选票的现象。近年来以色列在加强选举组织机构、政党参选、经费来源等方面加大了监督和管理，加强了选举组织机构——"中央选举委员会"的工作力度。中央选举委员会设主席1人，由最高法院从现任法官中选举产生，任期4年，不得连任；副主席4人，委员30—40人，在各主要政党中分配名额。该委员会负责接收和审查各政党提交的候选人名单，管理和监督全国各地的选举，受理选举投诉等。近年来，中央选举委员会对竞选活动和议员候选人资格进行了详细规定：各政党可从国库获得一定数额的竞选经费；政党每拥有一个议席可得到35万美元的选举拨款；各政党可在新闻媒体上作适度宣传，可在主要国家电视频道上免费获得若干次每次时长20分钟的节目时间做宣传。但在禁令方面也有许多规定：各政党、候选人不得发放辅助本党竞选活动的纪念品和礼品，如印有候选人名字的T恤衫；政党不得接受公司、企业和境外的捐款；不得接受超过500美元的个人捐款；候选人不得以个人身份参加竞选；候选人除了在公共集会上外，不得在家里或其他场合私自会见选民等。

为了更好地打击跨国贪腐和贿赂问题，近年来以色列采取了一系列的强有力措施。2009年2月，以色列批准了《联合国反腐败公约》；并于次月2009年3月批准了《经济合作与发展组织打击国际贸易中贿赂外国官员行为公约》。此外，2008年7月，以色列通过了一项修正案，根据以色列新刑法第291A条规定：为商业目的或谋求获取商业优势，而向外国相关官员行贿的行为，将被判有罪。这一规定并不仅限于以色列国土之内；

即使是在国外,以色列公司若向外国公务人员行贿,哪怕是经由国际中介机构中转操作,也将需冒着被以色列法院治罪的风险。据最新以色列法律条文规定,贿赂外国官员最高可被判处 7 年有期徒刑或(/和)罚款,个人最高可罚 113 万以色列谢克尔(约合 22.1 万欧元)——这比之前的规定,罚款限额足足翻了五倍;同时,法人可被处以 226 万以色列谢克尔(约合 44.3 万欧元)——这一限额则是之前相应规定的十倍。

2010 年 12 月 21 日,以色列以创始会员国的身份加入了"国际反腐败学院框架协定"[Framework Convention of the International Anti-Corruption Academy (IACA)]。该组织建立于 2009 年 10 月,通过与奥地利政府、联合国毒品和犯罪问题办公室的合作,将在教育、培训、调查、援助等多方面参与到世界范围内的反腐败运动中去。以色列外交部、司法部、公安部都将在各自的专业领域与该组织进行合作[①]。

3. 建立和发挥民间反腐败组织的作用

在以色列,"国家廉政运动"是近年来一个有名的民间反腐败组织,在该国反腐败中发挥了很大的作用。"国家廉政运动"始创于 1990 年,是一个非政府、非营利、非党派的民间反腐败组织,其理事会成员完全由社会志愿者组成。目前拥有会员 1.3 万余人,是以色列最大、最有影响的一个民间反腐败组织。为了保持独立性,不接受任何政府资助,完全依靠个人捐款和会员会费运作。该组织成立的初衷是:要真正持久地培育廉洁执政的社会氛围,需要广大民众的参与。"国家廉政运动"旨在鼓励民众参与反腐败,为公民提供一个揭露腐败行为的平台。按照该组织创始人的说法,这样做的一个主要目的,就是想告诉人们,每一个人都能为反腐败出一份力。

作为一个民间的反腐败组织,"国家廉政运动"在促进制度改革、对腐败行为进行曝光并采取法律行动、培养公民的道德意识和反腐意识等三个方面做了大量工作。"国家廉政运动"开设了四条法律热线,任何人都可以向他们举报公务员的腐败、违法或其他不正当行为。每年,他们大约会接到 1000 起举报,而且这个数字一直在增加。为了办好法律热线,该

---

① *Israel becomes a founding member of the new International Anti-Corruption Academy*, 21 Dec 2010, Israel Ministry of Foreign Affairs, http://www.mfa.gov.il/MFA/About + the + Ministry/MFA + Spokesman/2010/Israel_ joins_ International_ anti_ corruption_ academy_ 21_ Dec_ 2010.

组织还与以色列各大学的法学院合作，由法学院的学生来处理举报线索，并且有律师志愿者负责指导。据报道，今天的"国家廉政运动"已经成为以色列最高法院里最有影响的公众请愿者、最有力的公众代言人。

4. 利用舆论的监督作用

以色列是个小国，但新闻媒体却非常发达，大小报刊数十家，电视台、电台20多家，媒体之间的竞争非常激烈。一些媒体为了在竞争中求得生存，往往不遗余力地挖掘高官、政客、明星们的花边新闻。对高官政客来说，媒体可谓是把双刃剑。一方面需要利用媒体在宣传和表达民意测验方面的优势为自己宣传，另一方面又得时刻提防媒体报道不利于自己的消息，尤其是必须处处防备媒体揭露自己过去在政治和经济生活中的不检点行为。在这方面，近年来以色列高官为了保护自己，都备有一套"危机公关人马"，包括律师、公关人员、形象设计师等，随时应付针对主人的政治危机和法律问题。

应该指出的是，尽管以色列采取了不少抑止腐败的措施，但腐败现象并没有同步减少。尤其值得指出的是，在以色列，涉嫌腐败与最后定罪腐败的过程漫长，使不少腐败案件往往不了了之。在许多有影响的政治人物涉嫌腐败被舆论揭露后，当事人往往利用"豁免权"和"沉默权"等特权对抗司法调查和舆论追问。以沙龙被指控腐败案为例。早在2001年以色列报纸就披露了沙龙涉嫌腐败，但沙龙在警方对此事进行询问时，以公民拥有"沉默权"为由拒绝回答任何问题，只表示自己对此事并不完全知情。而警方又碍于在任总理拥有"豁免权"而无法对沙龙的办公室和住宅进行搜查取证。2004年，沙龙幼子吉拉德的涉嫌"希腊岛丑闻"腐败案，最终以总监察长马祖兹宣布不起诉了结。沙龙的长子奥姆里涉嫌政治捐献，以色列总检察长马祖兹几次计划起诉奥姆里，但由于奥姆里是议会议员，拥有豁免权而失败。直到以色列议会在2005年通过一项限制议员豁免权的法案，起诉才得以进行，而此时已是2006年初，沙龙已经卧病不起，离事发已经5年多。沙龙及其儿子的丑闻案反映出以色列这个国家政治生活和腐败现象的复杂联系。以色列现任总理奥尔默特自上任以来一直面临着腐败指控，但由于存在着司法豁免权等特权，对奥尔默特的司法调查和检控行动一直难以正常进行。

需要指出的是，尽管以色列对反腐败工作投入不断增加，但在"透明国际"组织中，以色列的贪腐评分却有所下滑。在近年公布的《全球清廉排名》中，以色列由 2010 年的第 30 位，下降到 2011 年的第 36 位；在 2012 年的排名中，以色列排名再次下滑 3 位，仅位列第 39 位。

  总的来说，以色列的反腐败制度和措施有许多可借鉴之处。虽然不少腐败现象的产生与以色列的政党和选举制度的弊端有关，但制度约束、舆论监督、民意表达和反腐败制度创新又成为规范政治生活、减少腐败发生的有力手段。

南非的反腐败体制

杨立华[*]

[内容提要] 南非是一个多种族、多民族的国家，将预防和打击腐败确保公共管理系统廉洁作为国家战略，确立新的国家公务员行为规范，颁布《预防和打击腐败活动法》《审计总长法》《政府采购优先政策框架法》《政府采购优惠规则》等法律，国家检察署负责调查腐败等犯罪活动，政府各部门都建有预防和打击腐败的机构，警察部门把调查腐败和贿赂犯罪列入职责。南非对制约和监督权力采用多种方式，如政党、媒体对政府进行监督和批评，支持公众积极参与反腐败、鼓励民间团体在反腐败中发挥作用。但南非反腐败存在全国性协调机构和机制还有待健全、相关专业人员缺乏、官员责任追究不到位等不足。

南非位于非洲大陆的最南端，面积122万平方公里，人口5180万。南非是非洲现代化程度最高的国家，2011年国内生产总值占撒哈拉以南非洲的32.3%，人均国民收入6960美元，被世界银行列为中上等收入国家。

南非是一个多种族、多民族的国家，曾经历过三个半世纪的欧洲殖民征服和白人种族主义统治，占人口80%以上的黑人被剥夺了政治、经济的平等权利。1994年废除种族隔离制度，建立种族平等的民主国家，形成以非洲人国民大会为主导的新政府。南非新体制下基本实现了政治、经济的稳定发展；同时健全的法律体系，公开透明的行政，广泛的公众参与，使得南非总体上取得了种族民族和解的局面。但是，种族隔阂仍然明显，贫富差距悬殊，政府提供公共服务的效率与公众需求有巨大差距，因此南非

---

[*] 杨立华，中国社会科学院西亚非洲研究所研究员。

长期稳定发展仍存在挑战。

一 南非政府的反腐败国家战略

反腐败是限制、纠正、惩治官员的非法寻租行为（利用权力牟取非法所得）和侵害公民权益的非法活动，因此反腐败首先是政府行为。但是不能仅仅依靠官员的自律，要有相关法律及执行机制，同时要有公众监督，才能有效地遏制和惩治腐败行为。

南非结束白人种族主义统治，建立种族平等的民主制度走过了19年的历程。为了巩固新生的民主制度，南非非洲人国民大会主导的新政府把反腐败作为国家战略，依照宪法建立了保护公民民主权利、监督国家财政的执行、维护国家利益的机构，制定了一系列预防和打击腐败的法律、准则，实行政务公开透明的运行程序，保障公民的知情权、监督权和参与权。

作为国家战略，预防和打击各级官员的腐败行为的目的在于确保一个廉洁的公共管理系统，以维护南非宪法的尊严，防止公共利益和人民权益受到侵犯。1994年以来，曼德拉总统和姆贝基总统都对政府官员的腐败问题提出警告，并推动预防和打击腐败的全国行动。1999年姆贝基政府发起了"全国反腐败计划"[①]，2001年创建了非官方的"全国反腐败论坛"，以在全国公众中形成反对腐败的共同认识，并向政府提出相关的建议。2006年2月3日南非总统姆贝基在议会发表的"国情咨文"中再次强调：必须确保整个政府机器，特别是地方政府，强有力而且高效率地履行职责，以使全国各界人民结成牢固的联盟，实现全体人民享有更好生活的重要目标。

同时，建立有效的反腐败机制，也是为了顺应国际社会对良政、公开、透明和尽责政府的要求，目的在于树立南非良好的国际形象，享受应有的国际地位，[②] 并且为南非赢得信誉，创造良好的投资贸易环境。

二 执政的基本价值和准则

为了保证执政的透明、公正、尽责，根据南非宪法（1996）第10章

---

① The National Anti-corruption Initiative.
② Anti-Corruption Efforts in South Africa, ADV Selby A M Baqwa, SC, The journal of Public Inquiry, Fall/Winter 2001, pp. 21 – 22.

对行政管理基本价值和原则的规定，政府必须向公众提供及时、易于理解和准确的信息。为此，南非制定了《促进获得信息法》（Act 2 of 2000）、《促进行政公正法》（Act 3 of 2000）。根据宪法成立的"公共事务委员会"具有独立的不受行政干扰的地位，负责在政府部门推动宪法的价值和原则，调查、监督和评估公共管理部门和公务人员的行为。

1994年新政府成立后即开始改造旧公务员队伍，确立了国家公务员新的行为规范，以保证高水准和专业的公共服务。1996年宪法确认了这一原则，规定了公共管理的价值和原则。1997年公布了"公共事务委员会"制定的"行为准则"，并开始在公务部门进行宣讲、培训和贯彻。

南非议会的"道德和议员利益联合委员会"颁布了《议员行为准则》和议员工资外收入来源公开制度。需要公开的内容包括：股票和其他金融收益，议会外有偿兼职，咨询和律师聘用费，赞助，旅行，土地和财产，礼品和款待，津贴和补助，等等。

1998年《**行政官员道德规范法**》规定：（1）内阁成员、副部长和省级行政官员的行为必须符合国家立法机构规定的道德准则。（2）不能有以下行为：从事任何其他有报酬的工作；进行任何与其担当的工作性质不符，或者卷入会使其面临本身公职与私利发生冲突的情况；利用其职务或其掌握的信息牟私利，或不正当地为他人牟利。（3）要求内阁成员、副部长向总统办公室的专门官员申报财产，包括在担任该行政职务之前拥有的所有资产，以及担任该行政职务后获得的任何资产，含礼品、赞助的出国旅行、年金和其他赠送的物资；省级行政官员向省长办公室做同样的申报。[①]

在公共部门的反腐败管理方面，政府的政策和措施包括：采购制度的改革；公布有腐败行为的企业名单；雇佣人员管理；加强反腐败管理的能力，以及风险管理等。

三　主要的反腐败立法

南非的反腐败法律和机制以宪法为依据，制定了系统的预防和打击腐

---

① Act No. 82, 1998 EXECUTIVE MEMBERS' ETHICS ACT. 1998. South Africa GOVERNMENT GAZETTE, 28 October, 1998, No. 19406.

败行为的法规、国家公共财政管理和审计法、政府采购政策和规则,并建立独立的调查机构和保护检举人的制度。

(一) 宪法中关于反腐的规定

1994 年新政府成立之后,根据宪法第 9 章第 182 条 (Section 182) 的规定,设立了"公共利益保护者"办公室 (The Public Protector Act 23 of 1994),具有宪法赋予的独立地位。相当于很多国家的调查政府官员舞弊行为的专门官员 (ombudsman)。

根据南非宪法相关条款规定,"公共利益保护者"的职能包括:(1) 有权调查政府各个部门 (包括国有企业) 和各个层级 (中央、省、地方) 的官员在履行国家公务和行政管理当中,被指称或者被怀疑有不恰当或者造成不正当或不公正的行为;(2) 提出有关报告;(3) 采取纠正措施;(4) 具有国家立法机构规定的其他权力;(5) 不可调查法院的判决;(6) 必须对所有人和所有社会团体开放;(7) "公共利益保护者"发布的任何报告,必须向公众公开,除非特殊情况下,根据国家立法的相关规定,需要相关报告保密;(8) "公共利益保护者"任期 7 年,不可连任。

(二) 预防和打击腐败的法律

南非新政府成立后,沿用旧政府时期 1992 年的反腐败法 (Act 94 of 1992),同时为制定更符合新政治经济体制的相关法律做准备。2002 年 4 月提出《预防腐败法案》,2004 年 4 月颁布了《预防和打击腐败活动法》(Act 12 of 2004)[①]。

该法第二章第一部分规定了腐败的一般性定义,受贿和行贿均列为腐败犯罪行为,即任何人,直接或间接接受、同意接受、提出接受另一个人的报酬,直接或间接给予、同意给予、提出给予另一个人任何报酬,为提供报酬者的利益或其他人的利益而进行非法、不正当、未被授权、不完善、有偏见的行为,或出卖情报或材料,或滥用职权、违背信任、违反法律责任和规则,策划谋求不正当结果,构成腐败犯罪。

该法第二章第二部分对犯罪类型给出界定,主要包括腐败犯罪涉及的

[①] No. 12 of 2004: Prevention and Combating of Corrupt Activities Act, 2003, http://www.dac.gov.za/acts/Prevention%20and%20Combating%20of%20Corrupt%20Activities%20Act.pdf.

特定人员和特定事务。涉及腐败的特定人员包括：公共部门的官员、外国公共部门的官员、授权代理人、立法机构人员、司法官员、检察机关人员6类人员。涉及腐败的特定事务包括：与证据和能提供证据的材料相关的腐败活动，与合同相关的腐败活动；与获得或撤销投标相关的腐败活动；与拍卖、体育事件、赌博相关的腐败活动，以及其他构成腐败的违法行为、可能造成利益冲突和其他不当行为。

该法的其他专门规定包括调查相关财产、罪行推定和辩护、惩罚及相关事宜的确定（包括立案认可）、清偿盗用公款的注册登记等。该法还规定了加强预防和打击腐败的措施，包括规定在财政部建立投标违规者登记名册，以对有腐败行为的个人和企业在投标与合同当中给予一定的限制；规定掌握权力的人有责任报告某些腐败性交易；规定腐败违法和与腐败相关的违法行为的治外法权，以及其他与腐败相关事务的规定。

（三）财政管理和审计方面的法律

依据宪法第188条（Section 188）的规定，审计总长必须对中央政府和省级政府部门的账目、财政报告和财政管理进行审计并提出报告，对全国和省级议会要求审计的大城市和其他机构和财务单位进行审计。1995年制定的《审计总长法》[①]（Act 12 of 1995）进一步加强了审计长的权力。

其他有关财政管理的立法还有1999年的《公共财政管理法》和2002年的《市政财政管理法案》。

（四）政府采购方面的法律

根据南非宪法第217款的规定，政府采购（物品或服务）必须遵循5项原则：平等、透明、公正、竞争方式、成本划算。该款规定，以上原则并不禁止政府部门或机构所实行的采购政策在分配合同时提供某种优惠；保护或扶持历史上曾受到不公正待遇（歧视）的个人或人群；国家立法制定的政府采购政策框架中，必须包含此项政策的内容。

根据南非宪法相关条款，制定了2000年《政府采购优先政策框架法》

---

① Auditor-General Act, 1995 [No. 12 of 1995], http://www.saflii.org/za/legis/num_act/aa1995157/.

（Act 5 of 2000）①和 2001 年《政府采购优惠规则》对政府采购竞标过程中给予优惠的条件进一步具体化，规定了根据采购项目的投标价格计算优惠分数的公式。2011 年 12 月，南非财政部推出了新的政府采购规则执行指南②，使采购制度更为简化，减少了主观性，竞标优惠条件与政府其他相关社会经济政策更为一致，即把特定优惠目标，改为符合《基础广泛的黑人经济支持法》③，即竞标企业必须持有按照该法的相关规定颁发的"良好行为准则证明"。该执行指南还规定，主要的公共实体（包括大型公共部门）的采购招标，也必须按照新规则进行。为了促进国内经济发展和增加就业，特别是扶助中小企业的发展，南非政府的相关部门和企业界代表、工会组织，以及社会团体代表，签署了《本地采购准则》，即政府采购的 75% 要来自南非国内；同时商界承诺调整公司采购战略，开拓和增加从本地供应商的采购。④

四 对腐败的调查和起诉

（一）检察机构

南非国家检察署（National Prosecuting Authority）是根据南非宪法第 179 条第 1 款［Section 179（1）］建立的国家检察权力机关，成立于 1998 年 8 月。由国家总检察长（National Director of Public Prosecutions）和 3 名国家副总检察长领导。国家总检察长由总统任命，任期 10 年，不可续任。

国家检察署的下属机构包括：国家检察办公室、特殊行动处，以及证人保护、财产没收、性侵犯和社区事务、特殊商业犯罪和一体化管理等单位。

依照 1998 年的《国家检察权力机构法》成立了 3 个调查指导处，负责调查严重的经济犯罪、有组织犯罪、公共场所的暴力、腐败等。2000 年对该法的修正案规定，上述 3 个单位合并为一个"特别行动指导处"，由国家

---

① Preferential Procurement Policy Framework Act 5 of 2000 (the Act, Regulations), http://www.pprotect.org/legislation/docs/PREFERENTIAL% 20PROCUREMENT% 20POLICY% 20FRAMEWORK% 20 ACT% 205% 20OF% 202000.pdf.
② IMPLEMENTATION GUIDE: PREFERENTIAL PROCUREMENT REGULATIONS 2011.
③ Broad Based Black Economic Empowerment Act, Act No 53 of 2003.
④ http://www.info.gov.za/speech/DynamicAction? pageid = 461&sid = 22829&tid = 47666 31 Oct 2011.

副检察长负责。为了更有效地调查和惩治腐败，1999年6月25日总统姆贝基向议会宣布要建立一支有效的特殊行动力量，以调查和处理所有全国性的重大犯罪，包括警察的腐败。特别行动指导处的目标是调查起诉对国家民主和经济构成威胁的特别严重的犯罪和有组织的犯罪。主要关注复杂的金融犯罪，有组织的团伙犯罪，影响国家经济主权和政府行政的高层腐败。检察机关对应每个高等法院设置。各级检察机关向各级法院提起公诉。

政府各部门都建立了预防和打击腐败的机构。

（二）警察部门

根据1996年宪法（Section 205）的规定，南非警察部门有权预防、打击和调查犯罪。《警察事务法》[①] 把调查腐败和贿赂的犯罪列入警察的职责。根据该法成立了"独立上诉指导处"（Independent Complaints Directorate），其主要职能是保证因被警察拘禁或因警察的行为而致死事件、对警察的犯罪及行为不轨的指控进行切实有效的调查。

警察部门和其他机构进行的所有对腐败的调查，都要提交检察当局做刑事诉讼。

对于涉及腐败的非刑事案件的调查，由总审计长、公共利益保护者、特别行动指导处和特殊法庭负责。

五　权力的制衡与监督

南非多党民主制度的权力制衡与监督，主要来自3个方面。一是来自执政联盟内部，特别是南非工会大会和南非共产党对非国大政府政策的监督和批评；二是来自反对党在议会的监督和压力；三是来自公众（包括媒体）的监督。

公众在反腐败中的作用受到政府的鼓励。主要措施有：改进检举错误行为的途径，保护揭发内幕的人员和证据，设立举报热线。2001年生效的《保护揭发法》（Act 26 of 2000）以立法的手段保护了揭发者，并规定了公共部门和私人部门的雇员举报其雇主或其他雇员的非法或不规范行为的程序。政府设立举报热线是易于公众操作的揭发方式。关键是热线的管理和相关基

---

① Act 68 of 1995, amended by the Amendment Act 83 of 1998.

础设施要到位。1999年4月，南非中央和省级政府部门开始设立举报热线。公共事务委员会对热线的效果进行调查并提出报告。南非金融矿业中心所在的豪腾省对举报每月汇总，统计显示2000年通过热线举报的案件有54%得到了解决。政府社会发展部设立了24小时免费热线电话，每周7天开通，以及专门电子邮箱，供民众检举社会保障系统的腐败和欺诈行为。但是举报热线并未覆盖所有的政府部门，举报电话的记录和管理也有待加强。

在发展中国家特别是非洲国家当中，南非的公民社会的组织程度很高，成为监督、制约和推动政府依法行政的主要社会力量。南非的公众监督机制比较健全，各利益集团的要求在体制内有伸张管道。

民间团体在反腐败中的作用受到了政府的鼓励。南非在反对种族隔离时期形成了活跃而强大的各类非政府组织，1994年新制度建立后，仍然发挥作用，包括教会、工会、专业社团、商业组织和政治党派，其中工会和商会的作用很大。新闻媒体的监督很突出。南非新闻媒体是揭发和跟踪腐败事件的重要非官方来源，政府对媒体揭露各级官员的腐败没有限制。但是根据南非宪法第二章的规定，自由表达不包括宣传战争、暴力、鼓吹种族、性别、宗教仇恨等危害性煽动。

据南非媒体的跟踪分析，已经揭露的政府部门的腐败事件的来源中，60.2%是通过官方渠道，近18.4%是来自民间组织，个人检举占13%，记者的调查占8.4%。

在公众动员方面，2001年建立了《全国反腐败论坛》，旨在通过社会各界的共识和反腐败战略的协调，以打击和预防腐败，提高诚信道德和社会认知程度；向政府和各部门提出促进反腐败的建议措施。该论坛由民间社会、商业界和政府三方面组成，每个界别提名10名代表。当年6月15日在开普敦召开全国反腐败高峰会议。2002年召开社会各界参加的"提高道德高峰会"，并开展全国性提高道德运动。

南非反腐败的努力得到了国际相关机构的肯定。"透明国际"2005年的报告认为，南非在过去10年当中，有效地纠正了种族隔离后期旧政府的腐败，建立起领先水平的反腐败的法律框架、战略和机构机制，被授权打击腐败。该报告认为，南非的"国家诚信体系"在民主制度建设中取得长足进展。[1]

---

[1] South Africa National Integrity System Country Study Report, 21 March, 2005.

但是，尽管南非制定了系统的反腐败法规，建立了相关机制，但是近年来反腐败的实效有很大退步。南非在落实反腐败战略和法律时，主要存在以下方面的不足：第一，全国的协调机构和机制还有待健全；第二，相关专业人员的缺乏；第三，官员责任追究不到位。

在透明国际各国廉洁指数排名中，南非的名次逐年下降，从2001年的第38名下降至2005年的第46名，2011年降至第64名，2012年后退到了第69名。[①] 根据南非反腐败机构"特别调查处"的数据，每年腐败行为使南非政府损失300亿兰特；20%的政府采购预算被腐败吞噬。[②] 2011年12月召开的第四届全国反腐败峰会，提出进一步修订"公共服务道德管理框架"，以加强反腐败措施的实行，特别是官员责任追究制度。2012年12月上任的"全国反腐败论坛"主席瓦维（南非工会大会总书记）强调，必须把原则变为实际行动，以落实全国反腐败战略，其中包括更切实地鼓励和保护举报人，建立以人民为基础的反腐败运动。

[①] http://www.transparency.org/cpi results.
[②] http://www.nacf.org.za/Address-by-Zwelinzima-Vavi.pdf, 10 December 2012.

南非的反腐败举措、效果及启示

王田田*

[内容提要] 为了治理滥用公共资金资源、招投标合同欺诈、非法军火交易、政府采购环节中饱私囊等腐败问题，南非政府实施了公共领域的反腐败政策。通过推进完善财产申报和信息公开等法律制度，严厉查处并打击腐败犯罪，积极动员公众参与反腐，加强反腐败国际交流合作等举措，在反腐败方面取得了一些成效。但是由于受到执行层面、文化层面等诸多因素的影响，腐败治理尚存在许多难以克服的障碍。其对我国反腐倡廉建设的启示在于，要注重反腐倡廉法规制度的有效执行，重视引导社会力量有序参与治理腐败，建立国家间廉政研究智库的交流机制等。

南非在新型非洲民主国家发展道路上已经走了19个年头，是非洲最大经济体之一，2010年加入金砖国家。发展和转型为南非带来了前所未有的机遇，也为腐败带来了肥沃的土壤，诸如滥用公共资金资源、招投标合同欺诈、非法军火交易、政府采购环节中饱私囊、公职人员兼职取酬等问题已渗透到了国家管理体系中，成为南非最大的社会毒瘤。自2002年2月起，南非政府实施了公共领域的反腐败政策，在完善反腐败机构设置、法律制度和治理举措等方面加大了力度。

一 南非反腐败机构设置与职能

在南非，承担预防和打击腐败职责的既有国家机构，也有一些非政

---

* 王田田，中国社会科学院中国廉政研究中心助理研究员。

组织和学术机构。国家反腐败机构负责反腐败法律起草、执行，腐败案件受理与调查和处理。非政府组织致力于作出反腐败政策建议、绩效评估，推动各部门之间的反腐败交流合作。学术机构主要对廉政理论与实践问题进行研究。南非政府还成立了反腐败协调委员会，旨在促进各个具有反腐败职责的机构之间的互助合作。

（一）承担反腐败职责的国家机构

1. 司法与宪法发展部（the Department of Justice & Constitutional Development）

司法与宪法发展部主要负责反腐败法律起草、法律政策研究、为其他政府部门提供法律咨询和诉讼业务服务、对托管基金进行监管等。司法与宪法发展部下辖国家检察总署、法律援助中心及人权委员会、公共利益保护者、特别调查组等宪法性机构。国家检察总署向司法部长负责，检察机关对应每个高等法院设置，涉嫌贪腐的案件由各级检察机关向各级法院提起公诉。

2. 国家检察署（The National Prosecuting Authority）

国家检察署设在司法部下，由司法部长负责，其长官为国家公共事务检察长，它集中行使国家对涉嫌腐败的起诉权。国家检察署包括资产罚没司、国家公诉司、商业犯罪司、证人保护司、特殊程序委员会、廉政司等。它通过南非警察总局或者其下设的资产罚没司、特殊程序委员会来执行腐败案件。其对腐败案件所能采取的调查手段包括：经高级法院法官的授权后实施监听，经治安官或法官许可实施搜查和抓捕，经南非高级警官或同级别相关官员授权后实施电子监视，经公共事务总检察长获准后使用秘密调查机构。其下还有专门负责重大案件及高官腐败的"天蝎队"（后改名"山鹰组"），成立于1999年，由2000多名来自警务、金融、法院和情报等部门的中坚力量组成。

3. 南非警察总局（The South African Police Service）

南非警察总局下设立了主要负责腐败案件的商业犯罪司和国家反腐败司。商业犯罪司负责调查所有涉及经济犯罪的案件，包括商业贿赂和腐败；国家反腐败司专门负责调查南非警察总局内部涉嫌贪腐的案件。

4. 公共利益保护者（The Public Protector）

"公共利益保护者"是独立的宪法性机构，按照宪法规定行事，只对宪法负责。其负责人由总统提名，议会选举产生。现任的曼德塞拉女士

(Madonsela）于 2009 年 10 月由总统祖马提名，经由全体议员 100% 信任票产生。成为"公共利益保护者"一员则必须具备良好的诚信记录和优秀的道德准则。南非《公共利益保护者法案》中明确了"公共利益保护者"的职责，即接受民众对政府和公职人员提出的控告或者申诉，并进行调查，视情况予以答复，须至少每年向议会汇报一次。"公共利益保护者"每年都会收到大约 15000 份投诉。根据投诉的处理难易程度，投诉的调查和解决时间少则数小时，长可达 3 个月。

5. 公共服务与管理部（Department for Public Service and Administration）

主要职责是为公共服务与管理工作提出专业建议，以保证公共服务的高效和廉洁。经过多年的发展，其主要职能已从通过制定和实施公共服务政策实现公共服务现代化，拓展到为公共服务和管理提供各类支持和保障，以及加强对其过程的监督和事后评估。

6. 审计署（Auditor General）

南非审计署属于政府机构，审计长由总统提名，经国会批准任命，任期 5—10 年。任职期间，除了国会有充足的理由并经法定程序有权解除其职务之外，其他任何人无权罢免。审计职责是宪法赋予的，审计工作必须向国会报告。南非审计署目前共有员工 2000 多名，其总部主要对国家级部门和单位进行审计，在南非 9 个省设置了派驻机构，主要对省级、市级部门和单位进行审计。审计业务包括常规审计（含财务审计、合法性审计、业绩信息审计）、效益审计、信息系统审计和调查项目等，在腐败案件中一般是与相关职权机构协作，接受委托开展独立核查工作。

7. 特别调查组（The Special Investigating Unit）

特别调查组是南非跨部门协作、专司调查起诉、设在司法部下的宪法性机构，只对政府和议会负责，主要是针对公共部门的欺诈、渎职、贪污腐败行为。它依据南非特别调查委员会法案成立，其职责是阻止公共领域的各类腐败、欺诈和渎职行为给国家造成经济损失。特别调查组接受政府资助，资助款项经司法部预算法案投票通过。它也接受有合作和委托关系部门的项目资金。它有权调查可能影响公共利益的私人领域事务，处理刑事案件中的民事补偿事项。它有拘传、搜查、没收和询问证人的权力，但没有逮捕权。涉及犯罪行为的案件须由警察和检察机构处理。

8. 其他相关机构

除了上述机构之外，南非税务总局（The South African Revenue Services）

协助调查与税收相关的腐败案件，国家情报局（National Intelligence Agency）为调查机构提供各类涉嫌贪腐案件的情报服务，独立上诉委员会（Independent Complaints Directorate）接受公众对南非警察总局违法失职及贪污腐败行为的控诉。

（二）推动反腐败事业的非政府组织

1. 全国反腐败论坛（National Anti-Corruption Forum）

全国反腐败论坛是跨领域合作的非官方组织，2001年6月在开普敦由南非副总统宣布成立，旨在推进南非跨领域跨部门的反腐败交流合作，向政府提出相关政策建议，向国际社会展示南非反腐败的举措及成效。论坛由公民社会、公司企业和政府部门三个领域的代表组成，每个领域有10个成员单位，秘书处设在国家公共服务委员会（Public Service Commission）。目前已召开了四次全国反腐败峰会，最近一次为2011年12月。现任负责人为南非企业联合会主席蒙特巴女士（Ms. Futhi Mtoba.）。

2. 安全保障研究院（Institute for Security Studies）

安全保障研究院是"全国反腐败论坛"社会领域的成员单位，是区域性安全保障研究智库，在埃塞俄比亚、肯尼亚、开普敦和比勒陀尼亚（总部）设办公室，主要任务是推动非洲安全与保障政策（如腐败治理、艾滋病防治、种族歧视问题等）的论证和制定，致力于建设法治廉洁、人权保障和可持续发展的非洲共同体。该机构常常为公共机构治理腐败提出有效建议，曾经历时18个月来调查服务机构如军购、医疗、卫生、住房、公共资源、地方管理中的腐败问题。

3. "透明国际"南非分部（Transparency International—South Africa）

"透明国际"南非分部是"透明国际"总部设在南非的无党派、非营利的非政府组织，下设21个部门。近年来"透明国际"南非分部致力于实现行政权力制衡，要求南非政府加强问责制，倡导在行政以及公共资源管理领域进行改革。

（三）开展廉政研究的学术机构

近年来，南非一些学术机构开展了大量的廉政研究。南非人文社会科学理事会（the Human Sciences Research Council）是南非国家级的社科研究机构，其核心工作是与国家公共机构、非政府组织以及国际组织合作，开展大规模的、与国家政策和社会发展相关的研究项目，不断提高自身的学术影响和学术地位。它拥有一套涵盖调查和管理、功能强大的支撑体系，包括金融、人力资源、数字化信息中心、现代化图书馆以及出版销售部门。南非社科理事会开展了一系列反腐败实证调查研究，产出了许多廉政研究成果。开普敦大学、斯坦陵布什大学等高校也围绕南非公共财政预算、军火采购、传统文化、防止利益冲突等问题积极开展了廉政研究，努力影响国家反腐败立法与政策。

二　南非反腐败的主要举措

南非实施了一系列特色鲜明的反腐败举措，不断推进完善法律制度，打击腐败犯罪，积极动员公众参与反腐，加强反腐败的国际交流合作，积极向国际社会展示南非政府预防和打击腐败的决心和姿态。

（一）完善财产申报和信息公开等反腐败法规

南非政府在旧政府反腐败法的基础上，制定了《预防腐败法案》和《预防和打击腐败活动法案》两部基础性的反腐败法律，形成了较为完善的反腐败战略框架。近年来，又围绕促进政府信息公开、打击商业贿赂和政府采购合同欺诈行为、鼓励和保护举报人、防止利益冲突制定了《促进信息公开法案》《防止欺诈计划》《公共服务反腐败政策》《保护举报人法案》《行政道德法规》《议事行为准则》等一系列法律制度，并对财产申报作出详细规定：申报主体是局长、主管、秘书长等13—16级技术官僚，部长以上政治家设有单独申报机制；申报内容包括房屋财产、公司股份、开办公司、顾问咨询、收受礼品、接受资助馈赠等信息；填表后经本人宣誓，层层上报至公共服务委员会由专人接收，按机要信息管理，依申请可供政府部门查询。

（二）严厉查处并打击腐败行为

南非涉及腐败的犯罪行为，由警察部门和检察总署下设"特殊行动指导司"调查，涉及腐败的非刑事案件调查，由总审计长、公共利益保护者、特殊调查小组和特殊法庭负责。为增强重大贪腐案件的专业调查力量，1999年姆贝基总统宣布建立了"天蝎特别行动队"，破获了一批重大案件，包括纳塔尔省近4000名公务员挪用社会救济资金案、司法部大规模公职人员政府采购合同欺诈案及公共住房部利用"福利房项目"获取私利等，一定程度上遏制了腐败分子的嚣张气焰。2008年"天蝎队"解散后，南非又成立了"山鹰组"。

（三）动员社会公众参与反腐败

为公众参与反腐败设立便利渠道和保护措施。南非中央和省级政府部门均设立了腐败举报热线，还成立了负责人由总统提名的"公共利益保护者"，民众可以通过电话、电子邮件、邮政信函等多种途径向其提出控告或者申诉，"公共利益保护者"必须答复并保护其隐私，视情况展开调查或者委托开展调查，至少每年向议会汇报一次。受到"公共利益保护者"调查、批评的行政或者司法机构，必须对错误予以改正，更不能干扰调查。2011年，社会公众"向公共利益保护者"投诉16251件，结案14148件，其中有52%的投诉在一个月内结案。

鼓励非政府组织和学术机构积极参与反腐。南非"全国反腐败论坛"召集公民社区、公司企业和政府部门三个领域共同参与反腐政策研究，2001年至今已围绕"打击与预防腐败战略""加强反腐败共同协作"等主题召开了四次反腐败峰会，其中"财产公开的框架""预防打击腐败活动议案"已为立法所采用。区域性非政府组织安全保障研究院围绕国防、军售和公共服务等领域的腐败做了大量课题。斯坦陵布什大学廉政研究教育中心不但从事廉政研究，还为公职人员提供廉政教育培训。

（四）重视媒体在反腐败中的作用

南非新闻媒体是跟踪和揭发腐败事件的非官方来源，在揭露腐败丑闻方面没有禁忌和顾虑，发挥了很大的作用。在被揭露的政府部门腐败事件中，60.2%通过官方渠道，18.4%来自民间组织，记者调查占8.4%。"公共利益保护者"与媒体紧密合作，每个季度召开新闻发布会公布反腐败动态，以此敦促公共服务机构和公职人员更正错误和不当行为。作为南非执政三方联盟成员之一的南非工会大会，于2012年1月启动了一个"腐败观察"网站，通过因特网和社交媒体账户向普通公民、社区委员会、工会、纳税人协会提供反腐败信息，还帮助因腐败行为受损的社区或个人提起诉讼，在无法使用互联网的社区推行手机平台参与反腐。

（五）积极开展反腐败国际交流与合作

南非很重视与非洲地区、与世界各国的反腐败交流合作。2001年3月，南非政府与联合国毒品与犯罪办公室签订了《全球反腐败框架协议》，对南非各个领域的腐败成因、发展趋势及反腐败效果进行评估，尝试运用风险管理的方法治理腐败。在南非倡议及主导下，非洲国家在2003年7月非洲首脑会议上签署了《非洲反腐败议定书》，通过实行政府间的"互查机制"核查和评估各成员国反腐败效果，相互敦促腐败治理。安全保障研究院、开普敦大学等学术机构都积极参与并完成国际合作项目，产出了不少廉政研究成果。南非已加入了《联合国反腐败公约》和国际反贪局联合会，已接受了《联合国反腐败公约》履约审议的工作，并于2013年5月最终完成国别审议报告。

三 南非反腐败举措的效果分析

南非在反腐败方面取得了一些成效，非国大执政以来的南非政府在反腐败方面的作为，被社会舆论认为是历史上任何时期都不能比拟的，联合国毒品和犯罪办公室、透明国际等国际组织对南非反腐败予以了一定认可。

但是，南非腐败现象仍易发多发甚至触目惊心。2012年年初，南非官方机构公共服务委员会表示，2011年公务员贪污公款数额高达3亿兰特（约合4200万美元），比2008年增长了346%。2011年年底，特别调查局前局长霍夫梅尔在议会上称，20%的政府采购资金去向不明，数额高达近38亿美元。在南非审计总长最近所作的审计报告中，获得无保留审计意见（也称洁净意见）的，在39个政府部门中仅有3个，272个国有企业中只有106个，239个市政当局中仅有7个。与此相印证，2011年年初，据南非人文科学理事会发起的对南非9个省区7000人关于腐败问题的调查数据表明，与2003年相比，民众对腐败的关注度提高了3倍，主要集中在政府采购、资源配置等领域，54%的民众认为过去两年腐败问题呈增长趋势。南非治理腐败的实际效果不尽如人意，存在许多难以克服的障碍：

（一）反腐败沦为政治斗争的手段

在南非，政治竞争对手借"反腐败"相互打击倾轧，挖掘对方的腐败丑闻。2005年时任南非总统姆贝基以祖马涉嫌接受一家法国军火公司佣金为由，毫不犹豫摘掉了政治对手的副总统职务。司法部门则称这一案件受政治干预，祖马是"一场政治阴谋"的受害者，在舆论的支持下，祖马在随后的党内选举中击败姆贝基当选非国大主席，南非检察总署在总统选举前两周以证据不足为由撤销了对祖马腐败案件长达8年的司法调查与起诉，为总统竞选扫除了最后阻碍。曾在议会工作的斯坦陵布什大学教授伍德指出，其主持起草一份关于祖马军售案的调查报告时受到了政府的干涉，其他调查人员也在调查期间被有关部门请去"喝茶"，最终导致报告对军售真相无实质剖析，不了了之。

（二）反腐败法律制度执行乏力

南非在反腐败制度执行中存在的消极执行、替代执行、欺诈执行甚至不执行，在很大程度上使反腐败制度处于休眠状态。政府规章要求内阁成员和副部长"不能从事任何其他有报酬的工作；不能进行任何与其担当的工作性质不符或卷入会使其面临本身公职与私利发生冲突的风险情况"，然而高层人物接受工商业界人士政治献金的现象稀松平常，普通公职人员兼职取酬也屡见不鲜。政府部门常常有选择性地公开政务信息，公民或社会组织依据《促进信息公开法案》获取所需信息的难度很大，如关于军火交易的政府采购合同属于公开范畴，但研究机构索取时有关部门则以"国家利益"为借口百般阻挠。政府采购合同、工程建设招投标等环节虽有诸多规范，政府与企业之间的交易表面上也合乎规定，但暗地里却存在着大量私下交易。

（三）打击腐败"刑不上大夫"

在南非，因连带关系往往不对涉案高官进行公开调查与审判，同时也缺乏对其起诉的便利程序和证据保全措施，造成对政治高层进行调查步履维艰。即使展开调查，高层涉案人员也能保释，经常是程序拖上几年，待其职位升迁后，调查阻力加大，最后检察机关以"证据不足"而撤诉。南非有相当数量的高层官员因为调查无力、证据不足而逃脱惩罚，继续担任公职并继续贪污。南非政府曾宣称，2014年前要对100个贪腐数额超过500万兰特的人定罪判刑。前特别调查局局长霍夫梅尔指出，目前至少有26个高官位列其中，但均未被起诉，过去几年因腐败被判刑的高官更是屈指可数。

(四) 反腐败机构缺乏权威性或力量分散

南非公共服务委员会、司法部、检察总署、财政部、税务总局等机构均承担了不同程度的反腐败职责,但职责分散、能力有限。成立于1999年的"天蝎队"在管辖权上一直存在争议,被指责"违宪",2008年被解散。后祖马政府成立了"山鹰组"处理涉嫌腐败案件,但其无权传唤证人、获取通信记录和银行资产状况,无权收集能够提请刑事控诉的有效证据。2011年,南非宪法法院指出立法没有赋予"山鹰"足够的权力来排除政治干预。

(五) "利益均沾""裙带庇护""黑色贫穷"等消极文化消解了反腐败制度

对高层官僚来说,在多党制和权力争夺的环境中寻求"政治盟友",结成"一人得道、鸡犬升天"的庇护关系,这是非洲大陆官场文化的显著特点。同盟集团内的利益共享,减少了分赃不均而产生的检举揭发,这使得腐败行为在一定时段内隐蔽不发。南非有很多被报道的腐败案件表现为大规模集体腐败。2011年林波波省教育、卫生等部门政府采购合同诈骗案曝光,合同总价超过1.75亿兰特,涉及近千名公职人员,使南非财政部不得不接管多个省政府部门。对于南非普通公职人员和民众而言,生活在刚摆脱了种族隔离梦魇的新兴发展中国家,"贫穷文化"和"黑色文化"的影响使他们考虑如何抓住机会获得补偿,也使他们对"贪污腐败"习以为常。正如曼德拉谈及非国大政府官员腐败问题时所说的那样,他们就像第一次走进糖果店的穷孩子,一旦触及政府资金就再也不会撒手。从某种意义上来说,消极文化因素给南非反腐败带来的影响很难在短期内消除。

四 对我国反腐倡廉建设的启示

第一,建立科学严密完备管用的反腐倡廉制度体系,把提高执行力作为着力点。特别要完善政府采购、行政审批、防止利益冲突等方面的制度,加强对制度廉洁性的审查,防止制度成为获取利益的资源。要将执行视为制度的生命力。将反腐倡廉建设人力、物力和财力资源向制度实施上倾斜，注重提高纪检监察干部队伍素质，加强对执法人员的专业培训，积极推行行政问责制，强化对执行不力的责任追究力度。

第二，为群众和非政府组织有序参与治理腐败创造条件。反腐败是一项社会事业，公众参与不容忽视。要深入推进信息公开工作，满足人民群众获取和利用政府信息的需求。设立便于公众操作的监督方式，对民众的意见和举报进行及时反馈处理，重视政府与非政府组织之间的对话与合作，回应公众的参与热情。

第三，引导媒体特别是新媒体成为有效监督力量。报刊、广播等传统媒体是发掘腐败线索的重要信息源，微博、社交网站、手机平台等新媒体具有强大的传播、联络和动员作用。在我国的反腐败进程中，要对媒体监督持正确态度，引导媒体发挥积极的作用。对媒体报道的腐败线索予以重视，提高领导干部应对媒体报道腐败事件的能力。

第四，改造人际交往中的礼俗文化。对民族传统文化抑弊扬善，遏制以"婚丧嫁娶、工作调动、培训学习、出国出境、住房装修、乔迁新居、生病住院、孩子上学参军"为名的行贿"机会"，打掉"挂名费、辛苦费、活动费、咨询费、服务费、手续费"等受贿"名堂"，倡导"礼轻情意重"的交往方式和公私分明的职业操守，对公职人员接受馈赠行为制定可操作性标准。要增强驻外企业人员遵守国际贸易规则和招投标程序意识，纠正"花钱办事"的传统思维，养成干净干事、廉洁自律的良好商业习惯，杜绝在他国进行商业贿赂的不端行为。

第五，建立国家间廉政研究智库的交流机制。充分发挥廉政研究的智库功能，通过论坛、刊物、网站等形式搭建国家间廉政研究智库的定期交流平台，跟踪腐败的形式、产生原因及治理举措，为治理腐败提供借鉴。建立廉政研究专门数据库和成果共享平台，提供学术机构获取信息的便利通道和意见反馈机制，促进优秀廉政研究成果向立法和政策转化。

博茨瓦纳反腐败探析

徐国庆*

[内容提要] 20世纪60年代博茨瓦纳的经济社会快速发展，经济腐败案例也开始浮出水面，并呈现出日益恶化的趋势，为减少腐败对社会治理、政治清明与经济发展的冲击，博茨瓦纳不断采取多种措施，如完善打击违法犯罪打击腐败的法律体系、成立反腐败和经济犯罪理事会、提高反腐人员的素质、推动国际合作、提供更有力的法规与资金支持等，较好地打击与遏制了腐败的蔓延。

历史上，非洲的反腐败运动常发生在经济、政治和社会变革的时期。20世纪90年代以来，非洲的腐败问题再次引起了世人的关注，主要原因有：一是由于冷战结束后，全球民主化的新浪潮横扫非洲大陆；二是非洲一些国家经济的快速发展，为腐败和权钱交易提供了机会。非洲多个国家在反腐败、推动良好社会治理方面也采取各类举措。这其中也包括南部非洲国家博茨瓦纳，取得一定的反腐成效。

一 博茨瓦纳加强反腐败的背景

随着20世纪60年代包括钻石在内的大批矿产资源在博茨瓦纳被发现与挖掘，博茨瓦纳的经济社会获得了快速的发展。1966年，博茨瓦纳最终走出世界上25个最贫穷国家行列，成为中等收入国家，是经济增长最快的非洲国家之一。1981—1991年，该国GDP平均年增长率为10%，即使

---

* 徐国庆，中国社会科学院西亚非洲研究所助理研究员。

以世界范围而论也属罕见。1991年以后虽然由于长期干旱和作为主要出口产品的矿产部门减产而有所降低，但1996—1997年度和1997—1998年度GDP增长率估计仍分别为7%和6.8%，对遭受大灾的国家来说，这样的经济增长率就很不错了。①

与此同时，博茨瓦纳的经济腐败案例也开始浮出水面，并呈现出日益恶化的趋势。1975年，该国工作与通信部部长库恩兹（Kunz）先生，由于两项官员腐败，被判入狱9个月。在博茨瓦纳的经济中占重要地位的畜牧业部门中，1980年一个总统调查委员会调查恩夸凯采第一开发区农场分配的情况时，就把前总统亦即当时的副总统牵连了进去。20世纪90年代，一系列严重和更具破坏性的丑闻更加引起了广泛的关注，博茨瓦纳不得不成立总统委员会参与调查。其一是该国国际项目经理（International Project Managers, IPM）公司被授予代表当地政府土地和住房部，获得提供小学书本和教育材料的招标。之后的总统调查委员会认为IPM根本缺乏教育与采购书本的经验，所有参与督察招标的官员没有按规定操作，最终造成2700万普拉（约合600万美元）的损失。第二件丑闻与哈博罗内近郊村庄地区的土地问题有关，1991年12月，总统委员会发现权力被滥用于获得土地，并点名批评兼任地方政府，土地、住房部部长的副总统Peter Mmusi和农业部部长Daniel Kwelagobe，令人震惊的是两人还分别是执政党——博茨瓦纳民主党（BDP）的全国主席和总书记。总统委员会认为这与经济发展导致住房短缺和土地供应紧张有关，促使政府的可信度与诚实性遭到质疑；总统委员会参与督察的第三件丑闻涉及博茨瓦纳住房公司（BHC），该公司是一个负责公共住房建设的半独立公司，根据1992年总统委员会的报告，认为BHC公司总部工程和洛巴策高价房工程疑点颇多，流失了数百万普拉，表示这与一些部长和高级公务员，包括兼任地方政府，土地、住房部部长的副总统Peter Mmusi再次参与其中，并乘机采纳了许多不负责任的决定，有密切的关系。

二　博茨瓦纳加强反对腐败的主要举措

尽管博茨瓦纳国内有严格的会计控制制度且采取独立审计，但在频发

---

① See generally, Barclays Bank of Botswana Ltd, *Barclays Business Guide to Botswana 1997/1998*, Gaborone: Barclays Bank of Botswana Ltd, 1997, and *The Economist Intelligence Unit, Country Profile: Botswana and Lesotho 1997–1998*, London: Redhouse Press, 1997.

的腐败案件面前却仍然很无奈。为减少腐败对社会治理、政治清明与经济发展的冲击，通过当时的副总统费斯图斯·莫盖雅所说的"非常措施"处理"严重事件"，博茨瓦纳不断采取多种措施，以遏制腐败行为的发酵。

完善打击腐败犯罪的法律体系。自1964年以来，博茨瓦纳就设定编纂了刑法制度，《刑法典》第99节专门针对官员的腐败行为，[①]议会还不时对之加以修改，以针对特定违法行为；为剥夺严重犯罪行为人的非法所得，博茨瓦纳1990年通过了《严重犯罪收益法》（Proceeds of Serious Crime Act）；特别重要的是1994年博茨瓦纳制定的《反腐败和经济犯罪法》（Corruption and Economic Crime Act, 1994）；近期，博茨瓦纳更是加大对打击经济腐败的法规建设。继2003年博茨瓦纳推出的《银行反洗钱条例》后，2009年又推出了《金融情报机构法》；设立金融情报机构（FIA），加强与国内外相关机构的联系。在地区与国际层面，为打击清洗黑钱（AML）行为，博茨瓦纳还加入1999年的东部和南部非洲反洗钱集团（ESAAMLG），执行金融行动工作组（FATF）的建议。[②] 2010年12月，博茨瓦纳参加联合国国际反腐败日的纪念日，与国际社会分享博茨瓦纳反腐败的信息。同年7月，博茨瓦纳政府批准《联合国反腐败公约》。[③]

根据1994年《反腐败和经济犯罪法》及以香港廉政公署（ICAC）为蓝本而成立的博茨瓦纳反腐败和经济犯罪理事会（DCEC），是该国打击腐败犯罪行为的主要机构。DCEC的职责主要体现在三个方面：一是调查和起诉犯罪嫌疑人。DCEC在接到群众或政府部门工作人员的举报，或自行收集到情报时，即可开展调查。鉴于此，DCEC拥有广泛地获取信息的权力，可以要求任何人出示各种文书，包括书籍、记录、报告，或者其他任何关于一切公私机构职能的文件，拒绝回答或故意提供错误信息则视为违法行为，DCEC甚至还有权在没有逮捕证的情况下拘留任何人，只要有理由怀疑此人已经或将要做出违反反腐败和经济犯罪法的行为；二是预防腐败。对于认为有发生腐败行为倾向的公共机构，DCEC可建议其领导人修

[①] Botswana anti corruption law enforcement, http://www.nacf.org.za/global_forum5/presentations1/081_Dambe.doc.

[②] Botswana Countering Financial Crime, January 10, 2013, http://www.bankofbotswana.bw/index.php/content/2009103012014-countering-financial-crime.

[③] Botswana has improved corruption image-Seretse, http://www.mmegi.bw/index.php?sid=1&aid=260&dir=2012/March/Tuesday27.

改机构的运作和程序，以便有效履行职责。① DCEC 下属设一个预防腐败小组（CPG），将建筑业中的购买和投标、汽车购买和维修、政府住房分配、福利基金管理、医疗援助计划管理、土地配置、各种执照和许可证发放等视为诱发腐败行为的薄弱环节；三是公众教育。DCEC 利用国家传媒资源提高公众认识。例如广播节目、宣传广告、小册子和其他宣传媒介以及报纸杂志上充满感情的词语和主题，教育和鼓舞人民向 DCEC 举报一切腐败行为。此外，根据一项 1995 年的议会法律，博茨瓦纳设立了监察员（Ombudsman）制度，并在 1997 年 12 月 1 日正式开始运行；博茨瓦纳还有公共采购和资产处置委员会（PPADB），在警察部门设有重案组等。②

三　博茨瓦纳反腐败的成效

博茨瓦纳通过推动民主和负责的法律与制度的建构，较好地打击与遏制了腐败的蔓延。从实践上来看，一大批腐败丑闻被揭露与纠正。自 1994 年 DCEC 成立以来，影响最轰动的腐败丑闻——尼古拉斯·扎策蒙（Nicholas Zachem）案件中，涉案的相关政治家、公务员、私营部门和一个在非洲多国有业务的跨国公司斯扎策蒙建设（Zachem Construction），都受到了处罚。截至 2012 年 12 月，博茨瓦纳卡马政府已有三位部长因面临腐败指控，而被送上法庭。其中包括 2010 年的卡马总统的大堂兄，司法、国防和安全部长拉马德鲁克·塞雷茨（Ramadeluka Seretse）。2011 年，博茨瓦纳的金融与发展部长肯尼思·马坦博（Kenneth Matambo）、2012 年的财政部部长助理文森特·塞雷茨（Vincent Seretse）。从政治上来讲，自 1966 年以来，博茨瓦纳不但维持民主政治，尊重人权，而且避免了非洲大陆其他国家类似的灾难性的腐败，尽管博茨瓦纳国内外总体上认为该国面临着诸多挑战，但不包括严重的腐败。不同于其他从多元化向权力集中在一个政党手中的非洲国家，博茨瓦纳保留了其正式的多党民主制。2011年，根据透明国际（TI）的年度清廉指数，博茨瓦纳连续 16 年被评估为非洲最清廉的国家，位居世界上较清廉国家的行列，该国 2011 年在 183 个

---

① ［博茨瓦纳］查尔斯·曼伽·冯巴德：《在非洲遏制腐败：博茨瓦纳经验的几点启迪》，《国际社会科学杂志》（中文版）2000 年第 2 期。

② Botswana anti corruption law enforcement, http://www.nacf.org.za/global_forum5/presentations1/081_Dambe.doc.

国家的排名中，居第 32 位，位居所评估国家的前 20% 范围内，超过半数欧洲国家的排名，比 2010 年上升 4 位，比 2009 年提升 8 位。[①] 其结果是外界对博茨瓦纳的投资与经营环境的看法也有所改善。2013 年，博茨瓦纳的经济自由度得分为 70.6，高于 2012 年的 69.6 分，远远高于世界平均值，居全球国家排名的第 30 位，在 46 个撒哈拉以南非洲国家中位居第二。[②]

四　博茨瓦纳继续加强廉政建设的努力

博茨瓦纳政府重视反腐败对经济发展的意义。2011 年 5 月，博茨瓦纳总统卡马指出，许多非洲国家的清廉指数太差，对这些国家吸引外资，推动经济增长产生了负面的影响。鉴于此，博茨瓦纳政府要努力维持非洲最清廉国家的地位。[③] 总体上来看，博茨瓦纳将在以下几个方面推动反腐败进程：（1）加强反腐败的机制建设。博茨瓦纳政府表示将向各个部门派遣 DCEC 官员，在各个部门业务实践中灌输反腐败文化；向公共机构提供快捷的防止贪污的咨询服务；成立防止贪污委员会，向政府各部门倡导反腐败的战略和举措。[④]（2）提高反腐人员的素质。近期成立的刑事检控专员理事会（DPP）正在扩大人员规模，并对检察官进行培训。（3）推动国际合作反腐败。2011 年，首次非洲英联邦反腐败机构负责人地区会议在博茨瓦纳的哈博罗内召开。博茨瓦纳总统卡马认为反腐败的一个可靠途径是加强国际议程，建立联盟是推动反腐败事业前进的唯一道路。[⑤]（4）提供更有力的法规与资金支持。其中包括：制定《民事没收法》（Civil Forfeiture Act），推出《告密立法》，博茨瓦纳通过保护告密人的决定；完善金融情报中心经费，克服 DCEC 内金融调查部门面临资源短缺难题。（5）深化反

---

① AFRICA: Botswana tops in fighting corruption, December 2011, http://www.africanews.com/site/AFRICA_ Botswana_ tops_ in_ fighting_ corruption/list_ messages/40560.

② http://www.heritage.org/index/country/botswana.

③ Botswana: Corruption is One of the Greatest Challenges for Africa, Says President, 24 MAY 2011, PRESS RELEASE, http://allafrica.com/stories/201105250870.html.

④ Botswana Government Anti Corruption Initiatives, 10 January 2013, http://www.gov.bw/en/Business/Topics/Fighting-Corruption-and-Money-Laundering/Anti-Corruption-Initiatives/.

⑤ Botswana has improved corruption image-Seretse, http://www.mmegi.bw/index.php? sid = 1&aid = 260&dir = 2012/March/Tuesday27.

腐部门的合作。博茨瓦纳认为政府、私营部门、大众媒体和广大市民等都需要综合的合作。反对腐败单靠某个反腐败机构是不够的。需要来自政府机构和私人部门的推动,[①] 以确保反腐进程中的公平。

尽管如此,博茨瓦纳在反腐败的进程中还面临一定的难题。例如,DCEC 在财政、管理和职能上的独立性还有待强化。有舆论认为,为改变DCEC 在打击高级腐败上无能为力的局面,DCEC 需要从行政部门脱离,DCEC 的主任应该由议会任命,并对议会负责,有必要组建一个优秀的委员会,由执政党和反对党各占一半的席位,监督和控制 DCEC 的运作,或DCEC 不应该向总统办公室汇报,而应向一个议会委员会汇报,因为他们是法律制定者。而 DCEC 的薪水应由综合基金支付,且有自身独立的预算经费;面对安全部门的招标,DCEC 没有权力审问国家安全部门,仅仅通过教育或提供建议。在打击腐败的覆盖面上,不但应包括公共部门,还应该涉及私人部门。此外,参与反腐败的人员不足与技术欠缺也困扰着博茨瓦纳反腐败的进展。2012 年 12 月,DCEC 表示由于需要太长的时间调查或完成调查,一些案件被法院放弃,认为一般需要最少 3 年完成对特定问题的调查,或甚至需要 10 年时间。

总之,经过多年的法规、机构与人员建设,博茨瓦纳具备了较强的反腐能力。然而,由于政治上和技术上的限制,DCEC 的有效性受到了一定程度的制约。为能有效控制腐败,DCEC 需要足够的资源和独立性。否则,DCEC 在控制舞弊或贪污的能力将被削弱,影响其信誉和成效。

---

① Botswana: Corruption is One of the Greatest Challenges for Africa, Says President, 24 MAY 2011, PRESS RELEASE, http://allafrica.com/stories/201105250870.html.

莫桑比克反腐败立法
以及制度架构

袁 武[*]

[内容提要] 作为一个转型中的国家，莫桑比克的腐败问题亦十分严重。莫桑比克反腐败法律体系庞杂分散，涉及诸多的法律条款。其反腐法律体系主要包括反贪污腐败法、刑法典、刑事程序法、公共官员伦理法、证人保护法、检察官组织法、法院组织法等。主要反腐败机构有反腐败办公室、公务员伦理委员会、督察专员办公室、采购监督职能局。

莫桑比克位于非洲东南部，16世纪遭到葡萄牙入侵，并沦为葡萄牙殖民地。1975年6月，莫桑比克人民通过武装斗争获得了独立，莫桑比克解放阵线取得了政权。独立后，莫桑比克全国抵抗运动长期开展反政府武装斗争。1992年10月14日，双方签署了和平协议，结束了长达16年的内战。1994年，莫桑比克举行了首次民主多党选举。自内战平息以来，莫桑比克被国际社会视为向民主过渡并获得经济快速发展的成功案例，获得外部投资和援助比较多。

作为一个转型中的国家，莫桑比克的腐败问题亦十分严重。腐败成为威胁莫桑比克发展和政治稳定的一个毒瘤。2000年，莫桑比克反腐斗士、新闻记者卡洛斯·卡多索（Carlos Cardoso）揭开了国内银行欺诈和这个国家一些最为隐秘的洗钱、司法腐败等黑幕，并因此遭到了暗杀。时任总统希萨诺的儿子被指控为暗杀主谋而引起轩然大波。国际非政府组织透明国际（Transparency International）最近公布的2012年清廉指数（Corruption

---

[*] 袁武，中国社会科学院西亚非洲研究所助理研究员。

Perceptions Index，CPI）排名中，莫桑比克在全球 174 个国家中以 31 分（满分 100 分）位居第 123 名。向莫桑比克提供援助的西方国家亦对莫桑比克公共部门腐败提出了异议。随着腐败越来越成为威胁执政党地位以及阻碍外国投资流入的毒瘤，莫桑比克亦非常重视反腐败的斗争，除了不断完善反腐败法律，在反腐法律执行方面亦加强制度方面的建设。

一　莫桑比克反腐败立法

莫桑比克反腐败法律体系庞杂分散，涉及诸多的法律条款。其反腐法律体系主要包括反贪污腐败法、刑法典、刑事程序法、公共官员伦理法、证人保护法、检察官组织法、法院组织法等。

早在 20 世纪 90 年代，莫桑比克就开始了反腐败相关的立法。1990 年，莫桑比克制定了《行为、权利和责任准则》（Norms of Conduct, Rights and Duties, Law No. 4/1990），要求高级国家领导人每年进行财产公示。1998 年通过《政府在职人员行为准则》（Norms of Conduct of Holders of Government Offices, Law No. 7/1998），要求政府官员每年进行财产公示。但是反腐败立法一直比较薄弱，直到 2004 年议会通过了《反贪污腐败法》（Law No. 6/2004）。该法律对腐败进行了定义。腐败包括消极腐败（passive corruption）与积极腐败（active corruption）。消极腐败是指政府官员向他人索取物质或非物质利益；积极腐败是指他人给予政府官员物质或非物质利益。该条文关于腐败的定义，实际上是指受贿和行贿。然而该定义并未包含其他诸多的腐败行为，例如转移资金、以权谋私、非法所得、通过洗钱将贪污腐败所得合法化等。该法仅仅是强化了《刑法典》（Penal Code）中关于惩治贪污腐败法律条文。《刑法典》第 318 条涉及消极腐败，第 321 条涉及积极腐败。2004 年《反贪污腐败法》是在西方援助国的压力下制定的，因此有其局限性。

总体而言，随着莫桑比克加入联合国、非盟、南部非洲发展共同体等国际组织的反腐败国际公约，莫桑比克开始加快了对反腐败法律的修订与补充。莫桑比克司法部长本芬达·列维（Benvinda Levy）认为，反腐败法律虽然存在，但是由于比较分散，因此检察官、法官和反腐部门很难执行。莫桑比克原定于 2011 年向议会提交反腐败法律的修订案和新的反腐败相关立法，因故延迟至 2012 年。

(一) 反贪污腐败法

2004年,莫桑别克通过了《反贪污腐败法》。该法律将勒索财物和试图贪污以及主动和被动行贿都定义为犯罪。该法律适用于所有的莫桑比克公民。然而该法也存在着严重的不足,例如,该法不适用于贪污腐败的外国官员;该法只定义了主动和被动行贿,但并未涵盖一些贪污腐败行为,如转移资金,以权谋私,非法致富,通过洗钱将贪污所得合法化,侵吞公款等。2012年,《反贪污腐败法》修正案提交给议会。该修正案将公共部门腐败与私有部门腐败相提并论。现有的《反贪污腐败法》对于私有部门的腐败并无明文规定。《反贪污腐败法》和《刑法典》修正案都将规定一系列的私有部门的腐败罪名。除此之外,公共部门官员的滥用职权罪也将收录其中。《反贪污腐败法》修正案还对非法所得以及以权谋私进行了界定。如果一个人对其合法收入的来源不能提供合理解释,那就属于"非法所得",这部分非法所得将会被没收。非法所得不仅可针对公共部门职员,而且可运用于毒品交易商。

(二) 刑法典 (Penal Code)

莫桑比克《刑法典》系葡萄牙殖民者制定并沿用至今,部分法律条文甚至可追溯至1854年。随着时代变迁,莫桑比克独立后很多新制定的法律与《刑法典》的条文自相矛盾。2009年7月,莫桑比克议会对《刑法典》进行了修订。修订后的《刑法典》将《反贪污腐败法》中的一些未涵盖的贪污腐败行为,如以权谋私、侵吞公款、渎职等行为,认定为犯罪。

(三) 刑事程序法 (Penal Processes Code)

《刑事程序法》修正案增加了反贪污腐败局和检察官的调查手段。修正案规定检察官可以通过秘密调查、电话监听等手段对贪污腐败人员开展调查。同时,公共检察官相关法律修正案赋予检察官更大的权限,使得贪污腐败行为更易遭到起诉。

(四) 公务员伦理法

2012年5月9日,莫桑比克议会通过了《公务员伦理法》。在此之前,关于财产公示、公共官员行为准则以及利益冲突回避原则（interest of conflict）等反腐措施分散于诸多法律法规之中。20世纪90年代，莫桑比克就先后制定了关于财产公示的法规。1990年制定的《行为、权利和责任准则》以及1998年制定的《政府在职人员行为准则》就先后规定了政府高级官员和一些部门及公共机构负责人必须进行财产公示。然而，莫桑比克司法部部长本芬达·列维（Benvinda Levi）认为，这些法律分散于诸多法律条款中，既不连贯又无成效。上述两个行为准则规定财产公示只适用于政府部长、最高法院法官以及议会常务委员会成员，且不要求这其中的大部分成员财产公示。而《反贪污腐败法》第4款第一段规定，立法部门和司法部门成员无义务进行财产公示。《公务员伦理法》实施后，所有经选举上任的官员（包括省长、市长以及省、市议会成员）以及任命的政务官（包括政府部长、副部长、省级官员）均需进行财产公示。该规定还同时适用于所有法官、检察官，国有机构的管理者，银行管理人员，税务机构高级官员，武装部队及警察部门后勤部门管理人员，公共机构、基金、国有公司以及国有控股公司管理人员。

（五）证人保护法（Law of Witness Protection）

《反贪污腐败法》第13条规定，对于举报公共部门官员贪污腐败的公共部门及其私有部门的举报者可提供保护。然而，莫桑比克反黑斗士卡洛斯·卡多索被杀使得人们重视对证人和贪污腐败揭露者的保护工作。莫桑比克政府已经将证人保护法提交议会。根据提交草案，犯罪行为的揭露者或者证人在生命安全和人身自由受到威胁的情况下可申请保护。证人保护程序不仅保护证人，同时也保护其配偶亲属及共同生活的人。

（六）公共采购法（Public Procurement Law, Law No. 54/2005）

公共采购是贪污腐败容易滋生的领域。2005年，莫桑比克颁布了《公共采购法》，对公共采购进行了很好的规范。在该法出台之前，莫桑比克公共采购伴随着大规模的欺诈和贪污。《公共采购法》包括采购官员利益冲突回避原则，强制职业培训，要求竞标，投诉程序，违规企业禁入等条款。因此，根据该法，大型采购要求竞标，严格正式要求限制唯一来源程度。而且，未竞标成功的竞标者可要求官员检察竞标程序，或者通过法庭对具体采购决定进行复议。

（七）预防和反洗钱法（Prevention and Combating of Money Laundering Law No. 7/2002）

莫桑比克 2002 年通过的《预防和反洗钱法》，以防止公共官员将违法所得的不当得利益通过洗钱合法化。对于洗钱犯罪行为的调查，该法提出了五种调查技巧：（1）调查银行信息与银行账号；（2）电话监听；（3）进入开户银行的电脑系统；（4）进入客户终端的信息数据库；（5）获得调查对象的合同或计划。2012 年 4 月，莫桑比克政府通过了预防与反洗钱和反资助恐怖主义国家战略。该战略机遇四大支柱：立法，人员的技术培训，国际合作以及公共部门、财政部门、警察和司法机构的有机重组。

二 莫桑比克主要反腐败机构

莫桑比克反腐败机构主要包括反腐败办公室、中央公共伦理委员会与伦理委员会、督察专员办公室、采购监督职能局等。

（一）反腐败办公室（the Central Office of Combating Corruption）

反腐败办公室是根据 2004 年通过的《反贪污腐败法》于 2005 年成立的，隶属于最高检察署。反腐败办公室成员由总检察长任命，并对总检察长负责。其前身为 2003 年成立的反腐败小组（Anti-Corruption Unit）。反腐败办公室负责对贪污腐败的犯罪行为进行调查，在马普托、贝拉（Beira）、南普拉（Nampula）设有办事处。2011 年，反腐败办公室处理了 677 个腐败和侵吞国家资产的案件，其中 214 个案件被起诉，81 个案件被审判。

（二）中央公共伦理委员会与伦理委员会

中央公共伦理委员会（Central Public Ethics Commission）和伦理委员会（the Ethics Commssion）是根据《公务员伦理法》设立的。中央公共伦理委员会负责制定利益冲突回避的规则及程序，以及对违背利益冲突回避事实进行揭发的揭秘者或证人的保护工作。该委员会由 9 名成员组成，由行政、立法、司法部门分别任命 3 名成员，任期 3 年。2013 年 1 月 24 日，中央公共伦理委员会成立。政府主要部门以及公共机构均应设立伦理委员会，受中央公共伦理委员会的指导。伦理委员会由 3 名成员组成，其中 2

名成员由该机构雇员选举产生，另外 1 名成员由该机构负责人任命。伦理委员会成员应担任公职至少 5 年，且在过去 5 年中没有受政纪惩处记录。

（三）督察专员办公室（Ombudsman's Office）

督察专员办公室是根据 2004 年莫桑比克宪法第 256 款于 2005 年设立的。督察专员办公室是一个比较新的机构，主要负责维护司法的公正，监督公共部门的法律法规运行。督察专员办公室可以接受投诉，并对公共部门开展调查。一旦调查结果显示，公共部门犯有过错，督察专员办公室必须通知议会和总检察长。虽然宪法规定成立督察专员办公室，但是该办公室一直处于停顿状态。

（四）采购监督职能局（Functional Unit for Procurement Supervision）

采购监督职能局负责监督采购程序，确保责任，提供新采购规章的培训。然而，采购程序的有效性受到了质疑，因为在大型采购过程中，一些公司有违法行为，包括贿赂等。但是他们并未被禁止参加未来的竞标。

三　结语

莫桑比克反腐败立法和制度框架的建设遵循了循序渐进的过程。该国的反腐败法律经历了一个从无到有、从不完善到逐渐完善的过程。2012 年 4 月，莫司法部将反腐败法律体系的修正案全部提交给议会，希望议会作为一个整体通过。这些修正在很大程度上对现有的反腐败立法进行了完善。这体现了莫桑比克政府加强反腐败制度框架建设的决心。然而，值得注意的是，莫桑比克现有的反腐败法律并未得到完全的执行。因此，修正、完善后的反腐败法律体系的根本还在于实施和执行。

参考资料

1. Inter-Ministerial Commission on the Public Sectors Reform of Mozambique, Anti-Corruption Strategy（2006—2010），April 2006.

2. Macro Mosse, Anti-Corruption Legislation in Mozambique, July 2008, Center for Public Integrity. CIP & AWERP, Mozambique Political Process Bulletin, Issue 49, 16 April 2012.

3. Mozambique Country Profile：Anti-Corruption，http：//www. business-anti-

corruption. com/country-profiles/sub-saharan-africa/mozambique/initiatives/public-anti-corruption-initiatives/, 3 January 2013.

4. Mozambique Anti Corruption Package Very Urgent, http: //allafrica. com/stories/201204301446. html? viewall = 1, 30 April 2012.

5. Mozambique: Bill On Public Service Ethics Passed, http: //allafrica. com/stories/201205100201. html? viewall = 1, 10 May 2012.

6. Mozambique: Central Public Ethics Commission Takes Office, http: //allafrica. com/stories/201301251522. html , 25 January 2013.

7. Pedro Gomes Pereira, Overview and Analysis of the Anti-corruption Legislative Package of Mozambique, 14 February 2012, Basel Institute on Governance.

布隆迪的反腐败举措

张金岭[*]

[内容提要] 布隆迪社会的腐败问题非常严重，公共领域普遍存在腐败现象，公务员收入微薄、政府治理不善等是导致腐败严重的原因。布隆迪宪法明确禁止腐败，建有预防和制止腐败的法律制度，设立了国家监察总署、反腐败特殊稽查大队、反腐败法院、审计法院等反腐败机构，公民社会与媒体积极参与反腐，反腐败已经取得一些成就，仍面临着很多不足之处，政府出台的加强治理与反腐败的国家战略方案整合腐败行为预防、调查与定罪，财产与收益追缴与罚没，战略实施过程注重吸引公众参与，未来尽管面临很多困难，但值得期许。

布隆迪政府于 2011 年出台了为期 5 年的《加强治理与反腐败的国家战略方案（2011—2015）》，并提出了对腐败行为"零容忍"的口号。

一 布隆迪社会腐败问题严重

目前布隆迪社会的腐败问题非常严重。腐败现象存在于几乎所有的公共管理机构中，民众获得关键部门帮助的机会有限，有时候必须靠支付回扣才可以获得基本的公共服务。据透明国际的数据，布隆迪的清廉指数全球排名倒数第十一，非洲倒数第三。

据上述战略方案公布的数据，布隆迪有些公共管理机构的腐败问题尤其严重，特别是警察部门。据 2006 年的一项调查显示，有 76% 的

---

[*] 张金岭，中国社会科学院欧洲研究所社会文化研究室副主任、助理研究员。

NGO 组织、66%的企业家、54%的公务员、29%的普通民众宣称曾经给警察部门的工作人员支付过回扣。除此以外,地方市政部门与海关等机构的工作人员中也存在严重的腐败问题。在司法体系中,腐败问题也很严重。

腐败问题也存在于教育领域。有些学生家长认为,可以通过礼物或性服务等与教师进行成绩交换。在政府采购领域内,大多数企业与 NGO 组织都宣称政府采购合同的签署是建立在支付回扣、与政府工作人员搞好个人关系等基础之上的。从税收角度来看,有 56%的企业家表示曾被要求支付回扣,以获取相关利益。69%的企业认为,布隆迪的税收程序并没有考虑到该国私营企业遭遇的种种限制。

在接受采访的公务员、企业主和 NGO 组织负责人中,有 90%的人以及 75%的家庭认为腐败行为没有受到惩罚。

二 腐败现象的原因

从政府公布的加强治理与反腐败战略文件来看,导致布隆迪社会腐败不断严重深化的原因主要有:

(1) 特别强烈的利益诱惑;(2) 人口贫困,公务员收入微薄;(3) 政府治理不善;(4) 反腐败政策只停留在意愿层面上,并没有具体落实到位;(5) 对腐败问题存在有罪不罚的现象;(6) 管理机构与司法机构的政治化;(7) 公务员的社会福利机制不完善;(8) 管理机构与司法机构效率低下;(9) 管理与司法程序烦冗;(10) 监管机构的缺失或软弱;(11) 连锁效应;(12) 公共服务的非信息化;(13) 公共服务缺乏透明度;(14) 公民情感的腐蚀。

三 公共领域内普遍存在的腐败现象

(一) 司法部门

腐败现象主要常见于检察官、审判机构尤其是判决执行机构中,比如宣判书复印件的获取,以及法官与相关工作人员的招收、职位提升与调动等。

（二）警察部门

主要存在于交通警察部门，比如在调查程序中，在各类证件（如驾驶证）的发放中，以及政府采购中。

（三）教育部门

中小学教育中普遍存在的腐败现象有支付双份工资，挪用公款、欺诈；大学在人员招聘与调动、使用假文凭、奖学金发放等方面存在腐败。

（四）医疗卫生部门

无论是在健康医疗中心，还是在医院里边，腐败已经变成了一种实实在在的现金，药品贪污、病人照料、文件签发、假冒文凭等现象严重。

（五）政府采购、海关与税收部门

这些领域内的腐败现象与市场分配、单据支付的不规则性有关；还表现为减少强制税收、滥用职权免除税收、降低价格、低估商品量、使用虚假发票等。

（六）其他部门

在其他领域内的腐败现象主要是以回扣、权钱交易、挪用公款等形式表现出来。

四　腐败的社会影响

（一）经济层面

（1）税收与海关收入流失，并且导致了国内与国际资源的不当分配；（2）导致资本流失；（3）通过提高交易成本中的非正式成本，提高了管理成本；（4）因为一直寻求回扣，导致忽视了工作质量；（5）导致并保护了效率低下的垄断，阻碍了自由竞争；（6）导致投资扭曲，向腐败领域倾斜，降低了购买与生产资本的品质；（7）鼓励了进口部门中的投机与寄生虫；（8）降低了外来投资者的信心。

（二）社会层面

（1）为社会带来了不稳定因素，破坏了合法体系和国家整合的体系；（2）降低了道德与公民情感，影响了人们的爱国心；（3）尤其加重了弱势群体的不稳定状况。

（三）制度层面

（1）腐蚀了政府的管控，导致了制度的不稳定；（2）通过容许直接或间接拉选票，导致了拉帮结派，并出现利益群体；（3）使得政党失掉了威信，强化了民粹运动的发展；（4）腐败是导致侵犯人权的主要原因之一，增加了有罪不罚的现象；（5）扭曲了民主的游戏规则，让一些不称职的人掌管国家事务；（6）增加了犯罪。

（四）公共管理层面

（1）降低了公共管理的效率，由此降低了政府行为的效率；（2）阻碍了政府采取好的措施以干扰某些游说集团的利益；（3）增加了公共服务的成本，使得弱势群体更加难以享受公共服务；（4）导致管理中的繁文缛节，促使产生了一些服务不到位的地方，进而为一些非法行为创造了机会。

五　反腐败工作的效果与不足

面对当前的腐败问题，布隆迪政府和一些公民社会组织在双边和多边合作伙伴的支持下，首创了一些具体的反腐行动。这些行动的目标是向民众通报有关腐败及其危害的情况，并使之对此腐败问题更加敏感，同时还建立了一个制度与法律框架，以期有效地预防腐败问题，并与之斗争。

在政治层面上，布隆迪总统签署了加强治理的文件（2011—2015），在所有管理层面上建立了一种责任机制，并宣称"对腐败零容忍"。

在法律框架方面，政府于2005年签署了联合国反腐败公约，以及非盟有关预防和制止腐败与相关违法行为公约。

在制度层面上，政府建立了专门的机构以预防和制止腐败问题：2003

年建立了审计法院、国家监察总署、反腐败特殊稽查大队,以及 2007 年建立了反腐败法院。这些机构目前运转正常。

此外,通过"加强反腐机制"工程,政府负责治理与私有化的部门在广泛地动员民众参与反腐。这一工程有利于加强这些机构工作人员的能力,在交通与物资配备等方面对其亦有所帮助。

(一) 积极因素

目前,布隆迪在反腐败方面的积极因素:

(1) 政府重视;(2) 宪法明确禁止腐败;(3) 建有预防和制止腐败的法律制度;(4) 建有多个预防和制止腐败的机构,包括国家监察总署、反腐败特殊稽查大队、反腐败法院、审计法院;(5) 民众反腐呼声高;(6) 公民社会与媒体积极参与反腐;(7) 国际社会积极参与布隆迪的反腐工作。

(二) 不足之处

但同时,在反腐败问题上,布隆迪政府也面临着很多不足之处:

(1) 法律制度的效力不高,需要修订。

(2) 负责预防和制止腐败及其相关违法行为的机构之间的合作能力不强。

尽管这些机构的工作改善了反腐败的工作情况,但还存在一些不足:①技术手段不够;②信息缺乏,尤其是在一些需要特殊专业知识的领域内,如调查技术、审计等;③这些机构还比较年轻,经验不足。

(3) 在政府部门的横向合作方面存在不足:

①政治行动得不到支持;②司法机构脆弱;③公共管理机构中干部与工作人员的薪酬微薄;④法律框架效力不足;⑤存在有罪不治的现象;⑥在公共管理机构中缺乏明确的规定与办事程序,缺少道德法则;⑦公共管理的过度集权导致了很多的差旅;⑧监管机构缺失或脆弱;⑨管理与司法拖沓;⑩存在送礼的风气与裙带风;⑪民众文盲率高,对法律缺乏了解;⑫对政党的财政支持政策不够透明;⑬教育赤字,缺乏公民意识。

六 未来有效反腐的战略方针与主要行动

布隆迪政府出台的加强治理与反腐败的国家战略方案是一个涉及多领

域合作的行动计划，整合了对腐败行为的预防、调查与定罪，回收腐败的财产与收益，同时还要求在战略实施过程中吸引公众参与。

（一）优先开展的行动

1. 落实与国际反腐败标准相一致的严密、有效的法律框架

（1）从国际立法中提取好的做法，整合到布隆迪的法律体系中；（2）找出对现行法律的实施不利的一些空白、不协调与矛盾之处；（3）对相关法律条文进行修订；

2. 加强反腐机构的操作能力

（1）进行制度审计，加强审计法院、国家监察总署、反腐败法院与稽查大队的能力；（2）改善这些机构的协作；（3）提高它们的能力。

3. 改变有罪不惩的现状，回收非法获取的财产

（1）设立机制跟踪司法机构受理的与腐败有关的案件；（2）设立机制负责冻结、扣压与回收腐败财产；（3）加强财产回收的国际合作。

4. 提高公共事务管理的透明度

透明是预防腐败行为最好的武器。

（1）政府采购的透明度。

为显著减少政府采购中的腐败现象，采取以下行动：

① 通过以下方式推进信息公开：在政府网站上公开信息；对所有的政府采购进行年度预算；公布政府采购的名单；接受公众对办事制度与程序的监督；减少负责政府采购的官员的自由决定权。

② 在管理中加强政府采购部门的系统化，加强与私有领域的合作。

③ 推出负责管理采购和合同谈判的高级官员的利益冲突声明。

④ 建立系统化的问责机制。

⑤ 确立商品与服务供应商的最低标准。

⑥ 提高政府采购办事员的能力。

（2）政府采购人员招收与管理的透明度。

降低腐败行为需要提高公共服务机构工作人员的管理能力，提升管理人员与代理商的诚信水平。需要采取以下行动：

① 对申请敏感职位与高级职位人员的能力与其先前从业经历进行先期调查。

② 对高级职位的任职条件进行规定。

③ 确立道德守则。
④ 在管理中制定道德审计年度报告。
⑤ 在公共管理中建立问责机制。
⑥ 在相关人员偏离道德守则的情况下确定劝阻措施与施行办法。

5. 在反腐败工作中加强与公民社会和私有部门的合作

（1）推进建立全国反腐论坛，并将之与该战略的实施联系起来。
（2）鼓励建立地方善治委员会，鼓励检举腐败行为的风气。
（3）与私有部门合作，以减少该领域内的腐败行为。
（4）在道德建设与反腐工作中动员并激发工会的参与。

6. 对公民、管理干部与工作人员进行教育，公开信息，培养他们的反腐敏感意识

反腐工作确实需要呼吁改变人们的观念。为使反腐观念深入人心并在其头脑中牢固树立起来，需要让善治与反腐败的基本原则根植于国家现实与价值观念中，尤其要在青年人中培养这种观念。

（1）在媒体中推广宣传加强治理与反腐败的国家战略。
（2）在基础教育、中等教育与高等教育中开设与治理和反腐败有关的课程。
（3）在加强治理与反腐败的过程中借用布隆迪的传统文化以推广好的价值观、丑化需要惩戒的行为。
（4）向民众展示腐败的原因和对其生活的影响，同时也展示在反腐败过程中所取得的成就。
（5）向民众公开获取管理文书或基本社会服务的过程与合法成本。
（6）鼓励公民检举腐败官员。
（7）定期举办有关善治与反腐败的讨论，以推动培养反腐败的社会群体。
（8）建立国家干部年度论坛，评估落实善治与反腐败工作的进展，以便进一步改善未来工作。
（9）将此战略翻译成班图语，广泛传播反腐败法律。
（10）宣传该战略获得成功需要公民与社会扮演积极角色。

7. 开展有关腐败的研究工作

（1）定期开展有关腐败问题的研究分析工作，包括腐败的趋势、原因、最易受蚀的部门、影响等。

（2）着眼于加强善治与反腐败工作开展一项研究工作，探讨该强化哪些好的价值观念、该丑化哪些不好的行为。

（3）定期评估反腐败工作的成效与影响。

布隆迪政府明确提出，政府是加强治理与反腐败的主要责任人，但该战略的落实同样也需要所有部门（国家、私有部门与公民社会）的参与，以及所有技术与财政伙伴的参与。该战略需要同时在政治、管理与监测、评估方面进行引导。

七　实施条件与协调机制、监测评估、资金支持

（一）政治领导

鉴于加强治理反腐败工作横向涉及多个政府部门，需要在部长理事会层面上进行政治领导。政府负责各项改革措施的政治导向、协调与管理，共同确定优先事项，如政治导向、支持行动等，在政府内部达成一致。

（二）战略引导

负责治理工作的政府部门确保战略导向，监督各项措施与行动的开展，并成为其他政府部门落实该战略的核心动力。

（三）技术导向

设立一个常设的国务机构负责协调。

（四）监测与评估

监测与评估以透明、参与的方式进行。监测与评估的机制跟各类合作机构共同协调，如政治论坛、战略论坛、各治理部门等。

政府内阁中负面治理工作的部门每年5月出台一个有关该战略实施情况的年度报告，并向各合作伙伴参加的高层论坛汇报。

(五) 加强治理与反腐败国家战略的组织机制图

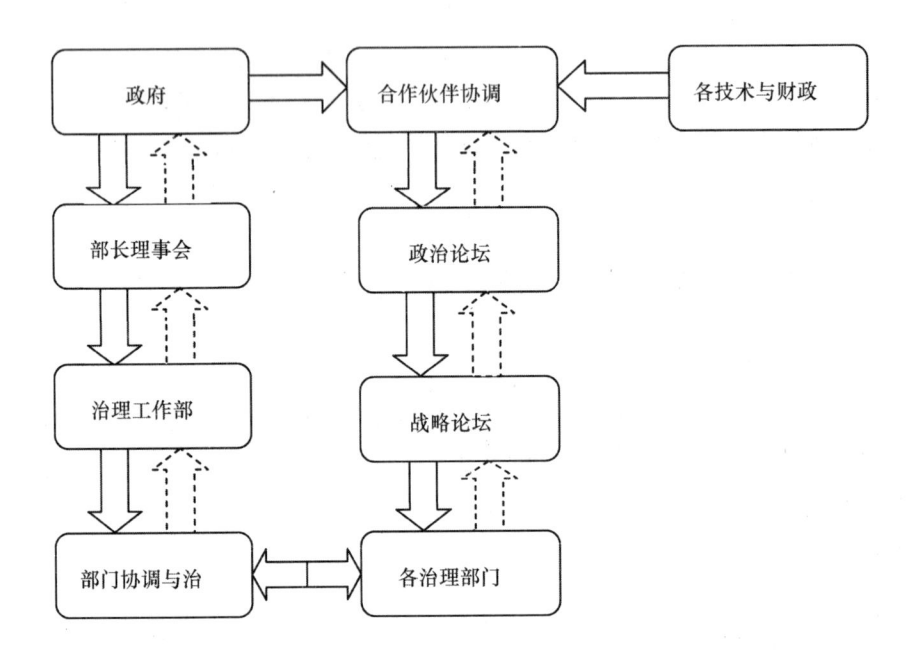

```
政府 ──▶ 合作伙伴协调 ◀── 各技术与财政
 │          │
 ▼          ▼
部长理事会   政治论坛
 │          │
 ▼          ▼
治理工作部   战略论坛
 │          │
 ▼          ▼
部门协调与治 ◀──▶ 各治理部门
```

(六) 财政支持

该战略的财政支持一部分来自政府外的合作伙伴,并将之纳入布隆迪第二个反贫困战略框架中。

财政支持覆盖到落实该战略倡导进行的改革措施的成本,及其行动方案的各环节。

国家要在财政支持方面建立一个长久的内部机制,以支持那些必须要进行但又不能从外部获得财力支持的行动。

布隆迪政府公布的加强治理与反腐败战略在 2011—2015 年实施。在此战略中,除了一些具体的制度性改革措施的完善与落实外,**特别需要注意的是布隆迪政府还特别重视廉政文化的建设,培养反腐败的社会风气,积极动员公民社会、私有部门与媒体的参与,以及各合作伙伴的支持。**

美洲

拉丁美洲国家的反腐败体制

刘纪新　闵勤勤[*]

[内容提要] 拉美国家的反腐败体制主要有以下四个方面，权力相互监督制度，三大权力部门的内部监督机制，议会与行政部门之间的监督机制，司法部门与行政部门之间的监督机制；常设的反腐败监察机构有：检察机构，监察特使，政党筹资与选举监管机构，专门设立的反腐败机构和调查机构；公民参与机制；国际合作机制。反腐败体制的运行特点是：机构调整与制度重构是重点；落实法规和取得实效是难点；建立长效机制是目标。拉美国家已经将反腐败纳入政府执政计划并成为一场全民关注的斗争，并且冷静理性地寻找治理腐败的有效途径。拉美国家反腐败的启示，反腐败斗争要取得成效，必须有强大的政治意愿和执行力；靠个别反腐败措施有可能取得一时成效，但不能从根本上遏制腐败；群众参与监督和反腐败是遏制腐败蔓延、根除腐败的重要力量和条件。

近年来，拉美各国政府加大了反腐败斗争的力度。近几年腐败案件不断被披露的事实也表明了这一点。与此同时，各国政府将反腐败斗争的重点转向完善法律和制度建设，力图通过制定预防腐败的法律法规和各种措施，构建本国的廉政体系。

拉美地区有30多个国家，全面分析拉美各国的反腐败体制是本文难以企及的。因此，我们选取了6个有一定代表性的国家，它们是阿根廷、巴西、墨西哥、智利、哥伦比亚和秘鲁。其中，阿根廷、巴西和墨西哥为拉美最大的三个国家，智利、哥伦比亚和秘鲁是中等国家。上述6国都加

---

[*] 刘纪新，中国社会科学院拉美所研究员；闵勤勤，中宣部《时事报告》杂志社编辑。

大了反腐败的力度，在制度建设上取得了较明显的成果。以这6个国家为案例进行分析，可以获得对拉美国家反腐败体系的基本了解。

一 拉美国家的反腐败体制[①]

（一）权力相互监督制度

拉美国家立法、行政和司法三权分立，各权力部门内部以及之间存在相互制约的关系，是制约腐败的一种重要的、长效的制度安排。主要体现在三个方面。

1. 三大权力部门的内部监督机制

在三大权力部门的内部监督机制中，行政部门的内部监督最为重要，其主要机制是审计。阿根廷的审计机构有"国家审计委员会"和"内部审计机构"，前者隶属于总统，对政府及其所属的公司、企业团体等实行内部监控，并履行对私有化进程的监控，向总统和"国家审计员办公室"告知其监督下各实体的管理状况；后者在法律上与前者地位等同，不同的是它分为不同等级，分管中央、地方各财政和行政实体的审计任务，并向"国家审计委员会"提出报告。墨西哥的"政府监督与发展秘书处"，哥伦比亚的"国家会计总办公室（总署）"，智利总统下设的顾问机构"政府内部总审计委员会"等都属于这种机构，行使同样的内部监督责任。此外，立法和司法部门也都有自己的内部监督机制，如阿根廷的司法局、法官渎职和失职审理法庭等，对法院和法官进行监督。

2. 议会与行政部门之间的监督机制

（1）行政法。拉美国家均为法治国家，要求政府依法行政。为预防行政部门滥用权力，拉美各国立法部门制定出"行政法"，如智利的《国家行政总则》《行政条款》和《行政廉洁法》，阿根廷的《公共官员行为道德法》和《公共雇佣法》，哥伦比亚的《专门纪律法典》《行政法法典》，

[①] 除特别注明的以外，本文第一、二节中涉及阿根廷、巴西、墨西哥、哥伦比亚和秘鲁5国反腐制度安排的部分，根据透明国际：《2001年国家廉政体系国别研究报告》（*National Integrity Systems*: *Country Studay Reprt*）中的相关资料综合归纳而成，透明国际网站（http://www.transparencia.org）；智利的资料来自2002—2004年智利提交给"履行美洲国家反腐败公约专家委员会"的文件《智利反腐败公约执行状况报告》（*Final report on implementation in the report of Chile of the convention provisions selected for analysis within the framework of the first round*），（http://www.oas.org）。

墨西哥的《联邦公务员责任法》等。这些法律赋予了司法部门对行政部门领导和公务员的行政监察权，明确规定了公务员录用、晋升、薪酬和解雇的条件和程序，形成一套比较健全的公务员制度。由于拉美大多数国家有任人唯亲、政党分肥、裙带关系盛行的传统，所以这些规定对公务员系统的良性运转至关重要。一定级别的官员还受财产申报制度、收受礼品、利益冲突机制等法规的约束。

（2）外部审计。外部审计制度是另一个重要的立法部门对行政部门的制约机制。拉美大多数国家均在议会下设立了审计机构，具有宪法保证的自治权和独立地位，并且必须每年向议会的公共账户审查机构（一般称为"公共账户委员会"，阿根廷称为"两院账户监控委员会"）提交审计报告。外部审计机构在不同的国家名称也不同，智利、秘鲁、哥伦比亚、阿根廷称为"审计总署"，墨西哥称为"监察审计总署"。它们的权限大同小异，负责审查政府预算、收支状况，保证国家的公共资金得到正当有效的使用。巴西比较特殊，负责外部监督的审计机构由"联邦账户法庭""地方账户法庭"和两个首都市级账户法庭组成，属于行政部门。

（3）预算约束。政府每年的财政预算需要经过议会的审核和批准。智利国会在监督政府合理使用资源方面极为严格，如《公共部门预算法》规定，当政府出现财政赤字时，国会就不得批准新的政府支出项目。[①] 阿根廷议会必须在下议院召开年度会议之前提出国家的《总预算法案》。政府每年的财政预算需要经过议会的审核和批准。

（4）公共采购法。拉美大多数国家有"公共采购法"，以透明、公平和竞争性为原则，对政府采购招标和投标过程作出详尽规定，严厉控制行政官员的自由裁量权，并通过官方简报和网络等公布采购信息。巴西早在1993年就通过了一部较为完备的公共采购法，智利成立了隶属于财政部的"公共采购司"[②]，巴西、智利等国还设有审计法庭或财务法庭，墨西哥的"政府监控与发展秘书处"可审理采购中的投诉。

3. 司法部门与行政部门之间的监督机制

（1）拉美国家司法部门一般都设有一个独立自治的监控机构——宪法

---

① 参见闵勤勤《智利的腐败问题和反腐败制度体系探析》，载《拉丁美洲研究》2005年第6期，第38页。

② 中华人民共和国驻智利共和国大使馆经济商务参赞处：《ChileCompra.cl——智利政府公共采购网站使用说明》（http：//cl.mofcom.gov.cn/aarticle/ztdy/200406/20040600240084.html）。

法庭，负责监督政府当局和行政官员行为的合宪性。例如，墨西哥的"联邦法庭"（juicio de amparo）就是一个宪法法庭，有权审查总统、部长和其他政府公职人员的违宪行为。（2）各国在形式上为保证法官的独立性，规定法官的任命必须由行政长官、议员和司法部门共同决定；法官的薪酬相对一般公职人员要高，任期相对稳定；罢免法官有严格的条件限制，并且依法定程序进行；行政部门不得推翻法官的判决。然而，在现实生活中，法官往往很容易受到政治因素的干扰，独立性并不强。（3）拉美国家司法部门设有最高检察机构，享有独立预算和自治权，首席检察官的任命由总统、最高法院和议会共同决定，并且只能在特定情况下，依法定程序予以罢免。检察官拥有广泛的调查权，有的国家（如巴西）还包括对警察行为的监察权。

（二）反腐败监察机构

拉美国家的反腐败监察机构设置各有特点，但也有许多共同之处。这种机构大体可以分为两类，第一类属于常设机构，包括审计机构、检察机构、选举委员会、监察特使等；第二类是专门设立的反腐败机构或调查机构，包括反腐败办公室和一些特别调查机构。

1. 常设的反腐败监察机构

（1）检察机构

拉美国家的检察机构大多没有设立专门的反腐败机构。在本报告研究的六个国家中，有四个国家（墨西哥、阿根廷、巴西和哥伦比亚）没有在检察总署中设立专门的反腐败机构。但有的国家的首席检察官可以根据需要或投诉临时成立特别机构，调查与腐败有关的案件和其他犯罪案件。例如，墨西哥的首席检察官有权设立"公务员事务特别检察官"，调查涉及公务员的腐败案件，也曾为调查选举腐败成立专门调查机构。巴西则是遇到重大腐败丑闻时，由检察机构成立专门调查机构，集中人力物力，提高查处腐败的效率。

与上述四国不同，哥伦比亚和秘鲁在检察部门设立了专门的反腐败机构。哥伦比亚设立的"公共道德检察总长"专门负责对政府高级官员犯法行为进行调查，并推动实施法律惩处。秘鲁建立了"反腐败检察官"制度，并设立了专门负责反腐败事务的法庭和法官。该机构的首要任务是调查20世纪90年代（主要是藤森时期）已发生的腐败案件。

2004年6月,秘鲁反腐败法庭对藤森的顾问、国家情报局总管蒙特西诺斯以侵吞公款、腐败和组织犯罪等进行了审判。[①] 同时,秘鲁还设立了新的警察分局,其主要任务是支持首席检察官调查腐败事件,负责追捕腐败案件嫌疑人。

(2) 监察特使

大多数拉美国家都有监察特使机制,负责受理任何关于中央或地方政府或公职人员侵犯人权、行政管理不当的投诉。各国监察特使在职能、派遣以及监察特使机构的设置等方面各有特点。这一制度比较成熟的是墨西哥、秘鲁和阿根廷,均设在立法机构(议会)之下,拥有独立自治权,不接受任何其他机构的指导。阿根廷的监察特使由议会任命,任期5年,可以连任;其职责是保护人权与其他宪法规定的权力,捍卫宪法所保护的利益;每年向两院提交关于工作情况的年度报告,同时向相关机构、官员和国家审计署通报调查结果。墨西哥的监察特使之职是由国会全国人权委员会承担的。全国人权委员会是一个独立机构,其主席和10名委员由参院议员投票选出。该委员会拥有广泛的权力,可以接受任何关于联邦政府和地方政府侵犯人权和管理失误的投诉,在进行调查分析后向相关政府提出工作建议,每年向议会提交年度工作报告。秘鲁的监察特使办公室是根据1993年宪法设立的一个独立机构,负责保护每个公民和组织的宪法和基本权利,监督政府履行职责。监察特使由议会挑选,任职后独立行使职权。即使在藤森政府独裁统治时期,监察特使办公室在保护公民权利方面,特别是在保护人权方面,也起到了重要作用。哥伦比亚监察特使的设置有所不同,分为人民监察特使和地市监察特使。人民监察特使由总统提名,众议院任命;地市监察特使由各市政委员会任命。巴西只在少数几个国家公署和州市设有这种专家机构,隶属于行政部门,职责更为广泛,现在,每个设置监察特使之职的州都有100多个各类监察特使。智利2001年根据总统法令创立的"保护个人权利总统咨询委员会"承担着监察特使的大部分职能,很可能发展成为监察特使。相对来说,哥伦比亚、巴西、智利的监察特使制度还不太完善,权力很有限,要有效行使反腐败监督职能并不容易。

---

① 刘国强:《秘鲁前总统顾问因腐败被判监禁》,中国廉政网(http://www.mos.gov.cn/Template/article/csr_display.jsp?mid=20040628003960)。

（3）政党筹资与选举监管机构

拉美国家大都制定了专门规范和控制政党筹资和选举行为的法律——《政党筹资法》，允许政党按国家预算接受公共捐助，但必须公布资金的年度收支账目清单；对募集私人捐助的限制条件比较多，必须说明资金来源和使用目的；同时设立政党筹资监管机构，负责监督、核查政党竞选资金的来源与开支情况。例如，墨西哥设有"政党资金和政治捐助监督委员会"，其职责包括：监督政党竞选资金来源与开支情况，在该委员会的报纸 *Electoral Gazette* 上发表各政党提交的资金使用情况报告，接受和分析投诉，发现问题后须向联邦选举法庭报告以进一步调查等。

此外，拉美国家大多在议会下设有选举法庭，受理政党活动中的投诉。例如，墨西哥的议会还设有"选举违法事务特别监查处"，它是检察总署的分支机构，负责对相关投诉进行调查。在阿根廷，对政党及其竞选筹资的外部监管是由三个司法机构履行的：一是国家选举法官，主要职责是解决竞选中的冲突争议和进行财务监督；二是国家选举法庭和地方法庭，负责登记政党信息；三是内务办公室，负责监督国家捐助资金的正当使用。在哥伦比亚，"国家选举会议"担当这一职责。

2. 专门设立的反腐败机构和调查机构

近几年，拉美国家反腐败监察体系中出现了一个新特点，即一些国家为调查政府高层的腐败问题成立了专门机构，并且有些机构可能会成为一种长效反腐败机制。阿根廷的"反腐败办公室"、秘鲁的"公诉人特别办公室"和巴西国会"专门调查委员会"都是比较典型的例子。

阿根廷的"反腐败办公室"设立于1999年，为梅内姆的继任者德拉鲁阿政府所设立，其权限和功能是，监督官员履行职责和恰当使用国家资源的情况，阐释公共部门反腐败的国家政策。负责人称作"管理监督检察官"，由司法部长提名、总统任命，首要任务是调查梅内姆政府的腐败行为。秘鲁的"公诉人特别办公室"是专门为调查藤森问题设立的，同时，议会也设立了许多类似的调查委员会和附属委员会。巴西国会设立的"专门调查委员会"，负责监督地方政府使用联邦政府划拨资金的使用情况，调查腐败案件，加强监控机制。

此外，有些国家还设置了专门负责反腐败斗争和推动增加公共透明度的总统高级顾问，称作"反腐败专员"（Anti-corruption-appointee），也被称为反腐败"沙皇"。例如,秘鲁的反腐败专员是利马警察学校校长。为了避免与其他相关机构的职责相重叠,反腐败专员不负责调查以前发生的腐败事件,其主要任务是对各级政府进行道德教育和预防腐败,以保证公共基金的正确使用,而其首要任务则是写一部公共管理道德法规。墨西哥也设置了反腐败专员。

(三) 公民参与机制

最近十多年来,拉美民众参与政府公共决策的意识不断提升,各国政府也不得不重视民众的这一要求,采取了诸如官方新闻简报、网站、热线、咨询中心(办公室)、揭发者保护制度、听证会等机制,增加了公众获取信息的途径,提高了公民监督政府的能力。

公民监督的另一个重要力量是媒体。民主化过程中,拉美国家媒体的相对独立性有所增强,揭露的腐败丑闻数量大大增加,有些媒体报道甚至在一些国家掀起了巨大的反腐败浪潮。

(四) 国际合作机制

国际非政府组织对拉美地区反腐败斗争意义重大。美洲开发银行、世界银行、国际货币基金组织等国际金融机构,在向拉美国家提供贷款或援助时,首先要求这些国家承诺反腐败,并对它们资助的项目采取极为严格的监控措施。这些都成为推动拉美国家反腐败的重要动力。

拉美地区重要的国际反腐败公约有:(1)1996年通过的《美洲国家反腐败公约》,旨在推动美洲国家之间的反腐败合作,建立一套预防、侦查、惩治乃至根除腐败的机制。拉美主要国家国会都参加了该公约,每年向美洲国家组织成员国大会提交履行公约状况的报告,并接受大会的评估。(2)1997年在巴黎订立的《经济合作与发展组织禁止在国际商业交易中贿赂外国公职人员公约》,旨在打击国际商业交易中的腐败现象,禁止一些商业团体或集团为了获取合同而向政府官员行贿。墨西哥、秘鲁、智利是经合组织的成员国,签署了该公约。(3)2003年在墨西哥梅里达第58届联合国大会通过的《联合国反腐败公约》。目前,拉美国家议会批准该公约的并不多。

二 拉美国家反腐败体制的运行特点

拉美国家的反腐败制度体系正处于新旧更迭、重新建构的过程中，还很不完善，因此，其运行不可避免地带有这一发展阶段的特点。

（一）机构调整与制度重构是重点

近几年，拉美国家在反腐败监察体系建设方面主要从三个方面入手，一是以加强现行机构和增设新机构的方式，提高反腐败监察能力和效率，如墨西哥的"部际协调委员会"和哥伦比亚的"公共道德检察总长"；二是设立专门的反腐败机构，弥补现行权力制约机制中的漏洞，如阿根廷的"反腐败办公室"和秘鲁的"公诉人特别办公室"；三是通过制定反腐败计划和社会协议等方式，协调国家机构间的反腐败职责与功能，为公民参与反腐败监察提供渠道，增强政府与公民社会之间的合作。例如，墨西哥的"透明与反联邦公共管理腐败部际委员会"，由政府部长、首席检察官、总统办公室代表、工会和公民社会代表组成，可以接受公民投诉，每4个月向总统提交一份关于全国反腐败情况的报告。另外，负责监察政府和公共部门的机构"政府监督与发展秘书处"设立了"社会监督计划"，为社会团体的代表提供培训，帮助公众掌握监督政府开支和服务的知识。这些措施有助于推动反腐败监察体系的完善。

（二）落实法规和取得实效是难点

尽管许多拉美国家制定了一系列法律法规和反腐败规划，设置了各种各样的反腐败机构，但这些机制落实起来相当困难。司法部门大多缺乏独立性，缺乏执行法律的强制力。行政部门一般拥有比较大的权力，但许多国家政府的反腐败意志不强，有的国家虽然设置了独立反腐败机构，但其权力很难落实，其拥有的权力实际上并没有法律规定大。

三 拉美国家反腐败斗争的成效

反腐败是一项长期任务，需要持续的努力。作为一个古已有之的社会现象，拉美国家的反腐败斗争同样历史久远。随着政府和民众对腐败危害性认识的提高，拉美民众积极投入反腐败的斗争；拉美国家政府制定反腐败措施、注重国家廉政体系的建设。

十多年来，拉美国家的反腐败斗争已取得进展。宪法和法律体系正在完善，司法独立得到重视，新的反腐败机构和相关法律不断涌现，越来越多的拉美国家开始运用更多的技术、法律、制度和管理手段，与腐败做斗争。社会各界对腐败问题的认识在提高，与过去不同，现在腐败已成为一个公开广泛讨论的问题。各国政府已认识到，如不有效遏制腐败，就可能失去国际援助和投资机会。媒体在揭露腐败案件和提高民众对这一问题的性质和结果的认识方面，正发挥着重要作用。私营部门、公民社会、非政府组织等新的力量已经广泛加入反腐败斗争的行列，新的社会审计机构在监督政府（特别是地方政府）方面扮演着重要角色，而大学在为反腐败斗争提供分析、评估、培训、技术支持和信息等方面，也发挥着重要作用。这一切已对拉美国家领导人的政治理念产生积极影响。与十年前相比，现在拉美各国总统竞选中的一个共同点就是，所有候选人都会将反腐败包括在自己的竞选纲领之中。近几年拉美左翼政治力量之所以在许多国家得到广大选民的拥护，重要原因之一就是明确提出反腐败口号，表达了惩治腐败的决心。今天的政府腐败高官会受到有效起诉，而不是像过去那样仅限于被解职而免于起诉。尽管，少数腐败者受到惩罚并不能从根本上解决制度性腐败问题，但它显示了政府反腐败的决心，也表明腐败官员的保护网已远不如前。

总体而言，拉美国家的反腐败措施，特别是反腐败制度体系的建立与完善，在遏制腐败恶性发展方面所起的作用，正在逐步显现出来。

腐败是个复杂的、多维度的现象，涉及政治、经济和社会等广泛领域，因此，反腐败是一项系统工程，不但需要惩治腐败的措施与制度，而且需要政府治理、经济改革和其他配套措施的跟进。

四 拉美国家反腐败斗争的启示

（一）反腐败斗争要取得成效，必须有强大的政治意愿和执行力

拉美国家对反腐败问题的重视程度各不相同，反腐败政治意愿有强有弱，所以反腐败成效差异也比较大。巴西前总统科洛尔因腐败案成为拉美第一个被罢黜的民选总统后，后继总统相当谨慎，反腐败的力度也在加大，现任左翼总统卢拉更是显示出比前任更坚决的反腐败决心。2005 年 6

月他又公布了五项反腐败新措施,其中一项法令决定设立对高级官员财产进行司法调查的制度,规定公职人员只要被查出有不能说明合法来源的财产即可被判刑,无须再找其贪污受贿的具体证据。① 政府的反腐败意愿和决心,是近几年巴西在反腐败方面能够稳步前进的一个重要原因。

(二)靠个别反腐败措施有可能取得一时成效,但不可能从根本上遏制腐败

反腐败斗争是一项长期任务,制度建设则是一个系统工程,没有哪一项制度是包治百病的灵丹妙药,需要一系列的配套改革措施,制定出反腐败的总体规划,继续坚持国家廉政体系建设,不断完善各项法律和制度,进一步规范权力的运行。只有这样才有可能取得更大成效。

(三)群众参与监督和反腐败是遏制腐败蔓延、根除腐败的重要力量和条件

近几年,随着民主化进程的深入,拉美国家大都采取各种措施鼓励群众支持和参与反腐败斗争,加入预防腐败的行列。例如,墨西哥就采取签订全国反腐败协议的方式,使政府、企业/商界和工会等各方代表都做出绝不受贿行贿的承诺。协议虽然没有法律效力,但是道德约束会起到潜移默化的作用,这种形式有利于推动全社会形成清廉风尚。如果一个社会缺乏清廉之风,那么只靠制度约束是很难从根本上制约腐败的,更不要说根除腐败了。

---

① 杨立民:《巴西总统卢拉宣布五项新的反腐败措施》,千龙网(http://inter.qianlong.com/4319/2005/07/01/2000@2701634.htm)。

智利的腐败问题与反腐败
制度体系探析

闵勤勤[*]

[内容提要] 智利是拉美地区具有独特清廉传统的国家，然而自20世纪70年代初期皮诺切特执政以来，智力逐渐遭到腐败的侵蚀，并埋下了腐败的祸根。如今智利政府在民意和紧迫现实的推动下，采取了一系列反腐败的措施，以应对日益猖獗的腐败问题。智利政府治理腐败的六大制度成果和反腐败措施已初显成效，从而使人们认识到依靠制度革新反腐败有助于从源头上预防和遏制腐败。智利政府治理腐败给予的启示主要有三个方面，即积极创立"国家廉政体系"以求善治、增加透明度和理清权钱关系是反腐败成败的关键。

腐败是一个关乎历史、现实和未来的世界性顽症，各国政府都希望找到预防和遏制腐败的"特效药"。然而，由于腐败问题复杂而隐秘，人们往往只能就单个现象进行评论，无法明了其背后的变化机制。本文拟通过智利案例研究揭示腐败背后的制度性因素。

在拉美地区，智利并非腐败典型而是少有的清廉国家之一。智利反腐制度体系建设的清晰轨迹，不但提供了一个比较完整的研究案例，而且提供了正反两方面的经验教训：一方面揭示出腐败滋生的制度条件，具有警示意义；另一方面揭示出反腐败从制度建设入手的必要性，为我国的廉政建设提供了有益的启示。

---

* 闵勤勤，中宣部《时事报告》杂志社编辑。

一　腐败的滋生蔓延及其成因理论分析

（一）从清廉到腐败的逆转

在整个拉丁美洲地区，智利的政治、经济和文化发展都展现出极为独特的传统，在腐败问题上同样如此。从1812年建国到1973年皮诺切特上台共计160多年的时间，翻开可以查阅到的资料，几乎找不到一位在任期间发财致富的总统，他们往往是从哪个阶层来，又回到哪个阶层去。这与其他拉美国家很多总统卸职后拥有大笔国外银行存款形成了鲜明对照。先辈们为政清廉，后辈们皆纷纷效仿，廉洁行政渐成社会风尚。尽管智利历史上也出现过腐败案件，但数量寥寥且多因政党利益，而非个人私利。

智利为什么有比其他拉美国家清廉得多的公共部门，一直是个有趣的谜。谜面简单，谜底却很复杂。有人看到它拥有庞大的中产阶级，高素质的国民和长期注重道德教育的传统，认为这有助于形成对腐败不容忍的社会文化；有人看到它建国以来相对平稳的经济发展速度和规模，认为这为廉政建设提供了强大的物质后盾。这些因素的确有助于防治腐败，但最主要的因素是其较为完善的民主宪政。一方面，智利的民主传统相当悠久。与大多数拉美国家军人经常干预政治和政变频繁的历史传统不同，自19世纪初独立后，智利只经历过20多年的短暂混乱，政局一直比较稳定。进入20世纪后，当拉美大地上军人政变一再掀起一波波血腥动荡时，智利却较为超脱，除1924—1932年出现过军人干政现象外，文人执政的局面一直保持到1973年皮诺切特军政府上台。另外，智利的宪政传统也很坚固。宪法享有最高法律地位，贯穿了主权在民、分权制衡、基本人权和保护私有财产等基本原则。在长期文人执政期间，这些原则得到强有力的维护和巩固，已经深入民心。尽管民主和宪政并不是直接的反腐败制度，但是由于它对公共部门的行为有很强的监督作用，因而对腐败的发生有很强的预防作用。

皮诺切特可能是智利最重要的政治人物之一，对其历史功过的评价没有定论，至今仍是众说纷纭，褒贬不一。但有一点却已经成为共识，即在他执政时期，腐败悄然滋生，并且埋下了难以根除的祸根。1973年年初时任陆军司令的皮诺切特发动军事政变，建立军政府，宣布停止执行宪法、解散议会、解散政党、实行军事独裁统治,[①] 极大地摧毁了智利原有的一些重要的预防和遏制腐败的民主机制。

1990年,皮诺切特在国内外"还政于民"的强大呼声中被迫下台,民选总统艾尔文上台执政(1990—1994年)。艾尔文执政期间,虽然民主体制得以恢复,但为了稳定国内政局,消解军人集团的对抗,寻求全国和解,智利政府本着"忘却和原谅"的原则,对皮氏犯下的种种罪行均采取不予追究的策略,因而也就谈不上惩治腐败,一些关键的预防和惩治腐败的机制未能发挥作用。弗雷政府执政(1994—2000年)后,随着新闻自由进一步得到恢复,监督职能有所加强,通过媒体曝光的腐败案件激增,在数量上达到了顶峰。2002年10月,智利主要政治性新闻周刊《新情况》揭露了某私营公司为得到开办汽车厂的政府特许经营合同而贿赂政府官员的案件。

智利案例表明,腐败侵蚀留下的后遗症是持久而深入的。它不仅断送了智利独特的清廉传统,更可怕的是,它并不会随着独裁者的下台而自行消失,因为清除了腐败分子并不等于清除了腐败机会。一旦预防和惩治腐败的各项制度遭受破坏,而政府在新的国际和国内政治条件下又没有积极创建新的反腐败制度体系,那么,腐败蔓延的趋势就很难得到有效抑制。

(二)智利腐败成因的新制度主义分析

国内外学术界对腐败问题已做过大量的研究。在解释腐败成因上,目前有以下几种理论较受重视:政府干预市场导致寻租活动高涨和腐败的猖獗,现代化导致腐败,权力失去监督导致腐败,价值失范和道德约束乏力导致腐败,强国家弱公民社会的非均衡造成腐败,低薪导致腐败。然而,这些从不同学科角度出发,论证腐败成因的理论多少都与制度因素相关,并且为相应的制度变革提供了思路,所以,本文从新制度主义分析方法[②]入手解释智利腐败成因。这一分析方法为整合上述理论提供了一种很好的

[①] 袁东振、徐世澄:《拉丁美洲国家政治制度研究》,世界知识出版社2004年版,第83—84页。

[②] 关于新制度主义可参阅下列文献:诺思《制度、制度变迁与经济绩效》,《经济史中的结构与变迁》,上海三联书店1994年版;张宇燕《经济发展与制度选择——对制度的经济分析》,中国人民大学出版社1992年版;何增科《新制度主义:从经济学到政治学》,见牛军宁主编《公共论丛——市场社会与公共秩序》,生活·读书·新知三联书店1996年版。

手段，而且，因为它抓住了军人独裁时期制度崩溃这一主要政治特征，因而用以分析腐败现象的成因具有很强的解释能力。"制度性缺陷导致腐败"是用新制度主义方法分析变革时期腐败成因得出的主要结论。只要找到诱发腐败的制度源头，通过制度改革和创新，转变相应的制度安排，就有可能从根本上改变人们的行为方式，遏制腐败蔓延。

运用新制度主义的方法研究智利政治腐败成因，需要从三个层次依次深入。

首先，以"经济人"和"理性选择"两个假设作为出发点。经济人假设是假定人们行为的主要动机是追求自身利益的最大化，简称自利动机，凡按照这一原则行事的人即为经济人。公职人员个人或其单位（作为人格化的个人对待）在从事以权谋私行为时也是经济人，他们的目的也是追求个人或单位利益的最大化。理性选择假设是假定人们在实现自己的目标时通过成本—收益计算而做出最佳的或至少是自认为最佳的行动选择。将这一假设应用于腐败研究，意味着承认公职人员个人及其工作单位也遵循理性选择的原则行事，他们从事以权谋私的腐败行为是在精心比较、计算利益得失后做出的选择，以实现自身利益的最大化。只有看到这一点才能找到解决问题之道。

其次，把个体作为分析的基本单元，分析个体选择或行为的动机和条件。这里所说的个体，包括公职人员个人及其工作单位，正是这些人和单位构成腐败行为的主体并成为行动的基本单元。南非学者罗伯特·克利特加德为腐败的个体动机提供了有益的解释。他指出，如果贿赂所得减去道德代价再减去被发现的可能性与可能遭受的刑事处罚之和，大于工资收入与道德的心理满足感之和，那么个体将会选择贪污受贿。个体选择的基本条件是，他拥有垄断性权力和自由裁量权，并且责任心很差。个体的责任心和他所秉承的职业道德密切相关。用公式表示就是：腐败的动机 =（贿赂所得 - 道德代价 - 查处概率 - 所受制裁）+ 工资收入 + 廉洁的道德满足感；腐败的条件 = 垄断权 + 任意处理权 + 责任心差。[1] 其中，腐败被发现的可能性和所受处罚的程度是腐败活动可能支付的预期法律代价或成本。将道德代价和道德满足感引入个体选择之中是克利特加德的一大贡献，它使人们关注道德因素在个体选择中的作用。

---

[1] [南非] 罗伯特·克利特加德：《控制腐败》，中央编译出版社1998年版，第78—84页。

最后，进一步探究隐藏在个体选择背后的制度性原因。当腐败现象纯粹是一种偶然的、个别的现象时，制度因素在导致腐败的众多因素中的作用并不是特别重要。如同智利在皮诺切特上台前的历史中所表现的那样，腐败是轻微零星的，和制度没有必然的联系。然而，当腐败在公职人员中成为一定程度上带有普遍性的现象时，制度因素的作用就凸显出来。正如智利现任总统拉戈斯所指出的：近年来腐败案件加剧表明，"制度的功能"出现了问题。

对智利腐败滋生背后的制度性因素进行分析，可以看出诱导个体走向腐败的制度性缺陷有以下三类。

（1）激励制度的缺失，使得从事腐败行为更加有利可图。一方面，智利公务员特别是政府的一般雇员工资水平相对偏低，导致政府机构私设小金库、秘密加薪的腐败行为相当普遍。在利益诱惑面前，要求公务员甘于清贫不太容易。另一方面，公私界限不清，权钱交易的腐败收益极高。皮诺切特时期，不少公司和商号都有军人或官僚做后台。很多现役将领和长官在任时，同商界接上关系，一旦离任，便利用旧日官场的影响和关系充任某公司、某商号的股东或顾问，享受比官场更高的薪金。这种官商勾结现象难以被发觉。

（2）机会结构的扭曲，使得从事腐败行为更加有机可乘。军政府时期，三权分立制度不复存在，行政权高度膨胀，绝对的权力导致绝对的腐败。皮诺切特通过排除异己，高薪培植亲信，使得重新设立的议会和最高法院成为政府操控的傀儡，在政治上采取极右立场，互相包庇。法院遇到对政府的不信任案时，保持沉默，不肯伸张正义，政治腐败的机会因此大大增加。另外，公务员考核制度遭受破坏，组织人事制度上用人唯亲，用人唯钱。皮诺切特推行的改革过程中共有20万公务员被解雇。然而，解雇并非依据效率第一的原则进行，有能力贿赂官员的人就能够保住饭碗，反之，没钱的和不愿巴结的就只能走人。因此，在这个时期，相当一批官员发了横财。

（3）约束制度的破坏，使得从事腐败行为的风险极小。首先，正如上文提及的，智利的公民社会意志受到极大压抑和摧残，变得极为弱小，根本无法对抗实行高压强硬措施的军政府。工会组织活动受限，合法权益被剥夺；新闻界和文化团体被剥夺了言论自由、思想自由的权利；许多持不同政见的知识分子和有良知的人遭到驱逐和迫害。据统计，1973—1990

年，智利有4000多名政治犯遭到处决或失踪，数以万计的人在监狱中被刑讯迫害，上百万人被迫流亡海外。这一切导致腐败被发觉和揭发的风险变得非常小。① 其次，腐败惩罚制度被破坏，使得腐败成本很小。明显的一例是，皮诺切特即将下台之际，亲自设计了一部保障他本人以及其他既得利益者的法律，总称为《协调法》，使自己仍然保有陆军司令职务，自封终身参议员并享有终身司法豁免权，为日后免遭法律制裁提供了保护。这是皮氏至今仍然逍遥法外的重要原因之一，也成为智利人心口上一道难以弥合的伤口。

二 智利的反腐败制度体系

腐败丑闻在智利激起了强大的社会舆论，把过去对反腐败持消极态度的社会力量转变成了一股要求变革的强大动力。政府和民众很快达成共识：必须进行制度革新才能恢复昔日的荣耀。拉戈斯政府顺应民心，抓住改革时机，敦促议会迅速出台了一系列法律制度和措施，甚至一举通过了一些在议会多年悬而未决的法律。司法机关也迅速采取"油煎大鱼"行动，严查重办了一批涉及权高位重者的腐败案件。腐败高官相继被擒，改变了潜在违法者对腐败行为的成本—收益分析，法律的社会威慑功能得以实现。尤其值得赞赏的是，智利政治家负责任的态度在腐败危机面前有了深刻体现。执政党和在野党不受"把腐败丑闻转变为政治斗争"的诱惑，而是联合应对腐败问题，共同签署了"国家现代化、透明和促进增长"的联合反腐败协议。② 政府还及时设立了由政府代表、反对党成员和公民社会组织的代表组成的"透明委员会"，起草反腐倡廉方案，改革现行防治监督腐败的制度体系。

智利政府在应对腐败丑闻中制定的政策措施，已形成了一个相对完整的制度体系，并且在抑制腐败蔓延和治理腐败方面的作用正在逐步显现。

---

① 2004年5月，89岁高龄的皮诺切特面临各项司法指控，由于案件性质严重，民众反应强烈，法院被迫取消了他的司法豁免权。20世纪70年代，智利、阿根廷、巴西等南美五国军政府为联合迫害和清除流亡的左翼进步人士，秘密策划了"秃鹰行动"计划。担任此案审判的古斯曼法官认为，皮诺切特是导致至少1人死亡和9人失踪的主要责任人。目前除"秃鹰行动"一案外，皮诺切特还因流亡在阿根廷的智利前陆军总司令普拉茨将军夫妇遭暗杀和特大海外银行存款案遭到指控。

② International Transparency, "Global Corruption Report 2003", http://ww.transparency.org.

智利的反腐败制度体系主要包括以下六个方面的制度安排①。

（一）预防腐败的行为准则制度

1. 严格预防公职人员腐败的行为准则制度

智利的法律赋予公务员尤其是各部高级官员广泛的自由裁量权。为了保证这个自由权利能够被适当行使，智利以《行政廉洁法》为核心，对各种利益主体的行为规范、职责和权限作出尽量详尽的规定，目的是最大限度地减少利益冲突和腐败发生的可能性。这些相关法律构成了一个相互支撑的措施体系，不仅规范着中央政府、地方政府，也规范着执行行政权或履行公共义务的公共机构；既有适合一般公务员的，也有适合高级官员的；既规定了阻止不合格人员进入政府的实施机制，又有公职人员在冲突条件下的弃权机制。除了法律以外，智利也非常注重普及法律知识和提高公务员的公共服务道德，建立了一套道德管理系统，还要求行政部门必须为其成员提供指导和培训，使其成员不断提高法律意识和职业能力。2000—2002年，政府以"公共行政的廉洁和透明"为主题，进行了3182场培训，围绕"行政责任和行政一般准则"进行了840场培训。

2. 合理保护和使用公共资产的制度

腐败容易发生在对公共部门的资产使用过程中。为了预防盗用和滥用国家资产，智利通过法律对保护和使用国有资产的机制作出严格规定。《国家行政总则》规定，所有公务员必须遵循诚实、责任、功效、效率、透明、管理公开等原则行事，例如，诚实负责地核查公共财产管理，在政府合同招标中平等对待所有的竞标者，且合同的条款必须公平。《行政廉洁法》规定，对违反合理保护和使用公共财产的行为将给予行政处分。《刑法典》则规定了违反合理保护和使用公共财产的行为所应负的刑事责任。《国家审计总署的宪法组织法》（Constitutional Organic Law of the Office of the Comptroller General of the Republic）包含公共资金的筹集和支付准则，

---

① 以下关于智利反腐败制度体系的内容除特别注明的以外，均参照2002—2004年智利提交给"履行美洲国家反腐败公约专家委员会"的文件，即"智利反腐败公约执行状况报告"编写而成，原文为英文和西班牙文。英文题为 Committee of Experts of the Follow-up Mechanism for the Implementation of the Inter-American Convention Against Corruption （MESICIC），Final report on implementation in the report of Chile of the convention provisions selected for analysis within the framework of the first round，可以在美洲国家组织网页（http：//www.oas.org）上查到。

官员的责任、担保、报告、检测和账目审计、调查和研究和报道等内容。智利对某些特别事项颁布了特别法规，如 2003 年的《公共部门预算法》《公共采购法》等，有利于特殊部门管理和合理使用公共资产。《年度预算法》的条款涉及国防部的"秘密开支"条款规定，有些机密开支应由财政部最高法令签署通过，并且必须以保密的方式向审计总署解释。

3. 腐败的揭发制度

智利明确要求公务人员必须向适当的权威机构揭发在执行公务过程察知的腐败行为，尤其是在发觉到其下级机关官员的犯罪行为时。《刑事诉讼法》规定了不履行这项义务的刑事责任。该法规定，一切部门的公职人员和雇员必须在察觉到公共行为中的非法行为后的 24 小时内向权威机构报告；法庭可以采取特殊措施保护那些要求给予保护的证人的安全；公共检察署（the Office of the Public Prosecutor）也必须采取必要的保护证人的措施，当然也包括对公职人员揭发者的保护。近年来一批大规模腐败案件的揭发，反映了打击腐败的紧迫性。智利正在考虑完善揭发机制，通过一些方式提升政府雇员遵守该项义务的觉悟，并且建立更加强有力的揭发者保护机制，以使他们能够没有顾虑地履行自己的义务。

（二）普遍的财产申报制度

世界上许多国家制定了财产申报制度，规定，国家公职人员必须依法对自己的财产状况，包括财产的数量、来源等情况向监察机关作出报告；一旦监察机关发现公职人员的财产与其合法收入不符，即视为非法所得而予以惩处。阿根廷、墨西哥等国也有类似的财产申报法规，但智利的财产申报制度比较健全。根据该制度，凡是进入国家机构和进入管理、技术和行政部门的财政服务人员，上任前必须提交一份其本人及其配偶各自的财产状况申报书，并且必须年年更新。申报书的细节内容由智利总财长决定。《中央银行的宪法组织法》要求，董事会成员和公司总经理上任前和卸任时，必须提交一份关于其财产状况及所参与的职业和其他经济行为的申报书。

与财产申报相连另一项规定是"利益申报"要求。法律规定，一定级别的政府官员、众议员、参议员、一级和次级司法部门法官、央行董事会董事和总经理等，必须在财产申报之外，另行提交一份利益申报书，其中必须包括个人职业和所参与的其他经济行为的个人账目。《律师总署宪法组织法》要求律师总长、地方检察官和助理检察官，提交利益申报书。

为了便于实施，国家审计总署研制采用了一种特别的计算机系统，使得人们可以检测到各种利益和财产申报文件，并通过使用数字技术对之进行查看和监督。截至2003年7月15日，该计算机系统中的文件总数达到2.7万份。

(三) 严格的监督机制

理顺监督体制，发掘和利用好各种监督资源，有利于降低反腐败成本，提高反腐败资源的效益，减少腐败动机。智利存在多种监督机制，总体来看，可以归为两类。

1. 外部监督

它通过独立力量实现，体现在现行的一系列体制间的制衡之中，包括以下4个方面：（1）政治监督。这项监督是由宪法赋予议会的制度性监督。（2）司法监督。法院有权力基于宪法或法律干预某些案件以保护个人权利并宣布违宪行为，它此时便拥有潜在的特殊监督功能。（3）行政—法律监督（Administrative-Legal Oversight）。政治宪法规定，国家审计总署是一个独立自主的、功能独立的监督实体，直接监督总统和各部委，它的主要目的是捍卫国家利益。简言之，它有权在行政领域监督和捍卫法治，保护可能被行政行为扭曲的公共利益和个人权利。（4）公民监督。公民个人和各种协会和团体都是它的主体，尤其是独立自由的新闻媒体肩负着独特的监督职责。当政客感到自己的行为不会被媒体揭露时，就容易受到腐败诱惑，为牟取个人私利滥用职权。目前，智利的新闻自由已经得到恢复，近年来的腐败大案很多是由媒体揭露的。这表明智利的舆论环境已经大大改善。

2. 内部监督

它是行政权力部门内部的监督机制。为了便利内部审计监督，智利在行政部门专门设立了一个总统顾问机构，即"政府内部总审计委员会"（the General Government Internal Audit Council）。这种内部审计机制能够为各方面的反腐败"监督者"（包括总审计长、议会的公共账目委员会以及调查和监察人员）提供更多信息，监督公共活动开展的规范性并及时准确地提交财务报告，推动建立起强有力的内部管理控制体系，加强对易于被滥用的典型领域（包括差旅费、无须报批的小额咨询合同、有特别价值或吸引力资产项目如车辆和手提电脑等、大额资本投入的公共工程以及高额采购项目等）的监管。这种内部监督为审计总署的外部监督工作提供了便利，并且对公职人员形成了一种心理威慑作用。

(四) 科学合理的公务员制度

1. 严格的公务员管理制度

智利国家公务员的行为受到各种管理制度和法律法规的严格约束，以预防他们由人民的公仆变为人民的主人。首先，通过制定国家公务员的义务、纪律等行为规范来实施约束，促使其廉洁奉公。这一点在上文提及的行为准则制度中已有详尽论述。其次，建立考试录用制度，防止和消除公务员系统入口上的腐败。在用人环节上贯彻公平、平等、竞争和择优原则。最后，公务员回避制度。该制度为防止公务员徇私舞弊而对其任职和执行公务等方面做出一定限制，从而遏制错综复杂的宗法血缘和裙带关系上滋生的任人唯亲、结帮营私等腐败现象。

2. 科学合理的工资制度

工资制度是国家公务员制度的重要组成部分。智利执行统一的工资制度，其标准由财政部、经济部和相关部门三方决定。智利在军队上层和政府官员中推行高薪制，这是因为军政高层集中了国家的精英人才，他们肩负领导和建设国家的重任，掌握着国家的最高机密和经济命脉，他们的行为直接牵动着全民的利益，国家给予他们足够高的工资以使他们竭忠尽职，做好本职工作，无后顾之忧。从经济学角度看，提高官员的待遇，实际上是加大了其腐败的机会成本。所以适当水平的工资制度对廉政建设意义重大。

(五) 高度的社会参与制度

1. 一般参与机制

智利比较善于从公民社会的基层着手，建立一些机制以鼓励公民社会和非政府组织参与到遏制腐败的努力中来。《社区和其他共同组织法》和《基本环境法及其规则》设立了公民共同参与社区管理和环境问题的评估程序，以保障公民利益。政府建立的"信息、投诉和建议办公室"，启用电子网络等新技术成果，为公民提供接近政府并能与之互动的机会。调查数据显示，2002—2003年，全国行政部门共建立了1500多个这样的办公室，拥有800部信息电话、400个政府网站、21个机动办公室。

2. 信息获取机制

没有信息就没有问责，信息就是权力。保证公民能够获得信息，对于一个国家的廉政体系建设至关重要。智利的《行政廉洁法》要求执行公务必须透明，允许并促进公民了解主要决策的制定过程、内容和执行状况。新科技成果的应用大大丰富了公众获取信息的手段。目前，智利有200个政府机构在网页上通报其制度安排、任务、预算、年度决算及其他活动领域，每天点击的访问者众多。但必须承认，公众获取信息的范围还相当有限，需要政府更进一步补充、强化信息获取机制。

3. 咨询机制

政府机构在采取广泛影响公民利益的决策前，必须咨询公民的意见。为了便利公众提出意见和建议，使之参与和监督政府决策，咨询机制非常重要。但智利当前的咨询范围相当有限，只与土地使用、环境等非常特殊的少数领域相关，还不涉及公共政策制定、法律法规的通过等更为广泛利益的内容。

4. 鼓励积极参与公共行政的机制

公民参与是民主体制的本质之一。智利鼓励公民积极参与公共行政。尽管落实公民在公共政策中的参与程序比较困难，并且它也不是专门促进政府廉洁行政的机制，但这一机制的本质决定了它对发挥公民监督的作用，具有极为重要的潜在价值。

（六）国际合作机制

考察和分析拉美国家的腐败问题，一个重要角度是国际组织的作用。国际组织对很多拉美国家建立反腐机制起到了至关重要的作用，如国际金融机构和捐赠者要求受援国政府承诺反腐并拿出反腐成就，将资金和技术援助与反腐改革的结果直接挂钩。近年来，智利被曝光的腐败案件激增，国内反腐力度逐步加强，联合国、透明国际、世界银行、亚太经合组织和美洲国家组织等国际组织在这方面发挥着主要作用。此外，智利还参与了一些双边和多边协议，如《美洲国家间反腐败公约》，亚太经合组织的《反贿赂公约》《联合国反对跨国组织犯罪公约》等国际反腐败合作机制。这些协定对加强立法行政和司法权的相互独立，巩固竞争和媒体自由，建立一个更加强大、信息更充分、组织更良好的公民社会等方面意义重大。

三　智利的启示：用制度的力量遏制腐败

清除了腐败分子不等于清除了腐败机会，不改变产生腐败的制度环境就无法阻止腐败的再次发生。正如本文所指出的，智利腐败问题的症结在于制度缺陷。近年来，智利政府所做的努力，正是把制度体系的改革作为反腐败的根本出路，从制度的源头上防止和遏制腐败。

（一）制度反腐的目标：创建国家廉政体系，追求善治

智利政府意识到腐败蔓延的巨大危害后，立即从前文所述六大方面入手建立起一套比较完整的"国家廉政体系"[①]。该体系强调通过建设制度使腐败变成"高风险、低回报"的行为。"国家廉政体系"像一座希腊神庙：这个庙的顶部——国家的廉洁——的每一端都由一系列支柱支撑着，每根支柱都是国家廉政体系的一个要素。这些"支柱"包括议会、行政机关、司法机关、监督机构（公共账目委员会、审计总署、监察特使、警察部门、反腐败机构等）、公务员体系、公民社会（包括职业和私人部门）、大众传媒和国际行动者等，构成了廉政体系的制度性支持。庙的基座是公众意识和社会价值，神庙以此为支撑。公众的廉政意识越强，社会价值越强，它就会传导给立于其上的"制度支柱"以更大的力量；反之，越弱，上面的支柱就失去了维护国家廉洁需要的支撑，难以发挥作用。庙的顶端是三个"圆球"："生活质量""法治""可持续发展"。之所以以球形为喻，是为了强调，如果要让这些圆球以及它们所体现的价值观不致滚落下来，庙的各支柱必须保持平衡。

可以说，智利之所以能够迅速挽回国际声誉，赢得国内外的信任，很大程度上应该归功于其"制度性支柱"的恢复和建立。国家廉政体系的建立，不仅有利于智利回归其独特的清廉传统，更重要的是它有助于智利政府实现"善治"（good governance，直译为良好的治理，有人译为良治）。善治就是使公共利益最大化的社会管理过程。它的本质特征是政府与公民

[①] "国家廉政体系"的相关内容可参阅杰瑞·波普《制约腐败——建构国家廉政体系》，中国方正出版社2003年版，第53—55页。

对公共生活的合作管理，是政治国家与公民社会的一种新型关系。[1] 联合国开发署和世界银行等国际组织所确定的善治衡量标准主要有八条：公民参与，实现法治，政务公开，反应灵敏，寻求共识，追求平等和包容性的社会政策，效能和效率，责任性。[2] 一个以善治为目标的政府将是一个开放、透明、法治、廉洁、高效、负责任的政府。走向善治的主要途径就是进行政府改革和创新，改革那些过时的政府管理体制和方式，改变那些易于诱发腐败和其他管理不善现象的制度安排。反腐败制度的革新，从短期目标上看，是建立起完善而高效的国家廉政体系；从长期目标上看，则是追求善治这一极有价值的政治理想。反过来，国家廉政体系的建立和善治的实现，又可以促进反腐败实践的开展，为消除腐败提供制度支持。

（二）制度反腐的着力点：厘清政治与金钱的关系

腐败体现的是两种权力资源，即经济和政治之间病态的社会关系。通过滥用公共权力获取非法财富，构成了腐败的核心。这种"权钱交易"的腐败多发生在公共部门和私人部门的交叉结合部。不管是富有阶层亲自出马，还是通过政治代理人控制政府决策，都会对政治清廉产生极大的威胁。因此，智利的制度革新趋向于进一步厘清权力和金钱的关系，更明确地界定公共部门和私人部门之间的界限。正像有学者指出的，目前，智利治理腐败的制度措施已经初见成效，政治权力和财富权力内部以及相互之间的制约更为明显与清晰，原先比较混乱的局面已经有所改善。[3]

国家制定公共政策的过程必须优先考虑公共福利，需要防止被幕后游说、贿赂等不法活动所扭曲。然而，在当今社会，政治与金钱的关系极为密切，很难割断两者之间的联系。重要原因在于，当前很多国家的政治竞选活动已成为一场公开的"形象战"——而且形式往往胜过内容，这使得竞选候选人的自我营销和政党筹资等行为极为盛行。在某种程度上，捐助者都希望能够从参与竞选的候选人身上得到不同形式的回报，这必然与公

---

[1] 俞可平：《引论：治理与善治》，载俞可平主编《治理与善治》，社会科学文献出版社2000年版，第8页。

[2] 参阅联合国亚太经社理事会《什么是治理？》（http://www.unescap.org/huset/gg/governance.htm, 2005-5-10）。

[3] Peter M. Siavelis, "Disconnected Fire Alarms and Ineffective Political Patrols: Legislative Oversight in Postauthoritarian Chile", *Journal of International Studies and World Affaires*, Vol. 42, No. 1, University of Miami.

民对政客的道德期望背道而驰。如果公民意识到政府的决策是建立在谁出钱多少的基础之上，认定政府已经出卖给了出价最高的竞标者；那么，这种权钱交易的腐败就必然会动摇人们对政府推行的民主政治的信心，[1] 也必然会进一步影响到政府的合法性，对那些实行民主制度的国家尤其如此。[2] 这正是智利"还政于民"后，腐败给它造成的消极影响之一。因此，智利在1999年颁布了《行政廉洁法》，2003年颁布了《政党筹资法》，明文规定公正合理的竞选原则和一些具体规则，改变了政治捐赠体制，不再允许私人捐助者肆无忌惮地参与和影响政治活动。这是智利在保证民主透明体制上迈出的重要一步，表明智利政府对金钱与政治的关系有了更加清晰的认识，即如果对私人捐助活动不加任何限制就会促成经济力量干扰政治的行为，形成腐败交易，从而侵蚀政治独立性，并危及公共政策的目的、内容和受益人。

智利反腐制度革新的一个重要启示就是：制度反腐的着力点在于厘清政治和金钱的关系，使得民众都能够平等、公正地享用公共资源。

（三）制度反腐的关键：增加透明度

民主的本质要求透明，这是一种极为珍贵的公共行政原则，它可以保证廉洁的深度、广度、持久度。增加透明度在防治腐败中的作用表现：(1) 增加透明度是政治道德的保障。遏制不当行为最好的办法是将公职人员置于整个社会的监督之下。对腐败最为严厉的制裁，只能来自不姑息且有充足信息的公众的裁决。(2) 增加透明度是社会监控的手段。透明的目的是使公共行政能够接受民众的监督，它能使每位公民都成为监控者，而不仅仅是警察、检察官和审计员。[3] (3) 增加透明度是通向民主的钥匙。公共行政的透明是民主的深刻体现，尤其在当今这个"信息社会"。民主的未来就在于所有的人都能获取其力量的源泉——信息，从而充分行使他们的公民权利。如果信息，特别是关系公共利益的信息，只保留在少数特

---

[1] Warren Hoge, "Latin America Losing Hope In Democracy, Report Says", *New York Times*, New York, N. Y. Apr. 22, 2004. p. A. 3.

[2] Susan Rose-Ackerman, "Political Corruption and Democracy", *Journal of International Law*, 1999.

[3] Peter Eagan, "Introducing the Global Corruption Report 2003", in Global Corruption Report, http：// www. globalcorruptionreport. org/gcr2003. htm, 2005 – 5 – 10.

权者手中，不能为社会公众所掌握，那么，民主的质量都会面临严重的威胁。(4) 提高透明度是行政现代化的关键。现代化国家讲求行政过程的高效、灵活和快速。反腐政策的批评者认为，反腐行动中的很多控制机制烦琐复杂、令人厌倦，违背行政现代化的要求。确实，有些政策需要各政府部门或机构事先层层审查和授权，在这种情况下，往往不能测算出反腐收益是否能够抵消牺牲效率和灵活所带来的损失。但在这方面，提高透明度不仅没有类似弱点，而且还有助于改进其他控制机制，提高他们的效率。总之，政府可以依靠强有力的法律把"透明"这一观念转化为清晰的公民权利和公共责任。[①]

　　智利制度反腐的关键，就是通过相关法律和制度安排极大地提高了政治透明度。尽管智利还有很长的路要走，但其在提高透明度方面做出的努力已为很多国家树立了榜样。

---

① Toby Mendel, "Freedom of Information Legislation: Progress, Concerns and Standards", in Global Corruption Report, pp. 57 – 60, http://www.globalcorruptionreport.org/gcr2003.htm, 2005 – 4 – 12.

阿根廷的反腐败体制机制建设

袁东振[*]

[内容提要] 阿根廷反腐机构有两类：一类是由行政、司法和立法三个政权机关管辖的机构，如隶属于政府的"反腐败办公室"和"国家稽查总署"；隶属于最高法院的法官委员会、法官审理委员会和国家选举法庭；隶属于议会的"国家审计总署"等。另一类是独立和自主性机构，如"公共部"，该部由"检察院"和"护民署"组成。阿根廷不少法律法规中含有反腐败的条款和内容，《公共职务道德法》和《刑法》是最重要的反腐法律，反腐败的主要做法包括：完善反腐制度、机构和法规体系建设；明确腐败量罪标准，加强反腐工作针对性；加强预防，创造反腐败的社会氛围；推进国际反腐合作，改善国际形象。

在应对腐败现象过程中，包括阿根廷在内的拉美国家重视反腐机制建设，相继建立专门反腐败机构，不断完善反腐法律体系，加大反腐政策力度，提供了不少可供借鉴的经验。

一 主要反腐机构

(一) 阿根廷反腐机构的基本特点

阿根廷实行立法、司法、行政三权分立的政治制度，反腐机构设置也体现出三权分立和相互监督的特点。行政、立法和司法部门都分别设立相关机构，对各自部门进行内部监督，其中一些机构还对本部门外的其他部

---

[*] 袁东振，中国社会科学院拉丁美洲研究所政治研究室主任、研究员。

门进行外部监管。

阿根廷反腐相关的机构主要有两大类：一类是由行政、司法和立法三个政权机关管辖的机构，如隶属于政府的"反腐败办公室"和"国家稽查总署"；隶属于最高法院的法官委员会、法官审理委员会和国家选举法庭；隶属于议会的"国家审计总署"等。另一类是独立和自主性机构，如"公共部"，该部由"检察院"和"护民署"组成。但阿根廷反腐机构的隶属关系也有相互交叉或不十分明确的情况，如护民署既是公共部内与检察院并行的独立机构，同时又归国会管辖；再如，国家审计署和护民署隶属议会，其领导人却由总统任命。

在上述机构中，直接承担反腐职责的是反腐败办公室、国家稽查署、国家审计署、检察院和护民署。

（二）反腐败办公室

反腐败办公室（OA）成立于1999年，是政府部门的反腐机构，副部级，设在司法部。反腐办公室的职责是"提出和协调反腐计划，与'行政调查检察院'协作，行使法律规定的职责和授权"；权限范围为"全国公共管理部门内的联邦机构和下放了权力的机构，以及有国家参与的公司、团体和所有其他公共和私营机构"。立法和司法机构、地方政府不在该机构监察范围之内[①]。

反腐办公室由调查局和政策规划局组成。前者负责调查对政府和相关部门的腐败投诉（如非法致富、欺诈、贿赂、侵吞公共财产等），该局可在获得证据后提出控告，要求起诉；后者负责制定各项反腐政策，以及对公务员财产披露系统的管理。

该办公室在反腐进程中的职能不断加强。2005年阿根廷开始实施的"反腐办公室增强体制计划"，目标是增强该机构预防腐败的能力。2006年最高法院承认反腐败办公室具有司法资格，可以起诉腐败案件。这些措施不仅加强了反腐败办公室的权力，也强化了政府主导的反腐体制。

（三）国家稽查总署

国家稽查总署（SIGEN）是隶属于政府的反腐机构，由总统直接领

[①] La Oficina Anticorrupción（OA），"Que es la Oficina Anticorrupcion de Argentina"，http：//www. anticorrupcion. jus. gov. ar/home2. asp.

导，1992年建立，正部级。该署的职能有两个：一是负责对国家行政部门和公共机构的监管；二是负责领导国家各部委机构和公共部门内部的稽查审计机构，负责协调这些审计机构的活动。稽查总署与设在国家各部委和公共机构的内部稽查审计机构共同组成政府内部的监控体系。

稽查总署的其他任务是：与国家审计署协调，负责内部审计条例的颁布和实施；监督有关稽查机构落实有关稽查条例和规定；监督政府内部稽查审计体系的正常运转，为国家审计署开展工作提供便利；为内部稽查机构或各单位提供必要技术培训；批准各部门内部稽查机构的年度工作计划，并对其实施结果进行监督；监督国家统计总局有关规定和条例的实施。

稽查总署的工作与国家审计署类似，但隶属关系和职能不尽相同。审计署是议会下属机构，国会各反对党按其在国会代表性的多少，参与对审计署的领导。稽查总署负责对政府部门和公共机构进行内部审计稽查，审计署则负责对这些部门和机构进行外部审计监管。

(四) 国家审计署

国家审计署（AGN）隶属于议会，1992年成立，负责对包括行政部门在内的所有政府和公共部门账目状况进行监督、检查和审计。审计署的主要任务和职能是：与国会在公共部门账目检查方面开展技术合作，保证公共支出和收入的决策达到节俭、有效和最优化，推进政府合理、合法、有效履行职责；对公共账目进行全面、明确和如实检查；对被审计对象的行为、活动和文件进行审查；向立法机构提交审计报告，并提出建议和咨询意见[1]。审计总署由"审计官委员会"领导，其中审计长1名，总审计官6名。这些人须有大学经济学或法学学历，并通过金融管理和审计专业资格考试。

(五) 国家护民署

国家护民署（DPN）属议会管辖，不受其他机构指导，具有独立职能；但护民署同时是独立机构"公共部"的组成部分。

1994年的宪法改革成立护民署监察专员（Ombudsman）。护民署不从

---

[1] La Auditoría General de la Nación, "Que Es la AGN?" http://www.agn.gov.ar/.

属于政府，也不属于任何党派，而是一个严肃和公正的"共和国机构"；它不是想取代现有的监察机构和监察程序，而是力图成为这些机构和程序的补充；不是与行政机关对抗，而是其"批评性的合作者"；护民署在行政机构和市民间充当中间机构，是人们对话、诚信沟通和团结互助的工具。

护民署承担着两项基本使命：一是保护宪法和法律所赋予公民的利益、保障和权利，使其免受行政机关的损害；二是对公共行政机关的职能进行监督，对由国家机关、公共部门、负责提供公共服务的企业（包括私企）所引起的案件进行调查。护民署调查和干预问题的范围包括：不当和非法行为，对举报没有做出回应，服务不到位或不适当，信息不全面，侵犯用户和消费者权利，与环境保护有关的问题，国家不履行司法判决等。护民署还可向国会和行政机关提出建议，修改过时或可能造成不公正或损害的规章和条例①。护民署通常以自己的名义履行职权，不能代表议会。

（六）独立的反腐机构

公共部及其下属的检察院等机构独立于行政、立法和司法机构之外，是具有自主性的机构。

1. 公共部和检察院

这是阿根廷最高检察和监察机构。公共部独立于三权之外，有独立职能，进行独立财务核算。公共部以保卫社会一般利益、推进公平为主要目的。公共部虽然有时与其他机构合作，但遵循独立自主的原则，不必遵从其他机构的指示或领导，而是在不损害其自主性的基础上发挥公共利益的监察者、保护者、监护者和管理者的作用。

根据法律规定，该部通过司法部与行政部门联系，通过一个双边委员会与议会联系。公共部由检察院和护民署两个机构组成，检察院和护民署均为部级单位。阿根廷1994年宪法第120条规定，检察院是享有自主职能和财政自主权的独立机构，其职能有二：一是与共和国其他权力机关一起促进执法，维护法治和社会的普遍利益；二是负责监督检察官的行动和行为。

---

① Defensoría del Pueblo de la Nación, "Cuál es la misión del Defensor del Pueblo?" http://www.dpn.gob.ar.

2. 行政调查检察院（FIA）

该院是在检察院中设立的专门负责反腐工作的机构，是检察院的组成部分，负责调查全国政府和公共部门发生的腐败行为，以及违反行政和法律规定的行为，并参与有关司法诉讼。该机构由非常专业的检察官和会计人员队伍组成[1]。调查权限限制在联邦政府机构、下放了权力的管理机构和有国家参与的机构的工作人员。立法和司法机构、地方政府的工作人员不在其管理和调查范围内。

二　反腐败的法律制度

阿根廷不少法律法规中含有反腐败的条款和内容，反腐法律体系不断健全，其中《公共职务道德法》和《刑法》是最重要的反腐法律。

（一）《公共职务道德法》及财产申报制度

《公共职务道德法》（1999 年）的核心是严格官员财产和收入申报制度，规范国家公务员道德行为标准和职责[2]。（1）财产申报内容。申报范围包括财产、贷款、债务、收入；既要申报本人财产状况，也要按要求申报配偶和未成年子女经济状况及个人资料。（2）申报信息公开。任何公民可通过书面申请方式，申请查询官员财产状况的申报情况，并到相关机构查询。（3）申报时限。在被任命、提升、降职 10 日内提交财产状况申报书，并按规定提交年度申报报告，直至任职结束。（4）"全国公共道德办公室"保管和管理申报资料，并负责对申报工作的监管。（5）不履行申报责任者将受到司法和行政处罚，甚至被停职和解雇。（6）财产申报制度适用于国家行政机关、立法机关和司法机关。（7）总统和副总统也须按规定申报。

---

[1] Fiscalia de Investigaciones Administrativas: "Que es la Fiscalia de Investigaciones Administrativas (FIA) de Argentina", http://www.fia.gov.ar.

[2] 阿根廷 1953 年就确立了官员财产申报制度，但当时申报范围有限，信息也不公开。此后该制度几经修改完善，部长（1963）、司法机构人员（1995）、总统和副总统（1999）等逐渐被纳入申报之列。1997 年建立隶属总统府的全国公共道德办公室，负责主要职能是"对财产申报制度进行监督"。参见 Oficina Anticorrupción: Declaraciones Juradas de Funcionarios Públicos, Una herramienta para la prevención y control de la corrupción-Tecnología informática y gestión pública, 2a edición actualizada, Ministerio de Justicia y Derechos Humanos, 2007, p. 27.

(二)《刑法》中的相关条款和内容

阿根廷《刑法》设置关于公职人员犯罪的章节,对其在履职中的犯罪和违法行为及其惩罚作出规定。主要内容有:(1)"滥用职权和违反公共官员责任罪":处1个月至2年监禁、剥夺公职(剥夺期限为监禁期2倍)和罚款。(2)"行贿受贿和以权谋私罪":处1—6年监禁,永久剥夺公职。(3)"盗窃和贪污公共财产罪":擅自改变公共财产使用用途,处1个月至3年监禁;利用职务之便窃取公共财物,处2—10年监禁,剥夺公职,并处罚金。(4)"从事与公共职务不相称的经营活动":利用职务之便为自己和第三方在合同和经营活动中捞取好处,处1—3年监禁,相应地剥夺公职;利用职务之便索取或向他人提供好处、权利和财物,处1—4年监禁,剥夺公职1—5年。(5)"非法致富罪":处2—3年监禁和相当于非法致富所得50%—100%的罚金,永久剥夺公职。(6)对不按规定申报个人财产并恶意隐瞒真实情况者,处2年以下监禁或剥夺公职。(7)"妨碍司法执行":法官恶意拖延案件判决和执行,停职1—4年;检察官不履行职务责任,不按律惩处犯罪分子,停职6个月至2年[①]。

(三)"反腐败刑事法"议案

阿根廷试图加快反腐败立法进程。以国会刑事立法委员会主席卡洛斯·维加的动议为基础,于2008年形成"反腐败刑事法"议案,2009年正式进入立法程序。该议案对《刑法》中公职人员腐败犯罪条款进行修改,加大对官员腐败行为的惩罚力度,增添对与腐败案有牵连的企业予以惩罚的内容。(1)扩展公共部门和公共官员的范围。向政府提供服务的企业也被视为公共部门,而公共官员既包括代表国家履行职务的人,也包括向国家提供服务的人,如公共工程的承包者。作为"法人"的公司和企业,如涉嫌参与腐败行为,将受到经济和刑事处罚。处罚包括:临时或永久吊销法人资格,按涉案企业一年内盈利水平的一定比例进行罚款。(2)加大对腐败官员惩处力度。按照犯罪时所任职务及犯罪所造成损失情况定罪。职务越高,处罚力度越大。(3)取消并不再允许对腐败犯罪人员进行假释和

---

① *Código Penal Argentino*, Escuela de Personal Subalterno Material de Apoyo Didactico para Sargentos Primeros y Cabos Primeros, Edicion 2006.

保释。(4) 加大对法官腐败行为的惩处力度。法官犯腐败罪将被判刑 4—12 年，如果其腐败行为已对公共服务造成损害，则加大处罚力度。(5) 限制减刑。只有在所犯罪行比被指控的罪行较轻时，才可适用于减刑。(6) 加大经济处罚力度，可没收被指控人（包括公共官员和企业）的财产。[1]

（四）其他法律

阿根廷的其他法律也有预防腐败的条款和内容。"全国政府采购制度法"规定了采购合同管理的基本原则、采购合同的适用范围和采购商品的标准，明确了采购和招标办法；招标内容、程序要公开发布和宣传，竞标者和价格资料等也要公布。该法规定了公共和私人竞标者的具体条件，竞标者的挑选及程序，供应商的行为准则；明确了负责采购工作的领导机构和执行机构。"公共工程法"规定了公共工程合同和招标制度，强调一旦签订合同，未经有关当局准许，合同方不能将其部分或全部转包或转让给其他人或单位。"财政管理和联邦公共监督体系法"规定了监管机构对公共工程、招标、政府采购过程中的职责和任务[2]。"政党筹资法"对资金捐赠者、捐赠数额和竞选开支进行规范，预防竞选中的腐败行为。"联邦公共就业法律规范框架法""全国行政管理职业体系法规"以及关于议会雇员聘用、最高法院法官和检察院检察官任命的法律法规，进一步完善了政府雇佣制度。阿根廷还建立了保护举报腐败行为的制度。[3]

三　反腐败的主要做法

（一）完善反腐制度、机构和法规体系建设

1. 完善制度设计，有效预防腐败

阿根廷不断强化权力机构间的相互监督，同时加强各个权力机构内部的监督机制。第一，加强权力机构内部监督和审计机制。国家稽查总署和反腐败办公室对政府及其所属公司、企业团体等实行内部监控，定期提交

---

[1] *Ley Anticorrupción en Argentina*, http://www.colaboras.com/tema.php, 01/10/2010.
[2] OEA, *Republic of Argentina: Final Report*, Adopted at the September 18, 2009 plenary session, http://www.oas.org/.
[3] 刘纪新：《对阿根廷腐败问题与反腐体制建设的初步分析》，载《拉丁美洲研究》2007 年第 6 期。

审计报告。立法和司法部门也都有相应的内部监督机构。第二，加强议会对政府的监督力度。议会通过审计署审查政府预算和收支状况，保证公共资金得到有效使用，审计署定期向议会提交审计报告。议会通过《公共职务道德法》等法律，严格官员财产和收入申报制度，加强公务人员监督力度。第三，加强司法部门对政府的监督。宪法规定"总统不得行使司法权，不得干预案件审判，不得复审已结案的案件"。第四，加强公民权保护。公民可向司法机构提出特殊请求以保护自己的权利，这种请求已经成为公民权利免受国家权力侵害的重要方式。

2. 完善反腐机构，加大检察力度

1994年宪法改革强化了监督机构（如审计署）的职责与功能，并设立一些新机构，如公共部、法官委员会和法官审理委员会等；在检察院内设立专门的反腐机构"行政调查检察院"。阿根廷还努力将一些临时反腐机构改造成长效反腐机制。1999年阿政府建立"反腐败办公室"，该机构当时的首要任务是调查前政府的腐败行为，后逐渐转化为反腐的专门机构。该办公室除调查和处理腐败案件外，还负责制定预防和惩治腐败的政策和规划。

3. 完善反腐法规体系，严惩腐败行为

阿根廷还未制定反腐败法，但出台了多部与反腐败相关的法律法规。早在1990年，由副总统领导的一个委员会就向议会提交"加强行政部门"的议案，内容涉及打击公务员非法致富、加强对私人为政党捐资的监管，制止行贿受贿等。1994年宪法将腐败与政变并列为"犯罪行为"。此后通过各部门和各行业的相关立法，逐渐形成较完整的反腐法律体系，为反腐提供法律支持。

（二）明确腐败量罪标准，加强反腐工作针对性

阿根廷通过对公共部门预算和资金使用情况进行调查研究，分析本国腐败案的特点，进而对腐败行为和腐败犯罪做出较准确界定，并在此基础上制定有针对性和切实可行的反腐计划，增强反腐工作针对性。

1. 明确腐败行为界定及定罪标准

阿根廷主要通过对公共部门1000多个案例的分析，将公共部门腐败行为分为10种类型，并将这些腐败类型在司法上确定为13种犯罪。这10种类型是：在出售服务的竞争中行为不当；挑选受益人或物资供应者时任人唯亲；额外加价；服务或产品附加福利；资金转移到第三方；非法出让国家待遇；订货时收取回扣；私有化时任人唯亲；对国际信贷项目执行机构的监控失误；通过第三方使用和管理国有资源。对上述10种腐败行为分别适用的13种定罪分别是：欺诈罪；牟取不当利益罪；贪污公款罪；滥用权力罪；欺骗性管理罪；违反公职人员职责罪；违法结盟罪；非法征税罪；伪造公文罪；不正当致富罪；包庇罪；行贿受贿罪；不履行宣誓证词罪。

2. 将私营部门纳入反腐范围

阿根廷强调将私营部门的腐败问题纳入政府反腐日程，认为对私营部门的腐败进行监控与对公职人员不守法行为进行起诉和惩处同样重要。2006年"反腐败办公室"负责人强调，打击腐败要在公职领域和私营领域同时开展，两者应相互促进。"反腐败刑事法"议案明确地将私营公司纳入反腐之列，规定向政府提供服务的企业（包括私企）或公共工程承包企业如涉嫌腐败行为，将受刑事和经济处罚。

（三）加强预防，创造反腐败的社会氛围

阿根廷力图通过政策性预防、教育性预防和多部门协调预防，减少腐败发生，营造反腐氛围。

（1）推动政策透明。阿根廷积极促进联邦政府、各省市政府实施透明政策；各省市已着手编写立法框架的系统性清查报告，以进一步推动相关立法工作，推动信息公开和政策透明。（2）加强反腐培训工作。阿根廷已启动针对公职人员的远程学习方案，开发了一个就职业道德和行政透明度向公职人员提供在线培训的系统。面向公职人员的"职业道德、透明度和腐败行为监督"函授课程已经编写完成，培训工作将由专门机构负责。（3）重视在私营部门反腐。"反腐败办公室"通过辩论、交流经验和为采用最佳做法提供奖励等方式，促进公私部门机构的合作和联盟。例如，将国际和其他国家提供的最佳反腐败做法（包括私营部门的举措和做法）列成清单，并加以系统化，并对这些做法是否可以在阿根廷推广进行研究和判断。（4）加强反腐败的教育和宣传。阿根廷积极推动在学生中开展反腐教育活动，开发了反腐败的普及和教学材料。不仅让中学生，而且让其家庭和老师参与系列的教育课程、辩论和讲习班，鼓励学生就职业道德、廉正和腐败问题展开讨论，不断营造反腐的

社会氛围。①

(四) 推进国际反腐合作，改善国际形象

阿根廷1996年签署（1997年批准）《美洲国家反腐公约》，并陆续签署《经合组织反贿赂公约》（2001年批准），《联合国反跨国犯罪公约》（2002年批准）和《联合国反腐公约》（2003年签署）。

根据《美洲国家反腐公约》的要求，阿根廷每年向美洲国家组织大会提交反腐进展报告。该国20世纪90年代后半期以来的众多法律法规和新机构，大都是依据该公约要求或原则制定和设立的。2002年美洲国家组织设立履行反腐公约跟踪机制，建立成员国政府专家组成的专家委员会，负责对成员国履约情况进行考察。阿根廷专家委员会分别于2003年、2006年和2009年提交3份报告，对阿履约情况进行评估并提出政策建议。

2012年11月阿根廷宣布加入"开放政府伙伴"联盟（OGP），成为该组织第58个成员国。按照相关规定，阿政府将和公民社会一道，制定年度行动计划，增加反腐措施透明度。"开放政府伙伴"联盟制定了准入门槛，参加国需在财政透明、大众信息获得、高层公务官员财产公布、民众参与政策制定和保护民权等方面满足该联盟的条件。阿根廷进入该联盟，会为其反腐进程增添新的动力。②

四 启示

增强政治意愿是抑制腐败的前提。阿根廷早在1953年就确立了官员财产申报制度，反腐的法律法规体系和机构建制逐渐完善，历届政府都出台反腐措施或计划，但腐败问题并未得到根本解决。透明国际报告显示，在全球180个国家中，阿根廷2006—2009年连续4年位居腐败排名第106名。腐败指数居高不下，主要是因为缺乏反腐败的政治意愿。1999年《公共职务道德法》规定，设立一个由议会主导的反腐监察机构"公共道德委员会"，协调对全国各部门官员和从业人员的行为和纪律约束、制度规范

---

① 此部分资料来源于预防腐败问题不限成员名额政府间工作组《预防腐败的良好做法和举措：提高认识政策和做法》，2011年8月，维也纳。

② OGP源于2011年第66届联合国大会上巴西总统罗塞夫和美国总统奥巴马的共同倡议，是汇聚各国政府和民间社会组织的论坛。

和违规惩处。但由于缺乏政治意愿（特别是遭到司法机构反对），该"委员会"一直没有建立起来，行政、司法、立法、检察院等各部门仍各行其是，影响了法律的实施效果。由于缺乏政治意愿，一些反腐建议迟迟无法实现。2003年"反腐办公室"提交的《信息透明法议案》，在得到众院批准提交参院后未被通过，被长期搁置。阿根廷主要反对党提出了建立"两院反腐委员会"和"国会反腐办公室"的建议。[①] 由于这些机构的设立事关反腐主导权问题，执政党对此并不热心，相关议案尚未进入立法程序。阿根廷的经验表明，要有效地推进反腐斗争，需进一步增强反腐的政治意愿。

完善有效监管是关键。阿根廷虽然建立了对政府官员和公务员的监管机制，但监管不到位，效果不理想。（1）财产申报制度不完善。相关法规虽然详细规定了财产申报制度，但负责全面监管工作的国会"全国公共道德委员会"一直未能建立。行政、司法和立法机关各行其是，分别向本部门的有关机构提交财产状况报告，各地方政府又有自己的规定和做法[②]，造成各部门的实施结果良莠不齐。行政部门官员的财产申报由专门机构负责，效果较好，而立法和司法部门缺乏执行机构，财产申报不到位，效果较差。（2）对地方政府及官员监管不到位。阿根廷实行联邦制，目前已落实的反腐制度安排多限于联邦政府层面，对地方政府及其官员监管的缺失成为反腐薄弱环节。某些地方政府虽开始制定和实施有关计划和法律，但在全国范围健全反腐监察机制尚需时日。[③]

加强反腐机构独立性是重点。阿根廷反腐机构建设有较大局限性。（1）政府行为未受应有的监督和制约。阿虽然实行三权分立政治制度，但三权并不平衡，并未形成三权间相互制衡和相互监督的有效机制，行政权力远远超过立法权和司法权。议会作用弱，难对政府实施有效监督；司法体系缺乏独立性，效率低下，难以有效地对腐败犯罪进行法律追究。（2）反腐机构独立性差。阿根廷反腐工作主要由政府主导。"反腐败办公室"隶属政府，独立性较差，主要负责人是由其监督的总统任命，所需人力和

---

① Comisiones bicamerales anticorrupcion: "Que son las Comisiones bicamerales anticorrupcion de Argentina", http://www.colaboras.com/tema.
② Oficina Anticorrupción: *Declaraciones Juradas de Funcionarios Públicos*, 2004, p.71.
③ 刘纪新：《对阿根廷腐败问题与反腐体制建设的初步分析》，载《拉丁美洲研究》2007年第6期。

物力资源也来自行政部门，很难对政府进行有效监督。（3）立法和司法部门未能在反腐过程中发挥应有的作用。司法部门和立法部门缺少有效的专门反腐机构，反对党和公众对政府的有效监督很难建立起来。（4）一些安排缺乏长效机制。阿根廷政府在实施反腐计划过程中设立了一些机构，如"全国社会计划协调委员会""监督政治改革行动委员会""公共政策计划顾问委员会"和"阿根廷圆桌委员会"等，但这些机构缺乏长远计划和法律约束，不少机制是临时性的，没有成长为长效反腐机制的组成部分。

消除腐败文化是保障。在阿根廷等一些拉美国家，腐败已成为习惯和一种文化现象。腐败不仅浸透到政府机关和公共部门，而且渗透到社会各部门、企业和私人部门，严重影响人们日常生活。在制度性腐败和腐败文化并存的情况下，治理和有效遏制腐败不能一蹴而就，光凭几个反腐机构、若干反腐法令和反腐计划并不能大功告成。必须动员全社会的力量，不断清除腐败文化赖以生存的基础和条件。

巴西反腐机制建设及其效果

周志伟[*]

[内容摘要] 本文首先介绍巴西主要的反腐机构，并通过对这些机构职能的界定阐述相关反腐机制，然后分析巴西反腐的主要法律法规及其相关特点；其次概述当前巴西在反腐方面具有特色的政策措施；最后总结巴西在反腐方面的一些启示。

腐败问题一直以来都是巴西政治中的"顽症"，这从最近20年所曝光的纷繁复杂的腐败案中能得到鲜明体现，因腐败案落网的包括前总统、前内阁总长等高官和政要。但在最近10年间，巴西针对反腐完善了反腐机构设置，制定了针对性很强的法律法规，甚至某些反腐机制处于世界领先水平。反腐机构及机制建设、法律法规的完善使巴西在反腐方面（尤其是预防腐败）取得了不错成效，但同时也出现了诸多问题，这些经验和问题非常值得包括中国在内的发展中国家借鉴。

一 巴西反腐机构及机制

巴西拥有比较系统的预防、监督、惩治和消除腐败的机构和机制，其主要的反腐机构有联邦监察总署（CGU）、联邦审计法院（TCU）、联邦警察署（DPF）、联邦公共部（MPF）、联邦最高法院（STF）、全国司法委员会（CNJ）、公共部全国委员会（CNMP）、联邦总检察院（AGU）、公共道德委员会（CEP）和司法部（MJ），等等。其中以下机构是巴西最核心的

---

[*] 周志伟，中国社会科学院拉丁美洲研究所副研究员，巴西研究中心秘书长。

反腐机构。

联邦监察总署（Controladoria-Geral da União，CGU）是直接隶属于总统府的联邦行政机构，成立于2001年4月2日，最初称"联邦检察署"。2002年，合并"联邦内部监督局"（SFC）、"内部监督协调委员会"（CCCI）和司法部下属的"总申诉专员办公室"，2003年更名为"联邦监察总署"。该机构主要通过对行政部门的内部监督、惩戒、公开审计、预防与打击腐败等途径，履行"公共财产保护"和"增强行政管理透明度"等职责。另外，该机构还对联邦行政体系内参与"内部监督系统"和"审查系统"的其他机构实施技术监督，并制定相关的规范条例。联邦监察总署的职能如下：（1）审计与监察。该职能通过其下属的"联邦内部监督局"履行，主要基于各个联邦机构以及公共和私有实体的职责，评估联邦政府预算的实施，监督联邦政府项目的执行，审计联邦公共资源的管理，等等。针对联邦政府项目执行的监督，主要评估项目目标的实现情况以及项目管理的合理性。（2）预防腐败。除对与联邦公共资金相关的贪污腐败实施监督外，联邦监察总署还负责建立预防腐败机制，该职能由其下属的"预防腐败及战略信息局"履行。其主要的预防腐败机制包括"公共信息开放""开放政府伙伴关系"[①]"联邦政府透明公布"[②]"透明门户网"[③]和"公共抽样监督计划"[④]。（3）审查与纪律处分。审查是联邦监察总署的主要职能之一，包括对公务员违规行为实施调查，并实施相应的惩处，该职能主要由联邦监察总署下属的全国纪律委员会执行。联邦监察总署除在巴西利亚联邦区建有总署办公室外，在其他州均设有代表处，并给予各地的代表处下放相应的权力。

联邦审计法院（Tribunal de Contas da União，TCU），根据1988年巴西

[①] "开放政府伙伴关系"于2011年9月创立，八个创始国是巴西、印度尼西亚、墨西哥、挪威、菲律宾、南非、英国和美国，其目的为提高透明度，打击腐败，促进社会参与及推广新技术，从而使政府更加开放、有效和负责。

[②] 民众可以通过该系统平台跟踪联邦政府各个计划和项目的执行情况，每个公民均可监督公共资源的使用，尤其是针对其所属群体的相关项目的执行情况。

[③] 公布联邦公共行政机构及相关部门财务支出数据，其中包括预算执行、招标、合同、协议、日常支出及差旅费用支出，等等。

[④] 该计划主要通过公共抽样的机制确定开展专项监督的地区，并对该地区的联邦公共资源实现情况实行监督。联邦监察总署实施该计划的目的在于确保更大的透明度，扩大监督范围，从而确保对州、市政府使用联邦资源情况的全方位跟踪。

联邦宪法的规定，联邦审计法院是协助议会履行对联邦行政机构实施外部监督职能的机构，负责对联邦公共资产管理机构的账目进行审计，同时也对可能造成国家资产损失、误用或违规的相关人账户进行审计。联邦审计法院的职能包括监察、咨询、信息、裁决等。其监督职能主要包括对联邦机构或实体、政府项目实施审计和检查，对联邦公共服务部门的退休金和养老金的发放、人事聘用进行审核评估，对行政收入及合同进行监督；其咨询职能主要体现在对由行政、立法和司法机构以及联邦公共部提交的年度账目从技术层面提出预审意见，以帮助议会进行裁决；信息功能主要指向议会两院或议会相关委员会提供所需的、由联邦审计法院实施的相关监督和审计信息，向相关部门通告违规或滥用公共资源的情况，以及向议会提交其季度和年度审计报告；其裁决职能主要指针对公共资产管理机构、联邦公共部门下属的基金会和团体的账目以及造成国库损失的相关账目作出裁决，裁决结果可以包括罚款、在特定阶段不能担任或履行公职等。由于联邦审计法院不具备刑事执法权，因此，该法院与联邦公共部（Ministério Público）保持密切的协作，从而确保与公共资源相关的非法行政案件得到合理的惩治。联邦审计法院是一个合议机构，由9位部长组成，其中6位由议会推举产生，1位由总统推选并需经参议会批准，剩余2位从公共部（Ministério Público）派驻联邦审计法院的专员中产生。

联邦警署（Departamento de Polícia Federal，DPF）是负责调查违反政治和社会秩序、损害联邦及其机构和国有企业财产和利益等刑事犯罪行为的机构。此外，联邦警署还负责防止人口贩卖、毒品走私，调查跨地区犯罪。虽然联邦警署隶属于联邦司法部，但是在其刑侦犯罪的职权范围内享有充分的自主权。

联邦总检察院（Advocacia-Geral da União，AGU），根据1988年联邦宪法第131条规定，联邦总检察院独立于行政、司法和立法三大权力机构之外，主要通过其组织和运作，向行政机构提供法律咨询和意见。其职能主要体现在咨询方面，联邦总检察院通过向联邦行政机构、地方自治机构及公共基金会的负责人提供咨询或引导，确保这些机构在使用公共资源时的司法安全，保证招投标及履行合同的法律可行性，以及提议并研究国家发展所需的法律措施（如法律、暂行条例、法令、决议案等）；通过调停和仲裁，解决联邦、地方自治机构及公共基金会之间的行政纠纷，以避免司法机构之间的混乱。

联邦公共部（Ministério Público Federal，MPF）是捍卫司法秩序和民主体制中社会和个人权利的机构，其职能也包括监督法律的执行，保护公共财产。另外，联邦公共部需就联邦司法部门所实施的与公共利益相关的一切审讯提供刑事通告并接受听证。公共部全国委员会（CNMP）分管公共部下设的行政和金融监管工作，该委员会由联邦总检察长主持，其余成员由联邦及各州公共部成员、议会提名的律师和助理组成。

联邦最高法院（Supremo Tribunal Federal，STF）是巴西最高司法权力机构，该法院由11位部长级终身法官组成，他们均需由总统提名并经参议院表决通过。最高法院的主要职能是审理直接违宪、违法和违规行为，其对象甚至包括总统、副总统、议员、最高法院院长、联邦总检察长等。全国司法委员会（CNJ）是提高司法部门透明度和监督职能的重要机构，负责对所有司法机构行政和金融行为实施外部监督，其主要职能是确保司法的独立性。

二　与反腐相关的法律安排

巴西是《联合国反腐公约》和《美洲反腐公约》的签约国，但迄今为止尚无反腐的专项法律法规。反腐的法律条例零散分布在《刑法》的相关条款中，比如"被动腐败"（第317条）、"敲诈勒索"（第316条）、"侵吞公款"（第312条和第313条）、"渎职舞弊"（第319条）等。此外，针对特殊群体（如公职人员）以及特殊领域（如政府采购），巴西已建立起相关的法律规范。在巴西现有的与反腐相关的法律法规中，《行政不当法》和《采购法》是主要代表。

《行政不当行为法》（Lei de Improbidade Administrativa）是1992年颁布的第8429号法律，主要打击政府官员损害公共行政管理正常运转的行为。该法第9条、第10条和第11条明确了三种类型的"行政不当行为"，即非法牟利、造成公共财产损失或违反公共管理的原则。该法第12条针对"行政不当行为"规定了不同的惩处办法。例如，针对"非法牟利"行为，惩处办法包括没收非法所得，全部赔偿公共财产损失，免除公职，在8—10年内不履行政治权利，处以最高达3倍贪污款额的民事处罚，10年内禁止与行政部门签署任何合同，10年内禁止直接或间接（如通过公司的途径）接受财政和信贷优惠等服务。对造成"公共财产损失"的行为，处罚措施包括全额赔偿损失，没收非法所得资产，免除公职，剥夺政治权利5—8年，最高处以2倍损失财产额度的民事罚款，5年内禁止与公共部门签署任何合同，5年内禁止直接或间接（如通过公司的途径）地接受财政和信贷优惠等服务。针对"违反公共管理原则"的行为，惩处措施包括全额赔偿损失（如果存在），免除公职，剥夺政治权利3—5年，处最高可达100倍贪污款额的民事罚款，3年内禁止与公共部门签署任何合约，3年内禁止直接或间接（如通过公司的途径）接受财政和信贷优惠等服务。此外《行政不当行为法》还规定公职人员必须实行财产公布，其中包括不动产、动产、现金、债权、股票和其他任何形式的国内或国外资产，特殊情况下，财产公布须辐射至配偶或伴侣、子女和经济被庇护对象。并且，财产申报须每年更新，公职人员在卸任公职时也须重新申报。

《财政纪律法》（Lei de Responsabilidade Fiscal）是2000年颁布的第101号补充法令。该法令主要针对公共财政预算及其实施确定了一些法律规范，旨在实现公共账目的平衡，避免公共资金的不当使用。该法令确定了财政预算指导方针、年度预算法、预算执行及目标实现细则等。总的来说，《财政纪律法》并非惩治腐败的法律安排，而是着眼于合理使用公共资产，从治理腐败层面来看，该法令属于预防腐败性质的法律法规。《信息获取法》（Lei de Acesso à Informação）是于2011年颁布的第12527号法令，其宗旨在于通过信息公开预防腐败案件的发生。该法律规定，所有政府部门和公共事业单位必须在30天内将涉及公众利益的各类文件、合同、招标书、预算和开支情况以及公职人员的收入通过网络公布，接受公众监督。社会公众无须理由就可以通过网络、电话或者到政府有关部门查询和索取有关政府信息。

《采购法》（Lei de licitações）是于1993年颁布的第8666号法令，是巴西政府采购的基本法律规定，共4章125条，对在联邦政府、州和市的职权范围内进行公共工程、服务（包括广告）、采购、转让和租赁事项的投标并与行政机关签订协议事项予以规范，对政府采购的基本原则、投标、政府采购合同及法律责任等内容作出了详细规定。2010年，巴西颁布第12349号法令对此前的《采购法》作出了修订。

《反腐败法》（Lei Anticorrupção）是2010年提出的法律提案（尚未表决颁布），该提案将规定公司法人在与本国或他国公共部门之间的行为中所应承担的行政和民事责任。此前，当公司被发现卷入与行政部门相关的腐败案件时，该公司通常辩解具体操作的员工在未得到公司授权的情况下违规行事，而《反腐败法》则直接追究腐败行为受益者的责任，即追究公司法人的责任，而一旦受到参与腐败的指控，即便在未得到证实的情况下，也将被禁止参与新的投标。而一旦被证实参与腐败，该公司将被处以其全年销售总额20%的罚款及其他处罚。受公司游说集团的影响，该提案至今仍未进入众议院的表决程序。除此之外，巴西政府还启动规范政治游说、公共竞选融资等提案起草与讨论。

三 反腐败举措及效果

除上述机制和法律建设外，巴西在反腐败领域采取了诸多政策尝试，其中一些政策从出发点到实施方式，再到实施效果均具备一定的巴西特色，甚至在某些方面对其他国家具有很强的参考价值。2012年举行的首届"开放政府伙伴关系"高级会议上，美国国务卿希拉里·克林顿就曾称"在政务透明和反腐败问题上，巴西正在确立一个世界标准"[1]。概括起来，当前巴西政府针对反腐败的举措具有以下几个主要特征：

（一）政务公开及透明执政

现代信息技术在反腐败领域（尤其是在预防反腐方面）的运用是巴西政府近年来实现的一大创新，其目的在于推动政务公开，并实现透明执政，具体的政策举措体现在以下几个方面：（1）公共开支监测系统（ODP），该系统是由联邦监察总署于2008年年底开始实施的一项旨在提高反腐内部监督、实现公共资源合法使用、改善公共治理的政策安排，主要利用尖端信息技术和科学分析方法监测并处理与公共开支相关的不同来源的信息与数据，而数据与信息处理结果将作为联邦审计署开展审计和监督的根据。此外，该系统还向相关管理人员提供公共支出实施的相关数据，一方面便于实施比较分析，另一方面也可以加快相关部门的决策过程。公共开支监测系统实施以来获得了较好的评价，2009年获得巴西"公共管理创新卓越奖"和"信息技术与政府奖"，2010年获得巴西"电子政

---

[1] Tânia Monteiro, Rafael Moraes Moura, Para Hillary, Dilma criou padrão mundial contra corrupção, *Estado de São Paulo*, 18 de abril.

府卓越奖"，2011年获得"联合国公共服务奖"。① （2）联邦政府透明门户网（Portal da Transparência do Governo Federal）是联邦监察总署为"确保公共资源有效和正确使用"所采取的一项预防腐败的措施，其目标是提高公共管理的透明度，以便民众跟踪公共资金使用情况，并加以监督。在这个"透明门户网"上，对外公布的信息包括联邦政府向各州、市、企业、国外或个人的资金转移信息，联邦政府直接支出信息（工程合同、服务和政府采购）以及联邦政府日常支出等详情，联邦行政机构每日的预算和财务执行信息，联邦各行政管理部门处罚的企业名单，联邦行政官员职务、职权等信息，联邦行政部门项目及执行情况等。该政策自实施以来，得到了巴西民众的普遍认同，"透明门户网"上的信息与数据得到了不断地充实，民众的访问量也迅速提高。2008年该项目获得联合国反腐败公约组织颁发的"预防和反腐败奖"，2009年，该项目获得巴西国内的"电子政府奖"。凭借该举措，巴西在2009年国际预算促进会（International Budget Partnership）的"预算透明"排名中（共包括85个国家）高居第8位。此外，联邦监察总署（CGU）实施了"企业伦理注册"项目，其目的在于鼓励私有部门采取相关政策和行动在私有部门内部营造诚信环境，降低欺诈、腐败产生的可能性，提高行政部门和企业之间关系的可信度。

（二）促进公民社会的反腐参与

在巴西反腐败方面，公民社会团体发挥着非常重要的作用，最近几年的腐败大案几乎都是由媒体或非政府组织首先曝光并推动审查程序。当前，巴西新闻媒体有着较大自由度和独立性，较好地发挥了媒体对贪污腐败的监督作用；此外，如今在巴西大多数州都成立了由非政府组织广泛参与的"反腐败常设论坛"（FOCCO），以此推动包括非政府组织在内的巴西反腐网络的建设。在巴西众多与反腐相关的非政府组织中，"里贝朗·波尼托友协"（AMARRIBO）扮演着非常特殊的角色，并在巴西反腐领域具有很强的影响力。"里贝朗·波尼托友协"成立于1999年，当时旨在推动里贝朗·波尼托市（Riberão Bonito）的发展。在最初投身社会公益项目时，该组织掌握了当地政府滥用公共资金的证据，这直接促成了该组织向反腐败方向转型，积极动员社会参与反腐监督，该协会的反腐动员直接促

---

① 详情请参阅与联邦监察总署网站相关介绍（http://www.cgu.gov.br/odp/index.asp）。

成该市 2 位市长、5 位市议员的"落马"。"里贝朗·波尼托友协"激发了各地区基层非政府组织的反腐参与热情,而该协会因此成为推动巴西公民社会参与反腐的"旗帜",并于 2003 年与巴西监察与控制研究所(IFC)组建了"巴西 AMARRIBO – IFC 网络",到 2011 年已有 200 个组织加入该网络,而该协会发展成一个全国性甚至国际性组织,并成为"透明国际"在巴西的联系组织。完成转型后的该组织所倡导的理念是"唤醒公民的意识,让他们认识自己是民主的核心因素,并且拥有改变社会方向的权力,从而使社会发展永远恪守道德、透明、诚信、诚实和平等的原则"①。另外,诸如"巴西预算论坛"(FBO)、"公开账户"(Contas Abertas)、"反选举腐败运动"(MCCE)等民间组织在不同反腐领域中也发挥着重要的作用。与此同时,巴西政府的反腐机构正逐步加强与这些反腐民间组织之间的联系,从而营造更广泛的社会监督环境。

(三)增强政府反腐机构的整合与合作

预防腐败与反腐的效率一方面取决于反腐机构建设和法律法规的完善程度,另一方面也与反腐机构之间的整合和合作程度息息相关。在最近几年中,巴西在促进反腐机构合作方面做了有效的尝试。2009 年 6 月,巴西主要的反腐机构签署了《促进里约热内卢州社会监督发展的合作协议》,该协议旨在促进巴西各级政府层面反腐机构之间的整合,实现更有效的反腐社会监督,避免反腐过程中的工作重叠。与此同时,还签署了《公共管理监督网技术合作协议》,该协议旨在加强反腐机构之间的信息交流,从而扩大与公共管理监督和反腐败相关机构之间的整合。此外,2010 年 3 月,巴西成立了"反腐败和财产保护常委会"(COPEPP),该委员会旨在加强反腐机构之间的整合,避免它们之间职权竞争的情况。尽管如此,当前巴西反腐机构之间的整合程度依然较低,这也因此成为巴西在反腐领域实施体制改革的重点之一。

四 巴西反腐机制的启示

巴西是世界上腐败问题较为严重的国家,但与此同时在反腐机制、反

---

① 请参阅该协会网站介绍(http://www.amarribo.org.br/pt_BR/conheca/missao_visao_valores)。

腐法律以及相关政策安排方面，巴西也具有非常明显的特色。基于上述的介绍与分析，我们从中可以得出以下启示：

第一，公开透明是预防腐败最有效的手段。行政部门滥用公共资源曾是巴西行政腐败的主要形式，针对这一现象，巴西最近几届政府在政务公开、账目透明方面作出了大胆的尝试，尤其是民众可以通过"透明门户网"对公共资源从预算到执行的各个环节进行跟踪和监督，这有效地降低了违规使用公共资源的腐败案件的发生概率，而这一点也体现了巴西政府反腐败的决心，因而成为巴西反腐的一大特色。

第二，针对腐败源头有针对性地完善法律法规。违法使用公共资源、招竞标活动、政府采购和竞选融资是巴西行政部门腐败的"重灾区"，从源头遏制腐败成为当前巴西反腐败的重要特点，为此，巴西相继颁布了诸如《行政不当行为法》《采购法》《竞选融资法》等法律法规，对有可能出现腐败的环节作出了比较细致的规定。相比而言，巴西并非通过严惩腐败的方式来治理问题，而是从法律法规的完善方面来预防或遏制腐败的发生。

第三，公民社会的参与至关重要。尽管巴西的公民社会组织参与反腐的时间不长，但从社会动员及参与效果来看，其社会监督功能得到很好的体现，它们在监督公共资源的使用、行政合法性方面发挥了有效的作用，成为政府部门反腐功能的重要补充。

第四，反腐机构职权混乱情况。巴西众多的反腐机构的安排虽然为腐败的发生设置了重重监督关卡，但是反腐机构之间不仅存在监督、调查及惩戒机构间相互脱节，而且也有职权分割不清的情况，这就形成了反腐机构职能"碎片化"的情况，甚至产生反腐机构之间"职能竞争"的局面。以联邦检察院为例，其外部独立性和内部独立性都很强。内部独立性意味着检察长无权对检察官进行垂直控制，检察官本人可以自由决定优先调查哪些案件。不仅如此，联邦检察院还存在其他三个问题。其一，联邦检察院没有事前监督的责任，只有在不法行为发生或被举报之后，联邦检察院才开始独立调查并准备起诉。其二，联邦检察院和其他机构之间缺乏制度化的合作和信息共享机制，这常常导致调查过程十分漫长和重复进行信息收集，而调查职责范围的不明确更易导致与联邦警察局发生司法管辖权冲突。其三，调查结束之后，检察官没有权力惩治腐败分子，也没有多大动力对其进行起诉，因为检察官的晋升是严格按照服务年限进行的。因此，反腐机构责任重叠，相互之间缺乏有效整合是巴西反腐机制安排所面临的重大问题。而这些问题在每次重大腐败案件处理中均会得到体现,因此,每逢有重大腐败案件发生,巴西的反腐机构与机制便需重新整合。

第五,反腐机构庞杂以及机构臃肿问题,巴西联邦层面的反腐机构的人员规模便达到了2.5万人。另外,一些公共管理机构甚至直接隶属于支持政府的政党,这使得一些政府部门由某些政党长期把持,而政党之间的"交换部长"的做法时有发生。

第六,扩大公民社会的决策参与度。媒体和公民社会组织的参与不应仅局限于选举制度、提供竞选资金等有限内容,而应该包括公共权力实施透明度(尤其是州和市一级政府)方面,并且,公民社会在政府决策过程中的参与度也应该得到提高。

美国的反腐败机制

周 琪[*]

[**内容提要**] 美国最严重的腐败时期并不是自行消失的，而是通过各种社会改革力量付出的巨大努力来终结的。从第二次世界大战后发展至今，美国联邦政府逐步建立起了一套反腐败机制，它主要是由有关政府道德的准则和法律以及执行这些准则和法律的机构所组成的。这些准则和法律主要包括三个部分：一是"政府道德准则"，二是《政府道德法》，三是《联邦竞选法》。美国执行这些准则和法律的政府机构，在联邦行政部门分为两大类：第一类负有对公共腐败行为进行调查和起诉的职能，第二类不具有这些职能。财产申报与联邦官员录用制度是美国反腐败比较有效的做法。国会的反腐败机制是美国反腐败机制的重要组成部分，享有对行政部门在制定和执行政策方面的监督权，在反腐败中发挥了重要作用。

美国从1774年建国起，就建立起了稳定的西方民主制。但是，美国200多年来的经验证明，民主制度并不是防治腐败的充分条件，只有建立起完善的反腐败机制，才能把腐败抑制在可控制的范围内。目前，在透明国际组织对腐败指数的排行榜中，2012年美国在180多个国家中名列第24位（相比2008年下降了6位）。

一 美国反腐败机制的建立过程

在美国早期历史上，作为一个年轻的移民国家，美国的政治腐败问题

---

[*] 周琪，中国社会科学院美国研究所政治室主任、研究员。

不像同期历史更悠久的、经历过漫长封建社会的欧洲国家那样严重。然而，到 19 世纪初，政治腐败现象在美国开始蔓延。从完全没有控制的腐败，到建立起比较严格和周密的对政治腐败的制约，美国经历了一个相当长的历史过程。

美国历史上腐败最严重的时期大约从 19 世纪 20 年代开始延续到 19 世纪末，这也大致是美国从一个农业国向工业国转变的时期。这一时期之所以发生严重的腐败，是由各种综合原因造成的：从 1828 年当选为美国总统的安德鲁·杰克逊起，对官员的任命开始实行"分肥制"，其特点是获得大选胜利的政党候选人把政府官职作为报偿分配给那些帮助其在选举中获胜的人，而不论他们的品德和能力如何；工业革命中兴起的大公司获得了对国民经济的很大的控制权，它们能够利用手中的金钱来收买各级政府中的重要官员，使他们制定有利于自己的政策；在南北战争时期，为了维护国家的统一，联邦政府需要支出大量的经费来击败南方的反叛，这使得政府官员有了更大的支配资金的权限；美国从一个农业国转变为工业大国的速度之快，使它几乎来不及建立有效地抑制腐败的机制。

美国最严重的腐败时期并不是自行消失的，而是通过各种社会改革力量付出的巨大努力来终结的：19 世纪后期至 20 世纪 20 年代美国国内的文官改革运动把择优录取的原则引入了对官员的录用，1883 年国会通过《彭德尔顿法》之后，美国建立起了文官制度，它标志着文官改革运动高潮，从此从原则上讲，择优录取成为联邦官员任命的重要原则；进步主义的城市改革运动推动了城市公共管理方面的制度化，使其不再受"老板"及其同伙的操纵；当报纸可以依靠大量广告收入而不是党费来维持生存时，它们从依附于政党转变为独立于政党，并开始不断揭露政治家的丑闻。这些丑闻报道唤醒了国民的道德意识，并迫使立法者颁布新的法律来抑制腐败。这样，到第一次世界大战前夕进步主义运动接近尾声之时，美国已渡过了最严重的腐败阶段，公共官员的腐败行为不再是一个严重的问题。

然而，美国政府真正做出努力建立反腐败机制是第二次世界大战之后。从二战后发展至今，美国联邦政府逐步建立起了一套反腐败机制，它主要是由有关政府道德的准则和法律以及执行这些准则和法律的机构所组成的。这些准则和法律主要包括三个部分：一是"政府道德准则"，二是《政府道德法》。这两者之间的区别是：政府道德准则只是政府本身对其官员和雇员的道德要求，而不是法律。违反政府道德准则的官员可能受到有关部门的通告谴责,也可能被迫辞职。而《政府道德法》则属于法律范畴,如果一名政府官员或雇员被法院判为违反了《政府道德法》,那他就要受到法律的惩处。第三是《联邦竞选法》,其目的是防止与竞选有关的腐败行为。由于篇幅有限,本文仅对政府道德准则和《政府道德法》及其执行机构加以介绍。

二 政府道德准则和《政府道德法》

(一)政府道德准则

第二次世界大战结束后,美国进入了和平建设和经济起飞时期,面临许多新形式的腐败问题,需要政府采取新的措施来加以限制。二战后杜鲁门政府开始尝试制定行政部门道德准则,但是直到1961年民主党的肯尼迪总统当政,"政府道德准则"才被真正建立起来。1961年5月肯尼迪总统通过颁布第10939号行政令,为政府官员的道德准则提出了道德指南。该行政命令包括七项总则,它们构成了美国现代公共道德管理的基本要素:

1. 公共官员不得为执行官方任务接受来自非公共部门的物品,或来自与该官员所采取行动直接利益相关的人员或私人部门的物品。
2. 公共官员不得在与其利益相关的事情上采取任何行动。①
3. 公共官员在政府外的活动不得与其公共责任相冲突。②
4. 公共官员不得利用官方情报获取个人所得。③
5. 前公共官员不得利用他们在政府中的关系来为私人取得优惠。
6. 公共官员不得在同政府的交易中代表私方。
7. 公共官员不得参与上述任何一种行动。④

---

① 例如,假如一个官员拥有戴尔公司的1000股股份,而该官员负责为其机构购买20部台式电脑。即使这一购买绝对不会影响戴尔公司的股票市值,只要该官员拥有戴尔公司的股票,他就绝对不能为其机构购买戴尔电脑。
② 例如,假如一名公共雇员在政府中担任肉类加工厂的专职监察官,他就不能在一个肉类加工厂担任质量检查的兼职工作。
③ 例如,假如一些人可以通过私人渠道先于一般公众获得联邦储备局提高或降低利率的信息,他们就可能利用其在金融市场上获取暴利,而这将损害普通公众的利益,因此被绝对禁止。
④ Robert N. Roberts and Marion T. Doss, Jr., *From Watergate to Whitewater*, *The Public Integrity War*, pp. 49 – 50.

该行政命令还要求政府官员在下述情况下不得从非公共资源来源接受任何有价值的物品：(1) 利用官职来获取个人所得；(2) 给予任何个人优惠；(3) 完全丧失独立和公正；(4) 通过非官方渠道透露重要政府决策（如利率）；(5) 对公众对政府诚信的信任产生负面影响。

1965年年初，约翰逊总统颁布了11222号行政令，提出了新的政府官员和雇员行为准则。这是到那时为止最详尽的准则。这项行政令还要求每个联邦机构和部门都建立一个正式的道德项目，并为此设立道德办公室，由一名道德官员负责，该官员的首要责任是执行新的行为准则；各部门有责任制定适合于自己的规章；要求总统提名的官员和高级文官都必须进行财产申报。

1977年上任的卡特总统提出了新的道德指南，要求总统提名的官员提交详细的财产申报。指南还要求，在官员离开政府后的两年之内不能对其前机构进行游说。此后，除了里根总统之外，历任总统上任后都会为其政府提出道德指南，但1965年约翰逊总统所颁布的11222号关于政府道德的行政令，迄今仍然是联邦政府官员和雇员的基本道德要求。

（二）《政府道德法》

在行政部门和总统制定和完善"政府道德准则"的同时，国会于1962年通过了《联邦利益冲突和贿赂法》。该法规定了新的对前行政官员游说的限制，即禁止官员在离任之后立即代表私人主顾向其原部门游说。

1978年10月26日，在尼克松总统因"水门事件"辞职4年多后，国会通过了《政府道德法》（The Ethics in Government Act）。尽管该法中许多条款的内容并不是首次提出，但该法的通过代表了美国现代公共道德管理发展的一个里程碑。其中对"旋转门"（即从政府部门到私人部门或从私人部门到政府部门的转移）的限制扩大了1962年《联邦利益冲突和贿赂法》中的规定，其最重要的限制是对GS—17级以上的文官规定了一年的冷却期，在此期间禁止他们以私人主顾的名义同其服务过的前政府部门签订合同，并禁止前高级联邦官员在其离开政府后的一年之内，为任何事务代表私人游说其曾经工作的部门。道德法还规定，所有总统提名的官员的额外收入不得超过其正式收入的15%，以限制被提名者通过兼职来获得大量额外收入。该法律还通过建立一些新的联邦公共机构来扩大对联邦道德的管理，最引人注目的是建立了独立检察官制度。

在里根总统任职的 1980—1988 年，作为一名保守的共和党人，里根是"带着改革和解除规章的坚定信念来到华盛顿的"①，因而他完全忽视完善道德准则和政府道德法的问题。到 1989 年 1 月 25 日，新上任的老布什总统仿效肯尼迪的道德改革，建立了"联邦道德法改革总统委员会"，其时正值国会的道德丑闻频出，国会道德问题成为公众关注焦点之时。为此，道德法改革委员会建议把自我道德约束的规则扩大到适用于国会和司法部门；禁止所有三个部门的联邦雇员接受来自私人的礼金和薪水补助；政府行政、立法和司法三个部门的高级官员都必须服从 1978 年《政府道德法》规定的外来收入不得超过薪水的 15% 的规定，当时只有国会还允许其议员和雇员不受限制地接受酬金和外来收入。此外，道德改革委员会建议把"旋转门"规则扩大到立法和司法部门的高级工作人员，并把 1978 年《政府道德法》的独立检察官条款扩大到国会议员。

1989 年 4 月，布什总统向国会提出了立法建议，要求制定一些更严格的联邦道德准则，并使该法适用于政府的三个部门。布什提出的《政府道德法》的改革建议包括：

1. 对三个部门中的官员实行统一的财产申报制度；
2. 把现行《政府道德法》的适用范围扩大到国会中的官员和资深雇员；
3. 对三个部门实行统一的礼品和旅行补贴规则；
4. 实行新的官员从政府离任后的游说限制；
5. 把独立检察官制度扩大到国会；
6. 把外来收入不得超过薪水的 15% 的限制的适用范围从行政部门扩大到国会。②

国会最初强烈抵制限制酬金，但是到 1989 年 11 月，国会与总统达成了妥协：国会接受对议员接受酬金的严格限制、更严格的接受礼物的规则和对前国会议员和雇员游说的限制，作为回报，国会议员将得到提薪。随后，国会通过了一揽子的《道德改革法》（The Ethics Reform Act of 1989），该法于 1990 年生效。新的《道德改革法》限制所有三个部门的联邦官员

---

① Paul Stephen Dempsey, "Deregulation and Reregulation: Policy, Politics, and Economics", *Hand Book of Regulation and Administrative Law*, p. 105.

② Ann Devoy, "Bush Offers Proposal on Ethics, Pay", *Washington Post*, April 12, 1989, p. A1.

和雇员接受以权钱交易为目的的馈赠。

三 执行政府道德法和准则的机构及其职能

除了有关政府道德的准则和法律之外,美国的反腐败机制还包括执行这些准则和法律的政府机构。在联邦行政部门中,这些机构可以分为两大类,第一类负有对公共腐败行为进行调查和起诉的职能,第二类不具有这些职能。下面对这两类机构及其职能分别加以介绍。

(一) 联邦刑事调查和起诉部门

在美国联邦政府中,有 50 多个联邦执法机构具有执行公共腐败调查的职责。联邦调查局(FBI)、司法部刑事局公共诚实处、美国检察官、独立检察官,以及各部门的监察长,都在揭发、调查和起诉联邦、州和地方的公共腐败方面发挥重要作用。

1. 司法部刑事局公共诚实处

司法部刑事局公共诚实处成立于 1976 年。它被授予的主要职责是,监督"联邦机构在所有政府层次上对当选和任命官员的腐败行为作斗争的努力,并监督对选举舞弊罪的起诉和调查"。公共诚实处在执行其职责时需要同司法部检察官进行密切配合,但美国检察官在决定调查案件方面具有很大的自行处置权。

公共诚实处可以在从监察长、公民个人、国会委员会、非政府组织、联邦调查局和司法部职业责任办公室接到指控后进行调查,也可以在报纸或媒体报道的基础上开始调查。媒体报道的信息来源可以是一个匿名电话、另一个执法机构的刑事调查,或司法部的另一个部门对其他类型的犯罪行为的刑事调查。

2. 美国检察官

美国检察官是司法部下属的官员,负责对违反法律的指控进行调查和起诉。肯尼迪和约翰逊总统时期的司法部为司法部的这一职责打下了基础,在肯尼迪政府下,司法部把其注意力从银行抢劫转向腐败、劳工敲诈、有组织的犯罪和白领犯罪上。20 世纪 60 年代,国会通过了一系列法律授权联邦执法机构调查有组织的犯罪。60 年代后期,尼克松政府的司法部敦促美国检察官把资源投到追查腐败的联邦、州和地方官员上。各州执法机构在州和地方层次上的公共腐败方面需要联邦政府的支持，以把腐败的州和地方官员绳之以法。

3. 独立检察官

国会因不满于对尼克松的白宫自己组织对"水门事件"的调查，在于1978年通过的《政府道德法》中增添了一项新的条款：设立独立检察官，以确保未来行政部门不能干涉对高级行政部门官员犯罪行为指控的调查。独立检察官同美国检察官和调查腐败官员的司法部公共诚实处具有同等的权力。

4. 联邦调查局

"水门事件"之后，联邦调查局把公共腐败当作优先的调查对象，它收集了几乎所有公共腐败的案子交给公共诚实处或美国检察官处理。到20世纪80年代初，联邦调查局的调查从搜集证据扩大到涉及复杂的计谋如设置陷阱来检验公共官员的诚实。

除了正式的政府反腐败机构外，美国媒体在反腐败方面也发挥了重要作用。上述那些拥有对公共腐败行为进行调查和起诉职能的政府部门，都可以在报纸或其他媒体报道的基础上展开调查。当记者和编辑为揭露腐败而受到诽谤指控时，为了维护《宪法》第一修正案中有关言论自由和新闻自由，并保护媒体在保护公众利益方面的社会功能，法官很少对他们作出诽谤罪成立的判决。而且根据法律，媒体也不能被强迫提供信息来源。美国的媒体在对重要政府官员的指控中一般不会滥用自己的权利，因为这事关自己的声誉，它们必须确保信息的可靠性。

（二）非刑事公共诚实管理机构

非刑事公共诚实管理机构的主要责任是为避免利益冲突而审查联邦官员和雇员的财产情况；解释有关公共腐败的法律和行政部门的道德准则，确保联邦官员和雇员理解刑法和行政规章。这类部门主要包括司法部律师办公室、政府道德办公室、监察长办公室和白宫法律顾问办公室。水门事件之后，负责公共诚实的联邦机构不仅大大增加了，而且获得了前所未有的独立地位，并成为许多公共道德争论的最后仲裁者。

1. 司法部律师办公室

司法部律师办公室（The Office of Legal Council）的主要责任是为联邦政府官员提供关于联邦公共腐败和利益冲突的法律领域里的主要专家

咨询。

2. 政府道德办公室

政府道德办公室（The Office of Government Ethics）是根据1978年的政府道德法而建立的，其职责是提供"与任何行政部门机构的官员和雇员避免利益冲突相关的全面的行政部门的政策指导"。国会还要求政府道德办公室负责执行《政府道德法》所要求的财产申报。政府道德委员会于1989年从人事管理办公室（其前身是文官事务委员会）中分离出来，成为一个独立的机构，其主任经过参议院批准之后由总统任命，一届任期为5年，可以连任。该办公室的其他官员均为职业文官。政府道德办公室监督各行政部门的道德项目，该项目涵盖了几百万名联邦政府官员。每一个重要的政府部门都设有本部门的道德官员，他们是由部门负责人正式任命的，在他们之下还雇用了上万名专职和兼职人员。[1]

政府道德办公室有权决定联邦雇员是否违反了正当行为准则。政府道德办公室的责任现在包括管理公开和秘密的财产申报，监督各政府部门道德项目的效力，制定新的行政部门行为规章，审查总统提名官员的财产申报以判定是否存在利益冲突，发放准许行政部门雇员保有出售财产所获得的资本收益的证书。如果其出售财产是为了符合道德规则，政府道德委员会在执行这些项目时，会得到政府律师办公室的密切配合。

3. 监察长办公室

监察长办公室（The Inspector General Offices）是根据1978年国会通过的《监察长法》而建立起来的。它规定在12个联邦机构和部门中设立独立的监察长办公室来调查联邦项目中的浪费、欺诈和滥用职权现象。到20世纪90年代初，大约27个内阁部和大的联邦机构都有了监察长领导的办公室。监察长是总统任命的非党派官员，其任命需要得到参议院的批准。各部门的审计和调查活动（除了特殊的活动，如执行国际条约和发放出口许可证）都由监察长办公室负责。根据监察长法，监察长不能被阻止执行审计、调查、提出报告或进行传唤，而且监察长在查看所有部门记录和档案时不受限制。此外，监察长每年向国会提交两次报告，并把他们的报告同时交给部门领导，不过他们不向部门领导汇报，部门领导也无权改变或

---

[1] Stuart C. Gilman, "Presidential Ethics and the Ethics of the Presidency", *Annals of the American Academy of the Political and Social Science*, Vol. 537, No. 1 (January 1995), p. 74.

编辑报告内容。此外，部门领导无权解雇监察长，只有总统在就解雇原因向国会做通报后才有权这样做。

监察长提交给国会的报告必须详尽说明在前6个月期间所查清的部门中的主要问题，包括滥用职权、违反道德和工作缺陷的行为，同时提出纠正这些问题的措施建议。报告还必须汇报以前报告提出的措施建议是否得到执行，以及是否存在监察长在要求得到信息或支持时无理由地遭到拒绝的情况。监察长可以就特别严重的问题或公然违反道德准则的行为向国会提交特别报告。①

4. 白宫法律顾问办公室

白宫法律顾问办公室（The Office of White House Counsel）是20世纪40年代初由富兰克林·罗斯福总统创建的，其最初职责为审查立法、起草立法、撰写总统发言稿和审查对被判有罪的官员的豁免。从20世纪60年代初起，该办公室开始承担更多的责任，包括审查被总统提名者的背景，以防止利益冲突及其他担任高级职务资格的问题。1978年《政府道德法》通过后，白宫法律顾问办公室开始与司法部的律师办公室和政府道德办公室进行密切合作，解决利益冲突问题。

四 财产申报与联邦官员的录用

在美国，政府行政部门政治官员的录用一定要符合《利益冲突法》，后者是评估总统提名的官员候选人资格的主要依据。1978年《政府道德法》要求被总统提名者都要公开其个人财产情况，以使公众和媒体可以检查是否存在利益冲突情况。《利益冲突法》在录用过程中的目标是：保护总统及其被提名者，提高公众对政府诚信的信心，改善公共官员的工作效率，防止公共官员以权谋私。

当总统提名某人担任一个需要参议院批准的职务时，该被提名者必须准备一份可以向社会公开的财产申报报告。财产申报要对收入来源、不动产、债务及与其他组织的交往作出说明。对不动产的报告建立在对其价值可靠估价的基础之上，其价值被分为6个等级，以价值1000美元开始起

---

① Steinberg, Sheldon S. and David T. Austern, Government, *Ethics and Managers, A Guide to Solving Ethical Dilemmas in the Public Sector*, pp. 115–116.

报，超过2.5万美元的为最高等级。政府道德办公室列出的必须申报的财产条目包括股票、公债、债券、商品合同和商业农作物、可升值的古董、所投资的艺术品、养老金和年金以及货币市场的基金。该提名者的配偶及他们所抚养的子女的财产也在申报之列。所申报的价值如果有不实之处，将依据《假声明法》进行惩罚。

在财产申报的审查者中，花费时间最多的和最重要的是总统律师办公室的法律顾问。这些律师可以在总统提名之前同总统一起商讨其人事任命。由于能够秘密查看可能被提名者的个人财产状况以及联邦调查局和美国税务总局提供的个人背景情况和报告，这些白宫法律顾问能向尚未被宣布的提名者解释适用于其本人的关于利益冲突的法律和规章，并能在政府道德办公室启动审查过程之前，就适当的补救方法向被提名者提出咨询建议。

之后，总统律师办公室向总统提名者发放财产申报表，并把填写好的表格送交被提名者将要服务的部门的道德官员。这些道德官员能够详细了解被提名者所要担任的职务的职责、该机构本身特殊的利益冲突法和规章，以及最可能导致的利益冲突。道德官员在完成对财产申报的彻底审查之后，必须在报告表上填写：在适用的法律和规章下，没有发现利益冲突。财产申报表和部门道德官员写给政府道德办公室主任的结论信将被一并送交政府道德办公室。在这封结论信中还应提出所遇到的问题和被提名者将采取的补救方法。政府道德办公室要求各机构在收到申报表后的三天内完成审查。政府道德办公室主任的签名是审查财产申报报告的最后正式步骤，在审查过程中政府道德办公室和部门道德官员之间的联络主要通过电话来进行。[1]

一名政府官员如果违反《道德冲突法》可能受到刑事起诉。因此，从某种意义上来说，道德办公室的预先审查相当于预防措施。如果在审查过程中发现存在可能的利益冲突，可以在法律（18 U.S.C. 208）之下采取以下四种补救办法：

第一，取消资格（disqualification）。如果一名被提名者拥有某一公司的股票，他应当对此提出声明。在这种情况下，政府道德办公室会强烈建议

---

[1] William L. Richter, Frances Burke, Jameson W. Doig, *Combating Corruption*, *Encouraging Ethics*, *a Sourcebook for Public Service Ethics*, p. 148.

他事前同意不参与与这一公司有关的任何事务的决策。如果被提名者履行这一协议，而且其办公室人员不向他出示任何相关文件，那么这种取消资格的方法就可以避免利益冲突。这种方法在实践中被证明是可行的。实际上，取消资格的协议是许多道德官员在给政府道德办公室主任的建议信中经常提及的建议。但是，如果提名者有非常广泛的财政利益，为了避免利益冲突，他不得不订立太多的取消资格协议，以致他失去了履行其应负责任的能力，在这种情况下，取消资格就是不合适的方法。

第二，豁免（weaver）。根据规则，任命被提名者的政府官员可以通过事先决定该被提名者公开的财政利益"过于间接或无关紧要"而"不足以影响该被提名者服务时的诚实性"，来提前豁免有关条款的限制。但由于各种原因，包括不能做出必要的决定或出于政治原因任命者不愿采取这一方法，提前豁免的方法在实践中经常不被采用。

第三，出售财产（divestiture）。出售相关股票是一个彻底解决问题的方法。许多总统提名的官员及其配偶和所抚养子女都为了避免利益冲突而出售了股票。如果某些部门的组织法明确禁止官员或雇员拥有某种股票，出售股票是一个不可避免的方法。然而，由于股票市场行情的波动和出售股票后必须纳税，这种方法的代价非常高。为了使管理人才不致因此被挡在政府职务之外，政府采取了一项措施：如果出售财产是为了防治利益冲突，那么出售后的收益可以免税。

第四，不知情信托（blind trusts）。根据惯例，在法庭上，如果起诉人想要证明一名官员违反了《利益冲突法》，他必须证明该官员了解其在一个自己采取行动的问题上拥有财政利益。但如果一个官员不知道其在这个问题上拥有财政利益，那么该官员就不可能故意采取使自己获得财政利益的行动。"不知情信托"就是为此目的而设计的，其操作方法是，被提名者通过政府道德办公室把自己的证券委托给一个他所不知道的被委托人，而被委托人也不知道他所代管的证券属于谁。《政府道德法》中关于不知情信托的条款极其复杂，它必须确保所委托的对象是真正独立的受委托人，而且委托方法符合法律规定的最低限度标准。

经验表明，在几乎所有的案例中，都可以设计出能使被提名者及其家庭所接受的补救办法。需要说明的是，财产申报不是仅在官员任命阶段进行，而是每年进行一次。

五　国会的反腐败机制

在美国的反腐败机制中，有一个重要的组成部分，即国会的反腐败机制。美国国会作为立法机关，除了享有立法权、拨款权等权力之外，还享有对行政部门在制定和执行政策方面的监督权，其中自然包括对行政部门腐败行为的监督。但是监督者是否也要受到监督？如何进行监督？就成为一个问题。

根据三权分立的原则，美国的立国者们为1776年新生的民主制建立了一个与行政部门平行的、可以制衡行政部门权力的立法机构。为了确保国会对行政部门的制衡作用，美国宪法为国会议员规定了某些法律方面的豁免权，即"除犯叛国罪、重罪和妨碍治安罪外，在一切情况下都享有在出席各自议院会议期间以及前往和离开各自议院途中不受逮捕的特权"。并且规定，"每一议院规定本议院议事规则，惩罚本议院成员的不当行为，并经三分之二议员的同意开除议员"。这样，按照美国宪法的规定，在美国立国之后的200多年中，国会的内部事务一般不受外部的干预。

在美国建国初期，议员同私人利益集团之间可以有相当直接的关系，例如，直到1853年，对一名国会议员行贿并不违法。院外利益集团或公司甚至还可以直接聘用国会议员来担任它们的律师。例如，当杰克逊总统与美国银行发生法律纠纷时，参议员丹尼尔·韦伯斯特曾作为该银行的主要辩护律师为银行辩护。然而，到19世纪80年代中期，社会舆论发生了变化，议员收受贿赂的腐败现象不再为社会所容忍。

国会有自行处理其内部事务的权力并不意味着国会议员可以为所欲为。政府行政部门、利益集团、公众舆论、媒体，甚至党派，都是对国会议员腐败行为的制约。首先，国会议员的行为要受到行政部门的司法部的调查和起诉。对国会议员严重违法行为的调查，都是由政府司法部门发起的，并且最后都经由法院判决和惩处。行政部门也会采取措施迫使国会进行道德管理方面的改革。其次，利益集团在推动国会制定和执行严格的道德标准方面发挥了重要作用。各种公共利益集团不断对国会在税收问题上的道德标准提出质疑，向国会道德委员会揭发议员的腐败行为，推动它们进行调查。再次，公众舆论格外受到国会议员的重视。由于在公众中的良好形象是议员当选的必要条件，国会议员不能忽视其选区选民对其道德方面的评价。而媒体不但在揭发国会议员腐败行为方面发挥了作用，而且他们在这方面的报道也常常构成国会在道德管理改革方面的压力。最后，美国国会内部的党派斗争对议员的道德管理是一把双刃剑：一方面，它使两党相互盯住对方议员违反道德规范的行为，一旦发生这种行为，就穷追不舍，这就形成了两党之间的互相监督；另一方面，它可能导致一个政党偏袒本党行为不当的议员，尽力减轻对他们的惩罚，或对另一个政党行为不当的议员采取严厉惩罚措施。不过根据调查，在实践中，国会道德委员会对议员不当行为的调查很少受党派之争的影响，党派之争至多在一定程度上影响到国会对议员的惩罚形式。

国会参众两院都设有道德委员会来管理有关议员、官员和工作人员道德的事务。众议院道德委员会的正式名称是"众议院官员行为准则委员会"，它具有调查众议院议员、官员和工作人员违反道德行为的权限。该委员会由14人组成，民主党和共和党各占7人。如果全院委员会通过决议命令道德委员会进行初步调查，或者一名众议员在法院审议中被证明有罪，被判一年以上的徒刑，委员会就可以对他进行调查。如果在委员会的投票表决中有8名以上的委员认为控告是适当的，委员会将任命一个由4—6名委员会成员组成的小组委员会着手进行正式调查。这个小组委员会将审查证据并决定是否应就对此立案。如果决定立案，委员会将建立一个由余下的委员组成的惩罚委员会来举行听证会。惩罚委员会决定是否存在能够证明一项起诉的"明显和确凿的证据"。如果有，道德委员会将举行制裁听证会，决定采取什么惩罚，在作出决定之后，委员会应向全院委员会提出惩罚建议。

在参议院中处理道德问题的是参议院道德特别委员会，它由6名参议员组成。该委员会有权在匿名指控的基础上进行初步调查。委员会采取三个程序来处理指控：1. 初步审查，包括询问、会见、作证和传唤。委员会的全体委员都参加初步审查和调查；2. 正式调查；3. 委员会向全院委员会报告调查结果，并对惩罚措施提出建议。惩罚决定最后要由全院委员会投票决定。

国会有权对严重行为不当的议员采取两种惩罚方法——开除和谴责，其中开除是最严重和直接的惩罚。在参、众两院的现代历史上，总共有15名参议员和3名众议员被开除出国会。开除议员的情况之所以很少发生，是因为那些受到指控的议员一般会自动辞职，而不愿冒被开除的危险。

1991年生效的《道德改革法》对国会议员的行为做了如下限制：参议员、众议员及他们的雇员每年从任何亲属之外的个人那里接受礼品的限额为250美元，价值在100美元以下的礼品可以不计（所接受礼品的价格的上限可根据通货膨胀率每三年自动调整一次）；不得用私人资金为参议院雇员及其同行配偶支付3天以上的国内旅费和7天以上的国际旅费；根据财产申报法的规定，超过200美元的收入必须申报，价值在75美元以下的礼品无须申报，议员以个人名义捐献给慈善机构的酬金必须说明来源和数额，必须申报旅行报销费用。国会议员和雇员在离任后的30天内必须填写"终止报告"，该报告应包括离任日期之前一年的全部财产信息。该法还规定，财产申报表向公众公开的时间从15天延长至30天，违反财产申报法的最高民事处罚为1万美元，延误填写申报表的罚款为200美元。

总的来说，腐败问题在美国这样一个只有200多年历史的、相对年轻的国家来说也由来已久，美国反腐败机制的真正成型也不过是近几十年来的事情。而且时至今日，这一机制还需要不断针对其在执行过程中暴露出来的一些新问题进行改革，特别明显的是本文中没有详细阐述的选举经费问题。从大量案例来看，在美国，要想根除腐败也并非易事，反腐败是一个长期的任务。

后　　记

自 2005 年以来，中国社会科学院就组织不同学科的专家学者跟踪比较研究各国各地区的反腐败体制机制，承担了多项相关研究课题，形成系列研究报告报中央领导和中央纪委等有关部门，中央和中央纪委领导同志曾对研究报告作出批示。2007 年，我们曾编辑出版《世界主要国家和地区反腐败体制机制研究》，受到了广大读者的好评，目前市场上已脱销，很多读者不断来信索要此书。中国社会科学院中国廉政研究中心先后又立项"反腐败体制机制创新和制度保障研究""各国反腐败体制机制比较研究"等课题，组织亚太与全球战略研究院、美国研究所、日本研究所、俄罗斯东欧中亚研究所、欧洲研究所、西亚非洲研究所、拉丁美洲研究所等集中力量继续深入研究。《反腐败体制机制国际比较研究》一书就是 2005 年以来研究主要成果的汇集。

在本书编辑过程中，亚太与全球战略研究院、世界经济与政治研究所、美国研究所、日本研究所、俄罗斯东欧中亚研究所、欧洲研究所、西亚非洲研究所、拉丁美洲研究所等单位领导给予了大力支持，中国社会科学出版社社长兼总编辑赵剑英为书稿的出版提供了方便，马克思主义理论出版中心副主任、编审田文及其编辑团队付出了大量心血，在此表示衷心的感谢。

反腐败体制机制国际比较研究是一个范围广阔、内容丰富并随着时代和各国各地区情况发展变化而不断更新的课题，由于研究能力和客观研究对象变化的限制，本书难免会存在不足和缺陷，诚望读者批评指正。

编　者
2015 年 10 月